윤혜정의

개념의 나비효과

워크북

· 정답은 EBS*i* 사이트(www.ebs*i*.co.kr)에서 내려받으실 수 있습니다.

· 교재 내용 문의, 정오표 확인, 교재 정정 신청은 EBS*i* 사이트의 학습 Q&A를 활용하시기 바랍니다.

본책과 워크북을 함께 학습하면 학습 효과 상승!

윤혜정의 개념의 나비효과

워크북

수능 국어 개념

네 꿈에 날개 달아 줄 만점 국어의 시작.

since 2011

강사

윤혜정 선생님

약력

-前 면목고등학교 교사(2004~2008)
-現 덕수고등학교 교사(2009~)
-EBS 국어 영역 강사(2007~)
-교육과학기술부장관상 수상(2009)
-EBS 수능강의연구센터 파견 교사(2010~2011, 2014)
-EBS 언어 영역 교재관리단 감수 교사(2011)
-EBS 언어 영역 최우수 강사 표창(2010~2012, 3년 연속 수상)

저서

-EBS [수능개념- 윤혜정의 개념의 나비효과]
-EBS [수능개념- 윤혜정의 개념의 나비효과 워크북]
-EBS [윤혜정의 나비효과 입문편]
-EBS [윤혜정의 나비효과 입문편 워크북]
-EBS [윤혜정의 패턴의 나비효과]
-EBS [윤혜정의 기출의 나비효과]
-EBS [윤혜정의 파이널 프러포즈 국어]

(워크북)

모두가 봐야 하는 국어 영역

문학

운문

산문

독서

내가 PICK해서 보면 되는 국어 영역

언어와 매체

화법과 작문

열공 날짜 년 월 일

1 시 읽기 매뉴얼

개념 태그 #절대론적 관점 #표현론적 관점 #반영론적 관점 #효용론적 관점 #수능형 마인드 #〈보기〉는 레알 선물 #정·태·의·기 #수능 시 읽기 매뉴얼 #깨·그·매 #3ㅅ

▶▶▶ 기억 안 나면? 개념의 나비효과 6쪽으로!

1단계 지문을 읽고 주어진 선지가 Yes인지 No인지 체크한다.
2단계 정답만 확인한다.
3단계 커다랗게 채점하고, '기출은 진리!'라는 전제하에 왜 그 설명이 적절한지 혹은 적절하지 않은지 근거를 꼼꼼하게 적어 본다.

처음 보는 시라고 해도 두려워할 것 없다고 했지? 일단 절대론적 관점으로 시를 읽으면 돼. 혹시 배경지식이 필요한 부분이 있다면, 그건 <보기> 안에 제시돼 있을 테니까. 자신감을 가지고 첫 지문에 도전해 보자! :)

하나 · 다음 글을 읽고 물음에 답하시오. [1-2] (2012학년도 11월 고2 전국연합학력평가)

눈 내리는 겨울밤이 깊어갈수록
ⓐ눈 맞으며 파도 위를 걸어서 간다.
쓰러질수록 파도에 몸을 던지며
가라앉을수록 눈사람으로 솟아오르며
이 세상을 위하여 울고 있던 사람들이
또 이 세상 어디론가 끌려가는 겨울밤에
굳어 버린 파도에 길을 내며 간다.
먼 산길 짚신 가듯 바다에 누워
넘쳐 버릴 파도에 푸성귀로 누워
서러울수록 ⓑ봄눈을 기다리며 간다.
다정큼나무 숲 사이로 보이던 바다 밖으로
지난 가을 산국화도 몸을 던지고
칼을 들어 파도를 자를 자 저물었나니
단 한 번 인간에 다다르기 위해
살아갈수록 눈 내리는 파도를 탄다.
괴로울수록 홀로 넘칠 파도를 탄다.
어머니 손톱 같은 봄눈 오는 바다 위로
솟구쳤다 사라지는 우리들의 발.
사라졌다 솟구치는 우리들의 생(生).

- 정호승, 「파도타기」 -

혜정 샘 음성 지원

▶ 이 시 읽어 내기가 쉽지 않지? 그럴 땐 <보기> 의 도움을 받자고! 그리고 <보기>를 제시한 문제는 대부분 '적절하지 않은 것은?'이라고 물어. 그건 선지 다섯 개 중 네 개는 이 시에 대한 정확한 해설이라는 뜻이거든. 시를 나 혼자 읽어내려고 하지 말고, <보기>와 선지에서 도움이 되는 힌트를 얻어 보자. ^-^

오늘의 태그 문제

정답 1쪽

★01 문항 코드 | 22672-0001 　정답률 83%

〈보기〉를 참고하여 위 글을 감상한 내용으로 적절하지 않은 것은?

> 〈보기〉
>
> 이 시에는 부정적인 현실 속에서 고통스럽게 살아가는 민중들의 삶이 형상화되어 있다. 여기서 '겨울'은 부조리한 시대를, '파도'는 시련의 상황을 비유적으로 나타낸다. 한편 이 시의 상승지향적 움직임은 고난 속에서도 이에 굴하지 않고 인간다운 삶을 살고자 하는 민중의 강한 생명력과 의지를 드러낸다.

① '겨울밤이 깊어갈수록'은 현실이 더욱 어려워지고 있음을 형상화한 것이군. YES NO

② '가라앉을수록 눈사람으로 솟아오르며'에는 상승지향적 움직임을 통해 인간다운 삶을 살고자 하는 민중의 의지가 드러나 있군. YES NO

③ '이 세상 어디론가 끌려가는'에는 민중들의 고통스러운 삶의 모습이 드러나는군. YES NO

④ '칼을 들어 파도를 자를 자 저물었나니'에서는 부조리한 시대 현실을 더욱 악화시켰던 세력들이 몰락했음을 알 수 있군. YES NO

⑤ '사라졌다 솟구치는 우리들의 생(生)'에는 부정적인 현실 속에서도 삶을 포기하지 않는 민중의 끈질긴 생명력이 드러나는군. YES NO

▶ 이번엔 시어의 의미를 파악하는 문제! 시어나 시구의 의미를 이해할 때는, 반드시 근거를 찾아서! 3ㅅ으로 접근해 보자고 했지? 상황, 수식어, 서술어! 꼭 기억하자. 3ㅅ!

★02 문항 코드 | 22672-0002 　정답률 88%

ⓐ와 ⓑ를 비교한 내용으로 가장 적절한 것은?

① ⓐ는 ⓑ와 달리, 화자의 인식을 전환시킨다. ⓐ ⓑ

② ⓐ는 ⓑ와 달리, 과거에 대한 향수를 담고 있다. ⓐ ⓑ

③ ⓑ는 ⓐ와 달리, 화자가 지향하는 바를 의미한다. ⓐ ⓑ

④ ⓑ는 ⓐ와 달리, 화자의 심리적 갈등을 유발한다. ⓐ ⓑ

⑤ ⓐ와 ⓑ는 모두 자기 성찰의 매개물로 작용한다. ⓐ ⓑ

언제나 시의 제목부터 읽어야 한다는 거 잊지 마~!

둘 • **다음 글을 읽고 물음에 답하시오. [3-4]** (2014학년도 10월 고3 전국연합학력평가 B형)

(가)

삼수갑산(三水甲山) 내 왜 왔노 삼수갑산이 어디뇨
오고가니 기험(奇險)타 아하 **물도 많고 산(山) 첩첩**이라 아하하

내 고향을 도로 가자 내 고향을 내 못가네
삼수갑산 멀더라 아하 **촉도지난(蜀道之難)***이 예로구나 아하하

삼수갑산이 어디뇨 내가 오고 내 못가네
불귀(不歸)로다 내 고향 아하 **새가 되면** 떠가리라 아하하

님 계신 곳 내 고향을 내 못가네 내 못가네
오다가다 야속타 아하 **삼수갑산이 날 가두**었네 아하하

내 고향을 가고지고 오호 삼수갑산 날 가두었네
불귀(不歸)로다 내 몸이야 아하 삼수갑산 **못 벗어난다** 아하하

- 김소월, 「삼수갑산」 -

***촉도지난:** 촉나라로 가는 길의 어려움. 고향으로 돌아가는 것이 매우 힘들다는 의미로 사용됨.

(나)

일찍이 어머니가 나를 바다에 데려간 것은
소금기 많은 ㉠푸른 물을 보여주기 위해서가 아니었다
바다가 뿌리 뽑혀 밀려 나간 후
꿈틀거리는 ㉡검은 뻘밭 때문이었다
뻘밭에 위험을 무릅쓰고 퍼덕거리는 것들
숨 쉬고 사는 것들의 힘을 보여 주고 싶었던 거다
먹이를 건지기 위해서는
사람들은 왜 무릎을 꺾는 것일까
깊게 허리를 굽혀야만 할까
생명이 사는 곳은 왜 저토록 쓸쓸한 맨살일까
일찍이 어머니가 나를 바다에 데려간 것은
저 무위(無爲)한 해조음을 들려주기 위해서가 아니었다
물 위에 집을 짓는 새들과
각혈하듯 노을을 내뿜는 포구를 배경으로
성자처럼 뻘밭에 고개를 숙이고
먹이를 건지는
슬프고 경건한 손을 보여주기 위해서였다

- 문정희, 「율포의 기억」 -

혜정 샘 음성 지원

▶ 선지가 참 예쁘게 정리돼 있네. 1연부터 5연까지 쪼르륵. <보기> 읽고, 1연 읽은 다음 ①번 선지를 확인하고, 2연 읽은 다음 ②번 선지를 확인하고... 이 순서대로 시를 읽으면서 선지 하나하나를 판단하면 참 좋겠다는 생각 들지 않아? ㅎㅎ

오늘의 태그 문제

정답 1쪽

★03 문항 코드 | 22672-0003 　정답률 80%

〈보기〉를 참고하여 (가)를 이해할 때 적절하지 않은 것은?

> 〈보기〉
>
> 김소월은 땅, 집, 고향 등을 모티프로 여러 작품을 창작하였다. 이들 작품에 등장하는 대부분의 인물들은 스스로의 의지에 의해서가 아니라 외적인 힘이나 상황 때문에 고향으로 돌아가지 못하는 신세로 그려진다. 김소월은 이를 통해 식민지 시대에 삶의 터전을 빼앗기고 귀향하지 못하는 우리 민족의 절망적 모습을 보여 주고자 하였다.

① 1연: '물도 많고 산 첩첩'이라는 표현을 통해, 돌아가지 못하는 고향의 아름다움을 형상화하고 있다. YES NO

② 2연: '촉도지난'이라는 표현을 통해, 고향에 돌아가지 못하는 실향민의 처지를 암시하고 있다. YES NO

③ 3연: '새가 되면'이라는 이루어질 수 없는 상황 설정을 통해, 귀향할 수 없는 절망적 현실을 드러내고 있다. YES NO

④ 4연: '삼수갑산이 날 가두었'다는 표현을 통해, 실향민이 된 것이 스스로의 의지가 아님을 강조하고 있다. YES NO

⑤ 5연: '못 벗어난다'라는 단정적인 표현을 통해, 우리 민족이 식민지 현실에서 느끼는 좌절감을 드러내고 있다. YES NO

▶ 우리는 흔히 푸른색은 희망, 생명력, 검은색은 절망, 암울함 이런 식으로 연결할 때가 많아. 내 느낌으로, 내 배경지식으로 판단하는 건 노노노! 시어나 시구의 의미를 파악할 때는 반드시 시 속에서 근거를 찾아야 해. 그 근거는 바로 3ㅅ에서 찾을 수 있어.

★04 문항 코드 | 22672-0004 　정답률 87%

(나)의 ㉠, ㉡에 대해 반응한 것으로 가장 적절한 것은?

① ㉠은 순수한 자연을 통해 아름다움을 느끼게 하고, ㉡은 위험이 도사리고 있어 공포를 느끼게 하는군. ㄱ ㄴ

② ㉠은 푸른 이미지로 생명과 희망을 환기시키고, ㉡은 검은 이미지로 허무와 어둠의 정서를 불러일으키고 있군. ㄱ ㄴ

③ ㉠은 힘겨운 삶을 극복한 사람들이 얻게 되는 환희를 상징하고, ㉡은 힘겹게 살아가는 사람들의 탄식을 상징하는군. ㄱ ㄴ

④ ㉠은 삶과 관련하여 깨달음을 주지 못하지만, ㉡은 그곳에서 치열하게 살아가는 생명들을 통해 깨달음을 얻게 하는군. ㄱ ㄴ

⑤ ㉠은 화자가 미래에 살아갈 모습에 대해 상상하게 해 주고, ㉡은 어머니와 함께했던 시절의 추억을 떠올리게 해 주는군. ㄱ ㄴ

아마 (가)와 (나) 모두 생소한 작품일 거야. 그렇지만 우리에게는 무엇이 있다? ^-^ 바로 <보기>가 있다. <보기>에서 힌트를 얻어서 시를 이해할 때 활용해 보자. 시어나 시구의 의미를 이해할 때는 고정 관념으로 해석하면 안 된다고. 의미 해석의 근거는 어디까지나 시 안에 있는 거야.

셋 • 다음 글을 읽고 물음에 답하시오. [5-6]

(2020학년도 3월 고3 전국연합학력평가)

(가)

그늘,
밝음을 너는 이렇게도 말하는구나,
㉠나도 기쁠 때는 눈물에 젖는다.

그늘,
밝음에 너는 옷을 입혔구나,
우리도 일일이 형상을 들어
때로는 진리를 이야기한다.

이 밝음, 이 빛은,
채울 대로 가득히 채우고도 오히려 남음이 있구나,
그늘 — 너에게서……

내 아버지의 집
풍성한 대지의 원탁마다,
그늘,
㉡오월의 새 술들 가득 부어라!

이깔나무—네 이름 아래
나의 고단한 꿈을 한때나마 쉬어 가리니…….

- 김현승, 「오월의 환희」 -

(나)

벚꽃 그늘 아래 잠시
생애를 벗어 놓아 보렴
입던 옷 신던 신발 벗어 놓고
누구의 아비 누구의 남편도 벗어 놓고
㉢햇살처럼 쨍쨍한 맨몸으로 앉아 보렴
직업도 이름도 벗어 놓고
본적도 주소도 벗어 놓고
구름처럼 하얗게 벚꽃 그늘에 앉아 보렴
그러면 늘 무겁고 불편한 오늘과
저당 잡힌 내일이
㉣새의 날개처럼 가벼워지는 것을
알게 될 것이다

벚꽃 그늘 아래 한 며칠
두근거리는 생애를 벗어 놓아 보렴
그리움도 서러움도 벗어 놓고
사랑도 미움도 벗어 놓고
바람처럼 잘 씻긴 알몸으로 앉아 보렴
㉤더 걸어야 닿는 집도
더 부서져야 완성되는 하루도
동전처럼 초조한 생각도
늘 가볍기만 한 적금 통장도 벗어 놓고
벚꽃 그늘처럼 청정하게 앉아 보렴

그러면 용서할 것도 용서받을 것도 없는
우리 삶
벌 떼 잉잉거리는 벚꽃처럼
넉넉하고 싱싱해짐을 알 것이다
그대, 흐린 삶이 노래처럼 즐거워지길
원하거든
이미 벚꽃 스친 바람이 노래가 된
벚꽃 그늘로 오렴

- 이기철, 「벚꽃 그늘에 앉아 보렴」 -

혜정 샘 음성 지원

▶ '그늘'에선 춥지. 뭔가 어두워. 암울해 보여. 그건 네 생각이고~! <보기>느님이 뭐라고 설명하고 있는지에 주목할 것. 오늘 지겹게 얘기해야지. <보기>를 참고하라고 하면, <보기>를 참고할 것. 시어나 시구의 의미를 해석할 때는 뇌피셜(객관적인 근거가 없이 자신의 생각만을 근거로 한 추측이나 주장을 이르는 말)에 근거하는 거 안 되고요~, 3ㅅ에 근거해서 해석해야 함을 잊지 말 것! :)

오늘의 태그 문제

정답 1쪽

★**05** 문항 코드 | 22672-0005 정답률 60%

〈보기〉를 참고하여 (가)와 (나)를 감상한 내용으로 적절하지 않은 것은?

> 〈보기〉
>
> (가)와 (나)는 모두 '그늘'을 제재로 삼고 있다. (가)에서 '그늘'은 '밝음'과 대립하지 않고 결합되어 신의 은총인 '밝음'의 충만함을 드러내는 역할을 하고 있으며 안식처로서의 의미도 나타내고 있다. (나)에서도 '그늘'이 위안과 휴식을 주는 곳으로 형상화되어 있다. (나)의 '그늘'은 깨끗하고 순수한 곳으로, 일상의 삶으로 지친 이들이 삶의 긍정적 변화를 경험할 수 있는 곳이다.

① (가): '밝음에 너는 옷을 입혔'다는 것은 '그늘'이 '밝음'을 드러내는 역할을 하고 있음을 나타낸다고 할 수 있겠군. YES NO
② (가): '그늘'을 '채울 대로 가득히 채우'는 '빛'은 신의 은총인 '밝음'이 어둠을 사라지게 만드는 힘을 지니고 있음을 나타낸다고 할 수 있겠군. YES NO
③ (가): '고단한 꿈을 한때나마 쉬어' 갈 수 있는 '이깔나무'의 '아래'는 '그늘'이 안식처가 됨을 나타낸다고 할 수 있겠군. YES NO
④ (나): '청정하게'는 '벚꽃 그늘'이 깨끗하고 순수한 곳임을 나타낸다고 할 수 있겠군. YES NO
⑤ (나): '우리 삶'이 '넉넉하고 싱싱해'진다는 것은 일상의 삶으로 지친 이들이 '벚꽃 그늘'에서 삶의 긍정적 변화를 경험할 수 있음을 나타낸다고 할 수 있겠군. YES NO

▶ 6번 문제도 5번 문제와 크게 다르지 않아. 밑줄 친 ㉠~㉤ 시구들의 의미를 파악할 수 있는지를 묻고 있는 문제거든. 시 속의 상황과 시구의 앞뒤 맥락을 잘 연결해 읽어 보자. 3ㅅ 활용하는 연습은 쭈욱~ 계속된다! :)

★**06** 문항 코드 | 22672-0006 정답률 64%

㉠~㉤에 대한 이해로 가장 적절한 것은?

① ㉠은 인간에게서 일어나는 다양한 감정의 변화 양상을 나타낸다. YES NO
② ㉡은 자기 성찰을 통해 본연의 모습을 찾은 기쁨의 상태를 의미한다. YES NO
③ ㉢은 부정적 현실에 대한 저항 의지를 지닌 상태를 의미한다. YES NO
④ ㉣은 홀가분하고 편안한 마음을 느끼는 상태를 의미한다. YES NO
⑤ ㉤은 인간 세계로부터 분리된 이상적 공간으로 나아가는 양상을 나타낸다. YES NO

2 화자 씨의 모든 것

개념 태그

#화자 #표면에 드러난 화자 #시적 대상 #시적 상황 #시적 정서
#어조 #독백체 #대화체 #태도 #반성
#성찰 #관조 #구도 #자조 #내적 갈등

▶▶▶ 기억 안 나면? 개념의 나비효과 14쪽으로!

처음 보는 시일지라도, 시적 상황을 파악하면서 시를 읽어야 돼. 그 상황에 놓여 있는 시적 화자가 어떤 정서와 태도를 드러내고 있는지를 생각해 봐야 하는 거야. 만약 시적 화자가 어떤 대상에 주목하고 있다면, 그 대상은 어떤 특징을 가지고 있는지, 화자는 그 대상을 보며 어떤 정서를 느끼고 있는지, 또 화자는 그 대상을 어떤 태도로 대하고 있는지를 생각해 보면 돼.

넷 · 다음 글을 읽고 물음에 답하시오. [7-8] (2018학년도 9월 고2 전국연합학력평가)

(가)

거미 새끼 하나 방바닥에 나린 것을 나는 아모 생각 없이 문 밖으로 쓸어버린다
차디찬 밤이다

어니젠가 새끼 거미 쓸려나간 곳에 큰 거미가 왔다
나는 가슴이 짜릿한다
나는 또 큰 거미를 쓸어 문 밖으로 버리며
찬 밖이라도 새끼 있는 데로 가라고 하며 서러워한다

이렇게 해서 아린 가슴이 싹기도 전이다
어데서 좁쌀알만 한 알에서 가제 깨인 듯한 발이 채 서지도 못한 무척 작은 새끼 거미가 이번엔 큰 거미 없어진 곳으로 와서 아물거린다
나는 가슴이 메이는 듯하다
내 손에 오르기라도 하라고 나는 손을 내어 미나 분명히 울고불고 할 이 작은 것은 나를 무서우이 달어나 버리며 나를 서럽게 한다
나는 이 작은 것을 고이 ㉠보드러운 종이에 받어 또 문 밖으로 버리며
이것의 엄마와 누나나 형이 가까이 이것의 걱정을 하며 있다가 쉬이 만나기나 했으면 좋으련만 하고 슬퍼한다

- 백석, 「수라(修羅)」 -

(나)

고향이 고향인 줄도 모르면서
긴 장대 휘둘러 까치밥 따는
서울 조카아이들이여
그 까치밥 따지 말라
남도의 빈 겨울 하늘만 남으면
우리 마음 얼마나 허전할까
살아온 이 세상 어느 물굽이
소용돌이치고 휩쓸려 배 주릴 때도
공중을 오가는 날짐승에게 길을 내어주는
그것은 따뜻한 등불이었으니
철없는 조카아이들이여
그 까치밥 따지 말라
사랑방 말쿠지에 짚신 몇 죽 걸어놓고
할아버지는 무덤 속을 걸어가시지 않았느냐
그 짚신 더러는 외로운 길손의 길보시가 되고
한밤중 동네 개 컹컹 짖어 그 짚신 짊어지고
아버지는 다시 새벽 두만강 국경을 넘기도 하였느니
아이들아, 수많은 기다림의 세월
그러니 서러워하지도 말아라
눈 속에 익은 ㉡까치밥 몇 개가
겨울 하늘에 떠서
아직도 너희들이 가야 할 머나먼 길
이렇게 등 따숩게 비춰주고 있지 않으냐.

- 송수권, 「까치밥」 -

혜정 샘 음성 지원

오늘의 태그 문제

정답 2쪽

▶ (가)와 (나)의 상황, 화자의 정서, 태도를 파악했는지를 묻는 문제야. (가)에 대한 적절한 설명이라고 생각하면 '가' 에 ☑, (나)에 대한 적절한 설명이라고 생각하면 '나'에 ☑ 표시를 하면 돼. '가', '나' 모두에 체크되는 선지가 정답이겠지?

★07 문항 코드 | 22672-0007 정답률 46%

(가)와 (나)의 공통점으로 가장 적절한 것은?

① 대상과의 이별에 대한 화자의 안타까움이 나타나 있다. 가 나
② 과거 회상을 통해 바람직한 삶의 방향을 모색하고 있다. 가 나
③ 계절적 배경을 통해 화자가 처한 상황을 부각하고 있다. 가 나
④ 자연에서 얻은 깨달음을 통해 화자의 태도가 변화하고 있다. 가 나
⑤ 삶의 경험을 바탕으로 화자가 지향하는 바를 드러내고 있다. 가 나

▶ 3ㅅ을 통해 시구의 의미를 파악해 보자. 그 의미는 화자의 태도와도 관련돼 있어.

★08 문항 코드 | 22672-0008 정답률 72%

㉠과 ㉡에 대한 이해로 가장 적절한 것은?

① ㉠, ㉡은 모두 수고에 대한 보상을 나타낸다. ㄱ ㄴ
② ㉠, ㉡은 모두 다른 대상에 대한 배려를 나타낸다. ㄱ ㄴ
③ ㉠은 미물에 대한 용서를, ㉡은 미물에 대한 사랑을 나타낸다. ㄱ ㄴ
④ ㉠은 이상에 대한 동경을, ㉡은 현실에 대한 비판을 나타낸다. ㄱ ㄴ
⑤ ㉠은 인간과 자연의 합일을, ㉡은 인간과 자연의 조화를 나타낸다. ㄱ ㄴ

처음 보는 시를 읽을 때도 긴장할 필요 하나~도 없어. 우리에게는 그 어떤 시도 미리 알아 두어야 한다는 의무가 없어. 시나 시인들에 대한 배경지식을 쌓아 두어야 할 책임도 없다고. 시에 표현돼 있는 만큼만 있는 그대로 읽어내려 가면 되는 거야. 우선 마음 편하게 릴렉스~ 하고, 시적 상황을 머릿속에 그리면서 읽어 보자. :)

다섯 · **다음 글을 읽고 물음에 답하시오. [9-10]** (2014학년도 6월 고2 전국연합학력평가)

(가)

첩첩산중에도 없는 마을이 여긴 있습니다. 잎 진 사잇길, 저 모래 둑, 그 너머 강기슭에서도 보이진 않습니다. 허방다리* 들어내면 보이는 마을.

갱(坑) 속 같은 마을. 꼴깍, 해가, 노루 꼬리 해가 지면 집집마다 봉당에 불을 켜지요. 콩깍지, 콩깍지처럼 후미진 외딴집, 외딴집에도 불빛은 앉아 이슥토록 창문은 모과[木瓜] 빛입니다.

기인 밤입니다. 외딴집 노인은 홀로 잠이 깨어 출출한 나머지 무를 깎기도 하고 고구마를 깎다, 문득 바람도 없는데 시나브로 풀려 풀려 내리는 짚단, 짚오라기의 설레임을 듣습니다. 귀를 모으고 듣지요, 후루룩 후루룩 처마깃에 나래 묻는 이름 모를 새, 새들의 온기를 생각합니다. 숨을 죽이고 생각하지요.

참 오래오래, 노인의 자리맡에 밭은기침 소리도 없을 양이면 벽 속에서 겨울 귀뚜라미는 울지요. 떼를 지어 웁니다. 벽이 무너지라고 웁니다.

어느덧 밖에는 눈발이라도 치는지, 펄펄 함박눈이라도 흩날리는지, 창호지 문살에 돋는 월훈(月暈)*.

- 박용래, 「월훈(月暈)」 -

(나)

춥다, ㉠웅크린 채 서로를 맞대고 있는
집들이 작은 창으로 불씨를 품고 있었다.
가로등은 언덕배기부터 뚜벅뚜벅 걸어와
골목의 담장을 세워주고 지나갔다.
가까이 실뿌리처럼 금이 간
담벼락 위엔 아직 걷지 않은 빨래가
바람을 차고 오르내렸다.
나는 미로같이 얽혀 있는 골목을 나와
이정표로 서 있는 구멍가게에서 소주를 샀다.
㉡어둠에 익숙한 이 동네에서는
몇 촉의 전구로 스스로의 몸에
불을 매달 수 있는 것일까.
점점이 피어난 저 창의 작은 불빛들
불러 모아 ㉢허물없이 잔을 돌리고 싶었다.
어두운 방안에서 더듬더듬 스위치를 찾을 때
나도 ㉣누군가에게 건너가는 먼 불빛이었구나.
따스하게 안겨오는 환한 불빛 아래
나는 수수꽃처럼 서서 웃었다.
창밖을 보면 보일러의 연기 따라 별들이
늙은 은행나무 가지 사이마다 내려와
㉤불씨 하나씩 달고 있었다.

- 윤성택, 「산동네의 밤」 -

*허방다리: 함정으로 판 구덩이.
*월훈: 달무리.

혜정 샘 음성 지원

▶ 선지들에 아직 배우지 않은 개념들이 많아. 그러나 개념의 나비효과로 공부해 가면서 모두 배우게 될 개념들이야. 아직 명확하게 이해하지 못하는 개념들이 있더라도 속상해 하거나 좌절할 필요가 1도 없다는 뜻이야. :) 혹시라도 이 문제를 틀렸다면 ★ 표시해 두고, 시 파트 다 공부한 다음에 반드시 복습할 것! 이 문제가 당시 오답률 1위 문제였거든.

오늘의 태그 문제

정답 2쪽

09 문항 코드 | 22672-0009 정답률 28%

(가)와 (나)에 대한 설명으로 적절한 것은?

① (가)는 행의 종결에 변화를 주어 화자의 정서 변화를 드러내고 있다. 가
② (나)는 촉각적 이미지를 활용하여 의미를 강조하고 있다. 나
③ (가)는 대화체, (나)는 독백체의 어조를 사용하여 시의 분위기를 드러내고 있다. 가 나
④ (가), (나)는 모두 동일한 시구를 반복하여 산문적 진술에 리듬감을 주고 있다. 가 나
⑤ (가), (나)는 모두 시간의 흐름에 따라 대상이 변화하는 모습이 나타나고 있다. 가 나

▶ <보기>를 참고해서 화자가 관찰하고 있는 대상이 무엇인지, 화자의 어떤 정서가 드러나는지, 화자는 어떤 태도를 보이는지, 화자가 얻은 깨달음은 무엇인지, 화자가 재인식하는 시적 공간은 어디이며, 어떻게 재인식하게 되는지를 구체적으로 파악할 수 있어야 하는 거야.

★10 문항 코드 | 22672-0010 정답률 64%

〈보기〉를 참고하여 ㉠~㉤을 이해한 내용으로 적절하지 않은 것은?

> 〈보기〉
> 이 시는 의미 구조상 네 부분으로 이루어져 있다. 화자가 대상을 관찰하는 부분, 대상에 대한 화자의 정서 및 태도가 드러나는 부분, 성찰을 통해 깨달음을 얻는 부분, 깨달음을 바탕으로 시적 공간을 재인식하는 부분 등이다.

① ㉠에는 화자가 관찰하고 있는 대상인 산동네의 정경이 드러난다. YES NO
② ㉡에는 산동네에서의 생활을 익숙하게 받아들여 안주하는 화자의 태도가 드러난다. YES NO
③ ㉢에는 산동네 사람들을 향한 화자의 따뜻한 마음이 드러난다. YES NO
④ ㉣에는 자신을 타인과 연결된 존재로 인식하는 화자의 깨달음이 드러난다. YES NO
⑤ ㉤에는 새로운 시선으로 산동네에서 희망을 느끼는 화자의 모습이 드러난다. YES NO

정말 생소할 수 있는 두 편의 시일 거야. ^^ 먼저 선생님이나 해설의 도움 없이 스스로 (가)와 (나)를 이해할 수 있는지 도전해 보는 시간.(단, 좌절은 절대 금지임. ㅎㅎ) <보기> 먼저 읽어도 되냐고? 당연하지. <보기>는 항상 네 편이야.

여섯 · **다음 글을 읽고 물음에 답하시오. [11-13]** (2021학년도 대학수학능력시험 6월 모의평가)

(가)

[A]
높으디높은 산마루
낡은 고목(古木)에 못 박힌 듯 기대어
내 홀로 긴 밤을
무엇을 간구하며 울어 왔는가.

아아 이 아침
시들은 핏줄의 구비구비로
사늘한 가슴의 한복판까지
은은히 울려오는 종소리.

이제 눈감아도 오히려
꽃다운 하늘이거니
내 영혼의 촛불로
어둠 속에 나래 떨던 샛별아 숨으라.

환히 트이는 이마 우
떠오르는 햇살은
시월상달의 꿈과 같고나.

메마른 입술에 피가 돌아
오래 잊었던 피리의
가락을 더듬노니

새들 즐거이 구름 끝에 노래 부르고
사슴과 토끼는
한 포기 향기로운 싸릿순을 사양하라.

[B]
여기 높으디높은 산마루
맑은 바람 속에 옷자락을 날리며
내 홀로 서서
무엇을 기다리며 노래하는가.

- 조지훈, 「산상(山上)의 노래」 -

(나)

꽃이 피었다,
도시가 나무에게
반어법을 가르친 것이다
이 도시의 이주민이 된 뒤부터
속마음을 곧이곧대로 드러낸다는 것이
얼마나 어리석은가를 나도 곧 깨닫게 되었지만
살아 있자, 악착같이 들뜬 뿌리라도 내리자
속마음을 감추는 대신
비트는 법을 익히게 된 서른 몇 이후부터
나무는 나의 스승
그가 견딜 수 없는 건
꽃향기 따라 나비와 벌이
붕붕거린다는 것,
내성이 생긴 이파리를
벌레들이 변함없이 아삭아삭
뜯어 먹는다는 것
도로변 시끄러운 가로등 곁에서 허구한 날
신경증과 불면증에 시달리며 피어나는 꽃
참을 수 없다 나무는, 알고 보면
치욕으로 푸르다

- 손택수, 「나무의 수사학 1」 -

혜정 샘 음성 지원

오늘의 태그 문제

정답 2쪽

★11 문항 코드 | 22672-0011 정답률 66%

(가)와 (나)에 대한 설명으로 적절한 설명인가?

(가)는 명령형 어조를 활용하여 대상의 행동을 유도하고, (나)는 단정적 진술을 활용하여 주제 의식을 드러내고 있다. (o) (x)

▶ ‘명령적 어조’, ‘단정적 태도’ 둘 다 2강에서 공부했어. 그런데 개념을 공부한 것과 실제 작품에 적용하는 것은 다른 차원이라고. 그래서 적용 연습이 중요한 거야. 만약 이 설명이 적절하다고 생각한다면, 어느 부분에 명령형 어조가 사용됐는지, 어느 부분에 단정적 진술이 드러나 있는지 확실하게 대답할 수 있어야 함. 항상 근거까지 정확하게 말할 수 있어야 돼.

12 문항 코드 | 22672-0012 정답률 45%

[A]와 [B]를 이해한 내용으로 적절하지 않은 것은?

① [A]의 ‘높으디높은 산마루’에서 화자를 울게 한 문제는 [B]의 ‘여기 높으디높은 산마루’에서의 기다림의 대상이 아니다. (YES) (NO)
② [A]의 ‘못 박힌 듯’ 기댄 자세는 과거의 고통을, [B]의 ‘옷자락을 날리며’ 서 있는 자세는 미래에 대한 기대를 드러내고 있다. (YES) (NO)
③ [A]의 ‘긴 밤’에 담긴 부정적 상황은 ‘이 아침’ 이후 [B]의 ‘맑은 바람’을 동반하는 새로운 상황으로 변화하고 있다. (YES) (NO)
④ [A]의 ‘무엇’이 [B]의 ‘무엇’으로 이행하는 과정에서 ‘나래 떨던 샛별’과 ‘향기로운 싸릿순’은 화자의 지향점으로 기능하고 있다. (YES) (NO)
⑤ [A]의 ‘간구’는 ‘사늘한 가슴’의 생명력 회복을 바라는 기원을, [B]의 ‘노래’는 ‘메마른 입술’에 생명력이 회복된 이후의 소망을 표출하고 있다. (YES) (NO)

▶ 12번 문제의 선지 하나하나가 왜 맞고 왜 틀린 설명인지 답할 수 있어야 (가)를 제대로 이해했다고 할 수 있는 것이지.

★13 문항 코드 | 22672-0013 정답률 78%

〈보기〉를 바탕으로 (나)를 감상한 내용으로 적절하지 않은 것은?

〈보기〉

「나무의 수사학 1」의 화자는 도심 속 가로수를 관찰하며 도시를 비판적으로 조망한다. 도시의 가로수는 나무의 푸름이나 아름다운 꽃조차도 도구적 가치에 의해서 평가된다. 화자는 삭막한 도시 환경에도 불구하고 고통을 참아 내며 꽃을 피우는 모습을 나무의 반어법으로 인식한다. 도시에 제대로 뿌리박지 못하면서도 도시 환경에 적응하여 꽃을 피우는 나무에서 치욕을 읽어 낸 것이다. 그것은 도시의 이주민인 화자가 나무에 대해 동질감을 느끼는 이유이기도 하다.

① ‘들뜬 뿌리’는 나무가 처한 상황에 대한 화자의 동질감을 반영하고 있군. (YES) (NO)
② ‘내성이 생긴 이파리’는 나무가 도시에 적응하면서 지니게 된 성질을 보여 주는군. (YES) (NO)
③ ‘시끄러운 가로등 곁’은 꽃을 피우며 참아 내야 할 삭막한 도시 환경을 드러내고 있군. (YES) (NO)
④ ‘신경증과 불면증’은 나무가 도시에 적응하기 위해 견뎌 내야 할 고통을 보여 주고 있군. (YES) (NO)
⑤ ‘치욕으로 푸르다’는 도구적 가치로 평가받아 그 환경에 적응하지 못하는 나무에 대한 비판적 표현이군. (YES) (NO)

▶ 쉽지 않은 시, 그리고 쉽지 않은 <보기>야. 혹시 <보기>에서 의미 파악이 어려운 어휘가 있다면, 주저하지 말고, 미루지 말고, 즉시, 당장, 롸잇나우! 국어사전을 검색해서 그 뜻을 이해해 놓을 것. 이 <보기>를 잘 이해하면, (나)의 해석과 13번 문제 풀이에 큰 도움을 받을 수 있을 거야. 시적 상황, 시적 대상, 화자의 정서 및 태도를 잘 이해했는지를 묻고 있는 문제야. :)

열공 날짜 년 월 일

3 시상 전개 방식

개념 태그 #시상 #순행적 구성 #계절감을 드러내 주는 시어들 #역순행적 구성 #시간의 역전 #시선의 이동 #대립 #수미상관 #선경후정 #점층 #기승전결 #어조의 변화

▸▸▸ 기억 안 나면? 개념의 나비효과 24쪽으로!

출제자가 왜 (가)와 (나)를 하나의 세트로 묶었을까? 두 시의 공통점이 무엇인지 생각해 보는 것이 14번 문제의 정답을 찾을 때 도움이 될 수 있을 거야. 두 문제 모두 <보기>가 없지? 그럴 땐 작품의 제목을 먼저 보고, 시에 드러나 있는 시적 상황과 화자의 정서, 태도를 있는 그대로만 읽어내면 되는 거야.

일곱 • **다음 글을 읽고 물음에 답하시오. [14-15]** (2021학년도 9월 고1 전국연합학력평가)

(가)

[A] 문 열자 선뜻!
먼 산이 이마에 차라.

우수절(雨水節)* 들어
바로 초하루 아침,

[B] 새삼스레 눈이 덮인 멧부리와
서늘옵고 빛난 이마받이하다.

[C] 얼음 금 가고 바람 새로 따르거니
흰옷고름 절로 향기로워라.

[D] 옹숭거리고* 살아난 양이
아아 꿈 같기에 설어라.

[E] 미나리 파릇한 새순 돋고
옴짓 아니 기던 고기 입이 오물거리는,

꽃 피기 전 철 아닌 눈에
핫옷* 벗고 도로 춥고 싶어라.

- 정지용, 「춘설(春雪)」 -

*우수절: 24절기의 하나로, 봄비가 내리기 시작하는 시기임.
*옹숭거리고: 춥거나 두려워 몸을 궁상맞게 몹시 움츠려 작게 하고
*핫옷: 안에 솜을 두어 지은 겨울옷.

(나)

흔들리는 나뭇가지에 꽃 한번 피우려고
눈은 얼마나 많은 도전을 멈추지 않았으랴

싸그락 싸그락 두드려 보았겠지
난분분* 난분분 춤추었겠지
미끄러지고 미끄러지길 수백 번,

바람 한 자락 불면 휙 날아갈 사랑을 위하여
햇솜 같은 마음을 다 퍼부어 준 다음에야
마침내 피워 낸 저 황홀 보아라

봄이면 가지는 그 한번 덴 자리에
세상에서 가장 아름다운 상처를 터뜨린다

- 고재종, 「첫사랑」 -

*난분분: 눈이나 꽃잎 따위가 어지럽게 흩날리는 모양.

혜정 샘 음성 지원

오늘의 태그 문제

정답 3쪽

▶ 지금은 시간에 쫓길 이유가 없어. 공부한 개념을 떠올려 보면서 선지 하나하나 적절한 설명인지 차분하게 체크해 보자.

★**14** 문항 코드 | 22672-0014 정답률 87%

(가), (나)에 대한 설명으로 가장 적절한 것은?

① (가)는 명암의 대비를 통해 화자의 내면을 드러내고 있다. 가
② (나)는 수미상관의 방식으로 시적 안정감을 드러내고 있다. 나
③ (가)는 공간의 이동에 따라 (나)는 시간의 흐름에 따라 시적 분위기를 조성하고 있다. 가 나
④ (가)와 (나)는 모두 설의적 표현을 사용하여 화자의 정서를 드러내고 있다. 가 나
⑤ (가)와 (나)는 모두 계절감을 드러내는 시어를 사용하여 주제를 형상화하고 있다. 가 나

▶ 시에 범위([A]~[E])가 지정돼 있을 때는 그 범위대로 끊어 읽으면서 각 선지의 적절성을 생각해 보면 돼.

15 문항 코드 | 22672-0015 정답률 89%

(가)를 이해한 내용으로 적절하지 않은 것은?

① [A]에서 화자는 갑작스럽게 마주한 풍경에 대한 놀라움을 '선뜻!'이라는 시어로 표현하고 있다. YES NO
② [B]에서 화자는 [A]에서 이마에 닿을 듯 차갑게 느껴졌던 먼 산의 경치를 '이마받이'로 부각하고 있다. YES NO
③ [C]에서 화자는 '얼음'이 녹고 '바람'이 새로 부는 것을 통해 변화하는 자연의 모습을 그려내고 있다. YES NO
④ [D]에서 화자는 겨우내 '옹숭거리고' 살아온 자신을 돌아보며 [C]에서 보인 자신의 태도를 허무하게 여기고 있다. YES NO
⑤ [E]에서 화자는 겨울이 가고 봄이 오는 모습을 '새순' 돋는 미나리와 오물거리는 '고기 입'으로 생동감 있게 제시하고 있다. YES NO

(가)보다 (나)를 많이 어려워들 해. 시도 한 편의 글이야. (나)는 세 개의 문장으로 이루어져 있거든. 앞뒤 맥락을 잘 살펴가면서 시에 쓰인 문장들의 의미를 이해해 보도록 하자.

여덟 • **다음 글을 읽고 물음에 답하시오. [16-17]** (2015학년도 대학수학능력시험 9월 모의평가 B형)

(가)
모란이 피기까지는
나는 아직 나의 봄을 기다리고 있을 테요
모란이 뚝뚝 떨어져 버린 날
나는 비로소 봄을 여읜 설움에 잠길 테요
오월 어느 날 그 하루 무덥던 날
떨어져 누운 꽃잎마저 시들어 버리고는
천지에 모란은 자취도 없어지고
뻗쳐오르던 내 보람 서운케 무너졌느니
모란이 지고 말면 그뿐 내 한 해는 다 가고 말아
삼백예순 날 하냥 섭섭해 우옵네다
모란이 피기까지는
나는 아직 기다리고 있을 테요 찬란한 슬픔의 봄을

- 김영랑, 「모란이 피기까지는」 -

(나)
북한산이
다시 그 높이를 회복하려면
다음 겨울까지는 기다려야만 한다.

밤사이 눈이 내린,
그것도 백운대나 인수봉 같은
높은 봉우리만이 옅은 화장을 하듯
가볍게 눈을 쓰고

왼 산은 차가운 수묵(水墨)으로 젖어 있는,
어느 겨울날 이른 아침까지는 기다려야만 한다.

신록이나 단풍,
골짜기를 피어오르는 안개로는,
눈이래도 왼 산을 뒤덮는 적설(積雪)로는 드러나지 않는,

심지어는 장밋빛 햇살이 와 닿기만 해도 변질하는,
그 고고(孤高)한 높이를 회복하려면

백운대와 인수봉만이 가볍게 눈을 쓰는
어느 겨울날 이른 아침까지는
기다려야만 한다.

- 김종길, 「고고(孤高)」 -

혜정 샘 음성 지원

오늘의 태그 문제

정답 3쪽

▶ 기출문제를 통해 판단의 기준을 바로 세우는 시간이야. 선지에 녹아 있는 개념들을 제대로 알아보고 시와 연결해 보자. 선지에서 설명하고 있는 개념들이 (가)와 (나)에 적용되는지를 각각 꼼꼼하게 판단하고 둘의 공통점을 찾아내는 거야.

★**16** 문항 코드 | 22672-0016 정답률 85%

(가), (나)의 공통점으로 가장 적절한 것은?

① 공간의 이동을 통해 시상을 전개하고 있다. 가 나
② 수미상관의 구조를 통해 주제를 강조하고 있다. 가 나
③ 어순의 도치를 통해 상황의 긴박감을 표현하고 있다. 가 나
④ 흑백의 대비를 통해 회화적 이미지를 강화하고 있다. 가 나
⑤ 가상의 상황을 통해 자기반성의 태도를 보여 주고 있다. 가 나

▶ <보기>에서 설명하고 있는 대상이 정확히 무엇을 가리키는지를 제대로 파악해야 돼.

17 문항 코드 | 22672-0017 정답률 67%

〈보기〉를 참고하여 (가), (나)를 감상한 내용으로 적절하지 않은 것은?

〈보기〉

김영랑의 「모란이 피기까지는」과 김종길의 「고고」는 대상이 지닌 특정 속성을 통해 화자가 경험한 아름다움을 드러낸다. 「모란이 피기까지는」에서는 봄이라는 계절에 소멸을 앞둔 대상을 통해, 「고고」에서는 겨울날 대상의 고고함이 드러나는 순간을 통해 대상의 아름다움이 경험되고 있다. 한편, 전자는 대상 자체보다는 대상에서 촉발된 주관적 정서의 표현에, 후자는 정서의 직접적 표현보다는 대상 자체의 묘사에 중점을 두고 있다.

① (가)에서는 아름다움을 경험하는 주체를 직접 노출하여 정서를 표현하고 있군. 가
② (가)에서는 한정된 시간 동안 존속하는 속성이 대상의 아름다움을 강화하고 있군. 가
③ (나)에서는 대상의 높이가 고고한 아름다움을 결정하는 유일한 조건이군. 나
④ (나)는 대상의 고고한 아름다움이 드러나는 순간과 그렇지 않은 때의 모습을 대비하고 있군. 나
⑤ (가)와 (나)는 각각 특정한 계절적 배경을 통해 대상의 아름다움을 표현하고 있군. 가 나

(가)와 (나) 모두 길기도 하다. 이럴 때, 지문의 덩치에 기죽으면 안 돼. 처음 보는 시의 모든 시구를 100% 완벽하게 해석해 내기는 어려워. 가능하지도 않고. 출제자들은 그걸 바라는 게 아니야. 전체적인 맥락을 파악하면서 시적 상황을 이해할 수 있으면 되는 거야.

아홉 • 다음 글을 읽고 물음에 답하시오. [18-19]

(2021학년도 3월 고3 전국연합학력평가)

(가)

나의 마음 속
누구도 모르는 산등성에
한 그루 설목을 가꾸어 왔습니다

나뭇잎 지고
시냇물마저 여위는 가을을
최후의 계절이라 믿었던 어느 그 날,
사랑하노라 사랑하노라던 사람
떠나고 없음이여
미워하면서 나를 미워하면서
내 옆에 남아줌이 더욱 백 배는
고맙고 복되었을 것을

물방울 소리 하나 들리지 않는
두터운 철문 같은 고요 속에
나뭇가지 사철 고드름 달고
소스라쳐 위로 설악(雪岳)에 뻗는
백엽보다도 희고 손 시린 이 나무는
역력히 이 나무를 닮고
역력히 이 마음을 닮은
내 사랑의 표지입니다
붉은 날인과 같은 회상입니다

당신이여
불씨 한 줌 머금고 죽어도 좋을
이 외로운 겨울밤 겨울밤

- 김남조, 「설목(雪木)」 -

(나)

마당에서 봄과 여름에 정든 얼굴들이
하나하나 사라져 갔다.
그렇게 명성이 높던 오동잎도 다 떨어지고
저무는 가을 하늘에 인가(人家)의 정서를 품던
굴뚝 보얀 연기도
찬바람에 그만 무색해졌다.

그런 늦가을에 김장 걱정을 하면서 집을 팔게 되어
다가오는 겨울이 더 외롭고 무서웠다.
이삿짐을 따라 비탈길을 총총히 걸어
두만강 건너는 이사꾼처럼 회색 하늘 속으로
들어가 식솔들이 저녁상에 둘러 앉으니
어머님 한 분만 오시잖아서 별안간 앞니가
무너진 듯 허전해서 눈 둘 곳이 없었다.
낯선 사람들이 축대에 검정 포장을 치고
초롱을 달고 가던 이튿날 목 없는 아침이
달겨들어 영원한 이별인데
말 한마디 못하고 갈라진 어머니시다!

가신 뒤에 보니 세월 속에 묻혀 있는 형제들 공동의 부엌까지
무너져 낙엽들이 모일 데가 없어졌다.
사람이 사는 것이 남의 피부를 안고 지내는 것이니
찬바람이 항상 인간과 더불어 있어서
사람이 과일 하나만큼 익기도 어려워
겨울 바람에 휘몰리는 낙엽들이 더 많아진다.

고난의 잔에 얼음을 녹이며 찾는 것은
그 슬픔이 아니요 겨울 하늘에 푸른 빛을 띤 봄이다.
그 봄을 바라고 겨울 안에서 뱅뱅 돌며
자리를 끌고 한 치 한 치 태양의 둘레를
지구와 같이 굴러가면서
눈과 얼음에 덮인 대지(大地)의 하루를 넘어서는 해 실 무렵
천장에서 왕거미가 내리고
구석에서 귀또리가 어정어정 기어 나온다.
어느 날 목 없는 아침이 또 왈칵 달려들면
이런 친구들에게 눈짓 한번 못하고
친구들의 손 한번 바로 잡지도 못하고 가리라.

- 김광섭, 「겨울날」 -

혜정 샘 음성 지원

▶ 아는 만큼 보인다는 말이 있어. 이제 조금씩 선지가 의미하는 바가 무엇인지 선명하게 보이기 시작할 거야. 공부했던 개념이 기억이 잘 안 날 때는 미루지 말고 그때그때 다시 찾아보고, 작품에 개념들을 적용하면서 의미를 분명히 알아두어야 돼. 이 개념들은 앞으로도 계속 나올 거니까.

오늘의 태그 문제

정답 4쪽

★18 문항 코드 | 22672-0018 정답률 65%

(가)와 (나)에 대한 이해로 가장 적절한 것은?

① (가)와 달리 (나)는 의태어를 사용하여 시적 상황을 드러내고 있다. 가 나
② (나)와 달리 (가)는 스스로에게 묻는 질문을 활용하여 주제 의식을 강조하고 있다. 가 나
③ (가)는 독백의 방식을 통해, (나)는 대화의 방식을 통해 시상을 전개하고 있다. 가 나
④ (가)와 (나)는 모두 점층적 표현을 사용하여 대상의 역동성을 부각하고 있다. 가 나
⑤ (가)와 (나)는 모두 시적 대상의 변화 과정을 통해 시간의 흐름에 따른 세태 변화를 드러내고 있다. 가 나

▶ '계절적 이미지와 조응하는 시의 분위기', 또는 '화자의 정서'에 대해 공부한 거 기억나? 무조건 '봄은 이런 의미를 나타내고, 가을은 이런 의미를 나타내는 것이다.'라고 외워서 세상의 모든 시에 적용해 버리는 건 위험하다고 강조했어. 외운 것을 일률적으로 적용하는 것이 아니라, 시어의 의미를 각 시의 구체적 상황에 적용해 보면서 이해의 폭을 넓혀 가야 하는 거야.

★19 문항 코드 | 22672-0019 정답률 90%

(가), (나)를 계절적 배경에 주목하여 감상한 내용으로 적절하지 않은 것은?

① 가을에서 겨울로 넘어갈 때 만물이 쇠락한다는 것에 주목한다면, (가)의 '시냇물마저 여위는' 것은 화자의 쓸쓸한 처지와 조응한다고 볼 수 있겠군. YES NO
② 겨울이 세상이 얼어붙는 고요한 계절임에 주목한다면, (가)의 '물방울 소리 하나 들리지 않는' 것은 적막한 분위기를 드러낸 것으로 볼 수 있겠군. YES NO
③ 겨울이 생명력이 위축되는 계절임에 주목한다면, (나)의 '말 한마디 못하고 갈라진'다는 것은, 화자가 성찰을 통해 내적 성숙을 이루고 있음을 드러낸 것으로 볼 수 있겠군. YES NO
④ 겨울 뒤에 봄이 오는 계절의 순환에 주목한다면, (나)의 '얼음을 녹이며' '봄'을 '찾는 것'은 시련 속에서도 희망을 잃지 않으려는 화자의 태도를 드러낸 것으로 볼 수 있겠군. YES NO
⑤ 겨울이 가장 추운 계절임에 주목한다면, (나)의 '눈과 얼음에 덮인 대지의 하루를 넘어서는' 것은 괴로운 현실을 견뎌 내는 화자의 모습을 의미한다고 볼 수 있겠군. YES NO

4 시의 형상성

개념 태그

#추상적 대상의 구체적 형상화 #이미지나 심상이나 #감각적 이미지 #오감이란 시각 청각 후각 촉각 미각
#색채어 #색채 이미지 #색채 대비 #공감각적 이미지
#긍정적 이미지 #부정적 이미지 #상승 이미지 #하강 이미지
#동적 이미지 #정적 이미지

▶▶▶ 기억 안 나면? 개념의 나비효과 38쪽으로!

한때 국어가 A형과 B형으로 잠시 나뉜 적이 있었지. 그때 B형보다 난도가 다소 낮았던 A형 국어에서는 이렇게 고전 시가를 현대어로 풀이해 줬었단다. 부러워? ㅎㅎ (가)와 (나)는 언젠가 반드시 보게 될 작품들이니, 만난 김에 친해지도록. 시적 상황을 파악하고 화자의 정서와 태도를 이해하는 것은 언제나 기본! 시에 드러난 이미지에 주목하면서 읽어 보도록 하자. 아, 현대시나 고전 시가나 작품을 읽는 방법이나 문제 접근법, 개념은 다 똑같아~. 그러니까 겁내지 말고, 어색해 하지 말고 시작!

열 • 다음 글을 읽고 물음에 답하시오. [20-21] (2013학년도 6월 고2 전국연합학력평가 A형)

(가)

차라리 물가에 가서 뱃길이나 보려 하니
바람과 물결이 어수선하게 되었구나.
사공은 어디가고 빈 배만 걸렸는가.
강가에 혼자 서서 지는 해를 굽어보니
임 계신 곳의 소식이 더욱 아득하구나.
㉠띠집 차가운 잠자리에 한밤중에 돌아오니
벽 가운데 걸려 있는 등불은 누구를 위하여 밝아 있는가.
산을 오르내리며 강가를 헤매며 방황을 했더니
그 사이에 힘이 지쳐서 풋잠을 잠깐 드니
그 정성이 지극하여 꿈속에서 임을 보니
옥과 같이 곱던 얼굴이 반이 넘게 늙으셨구나.
마음속에 품은 생각을 실컷 말하려고 하니
눈물이 쏟아지니 말을 어찌하겠으며
정회도 못 다 풀어 목마저 메이니
방정맞은 닭소리에 잠은 어찌하여 다 깨었던가.
아, 헛된 일이로다. 이 임은 어디 갔는가.
잠결에 일어나 앉아 창을 열고 바라보니
가엾은 그림자만이 나를 따르고 있을 뿐이로구나.
차라리 죽어서 지는 달이나 되어
임 계신 창 안을 환하게 비춰 드리리라.

- 정철, 「속미인곡」 -

(나)

㉡동짓달 기나긴 밤을 한 허리를 베어내어
춘풍(春風) 이불 아래 서리서리 넣었다가
정든 임 오신 날 밤이어든 굽이굽이 펴리라

- 황진이 -

혜정 샘 음성 지원

오늘의 태그 문제

정답 4쪽

▶ 시적 상황과 시적 화자의 정서와 태도에 주목하면 답을 잘 찾을 수 있을 거야. 시를 읽을 때는 장면을 적극적으로 떠올리면서 읽어 보도록!

20 문항 코드 | 22672-0020 정답률 71%

(가)와 (나)의 화자에 대해 이해한 내용으로 적절하지 않은 것은?

① (가)의 화자는 '물가'를 헤매다 안타까워하고 있어. 이것은 그리운 임의 소식을 들을 수 없었기 때문일 거야. YES NO

② (가)의 화자는 '풋잠'에서 깨어난 것을 아쉬워하고 있어. 이것은 '꿈속'에서는 임을 볼 수 있었기 때문일 거야. YES NO

③ (가)의 화자는 '지는 달'이 되어 '창 안'을 비추고 싶다는 소망을 드러내고 있어. 이것은 임에 대한 간절한 사랑을 나타낸 것으로 볼 수 있을 거야. YES NO

④ (나)의 화자는 '밤'을 '굽이굽이' 펴겠다고 하고 있어. 이것은 임과 함께 오래 있고 싶은 마음을 표현한 것으로 볼 수 있을 거야. YES NO

⑤ (나)의 화자는 '춘풍 이불'을 정성껏 만들고 있어. 이것은 임이 돌아올 것이라는 굳은 믿음을 반영한 것으로 볼 수 있을 거야. YES NO

▶ 조건이 두 개지? 먼저 각 조건이 의미하는 바를 정확하게 파악하는 게 우선이고, 그 다음엔 두 개의 조건을 모두 충족했는지도 꼼꼼히 챙겨야 돼.

★**21** 문항 코드 | 22672-0021 정답률 81%

〈조건〉에 따라 시행을 창작하는 학습 활동을 할 때, 가장 적절한 것은?

〈보기〉

◦㉠에 드러난 화자의 처지를 명확히 밝힐 것.
◦㉡에 담긴 발상 및 표현을 사용할 것.

① 침실의 환한 등불 아래에서 어두운 표정을 지었다. ㄱ ㄴ

② 괴롭지만 행복한 침실에서 등불을 보며 밤을 지새웠다. ㄱ ㄴ

③ 한밤중에 혼자만 있는 쓸쓸한 침실에서 슬픔을 포개어 쌓았다. ㄱ ㄴ

④ 차가운 잠자리와 침실 벽의 등불 사이가 하늘과 땅의 거리였다. ㄱ ㄴ

⑤ 아늑한 침실 바닥에 누워 즐겁게 추억의 보따리를 풀어 헤쳤다. ㄱ ㄴ

어렵게 보면 한없이 어려울 수 있는 두 편의 시지만, 우리는 우리가 이해할 수 있는 만큼 읽어낸다. <보기>가 있다면 참고하면 될 것이고, 시에 드러나 있는 대로 읽어가면서 시적 화자가 처해 있는 상황을 파악하고 그 상황 속에서 화자가 어떤 정서와 태도를 드러내고 있는지에 주목하면 되는 거야. :)

열하나 • **다음 글을 읽고 물음에 답하시오. [22-24]** 〔 2014학년도 11월 고2 전국연합학력평가 B형 〕

(가)

봄이 오던 아침, 서울 어느 조그만 ㉠정거장에서
희망과 사랑처럼 기차를 기다려

나는 플랫폼에 간신한* 그림자를 떨어트리고,
㉡담배를 피웠다.

내 그림자는 담배연기 그림자를 날리고
㉢비둘기 한 떼가 부끄러울 것도 없이
나래 속을 속, 속, 햇빛에 비춰, 날았다.

기차는 아무 새로운 소식도 없이
나를 멀리 실어다 주어,

봄은 다 가고-동경(東京) 교외 어느 조용한 하숙방에서, 옛 거리에 남은 ㉣나를 희망과 사랑처럼 그리워한다.

오늘도 기차는 몇 번이나 무의미하게 지나가고,

오늘도 나는 누구를 기다려 정거장 가차운 언덕에서 서성거릴 게다.

- 아아 ㉤젊음은 오래 거기 남아 있거라.

- 윤동주, 「사랑스런 추억」 -

(나)

마음도 한자리 못 앉아 있는 마음일 때,
친구의 서러운 사랑 이야기를
가을햇볕으로나 동무삼아 따라가면,
어느새 등성이에 이르러 눈물나고나.

제삿날 큰집에 모이는 불빛도 불빛이지만,
해질녘 울음이 타는 가을 강을 보겠네.

저것 봐, 저것 봐,
네보담도 내보담도
그 기쁜 첫사랑 산골 물소리가 사라지고
그다음 사랑 끝에 생긴 울음까지 녹아나고
이제는 미칠 일 하나로 바다에 다 와 가는
소리 죽은 가을 강을 처음 보겠네.

- 박재삼, 「울음이 타는 가을 강」 -

*간신한: 힘들고 고생스러운

혜정 샘 음성 지원

오늘의 태그 문제

정답 4쪽

▶ 공감각적 이미지의 개념을 잘 이해했다면, 그 어떤 시를 제시하더라도 바로 알아볼 수도 있어야겠지?

★22 문항 코드 | 22672-0022

(가)와 (나)에 대한 설명으로 적절한 설명인가?

(가)와 (나) 모두 공감각적 심상을 활용하여 시적 분위기를 조성하고 있다. (가) (나)

▶ 시어들의 의미 및 기능을 묻고 있는 문제야. 3ㅅ과 깨그매를 떠올려 보자고.

23 문항 코드 | 22672-0023 정답률 63%

〈보기〉를 바탕으로 ㉠~㉤을 이해한 것으로 적절하지 않은 것은?

〈보기〉

(가)는 윤동주가 동경 유학 중에 느낀 삶에 대한 회의와 소망을 노래한 작품이다. 이 작품의 화자는, 힘겨운 상황 속에서도 희망과 꿈을 품었던 과거 자신의 삶을 그리워한다. 이를 통해 화자가 현실에 대해 부정적 인식을 지니고 있으며, 과거로부터 자신이 추구해온 바를 놓치고 싶지 않다는 소망을 지니고 있음을 알 수 있다.

① ㉠은 미래에 대한 희망을 가진 삶과 고통스러운 삶이 중첩된 공간이라고 할 수 있다. YES NO
② ㉡은 과거 힘겨운 상황에서 비롯된 화자의 정서를 드러내기 위한 소재라고 할 수 있다. YES NO
③ ㉢은 과거와 현재를 매개하여 현실에 대한 화자의 부정적 인식을 심화시킨다고 할 수 있다. YES NO
④ ㉣은 현재 자신의 모습과 대비되는, 꿈을 잃지 않았던 과거 자신의 모습을 의미한다고 할 수 있다. YES NO
⑤ ㉤은 현재의 화자가 소망하는 과거의 모습을 상징적으로 나타낸 것이라고 할 수 있다. YES NO

▶ <보기>의 내용도, 시도 쉽지 않아. 하강 이미지의 개념만 배울 때는 쉬웠는데, 막상 이렇게 작품이나 문제에 적용돼 있으면 어렵게 느껴지고. 그래서 기본을 탄탄히 해야 하고, 적용 연습을 반복해야 하는 거야. 어려워 보이지만 도전!

★24 문항 코드 | 22672-0024 정답률 41%

〈보기〉를 참고하여 (나)에 대해 감상한 것으로 적절하지 않은 것은?

〈보기〉

「울음이 타는 가을 강」은 친구의 이야기와 강물의 흐름이라는 두 개의 정황이 진술의 축을 이루고 있다. 이러한 두 개의 정황은 '물'과 관련된, 하강의 이미지나 흐름의 이미지와 대응을 이루며 소멸의 이미지로 이어지게 된다. 특히 시상이 전개될수록 소멸에 따른 슬픔과 허무의 정서가 고조되고, 이러한 정서가 개인에서 인간의 삶으로까지 확장되면서 인간 삶의 유한함을 드러냄과 동시에 설움의 보편성까지 확보하고 있다.

① 1연에서 '서러운'에 나타나는 정서는, 화자가 '동무삼아 따라가'는 과정을 거친 후 하강의 이미지로 형상화됨을 알 수 있어. YES NO
② 1연에서 '사랑 이야기' 끝에 보인 화자의 '눈물'이 2연에서 '울음'으로 이어지는 것으로 보아 슬픔의 감정이 점차 고조되어 감을 알 수 있어. YES NO
③ 1연의 '햇볕', 2연의 '해질녘'은 각각 흐름, 소멸의 이미지를 부각시켜 설움의 보편성을 이끌어내고 있다고 볼 수 있어. YES NO
④ 3연의 '첫사랑 산골 물소리'가 '소리 죽은 가을 강'에 이르는 것을 강물이 바다에 이르는 과정으로 본다면, 이는 인생의 과정을 형상화한 것이라고 볼 수 있어. YES NO
⑤ 3연의 '사랑 끝에 생긴 울음까지 녹아'난 '가을 강'이 '바다에' 다다를 '일'만 남았다고 본다면, 이는 인간 삶의 유한함과 관련된 허무의 정서를 드러낸 것이라고 볼 수 있어. YES NO

시를 읽을 때는 적극적으로 상상하면서 읽는 거라고 했지? 색깔이든 움직임이든 소리든 냄새든. 적극적으로 이미지를 떠올리며 시를 읽으면, 문제를 풀 때 이미지화된 시적 상황을 더 잘 떠올릴 수가 있어.

열둘 · 다음 글을 읽고 물음에 답하시오. [25-26] 〔 2006학년도 10월 고3 전국연합학력평가 〕

(가)

다시 태어날 수 없어
마음이 무거운 날은
편안한 집을 떠나
산으로 간다
크낙산 마루턱에 올라서면
세상은 온통 제멋대로
널려진 바위와 우거진 수풀
너울대는 굴참나뭇잎 사이로
살쾡이 한 마리 지나가고
썩은 나무 등걸 위에서
햇볕 쪼이는 도마뱀
땅과 하늘을 집 삼아
몸만 가지고 넉넉히 살아가는
저 숱한 나무와 짐승들
해마다 죽고 다시 태어나는
꽃과 벌레들이 부러워
호기롭게 야호 외쳐보지만
산에는 주인이 없어
나그네 목소리만 되돌아올 뿐
높은 봉우리에 올라가도
깊은 골짜기에 내려가도
산에는 아무런 중심이 없어
어디서나 멧새들 지저귀는 소리
여울에 섞여 흘러가고
㉠짙푸른 숲의 냄새
서늘하게 피어오른다
나뭇가지에 사뿐히 내려앉을 수 없고
바위 틈에 엎드려 잠잘 수 없고
낙엽과 함께 썩어버릴 수 없어
산에서 살고 싶은 마음
남겨 둔 채 떠난다 그리고
크낙산에서 돌아온 날은
이름 없는 작은 산이 되어
집에서 마을에서
다시 태어난다.

- 김광규, 「크낙산의 마음」 -

(나)

벌목정정(伐木丁丁)이랬거니 아람도리 큰 솔이 베어짐즉도 하이 골이 울어 메아리 소리 쩌르렁 돌아옴즉도 하이 다람쥐도 좇지 않고 멧새도 울지 않아 깊은 산 고요가 차라리 뼈를 저리우는데 눈과 밤이 종이보다 희고녀! 달도 보름을 기다려 흰 뜻은 한밤 이 골을 걸음이랸다? 웃절 중이 여섯 판에 여섯 번 지고 웃고 올라간 뒤 ㉡**조찰히* 늙은 사나이의 남긴 내음새를 줍는다**? 시름은 바람도 일지 않는 고요에 심히 흔들리우노니 오오 견디랸다 차고 올연(兀然)히* 슬픔도 꿈도 없이 장수산 속 겨울 한밤내 —

- 정지용, 「장수산 1」 -

***조찰히:** 맑고 깨끗하게
***올연히:** 홀로 우뚝하게

혜정 샘 음성 지원

▶ 시상 전개와 관련하여 작품을 감상하라는 문제지만, 우리가 4강에서 배운 형상화나 이미지의 개념도 녹아 있어. 국어의 개념은 각자 따로 노는 것이 아니라 결국에는 긴밀하게 연결되어 작품과 문제를 이해할 수 있게 도와 주는 거야.

오늘의 태그 문제

정답 5쪽

25 문항 코드 | 22672-0025 정답률 76%

(가)의 시상 전개에서 〈보기〉를 확인할 수 있다고 할 때, 〈보기〉와 관련지어 작품을 감상한 내용으로 적절하지 않은 것은?

> 〈보기〉
> ㄱ. 일상(日常) → 탈일상(脫日常) → 일상
> ㄴ. 집(인간) ↔ 산(자연)

① 집을 떠나 크낙산에 오르고, 크낙산에서 다시 집으로 돌아오는 공간의 이동을 통해 'ㄱ'이 형상화되어 있다. YES NO
② 'ㄱ'의 과정을 거치면서 시적 화자는 '이름 없는 작은 산'과 같은 존재로 새로워진다. YES NO
③ 만물이 공존하면서 소멸과 재생의 자연스러운 순환이 이루어진다는 점에서 'ㄴ'의 산(자연)은 선망의 대상이 되고 있다. YES NO
④ '편안하지만 무거운 마음'으로 살아가는 곳, '몸만 가지고도 넉넉히' 살 수 있는 곳의 대립적 이미지로 'ㄴ'이 나타나 있다. YES NO
⑤ 'ㄱ'의 '탈일상'으로의 모험을 가능하게 한다는 점에서 'ㄴ'의 집은 새로운 삶의 모태가 되는 공간이다. YES NO

▶ 우리가 배운 개념들이 많이 보이지? 상승 이미지와 하강 이미지, 형상화, 색채의 대비, 감각적 이미지 등. 26번 문제를 통해 배운 개념들을 점검해 보자.

★26 문항 코드 | 22672-0026 정답률 61%

㉠과 ㉡을 비교한 내용으로 가장 적절한 것은?

① ㉠과 ㉡ 모두 상승 이미지와 하강 이미지가 교차되어 있다. ㄱ ㄴ
② ㉠과 ㉡ 모두 이질적인 두 대상을 동일한 이미지로 형상화하고 있다. ㄱ ㄴ
③ ㉠과 ㉡ 모두 색채의 대비를 통해 시각적 이미지를 선명하게 드러내고 있다. ㄱ ㄴ
④ ㉠은 상반된 이미지의 대조를 통해, ㉡은 유사한 이미지의 중첩을 통해 대상을 형상화하고 있다. ㄱ ㄴ
⑤ ㉠은 후각적 이미지를 다른 감각적 이미지로 전이하여, ㉡은 추상적 대상을 감각적 이미지로 변용하여 표현하고 있다. ㄱ ㄴ

5 시의 함축성

개념 태그 #함축성 #객관적 상관물 #감정 이입 #직유 #은유 #대유 #의인 #활유 #상징 #반어 #역설

▸▸▸ 기억 안 나면? 개념의 나비효과 49쪽으로!

(가)와 (나)의 제목을 보니까 '별'과 '달'이 등장하네. 평소에 '별'이나 '달'이라는 어휘에 대한 나만의 경험? 느낌? 이런 것은 넣어 둬, 넣어 둬. 시 속의 구체적 상황을 파악하고, 그 안에서 각 시어들이 어떤 의미를 가지는지를 정확하게 이해할 수 있어야 돼. 시어의 함축적 의미를 파악하는 연습, 시작해 보자.

열셋 • 다음 글을 읽고 물음에 답하시오. [27-28] 〔2016학년도 11월 고2 전국연합학력평가〕

(가)

무엇을 실었느냐 화물열차의
검은 문들은 탄탄히 잠겨졌다
바람 속을 달리는 화물열차의 지붕 우에
우리 제각기 드러누워
한결같이 쳐다보는 ⓐ하나씩의 별

두만강 저쪽에서 온다는 사람들과
쟈무스*에서 온다는 사람들과
험한 땅에서 험한 변 치르고
눈보라 치기 전에 고향으로 돌아간다는
남도 사람들과
북어쪼가리 초담배 밀가루떡이랑
나눠서 요기하며 내사 서울이 그리워
고향과는 딴 방향으로 흔들려 간다

푸르른 바다와 거리 거리를
설움 많은 이민 열차의 흐린 창으로
그저 서러이 내다보던 골짝 골짝을
갈 때와 마찬가지로
헐벗은 채 돌아오는 이 사람들과
마찬가지로 헐벗은 나요
나라에 기쁜 일 많아
울지를 못하는 함경도 사내

총을 안고 뽈가*의 노래를 부르던
슬라브의 늙은 병정은 잠이 들었나
바람 속을 달리는 화물열차의 지붕 우에
우리 제각기 드러누워
한결같이 쳐다보는 하나씩의 별

- 이용악, 「하나씩의 별」 -

*쟈무스: 중국 쑹화강 상류, 러시아와의 국경 가까이에 있는 도시.
*뽈가: 폴카(polka). 보헤미안의 경쾌한 무곡(舞曲).

(나)

지금쯤 물거리 한 짐 해놓고
냇가에 앉아 저녁놀을 바라볼 시간……
시골에서 내몰리고 서울에서도 떠밀려
벌판에 버려진 사람들에겐 옛날밖에 없다
지금쯤 아이들 신작로에 몰려
갈갬질*치며 고추잠자리 잡을 시간……

아무도 들어주지 않는 목소리로 외쳐대고
아무도 보아주지 않는 몸짓으로 발버둥치다
지친 다리 끄는 오르막에서 바라보면
너덜대는 지붕 위에 ⓑ갈구렁달*이 걸렸구나
시들고 찌든 우리들의 얼굴이 걸렸구나

- 신경림, 「갈구렁달」 -

*갈갬질: '가댁질'의 북한어. 아이들이 서로 잡으려고 쫓고 이리저리 피해 달아나며 뛰노는 장난.
*갈구렁달: '갈고리달'의 북한어. 초승달이나 그믐달 따위와 같이 갈고리 모양으로 몹시 이지러진 달.

혜정 샘 음성 지원

▶ 시어의 상징적 의미와 기능을 파악할 수 있어야 돼. 시어가 함축하는 의미를 파악할 때는 주관적인 느낌이나 고정 관념에 근거하면 절대 안 돼. 해석의 구체적인 근거를 찾아서 시어의 의미와 기능을 파악해 보자.

오늘의 태그 문제

정답 5쪽

★ **27** 문항 코드 | 22672-0027 정답률 71%

ⓐ와 ⓑ에 대한 설명으로 가장 적절한 것은?

① ⓐ는 '우리'의 희망을 상징하고, ⓑ는 '우리'의 생명력을 일깨우고 있다. ⓐ ⓑ
② ⓐ는 '우리'의 소망을 의미하고, ⓑ는 '우리'의 자기 연민을 환기하고 있다. ⓐ ⓑ
③ ⓐ는 '우리'가 처한 현실을 드러내고, ⓑ는 '우리'의 미래를 암시하고 있다. ⓐ ⓑ
④ ⓐ와 ⓑ는 모두 '우리'에게 과거 회상의 매개체 역할을 하고 있다. ⓐ ⓑ
⑤ ⓐ와 ⓑ는 모두 세상에 대해 '우리'가 인식을 전환하는 계기가 되고 있다. ⓐ ⓑ

▶ <보기>는 시적 상황과 (가)와 (나)에 드러나는 '고향'이라는 공간의 의미를 설명해 주고 있어. 이런 고급 정보를 놓쳐서는 안 되겠지? <보기>를 통해 알게 된 정보를 바탕으로 시의 의미를 파악해 보자.

28 문항 코드 | 22672-0028 정답률 77%

〈보기〉를 바탕으로 (가), (나)를 이해한 내용으로 적절하지 않은 것은?

〈보기〉

이용악의 「하나씩의 별」과 신경림의 「갈구렁달」은 고향을 떠난 사람들의 모습을 형상화하고 있다. 「하나씩의 별」은 해방 전 고향을 떠나 간난과 고초를 겪은 유이민들이 서로에게 동질감을 느끼며 해방된 고국으로 돌아오는 모습을, 「갈구렁달」은 시골과 도시 어느 곳에도 귀속되지 못한 뿌리 뽑힌 사람들의 모습을 그리고 있다. 한편, 전자에서의 고향은 돌아가야 할 곳이기는 하지만 해방 정국의 황폐화된 현실로 인해 귀속을 실현할 수 없는 공간이고, 후자에서의 고향은 산업화로 피폐한 곳임에도 불구하고 여전히 그리움의 대상으로 남아 있는 공간이다.

① (가)의 '험한 땅에서 험한 변 치르고'와 (나)의 '벌판에 버려진'은 고향을 떠난 사람들의 상황을 드러낸다. YES NO
② (가)의 '헐벗은 채 돌아오는 이 사람들과 마찬가지로 헐벗은 나'라고 한 것에서 화자가 이들과 동질감을 갖고 있음을 드러낸다. YES NO
③ (가)의 '푸르른 바다와 거리 거리', '서러이 내다보던 골짝 골짝'은 해방 정국의 황폐화된 현실을 드러낸다. YES NO
④ (나)의 '시골에서 내몰리고 서울에서도 떠밀려'는 화자가 고향과 도시 그 어느 곳에도 귀속되지 못했음을 드러낸다. YES NO
⑤ (나)의 '저녁놀을 바라볼 시간'이나 '갈갬질치며 고추잠자리 잡을 시간'은 화자에게 고향이 여전히 추억과 그리움의 공간임을 드러낸다. YES NO

시를 볼 때, 제목부터 본다는 거, 기억하고 있지? (가)의 제목은 「마음의 태양」인데, 느낌 오지? '마음의 태양'이 무얼 의미하는 것인지 이해해야겠다는 느낌! (나)의 제목은 「폭풍」이야. 진짜 있는 그대로의 자연 현상인 '폭풍'을 의미하는 걸까? 혹시 '폭풍'이 함축하고 있는 다른 의미가 있지는 않을까? 이런 생각을 해 보면서 시를 읽기 시작하는 거야.

열넷 • 다음 글을 읽고 물음에 답하시오. [29-31] (2015학년도 4월 고3 전국연합학력평가 B형)

(가)

㉠꽃 사이 타오르는 햇살을 향하여
고요히 돌아가는 해바라기처럼
높고 아름다운 하늘을 받들어
그 속에 맑은 넋을 살게 하자.

가시밭길 넘어 그윽히 웃는 한 송이 꽃은
눈물의 이슬을 받아 핀다 하노니,
깊고 거룩한 세상을 우러르기에
삼가 육신의 괴로움도 달게 받으라.

㉡괴로움에 짐짓 웃을 양이면
슬픔도 오히려 아름다운 것이,
고난을 사랑하는 이에게만이
마음 나라의 원광(圓光)은 떠오른다.

푸른 하늘로 푸른 하늘로
항시 날아오르는 노고지리같이
㉢맑고 아름다운 하늘을 받들어
그 속에 높은 넋을 살게 하자.

- 조지훈, 「마음의 태양」 -

(나)

폭풍이 지나가기를
기다리는 일은 옳지 않다

폭풍을 두려워하며
폭풍을 바라보는 일은 더욱 옳지 않다

스스로 폭풍이 되어
머리를 풀고 하늘을 뒤흔드는
저 한 그루 나무를 보라

스스로 폭풍이 되어
폭풍 속을 날으는
저 한 마리 새를 보라

㉣은사시나뭇잎 사이로
폭풍이 휘몰아치는 밤이 깊어 갈지라도

폭풍이 지나가기를
기다리는 일은 옳지 않다

㉤폭풍이 지나간 들녘에 핀
한 송이 꽃이 되기를
기다리는 일은 더욱 옳지 않다

- 정호승, 「폭풍」 -

혜정 샘 음성 지원

오늘의 태그 문제

정답 5쪽

▶ 반어법과 의인법에 대해 배운 내용을 적용 연습! 꼭 답을 찾을 수 있기를.

★**29** 문항 코드 | 22672-0029

(가)와 (나)의 공통점으로 적절한 설명인가?

① 반어적 표현을 통해 세태를 풍자하고 있다. O X
② 의인화를 통해 대상의 이미지를 구체적으로 형상화하고 있다. O X

▶ 감각적 이미지, 역설법, 구체적 형상화 등 배웠던 어휘들이 나오니 반갑지? 그런데 어휘의 의미를 아는 것만으로 끝나면 안 돼. 구체적인 작품과 연결해서 이해할 수 있어야 하는 거야. 그리고 그런 표현법들을 통해 어떤 의미가 드러나고 있는지도 파악할 수 있어야 하고. 그리고 선지에 모르는 어휘가 있을 때는 미루지 말고, 꼭 국어사전을 검색해서 그 의미를 정리하고 넘어가자. '촉구하다', '지양하다'. 무슨 뜻인지 알고 있어? 혹시라도 모른다면, 가, 국어사전 찾으러~! Go Go!

30 문항 코드 | 22672-0030 정답률 73%

㉠~㉤에 대한 이해로 적절하지 않은 것은?

① ㉠: 감각적인 이미지를 사용하여 대상의 모습을 드러내고 있다. YES NO
② ㉡: 역설적 발상을 통해 화자의 삶의 자세가 지닌 가치를 강조하고 있다. YES NO
③ ㉢: 청유형 어미를 사용하여 화자 자신의 다짐을 확고히 하는 한편 청자의 동참을 촉구하고 있다. YES NO
④ ㉣: 대상이 처한 상황의 변화를 제시하여 시상의 반전을 유도하고 있다. YES NO
⑤ ㉤: 화자가 지양하는 모습을 구체적 대상을 통하여 형상화하고 있다. YES NO

▶ 31번의 <보기>를 읽으면서 깨그매가 생각나는 건 나뿐인가? (가)와 (나)의 시어 및 시구들의 의미와 기능을 정확하게 파악하는 연습은 수능 날까지 쭉 계속될 거야.

★**31** 문항 코드 | 22672-0031 정답률 68%

〈보기〉를 참고하여 (가), (나)를 감상한 내용으로 적절하지 않은 것은?

〈보기〉

일반적으로 시의 소재가 되는 대상들은 화자에게 깨달음을 줄 수 있고, 특정한 의미로 인식되거나 화자의 정서를 불러일으킬 수도 있다. 이를 바탕으로 화자는 삶의 지향점을 제시하거나 시련에 대한 대응 방식을 모색하는 등 삶에 대한 태도를 드러내기도 한다.

① (가)에서 '높고 아름다운 하늘'은, 화자가 자신의 삶에서 추구하고자 하는 세계로 볼 수 있군. YES NO
② (가)에서 '한 송이 꽃'은, 화자에게 '육신의 괴로움'을 감내한 존재로 인식되는 대상이군. YES NO
③ (가)에서 '노고지리'는, 화자에게 높은 정신세계를 지향해야 한다는 깨달음을 주는 대상이군. YES NO
④ (나)에서 '새'의 모습은, 화자에게 시련에 대한 적극적인 삶의 의지를 갖게 하는군. YES NO
⑤ (나)에서 '하늘'을 뒤흔드는 '폭풍'은, 화자에게 경외의 대상인 동시에 극복해야 할 대상이군. YES NO

구성이 조금 독특한 세트였어. 그렇지만 접근하는 방법은 크게 다르지 않아. <보기>를 참고해서 (가)와 (나) 시를 이해하고 문제를 풀면 되는 거야. 4강에서 공부한 함축성과 관련된 개념들을 적극적으로 떠올리며 시와 연결해 볼 것. :)

열다섯 • 다음 글을 읽고 물음에 답하시오. [32-33]

(2017학년도 3월 고2 전국연합학력평가)

(가)

㉠유리(琉璃)에 차고 슬픈 것이 어린거린다.
열없이 붙어서서 입김을 흐리우니
길들은 양 언 날개를 파다거린다.
지우고 보고 지우고 보아도
새까만 밤이 밀려 나가고 밀려와 부딪히고,
물 먹은 별이, 반짝, 보석(寶石)처럼 백힌다.
밤에 홀로 유리를 닦는 것은
외로운 황홀한 심사이어니
고흔 폐혈관(肺血管)이 찢어진 채로
아아, 너는 산(山)ㅅ새처럼 날러갔구나!

- 정지용, 「유리창(琉璃窓) 1」 -

(나)

속이 검게 타버린 고목이지만
창녕 덕산리 느티나무는 올봄도 잎을 내었다

잔가지 끝으로 하늘을 밀어올리며 그는
한 그루 용수(榕樹)처럼
제 ㉡아궁이에서 자꾸만 잎사귀를 꺼낸다
번개가 가슴을 쪼개고 지나간 흔적을 안고도
저렇게 눈부신 잎을 피워내다니,
시커먼 아궁이 하나 들여놓고
그는 오래오래 제 살을 달여 내놓는다
낮의 새와 밤의 새가 다녀가고
다람쥐 일가가 세들어 사는,
구름 몇 점 별 몇 개 뛰어들기도 하는,
바람도 가만히 숨을 모으는 그 검은 아궁이에는
모든 빛이 모여 불타고 모든 빛이 나온다
까마귀 깃들었다 날아간 자리에
검은 울음 몇 가지가 뻗어 있기도 한다

발이 묶인 채 날아오르는 새처럼
덕산리 느티나무는 푸른 날개를 마악 펴들고 있다

- 나희덕, 「성(聖) 느티나무」 -

혜정 샘 음성 지원

오늘의 태그 문제

정답 6쪽

※ 〈보기〉를 읽고 32번과 33번 두 물음에 답하시오.

〈보기〉

소재가 지닌 속성은 작품을 이해하는 중요한 단서를 제공한다. (가)는 자식의 죽음에서 오는 슬픔을 투명하지만 차단성을 지닌 '유리'의 속성을 통해, (나)는 죽은 줄 알았던 느티나무가 생명을 이어가고 생(生)의 터전이 되어 주는 모습을, 스스로를 태우고 불을 피우며 온기를 품는 '아궁이'의 속성을 통해 표현하고 있다. 이처럼 '유리'와 '아궁이'는 각각 단절과 소통, 소멸과 생성의 이미지를 형성하면서 주제 의식을 형상화하는 데 관여하고 있다.

▶ <보기>의 역할이 아주 중요한 문제야. <보기>를 통해 알게 된 정보를 바탕으로 시어의 의미 및 기능을 파악해 보자. 3ㅅ과 이미지의 기능을 떠올리며 적용 연습해야겠지? :)

32 문항 코드 | 22672-0032 정답률 66%

〈보기〉를 바탕으로 (가)의 ㉠과 (나)의 ㉡을 이해한 내용으로 적절하지 않은 것은?

① (가)의 화자가 창밖의 세계에 있는 '너'를 만날 수 없는 것은 ㉠이 지닌 차단성에 기인한 것이겠군. YES NO
② (가)의 화자가 밤에 홀로 '유리'를 닦으며 소통을 시도하는 것은 ㉠이 지닌 투명성으로 인해 가능한 것이겠군. YES NO
③ (나)의 '고목'이 발이 묶인 채 하늘을 밀어올리는 모습에서 ㉡이 지닌 소멸의 이미지를 엿볼 수 있겠군. YES NO
④ (나)의 '고목'이 새들과 다람쥐 일가의 생의 터전이 되는 것에서 ㉡이 지닌 생성의 이미지를 엿볼 수 있겠군. YES NO
⑤ (나)의 '고목'이 자신의 살을 달이는 모습과 이를 내놓는 모습에서 ㉡이 지닌 소멸과 생성의 이미지를 엿볼 수 있겠군. YES NO

▶ 이 세트, 구성이 좀 독특하지? 뭐 조금만 다르면 신유형이라는 데. 어차피 묻는 건 똑같아. 기본 개념만 잘 잡혀 있다면 시를 요래조래 좀 평소랑 다르게 묶어도, <보기>를 여기에 뒀다, 저기에 뒀다 해도 겁먹을 거 없다는 거야. 최근 수능 국어의 경향은 '변화'인데, 작은 달라짐에 놀라지 말자는 거야. 시에서는 늘 하던 대로. 릴렉스~ 시적 상황, 화자의 정서와 태도 파악하는 거야~. 오늘 공부한 역설법과 비유법의 의미와 기능을 떠올리며 적용해 보고.

★**33** 문항 코드 | 22672-0033 정답률 54%

〈보기〉를 바탕으로 아래의 탐구 과제를 수행한 결과에 대한 판단 근거로 적절하지 않은 것은?

[탐구 과제]
내용이나 형식 면에서의 여러 차이점에도 불구하고, (가)와 (나)는 서로 대응되는 지점이 많은 작품입니다. 모둠별 토론을 통해 두 작품을 함께 감상하며 대응 요소들을 탐구하여 그 결과를 정리해 보도록 합시다.

[탐구 결과]
A. 행위의 반복을 통해 주제 의식을 드러냄.
B. 역설적 표현을 통해 시상을 집약하여 제시함.
C. 비유적 표현을 통해 대상을 구체적으로 형상화함.

대응요소	판단 근거	
A	(가)	'지우고 보고 지우고 보아도'를 통해 죽은 자식에 대한 그리움을 드러내고 있다. ······ ①
	(나)	'자꾸만 잎사귀를 꺼낸다'를 통해 자연의 부단한 생명력을 드러내고 있다. ······ ②
B	(가)	'외로운 황홀한 심사'를 통해 죽은 자식을 떠올리고 있는 상황에서 나타나는 화자의 모순된 심리를 집약적으로 제시하고 있다. ······ ③
	(나)	'모든 빛이 모여 불타고 모든 빛이 나온다'를 통해 불에 타 버렸지만 생명을 이어가는 고목의 이중적 속성을 집약적으로 제시하고 있다.
C	(가)	'산(山)ㅅ새'는 화자의 품을 떠나 버린 작고 연약한 자식을 비유한 것으로, 이를 통해 화자의 상실감을 형상화하고 있다. ······ ④
	(나)	'날아오르는 새'는 하늘을 향해 가지를 뻗고 있는 느티나무의 모습을 비유적으로 표현한 것으로, 죽음도 기꺼이 감내하는 나무의 수용적 태도를 상징하고 있다. ······ ⑤

● 열공 날짜　　년　월　일

6 시의 표현법 몽땅

개념 태그 #운율 #반복 #통사 구조 #음성 상징어 #시적 허용 #대조 #대비 #영탄 #설의 #열거 #연쇄 #도치 #서술어의 제한 #시상의 집약 #중첩

▸▸▸ 기억 안 나면? 개념의 나비효과 62쪽으로!

이제까지 정말 많은 표현법을 배웠어. (가)와 (나)에 사용된 표현법을 싹 다 읽어내 볼까? 물론 시적 상황을 파악하면서 시적 화자의 정서와 태도를 파악하는 건, 말하지 않아도 기본인 거야~!

열여섯 · 다음 글을 읽고 물음에 답하시오. [34-35] (2013학년도 10월 고3 전국연합학력평가 B형)

(가)

ⓐ고향에 고향에 돌아와도
그리던 ⓑ고향은 아니러뇨.

산꿩이 알을 품고
뻐꾸기 제철에 울건만,

마음은 제 고향 지니지 않고
머언 항구로 떠도는 [구름].

오늘도 뫼 끝에 홀로 오르니
흰 점 꽃이 인정스레 웃고,

어린 시절에 불던 풀피리 소리 아니 나고
메마른 입술에 쓰디쓰다.

고향에 고향에 돌아와도
그리던 하늘만이 높푸르구나.

- 정지용, 「고향」 -

(나)

이제 다시 그처럼 깨끗한 기도 만날 수 없으리
장독대 위 정한수 담긴 흰 대접에서
은은한 빛이 뿜어져 나오고 있었다
어둠은 도둑걸음으로 졸졸졸 고여오다가
흰빛에 닿으면 화들짝 놀라 내빼고는 하였다
어머니는 두 볼에 홍조 띠고
두 손 가지런히 모아
천지신명께 일구월심 가족의 소원 대신 빌었다
감읍한 뒷산 나무들 자지러지게 잔가지를 흔들고
별꽃 서너 송이 고개 끄덕이며 더욱 환하게
웃어주었다 그런 새벽이면 어김없이 얼어붙은
비탈에 거푸 엎어져 무릎 까진 밤새 울음이 있었다
풀잎들은 잠에서 깨어 부스럭대고
바지런한 개울물 들을 깨우러 가고 있었다
촘촘하게 짜여진 어둠의 천 오래 입은 낡은 옷 되어
툭툭 실밥이 터질 때 야행에 지친 파리한 달빛
맨발로 걸어들어와 벌컥벌컥 마셨다
광석들 가로 지르는 서울행 기차 목쉰 기적이
달아오른 몸 담가오기도 하였고 밤나무의,
그중 실한 가지가 손 뻗어오기도 했으나
정한수는 줄지 않았다
장독대. 내 생의 뒤뜰에 놓여 있는,
생활이 타서 갈증으로 목이 마를 때
흰빛 내밀어 권하시는,
내 사는 동안 내내 위안이고 지혜이신 어른이시여,

- 이재무, 「장독대」 -

혜정 샘 음성 지원

▶ 이제 표현상의 특징을 묻는 문제의 선지를 보면 반가운 어휘가 막 보일 거야. '수미상관', '말을 건네는 어투', '강조를 통한 의미 강조', '감각적 이미지', '설의법' 다 배운 거잖아? ㅎㅎ 그런데 이런 어휘를 아는 것에서 그치면 안 돼. 시에 사용된 표현들을 찾아내고 그 기능을 알아야겠지? 자, 난 가르쳤으니 이제 네가 보여줄 차례야. 답을 찾아내어라~!

오늘의 태그 문제

정답 6쪽

★34 문항 코드 | 22672-0034 정답률 86%

(가), (나)의 표현상의 공통점으로 적절한 것은?

① 수미상관을 통해 시상을 마무리한다. 가 나
② 대상에게 말을 건네는 어투를 사용한다. 가 나
③ 같은 어구를 되풀이하여 의미를 강조한다. 가 나
④ 다양한 감각을 활용하여 시상을 전개한다. 가 나
⑤ 설의적 표현을 사용하여 주제를 드러낸다. 가 나

▶ ⓐ도 '고향', ⓑ도 '고향'이야. 둘은 같은 의미일까, 다른 의미일까? ㅎㅎ 자, 지금 여기에서 필요한 것은? 바로 3ㅅ! 상황, 수식어, 서술어를 근거로 삼아서 시어의 의미를 정확하게 파악할 수 있어야 돼. 그래야 '구름'이라는 시어의 의미 및 기능까지도 파악할 수가 있겠지? :)

35 문항 코드 | 22672-0035 정답률 75%

ⓐ, ⓑ와 관련하여 (가)의 '구름'을 설명할 때, 가장 적절한 것은?

① ⓐ와 ⓑ를 이어주는 매개물이다. YES NO
② ⓐ에 대한 화자의 그리움을 환기한다. YES NO
③ ⓑ의 부재를 화자가 인식하는 계기가 된다. YES NO
④ ⓐ와 ⓑ의 부정적 현실을 수용하려는 화자의 태도이다. YES NO
⑤ ⓐ와 ⓑ의 괴리를 경험하게 된 화자의 내면세계를 나타낸다. YES NO

(가)는 제목을 알고 읽을 때와 모르고 읽을 때의 차이가 클 거야. 생각해 보면 참 이상해. 우리가 어떤 시를 읽을 때, 그 시의 제목은 항상 맨 앞에 있잖아. 그런데 왜 시험의 지문 안에서는 시의 제목을 맨 아래로 쫓아내 놓았을까? 제목 먼저 챙겨 읽는 것, 잊지 마.
그리고 (나)는 시 감상의 힌트가 될 수 있는 <보기>가 있으니까, 꼭 챙기고!

열일곱 · **다음 글을 읽고 물음에 답하시오. [36-37]** (2019학년도 대학수학능력시험 6월 모의평가)

(가)

산과 산이 마주 향하고 믿음이 없는 얼굴과 얼굴이 마주 향한 항시 어두움 속에서 꼭 한 번은 천동 같은 화산이 일어날 것을 알면서 요런 자세로 꽃이 되어야 쓰는가.

저어 서로 응시하는 쌀쌀한 풍경. 아름다운 풍토는 이미 고구려 같은 정신도 신라 같은 이야기도 없는가. 별들이 차지한 하늘은 끝끝내 하나인데…… 우리 무엇에 불안한 얼굴의 의미는 여기에 있었던가.

모든 유혈(流血)은 꿈같이 가고 지금도 나무 하나 안심하고 서 있지 못할 광장. 아직도 정맥은 끊어진 채 휴식인가 야위어가는 이야기뿐인가.

언제 한 번은 불고야 말 독사의 혀같이 징그러운 바람이여. 너도 이미 아는 모진 겨우살이를 또 한 번 겪으라는가 아무런 죄도 없이 피어난 꽃은 시방의 자리에서 얼마를 더 살아야 하는가 아름다운 길은 이뿐인가.

산과 산이 마주 향하고 믿음이 없는 얼굴과 얼굴이 마주 향한 항시 어두움 속에서 꼭 한 번은 천동 같은 화산이 일어날 것을 알면서 요런 자세로 꽃이 되어야 쓰는가.

- 박봉우, 「휴전선」 -

(나)

득음은 못하고, 그저 시골장이나 떠돌던
소리꾼이 있었다, 신명 한 가락에
막걸리 한 사발이면 그만이던 흰 두루마기의 그 사내
꿈속에서도 폭포 물줄기로 내리치는
한 대목 절창을 찾아 떠돌더니
[A] 오늘은, 왁새* 울음 되어 우항산 솔밭을 다 적시고
우포늪 둔치, 그 눈부신 봄빛 위에 자운영 꽃불 질러 놓는다
[B] 살아서는 근본마저 알 길 없던 혈혈단신
텁텁한 얼굴에 달빛 같은 슬픔이 엉켜 수염을 흔들곤 했다
늙은 고수라도 만나면
어깨 들썩 산 하나를 흔들었다
[C] 필생 동안 그가 찾아 헤맸던 소리가
적막한 늪 뒷산 솔바람 맑은 가락 속에 있었던가
[D] 소목 장재 토평마을 양파들이 시퍼런 물살 몰아칠 때
일제히 깃을 치며 동편제* 넘어가는
저 왁새들
[E] 완창 한 판 잘 끝냈다고 하늘 선회하는
그 소리꾼 영혼의 심연이
우포늪 꽃잔치를 자지러지도록 무르익힌다

- 배한봉, 「우포늪 왁새」 -

*왁새: 왜가리의 별명.
*동편제: 판소리의 한 유파.

혜정 샘 음성 지원

▶ 이런 표현법 문제는 이제 틀리지 않기로 하자. '설의법', '공감각적 이미지', '시간적·공간적 시상 전개 방식', '반복' 모두 기본적으로 이해하고 있어야 하는 표현 특징이야. 주의할 것! '화자의 인식을 자연물에 투영'한다는 건 '감정 이입'을 의미하는 게 아니야. '인식'과 '감정'은 다른 거잖아. 인식(認알 인, 識알 식)이란 '사물을 분별하고 판단하여 앎'을 의미해. '자연물에 화자의 인식을 투영했다'는 건, '자연물을 통해 화자의 생각을 드러낸다'는 뜻으로 이해하면 돼. 헷갈리지 말자!

▶ 이런 유형의 문제는 필수적으로 시를 읽으면서 실시간으로 YES NO를 판단하는 게 좋아. 시를 다~ 읽은 다음에 선지 하나하나를 보면서 [A]~[E]를 다시 읽으면 시간이 더 걸리겠어, 안 걸리겠어? 시를 읽으면서 선지의 적절성을 바로바로 판단하면 시간을 단축하면서도 판단의 정확도는 높일 수 있어. 이 문제는 정답률이 고작 30%, 당시 오답률 2위였어. 이런 유형의 문제를 풀 때 주의해야 하는 것은 판단해야 하는 범위가 명확하게 지정돼 있음을 잊으면 안 된다는 거야. 각 선지는 지정돼 있는 [A]~[E]만을 범위로 두고 판단해야 돼.

오늘의 태그 문제

정답 7쪽

★36 문항 코드 | 22672-0036 정답률 71%

(가), (나)에 대한 설명으로 적절하지 않은 것은?

① (가)는 설의적 표현으로 현실에 대한 화자의 안타까움을 드러내고 있다. 가
② (나)는 청각의 시각화를 통해 소재의 생동감을 부각하고 있다. 나
③ (가)는 시간의 흐름에 따라, (나)는 시선의 이동에 따라 시상을 전개하고 있다. 가 나
④ (가)는 동일한 시구를 반복하여, (나)는 인물에 대한 이야기를 활용하여 주제 의식을 강조하고 있다. 가 나
⑤ (가)와 (나)는 모두 화자의 인식을 자연물에 투영하여 시적 정서를 환기하고 있다. 가 나

37 문항 코드 | 22672-0037 정답률 30%

〈보기〉를 참고하여 [A]~[E]를 이해한 내용으로 적절하지 않은 것은?

〈보기〉

이 시의 화자는 '우포늪'에서 왁새 울음소리를 들으며, 득음을 못한 채 생을 마감했던 한 '소리꾼'을 상상적으로 떠올리고 있다. 화자는 왁새 울음소리에서 고단하고 외로웠던 소리꾼이 평생을 추구했던 절창을 연상함으로써, 우포늪의 생명력이 소리꾼의 영혼을 절창으로 이끌었음을 표현하고자 했다. 자연과 인간이 어우러진 세계에서 창조되는 예술의 경지와 우포늪의 아름다움을 조화롭게 형상화한 것이다.

① [A]: 화자는 왁새 울음소리와 우포늪의 풍경을 연결 지어 소리꾼이 추구했던 절창을 상상적으로 떠올리고 있다. YES NO
② [B]: 득음의 경지를 찾아 떠돌았던 소리꾼의 얼굴에 묻어나는 삶의 비애를 감각적으로 표현하고 있다. YES NO
③ [C]: 소리꾼이 평생 추구했던 절창을 우포늪에서 찾아낸 화자의 정서를 드러내고 있다. YES NO
④ [D]: 화자가 상상적으로 떠올린 세계를 우포늪 일대의 현실적 공간과 결부하고 있다. YES NO
⑤ [E]: 날아가는 왁새와 완창을 한 소리꾼을 대비하여 자연과 인간이 통합된 예술의 형상을 사실적으로 보여 주고 있다. YES NO

(가)는 쉽지 않은 시야. 그럴 땐? <보기>를 먼저 읽어보면서 이해에 도움이 되는 힌트가 있는지 찾아보도록 하자. 가끔은 도움을 받을 수 있는 <보기>가 없을 수도 있어. 그렇더라도 위축될 건 없어. 쌤이 첫 강의(1강)에서 강조했지? 우리에게는 그 어떤 시도 미리 알아두어야 한다는 의무는 없다고. 시에 드러나 있는 시적 상황을 이해하고, 그 상황 속에 놓여 있는 시적 화자 혹은 시적 대상의 정서와 태도를 있는 그대로 읽어내면 되는 거야. :)

열여덟 • **다음 글을 읽고 물음에 답하시오. [38-39]**

(2017학년도 10월 고3 전국연합학력평가)

(가)

가난한 내가
아름다운 나타샤를 사랑해서
오늘밤은 푹푹 눈이 나린다

나타샤를 사랑은 하고
눈은 푹푹 날리고
나는 혼자 쓸쓸히 앉아 소주를 마신다
소주를 마시며 생각한다
나타샤와 나는
눈이 푹푹 쌓이는 밤 흰 당나귀 타고
산골로 가자 출출이 우는 깊은 산골로 가 마가리에 살자

눈은 푹푹 나리고
나는 나타샤를 생각하고
나타샤가 아니 올 리 없다
언제 벌써 내 속에 고조곤히 와 이야기한다
산골로 가는 것은 세상한테 지는 것이 아니다
세상 같은 건 더러워 버리는 것이다

눈은 푹푹 나리고
아름다운 나타샤는 나를 사랑하고
어데서 흰 당나귀도 오늘밤이 좋아서 응앙응앙 울을 것이다

- 백석, 「나와 나타샤와 흰 당나귀」 -

(나)

바위 위에 소나무가 저렇게 싱싱하다니
사람들은 모르지 처음엔 이끼들도 살 수 없었어
아무것도 키울 수 없던 불모의 바위였지
작은 풀씨들이 날아와 싹을 틔웠지만
이내 말라버리고 말았어
돌도 늙어야 품 안이 너른 법
오랜 날이 흘러서야 알게 되었지
그래 아름다운 일이란 때로 늙어갈 수 있기 때문이야
흐르고 흘렀던가
바람에 솔씨 하나 날아와 안겼지
이끼들과 마른풀들의 틈으로
그 작은 것이 뿌리를 내리다니
비가 오면 바위는 조금이라도 더 빗물을 받으려
굳은 몸을 안타깝게 이리저리 틀었지
사랑이었지 가득 찬 마음으로 일어나는 사랑
그리하여 소나무는 자라나 푸른 그늘을 드리우고
바람을 타고 굽이치는 강물 소리 흐르게 하고
새들을 불러 모아 노랫소리 들려주고

뒤돌아본다
산다는 일이 그런 것이라면
삶의 어느 굽이에 나, 풀꽃 한 포기를 위해
몸의 한편 내어 준 적 있었는가 피워 본 적 있었던가

- 박남준, 「아름다운 관계」 -

혜정 샘 음성 지원

▶ '음성 상징어', '의인법', '설의법', '도치법', '반복'과 '변주', '반복'과 '운율감 형성', '색채 이미지'까지. 함께 공부하지 않은 표현법이 없네. 배운 것들은 시와 선지에서 정확하게 알아볼 수 있어야 하는 거야. :)

오늘의 태그 문제

정답 7쪽

★38 문항 코드 | 22672-0038 정답률 71%

(가), (나)에 대한 설명으로 적절하지 않은 것은?

① (가)는 음성 상징어를 통해 정서를 효과적으로 드러내고 있다. 가
② (나)는 자연물에 인격을 부여하여 시적 상황을 부각하고 있다. 나
③ (가)는 설의적 표현을 사용하여, (나)는 도치의 방식을 사용하여 의미를 강조하고 있다. 가 나
④ (가)는 유사한 시구의 반복과 변주를 통하여, (나)는 동일한 어미의 반복을 통하여 운율감을 형성하고 있다. 가 나
⑤ (가)와 (나) 모두 색감을 드러내는 시어를 활용하여 대상이 지닌 이미지를 표출하고 있다. 가 나

▶ 정답률이 58%밖에 되지 않았던 문제야. 오답지의 선택 비율도 골고루 높은 편이었어. 선지의 그럴듯한 설명에 넘어가면 안 돼. 선지의 설명이 길어질수록 꼼꼼하게 내용을 이해하고 그 적절성을 판단해야 한다는 걸 이 문제를 통해서 꼭 체크하고 넘어가자.

39 문항 코드 | 22672-0039 정답률 58%

〈보기〉를 바탕으로 (가)와 (나)를 감상한 내용으로 적절하지 않은 것은?

〈보기〉

인간은 자신을 둘러싸고 있는 세계와 무수한 관계를 맺으며 살아가는 존재로, 순수를 지향하며 단절과 고립을 자처하기도 하고 스스로 변화의 주체가 되어 이질적인 존재들을 포용하며 관계를 확대해 나가기도 한다. 이는 주어진 상황 속에서 세계를 대하는 저마다의 존재 방식으로, 우리는 이를 통해 각자가 지향하는 삶의 자세를 탐지할 수 있다.

① (가)에서 '나'가 '산골로 가 마가리에 살자'는 것은 속세와의 관계를 단절하고 순수한 세계를 지향하고자 하는 화자의 의지를 드러낸 것으로 볼 수 있겠군. YES NO
② (가)에서 '눈' 내리는 상황의 지속은 '나'가 자신을 둘러싼 세계로부터 자처한 고립과 '나타샤'에 대한 '나'의 몰입을 심화하는 양상을 드러낸다고 볼 수 있겠군. YES NO
③ (나)에서 '바위'는 '작은 풀씨'의 생명력을 원천으로 삼아, '강물 소리'와 새의 '노랫소리'를 매개로 '소나무'와의 관계를 확장해 나가고 있다고 볼 수 있겠군. YES NO
④ (나)에서 '불모'의 바위가 '품 안이 너른' 바위가 되고 '몸'을 틀어 '소나무'를 키워낸 것을 통해, 주체가 스스로를 희생하고 변화할 때에 다른 존재를 포용할 수 있게 된다고 볼 수 있겠군. YES NO
⑤ (나)에서 화자가 지향하는 '아름다운' 삶이란 '바위'가 먼저 '솔씨'에게 '틈'을 내어 뿌리를 내리게 했듯이, 내가 먼저 '몸의 한편'을 내어 누군가를 품어 주는 관계를 맺으며 살아가는 것이라고 볼 수 있겠군. YES NO

7 고전 시가, 읽기 & 갈래

개념 태그

#진작 했어야 할 고어 읽기 방법 공부 #-ㄹ샤 #제일 많이 나오는 시조랑 가사 #출제 빈도 저조한 민요랑 향가 #얘도 나오기 쉽지 않을 걸, 경기체가

#-ᄒᆞ다 #홍진, 무심, 백구 모르면 이제 나가 #자주 나오지 않아도 알아 둘게, 한시 #나오기 힘든 고대 가요

#-는다 #봄이면 이화와 도화 #요즘 살짝 뜨는 고려 가요 #한 번 출제돼서 깜놀, 악장

▶▶▶ 기억 안 나면? 개념의 나비효과 78쪽으로!

고전 시가에 대한 두려움을 떨쳐 버리자! 현대시를 읽는 방법과 고전 시가를 읽는 방법은 다르지 않아. 문제 유형도 마찬가지야. 현대시를 공부하면서 차근차근 연습해 온 것들에 고전 시가의 특징에 대한 공부를 조금만 더하면 된다는 생각으로 시작해 보자. ^^

열아홉 • 다음 글을 읽고 물음에 답하시오. [40-41] 〈 2016학년도 3월 고3 전국연합학력평가 〉

산중(山中)에 책력(冊曆) 없어 사시(四時)를 모르더니
눈 아래 헤친 경(景)이 철철이 절로 나니
듣거니 보거니 일마다 선간(仙間)이라.
㉠매창(梅窓) 아침볕에 향기(香氣)에 잠을 깨니
산옹(山翁)의 할 일이 곧 없지도 아니하다.
[A] 울 밑 양지(陽地) 편에 외씨를 뿌려 두고
매거니 돋우거니 빗김에 가꿔 내니
청문고사(靑門故事)를 이제도 있다 하겠다.
[B] 망혜(芒鞋)를 단단히 신고 죽장(竹杖)을 흩어 짚으니
도화(桃花) 핀 시내 길이 방초주(芳草洲)에 이었어라.
잘 닦은 거울 속 절로 그린 석병풍(石屛風)
그림자를 벗을 삼아 서하(西河)로 함께 가니
도원(桃園)은 어드매오 무릉(武陵)이 여기로다.
남풍(南風)이 건듯 불어 녹음(綠陰)을 헤쳐 내니
계절 아는 꾀꼬리는 어디에서 오는가.
[C] 희황(羲皇) 베개 위에 풋잠을 얼핏 깨니
공중(空中) 젖은 난간(欄干) 물 위에 떠 있구나.
마의(麻衣)를 걷어 올리고 갈건(葛巾)을 기울여 쓰고
구부렸다 기대었다 보는 것이 고기로다.
[D] 하룻밤 빗기운에 홍백련(紅白蓮)이 섞어 피니
바람기 없어서 만산(萬山)이 향기로다.
염계(濂溪)를 마주보아 태극(太極)*을 묻는 듯
태을진인(太乙眞人)*이 옥자(玉字)를 헤쳐 놓은 듯
노자암(鸕鷀巖) 바라보며 자미탄(紫微灘) 곁에 두고
장송(長松)을 차일(遮日) 삼아 석경(石逕)에 앉으니
인간(人間) 유월(六月)이 여기는 삼추(三秋)로다.
[E] 청강(淸江)에 떠 있는 오리 백사(白沙)에 옮겨 앉아
백구(白鷗)를 벗을 삼고 잠 깰 줄 모르나니
무심(無心)코 한가(閑暇)함이 주인(主人)과 어떠한가.

- 정철, 「성산별곡」 -

*태극(太極): 우주만물이 생긴 근원이라고 보는 본체(本體).
*태을진인(太乙眞人): 하늘에 있는 진선(眞仙).

혜정 샘 음성 지원

▶ 이 문제는 앞으로도 고전 시가를 스스로 읽고 이해할 때 도움이 될 만한 내용을 담고 있어. 7강에서 고전 시가 필수 어휘 공부했지? 8강에서는 고전 시가에 자주 등장하는 발상과 주요 주제들을 공부할 거야. 고전 시가에는 자주 등장하는 인물과 소재, 고사들이 있어. 이런 내용을 미리 잘 정리해 두면 처음 보는 고전 시가를 이해할 때 큰 도움 받을 수 있을 거야. :)

오늘의 태그 문제

정답 8쪽

★**40** 문항 코드 | 22672-0040 정답률 61%

〈보기〉와 〈자료〉를 참고하여 윗글을 감상한 내용으로 적절하지 않은 것은?

〈보기〉

선생님: 고전 시가에서는 고사(古事) 속에 등장하는 '인물'이나 '소재'를 활용한 표현이 자주 등장하는데, 이러한 표현들은 고사와 시적 상황의 유사성을 바탕으로 한 연상의 과정을 통해 이루어지는 경우가 많아요. 이 작품에서는 다음의 〈자료〉와 같이 고사에 나오는 소재들이 활용되고 있습니다.

〈자 료〉

◦**외씨**: 중국 진나라 때 '소평'이 나라가 망하자 벼슬을 버리고 청문 부근에서 농사를 지으며 심었다는 오이씨.
◦**도화(桃花)**: 중국 진나라 때 한 어부가 별천지인 무릉도원에 가게 되었다는 고사에 나오는 복숭아꽃. '무릉도원'에는 복숭아꽃이 만발하였다고 함.
◦**희황(羲皇) 베개**: '희황'은 태평성대를 이룬 중국 전설에 나오는 '복희씨'의 다른 이름으로, '희황 베개'는 '태평한 세상'을 상징함.
◦**홍백련(紅白蓮)**: '염계(濂溪)'가 지은 '애련설(愛蓮說)'에 나오는 '연꽃'. 이 '연꽃'은 '군자'의 풍모를 빗대었음.
◦**백구(白鷗)**: 인간의 '무심(無心)'을 알아보는 갈매기. 어부가 갈매기를 잡으려는 마음을 갖고 바다로 나서자 평소에는 그를 따르던 갈매기들이 멀리 도망가 버렸다는 고사에서 나옴.

① [A]에서 '외씨'를 활용한 것은, '외씨'를 뿌리며 사는 '산옹'의 소박한 삶에서 '소평'의 삶이 연상되었기 때문이겠군. YES NO
② [B]에서 '도화'를 활용한 것은, '시내 길'에서 본 '도화'의 모습에서 '복숭아꽃'이 만발한 '무릉도원'이 연상되었기 때문이겠군. YES NO
③ [C]에서 '희황 베개'를 활용한 것은, '풋잠'을 자다 깨며 느낀 평안함에서 '희황'의 태평한 시대가 연상되었기 때문이겠군. YES NO
④ [D]에서 '홍백련'을 활용한 것은, '만산'의 연꽃 '향기'를 맡으면서 '염계'가 말한 '군자'의 덕이 연상되었기 때문이겠군. YES NO
⑤ [E]에서 '백구'를 활용한 것은, '무심코 한가'한 '주인'의 모습과 갈매기를 잡으려던 '어부'의 모습이 같은 것으로 연상되었기 때문이겠군. YES NO

▶ 지정된 장면에서 시적 화자가 어떤 상황에서 무엇을 하고 있는지, 그 상황에서 어떤 정서 혹은 태도를 드러내고 있는지를 파악하면 되는 문제야. 이건 현대시를 읽으면서도 항상 하는 거잖아. 고전도 현대도 모두 똑같다니까~!

★**41** 문항 코드 | 22672-0041 정답률 57%

윗글의 ㉠과 〈보기〉를 비교한 내용으로 적절하지 않은 것은?

〈보기〉

기러기 우는 밤에 내 홀로 잠이 없어
잔등(殘燈) 돋워 켜고 전전불매(輾轉不寐) 하는 차에
창(窓) 밖에 굵은 빗소리에 더욱 망연(茫然)하여라

- 강강월의 시조 -

① ㉠의 '매창'과 〈보기〉의 '창'은 모두 '산옹'과 '나'가 각각 머물고 있는 곳의 안과 밖을 연결하는 통로의 역할을 하고 있다. ㉠ 보기
② ㉠의 '아침볕'은 '산옹'이 맞고 있는 아침의 분위기를 자아내고, 〈보기〉의 '기러기 우는 밤'은 '나'가 지새고 있는 밤의 분위기를 자아내고 있다. ㉠ 보기
③ ㉠의 '향기'는 '산옹'의 잠을 깨우는 역할을 하고, 〈보기〉의 '굵은 빗소리'는 '나'가 잠들지 못하는 데 영향을 주고 있다. ㉠ 보기
④ ㉠의 '할 일'은 '산옹'이 세상을 위해 해야 할 과업이고, 〈보기〉의 '잔등 돋워'는 '나'가 자신을 위해 해야 할 일이다. ㉠ 보기
⑤ ㉠의 '곧 없지도 아니하다'에서는 '산옹'의 생활에 대한 긍정적 인식이 드러나고, 〈보기〉의 '더욱 망연하여라'에서는 '나'의 처지에 대한 애상감이 드러나 있다. ㉠ 보기

한때 문학 영역에서 한 지문 안에 덩치 큰 <보기> 같은 문학 이론에 관련된 글이 제시되고, 그와 관련된 문학 작품 한 두 작품이 세트로 묶여 출제가 됐었어. 최근에는 이런 성격의 세트 문제가 출제되지는 않지만, 이때의 기출문제를 통해 우리가 7강에서 공부한 내용을 다시 짚어볼 수 있을 거야. 고전 시가는 갈래의 특징을 잘 이해해 두면 개별 작품에 좀 더 쉽게 다가갈 수 있다는 것을 기억하자.

스물 · **다음 글을 읽고 물음에 답하시오. [42-43]** 〔 2016학년도 10월 고3 전국연합학력평가 〕

(가)

자연을 소재로 한 시조 작품들은 조선 시대 사대부들에 의해 창작된 시조 문학의 주류를 이루고 있다. 사대부들은 이들 시조를 통해 자연과 현실의 관계에 대한 인식을 드러내었다. 이들에게 있어 자연은 질서와 조화를 이룬 아름다움의 공간이자 완상의 대상이었다. 또한 자연은 영원불변한 우주 만물의 보편타당한 이치이자 인간이 지향해야 할 대상으로서의 천리(天理)가 구현된 관념적 공간이었다. 따라서 자연의 본성을 궁구하는 것은 이를 통해 자연에서 발견한 천리를 인간의 현실에서도 실현하기 위한 노력이었다. 자연을 소재로 한 사대부들의 시조는 이러한 노력을 형상화한 결과라 할 수 있다.

┌ 청산(靑山)ᄂᆞᆫ 엇뎨ᄒᆞ야 만고(萬古)애 프르르며
[A] 유수(流水)ᄂᆞᆫ 엇뎨ᄒᆞ야 주야(晝夜)애 긋디 아니ᄂᆞᆫ고
└ 우리도 그치디 마라 만고상청(萬古常靑)호리라

- 이황, 「도산십이곡」 〈후 5〉 -

위 시조에는 자연에 구현된 천리가 곧 인간이 추구해야 할 보편타당한 이치라고 보는 시각과 함께, 자연을 닮고자 하는 노력을 통해 현실에서도 천리를 구현하는 것이 가능하다는 인식이 바탕에 깔려 있다. 현실의 변화 가능성에 대한 이러한 긍정적 인식은 자연을 소재로 한 16세기 사대부들의 시조에서 빈번히 드러나는데, 이는 무수한 좌절을 겪은 끝에 도덕적, 이념적 정당성을 내세워 현실 정치를 주도하게 되었던 당대 사대부들의 낙관적 전망에서 비롯된 것으로 볼 수 있다.

그러나 17세기에 들어 사대부들은 당쟁과 외적의 침략으로 혼란스러워진 현실에서 성리학적 이념과 도덕의 영향력이 점점 약해지는 것을 지켜보게 되었다. 이 시기 사대부들의 시조에서 자연은 여전히 천리가 구현되어 있으며 질서와 조화를 보여주는 공간으로 간주되었지만, 현실은 이와는 거리가 먼 혼탁함과 부조리의 공간으로 여겨졌다. 이들 시조에서 화자는 자연의 아름다운 풍광에 몰입하고 그 흥취를 즐긴다. 그러는 가운데 이와는 동떨어진 현실에 대한 거리감과 안타까움을 표현하기도 한다. 윤선도의 「어부사시사」에서도 이러한 양상을 확인할 수 있다.

(나)

압개예 안ᄀᆡ 것고 뒫뫼희 ᄒᆡ 비췬다
　ᄇᆡ떠라 ᄇᆡ떠라
밤믈은 거의 디고 낟믈이 미러 온다
　지국총 지국총 어사와
강촌(江村) 온갓 고지 먼 빗치 더옥 됴타 〈춘 1〉

우ᄂᆞᆫ 거시 벅구기가 프른 거시 버들숩가
　이어라 이어라
어촌 두어 집이 ᄂᆡᆺ 속의 나락 들락
　지국총 지국총 어사와
말가ᄒᆞᆫ 기픈 소희 온갇 고기 뛰노ᄂᆞ다 〈춘 4〉

긴 날이 져므ᄂᆞᆫ 줄 흥(興)에 미쳐 모ᄅᆞ도다
　돋디여라 돋디여라
빗대ᄅᆞᆯ 두드리고 수조가(水調歌)ᄅᆞᆯ 블러 보쟈
　지국총 지국총 어사와
애내성 중에 만고심(萬古心)*을 긔 뉘 알고 〈하 6〉

수국(水國)에 ᄀᆞ올히 드니 고기마다 ᄉᆞᆯ져 읻다
　닫드러라 닫드러라
만경 징파(萬頃澄波)에 슬ᄏᆞ지 용여ᄒᆞ쟈
　지국총 지국총 어사와
인간(人間)을 도라보니 머도록 더욱 됴타 〈추 2〉

- 윤선도, 「어부사시사」 -

***애내성 중에 만고심:** 주자의 '무이구곡가' 중 한 구절을 인용한 것으로, '사공의 뱃노래에 드러난 세상 만고의 근심'을 뜻함.

혜정 샘 음성 지원

▶ 이황의 「도산십이곡」은 수능 보기 전에 반드시 만날 수밖에 없고, 또 수험생이라면 잘 이해하고 정리해 두어야 하는 작품 중 하나라고 할 수 있어. (가)를 덩치 큰 <보기>라고 생각하고 (가)의 내용을 바탕으로 [A]의 내용을 이해해 보는 거야.

오늘의 태그 문제

정답 8쪽

★**42** 문항 코드 | 22672-0042 정답률 74%

(가)의 맥락에서 [A]에 대해 이해한 내용으로 적절하지 않은 것은?

① '청산', '유수'는 모두 인간이 지향해야 할 대상으로서의 천리를 연상시키는 소재라 할 수 있다. YES NO

② '만고에 프르르며', '주야애 긋디 아니는고'는 '청산'과 '유수'를 통해 드러난 보편타당한 이치의 속성을 표현한 것으로 볼 수 있다. YES NO

③ 초, 중장은 인간의 현실에서 천리를 구현하고자 하는 과정에서 겪을 수밖에 없는 어려움에 대한 한탄을 표현한 것으로 볼 수 있다. YES NO

④ 종장에서 '청산'과 '유수'의 속성을 '우리'와 관련된 것으로 재진술한 것은, 자연에 구현된 천리를 인간이 추구해야 할 이치로 보는 시각을 드러낸 것으로 볼 수 있다. YES NO

⑤ 종장은 자연을 닮고자 하는 노력을 통해 현실 속에서 천리를 구현하고자 하는 태도를 드러낸 것으로 볼 수 있다. YES NO

▶ 역시 (가)는 덩치 큰 <보기>라고 할 수 있어. 43번 역시 (가)를 바탕으로 하여 (나)를 감상하라고 말하고 있지? 그리고 각 선지는 범위를 구체적으로 지정해 줬어. 지문을 읽으면서 해당 부분과 관련된 선지를 함께 읽으면서 각 선지의 적절성을 바로바로 판단할 수 있어야 돼.

★**43** 문항 코드 | 22672-0043 정답률 61%

(가)를 바탕으로 하여 (나)를 감상한 내용으로 적절하지 않은 것은?

① 〈춘 1〉에서 시간의 흐름에 따라 교차하는 '안긔'와 'ᄒᆡ', '밤믈'과 '낟믈'은 자연의 질서와 조화를 드러내는 것으로 볼 수 있군. YES NO

② 〈춘 4〉에서 '어촌 두어 집'은 '벅구기'와 '버들숩'이 어우러진 가운데 '온간 고기 뛰노'는 자연의 모습과 대조를 이루면서 현실의 혼탁함을 드러내는 것으로 볼 수 있군. YES NO

③ 〈하 6〉에서 '만고심'이란 어부 생활의 풍류를 즐기면서도 한편으로는 현실을 떠올리고 안타까워하는 화자의 내면을 가리키는 것으로 볼 수 있군. YES NO

④ 〈추 2〉에서 '만경 징파에 슬ᄏᆞ지 용여ᄒᆞ쟈'는 화자의 말은 자연에 몰입하여 흥취를 즐기고자 하는 태도를 드러낸 것으로 볼 수 있군. YES NO

⑤ 〈추 2〉에서 '머도록 더욱 됴타'는 것은 '인간'으로 제시된 현실의 부조리함에 대한 화자의 거리감을 반영한 표현으로 볼 수 있군. YES NO

지문 안에 (가), (나), (다)가 있어. (가)는 유배 시가에 대한 정보를 담은 글이고, (나)와 (다)는 (가)와 연결해서 이해할 수 있는 구체적인 작품들이야. 이런 구성을 생전 처음 접했다고 하자. 그래서 뭐? 뭐가 달라지지? 45번 문제를 볼래? '[A]를 참고하여 (나), (다)를 감상한 것으로 적절하지 않은 것은?'이라고 묻고 있잖아. 우리가 항상 봐 왔던, '<보기>를 참고하여 (가)를 감상한 것으로 적절하지 않은 것은?' 문제와 다를 게 뭐야? 똑같아. 작품을 감상하기 전에 참고해야 하는 <보기>가 지문으로 들어가 자리를 차지했을 뿐, <보기>가 덩치를 조금 더 키웠을 뿐인 거야. 이와는 또 다른 변화가 언제 어디에서 생길지 몰라. 우리에게 필요한 건 작은 변화에 흔들리지 않을 수 있을 만큼 뿌리 깊은 기본 지식과 적용 능력, 그리고 침착성이야.

스물하나 • 다음 글을 읽고 물음에 답하시오. [44-45]

(2017학년도 7월 고3 전국연합학력평가)

(가)

유배(流配) 시가는 유배지로 가는 여정이나 유배지에서 느끼고 경험한 바를 소재로 하여 창작된 시가들을 총칭한다. 유배 시가는 고려 시대 정서의 「정과정곡(鄭瓜亭曲)」을 시초로 하여, 조선 시대에 들어와 시조나 가사 등의 다양한 문학 양식으로 활발하게 창작되었다. 시조는 초·중·종 3장의 정형화된 형식 안에 유배객의 삶과 정서를 간결하게 응축해서 전달할 수 있었다. 한편 가사는 연속체(連續體)로, 길이의 조절이 자유로웠기에 유배지에서의 삶과 정서를 좀 더 구체적으로 담아낼 수 있었다.

[A] 정치적 분쟁으로 인한 유배객이 많았던 조선 시대의 유배 시가에는 정적(政敵)에 대한 원망, 결백의 호소, 정계 복귀에 대한 소망 등이 주로 표현되었다. 또한 정치적 유배객들은 임금에 대한 변함없는 충정을 드러내며 유배의 고통 속에서도 유교 이념을 굳건히 지키는 태도를 보였다. 조선 광해군 때, 윤선도가 이이첨의 횡포를 규탄하는 상소를 올렸다가 이이첨 일파의 모함을 받아 유배되어 쓴 연시조 「견회요(遣懷謠)」에 이러한 모습이 잘 드러나 있다. 한편, 정치적 유배객들 중에는 현실에서 소외된 자신의 처지를 달래기 위해 자연에 대한 사랑을 노래하는 탈속적 태도를 보이는 경우도 있었다.

유배는 정치적인 이유가 아닌 개인적인 잘못에 의한 경우도 있다. 개인적 잘못으로 인한 유배객은 정적에 대해 원망하거나 임금에게 자신의 결백을 호소하는 데 중점을 두기보다는 자신의 과거 잘못에 대한 반성과 후회, 유배지에서의 고통스러운 삶과 사실적 체험을 서술하는 데 중점을 두는 경우가 많았다. 정조 때, 안조원이 공무상의 개인 비리로 유배되어 쓴 가사 「만언사(萬言詞)」가 그러하다.

(나)

내 일 망녕된 줄을 내라 하여 모를쏜가
이 마음 어리기도 임 위한 탓이로세
아무가 아무리 일러도 임이 혜여 보소서 〈제2수〉

추성(楸城) 진호루(鎭胡樓) 밧긔 울어 예는 저 시내야
므음 호리라 주야(晝夜)에 흐르는다
임 향한 내 뜻을 조차 그칠 뉘를 모르나다 〈제3수〉

뫼흔 길고 길고 물은 멀고 멀고
어버이 그린 뜻은 많고 많고 하고 하고
어디서 외기러기는 울고 울고 가느니 〈제4수〉

어버이 그릴 줄을 처음부터 알아마는
임금 향한 뜻도 하늘이 삼겨시니
진실로 임금을 잊으면 긔 불효인가 여기노라 〈제5수〉

- 윤선도, 「견회요(遣懷謠)」 -

(다)

남방 염천(南方炎天)* 찌는 날에 빨지 못한 누비바지
땀이 배고 때가 올라 굴뚝 막은 덕석인가
덥고 검기 다 바리고 내암새를 어이하리
어와 내 일이야 가련히도 되었고나
손잡고 반기는 집 내 아니 가옵더니
등 밀어 내치는 집 구차히 빌어 있어
옥식 진찬(玉食珍饌) 어데 가고 맥반 염장(麥飯鹽藏)* 대하오며
금의 화복(錦衣華服) 어데 가고 현순백결(懸鶉百結) 하였는고
이 몸이 살았는가 죽어서 귀신인가
말하니 살았으나 모양은 귀신일다
한숨 끝에 눈물 나고 눈물 끝에 한숨이라
도로혀 생각하니 어이없어 웃음 난다
이 모양이 무슴 일고 미친 사람 되었고나
어와 보리가을 되었는가 전산 후산에 황금빛이로다
남풍은 때때 불어 보리 물결 치는고나
지게를 벗어 놓고 전간(田間)에 굽닐면서
한가히 베는 농부 묻노라 저 농부야
밥 우희 보리술을 몇 그릇 먹었느냐
청풍에 취한 얼골 깨연들 무엇하리
연년(年年)이 풍년 드니 해마다 보리 베어
마당에 두드려서 방아에 쓸어 내어
일분(一分)은 밥쌀 하고 일분(一分)은 술쌀 하여
밥 먹어 배부르고 술 먹어 취한 후에
함포고복(含哺鼓腹)하여 격양가(擊壤歌)*를 부르나니
농부의 저런 흥미 이런 줄 알았더면
공명을 탐치 말고 농사를 힘쓸 것을

백운(白雲)이 즐거운 줄 청운(靑雲)이 알았으면
탐화봉접(探花蜂蝶)*이 그물에 걸렸으랴
- 안조원, 「만언사(萬言詞)」 -

***남방 염천:** 남쪽 지방의 몹시 더운 날씨.
***맥반 염장:** 보리밥과 소금장.
***격양가:** 풍년이 들어 농부가 태평한 세월을 즐기는 노래.
***탐화봉접:** 꽃을 탐하는 벌과 나비.

혜정 샘 음성 지원

▶ (가)는 시조와 가사, 그중에서도 유배 시가에 대한 정보를 담고 있는 글이야. (가)를 난도가 낮은 독서(비문학) 지문이라고 생각해 봐. 어렵지 않게 답을 찾을 수 있겠지? 이런 구성이 문학에서 등장했을 때 약간 당황스러울 수 있겠지만, (가)가 만약 비문학 지문으로 출제됐다고 생각해 봐. 그러면 갑자기 이 지문과 44번 문제가 너무 쉽게 느껴질걸?

오늘의 태그 문제

정답 8쪽

★44 문항 코드 | 22672-0044 정답률 78%

(가)를 이해한 내용으로 적절한 것은?

① 가사는 길이의 조절이 자유로웠기 때문에 유배지에서의 삶과 정서를 구체적으로 표현할 수 있었다. YES NO
② 유배 시가가 조선 시대에 처음 창작되어 당대에 전성기를 맞이하게 된 것은 정치적 배경과 관련이 깊다. YES NO
③ 유배 시가는 유배객으로서의 일상과 유배지에서 보고 들은 바를 왕에게 보고하는 형식의 시가를 말한다. YES NO
④ 시조는 3장의 정형화된 형식을 따랐기 때문에 유배지에서의 정서보다는 상황을 자세하게 묘사할 수 있었다. YES NO
⑤ 정계에 복귀하고자 하는 유배객의 소망은 임금에 대한 충정보다는 탈속적 세계에 대한 지향으로 표현되었다. YES NO

▶ [A]는 어쩌다 지문 안으로 들어가 버린 <보기>라고 생각하면 그만인 거야. 항상 <보기>를 참고하여 시를 이해했던 것처럼 [A]를 참고하여 (나)와 (다)를 감상하면 되는 거야.

45 문항 코드 | 22672-0045 정답률 78%

[A]를 참고하여 (나), (다)를 감상한 것으로 적절하지 않은 것은?

① (나)의 '제3수'에는 자연에 은거하고자 하는 화자의 소망이 담겨 있군.
② (나)의 '제5수'에는 임금에 대한 변함없는 충정이 효와 관련하여 담겨 있군.
③ (다)의 '남방 염천 찌는 날에 빨지 못한 누비바지'에서, 유배지에서 힘겨운 삶을 살았던 유배객의 사실적 체험이 나타나는군.
④ (다)의 '공명을 탐치 말고 농사를 힘쓸 것을'에서, 화자가 자신의 과거에 대해 후회하고 있음을 알 수 있군.
⑤ (다)의 '탐화봉접이 그물에 걸렸으랴'에서 개인의 잘못에 의한 유배를 그물에 걸린 것으로 비유하여 표현하고 있군.

8 고전 시가, 주제 & 발상

개념 태그 #자연의 아름다움 #자연 친화, 물아일체 #이별의 슬픔과 그리움 #임에 대한 사랑 #애국, 애군 #산다는 건 #탐관오리 싫어 #부정적 현실도 싫어 #효 #탄로

▶▶▶ 기억 안 나면? 개념의 나비효과 94쪽으로!

고전 시가에서 자주 볼 수 있는 주제와 발상을 정리해 봤어. 물론 모든 고전 시가가 공식에 들어맞듯 우리가 공부한 주제와 발상만을 담고 있는 건 아니야. 그렇지만 기본적인 틀을 잘 잡아 놓고, 다양한 고전 시가 작품을 접하다 보면 처음 보는 낯선 고전 시가 작품도 겁내지 않게 되는 순간이 올 거야. 할 수 있어.

스물둘 • **다음 글을 읽고 물음에 답하시오. [46~47]** (2021학년도 3월 고3 전국연합학력평가)

고전 시가에 연정이라는 주제와 달이라는 소재가 결합하는 애정 시조들이 있다. 이러한 시조들에서 달은 시적 정황이나, 함께 언급되는 다른 소재들과 정서적으로 연결되어 몇 가지 기능을 발휘한다.

먼저 애정 시조에서 달은 임과 이별하는 배경을 형상화하는 데 활용된다.

(가)

ᄃᆞᆯ 쓰쟈 ᄇᆡ ᄯᅥ나니 인제 가면 언제 오리
만경창파에 가ᄂᆞᆫ 듯 도라옴ᄉᆡ
밤중만 지국총* 소ᄅᆡ에 ᄋᆡᄀᆞᆺᄂᆞᆫ 듯 ᄒᆞ여라

*지국총: 배에서 노를 젓고 닻을 감는 소리.

(가)의 달은 화자와 임이 달밤에 이별하는 상황을 형상화하는 데 활용되는 소재로서의 역할을 담당하고 있다.

다음으로 애정 시조에서 달은 화자의 정서를 불러일으키는 요인이 되기도 한다.

(나)

객창(客窓) ᄃᆞᆺᄂᆞᆫ 달의 두견이만 우지진다
엇그제 님 여히고 ᄒᆞ물며 객리*로다
밤중만 난간에 의지ᄒᆞ야 지ᄂᆞᆫ 달만

*객리: 객지에 있는 동안.

(다)

주렴에 빗췬 달과 멀리 오ᄂᆞᆫ 옥적(玉笛) 소ᄅᆡ
천수(千愁) 만한(萬恨)을 네 어이 도도ᄂᆞᆫ다
천리(千里)에 님 이별ᄒᆞ고 잠 못 드러 ᄒᆞ노라

서정시에서는 특정한 소재가 화자의 감정을 촉발하는 경우가 있는데, (나)와 (다)의 달이 그러한 기능을 하고 있다. 즉 (나)와 (다)의 달은 이미 발생한 이별의 상황과 결합되어 화자의 수심을 불러일으키는 요인으로 작용하고 있다.

또한 애정 시조에서 달은 임이 부재한 상황에서 화자와 임을 이어 주는 기능을 담당한다.

(라)

내 ᄆᆞᄋᆞᆷ 버혀 내여 뎌 ᄃᆞᆯ을 ᄆᆡᆼ글고져
구만리(九萬里) 장천(長天)의 번드시 걸려 이셔
고온 님 계신 고ᄃᆡ 가 비최여나 보리라

(마)

달아 ᄇᆞᆰ은 달아 님의 창전(窓前) 빗친 달아
ᄭᅩᆺ 갓흔 우리 님이 안졋더냐 누엇더냐
져 달아 네 본ᄃᆡ로 일너라 소식이나

달은 문학적 상상력을 바탕으로 화자와 임 사이를 정서적으로 이어 주는 역할을 한다. 달은 서로 다른 공간에 있는 두 사람이 동시에 바라볼 수도 있고, 또 두 사람을 동시에 비춰 줄 수도 있다. 그래서 (라)와 (마)의 화자는 임과 떨어져 있지만 임 역시 어느 곳에서든지 달 아래 있을 것이라 생각하고 달을 통해 두 사람은 이어질 수 있다는 상상력을 발휘하고 있다.

혜정 샘 음성 지원

오늘의 태그 문제

정답 9쪽

▶ 고어 읽는 법, 그리고 고전 시가에 자주 나오는 어휘, 고전 시가에 단골로 등장하는 주제와 발상을 잘 이해해 두었다면, (가)~(마)가 처음 보는 작품이라고 해도 스스로 읽어낼 수 있을 거야. 선생님이랑 고전 시가 공부는 딱 두 시간밖에 하지 않았지만, 그것을 밑거름 삼아서 처음 보는 고전 시가 작품도 충분히 이해하고 문제의 답을 찾아낼 수 있도록 연습하자.

★46 문항 코드 | 22672-0046 정답률 73%

(가)~(마)의 '달'을 이해한 내용으로 적절하지 않은 것은?

① (가)의 달은 배의 출항과 관련된 것으로, 화자와 임이 헤어지는 시간적 배경을 알려 준다고 볼 수 있겠군. YES NO
② (나)의 달은 화자가 타향에서 바라보는 것으로, '두견이'라는 소재와 정서적으로 연결되어 화자의 정한을 돋우고 있다고 볼 수 있겠군. YES NO
③ (다)의 달은 화자의 내면을 빗대어 표현한 것으로, '옥적'이라는 소재와 어울려 임을 위한 화자의 정성을 강조한다고 볼 수 있겠군. YES NO
④ (라)의 달은 화자의 마음이 투영된 것으로, 서로 떨어져 있는 임과 화자를 이어 주는 매개물로 볼 수 있겠군. YES NO
⑤ (마)의 달은 화자가 궁금한 점을 묻는 상대로 설정된 것으로, 임의 사정을 화자에게 알려 줄 수 있는 전달자로 볼 수 있겠군. YES NO

▶ 애정 시조에 잘 드러나는 발상과 표현을 정리해 준 고마운 <보기>야. 단순히 이 47번 문제만을 해결하기 위해서 읽고 넘기기에는 너무 아까운 내용이거든. 앞으로도 많은 고전 시가에서 만나게 될 발상이니까 잘 이해해 두자.

★47 문항 코드 | 22672-0047 정답률 64%

〈보기〉의 ⓐ~ⓔ 중, (가)~(마)에서 찾을 수 없는 것은?

〈보기〉

시조는 형식적 제한이 견고해 최소한의 표현으로 최대한의 의사를 전달해야 하고 주관적인 내용에 대해 공감을 얻어야 하므로, 관습적인 발상과 표현을 사용하는 경우가 있다. 애정 시조에 나타나는 이러한 발상과 표현에는 ⓐ**이별과 관련하여 화자의 정서를 드러내는 청각적 심상을 활용하는 것**, ⓑ**이별한 후의 심적 고통을 불면의 상황으로 나타내는 것**, ⓒ**수(數)를 통해 감정의 깊이를 드러내는 것**, ⓓ**의인화된 사물에 이별의 책임을 전가하는 것**, ⓔ**아름다움을 상징하는 사물에 임을 빗대어 표현하는 것** 등이 있다.

① ⓐ YES NO ② ⓑ YES NO ③ ⓒ YES NO ④ ⓓ YES NO ⑤ ⓔ YES NO

▶ 48번 문제의 선지가 다루고 있는 표현법을 잘 봐. 현대시에 쓰이는 표현법과 다르지 않아. 똑같잖아. 그런데 이 문제의 정답률이 53%밖에 되지 않았어. 용어로만 알고 있는 어휘는 아무런 의미가 없는 거야. 현대시에서 공부했던 내용을 떠올려 보면서 적용 연습해 보자.

48 문항 코드 | 22672-0048 정답률 53%

(나)와 (다)에 대한 설명으로 가장 적절한 것은?

① (나)와 달리 (다)는 연쇄와 반복을 통해 운율을 형성하고 있다. 나 다
② (다)와 달리 (나)는 특정한 소재를 활용하여 시간의 경과를 드러내고 있다. 나 다
③ (나)는 원경에서 근경으로, (다)는 근경에서 원경으로 화자의 시선이 이동되고 있다. 나 다
④ (나)와 (다)는 모두 대상과의 재회를 확신하며 고통을 견디는 모습이 나타나 있다. 나 다
⑤ (나)와 (다)는 모두 종장의 마지막 구절을 불완전하게 종결하여 시적 여운을 주고 있다. 나 다

'늙음'이라는 주제가 어떤 양상으로 작품에 드러나는지 꼼꼼히 읽고 이해해 보자. 이렇게 고전 시가에 자주 드러나는 주제와 발상을 잘 정리해 놓으면, 꼭 같은 작품이 아니더라도 비슷한 주제와 발상을 드러내는 다른 작품들도 잘 이해할 수 있게 되는 거야.

스물셋 • **다음 글을 읽고 물음에 답하시오. [49-50]** (2021학년도 4월 고3 전국연합학력평가)

늙음은 시조에 등장하는 보편적인 화제 중 하나이다. 나이를 먹는 것은 인간이 자신의 의지로 바꿀 수 없는 필연적인 현상이다. 이를 화제로 삼는 시조들에서 화자는 늙음으로 인해 타인과의 관계에서 자존감을 상실하거나 서글퍼하는 태도를 보여 주는 경향이 있다. 그러나 늙음을 자연의 섭리로 받아들이거나 삶을 즐기며 늙음에 대한 서글픔을 잊고자 하는 화자가 작품에 종종 등장하기도 한다.

(가)

나의 미평(未平)ᄒᆞᆫ 뜻을 일월(日月)께 뭇잡ᄂᆞ니
구만 리(九萬里) 장천(長天)에 무스 일 비얏바셔
㉠주색(酒色)에 못 슬믠* 이 몸을 수이 늙게 ᄒᆞᄂᆞᆫ고

*슬믠: 싫고 미운.

(나)

ᄀᆞᆯ 쩨ᄂᆞᆫ 청산이러니 올 쩨 보니 황산이로다
산쳔도 변ᄒᆞ거든 낸들 아니 늙을쇼냐
㉡두어라 져리 될 인생이니 아니 놀고 어이리

(다)

동풍이 건듯 부러 적설(積雪)을 다 노기니
㉢사면(四面) 청산이 녜 얼골 나노ᄆᆡ라*
귀밋테 ᄒᆡ무근 서리ᄂᆞᆫ 녹을 줄을 모른다

*나노ᄆᆡ라: 나타나는구나.

(가)~(다)는 자연물을 끌어들여서 늙음에 대한 정서와 태도를 표현한 작품들이다. (가)는 무한히 지속되는 자연물에 인간의 유한한 삶에 대한 안타까움을 토로하며 유흥을 계속 즐기고 싶어 하는 화자의 마음을 보여 주고 있고, (나)는 자연의 변화에 인간의 노화를 견주어 표현하고 인생을 즐김으로써 서글픔을 달래려는 화자의 태도를 보여 주고 있다. (다)는 화자의 상태를 자연에 비유하였지만 순환하는 자연과는 다른 모습을 통해 늙음에 대한 한탄을 드러내고 있다.

그런데 늙음을 노래하는 작품들 중에는 자연물이 아닌 타자를 동원하여 그에 대한 정서와 태도를 표현한 경우도 있다.

(라)

청춘 소년드라 백발노인 웃지마라
㉣공번된* 하ᄂᆞᆯ아ᄅᆡ 넨들 얼마 져머시리
우리도 소년행락(少年行樂)이 어제론듯 ᄒᆞ여라

*공번된: 치우침이 없는.

(마)

늙기 셜은 줄을 모로고나 늙거ᄂᆞᆫ
㉤춘광(春光) 덧업서 백발이 절노 난다
그러나 소년썩 ᄆᆞᄋᆞᆷ은 감(減)홈이* 업세라

*감홈이: 줄어든 적이.

(바)

세월이 여류(如流)ᄒᆞ니* 백발이 절노 난다
ᄲᅩᆸ고 ᄯᅩ ᄲᅩᆸ아 졈고져 ᄒᆞᄂᆞᆫ 뜻은
북당(北堂)에 유친(有親)ᄒᆞ오시니* 그를 두려 ᄒᆞ노라

*여류ᄒᆞ니: 물의 흐름과 같으니.
*유친ᄒᆞ오시니: 어머니께서 계시니.

(라)는 젊고 활력이 넘치는 소년들에게도 세월이 공평하게 흐른다는 것을 자연의 이치로 제시하며 상대방을 설득하는 태도를 나타내고 있고, (마)는 덧없는 세월로 인해 늙어 버린 현재의 육신과 대비되는 소년 시절의 마음을 타자화하여, 늙어서도 소년 시절과 같은 젊은 마음으로 살 수 있다는 희망적 태도를 보여 주고 있다. (바)는 늙음의 문제를 자신이 모시는 어머니와 관련지어 생각하는 화자의 인식을 보여 주는데, 자신보다는 북당에 계신 어머니의 마음을 먼저 생각하며 효를 실천하는 화자의 성숙한 태도를 드러내고 있다.

이상과 같이, (가)~(바)의 시조들은 자연물과 타자를 통해 늙음에 대한 화자의 정서와 태도를 표현하였다. 단, 이때 타자에는 타자화된 자아도 포함된다. 자연물과 타자를 세계로, 화자를 자아로 규정한다면 [세계와 자아의 관계]는 다음과 같이 나누어 볼 수 있다. 자연물이나 타자를 통해 화자와의 차이점을 드러내는 경우는 세계와 자아의 이질성에 주목한 것이며, 이와 반대로 자연물이나 타자를 통해 화자와의 유사점을 드러내는 경우는 세계와 자아의 동질성에 주목한 것이다. 그리고 자연물이나 타자를 통해 화자와의 차이점과 유사점을 함께 드러내는 경우는 세계와 자아의 이질성과 동질성을 모두 고려하는 사고에 바탕을 둔 것으로 볼 수 있다.

혜정 샘 음성 지원

▶ ㉠~㉤이 (가)~(마)에 사이좋게 하나씩 배치돼 있지? 지문 안에 있는 내용을 다 읽은 다음에 다시 ㉠부터 확인하는 비효율적인 문제 풀이 노노! 지문과 작품을 읽으면서 바로바로 각 선지를 읽고 YES NO를 판단하는 거야.

오늘의 태그 문제

정답 9쪽

★**49** 문항 코드 | 22672-0049 정답률 83%

㉠~㉤에 대한 설명으로 적절하지 않은 것은?

① ㉠: 유흥을 계속 즐기고 싶으나 인간의 삶이 유한한 것을 안타까워하는 화자의 마음이 드러나고 있다. YES NO
② ㉡: 노년을 자연의 섭리로 받아들이고 삶을 즐김으로써 서글픔을 달래려는 화자의 태도가 드러나고 있다. YES NO
③ ㉢: 순환하는 자연의 원리는 인정하면서도 늙음에 대해 한탄하던 자신을 후회하는 화자의 모습이 드러나고 있다. YES NO
④ ㉣: 세월의 흐름은 공평하여 누구나 늙을 수밖에 없다는 자연의 이치에 대한 화자의 생각이 드러나고 있다. YES NO
⑤ ㉤: 덧없이 흘러가는 세월에 나이가 든 자신의 모습을 인지한 화자의 상황이 드러나고 있다. YES NO

▶ 지문의 마지막 문단이 <보기>의 역할을 하고 있어. <보기>님, 왜 지문 안에 들어가 있으세요? 하면 되는 거지. <보기> 역할을 하고 있는 지문의 마지막 문단을 잘 읽어 보면, 참 쉬운 있는 내용을 되~게 어렵게 설명해 놨다, 증말. 결국 '세계'='자연물과 타자', '자아'='화자'인 거잖아. 시에서 '자연물'과 '타자(他 다를 타, 者 사람 자)'가 뭘까? 그래, 바로 '시적 대상'이지. '이질성'이란 다른 점, '동질성'이란 같은 점이야. 이제 좀 말이 쉬워지지? 시적 대상과 화자 사이의 차이점과 공통점을 생각해 본다면 각 선지의 YES NO를 판단할 수 있을 거야. :)

★**50** 문항 코드 | 22672-0050 정답률 45%

(가)~(마)를 세계와 자아의 관계에 따라 감상한 내용으로 적절하지 않은 것은?

① (가)에서 '일월'과 '장천'은 화자의 짧은 인생과 차이점이 드러나 세계와 자아의 이질성이 나타나고 있군. YES NO
② (나)에서 '청산'은 '황산'으로의 변화를 통해 화자와 유사점이 드러나 세계와 자아의 동질성이 나타나고 있군. YES NO
③ (다)에서 '적설'은 '동풍'이 불기 전에는 화자와의 유사점이, 불고 난 후에는 화자와의 차이점이 드러나 세계와 자아의 동질성과 이질성이 함께 나타나고 있군. YES NO
④ (라)에서 '소년'은 '소년행락'의 시절이 유한하다는 점에서 화자와의 유사점이, '소년행락'의 시절을 현재 누리고 있다는 점에서 화자와의 차이점이 드러나 세계와 자아의 동질성과 이질성이 함께 나타나고 있군. YES NO
⑤ (마)에서 'ᄆᆞ음'은 '소년' 시절과 변함이 없다는 점에서 화자와의 유사점이, '소년' 시절 이후와 다르다는 점에서 화자와의 차이점이 드러나 세계와 자아의 동질성과 이질성이 함께 나타나고 있군. YES NO

마지막 지문은 수능을 보기 전에 반드시(?) 공부해 두어야 하는 「관동별곡」이야. 기출 지문이기 때문에 긴~ 기행 가사 전문이 다 제시된 것은 아니지만, 고전 시가에 자주 쓰이는 어휘와 발상을 만날 수 있어. 52번 문제의 <보기>의 내용을 꼼꼼히 읽고 이해하고, 우리가 공부한 가사 갈래의 특징을 떠올려 보면서 구체적인 작품에 적용 연습해 보는 거야. ^^

스물넷 • 다음 글을 읽고 물음에 답하시오. [51-52] (2021학년도 대학수학능력시험 6월 모의평가)

[금강대] 맨 우층의 선학(仙鶴)이 삿기 치니
춘풍 옥적성(玉笛聲)의 첫잠을 깨돗던디
호의현상*이 반공(半空)의 소소 뜨니
서호 녯 주인*을 반겨셔 넘노는 듯
소향로 대향로 눈 아래 구버보고
정양사 [진헐대] 고텨 올나 안즌마리
여산 진면목이 여긔야 다 뵈는구나
어와 조화옹이 헌사토 헌사할샤
날거든 뛰디 마나 섯거든 솟디 마나
부용(芙蓉)을 고잣는 듯 백옥(白玉)을 뭇거는 듯
동명(東溟)*을 박차는 듯 북극(北極)을 괴왓는 듯
놉흘시고 망고대 외로올샤 혈망봉이
하늘의 추미러 므스 일을 사로려
천만겁(千萬劫) 디나도록 구필 줄 모르느냐
어와 너여이고 너 가트니 또 잇는가
[개심대] 고텨 올나 중향성 바라보며
만이천봉을 녁녁(歷歷)히 혀여 하니
봉마다 맷쳐 잇고 긋마다 서린 긔운
맑거든 조티 마나 조커든 맑디 마나
뎌 긔운 흐터 내야 인걸을 만들고쟈
형용도 그지업고 톄세(體勢)도 하도 할샤
천지 삼기실 제 자연이 되연마는
이제 와 보게 되니 유정(有情)도 유정할샤

(중략)

그 알픠 너러바회 [화룡소] 되어셰라
천년 노룡(老龍)이 구비구비 서려 이셔
주야의 흘녀 내여 창해(滄海)예 니어시니
풍운을 언제 어더 삼일우(三日雨)를 디련느냐
음애예 이온 플*을 다 살와 내여스라
마하연 묘길상 안문재 너머 디여
외나모 써근 다리 [불정대] 올라 하니
천심(千尋) 절벽을 반공애 셰여 두고
은하수 한 구비를 촌촌이 버혀 내여
실가티 플텨 이셔 베가티 거러시니
도경(圖經) 열두 구비 내 보매는 여러히라
이적선 이제 이셔 고텨 의논하게 되면
여산*이 여긔도곤 낫단 말 못 하려니

- 정철, 「관동별곡」 -

*호의현상: 흰 저고리에 검은 치마란 뜻으로 학을 가리킴.
*서호 녯 주인: 송나라 때 서호에서 학을 자식으로 여기며 살았던 은사(隱士) 임포.
*동명: 동해 바다.
*음애예 이온 플: 그늘진 벼랑에 시든 풀.
*여산: 당나라 시인 이백(이적선)의 시구에 나오는 중국의 명산.

혜정 샘 음성 지원

▶ ①~⑤의 선지가 길이 순서대로 정렬돼 있는 게 아니지? 그럼 무슨 논리적 순서에 따른 배열일까? 맞아. 지문에 [ ] 표시된 순서대로야. 그리고 [ ] 표시된 부분은 공간이고. 공간적 시상 전개 방식 배웠지? 지문으로 제시된 작품이 화자가 공간을 이동하면서 보고 듣고 느끼고 생각한 것들을 표현했다는 걸 알 수 있어. (사실 정철의 「관동별곡」은 너무나 유명한 기행 가사 작품이지.) 선지에도 '이미지의 대립', '내적 갈등', '선경후정', '시선 이동(원경 → 근경)' 이런 개념들이 쓰였어. 적용 연습은 쭉 계속된다. 틀려도 실망하지 마. 수능 전 모든 시험에서는 틀릴 만한 문제를 한 번 틀려 보는 게 오히려 널 위한 일이 되는 거니까. :)

오늘의 태그 문제

정답 10쪽

51 문항 코드 | 22672-0051 정답률 62%

윗글에 대한 설명으로 가장 적절한 것은?

① '금강대'에서 '진헐대'로 이동하면서 자연에 대한 화자의 이중적 태도를 보여 주고 있다.
② '진헐대'와 '불정대'에서는 이미지의 대립을 통해 화자의 내적 갈등이 고조되고 있다.
③ '개심대'에서는 선경후정의 방식으로 화자가 바라본 풍경과 그에 대한 감흥이 서술되고 있다.
④ '화룡소'에서는 화자의 시선이 원경에서 근경으로 이동하며 대상의 특징을 묘사하고 있다.
⑤ '화룡소'에서 '불정대'까지의 이동 경로를 드러내지 않아 시상이 빠르게 전개되고 있다.

▶ <보기>에서 핵심 어휘를 잘 찾아낼 수 있어야 돼. 사실 문학 파트의 문제에 제시되는 <보기>는 아주 짧고 간단한 독서 지문인 거라고. '조선의 사대부들 : 「관동별곡」의 작가 = 관념적 : 사실적'이라는 대비 관계를 읽어낼 수 있어야 하고, 이 작품에서 화자가 자연을 바라보면서 '사회적 책무를 떠올리고', '자연에 투사된 이상적 인간상을 모색'한다는 정보도 잘 읽어낼 수 있어야 돼. 그리고 51번과 52번의 선지 모두 작품 전체를 범위로 하지 않고, 각각 판단의 범위를 지정하고 있지? 52번의 선지를 잘 보면, '~것은'이라고 어느 부분에 대해 판단해야 할지를 딱 짚어 주고 있잖아. 또 그 부분은 지문에 굵은 글씨로 표시도 해 준다고. 51번과 52번 문제 모두 지문 다~~ 읽고 푸는 문제가 아니라 지문을 읽으면서 해결해야 하는 문제라는 소리야.

★**52** 문항 코드 | 22672-0052 정답률 56%

〈보기〉를 바탕으로 윗글을 감상한 내용으로 적절하지 않은 것은?

〈보기〉

조선의 사대부들은 자연에 하늘의 이치[天理]가 구현된 것으로 보았으며, 그들 중 대부분은 자연의 미를 관념적으로 형상화하였다. 한편 「관동별곡」의 작가는 자연의 미를 현실에서 발견하여 사실감 있게 묘사함으로써 그들과의 차별성을 드러내었다. 또한 그는 자연을 바라보며 사회적 책무를 떠올리고 자연에 투사된 이상적 인간상을 모색하기도 하였다.

① '혈망봉'을 '천만겁'이 지나도록 굽히지 않는 존재로 본 것은, 작가가 지향하는 이상적 인간상을 자연에 투사한 것이군.
② '개심대'에서 '뎌 긔운 흐터 내야 인걸을 만들'겠다는 의지를 드러낸 것은, 작가가 자연을 바라보며 자신의 사회적 책무를 인식하고 있음을 보여 주는군.
③ '중향성'을 바라보며 천지가 '자연이 되'었다고 본 것은, 자연의 미가 하늘의 이치가 구현된 인간 사회의 영향을 받는다고 생각하는 작가의 인식을 보여 주는군.
④ '불정대'에서 본 폭포의 아름다움을 '실'이나 '베'와 같은 구체적 사물을 활용하여 표현한 것은, 자연을 사실감 있게 나타내려는 작가의 태도를 반영한 것이군.
⑤ '불정대'에서 본 풍경을 중국의 '여산'과 비교하며 우리 자연의 아름다움을 강조한 것은, 관념이 아닌 현실에서 아름다움을 발견하는 작가의 차별성을 보여 주는군.

9 소설 읽기 매뉴얼

개념 태그 #소설의 3요소는 주제, 구성, 문체 #인물, 사건, 배경은 구성의 3요소 #소설 읽기 매뉴얼 #직접 제시 #간접 제시

▶▶▶ 기억 안 나면? 개념의 나비효과 104쪽으로!

이제 소설 시작! 소설 연습의 첫 지문은, 많은 선배들이 수능 시험장에서 읽으면서 울 뻔했다던 바로 그 소설 지문으로. :) 시험 지문이라고 생각하지 말고, 지문 속 상황에 있는 그대로 빠져들어 보자. [앞부분의 줄거리]는 없지만 대신 <보기>가 있어. 이 얼마나 친절한 <보기>인지, 그 <보기>를 읽고 지문을 읽을 때와 그렇지 않았을 때 어떤 차이가 있을지를 생각하면서 접근해 보자고.
이 소설 세트는 '<보기>를 참고한 감상의 적절성 판단하기', '서술상의 특징 파악하기', '상황과 인물의 심리 파악하기', '배경의 기능 파악하기' 문제가 모여 있어. 깨알같이 소설 제목의 의미 및 기능을 파악했는지도 체크하고 있더라고~ 그럼 소설 세트, 제대로 한번 만나 볼까? 고고!

스물다섯 • 다음 글을 읽고 물음에 답하시오. [53-56] (2011학년도 대학수학능력시험)

형은 또 울었다. 밤이 깊도록 어머니까지 불러 가며 엉엉 소리 내어 울었다.

동생도 형 곁에서 남모르게 소리를 죽여 흐느껴 울었다. 그저 형의 설움과 울음을 따라 울 뿐이었다. 동생도 이렇게 울면서 어쩐지 마음이 조금 흐뭇했다.

이날 밤의 감시는 밤새도록 엄했다.

바깥은 ㉠첫눈이 흩날리고 있었다.

형은 울음을 그치고 불쑥,

"야하, 눈이 내린다, 눈이, 눈이. 벌써 겨울이 다 됐네."

물론 감시병들의 감시가 심하니까 동생의 귀에다 입을 대지도 않고 이렇게 혼잣소리처럼 지껄였다.

"저것 봐, 저기 저기, 에에이, 모두 잠만 자구 있네."

동생의 허리를 쿡쿡 찌르기만 하면서…….

어느새 양덕도 지났다. 하루하루는 수월히도 저물어 갔고 하늘은 변함없이 푸르렀을 뿐이었다. 산도 들판도 눈에 덮여 있었다. 경비병들의 겨울 복장을 바라보는 형의 얼굴에는 천진한 애들 같은 선망의 표정이 어려 있곤 했다. 날로 날로 풀이 죽어 갔다.

어느 날 밤이었다. 일행도 경비병들도 모두 잠들었을 무렵, 형은 또 동생의 귀에다 입을 대고, 이즈음에 와선 늘 그렇듯 별나게 가라앉은 목소리로,

"그 새끼 생각이 난다. 맘이 꽤 좋았댔이야이."

ⓐ"……"

"난 원래 다리에 ㉡담증이 있는데이. 너두 알잖니. 요새 좀 이상한 것 같다야."

하고는 헤죽이 웃었다.

ⓑ"……"

동생은 놀라 돌아다보았다. 여느 때 없이 형은 쓸쓸하게 웃으면서 두 팔로 동생의 어깨를 천천히 그러안으면서,

"칠성아, 야하, 흠썩은 춥다."

ⓒ"……"

"저 말이다, 엄만 날 늘 불쌍히 여깄댔이야, 잉. 야, 칠성아, 칠성아, 내 다리가 좀 이상헌 것 같다야이."

ⓓ"……"

동생의 눈에선 다시 눈물이 비어져 나왔다.

형은 별안간 두 눈이 휘둥그레져서 동생의 얼굴을 멀끔히 마주 쳐다보더니,

"왜 우니, 왜 울어, 왜, 왜. 어서 그치지 못하겠니."

하면서도 도리어 제 편에서 또 울음을 터뜨리고 있었다.

이튿날, 형의 걸음걸이는 눈에 띄게 절름거렸다. 혼잣소리도 풀이 없었다.

"그만큼 걸었음 무던히 왔구만서두. 에에이, 이젠 좀 그만 걷지덜, 무던히 걸었구만서두."

하고는 주위의 경비병들을 흘끔 곁눈질해 보았다. 경비병들은 물론 알은체도 안 했다. 바뀐 사람들은 꽤나 사나운 패들이었다.

그날 밤 형은 동생을 향해 쓸쓸하게 웃기만 했다.

"칠성아, 너 집에 가거든 말이다, 집에 가거든……."

하고는 또 무슨 생각이 났는지 벌쭉 웃으면서,

"히히, 내가 무슨 소릴 허니. 네가 집에 갈 땐 나두 갈 텐데, 앙 그러니? 내가 정신이 빠졌어."

한참 뒤엔 또 동생의 어깨를 그러안으면서,

"야, 칠성아!"

동생의 얼굴을 똑바로 마주 쳐다보기만 했다.

바깥은 바람이 세었다. 거적문이 습기 어린 소리를 내며 열리고 닫히곤 하였다. 문이 열릴 때마다 눈 덮인 초라한 ㉢들판이 부유스름하게 아득히 뻗었다.

동생의 눈에선 또 눈물이 비어져 나왔다.

형은 또 벌컥 성을 내며,
"왜 우니, 왜? 흐흐흐."
하고 제 편에서 더 더 울었다.
며칠이 지날수록 ㉣형의 걸음은 더 절룩거려졌다. 행렬 속에서도 별로 혼잣소릴 지껄이지 않았다. 평소의 형답지 않게 꽤나 조심스런 낯색이었다. 둘레를 두리번거리며 경비병의 눈치를 흘끔거리기만 했다. 이젠 밤에도 동생의 귀에다 입을 대고 이것저것 지껄이지 않았다. 그러나 먼 개 짖는 소리 같은 것에는 여전히 흠칫흠칫 놀라곤 했다. 동생은 또 참다못해 눈물을 흘렸다. 그러나 형은 왜 우느냐고 화를 내지도 않고 울음을 터뜨리지도 않았다. 동생은 이런 형이 서러워 더 더 흐느꼈다.
그날 밤, 바깥엔 ㉤함박눈이 내렸다.
형은 불현듯 동생의 귀에다 입을 댔다.
"너, 무슨 일이 생겨두 날 형이라구 글지 마라, 어엉?"
여느 때답지 않게 숙성한 사람 같은 억양이었다.
"울지두 말구 모르는 체만 해, 꼭."
동생은 부러 큰 소리로,
"야하, 눈이 내린다."
형이 지껄일 소리를 자기가 지금 대신하고 있다고 생각했다.
ⓔ"……"
그러나 이미 형은 그저 꾹하니 굳은 표정이었다.
동생은 안타까워 또 울었다. 형을 그러안고 귀에다 입을 대고,
"형아, 형아, 정신 차려."
이튿날, 한낮이 기울어서 어느 영 기슭에 다다르자, 형은 동생의 허벅다리를 쿡 찌르고는 걷던 자리에 털썩 주저앉고 말았다.
형의 걸음걸이를 주의해 보아 오던 한 사람이 뒤에서 따발총을 휘둘러 쏘았다.
형은 앉은 채 앞으로 꼬꾸라졌다. 그 사람은 총을 어깨에 둘러메면서,
"메칠을 더 살겠다구 뻐득대? 뻐득대길."

- 이호철, 나상(裸像) -

혜정 샘 음성 지원

▶ 이런 나뿐… 나만 이렇게 슬프니… ㅠㅠ 이 문제의 선지에는 이제부터 우리가 하나하나 공부해 나갈 개념들이 들어 있어. '간접 인용'은 언어(문법) 파트에서 공부할 건데, 화작을 선택한 사람들도 있으니, 여기서 간단하게 설명! '간접 인용'이란 따옴표를 이용하지 않고 다른 사람의 말을 인용하는 방법이야. 예를 들어서 <어머니께서 우리에게 "**행복하게 살아**."라고 말씀하셨다.>라고 한다면 이건 어머니의 말을 직접 인용한 거야. 이것을 간접 인용으로 바꿔본다면 <어머니께서 우리에게 **행복하게 살라**고 말씀하셨다.>가 되는 거지.

오늘의 태그 문제

정답 10쪽

★**53** 문항 코드 | 22672-0053 정답률 44%

위 글의 서술상 특징으로 가장 적절한 것은?

① 외양을 상세하게 묘사해 인물을 희화화하고 있다. YES NO
② 내적 독백을 통해 시간의 흐름을 지연시키고 있다. YES NO
③ 현재와 과거를 교차 서술하여 주제를 부각하고 있다. YES NO
④ 간접 인용을 활용하여 사건 전개의 신빙성을 높이고 있다. YES NO
⑤ 주인공의 반복적 행위를 서술하여 성격을 구체화하고 있다. YES NO

▶ 시 파트에서도 그렇지만 이렇게 ㉠~㉤이 표시돼 있고, 선지 다섯 개가 각각 그것들을 하나씩 설명하고 있다면, 이런 문제는 지문을 읽으면서 풀어버리는 게 정답률을 높인다는 거 잊지 마. ㉠~㉤이 포함돼 있는 장면, 최소한 ㉠~㉤이 포함돼 있는 문단까지 읽고 그 의미나 기능을 파악해야 돼. 앞으로도 쭉 연습할 거야.

★54 문항 코드 | 22672-0054 정답률 84%

㉠~㉤에 대한 이해로 적절하지 않은 것은?

① ㉠은 '형'의 동심을 불러일으킨다. YES NO
② ㉡은 형제 사이의 갈등을 유발한다. YES NO
③ ㉢은 '형'의 내면 풍경을 보여 준다. YES NO
④ ㉣은 '형'의 최후를 암시한다. YES NO
⑤ ㉤은 비극적 분위기를 고조시킨다. YES NO

▶ 거창하게 '이 지문은 소설인데, 이걸 시나리오로 각색할 거거든.' 이런 전제를 달고 있지만, 결국엔 ⓐ~ⓔ에 녹아 있는 **인물의 심리 및 태도**를 파악할 수 있는지 보겠다는 문제야. 시에서 화자의 정서 및 태도를 파악하는 연습 많이 했잖아. 소설에서도 비슷해. 인물이 처해 있는 상황을 이해하고, 인물의 심리 및 태도, 생각 등을 파악해야 하는 거야. 이 연습 또한 수능 날까지 쭈욱~ 계속 된다!

★55 문항 코드 | 22672-0055 정답률 83%

위 글을 시나리오로 각색하고자 할 때, ⓐ~ⓔ의 처리 방법에 대한 의견으로 적절하지 않은 것은?

① ⓐ에서는 '모두 잠들었을 무렵'이라는 상황을 고려하여, 잠든 척 누워 있는 '동생'의 모습을 보여 주면 좋겠군. YES NO
② ⓑ에서는 '놀라 돌아다보았다'라는 표현에 주목하여, 걱정스레 '형'을 바라보는 '동생'의 표정을 보여 주면 좋겠어. YES NO
③ ⓒ에서는 춥다면서 끌어안는 '형'에게 기대어, 공감하듯 고개를 끄덕이는 '동생'의 모습을 보여 주면 좋겠군. YES NO
④ ⓓ에서는 아파하는 '형'을 눈물 어린 표정으로 바라보면서, 아픔을 나누지 못하는 '동생'의 안타까운 눈빛을 보여 주면 좋겠어. YES NO
⑤ ⓔ에서는 '부러 큰 소리로' 말했음에도 아무 반응이 없자, '형'을 무심하게 바라보는 '동생'의 모습을 보여 주면 좋겠군. YES NO

▶ 이 얼마나 상냥하신 <보기>느님이신지. 이 소설을 처음 보는 자에게 한 줄기 빛을 내려 주시니, **소설의 배경** 및 **인물 유형**과 **작가의 의도**를 정리해서 말씀해 주고 계셔. **윗글을 읽기 전**에 제발 **먼저** 좀 읽어, 읽어~! 참고로 ① 번 선지와 관련해서 '나상(裸벌거숭이 나, 像형상 상)'은 벌거숭이 형상(인간), 즉 나체상을 의미하는 거야.

★56 문항 코드 | 22672-0056 정답률 68%

〈보기〉를 참조하여 위 글을 감상한 내용으로 적절하지 않은 것은?

〈보기〉

이 작품에서 작가는 북한군의 포로가 된 형제가 전쟁이라는 상황에서 어떤 모습을 보이는지를 실감 나게 그리고 있다. 특히 천진난만한 '벌거숭이 인간'인 '형'이 외부의 폭력에 희생되는 모습을 묘사하여 근원적인 인간성이 얼마나 소중한지를 일깨워 준다. 또한 이 작품은 포로 호송이라는 상황을 빌려 구성원을 획일화하는 사회를 우회적으로 비판한다.

① 이 작품의 제목은 본연의 순수성을 그대로 드러내는 '형'의 모습을 형상화한 것이다. YES NO
② '경비병'은 폭력적 상황 속에서 인간 본연의 모습을 억압하고 길들이는 감시망을 상징한다. YES NO
③ '형'과 '동생'이 계속 걸어야만 하는 강제적 상황은 구성원을 획일화하려는 현실을 반영한 것이다. YES NO
④ 자신을 압박해 오는 공포에 무감각한 '형'의 모습은 천진성을 파괴하려는 폭력에 대한 저항을 나타낸다. YES NO
⑤ '형'이 그를 지켜보던 '경비병'의 총에 맞는 것은 감시자의 요구를 수행할 수 없는 데 따른 희생을 보여 준다. YES NO

이 세트도 저어기 뒤에 <보기> 있지? 한 번은 읽어야 하는 <보기>는 아껴 두지 말고 지문 읽기 전에 먼저 읽자. 다짜고짜 시간 부족하다고, 마음 급하다고 지문에 먼저 달려들지 말고. 딱 세 문제밖에 없잖아. 내가 이 지문을 왜 읽어야 하는지, 어떤 문제들을 해결하기 위해 읽어야 하는지 확인하고 지문을 읽기 시작하는 게 좋아.

스물여섯 • 다음 글을 읽고 물음에 답하시오. [57-59] 〔2021학년도 대학수학능력시험 9월 모의평가〕

[A] 안승학은 원래 이 고을 읍내에서 살았다. 지금부터 이십 년 전만 해도 그는 다 찌그러진 오막살이에서 콩나물죽으로 연명하던 처지였다. 그러던 사람이 오늘은 수백 석 추수를 하고 서울 사는 민판서 집 사음*까지 얻어서 이 동리로 옮겨 앉은 것이다.

그것은 안승학의 근본을 아는 사람은 누구나 놀랄 만한 일이었다. 그는 지체도 없고 형세도 없이 타관에서 떠들어 온 사람이었다. 그러므로 이 고을에는 그의 일가친척이라고는 면 서기를 다니는 아우 하나밖에 아무도 없다. 그의 부친은 경기도 죽산이라던가 어디서 호방 노릇을 하던 아전이었다는데 승학이가 성년 되기 전에 별세하고 그의 모친도 부친이 돌아간 지 삼 년 만에 마저 세상을 떠났다 한다. 그래서 거기서는 살 수가 없어서 아내와 어린 동생 하나를 데리고 이 고장으로 들어왔다. 이 고을 읍내에는 그의 처가가 사는 터이므로.

처가도 역시 가난하였으나 그래도 처가 끝으로 옹대가리나마 다시 장만해 놓고 살림이라고 떠벌였다.

그런데 그 무렵이 마침 경부선이 개통한 직후이다. 이 근처 사람들은 생전 처음 보는 기차와 정거장과 전봇대를 보고 경이의 눈을 크게 떴다.

안승학은 지금도 그때 목판차를 맨 처음으로 먼저 타고 서울을 가 보았다는 것을 자랑삼아 말하였다. 그때 그는 어떤 친구의 심부름으로 혼수 흥정을 하러 따라간 것이었다.

그의 자만(自慢)은 그것뿐만 아니었다. 그는 경기도 출생이라고 이 지방에서는 제일 똑똑한 체를 하였다.

우편소가 새로 생긴 것을 보고 이웃 사람들은 그게 무엇인지 몰라서 겁을 잔뜩 집어먹고 있었다. 장승같이 늘어선 전봇대에는 노상 잉-하는 소리가 들렸다. 그것은 전신줄을 감은 사기 안에다 귀신을 잡아넣어서 그런 소리가 무시로 난다는 것이다. 그리고 우편소 안에는 무슨 이상한 기계를 해 앉히고 거기서는 무시로 괴상한 소리가 들렸다. 그래서 이웃 사람들은 그것도 무슨 귀신을 잡아넣어서 그런 소리가 들리는 것이라고 하였다.

그럴 때에 안승학은 마술사처럼 이 귀신을 부리는 재주를 그들 앞에서 시험해 보였다.

그는 엽서 한 장을 사서 자기 집 통호수와 자기 이름을 쓰고 편지 사연을 써서 우편통 안으로 집어넣었다. 그리고 그들에게 장담하기를 이것이 오늘 해전 안에 우리 집으로 들어갈 터이니 가 보자는 것이었다. 과연 그날 저녁때였다. 지옥사자 같은 누렁 옷을 입은 사람은 안승학의 집에 엽서 한 장을 던지고 갔다. 그것은 아까 써 넣던 그 엽서였다.

"참, 조홧속이다!"

하고 그들은 일시에 소리를 질렀다.

(중략)

안승학이는 사랑방에서 혼자 앉아서 금테 안경을 콧잔등에 걸고는 문서질을 하다가 인동이를 앞세우고 김선달 조첨지 수동이아버지 희준이 이렇게 다섯 사람이 일시에 달려드는 것을 보고 적이 마음에 불안을 느꼈다.

그래 그는 붓을 놓고서 마당을 내려다보며

"무슨 일들인가? 식전 댓바람에 내 집에를 이렇게 찾아오거든 문간에서 주인을 찾고 들어와야지."

매우 위엄스럽게 하는 말이었다.

"아무도 없는데 누구보고 말하랍니까? 대문 기둥에다 대고 말씀하랍시오."

김선달이 받는 말이다.

저런 괘씸한 놈 말하는 것 좀 봐라…… 그런데 행랑 놈은 어디를 갔기에 문간에 아무도 없었더람! 안승학은 속으로 분해했다.

그러나 호령할 용기는 생기지 않는다. 희준이와 인동이와 김선달은 신발을 벗고 마루에 올라가 앉았다.

조첨지와 수동 아버지는 뜰아래서 올라갈까 말까 하는 눈치다.

"하여간 무슨 일들인가?"

안승학은 얼른 이야기나 들어보고 돌려보내자는 계획이다.

"저희들이 이렇게 댁을 찾아왔을 때는 무슨 별다른 소관사가 있겠습니까…… 지난번에도 왔다가 코만 떼우고 갔습니다만 대관절 어떻게 저희들의 요구 조건을 들어주시겠습니까?"

희준이가 정식으로 말을 꺼냈다.

"그따위 이야기를 할 작정으로 이렇게들 식전 아침에 왔어? 못 들어주겠어! 발써 여러 번째 요구 조건은 들을 수 없다고 말했는데, 자꾸 조르기만 하면 될 줄 아는가? 어림없지…… 괜히 그러지들 말고 일찍이 나락을 베는 것이 당신들에게 유익할 것이야……."

안승학이는 긴 장죽에 담배를 한 대 담아 가지고 불을 붙이기 위해서 성냥을 세 개비나 허비했건만 잘 붙지 아니하므로 그래 네 번째 불을 댕겨서는 쉴 새 없이 빠끔빠끔 빨다가 그만 입귀로 붉은 침을 주르르 흘리고서는 제 풀에 화가 나서 담뱃대를 탁 밀어 내던진다.

"괜스리 시간만 낭비하고 피차의 물질상 손해만 더 나게 하지말고 어서 돌아가서 잘들 의논해서 오늘부터라도 일을 시작하란 말이야! 나도 아침부터 바쁜 일이 있으니 어서들 가소."
"그래 정녕코 요구 조건을 못 들어주시겠다는 말씀이지요."
"암!"

- 이기영, 「고향」 -

*사음: 마름. 지주를 대리하여 소작권을 관리하는 사람.

혜정 샘 음성 지원

▶ 57번은 지문 전체를 범위로 하지 않아. 이 문제는 지문 전체에 사용된 서술상의 특징을 묻는 게 아니라 [A]에 사용된 서술상의 특징을 묻고 있잖아. 그러니까 [A]를 읽은 후 다음 문단의 '처가도~' 이 부분을 읽기 전에 57번을 먼저 해결해야 하는 거야. 혹시 '독백적', '회고적', '병렬적', '묘사적', '요약적', '성찰적', '개괄적' 중에 모르는 게 있다면? 국어사전 검색해라잉. 사실 많은 경우가 개념이 없어서라기보다 어휘력 부족이 더 문제일 때도 많아. 수험생이라면 국어사전과 친해지기!

▶ '요구 조건'은 중략 이후에 있지? 출제자께서 눈에 잘 띄게 네모 박스로 딱! 표시해 두셨잖니? '요구 조건'과 관련해서 인물들의 태도와 심리를 잘 파악해야 하는 거야. 지문 읽기 다 끝나면 바로 58번을 해결해.

오늘의 태그 문제

정답 11쪽

★57 문항 코드 | 22672-0057 정답률 63%

[A]의 서술상 특징에 대한 설명으로 가장 적절한 것은?

① 서술 대상에 대한 독백적 서술을 통해 서술 대상에 대한 정서적 반응이 제시되고 있다. YES NO
② 서술 대상에 대한 회고적 서술을 통해 서술 대상에 대한 성찰적 태도가 드러나고 있다. YES NO
③ 서술 대상에 대한 병렬적 서술을 통해 서술 대상에 관한 정보가 반복적으로 제시되고 있다. YES NO
④ 서술 대상에 대한 묘사적 서술을 통해 서술 대상에 관한 정보가 단계적으로 제시되고 있다. YES NO
⑤ 서술 대상에 대한 요약적 서술을 통해 서술 대상에 관한 정보가 개괄적으로 제시되고 있다. YES NO

★58 문항 코드 | 22672-0058 정답률 80%

요구 조건을 중심으로 윗글을 이해한 내용으로 적절하지 않은 것은?

① '요구 조건'을 관철시키러 온 '김선달'의 '안승학'에 대한 비아냥거리는 태도가 표출되고 있다. YES NO
② '요구 조건'의 이행을 요청하는 '희준'에 대해 '안승학'의 거부 의사가 직접적으로 표출되고 있다. YES NO
③ '요구 조건'의 불이행 때문에 벌어질 일을 경고하는 '희준'에 대해 '안승학'이 염려하고 있음이 암시되어 있다. YES NO
④ '요구 조건'의 수락 여부를 둘러싸고 빚어진 '안승학'과 '다섯 사람' 간의 갈등 양상이 긴장된 분위기를 자아내고 있다. YES NO
⑤ '요구 조건'에 대한 확답을 받기 원하는 '다섯 사람'의 갑작스러운 방문에 대한 '안승학'의 심리적인 동요가 제시되고 있다. YES NO

▶ 이 <보기>느님 또한 **소설의 배경**과 **인물의 유형**을 잘 정리해 주셨지? <보기>를 먼저 읽고 지문을 읽으면 <보기>에서 설명한 인물과 상황이 딱딱 적용 될 거야~. 그리고 이 문제의 선지들을 좀 보렴. 길이 순서대로 정렬이 안 돼 있어. 그렇다면? 작은따옴표로 표시한 지문의 내용 순서에 따라 ①~⑤ 선지가 정렬돼 있다는 거야. 지문에는 굵은 글씨로 해당 부분이 표시돼 있을 거고. 이런 문제도 지문을 읽으면서 바로바로 각 선지의 YES NO를 판단해 버리는 게 좋아. 요건 꿀팁!!

★**59** 문항 코드 | 22672-0059 정답률 74%

〈보기〉를 참고하여 윗글을 감상한 내용으로 적절하지 않은 것은?

〈보기〉

1930년대 리얼리즘 장편 소설에는 변화하는 사회적 환경 속에서 사회적 지위가 상승한 인물형이 등장한다. 이 유형의 인물들은 근대 문물에 발 빠르게 적응하면서도 소작제와 같은 전근대적 토지 제도에 편승하는 모습을 보인다. 이들은 근대 문물을 체험해 보지 못한 사람들에게 자신을 과시하지만 자신만의 이익을 추구하기 때문에 그 지위를 인정받지 못한다. 이러한 인물들을 통해 1930년대 농촌 사회에 등장한 속물적 인물형의 면모를 확인할 수 있다.

① '지체도 없'이 '콩나물죽으로 연명하'다가 '사음까지' 된 인물의 모습은, 소작제를 이용하여 지위가 변한 인물형을 보여 주는군. YES NO
② '경부선이 개통'할 '무렵'의 시대 변화에 적응하여 '근본'에서 벗어날 기회를 얻었던 인물의 모습은, 근대 문물이 유입되는 사회적 환경 속에서 변모해 갈 수 있었던 인물형을 보여 주는군. YES NO
③ '친구의 심부름으로' '목판차를 맨 처음으로' 타 보고서 '자만'하는 인물의 행동은, 근대 문물을 경험했다는 점을 앞세워 자신을 과시하는 인물의 모습을 보여 주는군. YES NO
④ '위엄스럽게' 하대하면서도 '호령할 용기'를 내지 못하는 인물의 심리는, 자신의 사회적 지위를 인정하지 않는 이들에게 반감을 드러내는 인물의 모습을 보여 주는군. YES NO
⑤ '피차의 물질상 손해'를 강조하면서도 일방적으로 사람들에게 '나락을 베는 것'을 종용하는 인물의 모습은, 다른 사람의 이익보다 사적인 이익을 우선시하는 인물형을 보여 주는군. YES NO

10 서술자 씨의 모든 것

개념 태그 #1인칭 주인공 시점 #1인칭 관찰자 시점 #3인칭 관찰자 시점 #전지적 서술자 시점 #의식의 흐름 #특정 인물의 시각 #거리

▶▶▶ 기억 안 나면? 개념의 나비효과 112쪽으로!

10강에서는 '서술자'와 '시점'에 대해서 공부했어. 소설 지문에서는 서술상의 특징 문제가 VVIP 단골 손님처럼 정말 자주 등장하거든. 그런데 서술상 특징 문제의 선지가 '서술자', '시점'과 관련된 개념으로 채워지는 경우가 정말 많아. 10강에서 배운 개념들로 선지가 구성될 때, 우리는 그 선지들의 의미를 찰떡같이 파악할 수 있어야 돼.

스물일곱 • **다음 글을 읽고 물음에 답하시오. [60-62]** (2019학년도 3월 고3 전국연합학력평가)

그의 대학 재학 시기 역시 학생 시위가 빈발하던 한일회담 진행기를 전후하고 있었다. 그런데 그 시위 이야기에 관한 그의 회상 가운데는 분명히 어떤 심상치 않은 의식의 도착 증세가 엿보이고 있었다. 그는 교문을 뛰쳐나가고 싶어 시위를 벌인 것이 아니라, 학교를 다시 들어가려고 시위를 벌였노라는 주장이었다. 그의 이야기는 언제나 교문을 뛰쳐나가려던 쪽이 아니라, 그 교문을 다시 들어가려고 했던 쪽에 기억의 초점이 맞춰지고 있었다. 교문을 나가려 했던 쪽은 아예 기억조차 들추려 하지 않거나, 그 자신도 어쩌면 그걸 까맣게 망각해 버리고 있는 것 같은 표정이었다. 기이한 의식의 전도였다.

하지만 윤일섭의 그런 도착은 그의 직장 생활에 대한 고충담과 불평 가운데서도 더욱 현저하게 드러났다. 그는 학교 시절 이야기에 한동안 열을 올리다간 종종 자신도 모르게 그 은행 시절까지 훌쩍 말을 비약해 버리는 일이 흔했는데, 그렇게 되면 일섭에게는 이미 자신의 사고로는 도저히 수습할 수 없는 심각한 혼란이 야기되곤 하였다.

"하지만 어떻게 보면 전 참 재수가 좋은 편이었어요. 우리는 끝끝내 그 교문을 맘대로 들어갈 수는 없었지만, 그 대신 전 그보다도 더 **비좁고 육중한 은행 문을 용케 들어갈 수** 있었으니까요. 무슨 뜻인지 아시겠습니까? 은행 문을 들어가서 생각하니 전 그때 교문을 들어가기 위해 그토록 심한 소동을 벌인 것이 사실은 그 화성인들이 지키고 있는 학교 문이 아니라 은행 문을 돌진해 들어가기 위한 사전 연습이 아니었던가 싶어지는군요. 아마 선생님은 그 기분 모르실 겁니다. 하하…… 뭐랄까…… 선생님은 은행이라는 데가 어떤 덴 줄 아십니까? 철창문을 가운데로 척 가로막아 놓고, 그 철창문 양쪽으로 한쪽에선 안으로 밀려 들어가고 싶어 호시탐탐 기회를 엿보고 있는 사람들과, 다른 한쪽에선 이미 그 철창문 안에다 자리를 잡아 놓고 바깥 사람들에게 기회를 주지 않으려 쉴 새 없이 틈입자들을 감시하고 그자들을 내쫓을 채비를 하고 앉아 있는 그런 사람들과의 살벌한 대치장 같은 곳이죠. 안쪽 사람들은 그 채비가 얼마나 대단한 줄 아십니까? 기회 있으시면 선생님도 언제 그 사람들이 싸움에 대비하고 있는 완벽한 포진을 한번 살펴보십시오. 맨 앞쪽 쇠창살가, 그러니까 바깥 사람들의 공격에 대비한 제일 방어선은 은행원들 중의 제일 쫄자들이 맡고 있어요. 그다음 제이 선에서 그 쫄자들을 지휘 독전할 자리는 대리급 위인들이…… 그런 식으로 **완전한 피라미드 포진**이지요. 이렇게 되면 자리가 가장 위험한 곳은 쇠창살 밑의 쫄자들 처지임이 뻔하지요. 싸움만 벌어졌다 하면 제일 먼저 제물이 되어야 할 친구들이 바로 그 작자들이거든요. 그래서 이 친구들은 틈만 나면 늘 한 발이라도 뒷줄 쪽으로 자리를 옮겨 앉고 싶어 안달 아닙니까. **승진**이라는 게 뭡니까. 승진이라는 게 바로 그 일선 창살 아래서 한 발이라도 **더 안전한 이선 삼선**으로 자리를 옮겨 앉게 되는 것 아닙니까. 우리는 누구나 그걸 바라지요. 그리고 좀처럼 해선 마음을 못 놓습니다. 싸움이 촉박하면 촉박해질수록 말입니다. 그런 점을 죄 알아차리고 보면 우리가 학교 시절에 그토록 열심히 시위를 벌이면서 소망한 곳이 어떤 곳이었는지 쉽게 짐작할 수 있지 않겠어요. 전 은행 사무실의 그 희한하고도 음흉스런 좌석 배치의 비밀을 알고 나서 비로소 그것을 깨달을 수 있었지요……"

걷잡을 수 없는 비약과 전도가 함부로 감행되고 있는 얘기였다.

손 박사는 그래 어느 날 마침내 윤일섭의 전 근무지 점포를 찾아가 본 일까지 있었다. **은행 점포의 좌석 배치**에 관한 이야기가 의외로 잦았던 데다 윤일섭의 그런 점포 얘기 가운데는 그에게도 분명하게 짚여 오는 것이 한 가지 있었기 때문이었다.

[중략 줄거리] 윤일섭의 증세가 '쇠창살'과 관련이 있다고 본 손 박사의

진단과 처방에 따라 병증이 호전된 윤일섭은 퇴원을 하게 된다. 그러던 어느 날 윤일섭은 쇠울타리 속에 갇힌 동물원의 동물들을 보다가 손 박사의 진단과 처방에 의심을 품게 된다.

결국 손 박사는 여태까지 윤일섭 자기를 속이고 있었던 게 분명했다. ㉠**마음속의 쇠창살을 부숴 없애는 게 치료법의 첩경이라던 손 박사의 처방**은 전혀 엉터리없는 거짓이었다. 손 박사가 뭐라고 궤변을 늘어놓고 있었든 세상에는 현실적으로 곳곳에 쇠울타리들이 마련되어 있었다. 그리고 그것은 물론 그 쇠울타리 안의 쾌적한 공간을 혼자 독차지하고 즐기려는 자들을 위한 영리한 고안이었다. 선택을 받은 자들은 그 안전한 쇠울타리 보호 속에서 기분 좋게 **바깥세상 구경이나 하면서** 살아가고, **선택받지 못한** 자들은 바깥으로 쫓겨난 채 선택받은 자들의 모욕적인 눈길 속에 우왕좌왕 방황을 계속하고 있는 게 현실이었다.

[A] 그것은 참으로 윤일섭으로선 커다란 각성이었다. 하물며 그 울타리의 안락한 보호가 사자 따위 들짐승에게까지 이르러 있음에랴.

손 박사도 실상은 그 선택받은 자들과 한 무리임이 분명했다. 손 박사에게도 자신의 쇠창살이 몰래 간직되어 오고 있었을 건 두말할 나위가 없었다. 손 박사에게 그것이 없다면 정상이 아닌 것은 윤일섭 자기가 아니라 오히려 그 손 박사 쪽이었다. 손 박사는 이를테면 자신의 쇠창살을 교묘하게 숨기면서 윤일섭 그에게만 그것을 부수라 꾀어댄 셈이었다. 참으로 괘씸하고 가소로운 위인이 아닐 수 없었다. 손 박사가 그에게 자신의 쇠창살을 부수라 충동질한 것은 그를 그의 곁에서 내쫓으려는 음흉스런 꾐수 이외에 아무것도 아니었다.

- 이청준, 「황홀한 실종」 -

혜정 샘 음성 지원

▶ '아는 만큼 보인다'는 말이 와 닿아야 하는 순간인데~. 선지 다섯 개에 담긴 개념이 분명하게 이해가 돼야 해. 선지가 무얼 의미하는지 모르겠다면, 가! 가, 개념의 나비효과 10강 다시 복습이야~~!

▶ 소설의 등장인물인 '윤일섭'과 '손 박사'의 생각을 정확하게 파악해야 하는 문제야.

오늘의 태그 문제

정답 12쪽

★**60** 문항 코드 | 22672-0060 정답률 54%

[A]에 대한 설명으로 적절한 것은?

① 이야기 속 서술자의 자기 고백적 진술을 통해 내면을 제시하고 있다. YES NO
② 서술자가 관찰자의 입장에서 사건 이해에 필요한 단서를 제공하고 있다. YES NO
③ 이야기를 전달하면서 장면에 따라 서술자를 달리하여 사건을 입체적으로 전달하고 있다. YES NO
④ 요약적 진술로 사건의 경과를 드러내어 인물 간의 갈등이 해소되는 과정을 제시하고 있다. YES NO
⑤ 서술의 초점이 되는 인물의 시선으로 다른 인물의 언행에 담긴 의미를 해석하여 제시하고 있다. YES NO

61 문항 코드 | 22672-0061 정답률 56%

㉠에 대한 이해로 적절하지 않은 것은?

① ㉠은 윤일섭이 '쇠창살'과 관련해 '심각한 혼란'을 겪고 있다는 손 박사의 판단에 따른 것이다. YES NO
② ㉠은 '교문'에 대한 윤일섭의 왜곡된 기억이 '마음속의 쇠창살'과 관련이 있을 것이라는 손 박사의 생각을 드러내 준다. YES NO
③ 윤일섭은 자신을 '쇠창살' 밖으로 내몰려는 손 박사의 음모가 ㉠에 숨어 있다고 의심하고 있다. YES NO
④ 윤일섭은 손 박사가 자신은 정작 '쇠울타리' 안에 있으면서 ㉠을 내리고 있다고 생각하고 있다. YES NO
⑤ ㉠은 '쇠울타리'가 '쾌적한 공간'을 '독차지하'려는 자들을 위해 마련된 '영리한 고안'이라고 비판한 손 박사의 생각에 상응하는 것이다. YES NO

▶ 우리가 지문을 읽으면서 파악해야 하는 인물이 하는 행동의 원인과 그 의미를 친절하게 설명해 주고 있는 <보기>야. 중요한 핵심 정보를 잘 이해하고 이를 바탕으로 지문을 읽으면 도움이 많이 될 거야. 62번은 9강의 59번과 같은 패턴의 문제라는 것 알겠어? 문제가 요구하는 것이 무엇인지를 파악하면서 지문을 읽고 답을 찾는 연습을 반복하다 보면 같은 패턴의 문제들이 보이게 될 거야. 그러면 각 패턴별로 어떻게 문제에 접근해서 정답을 찾아내는 것이 유리한지를 알게 되고, 그때부터는 더 효율적인 공부가 시작되는 거지. :)

★62 문항 코드 | 22672-0062

정답률 59%

〈보기〉를 바탕으로 윗글을 감상한 내용으로 적절하지 않은 것은?

〈보기〉

「황홀한 실종」에서 은행원인 윤일섭은 승진에서 여러 번 탈락한 후 '문 안쪽'에 대한 집착을 보이며 동물원의 쇠울타리 안쪽의 공간까지 넘보게 된다. 자기 스스로를 유폐하고자 하는 이러한 행동은 치열한 경쟁이 펼쳐지고 있는 자본주의적 질서 속에 순조롭게 편입되지 못한 자아가 지니고 있는, 체제의 보호 속에 더 깊이 안주하고 싶어 하는 욕망과 그와 관련된 불안감을 형상화한 것이라고 할 수 있다.

① '비좁고 육중한 은행 문을 용케 들어갈 수 있었'던 것을 다행스럽다고 여기는 윤일섭의 태도에서, 체제의 보호를 받고 싶어 하는 자아의 모습을 엿볼 수 있겠군. YES NO

② '승진'을 '더 안전한 이선 삼선'의 자리로 옮겨 앉는 것이라고 생각하며 살아온 윤일섭의 모습은, 체제 속에서 더 깊이 안주하고 싶은 자아의 욕망과 연결된 것이겠군. YES NO

③ '선택받지 못한 자들'의 처지를 생각하며 마음을 놓지 못하는 윤일섭의 모습에서, 체제로부터 밀려날 수 있다는 불안감을 엿볼 수 있겠군. YES NO

④ '바깥세상 구경이나 하면서 살'고 있는 현재의 자신을 과거 자신의 자리로 되돌려 놓아야 한다는 윤일섭의 각성은, '문 안쪽'에 대한 병적인 집착으로 이어진다고 볼 수 있겠군. YES NO

⑤ '은행 점포의 좌석 배치'를 '완전한 피라미드 포진'이라고 한 윤일섭의 말에서, 치열한 생존 경쟁이 펼쳐지고 있는 자본주의적 질서를 엿볼 수 있겠군. YES NO

이번에 볼 세트는 지문 자체는 그리 어렵지 않지만, 정답률이 낮았던 문제가 포함돼 있어. 이 교재는 개념의 나비효과에서 배운 내용을 스스로 적용 연습해 보는 워크북이야. 문제를 틀렸다고, 왜 틀린 건지 이해가 잘 안 된다고 곧바로 해설이나 강의로 달려가는 건 이제 놉! 해설이나 강의를 보기 전에 스스로 문제를 풀어 보고, 틀린 문제가 있다면 그 문제를 틀린 이유에 대해서 깊이 생각하는 연습을 하자. 충분히 고민하고 생각한 후, 내 생각의 흐름이 적절했는지를 해설과 강의로 확인해 보는 공부를 해야 돼. 특히 국어는 더!

스물여덟 • 다음 글을 읽고 물음에 답하시오. [63~65] 〔 2020학년도 대학수학능력시험 〕

한 평도 채 안 되는 구멍가게는 중풍으로 쓰러져 정상적 건강 상태가 아니었던 아버지의 유일한 수입원이자 생존 이유였다. 때문에 ㉠그 구멍가게에 대한 아버지의 몰두와 자존심은 각별했다.

한번은 내가 아버지가 가게를 잠깐 비운 사이에 겉에 허연 인공 설탕 가루를 묻힌 '미키대장군'이라는 캐러멜을 하나 아무 생각 없이 널름 집어먹은 적이 있었다. 하나에 이 원, 다섯 개에 십 원이었다. 잠시 뒤에 돌아온 아버지는 단박에 그 사실을 알아채고는 불같이 화를 내며 내 목덜미에 당수를 한 대 세게 내려꽂는 것이었다. 그 캐러멜 갑 안에 미키대장군이 몇 개 들어 있는지조차 훤히 꿰차고 있는 아버지였다.

—이런 민한 종간나래! 얌생이처럼 기러케 쏠라닥질을 허자면 이 가게 안에 뭐이가 하나 제대로 남아나겠니, 응?

그러고 나서는 좀 머쓱했는지 입이 한 발쯤 튀어나와 뾰로통해서 서 있는 내게 미키대장군 네 개를 집어 내미는 거였다. 어차피 짝이 맞아야 파니까니, 하면서 억지로 내 손아귀에 쥐어주었다. ㉡나는 그 무허가 불량 식품인 캐러멜 네 개가 끈끈하게 녹아내릴 때까지 먹지 않고 쥔 채 서 있었다.

—늴큼 털어 넣지 못하겠니, 으잉?

목덜미에 아버지의 가벼운 당수를 한 대 더 얻은 다음에야 한입에 털어 넣고 돌아서 나왔다. 아버지도 가게 일을 수월하게 보려면 잔심부름꾼인 나를 무시하고는 아쉬울 때가 많을 터였다. 워낙 짧은 밑천으로 가게를 꾸려 가자니 아버지는 물건 구색을 맞추느라 하루에도 많을 때는 세 번까지 시장통 도매상으로 정부미 포대를 거머쥐고 종종걸음을 쳐야 했고, 막내인 나는 번번이 아버지의 뒤로 팔을 늘어뜨린 채 졸졸 따를 수밖에 없었다.

그땐 그게 죽도록 싫었다. 하마 시장통에서 야구 글러브를 끼거나 조립용 신형 무기 장난감 상자를 든 반 친구를 만나거나, 심지어 과외나 주산 학원을 가는 여자 아이들을 만나는 날에는 정말 그 자리에서 혀를 빼물고 죽고 싶은 생각뿐이었다.

(중략)

어느 날이었다. 아버지와 나는 앞서거니 뒤서거니 하면서 그 정부미 자루를 날라 왔다. 그런데 집에 도착해 한숨을 돌린 뒤 자루를 풀고 물건을 정리해 보니 스무 병이 와야 할 소주가 두 병이 모자란 채 열여덟 병만 온 것이었다.

㉢아버지의 얼굴은 맞보기가 민망할 정도로 금세 하얗게 질렸다. 왜냐하면 그 덜 온 두 병을 빼고 나면 나머지 것들을 몽땅 팔아 봤자 결국 본전치기일 뿐이었기 때문이다. 아버지는 내 등을 떼밀어 물건을 받아 온 수도상회의 혹부리 영감한테 내려 보냈다. 아버지는 말주변도 말주변이었지만 중풍 후유증 때문에 약간의 언어 장애가 있어 일부러 나를 보냈던 것이다.

—뭐 하러 왔네?

가게 안에 북적거리는 손님들에게 셈을 치러 주느라 몇 번이고 주판알을 고르는 데 바쁜 혹부리 영감의 눈길을 잡아 두는 데 성공한 나는 더듬더듬 자초지종을 말했다. 그러나 귓등에 연필을 꽂은 채 심술이 덕지덕지 모여 이뤄진 듯한 왼쪽 이마빡의 눈깔사탕만 한 혹을 어루만지며 듣던 ㉣혹부리 영감은 풍기 때문에 왼쪽으로 힐끗 돌아간 두터운 입술을 떠들쳐 굵은 침방울을 내 얼굴에 마구 튀겼다. 애초 자기 눈앞에서 까 보이지 않은 것은 인정할 수 없다며 막무가내였다. 나중엔 아버지까지 함께 내려가서 하소연을 해 봤지만 돌아온 대답은 정 그렇게 우기면 거래를 끊겠다는 협박성 경고뿐이었다. 거래가 끊긴다면 아버지한테는 큰 타격이 아닐 수 없었다.

혹부리 영감은 아버지한테 무슨 큰 특혜를 내려 주듯이 거래를 터 준다고 허락을 놓았었다. 같은 함경도 동향이기 때문이라는 말을 덧붙이면서. 하긴 혹부리 영감한테는 매번 소주 열 병 안짝에다 새우깡 열 봉지, 껌 대여섯 개, 빵 예닐곱 개 등 일반 소매가격 구매자보다 더 많은 물건을 떼어 가지도 않으면서 부득부득 도맷값으로 해 달라고 통사정을 해 쌓는 아버지 같은 사람 하나쯤 거래를 끊어도 장부상 거의 표가 나지 않을 것이었다.

결국 아버지는 자신의 과오를 인정하지 않을 수 없었다. ㉤당신의 자그마한 구멍가게로 돌아와 나머지 열여덟 병의 소주를 넋 나간 사람처럼 쓰다듬던 아버지는 기어코 아들인 내 앞에서 눈물을 보이고 말았다. 아! 아버지…….

- 김소진, 「자전거 도둑」 -

혜정 샘 음성 지원

▶ 지문의 내용을 잘 이해했는지 확인하는 가장 기본적인 문제야. 이런 패턴의 문제는 사실 현대 소설 보다는 고전 소설에서 더 자주 출제되는 편이야. 인물 중심으로 전체적인 서사 구조를 잘 짚어 가며 읽었다면 큰 어려움 없이 해결할 수 있어. 혹시나 이 문제를 틀렸다면, 내가 왜 오답지를 골랐는지, 왜 그 오답지를 적절하다고 생각했는지 정확하게 확인하도록 해.

오늘의 태그 문제

정답 12쪽

63 문항 코드 | 22672-0063 정답률 79%

윗글에 대한 이해로 가장 적절한 것은?

① 혹부리 영감의 위협적인 경고 때문에, 아버지는 혹부리 영감의 주장을 따를 수밖에 없었다. YES NO

② 아버지는 소주 두 병을 덜 받아 왔기 때문에 곤란했지만, '나'에게 당황한 내색을 하지 않았다. YES NO

③ 아버지는 '나'의 잘못을 묵인했지만, 혹부리 영감과의 잘못된 거래는 바로잡으려 노력했다. YES NO

④ 혹부리 영감은 가게 일로 바빴지만, '나'의 자초지종을 듣고 마지못해 '나'의 염려를 덜어 주었다. YES NO

⑤ 아버지는 '나'의 도움이 필요했기에, 친구들의 시선을 의식하여 우울해 하는 '나'를 기분 좋게 하려 노력했다. YES NO

▶ 이 지문을 읽을 때는 인물이자 서술자인 '나'에게 주목하지 않을 수 없어. '나'의 경험과 기억이 '나'에게 어떤 의미인지, '나'에게 어떤 변화를 가져다 줬는지를 파악할 수 있어야 돼. 64번의 선지도 지문의 구절에 작은따옴표 표시를 해서 인용하고 있어. 그리고 지문에는 굵은 글씨로 표시돼 있지? 지문을 읽으면서 바로 선지의 내용을 YES NO 로 판단해야 하는 문제인 거야.

64 문항 코드 | 22672-0064 정답률 73%

윗글을 감상한 내용으로 적절하지 않은 것은?

① '한 평도 채 안 되는 구멍가게'를 각별한 애정으로 운영하던 아버지에 대한 기억은, '나'에게 아버지의 '생존 이유'를 짐작하게 했겠어. YES NO

② '캐러멜'을 먹었다고 화를 냈다가 남은 '캐러멜'을 '나'의 손에 쥐어 준 아버지에 대한 기억은, '나'에게 아버지가 속마음을 드러내는 데 서툰 사람이라고 생각하게 했겠어. YES NO

③ '팔을 늘어뜨린 채' 아버지를 따르던 '나'가 '시장통'에서 '반 친구'를 만났던 경험은, '나'에게 궁핍으로 인한 내면의 상처로 남은 기억이겠어. YES NO

④ '중풍 후유증' 때문에 '언어 장애'가 있는 아버지 대신 혹부리 영감을 상대하게 된 경험은, '나'에게 어린 나이에 이해타산적인 어른들의 세계를 느끼게 한 기억이겠어. YES NO

⑤ '거래를 끊어도' 표가 나지 않을 사람이었던 아버지와 거래를 끊지 않은 혹부리 영감에 대한 기억은, '나'에게 형편이 어려운 사람들 간의 유대감을 느끼게 했겠어.

▶ 하나의 작품이 only 하나의 시점만으로 서술돼야 한다는 법은 없어. 이 지문에서 처럼 다양한 서술 방식이 함께 사용될 수 있는 거야. 우리는 시점의 개념을 공부했으니, 각 서술 시점의 특징이나 효과를 알고 있어. 알고 있지? 대답에 자신이 없다면, 고! 개념의 나비효과 10강으로 가서 복습! ㅎㅎ <보기>에서 설명한 세 가지 서술 방식을 시점의 개념과 관련하여 이해할 수 있어야 돼.

★**65** 문항 코드 | 22672-0065 정답률 56%

〈보기〉를 참고할 때, ㉠~㉤에 대한 반응으로 적절하지 않은 것은?

〈보기〉

이 소설의 서술자인 성인 '나'는 주로 세 가지 서술 방식을 활용한다. 첫째는 서술자가 등장인물의 내면 심리나 사건을 설명하는 것이다. 이 경우 독자는 서술자의 해석을 통해 사건을 이해하게 된다. 둘째는 서술자가 인물의 외양이나 행위만을 묘사하는 것이다. 이 경우 독자는 그 묘사가 갖는 의미를 스스로 해석해야 한다. 셋째는 서술자가 유년 '나'로 시선을 제한하여 유년 '나'의 눈에 보이는 다른 인물의 외양이나 행위를 묘사하는 것이다. 이 경우 독자는 사건의 현장을 직접 보는 듯한 느낌을 가질 수 있으며, 둘째 방식에서처럼 그 묘사에 대해 해석해야 한다. 셋째 방식에 유년 '나'의 심리가 함께 서술되면 독자는 인물의 심리에 쉽게 공감하게 된다.

① ㉠: 서술자가 아버지의 내면을 설명하여 독자는 서술자의 해석을 통해 상황을 이해하겠군. YES NO

② ㉡: 서술자가 유년 '나'의 행위를 묘사하여 독자는 그 행위가 갖는 의미를 스스로 해석하겠군. YES NO

③ ㉢: 유년 '나'로 시선을 제한하여 아버지의 내면이 직접적으로 서술되지 않았다고 생각한 독자라면 아버지의 내면을 스스로 해석하겠군. YES NO

④ ㉣: 유년 '나'로 시선을 제한하여 혹부리 영감의 모습과 행동을 묘사했다고 생각한 독자라면 장면을 직접 보는 듯한 느낌을 받겠군. YES NO

⑤ ㉤: 유년 '나'로 시선을 제한하여 아버지의 행위와 표정을 묘사하면서 유년 '나'의 심리를 함께 제시하여 독자는 그 심리에 공감하겠군. YES NO

● 열공 날짜 년 월 일

11 소설의 구성 & 배경 & 갈등

개념 태그 #순행적 구성은 평면적 구성 #역순행적 구성은 입체적 구성 #액자식 구성 #빈번한 장면의 전환 #병렬, 병치 #열일하는 소설의 배경 #내적 갈등, 외적 갈등

▸▸▸ 기억 안 나면? 개념의 나비효과 125쪽으로!

11강에서 배운 '구성', '배경', '갈등'이 어떤 양상으로 드러나 있는 지에 집중하며 지문을 읽어 보자. 출제자는 어떤 요소에 주목해서 이 지문의 장면을 선택했을지 생각해 보면서 지문을 읽고 문제를 풀어 보는 거야.

스물아홉 • 다음 글을 읽고 물음에 답하시오. [66-68] (2019학년도 10월 고3 전국연합학력평가)

연재가 파탄에 직면한 것은 우묵배미의 맨 꼭대기 부잣집 김 씨네에서 어쩔 수 없이 맨 아랫집 붙들네로 방을 옮기면서부터였다. 붙들네 아이들 극성으로 머릿속에 든 이미지들은 박살이 나기 일쑤였고, 그런 이유 말고도 매달 덜미를 물고 늘어지는 생활비의 중압, 게다 여성지 연재인데 설마 어떠랴 싶은 다소 시건방진 속계산이 소설의 치열성을 많이 빼앗아가 버린 때문이었다. 해서 「달래강」의 장편 연재는 그 희석되고 석고화된 관념의 득세와 원고 매수나 채우려는 군더더기로 인하여 사르트르도 무엇도 아닌 어중간한 것으로 끝장을 보게 된 것이다. 그놈의 식어 빠진 「달래강」의 연재를 『소설계』에까지 끌고 가 2부를 써 내지 않을 수 없었던 것은, 1년 안에 장편 하나를 넘겨주기로 하고 그 잡지사로부터 미리 타 쓴 계약금 2백만 원 때문이었다. 자기 자신도 감동시키지 못하는 소설을 끄적이기 위해 책상 앞에 앉는다는 것은 마치 도살장에 끌려가는 거나 다름없었다.

독서를 게을리하기 시작한 지도 오래였다. 책들은 반도 채 못 읽어서 방바닥을 굴러다니다 관심권 밖으로 사라졌고, 아랫마을 출입이 잦아지고 쓸데없는 술추렴이 늘고, 공연히 남의 집 우사를 들랑거리며 송아지 자랑이나 떠벌리고…… 위기였다. 이겨 낼 방법이 없었다.

아내에게는 감히 말을 꺼낼 엄두도 못 내면서 혼자 곰곰이 또 이사 갈 생각만 하고 있었다.

집안의 시끌짝한 분위기 탓이었다. 그들을 한 가구씩 차례차례 내보내야 했다. 안주인에게 애당초의 약속을 상기시키면서 그들 중 한두 가구를 내보내라고 종용했다. 우리가 이사 들어 올 때 달이 차면 정 씨를 내보내고 싼값에 안채를 준다는 조건으로 계약을 한 것이었는데, 그러나 이제와서 안주인은 난색을 표했다. 그리고 딴 방들도 방세가 네댓 달씩 밀려 있었고 또 그들은 선뜻 방을 비워 줄 사람들이 못 되었다.

ⓐ아니었다. 그것은 분위기를 탓할 일이 아니었다. 그것은 이미 쓸모없는 비계로 가득 찬 나의 대뇌 탓이었다. 더 이상 샘물을 저어 올릴 수 없는 나의 소설적 비재(非才) 탓이었다. 고갈되고 고갈된 나머지 나는 농부보다 못한 상상력을 갖고 있었다.

ⓑ아니었다. 그건 나 혼자만이 감당해야 할 죄가 아니었다. 제2, 제3 장편이 연이어 안겨다 준 물질적 궁핍 때문이었다. 출판 경기의 지독한 불황 때문이었다. 그리고 그래서 앙가주망적 지식인의 황금기였다고도 말할 수 있는 70년대 말기 정치 경제 사회 현상의 전 분야에다 겁도 없이 진찰기를 들이댈 수 있었던, 저 끝 간 데 없이 치솟던 문학 종사자들의 야심을 일거에 잠재워 버리고 만 일련의 격변 때문이었다. 한차례의 폭설과 함께 느닷없이 들이닥친 이 겨울의 주인은 입에다 마스크를 대지 않고 함부로 거리를 나돌아 다니지 말 것, 그리고 가능한 한 방 안에서 텔레비전이나 보고 앉아 있을 것 등등의 몇 가지 시민적 준수 사항을 공개리에 엄격히 하달했다. 글을 쓰는 우리 동료들은 연신 아얏아얏 소리를 내며 흩어져 가고 있었다. 문인들의 발길이 뜸해진 광화문과 낙원동의 술집들은 장사가 안 된다고 은근히 걱정이었다. 광장을 잃은 급진주의자들은 피켓을 철수하고 지하로 강당으로 기어들어 가고 있었다. 인세를 받으며 할랑하게 방구석에 틀어박혀 대작을 꿈꾸고 있던 몇몇 동지들은 어쩔 수 없이 끼니에 덜미를 잡혀 천방지축 출판사로 기업체로 신문 연재로 대학원으로 속속 복귀하고 있었다. 비평가와 신문 문화 면은 연일 작품 기근, 신인 부재를 속삭여 대고, 소설에의 기대치가 절정에 이르렀던 70년대가 막을 내리자 기대를 잃은 다수의 독자 대중은 도시락을 싸서 들로 산으로 전자오락실로 TV의 스포츠 화면 속으로 뒤돌아볼 새 없이 떼를 지어 달아나고 있었다.

[중략 부분의 줄거리] 조용한 방 한 칸을 구하기 위해 '나'는 여름 내내 고군분투한다. 겨우 이사를 하게 된 '나'는 절친인 '유 형'이 작품전을 한다

는 사실을 뒤늦게 떠올리고 급히 전시장을 찾는다.

"뭐, 대충대충 고르지. 그까짓 방 하나 구하는 걸 갖구선 뭘 그래? 방 구한다는 게 대체 언제부터야?"

말은 거칠고 화를 참느라고 그의 얼굴은 붉게 상기되어 있었다. 사실 뜨끔했던 나는 슬쩍 농으로 받아들일 속셈이었는데 그러나 그의 비난은 세찬 것이었다. 나는 이 야속한 친구에게 무언가 중요한 말 한마디를 해 주고 싶었으나 무안을 참으며 자리를 피했다. 그날 밤 친구들이 모인 간단한 술자리에서도 친구에 관한 생각으로 가득 차 있었다. 그는 친구에게 잊을 수 없는 말을 남긴 것이었고, 그는 왜 친구 한 사람이 방 한 칸 때문에 그토록 많은 땀을 흘리며 전전긍긍하고 있었던가를 이해해 보기를 어언간 싫어하게 된 것인지도 몰랐다.

원주 가기 전의 문막은 유 형의 고향이었고 그쪽에는 그의 고향 동료들이 많았다. 그가 문막 읍내에서 썩 떨어진 시골마을에다 아틀리에를 마련한 것은 그다운 일이었다. 그러나 그가 비단 친구뿐만이 아니라 인간의 고통에 동참하기를 싫어하게 된 것은 어쩌면 그 자가용을 굴리는 편한 상식인들과 상대하지 않을 수 없게 되면서부터일지도 몰랐다. 인간은, 특히 예술가는, 고통에 대한 사랑과 그 진정한 초월을 통해서만 존립이 가능하다는 소신을 그에게 들려줄 용기를 나는 못 갖고 있었다. 그건 나 자신부터가 충분히 생생한 신념을 껴안고 살아가고 있을 때만 가능한 얘기였다. 그가 궁극적으로 원하는 그 자기 구원과 천상적 가치를 성취하기 위해서는 그 과정에 놓인 이 구질구질한 지상의 눈물들을 생략해 버려야 한다고 그는 믿는 것일까? 그는 어쩌면 그까짓 방 한 칸 때문에 쩔쩔맨 저 한여름의 고투가 한갓 생선 장수의 고민이나 다름없는 것이라고 치부해 버린 것이었을까. 친구가 던진 그 슬픈 말 한마디가 잠시의 실수였으면 하고 간절히 바랐다.

- 박영한, 「지상의 방 한 칸」 -

혜정 샘 음성 지원

▶ 66번의 선지를 가만 보면 인물, 배경, 갈등, 구성, 서술 방식, 서술 시점 등의 개념을 골고루 다루고 있다는 걸 알 수 있어. 개념을 이해하고 명확하게 정리해 놓는 일이 별것 아닌 거 같지만 중요한 이유야. 기본 개념을 튼튼히 하면 전혀 보이지 않던 것들이 보이기 시작해. 서술자가 인물과 사건을 제시하는 방법이라든지, 소설의 배경과 소재들이 어떤 기능을 하고 있는지, 인물이 겪는 갈등의 원인과 갈등이 심화되고 해소되는 과정을 통해 드러나는 작품의 주제 의식이라든지 등 등. 이러한 것들을 스스로 읽어낼 수 있게 하는 게 바로 개념을 공부하는 이유가 되는 거야. 힘내~! :)

오늘의 태그 문제

정답 13쪽

★**66** 문항 코드 | 22672-0066 정답률 82%

윗글의 서술상 특징으로 가장 적절한 것은?

① 인물의 외양을 세밀하게 묘사하여 인물의 입체적 성격을 부각하고 있다. YES NO
② 공간적 배경의 변화를 통해 인물의 갈등이 해소되는 과정을 보여 주고 있다. YES NO
③ 동시에 벌어진 사건들을 나란히 배치하여 이야기의 흐름을 지연시키고 있다. YES NO
④ 집단 간의 갈등을 다각적으로 조명하여 사건 전개의 양상을 다면화하고 있다. YES NO
⑤ 이야기 내부 서술자의 고백적 진술을 통해 자신이 처한 심리적 상황을 제시하고 있다. YES NO

▶ <보기>는 지문을 이해하는 데에 도움이 되는 힌트를 주기도 하지만, **선지의 적절성을 판단하는 기준**이라는 것을 꼭 기억해야 돼. 때로는 <보기>만 정확히 잘 읽어도 답이 보이기도 해.

★67 문항 코드 | 22672-0067 정답률 75%

〈보기〉를 바탕으로 윗글을 감상한 내용으로 적절하지 않은 것은?

> 〈보기〉
>
> 이 작품에서 마음껏 글을 쓸 수 있는 '방 한 칸'마저도 구하기 어려운 현실은 예술가의 존립 근거를 위협하는 열악한 상황을 의미한다. 그것은 물질적 곤궁, 정치적 격변, 그리고 대중문화의 범람 등으로 상징되는 세계이다. 이러한 상황은 예술가의 치열성을 희석시키고 그들을 상업주의에 물들게 하여 예술가로서의 의욕이 약화되도록 만든다. 그러나 이 작품의 주인공은 그러한 열악함 속에서도 그것에 굴복하지 않고 소설가로서의 꿈을 지켜 내려 하는데, 그것은 '지상의 방 한 칸'을 구하기 위한 고투의 과정으로 형상화된다.

① 군더더기로 여성지의 연재 원고 매수나 채우고 있는 주인공의 모습은, 소설가로서의 치열성이 희석되어 버린 모습으로 볼 수 있겠군. YES NO

② 아이들 극성으로 머릿속에 든 이미지가 박살나기 일쑤였던 붙들네에서의 생활은, 소설가로서의 존립을 위협받는 주인공의 열악한 상황을 함축한다고 볼 수 있겠군. YES NO

③ 글을 쓸 수 있는 조용한 방을 구하기 위해 주인공이 땀 흘리며 보낸 시간들은, 현실의 열악함 속에서도 작가로서의 꿈을 지켜 내기 위한 고투의 과정으로 볼 수 있겠군. YES NO

④ 소설에 대한 기대를 잃은 다수의 대중이 전자오락실과 TV의 스포츠 화면 등에 몰려들고 있는 것은, 주인공이 소설가로서 품었던 의욕을 약화시키는 상황의 하나로 볼 수 있겠군. YES NO

⑤ 친구에게 고통에 대한 사랑과 초월에 대하여 들려줄 용기를 낼 수 없었던 주인공의 모습은, 정치적인 격변의 상황을 외면해 버린 데서 오는 지식인으로서의 부끄러움을 드러낸다고 볼 수 있겠군. YES NO

▶ ⓐ도, ⓑ도 '아니었다'야. ⓐ와 ⓑ가 각각 뭐가 아니라고 하는 것인지를 먼저 파악해야겠지? 그리고 인물이 지금 왜 이렇게 갈등하고 있는지를 생각해 봐야 돼. 소설에 드러나는 **갈등의 원인**은 주제 의식과 연결돼 있는 경우가 많으니까.

★68 문항 코드 | 22672-0068 정답률 80%

ⓐ와 ⓑ에 대한 설명으로 가장 적절한 것은?

① ⓐ는 ⓑ와 달리 창작과 관련된 인물의 자존감이 자기 성찰을 통해 견고해지고 있음을 보여 주고 있다. YES NO

② ⓑ는 ⓐ와 달리 인물이 추구해 온 예술 세계가 자신의 의식 속에서 부정되고 있음을 보여 주고 있다. YES NO

③ ⓐ에서는 개인적인 문제를 해결하려는 인물의 의지를, ⓑ에서는 정치적인 문제를 해결하려는 인물의 의지를 보여 주고 있다. YES NO

④ ⓐ에 이어 ⓑ를 제시하여, 인물이 작가로서 바라보는 현실에 대한 인식이 호의적인 것에서 비판적인 것으로 전환되고 있음을 보여 주고 있다. YES NO

⑤ ⓐ와 ⓑ가 연결되면서, 자신의 창작을 가로막고 있는 것이 개인적인 문제를 넘어 사회적인 문제와도 관련되어 있다는 인물의 인식을 보여 주고 있다. YES NO

이 작품은 상대적으로 좀 친숙한 작품일 수도 있겠다. 오늘 배운 개념들이 잘 녹아 있는 작품이라서 가지고 왔어. 「봄.봄」이 어떤 개념과 연결되는 작품일지 생각해 보면서 지문을 읽고 문제들을 해결해 보자. 문제 풀다 보면 배웠던 개념들이 작품에 어떻게 적용되고 있는지 알 수 있을 거야.:)

서른 · 다음 글을 읽고 물음에 답하시오. [69-71] (2016학년도 대학수학능력시험 6월 모의평가 A형)

우리 장인님은 약이 오르면 이렇게 손버릇이 아주 못됐다. 또 사위에게 이 자식 저 자식 하는 이놈의 장인님은 어디 있느냐. 오죽해야 우리 동리에서 누굴 물론하고 그에게 욕을 안 먹는 사람은 명이 짜르다, 한다. 조그만 아이들까지도 그를 돌라세 놓고 욕필이 ㉠(본 이름이 봉필이니까), 욕필이, 하고 손가락질을 할 만치 두루 인심을 잃었다. 허나 인심을 정말 잃었다면 욕보다 읍의 배참봉 댁 마름으로 더 잃었다. 번이 마름이란 욕 잘 하고 사람 잘 치고 그리고 생김 생기길 호박개 같아야 쓰는 거지만 장인님은 외양이 똑 됐다. 작인이 닭 마리나 좀 보내지 않는다든가 애벌논 때 품을 좀 안 준다든가 하면 그해 ⓐ가을에는 영락없이 땅이 뚝뚝 떨어진다. 그러면 미리부터 돈도 먹이고 술도 먹이고 안달재신으로 돌아치던 놈이 그 땅을 슬쩍 돌라안는다. 이 바람에 장인님 집 빈 외양간에는 눈깔 커다란 황소 한 놈이 절로 엉금엉금 기어들고, 동리 사람들은 그 욕을 다 먹어 가면서도 그래도 굽신굽신하는 게 아닌가 —

그러나 내겐 장인님이 감히 큰소리할 계제가 못 된다.

뒷생각은 못 하고 뺨 한 개를 딱 때려 놓고는 장인님은 무색해서 덤덤히 쓴침만 삼킨다. 난 그 속을 퍽 잘 안다. 조금 있으면 갈도 꺾어야 하고 모도 내야 하고, 한창 바쁜 때인데 나 일 안 하고 우리 집으로 그냥 가면 고만이니까. 작년 이맘 때도 트집을 좀 하니까 늦잠 잔다고 돌멩이를 집어 던져서 자는 놈의 발목을 삐게 해 놨다. 사날씩이나 건승 끙, 끙, 앓았더니 종당에는 거반 울상이 되지 않았는가 —

"얘, 그만 일어나 일 좀 해라. 그래야 올갈에 벼 잘 되면 너 장가들지 않니."

그래 귀가 번쩍 띄어서 그날로 일어나서 남이 이틀 품 들일 ⓑ논을 혼자 삶아 놓으니까 장인님도 눈깔이 커다랗게 놀랐다. 그럼 정말로 가을에 와서 혼인을 시켜 줘야 원 경우가 옳지 않겠나. 볏섬을 척척 들여 쌓아도 다른 소리는 없고 물동이를 이고 들어오는 점순이를 담배통으로 가리키며,

"이 자식아 미처 커야지. 조걸 데리고 무슨 혼인을 한다고 그러니 원!" 하고 남 낯짝만 붉게 해 주고 고만이다.

(중략)

그 전날 왜 내가 새고개 맞은 봉우리 ⓒ화전밭을 혼자 갈고 있지 않았느냐. 밭 가생이로 돌 적마다 야릇한 꽃내가 물컥물컥 코를 찌르고 머리 위에서 벌들은 가끔 붕, 붕, 소리를 친다. 바위틈에서 샘물 소리밖에 안 들리는 산골짜기니까 맑은 하늘의 봄볕은 이불 속같이 따스하고 꼭 꿈꾸는 것 같다. 나는 몸이 나른하고 몸살 ㉡(을 아직 모르지만 병)이 나려고 그러는지 가슴이 울렁울렁하고 이랬다.

"어러이! 말이! 맘 마 마……."

이렇게 노래를 하며 소를 부리면 여느 때 같으면 어깨가 으쓱으쓱한다. 웬일인지 ⓓ밭 반도 갈지 않아서 온몸의 맥이 풀리고 대고 짜증만 난다. 공연히 소만 들입다 두들기며 —

"안야! 안야! 이 망할 자식의 소 ㉢(장인님의 소니까) 대리를 꺾어 줄라."

그러나 내 속은 정말 안야 때문이 아니라 점심을 이고 온 점순이의 키를 보고 울화가 났던 것이다.

점순이는 뭐 그리 썩 이쁜 계집애는 못 된다. 그렇다구 또 개떡이냐 하면 그런 것도 아니고, 꼭 내 아내가 돼야 할 만치 그저 툽툽하게 생긴 얼굴이다. 나보다 십 년이 아래니까 올해 열여섯인데 몸은 남보다 두 살이나 덜 자랐다. 남은 잘도 훤칠히들 크건만 이건 위아래가 몽툭한 것이 내 눈에는 헐없이 감참외 같다. 참외 중에는 감참외가 젤 맛 좋고 이쁘니까 말이다. 둥글고 커단 눈은 서글서글하니 좋고 좀 지쳐 찢어졌지만

입은 밥술이나 혹혹이 먹음직하니 좋다. 아따 밥만 많이 먹게 되면 팔자는 고만 아니냐. 헌데 한 가지 파가 있다면 가끔가다 몸이 ㉣(장인님은 이걸 채신이 없이 들까분다고 하지만) 너무 빨리빨리 논다. 그래서 밥을 나르다가 때 없이 풀밭에서 깨빡을 쳐서 흙투성이 밥을 곧잘 먹인다. 안 먹으면 무안해할까 봐서 이걸 씹고 앉았노라면 으적으적 소리만 나고 돌을 먹는 겐지 밥을 먹는 겐지 —

그러나 ⓔ이날은 웬일인지 성한 밥채로 밭머리에 곱게 내려놓았다. 그리고 또 내외를 해야 하니까 저만큼 떨어져 이쪽으로 등을 향하고 웅크리고 앉아서 그릇 나기를 기다린다.

내가 다 먹고 물러섰을 때 그릇을 와서 챙기는데 그런데 난 깜짝 놀라지 않았느냐. 고개를 푹 숙이고 밥함지에 그릇을 포개면서 날더러 들으라는지 혹은 제 소린지,

"밤낮 일만 하다 말 텐가!" 하고 혼자서 쫑알거린다. 고대 잘 내외하다가 이게 무슨 소린가, 하고 난 정신이 얼떨떨했다. 그러면서도 한편 무슨 좋은 수나 있는가 싶어서 나도 공중을 대고 혼잣말로,

"그럼 어떻게?"

하니까,

"성례시켜 달라지 뭘 어떻게." 하고 되알지게 쏘아붙이고 얼굴이 발개져서 산으로 그저 도망질을 친다.

나는 잠시 동안 어떻게 되는 셈판인지 맥을 몰라서 그 뒷모양만 덤덤히 바라보았다.

봄이 되면 온갖 초목이 물이 오르고 싹이 트고 한다. 사람도 아마 그런가 보다, 하고 며칠 내에 부쩍 ㉤(속으로) 자란 듯싶은 점순이가 여간 반가운 것이 아니다.

- 김유정, 「봄·봄」 -

 **혜정 샘 음성 지원**

▶ 우리, 단어 뜻을 몰라서 문제를 틀리는 건 하지 말자. 외국어 아니고, 국어잖아~. 이걸 알려 줘, 말아? ㅎㅎ '현학적'이라는 건 '학식이 있음을 자랑하는 것.'이라는 뜻이야. 기출문제들을 풀다가 지문에서, 또는 선지에서 그 의미를 잘 모르는 어휘가 등장한다면 꼭 국어사전을 검색해서 그 의미를 알아 두도록 하자.

▶ 각 구절이 어떤 의미를 전달하는지, 또 어떤 기능을 하는지 파악할 수 있어야 돼. 지문을 읽으면서 해당 구절이 나오면 바로바로 ①~⑤의 YES NO를 판단하며 풀어야 하는 패턴의 문제야.

▶ 71번의 <보기>는 소설의 배경이 어떤 기능을 하는지를 설명하고 있어. 이런 내용의 <보기>는 다른 소설 지문과도 충분히 연결해 볼 수 있는 내용이야. 지문에서 확인할 수 있는 '가을', '이날'이라는 시간적 배경과 '논', '화전밭', '밭'이라는 공간적 배경이 인물, 사건과 관련해서 어떤 기능을 하는지 파악할 수 있어야 돼.

오늘의 태그 문제

정답 13쪽

★69 문항 코드 | 22672-0069 정답률 61%

윗글에 대한 설명으로 가장 적절한 것은?

① 동시에 일어나는 두 개의 사건을 병치하여 긴장감을 조성하고 있다. YES NO
② 과거 사건을 현재 상황에 끌어 들여 인물들의 관계를 드러내고 있다. YES NO
③ 현학적 표현을 사용하여 등장인물들의 긍정적 성격을 강조하고 있다. YES NO
④ 작중 인물이 관찰자의 입장에서 작중 세계를 객관적으로 묘사하고 있다. YES NO
⑤ 다른 사람의 체험을 듣고 독자에게 전해 주는 액자식 구성을 취하고 있다. YES NO

70 문항 코드 | 22672-0070 정답률 79%

㉠~㉤에 대한 설명으로 적절하지 <u>않은</u> 것은?

① ㉠: 인물의 이름과 별명의 연관성을 제시하고 있다. YES NO
② ㉡: 괄호를 제거해도 자연스러운 문장이 되도록 서술자의 진술이 이루어지고 있다. YES NO
③ ㉢: 소의 주인과 소를 동일시하여 '상인'에 대한 서술자의 반감을 드러내고 있다. YES NO
④ ㉣: '너무 빨리빨리 논다'라는 행동에 대한 '장인'의 평가를 첨가하고 있다. YES NO
⑤ ㉤: '점순이'가 부쩍 자란 사실을 숨겨 온 '장인'의 속셈을 알아내고 반가워하는 '나'의 태도를 제시하고 있다. YES NO

★71 문항 코드 | 22672-0071 정답률 69%

<보기>를 참조할 때, ⓐ~ⓔ에 대한 감상으로 적절하지 <u>않은</u> 것은?

> 〈보기〉
>
> 「봄.봄」은 시·공간의 이동을 통해 사건들이 전개된다. 소설 속 사건이 일어나는 배경은 단순히 물리적 시·공간을 제시하는 데에서 그치는 것이 아니다. 인물을 둘러싼 구체적 환경은 인물의 성격을 드러내거나 태도에 변화를 줄 뿐만 아니라 사건의 분위기를 조성하기도 한다. 그리고 인물이 처한 사회적 환경을 환기하기도 하고 때로는 인물의 심리 상태에 영향을 미친다.

① ⓐ: 대부분의 마름들이 장인과 같이 행동하였다면, '가을'에 많은 소작농들은 불안감에 시달렸겠군. YES NO
② ⓑ: '논'은 '장인'의 회유에 넘어간 '나'가 일꾼으로서의 면모를 발휘하는 장소로군. YES NO
③ ⓒ: '화전밭'에서 '나'는 생기 있는 봄의 분위기에 취해 정서적으로 반응하고 있군. YES NO
④ ⓓ: '밭'에서 '나'는 '장인' 때문에 생긴 울화를 '소'와 '점순이'에게 한껏 터트리고 있군. YES NO
⑤ ⓔ: '이날'은 '점순이'의 평소와 다른 말과 행동을 통해 '나'가 '점순이'의 본심을 알아채는 날이겠군. YES NO

● 열공 날짜　　년　월　일

12 고전 소설의 모든 것

개념 태그
#권선징악(勸善懲惡) #전기적(傳奇的)과 전기적(傳記的) #편집자적 논평은 서술자의 개입 #애정 소설
#가정 소설 #영웅 군담 소설 #풍자 소설 #우화 소설
#판소리계 소설 #가전체

▶▶▶ 기억 안 나면? 개념의 나비효과 134쪽으로!

고전 소설의 첫 지문은 선생님이 교재를 쓰고 있는 시점 기준으로, 가장 따끈따끈한 2022학년도 수능 문제로 가지고 왔어. '2022 수능 어려웠다는데, 이 고전 소설은 처음 보는 작품인데, 내가 이해할 수 있을까?'라는 두려움을 버리라니까. 지문의 첫 글자부터 마지막 글자까지 완벽하게 분석하고 이해하려는 욕심도 버려. 문제 세 개가 그렇게 묻지도 않아. 전체적인 흐름을 따라가면서 사건의 큰 줄기를 이해하고, 인물들의 관계를 바탕으로 주요 인물의 심리 및 태도를 파악하면 돼. :)

서른하나 · **다음 글을 읽고 물음에 답하시오. [72~74]** (2022학년도 대학수학능력시험)

이때 태보 궐문 밖으로 나오니 그제야 정신없어 기절하거늘 좌우 제신이며 일가 제족이 구완하여 겨우 인사 차려 좌우를 돌아보며 왈,

"이 몸이 명재경각(命在頃刻)이라. 어찌 살기를 바라리오. 군 등은 태보가 죽거든 죽기로써 간하여 왕비를 내치지 못하게 하옵소서."

한데 이때에 상소 중에 이름 올린 제원(諸員)이 모두 이로되,

[A] "그대는 죽기로써 간하다 어명을 입고 사경이 되었으나 우리도 역시 한 탓이로다. 막중한 충을 몰랐으니 무슨 낯이 있으리오. 일은 여럿이 참여하고 죄는 그대만 혼자 당하였으니 죄스럽고 민망하기 측량없노라."

무수히 위로하다가 형옥(刑獄)으로 전송하더라. 이튿날에 형조 판서 마지못하여 위계를 갖추고 대강 직계(直啓)로 올렸더니 상(上)이 보시고 다시 하교하사,

"금부로 가두라."

하시거늘 금부 옥졸이 옹위하여 **금부**에 이르니 만조백관이며 장안 백성이 구름 뫼듯 하더라. 이때에 생가 친척이며 양가 제족이 애연 돌탄하거늘 태보 위로 왈,

[B] "인명이오면 재천이옵거늘 설마 무죄로 죽어 청춘 원혼이 되리오마는 나의 뜻은 정한 지 오래되었는지라. 하늘이 무너지고 땅이 꺼져도 변할 길이 없사오니 이 몸이 죽거든 영천수 흐르는 물에 훨훨 씻어 다른 곳에는 묻지 말고 남산하에 묻어 주오면 죽은 혼백이라도 궐내를 향하여 우리 주상 심하에 복지하여 주야로 간하여 왕비를 다시 환궁하게 하올 것이니 아무리 죽은 사람의 말이라 하옵고 저버리지 마시며 부디 명심하소서."

금부에 수일 잡혀 갇혔더니, 상이 구태여 왕비는 내치시고 태보는 **진도**로 정배하라 하시니라.

[중략 부분의 줄거리] 박태보의 정배를 따라가려다 되돌아온 박태보의 부인은 꿈에서 남편을 만난다.

한림이 울어 왈,

"내 무죄하여 탕탕한 청천이 감동하사 사생풍진을 다 버리고 전고 충신을 따라 황성에로 구경 가나니, 슬프다! 부인은 기다리지 말고 만세 무양하옵소서."

하되, 부인이 대경 왈,

"어디를 가시며 기다리지 말라 하시니까? 한림은 그다지 독하시오. 첩도 한가지로 가사이다."

하며 한림의 소매를 잡고 못 가게 하니 한림이 왈,

"부인은 안심하소서. 구구한 사정을 어찌 잊으오리까? 일후 상봉할 날이 있으오리다."

하고 떨치고 나가거늘 부인 한림의 손을 잡고 따라가니 어떤 남자 십여 명이 의관을 정제하고 서 있거늘 겸연쩍어 방으로 들어앉으며 가만 보니 학발의관(鶴髮衣冠)을 갖춘 어린 제자 오륙 인이 분명하거늘 부인이 놀라 깨달으니 남가일몽이라.

부인이 몽사를 생각함에 심신이 산란하여 명월을 대하여 내념에

'분명 한림이 기사하였도다.'

시비를 데리고 몽사를 설화하더니 이미 동방이 밝었거늘 시부모 당하에 문안차로 나가니, **이화촌**에 개 짖으며 문밖에 울음소리 들리거늘 부인이 놀라 문을 열어 보니 한림의 하인 동일이라 하는 사람이 한림의 편지를 드리거늘 대감 부부와 부인이 망극하야 서로 붙들고 통곡하다가 기절하거늘 비복 등이 급히 구완하여 겨우 인사를 분별하는지라.

이때에 원근 제족과 만조백관이 다 조문 후에 장안 백성이 뉘 아니 낙루하리오. 이러구러 곡성이 진동하니 어찌 천신이 감동치 아니하리오. 그 편지를 떼어 보니 하였으되,

'불효자 태보는 두어 자 문안을 부모 전에 올리나이다. 천 리 원정에 가다가 **과천**의 관에서 신병과 심회가 울적하거늘 구천에 들어가오니, 사람의 죄 삼천을 정하였으되 불효한 죄가 제일이라 하였으니 삼천 수죄(首罪) 지었으나 국은을 또한 갚지 못하옵고 중로 고혼이 되어 구천에 돌아가는 자식을 생각지 마옵고 말년 귀체를 안보하시다가 만세 후에 부자지정을 만분지일이나 바라나이다.'

하였더라.

이날 대감이 판서 노복 등을 거느리고 즉시 과천으로 행할새, 장안 백성이 다 애연하며 구름 뫼듯 하더라. 대감과 판서 애통함이 측량없더라. 초종례로 극진히 한 후에 채단으로 염습하고 도로 집으로 옮겨와 장사를 지내니 일문이 애통함을 차마 못 볼러라.

각설, 이때에 상이 민 중전을 내치시고 태보를 정배 후, 자연 심신이 산란하여 밤이면 **성내 성외**를 미복으로 순행하시더니 일일은 **한 곳**에 다다르니 명월은 명랑한데 어떤 아이 오륙 인이 월색 희롱하며 노래하야 즐거워하거늘 상이 몸을 은신하시고 자세히 들으니 그 노래에 하였으되,

"저 달은 밝다마는 우리 주상은 불명하야 충신을 무슨 일로 천 리 원정에 내치시며, 무슨 일로 민 중전은 **외관**에 내치시고 군의신충 없었으니 이 부자자효 쓸데없다. 인심은 분명하건마는 국운이 말세 되어 백성도 못할 일을 국가에서 행하고 한심하고 가련하다. 사백 년 사직을 뉘라서 붙들랴. 이 애야, 저 애야. 흥망성쇠는 불관하다마는 당상 부모 모셨어라. **심산궁곡**에 들어가 초목으로 붓을 적시고, 금수로 벗을 삼아 세월을 보내다가 성군을 기다리자."

서로 비기며 애연히 가거늘 상이 그 노래를 들으시매 심신이 산란하여 그 아이들 성명을 묻고자 하시니 아이들이 달아나는지라 못내 애연하시며 곧 환궁하시니라.

- 작자 미상, 「박태보전」 -

혜정 샘 음성 지원

▶ 선지에서 설명하고 있는 공간은 '금부', '한 곳', '진도', '외관', '이화촌', '과천', '진도', '심산궁곡', '성내 성외'야. 지문에도 굵은 글씨로 표시돼 있으니, 지문을 읽으면서 이 공간들이 나오면 그 공간의 특징이 무엇인지를 정확하게 파악하고 해당 내용을 다룬 선지의 (YES) (NO)를 바로바로 판단하도록 하자. :)

오늘의 태그 문제

정답 14쪽

★72 문항 코드 | 22672-0072 정답률 61%

윗글에 제시된 공간에 대한 설명으로 적절하지 않은 것은?

① '금부'는 임금이 권위를 실현하는 공간이고, '한 곳'은 임금이 권위를 내세우는 공간이다. (YES) (NO)

② '진도'는 임금에게 정배 받은 태보가 향해야 하는 곳이고, '외관'은 임금에게 내쳐진 민 중전이 거처해야 하는 곳이다. (YES) (NO)

③ '이화촌'은 부인이 시부모에게 직접 문안하는 곳이자 태보가 하인을 보내 부모에게 문안하는 곳이다. (YES) (NO)

④ '과천'은 태보가 '진도'로 가는 경유지이자, 태보의 소식을 받은 대감이 '이화촌'을 떠나 향하는 지점이다. (YES) (NO)

⑤ '심산궁곡'은 '성내 성외'와 대비되어 임금을 피하려는 백성의 마음이 투영된 공간이다. (YES) (NO)

▶ 73번은 [A]와 [B]의 관계를 이해해야 풀 수 있는 문제야. [B]까지 읽어야 문제를 정확하게 풀 수 있는 거지. [A]와 [B] 사이에 약간의 거리가 있긴 하지만, 둘 다 [중략 부분의 줄거리] 앞에 있지? 그래서 난 [중략 부분의 줄거리] 앞까지 읽고 이 문제의 답을 찾았어. 72번과 73번은 지문 읽으면서 동시에 답을 찾을 수 있는 문제들인 거야.

73 문항 코드 | 22672-0073 정답률 67%

[A]와 [B]에 대한 설명으로 가장 적절한 것은?

① [A]에서 태보의 위기에 대해 책임을 통감하는 제원들의 탄식은, [B]에서 그 책임을 자신에게 돌리는 태보의 자책과 대비된다. YES NO

② [A]에서 태보가 받은 제원들의 위로는, [B]에서 삶을 도모하여 무죄를 소명하겠다는 태보의 결심으로 이어진다. YES NO

③ [A]에서 제원들이 칭송하는 태보의 강직함은, [B]에서 소신을 지키겠다고 하는 태보의 다짐에서 확인된다. YES NO

④ [A]에서 제원들 간의 갈등으로 인한 태보의 심리적 상처는, [B]에서 가족과의 만남을 통해 해소된다. YES NO

⑤ [A]에서 제원들의 말을 통해 드러난 태보의 후회는, [B]에서 가족들을 향한 태보의 말에서 반복된다. YES NO

▶ 고전 소설의 일반적인 특징은 '행복한 결말'이라고 했는데, 이 작품의 주인공인 박태보는 '부도덕한 세계와의 대결에서 패배하여 숭고한 뜻을 이루지 못한'대. ㅠㅠ 그럼에도 박태보는 '가족과 국가에 윤리적 책무를 다하는 인물로 인정받음으로써 도덕적 영웅으로 고양된다.'라고 했어. 뭔가 거창해 보이지만 사실 74번은 지문과 <보기>의 내용을 잘 이해했다면 쉽게 맞힐 수 있는 문제라고 할 수 있어. :)

★74 문항 코드 | 22672-0074 정답률 57%

〈보기〉를 참고하여 윗글을 감상한 내용으로 적절하지 않은 것은?

〈보기〉

「박태보전」은 숙종 대의 실존 인물 박태보의 삶을 소설화한 작품이다. 이 작품에서 박태보는 임금의 부당함으로 드러나는 부도덕한 세계와의 대결에서 패배하여 숭고한 뜻을 이루지 못한다. 그럼에도 그는 가족과 국가에 윤리적 책무를 다하는 인물로 인정받음으로써 도덕적 영웅으로 고양된다. 이때 다양한 서사 장치들은 사건의 입체적 전개에 기여한다.

① 하늘이 태보를 무죄로 판명하여 전고 충신을 따르게 함을 몽사로 드러내어, 태보가 윤리적 명분 면에서 인정받은 도덕적 영웅임을 보여 주는군. YES NO

② 국은을 갚지 못하고 죽는다는 태보의 한탄을 편지로 제시하여, 태보가 임금을 올바른 길로 인도하려는 숭고한 뜻을 이루지 못하고 세계와의 대결에서 패배했음을 보여 주는군. YES NO

③ 만세 후에도 부자지정을 바라는 태보의 염원을 편지로 제시하여, 태보가 죽음에 이른 상황에서조차 부모에 대한 윤리적 책임을 다하려 한 인물임을 보여 주는군. YES NO

④ 주상이 밝은 달의 속성과 대비되는 불명한 인물임을 노래를 통해 제시하여, 백성들이 주상을 부도덕한 인물로 평가하여 신임하지 않았음을 보여 주는군. YES NO

⑤ 태보에 대한 민심을 편집자적 논평을 통해 반복적으로 나타내어, 태보가 기우는 국운을 회복한 영웅으로 추대되어 백성들의 지지를 받았음을 보여 주는군. YES NO

독특한 구성의 지문을 볼 거야. 시 세트도 아닌데, 서로 다른 고전 산문 두 작품이 (가)와 (나)로 묶여 하나의 지문으로 출제됐어. 지문을 읽기 전에 77번의 <보기>를 통해 두 작품의 내용 요소들을 먼저 확인하자. 지문을 이해하는 데에 큰 도움이 될 거야. ^^

서른둘 • 다음 글을 읽고 물음에 답하시오. [75-77] 《 2021학년도 10월 고3 전국연합학력평가 》

(가)

[앞부분의 줄거리] 윤선옥은 박 소저와 혼례를 올린다. 전란으로 선옥은 첫날밤에 박 소저와 헤어져 산으로 들어가게 된다.

달빛은 서산으로 넘어가고 이 골짜기 저 골짜기 사는 두견이는 슬피 울고, 이 산 저 산에 잔나비 슬피 울었다. 새소리가 등등하고, 물소리가 와글와글하니, 어디로 가야 할지를 알지 못하여 층암절벽에 높이 올라가 삼경 사경 깊은 밤에 어디를 향할 것인가? ㉠**부모님과 낭자가 생각나서 대성통곡하니**, 풀과 나무도 슬퍼하는 듯하였다. 마음속으로 생각하기를,

'이 산이 높고 높으니 틀림없이 이 가운데 절이 있을 것이다.'

하고 기엄기엄 올라가는데, 미풍이 한차례 부는 가운데 경쇠 소리가 들려왔다. 이에 종소리를 따라 점점 올라가니, 상상봉 높은 곳에 단청이 고와 아름다운 누각이 공중에 솟아 있으므로 마음속으로,

'이것은 분명히 절일 것이다.'

라고 생각하고는 점점 들어갔다. 들어가니 적적한 공당(空堂)에 인적이 없었다. 두루 배회하다가 현판을 살펴보니, 황금자로 '운산각이라'라고 새겨져 있었다. 그 옆에 앉았는데, ㉡**'함경도 종성 춘산동의 도참판의 보상 아들 삼국도원수 인국대승상 윤선옥이 찾아올 것이다.'**라고 되어 있으므로, 선옥이 마음속으로 괴이하게 여겨 방황하다가 한쪽으로 들어가니 벽에 금자로 썼기를, '종성의 윤선옥은 이 집의 왼편 층암절벽 위로 올라가면 볼 일이 있을 것이다.'라고 하였다. 선옥이 마음속으로 생각하기를,

'분명히 산신령이 인도함이구나.'

하고 왼편으로 가 보니 과연 층암절벽이 천 장 만 장 높이로 솟아 있었다. 선옥이 바위를 움켜잡고 절벽 위로 올라가니, 심회가 위태롭고 두려웠다. 겨우겨우 올라 가장 높은 봉우리에 다다르니 층암절벽 위에 한 칸 초가집이 있었다. 문을 열고 들어가니 어떠한 노인이 청삼을 입고 운관을 쓰고 왼손에는 청룡검을, 오른손에는 백옥선(白玉扇)을 들고 앉아 있으므로 선옥이 황공하여 문밖에서 땅에 엎드려 말하였다.

"㉢**소자는 세상에 사는 사람이온데 난을 피하여 오다가 제 분수에 지나치게 선경에 들어왔으니** 죄가 무거워서 죽어도 안타깝지 아니 하오이다."

노인이 말하기를,

"나는 천상의 북두칠성으로서 옥황상제께 죄를 입어 이곳에서 귀양살이를 하고 있노라. 어젯밤에 남악 산신령이 나에게 편지를 하기를, 종성의 윤선옥이 천상 세계의 태생으로 내일이면 올 것이니 안존(安存)하게 하라고 하기에 그대 윤선옥인 줄 알았노라. 그때 천상에 있을 때는 우리를 눈 아래로 보더니 이제 도리어 나에게 몸을 굽혀 공손하니 이것이 이른바 반복지사(反復之事)로구나."

하고 선옥을 불러들이므로 선옥이 일어나 공경하게 두 번 절하고 앉은 후에 세상의 일을 말하였다. 노인이 말하였다.

"세상이 시끄럽지만 오래지 않아 난이 평정될 것이다. 그대는 재주가 비범하고 모든 일이 민첩한 듯한데 신기 묘수를 다 아느냐?"

선옥이 말하였다.

"소자는 본디 총명하지 못하고 재주가 민첩하지 못하오니 어찌 신기 묘수를 알겠습니까?"

노인이 말하기를,

"대장부가 세상에 처하여 영웅과 장상(將相)의 재주를 모르면 별기*라. 잘은 모르지만 그대는 내실이 있을 것이니 약간만 신기 묘수를 배우라."

하고 즉시 서안을 열어 한 전책을 내어 주면서,

"이 책은 육경 육갑을 익혀 풍운조화를 부릴 수 있는 천만 병서라네."

라고 하니, 선옥이 받아 두어 번 읽고 육경 육갑을 외우고 둔갑술로 몸을 숨김과 풍운조화를 부림이 측량할 수 없을 만큼 변화무쌍하였다. 노인이 웃으면서 말하기를,

"윤 진주는 진실로 만고의 제일가는 영웅이로다!"

- 작자 미상, 「윤선옥전」 -

*별기: 따로 갈라진 길. 여기서는 대장부라도 장상이 될 수 없다는 의미로 사용됨.

(나)

[앞부분의 줄거리] 원강아미는 임신한 몸으로 남편인 사라도령과 헤어져 천년장자의 종이 되고 할락궁이를 낳아 기른다. 할락궁이가 아버지를 찾아 집을 떠나자 천년장자는 원강아미에게 할락궁이의 행방을 추궁한다. 이 과정에서 원강아미는 할락궁이가 간 곳을 말하지 않겠다고 세 번 다짐한다. 이에 천년장자는 원강아미를 죽인다.

아이가 할락궁이를 데리고 꽃감관한테로 가자 꽃감관이 말했다.

"여봐라. 넌 어떠한 아이가 되느냐? 친가는 어디고 외가는 어디냐?"

"㉣**우리 조부는 짐정 나라 짐정국이고 외조부는 임정 나라 임정국이며 우리 아버지는 저승의 서천꽃밭 꽃감관 사라도령입니다.** 어머니는 임정국 원강아미인데 천년장자 집의 원

강댁이가 됩니다. 나는 신산만산 할락궁이입니다. 부친을 찾아온 길입니다."

"그렇다면 너한테 증표가 있느냐?"

할락궁이가 얼레빗 한 짝과 참실 반 묶음을 꺼내어서 꽃감관이 가진 것과 맞춰 보니 바짝 붙어서 딱 맞았다.

"네가 내 자식이 분명하다."

하인 하님을 부르면서,

"여봐라. 내 자식이 왔으니 나 먹듯이 밥상을 차려 와라."

"아버님아 아버님아. 밥상을 차려 온들 내가 아버지 무릎에 한번 앉아 보지도 못했는데 상을 받을 수가 있겠습니까?"

"그러면 내 무릎에 앉아 보아라."

ⓜ**할락궁이가 아버지 무릎에 앉아서 오줌 누는 모양 똥 누는 모양 갖은 어리광을 다 해 두고서** 밥상을 받을 적에 사라도령이 물었다.

"네가 이리 올 적에 웬 물이 발등에 뜨지 않더냐?"

"떴습니다."

"그게 네 어머니 첫 다짐 받던 눈물이로다. 또 오다 보니 뽀얀 물이 무릎에 뜨지 않더냐?"

"떴습니다."

"그건 재다짐 받을 적에 네 어머니가 흘린 눈물이로다. 또 오다 보니 노란 물이 자개미*에 뜨지 않더냐?"

"떴습니다."

"그건 너의 어머니 삼 다짐 받으며 흘린 눈물이로다. 또 오다 보니 빨간 물이 잔등에 뜨지 않더냐?"

"떴습니다."

"그것은 네 어머니 죽을 때 흐른 피로다."

(중략)

사라도령이 또 말했다.

"지금 너의 어머니가 죽어서 뼈만 앙상하다. 가서 너의 어머니 뼈를 찾아와라."

아들 할락궁이를 데리고 서천꽃밭 꽃구경을 시켜 주면서,

"이건 뼈오를꽃이고 이건 살오를꽃이며 이건 오장육부간담 만들꽃이다. 이건 웃음웃을꽃이고 이건 말가를꽃이며 이건 시들꽃이고 이건 생불꽃이다. 이건 불붙을꽃이고 이건 멸망꽃이며 이건 악심꽃이다."

가리키는 대로 할락궁이가 꽃을 모두 따니까 마지막에 꽃감관은 때죽나무 회초리를 꺾어 주면서 말했다. "이 꽃들과 회초리를 가지고 어머니한테 가라. 네 어머니 시신을 찾아서 이것들로 살려 내라."

- 작자 미상, 「이공본풀이」 -

*자개미: 겨드랑이나 오금 양쪽의 오목한 곳.

혜정 샘 음성 지원

▶ 고전 소설 지문의 문제지만 문제의 패턴이나 선지를 구성하는 개념들이 현대 소설 지문의 문제와 전혀 다르지 않다는 걸 알 수 있을 거야. 이제까지 공부했던 현대 소설의 개념에 고전 소설의 특징 몇 가지를 추가하면 돼. ^^

오늘의 태그 문제

정답 15쪽

75 문항 코드 | 22672-0075 정답률 77%

(가), (나)에 대한 설명으로 가장 적절한 것은?

① (가)는 인물 간의 대립을 통해 사건의 진상을 밝히고 있다. YES NO
② (나)는 동일한 시간대에 일어난 사건을 병렬적으로 구성하고 있다. YES NO
③ (가)는 (나)와 달리 서술자가 인물의 내면을 직접적으로 진술하고 있다. YES NO
④ (나)는 (가)와 달리 공간의 애상적인 분위기를 통해 인물의 심정을 암시하고 있다. YES NO
⑤ (가)와 (나)는 모두 서술자의 개입을 통해 앞으로 일어날 사건을 암시하고 있다. YES NO

▶ 지문을 읽으면서 ㉠~㉤에 대한 이해의 적절성을 YES NO로 바로 바로 판단하면 되는 문제야. '선옥', '할락궁이'라는 인물에 주목하며 내용을 파악해 보자.

76 문항 코드 | 22672-0076 정답률 88%

㉠~㉤에 대한 이해로 가장 적절한 것은?

① ㉠: 부모님과 낭자를 만날 수 있다는 선옥의 기대감을 짐작할 수 있다. YES NO
② ㉡: 선옥이 앞으로 겪게 될 고난을 보여 주고 있다. YES NO
③ ㉢: 선경을 찾은 데서 비롯된 선옥의 안도감이 드러나고 있다. YES NO
④ ㉣: 할락궁이가 당면한 문제에 대한 성격을 구체적으로 밝히고 있다. YES NO
⑤ ㉤: 할락궁이가 아버지의 사랑에 대해 결핍을 느껴왔음을 엿볼 수 있다. YES NO

▶ 두 작품의 주요 내용을 다 담고 있는 <보기>야. <보기> 속 선생님이 제시하는 정보를 잘 이해한 다음에, 그 특징들을 지문의 내용과 잘 연결하면서 읽어 보자. 고전 소설에 대한 두려움이 좀 사라졌다면 그것만으로도 굿!

★77 문항 코드 | 22672-0077 정답률 57%

〈보기〉는 선생님의 안내에 따라 학생들이 (가)와 (나)를 감상하는 활동을 한 내용이다. ⓐ~ⓔ 중 적절하지 않은 것은?

〈보기〉

선생님: (가)는 고전 소설이고, (나)는 서사 무가입니다. 두 작품은 모두 주인공의 비현실적 공간 체험을 서사 전개에 활용하고 있습니다. 이 체험은 비현실적 공간으로의 진입, 조력자와의 만남, 주인공의 신분이나 혈연관계 확인, 신이한 능력의 발휘를 위해 필요한 수단의 획득, 주인공에 대한 조력자의 인정 등으로 이루어져 있습니다. (가), (나)의 서사 전개 과정을 고려하여 이 체험에 관한 내용을 비교해 봅시다.

학생1: (가)의 선옥은 높이 솟아 있는 '층암절벽'을 올라, (나)의 할락궁이는 점점 깊어지는 '물'을 지나 비현실적 공간에 이르고 있습니다. ⓐ
학생2: (가)에서는 '천상의 북두칠성'인 인물이, (나)에서는 '저승의 서천꽃밭'을 관리하는 인물이 각각의 주인공이 만나는 조력자입니다. ⓑ
학생3: (가)에서는 남악 산신령이 노인에게 보낸 '편지'로, (나)에서는 '얼레빗 한 짝'과 '참실 반 묶음'으로 주인공의 신분이나 혈연관계가 확인되고 있습니다. ⓒ
학생4: (가)에서는 선옥이 받은 '천만 병서'가, (나)에서는 할락궁이가 받은 '꽃들'과 '회초리'가 주인공이 신이한 능력을 발휘하는 데 필요한 수단입니다. ⓓ
학생5: (가)에서는 선옥이 '둔갑술로 몸을 숨김과 풍운조화를 부림'을 통해, (나)에서는 할락궁이가 '꽃을 모두 따' 는 것을 통해 각각의 조력자들로부터 능력을 인정받고 있습니다. ⓔ

① ⓐ YES NO ② ⓑ YES NO ③ ⓒ YES NO ④ ⓓ YES NO ⑤ ⓔ YES NO

13 묻어가는 수필&극

개념 태그
#수필은 시처럼 #극은 소설처럼 #희곡 #시나리오
#대사에는 대화 독백 방백 #대사 해설 지시문이 다했네 #필수 시나리오 용어들 #희곡과 시나리오의 차이점

▶▶▶ 기억 안 나면? 개념의 나비효과 147쪽으로!

드디어 문학 마지막 연습 시간! 첫 번째 지문은 시나리오 작품을 가져왔어. 희곡이나 시나리오는 지문을 읽는 방법이 소설과 크게 다르지 않아. 소설 지문을 읽을 때 하던 대로, 인물의 심리나 태도를 파악하면서 사건의 큰 줄기를 이해하자. 그리고 시나리오는 영상으로 촬영할 목적으로 쓰인 대본이니까 장면을 좀 더 적극적으로 상상하면서 읽어 보자. :)

서른셋 • **다음 글을 읽고 물음에 답하시오. [78~80]** (2016학년도 4월 고3 전국연합학력평가)

S# 60. 마루
상돌네가 부엌에서 나오다가 보고 호들갑을 떤다.

상돌네 웠다! 선녀가 하강했나비! 저라니 순천 박 참봉 댁 아들이 반하지 않고 배길 것이여!
옥화 (눈을 흘기며) 누가 그런 집에 시집 간다요.
상돌네 어매- 큰일 나겄네-. 그 도련님이 워디가 으째서……. 집안 좋겠다 인물 잘 낫겄다…….
옥화 흥! 그런 집에 갔다가 밤낮 구박은 누가 받고! 술장사 딸이라고……. 이름도 성도 모르는 남사당꾼 딸이라꼬…….

따라 나서다가 가슴을 찔린 듯 주춤하는 소향-. 그때 멀리 산사에서 쿵-하고 종소리가 울려온다. 그 소리를 듣자 부리나케 마당으로 내려가는 옥화. 어이없는 듯 쳐다보는 소향-.

S# 61. 옥화네 집 앞
옥화, 버드나무 가지를 매만지며 먼 화개협 골짜기를 바라다본다. 울려오는 종소리에 귀를 기울이며 옥화의 얼굴에 사무치는 그리움. 등 뒤에 소향이가 다가선다.

소향 또 젊은 중 생각이구나?
옥화 나두 머리 깎구 절에나 갈까?
소향 뭐라꼬?
옥화 …….

S# 62. 쌍계사 종루
있는 힘을 다하여 종채를 잡아당겼다가 내미는 법운.

S# 63. 옥화네 집 앞

소향 어휴-, 큰일이다. 허구헌 날 저놈의 종소리만 들음 안 절부절 넋이 빠지니……, 네가 정 그래싸믄 종소리 안 들리는 먼데로 이사라도 가야 할랑가부다.
옥화 걱정 마이소. 우린 엄마가 생각하는 그런 사이가 아니구마.
소향 ……. (믿어지지 않는 듯) …….

S# 64. 쌍계사 종루
법운의 이마에 구슬 같은 땀방울이 흘러내린다. 종치기를 다하고 비틀비틀 난간을 붙잡고 가쁜 숨결을 몰아쉬며 산 밑을 굽어본다. 고뇌에 싸인 얼굴. 그때 종루 밑에서 조용히 부르는 소리.

혜초 법운아-.

법운, 후딱 정신이 들며 돌아본다.

S# 65. 절 마당
종루 밑에 혜초 스님이 서 있었다. 법운, 천천히 층계를 내려온다. 혜초 앞에서 합장한다. 지긋이 바라보다가

혜초 종소리에 한이 많구나……. 무슨 생각을 하며 울렸기에 소리가 그리도 애절한고…….
법운 (흠칫하며) 예?
혜초 무서운 업이로다. 인연이란 거미줄 같은 것! 한번 늘이기 시작하면 끝이 없느니라. 진작 끊어버려야지 정이 끊기가 어렵거든 멀리 떠나거라. 여기 있어 가지고서는 아무래도 네가 업원을 감당키 어려울레라.
법운 …….
혜초 나무관세음보살…….

법운도 합장하고 입안에서 중얼거린다. 혜초, 서서히 법당 쪽으로 걸어간다. 선 자리에서 지켜보다가 오뇌에 싸이며 발길을 돌리는 법운.

S# 66. 산길 (밤)

송낙*을 쓰고 손에 단주*를 든 법운이 터벅터벅 산길을 내려온다. 멀리 산 밑에서 들려오는 강강술래 소리. 법운, 걸음을 멈춘다.

S# 67. 광장 (추석날 밤)

㉠말 만큼씩 한 삼십여 명 마을 처녀들이 손에 손을 잡고 둥글게 원을 그리며 천천히 돌아간다. 삼단 같은 머리채에 나부끼는 갑사댕기가 그들의 허리 아래서 팔랑거리고 주위에는 마을의 남녀노소가 둘러서서 구경을 하며 다 같이 목청을 뽑아 "가앙가앙 수월래"를 화답한다. 첫소리를 먹이는 것은 옥화. 옥화의 달덩이 같은 얼굴에 조리를 먹일 때마다 흰 이가 별처럼 반짝인다.

옥화 산아 산아 수영산아. / **일동** 가앙 가앙 수월래.
옥화 놀이 좋다 백두산아. / **일동** 가앙 가앙 수월래.
옥화 잎이 피면 청산이고. / **일동** 가앙 가앙 수월래.
옥화 꽃이 피면 화산이요. / **일동** 가앙 가앙 수월래.
옥화 청산 화산 넘어가면. / **일동** 가앙 가앙 수월래.
옥화 우리 부모 보련마는.

저만큼 떨어져 서 있는 버드나무 아래로 법운이 다가온다. ㉡**송낙 아래서 그의 두 눈이 화경*처럼 옥화를 쏘아 번득인다. 옥화의 첫소리가 약간 빨라짐에 따라 처녀의 발맞춤도 빨라진다.**

옥화 해가 지고 달떠온다. / **일동** 가앙 가앙 수월래.
옥화 하늘에다 베를 놓고. / **일동** 가앙 가앙 수월래.
옥화 구름 잡아 잉어걸고. / **일동** 가앙 가앙 수월래.
옥화 달은 잡아 묵 맨들고. / **일동** 가앙 가앙 수월래.
옥화 별을 잡아 무늬놓고. / **일동** 가앙 가앙 수월래.

버드나무 그늘에서 한걸음 달빛 속으로 나오는 법운. ㉢**저도 모르게 구경꾼들 등 뒤로 다가선다**. 조리를 먹이며 돌아가던 옥화의 시선이 법운의 모습을 발견하고 얼굴에 함뿍 웃음이 핀다. 그러나 법운의 얼굴은 침울하기만 하다. 옥화, 달뜬 가슴을 못 이기듯 더욱 다그쳐 조리를 먹이자 처녀들의 발길은 일제히 허공에서 떴다 땅을 구르고 땅을 굴렀다 허공에 뜨면서 핑핑 돌아간다.

옥화 하늘에는 별도 총총. / **일동** 강-강-수월래.
옥화 솔밭에는 솔잎도 총총. / **일동** 강-강-수월래.
옥화 대밭에는 대가 총총. / **일동** 강-강-수월래.

지켜보며 점점 침통해지는 법운. 법운의 눈앞에 옥화의 흰 얼굴이 달덩이처럼 확 떠올라서 스러지면 다른 처녀들의 얼굴이 연달아 휘휘 떠올랐다가 지워진다. 일제히 뛰노는 오이씨 같은 버선발들-. 갑사댕기도 춤을 추고 그들의 달그림자도 춤을 추고, 하늘의 달무리도 숨 가쁘게 돌아오고-. 그러자 법운의 앞을 막 지나치려 한 옥화의 윤기 흐르는 두 눈이 법운의 오뇌에 싸인 두 눈길과 부딪친다. 옥화, 뭔가 심상치 않은 사태를 직감한 듯 후다닥 얼굴에 구름이 낀다. 보고 있는 법운이 모든 잡념을 뿌리쳐 발길을 돌린다. 다시 한 바퀴 돌아오다가 그것을 본 ㉣**옥화가 우뚝 서버리자** 손을 잡고 돌고 있던 원의 고리가 무너지며 우르르 무너진다. 아랑곳없이 법운의 뒤를 따라 달려가는 옥화. ㉤**구경꾼들 속에 끼여 있다가 당황하는 소향**.

소향 옥화야- 옥화야.

하고 부르며 뒤따라간다.

- 최금동, 김강윤 각색, 「역마」 -

***송낙**: 예전에 여승이 주로 쓰던, 송라를 우산 모양으로 엮어 만든 모자.
***단주**: 54개 이하의 구슬을 꿰어 만든 짧은 염주.
***화경**: 햇빛을 비추면 불을 일으키는 거울이라는 뜻으로, '볼록 렌즈'를 이르는 말.

혜정 샘 음성 지원

▸ 이제 이렇게 특징을 묻는 문제는 어렵지 않을 거야. ^^ 이 유형의 문제는 더 이상 틀리지 말자고!

오늘의 태그 문제

정답 15쪽

78 문항 코드 | 22672-0078 정답률 74%

윗글에 대한 설명으로 가장 적절한 것은?

① 다양한 소리를 활용하여 극적 긴장감을 완화시키고 있다. YES NO
② 새로운 인물의 등장으로 인물 간의 관계가 개선되고 있다. YES NO
③ 특정 인물에 의해 다른 인물의 행동 변화가 일어나고 있다. YES NO
④ 가상 공간과 현실 공간을 대비하여 상황을 드러내고 있다. YES NO
⑤ 현재와 과거를 반복적으로 제시하여 사건의 인과 관계를 밝히고 있다. YES NO

▶ 인물의 생각이나 심리를 파악할 수 있는지를 묻는 문제야.

79 문항 코드 | 22672-0079

정답률 71%

윗글에 등장하는 인물에 대한 설명으로 적절하지 않은 것은?

① '상돌네'는 '옥화'의 생각과는 다른 발언을 하고 있다. YES NO
② '혜초'는 종소리를 듣고 '법운'의 마음을 짐작하고 있다. YES NO
③ '법운'은 '혜초'의 조언을 들은 뒤 쌍계사를 나서고 있다. YES NO
④ '옥화'는 강강술래 소리를 하며 '법운'을 잊으려 하고 있다. YES NO
⑤ '소향'은 '법운'과의 관계에 대한 '옥화'의 말을 의심하고 있다. YES NO

▶ <보기 1>을 통해서 주관적 시점의 쇼트와 객관적 시점의 쇼트가 무엇인지 각각의 개념과 그 특징을 정확하게 이해하는 것이 중요해.

★ 80 문항 코드 | 22672-0080

정답률 62%

〈보기 1〉을 참고하여 ㉠~㉤을 〈보기 2〉에 따라 촬영한다고 할 때, 적절하지 않은 것은?

〈보기 1〉

영화에서 카메라가 촬영한 장면에는 인물의 눈을 통해 대상을 바라 본 '주관적 시점의 쇼트'와 등장인물의 시선과 무관한 '객관적 시점의 쇼트' 등이 있다. 예를 들어 Ⓐ의 위치에서 촬영한 화면인 ⓐ는 객관적 시점의 쇼트가 되며, Ⓑ의 위치에서 촬영한 화면인 ⓑ는 주관적 시점의 쇼트가 된다. 실제 영화에서는 이 두 개의 쇼트를 연결하여 장면을 연출할 수도 있다.

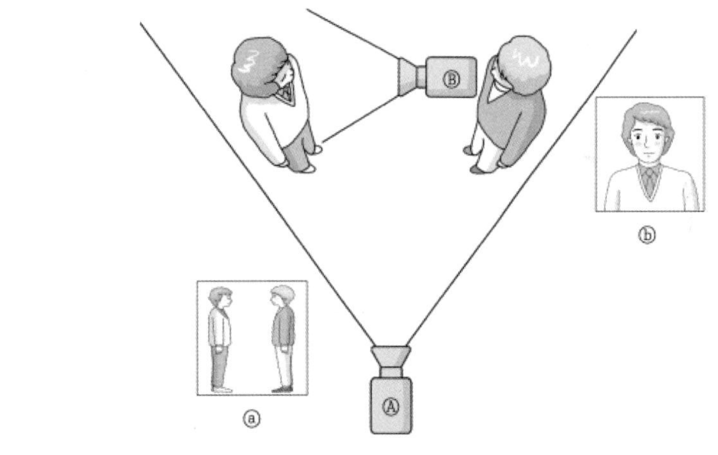

〈보기 2〉

S# 67을 옥화, 법운의 주관적 시점의 쇼트와 객관적 시점의 쇼트만을 활용하여 촬영한다.

① ㉠: 법운이 볼 수 없는 상황에서 강강술래 장면을 전체적으로 보여주려 한다면 객관적 시점의 쇼트로 촬영할 수 있겠군. YES NO
② ㉡: 법운의 눈은 옥화가 볼 수 없으므로 객관적 시점의 쇼트로 촬영하고, 그의 시선으로 본 강강술래 장면은 법운의 주관적 시점의 쇼트로 촬영하여 연결할 수 있겠군. YES NO
③ ㉢: 옥화의 시점에서 바라본 법운의 모습을 보여주는 장면이라면 옥화의 주관적 시점의 쇼트로 촬영할 수 있겠군. YES NO
④ ㉣: 발길을 돌린 법운은 옥화가 멈추는 장면을 볼 수 없으므로 법운의 주관적 시점의 쇼트로 촬영할 수 있겠군. YES NO
⑤ ㉤: 법운과 옥화가 모두 소향을 볼 수 없으므로 객관적 시점의 쇼트로 촬영할 수 있겠군. YES NO

문학의 마지막 적용 연습은 가장 최근 기출문제인 2022 수능 문제로 해 볼 거야. 최근에는 수필이 고전 시가와 묶여 세트로 출제되는 경우가 많았는데, 2022 수능에서는 현대시 두 편과 고전 수필이 한 지문으로 묶여서 출제됐어. 오랜만에 시 복습도 겸한다는 생각으로 연습해 보자. :) 실제 이 지문으로는 총 여섯 문제가 출제되었는데, (가)와 관련된 <보기>에 <이육사는 「초가」를 발표하면서 '유폐된 지역에서'라고 창작 장소를 밝혔다. 이곳에서 그는 오래전 떠나온 고향을 떠올려 시로 형상화했다. 계절의 흐름에 따라 낭만적인 봄에서 비극적인 겨울로 시상을 전개하여 악화되어 가는 일제 강점기의 현실을 묘사했다.>라는 내용이 있었어. (가)는 쉽지 않은 시라 <보기>의 도움이 필요할 거 같아서 가지고 왔어. 자, 그럼 문학의 마지막 세트로 연습해 보자. 워크북은 끝나도 우리의 연습은 쭈욱 계속된다~! ^-^

서른넷 • **다음 글을 읽고 물음에 답하시오. [81-83]** (2022학년도 대학수학능력시험)

(가)

구겨진 하늘은 묵은 얘기책을 편 듯
돌담 울이 고성같이 둘러싼 산기슭
박쥐 나래 밑에 황혼이 묻혀 오면
초가 집집마다 호롱불이 켜지고
고향을 그린 묵화(墨畫) 한 폭 좀이 쳐.

띄엄 띄엄 보이는 그림 조각은
앞밭에 보리밭에 말매나물 캐러 간
가시내는 가시내와 종달새 소리에 반해

빈 바구니 차고 오긴 너무도 부끄러워
술레짠 두 뺨 위에 모매꽃이 피었고.

그넷줄에 비가 오면 풍년이 든다더니
앞내강에 씨레나무 밀려 나리면
젊은이는 젊은이와 뗏목을 타고
돈 벌러 항구로 흘러간 몇 달에
서릿발 잎 져도 못 오면 바람이 분다.

피로 가꾼 이삭이 참새로 날아가고
곰처럼 어린 놈이 북극을 꿈꾸는데
늙은이는 늙은이와 싸우는 입김도

벽에 서려 성에 끼는 한겨울 밤은
동리(洞里)의 밀고자인 강물조차 얼붙는다.

- 이육사, 「초가」 -

(나)

오늘, 북창을 열어,
장거릴 등지고 산을 향하여 앉은 뜻은
사람은 맨날 변해 쌓지만
태고로부터 푸르러 온 산이 아니냐.
고요하고 너그러워 수(壽)하는 데다가
보옥을 갖고도 자랑 않는 겸허한 산.
마음이 본시 산을 사랑해
평생 산을 보고 산을 배우네.
그 품 안에서 자라나 거기에 가 또 묻히리니
내 이승의 낮과 저승의 밤에
아아라히 뻗쳐 있어 다리 놓는 산.
네 품이 내 고향인 그리운 산아
미역취 한 이파리 상긋한 산 내음새
산에서도 오히려 산을 그리며
꿈같은 산 정기(精氣)를 그리며 산다.

- 김관식, 「거산호 2」 -

(다)

온갖 꽃들이 요란스럽게 일제히 터트려져 광채가 찬란하다. 이때에 바람이 살짝 불어오면 향기가 코를 스친다. 때마침 꼴 베는 자가 낫을 가지고 와서 손 가는 대로 베어 내는데, 아쉬워 돌아보거나 거리끼는 마음도 없다. 나는 이에 한숨을 쉬며 탄식하여 말하였다.

"땅이 낳고 하늘이 기르는바, 만물이 무성히 자라며 모두가 광대한 은택을 입는구나. 이에 따스한 바람이 불어 갖가지 형상을 아로새기고 단비를 내려 온 둘레를 물들이니, 천기(天機)를 함께 타고나 형체를 부여받음에 각기 그 자질에 따라 고운 자태를 드러낸다. 모란의 진귀하고 귀중함을 해당화의 곱고 아름다움에 견주어 보면, 비록 크고 작은 차이는 있겠으나, 어찌 공교함과 졸렬함에 다른 헤아림이 있었겠는가?

(중략)

그런데도 귀함이 저와 같고 천함이 이와 같아, 어떤 것은 부호가의 깊은 장막 안에서 눈앞의 봄바람을 지키고, 어떤 것은 짧은 낫을 든 어리석은 종의 손아귀에서 가을 서리처럼 변한다. 이 어찌 된 일인가? 뜨락은 사람 가까이에 있고 교외의 땅은 멀리 막혀 있어 가까운 것은 친하기 쉽고 멀리 있는 것은 저어하기 때문이 아니겠는가? 아니면 요황과 위자* 는 성씨가 존엄한데 범상한 화초는 이름이 없으며, 성씨가 존엄한 것은 곱게 빛나는데 이름 없는 것들은 먼 데서 이주해 온 백성 같은 존재이기 때문인가? 그도 아니면 뿌리가 깊은 것은 종족이 번성한데 빽빽이 늘어선 것들은 가늘고 작으며, 높고 큰 것은 높은 자리에 있고 가늘고 작은 것들은 들판에 있기 때문인가?

아! 낳는 것은 하늘에 달려 있으나 영화롭게 하는 것은 인간에 달려 있다. 하늘은 사사로움이 없기에 그 조화(造化)가 균일하지만, 인간은 널리 베풀지 못하므로 소원함도 있고 친함도 있는 것이다. 하늘이 이미 낳아 주었는데 또 어찌 사람이 영화롭게 하고 영화롭지 못하게 한다고 원망하겠는가? 나에게는 비록 감정이 있지만 풀에는 감정이 없으니, 그것이 소의 목구멍을 채우는 것과 나비로 하여금 다투어 찾도록 하는 것을 어찌 달리 보겠는가?"

- 이옥, 「담초(談艸)」 -

*요황과 위자 : 모란의 진귀한 품종을 일컫는 말.

혜정 샘 음성 지원

▶ 수필의 '나'는? 그래 바로 작가야. 수필은 작가의 개성과 생각이 잘 드러나는 것이 특징이잖아. (다)에 드러난 '나'의 생각을 파악해 보자.

오늘의 태그 문제

정답 16쪽

81 문항 코드 | 22672-0081 정답률 85%

(다)의 '나'에 대한 이해로 가장 적절한 것은?

① 꽃의 '공교함과 졸렬함'을 판단할 때는 꽃의 형체보다는 쓰임새에 기준을 두어야 함을 강조한다. YES NO

② 화초의 '귀함'과 '천함'에 대한 평가는 그 본성에 맞게 이름이 부여되었느냐에 달려 있다고 믿는다. YES NO

③ 풀을 '영화롭게' 만드는 주체는 인간이 아니라 하늘이어야 한다는 깨달음을 드러낸다. YES NO

④ 하늘의 입장에서 보면 모든 풀은 '조화가 균일'한 존재로서 가치의 우열을 가지지 않는다고 생각한다. YES NO

⑤ 인간의 감정에는 '소원함'과 '친함'이 모두 있으므로 사사로움을 넘어 균형을 도모할 수 있다고 본다. YES NO

▶ 묵화와 북창이라는 시어들의 의미와 기능을 파악할 때는 시 속에서 근거를 찾을 수 있어야 돼. 시에서 공부했었던 3ㅅ을 떠올려야 할 타이밍이야. 3ㅅ이 뭐였지? 상황, 수식어, 서술어! ^_^

82 문항 코드 | 22672-0082 정답률 47%

묵화와 북창을 중심으로 (가)와 (나)를 비교한 내용으로 가장 적절한 것은?

① (가)에서는 '묵화'와 '박쥐 나래'의 이미지를 연결하여 고향의 어두운 분위기를, (나)에서는 '북창'에서 바라본 산의 '품'에 주목하여 산이 주는 아늑한 분위기를 드러낸다. 가 나

② (가)에서 '묵화'는 '황혼'이 상징하는 현실적 상황에, (나)에서 '북창'은 '저승의 밤'이 의미하는 절망적 상황에 대응된다. 가 나

③ (가)에서 '묵화'에 '좀이 쳐'라고 한 것은 화자가 고향에 대해 느끼는 세월의 깊이를, (나)에서 '북창'을 '오늘' 열었다고 한 것은 산을 대하는 화자의 인식이 변화된 시점을 드러낸다. 가 나

④ (가)에서 '묵화'를 '그림 조각'이라고 한 것은 고향의 분절된 이미지를, (나)에서 '북창'을 '열어' 산을 보고 있다는 것은 선망하는 세계와 분리된 이미지를 나타낸다. 가 나

⑤ (가)에서는 '묵화'에 그려진 '모매꽃'에 부끄러움의 정서를, (나)에서는 '북창'을 통해 본 '보옥'에 안타까움의 정서를 담아낸다. 가 나

▶ <보기>가 설명하고 있는 수사법이 뭔지 알겠어? 바로 대유법이야. 잊은 건 아니겠지? -.-;; 정답률이 41%밖에 안 되는 문제였어. 선지의 길이가 이렇게 길어질 때는, 선지를 의미 단위로 끊어 읽으면서 꼼꼼히 이해하고 그 적절성을 판단할 수 있어야 돼. 자, 마지막 문제까지 힘내! :)

★83 문항 코드 | 22672-0083 정답률 41%

〈보기〉를 참고하여 (가)~(다)를 감상한 내용으로 적절하지 않은 것은?

〈보기〉

문학적 표현에는 표현 대상을 그와 연관된 다른 관념이나 사물로 대신하여 나타내는 방법이 있다. 여기에는 사물의 속성으로 실체를 대신하거나 대상의 한 부분으로 전체를 대신하는 것 등이 포함된다. 이러한 방법들은 서로 혼재되기도 하면서 구체적이고 생생한 이미지와 분위기를 환기한다.

① (가)에서 저녁이 오는 시간을 그와 연관된 사물인 '호롱불'이 켜진다는 것으로 나타냄으로써, 산골 마을의 저녁 풍경을 시각적 이미지로 보여 주는군. YES NO

② (가)에서 고향에 머무르지 못하고 객지로 떠나는 현실을 '뗏목'을 타고 흘러가는 것과 연관 지어 나타냄으로써, 삶의 불안정함을 구체적 이미지로 보여 주는군. YES NO

③ (나)에서 세속적인 삶의 공간 전체를 이해관계가 얽혀 있는 '장거리'의 속성을 활용하여 나타냄으로써, 인심이 쉽게 변하는 세속 공간의 분위기를 환기하는군. YES NO

④ (다)에서 귀한 대우를 받는 삶을 그러한 속성을 가진 '부호가의 깊은 장막 안'으로 나타냄으로써, 인간과 가까운 공간의 적막한 분위기를 환기하는군. YES NO

⑤ (다)에서 풀의 가치를 '소'와 '나비'의 행위와 연관 지어 나타냄으로써, 하찮게 취급되는 풀과 귀하게 여겨지는 풀의 차이를 구체적 이미지로 보여 주는군. YES NO

● 열공 날짜 년 월 일

14 독서 지문 읽기 매뉴얼

개념 태그 #독서 파트를 공부하는 마음가짐 #읽기 전에, 읽으면서, 읽은 다음에 내가 할 일 #독서 지문 읽기의 도우미 #독서 지문 읽기의 실제

▶▶▶ 기억 안 나면? 개념의 나비효과 159쪽으로!

문제만 맞으면 다 아는 건 줄 알게 하는 게, 국어 영역의 함정! 귀 파고 잘 들어. 기출문제는 풀이의 대상이 아니라 분석의 대상이다! 답을 맞혔다고 그냥 넘어 간 주옥같은 기출 지문들에 출제 원리가 분명하게 드러나 있다고. 14강부터 19강에서는 총 열 두 개의 독서 지문들을 볼 거야. 각각의 지문에 어떤 지문 패턴이 숨어 있는지, 그리고 그 패턴들은 어떻게 문제화되는지를 꼼꼼하게 분석하는 공부를 할 예정이야. 「개념의 나비효과」에서는 문제로 만들어질 수밖에 없는 지문 패턴을 찾는 연습에 집중할 거야. 문제 풀이 가성비를 높이는 꿀팁 적용과 시간 단축은 「패턴의 나비효과」에서 할 거니까, 너무 마음 급하게 먹지 말고, 지금은 기본을 먼저 튼튼히 다져야 할 때라는 걸 기억하자. 독서 연습 첫 시간에는 문항 수는 좀 많지만 원래의 지문과 문제를 고스란히 다 가지고 왔어. 지문을 읽기 전에 문제 패턴들을 훑어보고 지문을 읽으면서 해결할 문제들과 지문을 읽은 후 해결할 문제들을 구분해서 그 순서를 머릿속에 정리해 보는 거야. 지문을 읽으면서는 화제와 관련된 핵심 정보들을 이해하고, 그 정보들이 문제와 어떻게 연결되는지를 꼼꼼히 살펴봐야 돼. 지금은 시간이 문제가 아니야. 정확하게 주어진 정보들을 읽고 그것을 근거로 선지들을 YES NO로 판단하는 연습을 하자. 讀하게!

하나 • 다음 글을 읽고 물음에 답하시오. [1-5] 〔 2021학년도 대학수학능력시험 6월 모의평가 〕

특허권은 발명에 대한 정보의 소유자가 특허 출원 및 담당 관청의 심사를 통하여 획득한 특허를 일정 기간 독점적으로 사용할 수 있는 법률상 권리를 말한다. 한편 영업 비밀은 생산 방법, 판매 방법, 그 밖에 영업 활동에 유용한 기술상 또는 경영상의 정보 등으로, 일정 조건을 갖추면 법으로 보호받을 수 있다. 법으로 보호되는 특허권과 영업 비밀은 모두 지식 재산인데, 정보 통신 기술(ICT) 산업은 이 같은 지식 재산을 기반으로 창출된다. 지식 재산 보호 문제와 더불어 최근에는 ICT 다국적 기업이 지식 재산으로 거두는 수입에 대한 과세 문제가 불거지고 있다.

일부 국가에서는 ICT 다국적 기업에 대해 [디지털세] 도입을 진행 중이다. 디지털세는 이를 도입한 국가에서 ICT 다국적 기업이 거둔 수입에 대해 부과되는 세금이다. 디지털세의 배경에는 법인세 감소에 대한 각국의 우려가 있다. 법인세는 국가가 기업으로부터 걷는 세금 중 가장 중요한 것으로, 재화나 서비스의 판매 등을 통해 거둔 수입에서 제반 비용을 제외하고 남은 이윤에 대해 부과하는 세금이라 할 수 있다. **㉠많은 ICT 다국적 기업이 법인세율이 현저하게 낮은 국가에 자회사를 설립하고 그 자회사에 이윤을 몰아주는 방식으로 법인세를 회피한다**는 비판이 있어 왔다. 예를 들면 ICT 다국적 기업 Z사는 법인세율이 매우 낮은 A국에 자회사를 세워 특허의 사용 권한을 부여한다. 그리고 법인세율이 A국보다 높은 B국에 설립된 Z사의 자회사에서 특허 사용으로 수입이 발생하면 Z사는 B국의 자회사로 하여금 A국의 자회사에 특허 사용에 대한 수수료인 로열티를 지출하도록 한다. 그 결과 Z사는 **ⓐB국의 자회사에 법인세가 부과될 이윤을 최소화한다**. ICT 다국적 기업의 본사를 많이 보유한 국가에서도 해당 기업에 대한 법인세 징수는 문제가 된다. 그러나 그중 어떤 국가들은 ICT 다국적 기업의 활동이 해당 산업에서 자국이 주도권을 유지하는 데 중요하기 때문에라도 디지털세 도입에는 방어적이다.

[A] ICT 산업을 주도하는 국가에서 더 중요한 문제는 ICT 지식 재산 보호의 국제적 강화일 수 있다. 이론적으로 봤을 때 지식 재산의 보호가 약할수록 유용한 지식 창출의 유인이 저해되어 지식의 진보가 정체되고, 지식 재산의 보호가 강할수록 해당 지식에 대한 접근을 막아 소수의 사람만이 혜택을 보게 된다. 전자로 발생한 손해를 유인 비용, 후자로 발생한 손해를 접근 비용이라고 한다면, 지식 재산 보호의 최적 수준은 두 비용의 합이 최소가 될 때일 것이다. 각국은 그 수준에서 자국의 지식 재산 보호 수준을 설정한다. 특허 보호 정도와 국민 소득의 관계를 보여 주는 한 연구에서는 국민 소득이 일정 수준 이상인 상태에서는 국민 소득이 증가할수록 특허 보호 정도가 강해지는 경향이 있지만, 가장 낮은 소득 수준을 벗어난 국가들은 그들보다 소득 수준이 낮은 국가들보다 오히려 특허 보호가 약한 것으로 나타났다. 이는 지식 재산 보호의 최적 수준에 대해서도 국가별 입장이 다름을 시사한다.

혜정 샘 음성 지원

▶ 1번은 사실적 사고를 할 수 있는지, 쉽게 말해 지문에서 설명한 내용인지 아닌지를 구분할 수 있는지를 묻는 기본적인 문제야. 선지들을 보니까 길이 순서대로 배열돼 있지 않아. 음, 그렇다면 선지들이 지문의 내용 순서에 따라 배열됐을 확률이 높다는 뜻이야. 지문은 총 네 개의 문단으로 구성돼 있으니까, 한 문단씩 읽은 후, 선지를 순서대로 확인해 봐. 방금 읽었던 문단에 ①~⑤번 선지의 내용이 있었다면 바로바로 그 선지를 지워나가면 되는 거야.

▶ 디지털세에 대해서 이렇게 한 문제를 할애해 따로 묻고 있다니, 지문을 읽으면서 '디지털세'가 무엇인지 그 개념과 특징을 잘 이해해야만 하겠다는 생각이 팍팍 들지? 이렇게 핵심 정보에 관한 정보를 파악하라는 문제도 지문을 읽기 전에 선지를 먼저 가볍게 확인하고, 지문을 읽으면서 바로바로 해결해 버릴 수 있어.

▶ 이런 추론 문제를 많이들 어려워해. ㉠은 3문단에 있어. 4문단은 [A]로 묶여 있고, [A]의 내용을 적용하는 문제가 따로 출제됐기 때문에 3번의 판단 근거는 3문단까지의 내용일 확률이 높아. 특히 3문단의 내용에 주목해서 그것을 근거로 ㉮에 들어갈 적절한 내용을 추론할 수 있어야 돼. 3문단까지 읽고 3번을 풀어 보자.

오늘의 태그 문제

정답 16쪽

★01 문항 코드 | 22672-0084 정답률 58%

윗글을 읽고 답을 찾을 수 있는 질문에 해당하지 않는 것은?

① 법으로 보호되는 특허권과 영업 비밀의 공통점은 무엇인가? YES NO
② 영업 비밀이 법적 보호 대상으로 인정받기 위한 절차는 무엇인가? YES NO
③ ICT 다국적 기업의 수입에 과세하는 제도 도입의 배경은 무엇인가? YES NO
④ 로열티는 ICT 다국적 기업의 법인세를 줄이는 데 어떻게 이용되는가? YES NO
⑤ 이론적으로 지식 재산 보호의 최적 수준은 어떻게 설정하는가? YES NO

★02 문항 코드 | 22672-0085 정답률 54%

디지털세에 대한 이해로 가장 적절한 것은?

① 지식 재산 보호를 강화할 수 있는 수단이다. YES NO
② 이윤에서 제반 비용을 제외한 금액에 부과된다. YES NO
③ ICT 산업에서 주도적인 국가는 도입에 적극적이다. YES NO
④ 여러 국가에 자회사를 설립하는 방식으로 줄일 수 있다. YES NO
⑤ 도입된 국가에서 ICT 다국적 기업이 거둔 수입에 부과된다. YES NO

★03 문항 코드 | 22672-0086 정답률 48%

〈보기〉는 윗글을 읽은 학생이 수행할 학습지의 일부이다. ㉮에 들어갈 말로 가장 적절한 것은?

〈보기〉

◦과제: '㉠을 근거로 ICT 다국적 기업에 디지털세가 부과되는 것이 타당한가?'를 검증할 가설에 대한 판단

• 가설

ICT 다국적 기업 자회사들의 수입 대비 이윤의 비율은 법인세율이 높은 국가일수록 낮다.

• 판단

가설이 참이라면 [㉮]고 할 수 있으므로 ㉠을 근거로 디지털세를 부과하는 것을 지지할 수 있겠군.

① ICT 다국적 기업 자회사의 수입이 법인세율이 높은 국가일수록 많다
② ICT 다국적 기업이 법인세율이 높은 국가의 자회사에 로열티를 지출한다
③ ICT 다국적 기업 자회사의 수입 대비 제반 비용의 비율이 법인세율이 낮은 국가일수록 높다
④ ICT다국적 기업이 법인세율이 높은 국가의 자회사에서 수입에 비해 이윤을 줄이는 방식으로 법인세를 줄이고 있다
⑤ 법인세율이 높은 국가에 본사가 있는 ICT 다국적 기업 자회사의 수입 대비 이윤의 비율은 법인세율이 낮은 국가일수록 낮다

▶ 4번을 풀기 위한 판단의 근거를 [A](4문단)으로 딱 지정해 줬어. [A]의 핵심 정보를 정확하게 파악한 다음, 그것을 <보기>의 사례에 적용해야 돼. 사실 [A]에서 설명한 개념만 정확히 파악만 했어도 아주 쉽게 정답을 찾을 수 있는 문제인데, 정답률이 38%밖에 안됐었다는 게 놀라운 문제였어. ㅠㅠ 정답 찾기에 도전해 보자!

★04 문항 코드 | 22672-0087

정답률 38%

[A]를 적용하여 〈보기〉를 이해한 내용으로 적절하지 않은 것은?

> 〈보기〉
> S국은 현재 국민 소득이 가장 낮은 수준의 국가이고 ICT 산업에서 주도적인 국가가 아니다. S국의 특허 보호 정책은 지식 재산 보호 정책을 대표한다.

① ICT 산업에서 주도적인 국가는 S국이 유인 비용을 현재보다 크게 인식하여 지식 재산 보호 수준을 높이기 바라겠군. YES NO
② S국에서는 지식 재산 보호 수준이 낮을 때가 높을 때보다 지식 재산 창출 의욕의 저하로 인한 손해가 더 심각하겠군. YES NO
③ S국에서 현재의 특허 제도가 특허권을 과하게 보호한다고 판단한다면 지식 재산 보호 수준을 낮춰 접근 비용을 높이고 싶겠군. YES NO
④ S국의 국민 소득이 점점 높아진다면 유인 비용과 접근 비용의 합이 최소가 되는 지식 재산 보호 수준은 낮아졌다가 높아지겠군. YES NO
⑤ S국이 지식 재산 보호 수준을 높일 때, 지식의 발전이 저해되어 발생하는 손해는 감소하고 다수가 지식 재산의 혜택을 누리지 못하여 발생하는 손해는 증가하겠군. YES NO

▶ 이 패턴의 문제는 최근 자주 출제되고 있어. 예전에는 문맥적 의미가 동일한 어휘를 골라내는 문제라거나, 지문에 사용된 어휘와 바꿔 쓰기에 적당한 다른 어휘를 찾으라는 문제들이 출제되었다면, 최근에는 지문의 일부 문장에 밑줄을 긋고, 문맥상 그 문장이 의미하는 바와 동일한 의미를 드러내는 표현을 고를 수 있는지를 묻는 문제가 출제되고 있어. 지문의 내용과 정보 간의 의미 관계를 명확하게 이해해야지만 정답을 찾을 수 있는 문제야.

★05 문항 코드 | 22672-0088

정답률 53%

문맥상 ⓐ와 바꿔 쓰기에 적절하지 않은 것은?

① Z사의 전체적인 법인세 부담을 줄인다. YES NO
② A국의 자회사가 거두는 수입을 늘린다. YES NO
③ A국의 자회사가 얻게 될 이윤을 줄인다. YES NO
④ B국의 자회사가 낼 법인세를 최소화한다. YES NO
⑤ B국의 자회사가 지출하는 제반 비용을 늘린다. YES NO

첫 번째 지문이 화제의 개념과 특징을 중요한 출제 요소로 삼았다면 이번에 볼 지문은 원리와 방법을 중요한 출제 요소로 삼은 지문이야. ㅎㅎ 무슨 말인지 모르겠다고? 15강에서부터 하나씩 차근차근 짚어나갈 거야. 우리는 네 문제의 정답을 찾기 위해 이 지문을 읽을 예정인 거잖아. 지문을 읽기 전에 어떤 문제들을 해결해야 하는지 먼저 문제들부터 확인하고, 각각의 문제를 언제 풀면 가장 효율적일지도 계획을 세워야 돼. 네 문제 모두 오답률 상위 랭킹에 올랐던 어려운 세트야. 지문의 내용도 복잡하고 문제들의 정답률도 낮았지만, 겁먹지 말고 도전해 보자. 지금 틀리는 문제들이 결국 널 성장하게 하는 거니까.

둘 • 다음 글을 읽고 물음에 답하시오. [6~9] 〔 2022학년도 대학수학능력시험 6월 모의평가 〕

1993년 노벨 화학상은 중합 효소 연쇄 반응(PCR)을 개발한 멀리스에게 수여된다. 염기 서열을 아는 DNA가 한 분자라도 있으면 이를 다량으로 증폭할 수 있는 길을 열었기 때문이다. PCR는 주형 DNA, 프라이머, DNA 중합 효소, 4종의 뉴클레오타이드가 필요하다. 주형 DNA란 시료로부터 추출하여 PCR에서 DNA 증폭의 바탕이 되는 이중 가닥 DNA를 말하며, 주형 DNA에서 증폭하고자 하는 부위를 표적 DNA라 한다. 프라이머는 표적 DNA의 일부분과 동일한 염기 서열로 이루어진 짧은 단일 가닥 DNA로, 2종의 프라이머가 표적 DNA의 시작과 끝에 각각 결합한다. DNA 중합 효소는 DNA를 복제하는데, 단일 가닥 DNA의 각 염기 서열에 대응하는 뉴클레오타이드를 순서대로 결합시켜 이중 가닥 DNA를 생성한다.

PCR 과정은 우선 열을 가해 이중 가닥의 DNA를 2개의 단일 가닥으로 분리하는 것으로 시작한다. 이후 각각의 단일 가닥 DNA에 프라이머가 결합하면, DNA 중합 효소에 의해 복제되어 2개의 이중 가닥 DNA가 생긴다. 일정한 시간 동안 진행되는 이러한 DNA 복제 과정이 한 사이클을 이루며, 사이클마다 표적 DNA의 양은 2배씩 증가한다. 그리고 DNA의 양이 더 이상 증폭되지 않을 정도로 충분히 사이클을 수행한 후 PCR를 종료한다. 전통적인 PCR는 PCR의 최종 산물에 형광 물질을 결합시켜 발색을 통해 표적 DNA의 증폭 여부를 확인한다.

PCR는 시료의 표적 DNA 양도 알 수 있는 실시간 PCR라는 획기적인 개발로 이어졌다. 실시간 PCR는 전통적인 PCR와 동일하게 PCR를 실시하지만, 사이클마다 발색 반응이 일어나도록 하여 누적되는 발색을 통해 표적 DNA의 증폭을 실시간으로 확인할 수 있다. 이를 위해 실시간 PCR에서는 PCR 과정에 발색 물질이 추가로 필요한데, '이중 가닥 DNA 특이 염료' 또는 '형광 표식 탐침'이 이에 이용된다. ㉠ **이중 가닥 DNA 특이 염료**는 이중 가닥 DNA에 결합하여 발색하는 형광 물질로, 새로 생성된 이중 가닥 표적 DNA에 결합하여 발색하므로 표적 DNA의 증폭을 알 수 있게 한다. 다만, 이중 가닥 DNA 특이 염료는 모든 이중 가닥 DNA에 결합할 수 있기 때문에 2개의 프라이머끼리 결합하여 이중 가닥의 이합체(二合體)를 형성한 경우에는 이와 결합하여 의도치 않은 발색이 일어난다.

㉡**형광 표식 탐침**은 형광 물질과 이 형광 물질을 억제하는 소광 물질이 붙어 있는 단일 가닥 DNA 단편으로, 표적 DNA에서 프라이머가 결합하지 않는 부위에 특이적으로 결합하도록 설계된다. PCR 과정에서 이중 가닥 DNA가 단일 가닥으로 되면, 형광 표식 탐침은 프라이머와 마찬가지로 표적 DNA에 결합한다.

이후 DNA 중합 효소에 의해 이중 가닥 DNA가 형성되는 과정 중에 탐침은 표적 DNA와의 결합이 끊어지고 분해된다. 탐침이 분해되어 형광 물질과 소광 물질의 분리가 일어나면 비로소 형광 물질이 발색되며, 이로써 표적 DNA가 증폭되었음을 알 수 있다. 형광 표식 탐침은 표적 DNA에 특이적으로 결합하는 장점을 지니나 상대적으로 비용이 비싸다.

[A] 실시간 PCR에서 발색도는 증폭된 이중 가닥 표적 DNA의 양에 비례하며, 일정 수준의 발색도에 도달하는 데 필요한 사이클은 표적 DNA의 초기 양에 따라 달라진다. 사이클의 진행에 따른 발색도의 변화가 연속적인 선으로 표시되며, 표적 DNA를 검출했다고 판단하는 발색도에 도달하는 데 소요된 사이클을 Ct값이라 한다. 표적 DNA의 농도를 알지 못하는 미지 시료의 Ct값과 표적 DNA의 농도를 알고 있는 표준 시료의 Ct값을 비교하면 미지 시료에 포함된 표적 DNA의 농도를 계산할 수 있다.

PCR는 시료로부터 얻은 DNA를 가지고 유전자 복제, 유전병 진단, 친자 감별, 암 및 감염성 질병 진단 등에 광범위하게 활용된다. 특히 실시간 PCR를 이용하면 바이러스의 감염 여부를 초기에 정확하고 빠르게 진단할 수 있다.

혜정 샘 음성 지원

▶ 선지 길이 참 들쑥날쑥하네. ㅎㅎ 그런데 이런 게 또 고맙거든. 왜냐고? 이런 선지의 순서는 선지들이 지문의 내용 순서에 따라 배열됐을 확률이 높다는 걸 말해 주는 거니까. ①~⑤를 보면 '2종의 프라이머', '주형 DNA', '표적 DNA', '2배', '4배', '8배', '전통적인 PCR', '실시간 PCR' 이런 말들이 있어. 그런데 이걸 어떻게 다 기억해. 꼭 기억할 필요는 없어. 하지만 선지를 아주 가볍게 미리 훑어 읽으면서 유독 눈에 띄는 이런 단어들에 표시를 해 놓으면, 의외로 지문을 읽을 때, '어? 이런 말 본 거 같아. 아, 맞다. 이거 선지에 있었어.'라는 생각이 몇 번은 들게 돼. 그런 생각이 들었을 땐, 그 문단까지 읽은 다음에 그와 관련된 선지를 바로 찾아내서 YES NO로 판단해 내면 되는 거야.

▶ ㉠은 '이중 가닥 DNA 특이 염료'이고, ㉡은 '형광 표식 탐침'이잖아. 선지들을 봐 봐. '㉠은 ㉡과 달리', '㉡은 ㉠과 달리', '㉠과 ㉡은 모두'라는 말들 보이지? 뭐 하라는 거지? 그래, 맞아. ㉠과 ㉡의 차이점과 공통점을 파악하라는 거야. 어떤 내용을 알아야 하는지를 확인했으니까, 그 정보를 찾아서 이해하는 독해를 하면 되는 거지.

오늘의 태그 문제

정답 18쪽

★06 문항 코드 | 22672-0089 정답률 43%

윗글에서 알 수 있는 내용으로 적절하지 않은 것은?

① 2종의 프라이머 각각의 염기 서열과 정확히 일치하는 염기 서열을 주형 DNA에서 찾을 수 없다. YES NO
② PCR에서 표적 DNA 양이 초기 양을 기준으로 처음의 2배가 되는 시간과 4배에서 8배가 되는 시간은 같다. YES NO
③ 전통적인 PCR는 표적 DNA 농도를 아는 표준 시료가 있어도 미지 시료의 표적 DNA 농도를 PCR 과정 중에 알 수 없다. YES NO
④ 실시간 PCR는 가열 과정을 거쳐야 시료에 포함된 표적 DNA의 양을 증폭할 수 있다. YES NO
⑤ 실시간 PCR를 실시할 때에 표적 DNA의 증폭이 일어나려면 DNA 중합 효소와 프라이머가 필요하다. YES NO

★07 문항 코드 | 22672-0090 정답률 38%

㉠과 ㉡에 대한 설명으로 가장 적절한 것은?

① ㉠은 ㉡과 달리 프라이머와 결합하여 이합체를 이룬다. ㄱ ㄴ
② ㉠은 ㉡과 달리 표적 DNA에 붙은 채 발색 반응이 일어난다. ㄱ ㄴ
③ ㉡은 ㉠과 달리 형광 물질과 결합하여 이합체를 이룬다. ㄱ ㄴ
④ ㉡은 ㉠과 달리 한 사이클의 시작 시점에 발색 반응이 일어난다. ㄱ ㄴ
⑤ ㉠과 ㉡은 모두 이중 가닥 표적 DNA에 결합하는 물질이다. ㄱ ㄴ

▶ 선지가 둘로 딱 나눠지잖아. '전통적인 PCR'과 '실시간 PCR'로 나뉜 걸 보니, 할 일이 또 생겼네? '전통적인 PCR'과 '실시간 PCR'이 각각 어떤 방법인지, 어떤 장단점이 있는지, 또 둘은 어떻게 다른지, 그걸 알아야 하는 거야. 이번에도 어떤 내용을 알아야 하는지를 확인했으니까, 그 정보를 찾아서 이해하는 독해를 하면 되는 거라고.

★08 문항 코드 | 22672-0091

정답률 35%

어느 바이러스 감염증의 진단 검사에 PCR를 이용하려고 한다. 윗글을 읽고 이해한 반응으로 가장 적절한 것은?

① 전통적인 PCR로 진단 검사를 할 때, 시료에 바이러스의 양이 적은 감염 초기에는 감염 여부를 진단할 수 없겠군. YES NO

② 전통적인 PCR로 진단 검사를 할 때, DNA 증폭 여부 확인에 발색 물질이 필요 없으니 비용이 상대적으로 싸겠군. YES NO

③ 전통적인 PCR로 진단 검사를 할 때, 실시간 증폭 여부를 확인할 필요가 없어 진단에 걸리는 시간을 줄일 수 있겠군. YES NO

④ 실시간 PCR로 진단 검사를 할 때, 표적 DNA의 염기 서열이 알려져 있어야 감염 여부를 분석할 수 있겠군. YES NO

⑤ 실시간 PCR로 진단 검사를 할 때, 감염 여부는 PCR가 끝난 후에야 알 수 있지만 실시간 증폭은 확인할 수 있겠군. YES NO

▶ 와, 정답률이 고작 19%라니, 진짜 이런 문제 답을 꼭 맞히고 싶지 않니? ㅎㅎ 이 문제가 당시 오답률 1위의 문제였어. 진짜 함정에 빠지기 쉬운 문제야. 이 문제는 [A]를 바탕으로 한 가정과 추론을 제시하고 있잖아. 그러니까 이 문제의 답을 찾기 위한 전제 조건은 [A]에서 설명하고 있는 개념 및 원리와 방법을 정확하게 이해하는 거야. 문제에만 주목하지 말고, 먼저 [A]를 파악해야 해.

★09 문항 코드 | 22672-0092

정답률 19%

[A]를 바탕으로 〈보기 1〉의 실험 상황을 가정하고 〈보기 2〉와 같이 예상 결과를 추론하였다. ㉮~㉰에 들어갈 말로 적절한 것은?

〈보기 1〉

표적 DNA의 농도를 알지 못하는 **ⓐ미지 시료**와, 이와 동일한 표적 DNA를 포함하지만 그 농도를 알고 있는 **ⓑ표준 시료**가 있다. 각 시료의 DNA를 주형 DNA로 하여 같은 양의 시료로 동일한 조건에서 실시간 PCR를 실시한다.

〈보기 2〉

만약 ⓐ가 ⓑ보다 표적 DNA의 초기 농도가 높다면,

표적 DNA가 증폭되는 동안, 사이클이 진행됨에 따라 시간당 시료의 표적 DNA의 증가량은 ⓐ가 (㉮).

↓

실시간 PCR의 Ct값에서의 발색도는 ⓐ가 (㉯).

↓

따라서 실시간 PCR의 Ct값은 ⓐ가 (㉰).

	㉮	㉯	㉰
①	ⓑ보다 많겠군 YES NO	ⓑ보다 높겠군 YES NO	ⓑ보다 크겠군 YES NO
②	ⓑ보다 많겠군 YES NO	ⓑ와 같겠군 YES NO	ⓑ보다 작겠군 YES NO
③	ⓑ와 같겠군 YES NO	ⓑ보다 높겠군 YES NO	ⓑ보다 작겠군 YES NO
④	ⓑ와 같겠군 YES NO	ⓑ와 같겠군 YES NO	ⓑ보다 작겠군 YES NO
⑤	ⓑ와 같겠군 YES NO	ⓑ보다 높겠군 YES NO	ⓑ보다 크겠군 YES NO

15 독서 지문 속, 개념-특징-사례

개념 태그 #화제의 개념 정의 #화제의 특징 #세부 내용 파악하기 문제 #구체적 사례에 적용하기 문제

▶▶▶ 기억 안 나면? 개념의 나비효과 167쪽으로!

법과 관련된 지문에는 생소한 용어들이 많이 등장해. 출제자는 그 생소한 용어들의 개념을 정리해 줄 수밖에 없겠지? 지문에서 설명하는 용어들의 개념과 그 대상의 특징을 설명하는 정보에 주목해야 돼. 또한 그 개념과 특징들은 대부분 추상적인 설명이라서 구체적인 사례가 함께 제시될 때가 많아. 사례를 통해 개념을 이해하고, 문제의 <보기> 속에 제시되는 또 다른 사례와도 대응시킬 수 있어야 돼. 지문에서 찾을 수 있는 개념-특징-사례와 관련된 정보에 집중하는 연습을 해 보자.

셋 • 다음 글을 읽고 물음에 답하시오. [10-12] (2021학년도 4월 고3 전국연합학력평가)

형사소송법은 범죄사실은 증거에 의해 인정되어야 하며 범죄사실의 인정은 합리적인 의심이 없는 정도의 증명에 이르러야 한다고 규정하고 있는데, 이를 증거재판주의라 한다. 이는 법관의 자의적인 사실 인정이 허용될 수 없다는 것으로, 공평하고 객관적인 형사재판을 가능하게 하는 전제가 된다고 할 수 있다. 그래서 증거는 형사소송법 체계에서 핵심적인 위치를 차지한다. 형사소송법은 증거의 증거능력과 증명력을 구별하고 있다.

먼저 증거능력이란 어떤 증거가 증명의 자료로 사용될 수 있는 법률상의 자격을 말한다. 증거능력이 있는 증거는 법정에서 주요한 사실 인정의 자료로 이용되어 이를 바탕으로 유죄 판결이 내려질 수 있다. 증거능력이 없는 증거는 원칙적으로 사실 인정의 자료로 쓰일 수 없다.

증거능력의 요건은 법률에 의해 규정되어 있다. 형사소송법은 증거능력을 배제해야 하는 조건을 위법수집증거배제법칙, 자백배제법칙, 전문법칙 등의 세 가지 원칙으로 명문화하고 있다. 이 원칙들의 공통적인 목적은 피의자, 피고인의 권리를 보장하여 공평한 재판을 실현하는 데에 있다.

위법수집증거배제법칙은 적법한 절차에 따르지 않고 수집한 증거의 증거능력을 부정하는 원칙으로, 형사사법기관의 위법한 증거수집을 억제하는 데에 그 목적이 있다. 위법하게 수집한 증거를 통해 알게 된 사실을 바탕으로 수집한 파생증거, 곧 2차 증거의 증거능력도 위법수집증거배제법칙에 따라 배제된다. 이를 독수과실이론이라 하는데, 위법하게 수집된 1차 증거가 독에 오염된 나무라면 그로부터 수집된 2차 증거는 그 나무에 달린 독 열매에 해당한다는 것이다. 예컨대 영장 없이 위법하게 체포한 상태에서 얻은 진술이라면 그 진술의 증거능력은 물론, 그 진술의 도움으로 찾아낸 물증의 증거능력도 인정되지 않는다. 다만 위법하게 수집된 1차 증거와 2차 증거 사이에 인과관계가 희석 또는 단절되었다고 판단될 때는 2차 증거의 증거능력이 인정될 수 있다.

자백배제법칙은 수사 기관이나 법원이 진술자의 자백을, 임의성을 제한하는 방식으로 얻어낸 경우에 그 증거능력을 부정하는 원칙이다. 자백은 중요한 증거이지만, 수사 방법이 자백을 얻어 내는 데에만 의존하게 되면 인권 침해의 우려가 커지며 때로는 진실을 밝히기 어려워질 수도 있다. 이에 자백배제법칙은 자백의 주체가 신체적, 정신적 압박 없이 임의*로 한 자백만 증거능력을 인정하게 하여, 자백을 강요하는 것을 금지한다.

전문법칙은 전문증거는 증거능력이 없다는 원칙이다. 전문증거란 피고인, 증인 등 사안을 체험한 자가 구두로 진술한 진술증거 가운데 법정에서 직접 이루어지지 않고 다른 사람에 의해 간접적으로 전해진 것을 말한다. 이러한 전문증거에는 구두로 전하는 전문진술과 서류인 전문서류가 있다.

전문증거는 진술증거를 전하는 사람에 의한 편집, 조작의 우려가 있다는 점, 전문증거에 대해서는 피고인이 법정에서 증인에 대한 반대신문을 할 수 없다는 점, 전문증거에 대해서는 법관이 법정에서 진술자에게 직접 묻고 답을 듣지 못하기 때문에 정확한 언어적 정보를 획득할 수 없다는 점 등이 전문법칙의 근거로 꼽힌다. 다만 전문증거임에도 피고인이 증거로 사용할 수 있다는 데에 동의하면 증거능력을 인정하는데, 이를 '증거동의'라고 한다.

한편 증명력은 증거능력과는 달리 증거자료가 사실의 판단에 기여할 수 있는 정도, 즉 증거의 실질적인 가치로서의 신빙성을 뜻한다. 증명력 평가는 증거가치가 크고 작은 정도의 차이를 따지는 것으로, 증거능력 평가가 증거능력의 유무만을 가리는 것과는 구별된다. ㉠증거능력이 있다고 해서 증명력이 있는 것이 아니고, 증명력이 있다고 해서 증거능력이 있는 것도 아니다.

증명력 평가는 법관의 자유 판단에 맡겨져 있는데, 이러한 원칙을 [자유심증주의]라 한다. 증거능력이 있는 증거가 제출되면 증거가치에 대한 판단은 법관의 자유 판단에 따른다. 이때 법관의 판단은 합당한 근거를 배경으로 해야 하며, 단순한 자의적 판단은 정당화되지 않는다. 자유심증주의에 따라 법관은 자유롭게 증거를 취사선택할 수 있고, 모순되는 증거가 있는 경우에 어느 증거를 믿는가도 법관의 자유 판단에 맡겨진다. 신빙성이 없는 증인의 증언이라 할지라도 법관은 일정 부분의 증언을 골라내어 믿을 수도 있다.

***임의:** 자기 의사대로 처리하는 일.

혜정 샘 음성 지원

▶ ㉠을 보여 주는 가장 적절한 사례인지 아닌지를 판단하려면? 그래, 우선 ㉠을 정확하게 이해해야겠지. ㉠은 '증거능력'과 '증명력'이라는 용어를 포함하고 있어. '증거능력'과 '증명력'이 무엇인지 그 개념을 정확히 이해해야 '증거능력이 있다고 해서 증명력이 있는 것이 아'닌 가장 적절한 사례를 고를 수 있을 거야.

오늘의 태그 문제

정답 19쪽

★10 문항 코드 | 22672-0093 정답률 78%

㉠을 보여 주는 사례로 가장 적절한 것은?

① 피고인을 강요하여 얻은 자백이 사건의 진실을 그대로 담고 있는 내용인 경우
② 수사 기관에 의해 수집된 증거가 법정에서 결국 유죄 판결의 핵심적인 근거로 이용된 경우
③ 적법한 절차에 따라 확보한 문서이지만 그 내용이 사건과 관련이 없다고 법관이 판단한 경우
④ 불법적인 수단으로 목격자의 진술을 억지로 얻어냈지만 결국 진술 내용이 허위 사실로 밝혀진 경우
⑤ 증거동의를 받은 전문증거가 객관적 사실을 밝히는 결정적인 단서를 담고 있다고 법관에게 인정된 경우

▶ 지문에서 설명한 화제의 개념과 특징은 문제의 <보기>로 제시되는 구체적 사례와 대응되기 마련이야.

★11 문항 코드 | 22672-0094 정답률 65%

〈보기〉는 윗글을 이해하기 위한 학습지의 일부이다. 윗글을 읽은 학생이 〈보기〉에 대해 보인 반응으로 적절하지 않은 것은?

〈보기〉

◦**사건 요지**

피고인은 소지가 금지된 화약류를 허가 없이 소지하여 현행법 위반으로 기소됨.

◦**수사 기관이 법정에 제출한 증거**

[증거 1] 유효한 압수수색영장 없이 압수한 화약류
[증거 1-1] 증거 1을 기초로 획득한 압수물 사진
[증거 2] 법정에서 이루어진 피고인의 자백 진술
[증거 3] 법정에서 이루어진 목격자 증인의 진술

◦**법원 판결 요약**

[증거 1]은 사실 인정의 자료로 쓰일 수 없고, 이에 [증거 1-1] 또한 유죄의 증거로 사용할 수 없음. 그 외 [증거 2], [증거 3] 등의 적법하게 수집되어 사실 인정의 자료로 쓰일 수 있는 증거들만으로는 공소사실을 인정하기에 부족하므로 피고인에게 무죄를 선고함.

① 법원은 [증거 1]과 [증거 1-1] 사이에 인과관계가 희석 또는 단절되지 않았다고 판단했겠군. YES NO
② 법원은 합리적인 의심이 없는 정도로 범죄사실이 증명되었는지를 판단하는 데 [증거 1]과 [증거 1-1]을 자료로 사용했겠군. YES NO
③ 법원은 위법수집증거배제법칙을 적용하여 [증거 1-1]을 유죄의 증거로 사용할 수 없다고 결정했겠군. YES NO
④ 법원은 [증거 2]가 신체적, 정신적 압박이 없는 상태에서 임의로 이루어진 것이라고 인정했겠군. YES NO
⑤ 법원은 진술증거인 [증거 2]와 [증거 3]을 전문증거가 아니라고 보았겠군. YES NO

▶ 자유심증주의는 지문의 마지막 문단에서 설명하는 내용이야. '자유심증주의'가 무엇인지를 잘 이해해야 돼. '자유심증주의'에 대해 설명한 지문의 마지막 문단을 읽은 후에 바로 12번의 정답을 찾는 것이 정답률을 높일 수 있는 방법이겠지?

★12 문항 코드 | 22672-0095 정답률 74%

자유심증주의에 대한 설명으로 적절하지 않은 것은?

① 증거가 사실의 판단에 기여할 수 있는 정도는 법관의 자유 판단에 따른다. YES NO
② 법관은 신빙성 없는 증인에 의한 증언도 증거가치가 있다고 판단할 수 있다. YES NO
③ 법관은 증거능력이 있는 증거 중에서 범죄사실을 판단하는 데 활용할 증거를 선택할 수 있다. YES NO
④ 증거가치가 크고 작은 정도에 대한 법관의 판단은 합당한 근거 없이 자의적으로 이루어져서는 안 된다. YES NO
⑤ 법관에 의해 서로 모순된다고 판단된 증거들은 어느 쪽도 증거의 실질적인 가치로서의 신빙성을 인정받을 수 없다. YES NO

법과 관련된 지문이 나온 김에 하나 더 보자. 원래 이 지문에는 다섯 문제가 출제됐었는데, 우리 워크북에는 세 문제만 가지고 왔어. 선생님이 가져온 세 문제 모두 정답률이 30%대에 머물렀던 문제들이야. 수능 시험장에서 수험생들이 얼마나 긴장했을지 느껴지지 않니? 그렇지만 문제를 먼저 확인하고, 어떤 정보에 주목해야 할지, 이 지문이 어떤 지문 패턴을 담고 있을지를 예측하고 지문을 읽었다면 좀 더 침착하게 문제를 해결할 수 있었을 거야. 어려운 지문과 문제들이지만 차분하게 읽고 문제들을 풀어 보자.

넷 · 다음 글을 읽고 물음에 답하시오. [13-15]

(2021학년도 대학수학능력시험)

채권은 어떤 사람이 다른 사람에게 특정 행위를 요구할 수 있는 권리이다. 이 특정 행위를 급부라 하고, 특정 행위를 해 주어야 할 의무를 채무라 한다. 채무자가 채권을 가진 이에게 급부를 이행하면 채권에 대응하는 채무는 소멸한다. 급부는 재화나 서비스 제공인 경우가 많지만 그 외의 내용일 수도 있다.

민법상의 권리는 여러 가지가 있는데 계약 없이 법률로 정해진 요건의 충족으로 발생하기도 하지만 대개 계약의 효력으로 발생한다. 계약이란 권리 발생 등에 관한 당사자의 합의로서, 계약이 성립하면 합의 내용대로 권리 발생 등의 효력이 인정되는 것이 원칙이다. 당장 필요한 재화나 서비스는 그 제공을 급부로 하는 계약을 성립시켜 확보하면 되지만 미래에 필요할 수도 있는 재화나 서비스라면 계약을 성립시킬 수 있는 권리를 확보하는 것이 유리하다. 이를 위해 '예약'이 활용된다. 일상에서 예약이라고 할 때와 법적인 관점에서의 예약은 구별된다. ㉠기차 탑승을 위해 미리 돈을 지불하고 승차권을 구입하는 것을 '기차 승차권을 예약했다'고도 하지만 이 경우는 예약에 해당하지 않는 계약이다. 법적으로 예약은 당사자들이 합의한 내용대로 권리가 발생하는 계약의 일종으로, 재화나 서비스 제공을 급부 내용으로 하는 다른 계약인 '본계약'을 성립시킬 수 있는 권리 발생을 목적으로 한다.

[A] 예약은 예약상 권리자가 가지는 권리의 법적 성질에 따라 두 가지 유형으로 나뉜다. 첫째는 채권을 발생시키는 예약이다. 이 채권의 급부 내용은 '예약상 권리자의 본계약 성립 요구에 대해 상대방이 승낙하는 것'이다. 회사의 급식 업체 공모에 따라 여러 업체가 신청한 경우 그중 한 업체가 선정되었다고 회사에서 통지하면 예약이 성립한다. 이에 따라 선정된 업체가 급식을 제공하고 대금을 받기로 하는 본계약 체결을 요청하면 회사는 이에 응할 의무를 진다. 둘째는 예약 완결권을 발생시키는 예약이다. 이 경우 예약상 권리자가 본계약을 성립시키겠다는 의사를 표시하는 것만으로 본계약이 성립한다. 가족 행사를 위해 식당을 예약한 사람이 식당에 도착하여 예약 완결권을 행사하면 곧바로 본계약이 성립하므로 식사 제공이라는 급부에 대한 계약상의 채권이 발생한다.

예약에서 예약상의 급부나 본계약상의 급부가 이행되지 않는 문제가 생길 수 있는데, 예약의 유형에 따라 발생 문제의 양상이 다르다. 일반적으로 급부가 이행되지 않아 채권자에게 손해가 발생한 경우 채무자는 자신의 고의나 과실에서 비롯된 것이 아님을 증명하지 못하는 한 채무 불이행 책임을 진다. 이로 인해 채무의 내용이 바뀌는데 원래의 급부 내용이 무엇이든 채권자의 손해를 돈으로 물어야 하는 손해 배상 채무로 바뀐다.

만약 타인이 고의나 과실로 예약상 권리자가 가진 권리 실현을 방해했다면 예약상 권리자는 그에게도 책임을 물을 수 있다. 법률에 의하면 누구든 고의나 과실에 의해 타인에게 피해를 끼치는 행위를 하고 그 행위의 위법성이 인정되면 불법행위 책임이 성립하여, 가해자는 피해자에게 손해를 돈으로 배상할 채무를 지기 때문이다. 다만 예약상 권리자에게 예약 상대방이나 방해자 중 누구라도 손해 배상을 하면 다른 한쪽의 배상 의무도 사라진다. 급부 내용이 동일하기 때문이다.

혜정 샘 음성 지원

▶ 밑줄 친 ㉠만을 가지고는 이 문제를 해결할 수 없어. ㉠이 포함되어 있는 문장 전체, 또 그 문장이 포함되어 있는 문단까지 확장해서 그 내용을 정확히 이해해야 돼. 그러기 위해서는 첫 문단에서 설명한 '채권', '급부', '채무'의 개념도 정확하게 알아야겠지? 독서 지문에서 화제의 개념과 특징을 이해하는 것은 지문의 핵심 정보를 파악하기 위한 가장 기본적이고도 중요한 일이라는 걸 꼭 기억하자.

오늘의 태그 문제

정답 19쪽

★13 문항 코드 | 22672-0096 정답률 33%

㉠에 대한 이해로 가장 적절한 것은?

① 기차 탑승은 채권에 해당하고 돈을 지불하는 행위는 그 채권의 대상인 급부에 해당한다. YES NO
② 기차를 탑승하지 않는 것은 승차권 구입으로 발생한 채권에 대응하는 의무를 포기하는 것이다. YES NO
③ 기차 승차권을 미리 구입하는 것은 계약을 성립시키면서 채권의 행사 시점을 미래로 정해 두는 것이다. YES NO
④ 승차권 구입은 계약 없이 법률로 정해진 요건을 충족하여 서비스를 제공받을 권리를 발생시키는 행위이다. YES NO
⑤ 미리 돈을 지불하는 것은 미래에 필요한 기차 탑승 서비스 이용이라는 계약을 성립시킬 수 있는 권리를 확보한 것이다. YES NO

▶ 지문에서 핵심 정보를 설명하기 위해 동원된 사례도 주목해야 하는 정보라고 했지? [A]에서는 예약을 '채권을 발생시키는 예약'과 '예약 완결권을 발생시키는 예약'으로 나누어 설명하고 있어. 두 예약은 어떤 차이가 있는지 급부의 유형과 관련해 그 특징을 정확히 이해하고 제시한 표의 빈칸에 들어갈 적절한 내용을 추론해 보자.

14 문항 코드 | 22672-0097 정답률 32%

다음은 [A]에 제시된 예를 활용하여, 예약의 유형에 따라 예약상 권리자가 요구할 수 있는 급부에 대해 정리한 것이다. ㄱ~ㄷ에 들어갈 내용을 올바르게 짝지은 것은?

구분	채권을 발생시키는 예약	예약 완결권을 발생시키는 예약
예약상 급부	ㄱ	ㄴ
본계약상 급부	ㄷ	식사 제공

	ㄱ		ㄴ		ㄷ	
①	급식 계약 승낙	YES NO	없음	YES NO	급식 대금 지급	YES NO
②	급식 계약 승낙	YES NO	없음	YES NO	급식 제공	YES NO
③	급식 계약 승낙	YES NO	식사 제공 계약 체결	YES NO	급식 제공	YES NO
④	없음	YES NO	식사 제공 계약 체결	YES NO	급식 제공	YES NO
⑤	없음	YES NO	식사 제공 계약 체결	YES NO	급식 대금 지급	YES NO

▶ <보기>에 제시된 구체적 사례는 예약과 관련된 **문제 상황**이야. 15번은 '윗글을 참고할 때, <보기>의 ㉮에 대한 이해로 적절'한 것인지 아닌지를 판단하라고 했으니까, 지문 어딘가에는 '예약과 관련된 문제 상황'에 대한 정보가 분명히 있을 거야. 정답을 찾기 위한 근거가 지문 어디쯤에 제시돼 있는지를 빠르게 파악하는 일도 중요해. 지문을 읽으면서 문제 상황과 관련된 정보를 찾으면 그때 바로 15번을 해결하는 게 좋아. **'문제 상황-문제의 원인-해결 방안'**에 관한 정보도 출제되기 쉬운 정보라는 것도 꼭 알아 두자.

★15 문항 코드 | 22672-0098

윗글을 참고할 때, 〈보기〉의 ㉮에 대한 이해로 적절하지 않은 것은?

> 〈보기〉
>
> 특별한 행사를 앞두고 있는 갑은 미용실을 운영하는 을과 예약을 하여 행사 당일 오전 10시에 머리 손질을 받기로 했다. 갑이 시간에 맞춰 미용실을 방문하여 머리 손질을 요구했을 때 병이 이미 을에게 머리 손질을 받고 있었다. 갑이 예약해 둔 시간에 병이 고의로 끼어들어 위법성이 있는 행위를 하여 ㉮**갑은 오전 10시에 머리 손질을 받을 수 없는 손해를 입었다**.

① ㉮가 발생하는 과정에서 을의 과실이 있는 경우, 을은 갑에 대해 채무 불이행 책임이 있고 병은 갑에 대해 손해 배상 채무가 있다. YES NO

② ㉮가 발생하는 과정에서 을의 고의가 있는 경우, 을과 병은 모두 갑에게 손해 배상 채무를 지고 을이 배상을 하면 병은 갑에 대한 채무가 사라진다. YES NO

③ ㉮가 발생하는 과정에서 을에게 고의나 과실이 있는지 없는지 증명되지 않은 경우, 을과 병은 모두 갑에게 채무를 지고 그에 따른 급부의 내용은 동일하다. YES NO

④ ㉮가 발생하는 과정에서 을에게 고의나 과실이 있는지 없는지 증명되지 않은 경우, 을과 병은 모두 채무 불이행 책임을 지므로 갑에게 손해 배상 채무를 진다. YES NO

⑤ ㉮가 발생하는 과정에서 을에게 고의나 과실이 없음이 증명된 경우, 을과 달리 병에게는 갑이 입은 손해에 대해 금전으로 배상할 책임이 있다. YES NO

● 열공 날짜 　　년 　월 　일

16 독서 지문 속, 관점-차이

개념 태그 #관점이란 견.주.리. #차이점 #선지 구성의 흔한 예 #A와 달리 B #A 반면 B #A보다 B #A가 아니라 B #핵심 정보 파악하기 문제 #구체적 사례에 적용하기 문제

▶▶▶ 기억 안 나면? 개념의 나비효과 179쪽으로!

기출문제를 분석하면서 기출 지문들에 반복되는 정보의 성격, 반복되는 문제 패턴을 파악할 수 있어야 돼. 워크북 16강에서 볼 두 지문은 하나 혹은 둘 이상의 관점에 대해 설명할 거야. 그럴 땐 제시되는 관점의 핵심, 또는 여러 관점들 간의 공통점 및 차이점을 파악할 수 있어야 돼. 또 구체적인 사례가 문제에 제시된다면 지문에서 설명한 관점과 사례를 대응시킬 수도 있어야 해. 지금부터 볼 지문과 문제들의 패턴은 2026 수능에도 나올 확률이 아~주 높아. 집중하자!

다섯 • 다음 글을 읽고 물음에 답하시오. [16-18] 〔 2022학년도 대학수학능력시험 6월 모의평가 〕

1764년에 발간된 체사레 베카리아의 『범죄와 형벌』은 커다란 반향을 일으켰다. 형벌에 관한 논리 정연하고 새로운 주장들에 유럽의 지식 사회가 매료된 것이다. 자유와 행복을 추구하는 이성적인 인간을 상정하는 당시 계몽주의 사조에 베카리아는 충실히 호응하여, 이익을 저울질할 줄 알고 그에 따라 행동하는 존재로서 인간을 전제하였다. 사람은 대가 없이 공익만을 위하여 자유를 내어놓지는 않는다. 끊임없는 전쟁과 같은 상태에서 벗어나기 위하여 자유의 일부를 떼어 주고 나머지 자유의 몫을 평온하게 누리기로 합의한 것이다. 저마다 할애한 자유의 총합이 주권을 구성하고, 주권자가 이를 위탁받아 관리한다. 따라서 사회의 형성과 지속을 위한 조건이라 할 법은 저마다의 행복을 증진시킬 때 가장 잘 준수되며, 전체 복리를 위해 법 위반자에게 설정된 것이 형벌이다. 이런 논증으로 베카리아는 형벌권의 행사는 양도의 범위를 벗어날 수 없다는 출발점을 세웠다.

베카리아가 볼 때, 형벌은 범죄가 일으킨 결과를 되돌려 놓을 수 없다. 또한 인간을 괴롭히는 것 자체가 그 목적인 것도 아니다. 형벌의 목적은 오로지 범죄자가 또다시 피해를 끼치지 못하도록 억제하고, 다른 사람들이 그 같은 행위를 하지 못하도록 예방하는 데 있을 뿐이다. 이는 범죄로 얻을 이득, 곧 공익이 입게 되는 그만큼의 손실**보다** 형벌이 가하는 손해가 조금이라도 크기만 하면 달성된다. 그리고 이러한 손익 관계를 누구나 알 수 있도록 처벌 체계는 명확히 성문법으로 규정되어야 하고, 그 집행의 확실성도 갖추어져야 한다. 결국 범죄를 가로막는 방벽으로 형벌을 바라보는 것이다. 이 ㉠울타리의 높이는 살인인지 절도인지 등에 따라 달리해야 한다. 공익을 훼손한 정도에 비례해야 하는 것이다. 그것을 넘어서는 처벌은 폭압이며 불필요하다. 베카리아는 말한다. 상이한 피해를 일으키는 두 범죄에 동일한 형벌을 적용한다면 더 무거운 죄에 대한 억지력이 상실되지 않겠는가.

그는 인간이 감각적인 존재라는 사실에 맞추어 제도가 운용될 것을 역설한다. 가장 잔혹한 형벌도 계속 시행되다 보면 사회 일반은 그에 무디어져 마침내 그런 것을 봐도 옥살이에 대한 공포 이상을 느끼지 못한다. 인간의 정신에 크나큰 효과를 끼치는 것은 형벌의 강도**가 아니라** 지속이다. 죽는 장면의 목격은 무시무시한 경험이지만 그 기억은 일시적이고, 자유를 박탈당한 인간이 속죄하는 고통의 모습을 오랫동안 대하는 것이 더욱 강력한 억제 효과를 갖는다는 주장이다. 더욱 중요한 것을 지키기 위해 희생한 자유에는 무엇보다도 값진 생명이 포함될 수 없다고도 말한다. 이처럼 베카리아는 잔혹한 형벌을 반대하여 휴머니스트로, 최대 다수의 최대 행복을 말하여 공리주의자로, 자유로운 인간들 사이의 합의를 바탕으로 논의를 전개하여 사회 계약론자로 이해된다. 형법학에서도 형벌로 되갚아 준다는 응보주의를 탈피하여 장래의 범죄 발생을 방지한다는 일반 예방주의로 나아가는 토대를 세웠다는 평가를 받는다.

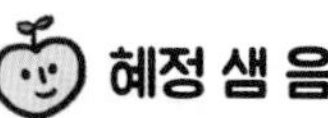

혜정 샘 음성 지원

▶ 문제를 보자마자 '아, 베카리아라는 사람의 관점을 파악해야겠다.'라는 생각을 해야 돼. 이렇게 핵심 정보를 파악해야 하는 문제는 선지를 빠르게 훑어 읽으면서 눈에 띄는 용어들에 표시를 해 두는 게 좋아. 선생님은 '공동체', '합의', '이성적', '타산적', '감각적', '주권자', '공포의 효과', '형벌권 행사' 같은 말들에 표시를 해 뒀어. 지문을 읽으면서 '어? 이런 말 선지에서 본 거 같은데?'라는 생각이 들 때, 문단 단위로 끊어 읽으면서 16번의 선지들을 바로바로 판단해 버릴 거야.

▶ ㉠은 '울타리'네. 그런데 여기에서의 '울타리'가 '풀이나 나무 따위를 얽거나 엮어서 담 대신에 경계를 지어 막는 물건'을 말하는 건 아닐 거야. 이 문제의 답을 찾기 위해서는 ㉠의 비유적 의미를 파악하고, 그것과 관련된 관점을 이해할 수 있어야 돼.

▶ 16번에서 베카리아의 관점에 대해 물었잖아. 그런데 또 물어보네? 뭐가 다르지? 16번은 사실적 사고, 18번은 추론적 사고를 요구하는 문제야. 쉽게 말하면 16번의 선지들은 지문에 거의 그대로, 혹은 약간의 표현을 달리해서 제시돼 있어. 시간만 많이 주어진다면 어떻게든 그 내용을 지문에서 찾아서 1:1 대응을 시킬 수 있거든. 숨은 그림 찾기 같은 패턴의 문제인 거지. 반면 18번의 선지들은 지문에서 그 내용 그대로를 찾을 수 없어. 말 그대로 지문의 내용을 근거로 추론할 수 있는 내용들로 선지들이 구성돼 있거든. 그러나 추론하기 패턴 문제의 선지들 또한 그 YES NO를 판단할 수 있는 기준은 여전히 지문인 거야. 최근에는 사실적 사고보다 추론적 사고를 요하는 고난도 문제들이 많이 출제되고 있어. 반드시 연습해 두어야 하는 패턴의 문제야.

오늘의 태그 문제

정답 20쪽

★16 문항 코드 | 22672-0099 정답률 69%

윗글에서 베카리아의 관점으로 보기 어려운 것은?

① 공동체를 이루는 합의가 유지되는 데는 법이 필요하다. YES NO
② 사람은 이성적이고 타산적인 존재이자 감각적 존재이다. YES NO
③ 개개인의 국민은 주권자로서 형벌을 시행하는 주체이다. YES NO
④ 잔혹함이 주는 공포의 효과는 시간이 흐르면서 감소한다. YES NO
⑤ 형벌권 행사의 범위는 양도된 자유의 총합을 넘을 수 없다. YES NO

17 문항 코드 | 22672-0100 정답률 68%

㉠에 대한 설명으로 적절하지 않은 것은?

① 재범을 방지하는 역할을 수행한다. YES NO
② 법률로 엮어 뚜렷이 알아볼 수 있도록 해야 한다. YES NO
③ 범죄가 유발하는 손실에 따라 높낮이를 정해야 한다. YES NO
④ 손익을 저울질하는 인간의 이성을 목적 달성에 활용한다. YES NO
⑤ 지키려는 공익보다 높게 설정할수록 방어 효과가 증가한다. YES NO

★18 문항 코드 | 22672-0101 정답률 39%

윗글을 바탕으로 베카리아의 입장을 추론한 내용으로 가장 적절한 것은?

① 형벌이 사회적 행복 증진을 저해한다고 보는 공리주의의 입장에서 사형을 반대한다. YES NO
② 사형은 범죄 예방의 효과가 없으므로 일반 예방주의의 입장에서 폐지되어야 한다고 주장한다. YES NO
③ 사형은 사람의 기억에 영구히 각인되는 잔혹한 형벌이어서 휴머니즘의 입장에서 인정하지 못한다. YES NO
④ 가장 큰 가치를 내어주는 합의가 있을 수 없다는 이유로 사회 계약론의 입장에서 사형을 비판한다. YES NO
⑤ 피해 회복의 관점으로 형벌을 바라보는 형법학의 입장에서 사형을 무기 징역으로 대체하는 데 찬성하지 않는다. YES NO

원래는 여섯 문제가 출제됐던 지문이야. 그중에서 세 문제만 가지고 왔어. 지문에서 설명한 관점들을 정확하게 이해했는지, 다수의 관점들 사이의 차이점을 파악했는지를 묻는 문제들이야. 그리고 관점(견해, 주장, 이론)이라는 게 추상적이기 마련이잖아. 사람의 생각이니까. 그래서 출제자는 지문에서 설명한 누군가의 관점을 우리가 정확하게 이해했는지 시험하기 위해 구체적 사례를 제시해. 그리고 지문에서 설명해 준 관점에 따라 그 구체적 사례를 설명해 보라고 할 때가 아주 많아. 지금 우리가 풀어 볼 세 문제 중 두 문제가 관점을 구체적 사례에 적용하는 문제거든. 지문에 누군가의 관점이 제시된다면, 둘 이상의 관점을 제시하고, 그 차이점을 설명한다면! 그 내용은 문제화될 수밖에 없어. 아, 너무 강조했더니, 입 아파. ㅎㅎ 이젠 기억하자, 관점-차이점!

여섯 • 다음 글을 읽고 물음에 답하시오. [19~21]

(2021학년도 대학수학능력시험 9월 모평)

(가)

미학은 예술과 미적 경험에 관한 개념과 이론에 대해 논의하는 철학의 한 분야로서, 미학의 문제들 가운데 하나가 바로 예술의 정의에 대한 문제이다. 예술이 자연에 대한 모방이라는 아리스토텔레스의 말에서 비롯된 모방론은, 대상과 그 대상의 재현이 닮은꼴이어야 한다는 재현의 투명성 이론을 전제한다. 그러나 예술가의 독창적인 감정 표현을 중시하는 한편 외부 세계에 대한 왜곡된 표현을 허용하는 낭만주의 사조가 18세기 말에 등장하면서, 모방론은 많이 쇠퇴했다. 이제 모방을 필수 조건으로 삼지 않는 낭만주의 예술가의 작품을 예술로 인정해 줄 수 있는 새로운 이론이 필요했다.

20세기 초에 콜링우드는 진지한 관념이나 감정과 같은 예술가의 마음을 예술의 조건으로 규정하는 표현론을 제시하여 이 문제를 해결하였다. 그에 따르면, 진정한 예술 작품은 물리적 소재를 통해 구성될 필요가 없는 정신적 대상이다. 또한 이와 비슷한 시기에 외부 세계나 작가의 내면**보다** 작품 자체의 고유 형식을 중시하는 형식론도 발전했다. 벨의 형식론은 예술 감각이 있는 비평가들만이 직관적으로 식별할 수 있고 정의는 불가능한 어떤 성질을 일컫는 '의미 있는 형식'을 통해 그 비평가들에게 미적 정서를 유발하는 작품을 예술 작품이라고 보았다.

20세기 중반에, 뒤샹이 변기를 가져다 전시한 「샘」이라는 작품은 예술 작품으로 인정되지만 그것과 형식적인 면에서 차이가 없는 일반적인 변기는 예술 작품으로 인정되지 않는 이유를 설명하지 못하게 되자 두 가지 대응 이론이 나타났다. 하나는 우리가 흔히 예술 작품으로 분류하는 미술, 연극, 문학, 음악 등이 서로 이질적이어서 그것들 전체를 아울러 예술이라 정의할 수 있는 공통된 요소를 갖지 않는다는 웨이츠의 예술 정의 불가론이다. 그의 이론은 예술의 정의에 대한 기존의 이론들이 겉보기에는 명제의 형태를 취하고 있으나 사실은 참과 거짓을 판정할 수 없는 사이비 명제이므로, 예술의 정의에 대한 논의 자체가 불필요하다는 견해를 대변한다.

다른 하나는 예술계라는 어떤 사회 제도에 속하는 한 사람 또는 여러 사람에 의해 감상의 후보 자격을 수여받은 인공물을 예술 작품으로 규정하는 디키의 제도론이다. 하나의 작품이 어떤 특정한 기준에서 훌륭하므로 예술 작품이라고 부를 수 있다는 평가적 이론들**과 달리**, 디키의 견해는 일정한 절차와 관례를 거치기만 하면 모두 예술 작품으로 볼 수 있다는 분류적 이론이다. 예술의 정의와 관련된 이 논의들은 예술로 분류할 수 있는 작품들의 공통된 본질을 찾는 시도이자 예술의 필요충분조건을 찾는 시도이다.

(나)

예술 작품을 어떻게 감상하고 비평해야 하는지에 대해 다양한 논의들이 있다. 예술 작품의 의미와 가치에 대한 해석과 판단은 작품을 비평하는 목적과 태도에 따라 달라진다. 예술 작품에 대한 주요 비평 방법으로는 맥락주의 비평, 형식주의 비평, 인상주의 비평이 있다.

㉠맥락주의 비평은 주로 예술 작품이 창작된 사회적 · 역사적 배경에 관심을 갖는다. 비평가 텐은 예술 작품이 창작된 당시 예술가가 살던 시대의 환경, 정치 · 경제 · 문화적 상황, 작품이 사회에 미치는 효과 등을 예술 작품 비평의 중요한 근거로 삼는다. 그 이유는 예술 작품이 예술가가 속해 있는 문화의 상징과 믿음을 구체화하며, 예술가가 속한 사회의 특성들을 반영한다고 보기 때문이다. 또한 맥락주의 비평에서는 작품이 창작된 시대적 상황 외에 작가의 심리적 상태와 이념을 포함하여 가급적 많은 자료를 바탕으로 작품을 분석하고 해석한다.

그러나 객관적 자료를 중심으로 작품을 비평하려는 맥락주의는 자칫 작품 외적인 요소에 치중하여 작품의 핵심적 본질을 훼손할 우려가 있다는 비판을 받는다. 이러한 맥락주의 비평의 문제점을 극복하기 위한 방법으로는 형식주의 비평과 인상주의 비평이 있다. 형식주의 비평은 예술 작품의 외적 요인 대신 작품의 형식적 요소와 그 요소들 간 구조적 유기성의 분석을 중요하게 생각한다. 프리드와 같은 형식주의 비평가들은 작품 속에 표현된 사물, 인간, 풍경 같은 내용**보다**는 선, 색, 형태 등의 조형 요소와 비례, 율동, 강조 등과 같은 조형 원리를 예술 작품의 우수성을 판단하는 기준이라고 주장한다.

㉡인상주의 비평은 모든 분석적 비평에 대해 회의적인 시각을 가지고 있어 예술을 어떤 규칙이나 객관적 자료로 판단할 수 없다고 본다. "훌륭한 비평가는 대작들과 자기 자신의 영혼의 모험들을 관련시킨다."라는 비평가 프랑스의 말처럼, 인상주의 비평은 비평가가 다른 저명한 비평가의 관점과 상관없이 자신의 생각과 느낌에 대하여 자율성과 창의

성을 가지고 비평하는 것이다. 즉, 인상주의 비평가는 작가의 의도나 그 밖의 외적인 요인들을 고려할 필요 없이 비평가의 자유 의지로 무한대의 상상력을 가지고 작품을 해석하고 판단한다.

혜정 샘 음성 지원

▶ 출제자의 출제 의도가 너무 빤히 보이지? '모방론자', '뒤샹', '낭만주의 예술가', '표현론자', '제도론자', '예술 정의 불가론자', '표현론자' 헉헉, 많기도 하다. 이 지문을 통해 이 많은 관점들을 이해해야 돼. 각 관점의 특징을 이해하다 보면 그들 간의 공통점 혹은 차이점이 보일 거야. 이런 부분들을 미리 체크하면서 지문을 읽는다면 19번의 선지들을 YES NO로 판단하는 데에 걸리는 시간도 단축할 수 있어.

오늘의 태그 문제

정답 21쪽

★19 문항 코드 | 22672-0102 정답률 44%

(가)에 등장하는 이론가와 예술가들이 상대의 견해나 작품을 평가할 수 있는 말로 적절하지 않은 것은?

① **모방론자가 뒤샹에게**: 당신의 작품 「샘」은 변기를 닮은 것이 아니라 변기 그 자체라는 점에서 예술 작품이 되기 위한 필요충분조건을 갖추고 있습니다. YES NO

② **낭만주의 예술가가 모방론자에게**: 대상을 재현하기만 하면 예술가의 감정을 표현하지 않은 작품도 예술 작품으로 인정하는 당신의 견해는 받아들일 수 없습니다. YES NO

③ **표현론자가 낭만주의 예술가에게**: 당신의 작품은 예술가의 마음을 표현했으니 대상을 있는 그대로 표현하지 않았더라도 예술 작품입니다. YES NO

④ **뒤샹이 제도론자에게**: 예술계에서 일정한 절차와 관례를 거치면 예술 작품이라는 당신의 주장은 저의 작품 「샘」 외에 다른 변기들도 예술 작품이 될 수 있음을 인정하는 것입니다. YES NO

⑤ **예술 정의 불가론자가 표현론자에게**: 당신이 예술가의 관념을 예술 작품의 조건으로 규정할 때 사용하는 명제는 참과 거짓을 판단할 수 없기 때문에 받아들일 수 없습니다. YES NO

▶ '비평문 작성을 위한 착안점'을 보면 주목해야 할 사람들이 제시돼 있어. '콜링우드', '디키', '텐', '프리드', '프랑스'. 이들의 관점을 지문을 읽으며 파악하고, 그 관점을 '그리움'이라는 구체적 작품에 적용할 수 있어야 하는 거야. 이 다섯 명은 지문에도 굵은 글씨로 표시가 돼 있어. 선생님은 (가)의 2문단까지 읽고 ①번, (가)의 4문단까지 읽고 ②번, (나)의 2문단까지 읽고 ③번, (나)의 3문단까지 읽고 ④번, (나)의 5문단까지 읽고 ⑤번을 바로바로 YES NO로 선지들을 판단했어.

★**20** 문항 코드 | 22672-0103 정답률 56%

다음은 비평문을 쓰기 위해 미술 전람회에 다녀온 학생이 (가)와 (나)를 읽은 후 작성한 메모의 일부이다. 메모의 내용이 적절하지 않은 것은?

■ 작품 정보 요약

- 작품 제목 : 「그리움」
- 팸플릿의 설명
  - 화가 A가, 화가였던 자기 아버지가 생전에 신던 낡고 색이 바랜 신발을 보고 그린 작품임.
  - 화가 A의 예술가 정신은 궁핍하게 살면서도 예술혼을 잃지 않고 작품 활동을 했던 아버지의 삶에서 영향을 받았음.
- 작품 전체에 따뜻한 계열의 색이 주로 사용됨.

■ 비평문 작성을 위한 착안점

○ 콜링우드의 관점을 적용하면, 화가 A가 낡은 신발을 그린 것에서 아버지에 대한 그리움을 갖고 있었으리라는 점을 제시할 수 있겠군. ....① YES NO

○ 디키의 관점을 적용하면, 평범한 신발이 특별한 이유는 신발의 원래 주인이 화가였다는 사실에 있음을 언급하여 이 그림을 예술 작품으로 평가할 수 있겠군. ....② YES NO

○ 텐의 관점을 적용하면, 이 작품에서 아버지의 낡은 신발은 화가 A가 추구하는 예술가 정신의 상징임을 팸플릿 정보를 근거로 해석할 수 있겠군. ....③ YES NO

○ 프리드의 관점을 적용하면, 따뜻한 계열의 색들을 유기적으로 구성한 점에서 이 그림이 우수한 작품임을 언급할 수 있겠군. ....④ YES NO

○ 프랑스의 관점을 적용하면, 그림 속의 낡고 색이 바랜 신발을 보고, 지친 나의 삶에서 편안함과 여유를 느꼈음을 서술할 수 있겠군. ....⑤ YES NO

▶ 문제에 'A, B, ㉠, ㉡' 같은 기호들을 동원해서 복잡하게 표현해 놨지만, 결국 심플하게 정리하자면 '맥락주의 비평'과 '인상주의 비평'은 피카소의 「게르니카」라는 구체적 사례를 어떻게 해석 할 것인지를 묻는 거야. 둘 이상의 관점이 제시된다면 그들 간의 차이점을 물을 거라고 했지? 구체적 사례를 통해 두 관점의 차이점을 잘 이해했는지를 확인하겠다는 출제자의 의도를 읽을 수 있어야 돼.

★21 문항 코드 | 22672-0104 정답률 66%

피카소의 「게르니카」에 대해 〈보기〉의 A는 ㉠의 관점, B는 ㉡의 관점에서 비평한 내용이다. (나)를 바탕으로 A, B를 이해한 내용으로 적절하지 않은 것은?

〈보기〉

피카소, 「게르니카」

A: 1937년 히틀러가 바스크 산악 마을인 '게르니카'에 30여 톤의 폭탄을 퍼부어 수많은 인명을 살상한 비극적 사건의 참상을, 울부짖는 말과 부러진 칼 등의 상징적 이미지를 사용하여 전 세계에 고발한 기념비적인 작품이다.

B: 뿔 달린 동물은 슬퍼 보이고, 아이는 양팔을 벌어 고통을 호소하고 있다. 우울한 색과 기괴한 형태들이 나를 그 속으로 끌어들이는 듯하다. 그러나 빛이 보인다. 고통과 좌절감이 느껴지지만 희망을 갈구하는 훌륭한 작품이다.

① A에서 '1937년'에 '게르니카'에서 발생한 사건을 언급한 것은 역사적 정보를 바탕으로 작품을 해석하기 위한 것이겠군. YES NO

② A에서 비극적 참상을 '전 세계에 고발'하였다고 서술한 것은 작품이 사회에 미치는 효과를 드러내고자 한 것이겠군. YES NO

③ B에서 '슬퍼 보이고'와 '고통을 호소하고'라고 서술한 것은 작가의 심리적 상태를 표현하려는 것이겠군. YES NO

④ B에서 '우울한 색과 기괴한 형태'를 언급한 것은 비평가의 주관적 인상을 반영하기 위한 것이겠군. YES NO

⑤ B에서 '희망을 갈구하는'이라고 서술한 것은 비평가의 자유로운 상상력이 반영된 것이겠군. YES NO

● 열공 날짜　　년　월　일

17 독서 지문 속, 원리-과정

개념 태그 #원리 #과정 #~이면 ~이다. #~일수록 ~이다. #비례와 반비례 #단계별 순서 #통시적 관점 #세부 정보 추론하기 #구체적 사례(그림, 그래프, 도표 등)에 적용하기

▸▸▸ 기억 안 나면? 개념의 나비효과 191쪽으로!

두둥! 드디어 올 것이 왔다. 피할 수 없으니 제대로 대비해야지. 최근에 고난도 독서 문항들이 어려운 원리, 과정을 설명하는 정보를 담고 있는 지문에서 출제되고 있어. 정보량이 많고 그만큼 내용도 복잡하지만 정신을 똑바로 차리면 그 가운데에서 주목해야 하는 지문 패턴을 잘 찾아내고 이해할 수 있다는 거 배웠지? 지금은 시간제한 두지 말고, 집중해서 찬찬히 정보를 이해하고 문제를 풀어 보자. 우선은 그렇게 시작하는 거야.

일곱 • 다음 글을 읽고 물음에 답하시오. [22-24]　(2020학년도 10월 고3 전국연합학력평가)

폐의 혈액으로 들어온 산소는 심장을 거쳐 신체의 각 조직으로 전달되어 에너지 생성에 이용되고, 물질대사 결과 생긴 노폐물인 이산화 탄소는 혈액을 통해 심장을 거쳐 폐로 전달되어 몸 밖으로 배출된다. 혈액과 폐포, 혈액과 조직 사이에서의 기체 교환은 분압* 차에 따른 확산에 의해 일어나며, 기체는 분압이 높은 곳에서 낮은 곳으로 확산된다. 한편 혈액을 운반하는 혈관 중에 심장에서 나와 폐나 각 조직으로 가는 혈액이 흐르는 혈관을 동맥, 폐나 각 조직에서 심장으로 가는 혈액이 흐르는 혈관을 정맥이라고 한다. 폐에서 기체 교환이 일어난 후 심장을 거쳐 각 조직으로 흐르는 혈액은 동맥혈, 조직에서 기체 교환이 일어난 후 폐로 흐르는 혈액은 정맥혈이다.

폐포 내 산소 분압은 100~110㎜Hg이고 그 주위의 모세 혈관 내 정맥혈의 산소 분압은 40㎜Hg이므로 폐포 내 산소가 폐포를 둘러싼 모세 혈관의 정맥혈로 확산된다. 이때 산소가 풍부해진 혈액은 심장을 거쳐 신체의 각 조직으로 흘러가고, 각 조직의 모세 혈관을 흐르는 동맥혈의 산소 분압은 100㎜Hg, 조직 내 산소 분압은 평균 40㎜Hg이므로 동맥혈 내의 산소는 조직으로 확산된다. 산소를 방출한 혈액은 심장을 거쳐 폐로 흘러간다. 그런데 산소는 물에 대한 용해도가 작아 혈장*에 용해된 상태로 운반되는 양은 폐에서 조직으로 운반되는 산소의 약 1.5%에 불과하고, 약 98.5%는 적혈구 내에 있는 헤모글로빈과 결합하여 산소 헤모글로빈 형태로 운반된다.

산소 분압에 따른 헤모글로빈의 산소 포화도를 나타내는 곡선을 산소 해리 곡선이라고 하는데, 산소 해리 곡선에서 가로축은 혈액 내의 산소 분압, 세로축은 헤모글로빈의 산소 포화도를 나타낸다. 어떤 산소 분압에서 헤모글로빈이 산소와 결합한 정도인 산소 포화도와 헤모글로빈이 산소와 분리된 정도인 산소 해리도를 더한 값은 100%이다. 이 곡선은 완만한 S자형으로, 산소 분압이 낮아질 때 산소 헤모글로빈으로부터 해리되는 산소의 양은 산소 분압이 40~100㎜Hg 구간보다 0~40㎜Hg 구간에서 더 많다. 헤모글로빈의 산소 친화도는 헤모글로빈이 산소와 결합하려는 경향을 나타내는데, 산소 친화도에 영향을 미치는 요인에는 산소 분압 외에도 혈액의 pH(수소 이온 농도 지수), 온도 등이 있다. 어떤 조직의 물질대사가 활발해지면 이산화 탄소의 증가로 인해 주변 모세 혈관 내 혈액의 pH가 낮아진다. 혈액의 pH가 낮아지면 헤모글로빈의 산소 친화도가 작아져서 산소의 해리가 촉진되어 주변 조직으로 산소가 방출된다. 즉 산소 분압이 같을 때 pH가 더 낮은 곳에서 산소 헤모글로빈으로부터 더 많은 산소가 방출된다. 또한 운동과 같은 신체 활동으로 인해 온도가 높아진 조직 주변 모세 혈관을 흐르는 혈액에서도 산소가 더 쉽게 해리되어 그 조직으로 운동 전보다 더 많은 산소가 방출된다.

한편 각 조직의 물질대사 결과 생긴 노폐물인 이산화 탄소도 혈액으로 확산되어 운반된다. 조직의 이산화 탄소 분압은 평균 46㎜Hg이고, 동맥혈 내 이산화 탄소 분압은 40㎜Hg이므로 조직 내 이산화 탄소는 조직 주변 모세 혈관을 흐르는 혈액으로 확산된다. 조직에서 폐로 운반되는 이산화 탄소의 약 7%는 혈장에 용해된 상태로, 약 23%는 적혈구에 있는 헤모글로빈과 결합하여 카르바미노헤모글로빈 형태로 운반된다. 산소와 결합하지 않은 헤모글로빈은 산소와 결합한 헤모글로빈보다 쉽게 이산화 탄소와 결합하여 카르바미노헤모글로빈을 형성하므로 정맥혈이 동맥혈보다도 헤모글로빈을 이용한 이산화 탄소 운반에 유용하다.

그리고 약 70%의 이산화 탄소는 탄산수소 이온 형태로 운반된다. 조직에서 확산된 이산화 탄소는 주로 적혈구 내에서 탄산 무수화 효소의 작용으로 물과 결합하여 탄산을 형성하고, 탄산은 수소 이온과 탄산수소 이온으로 이온화된다. 이

때 수소 이온은 주로 헤모글로빈과 결합하고 탄산수소 이온은 혈장으로 확산되어 폐로 운반된다. 폐포 주위의 모세 혈관에서는 이와 반대의 반응이 일어난다. 즉 탄산수소 이온은 적혈구로 이동하여 수소 이온과 재결합하여 탄산을 형성하고, 탄산은 탄산 무수화 효소의 작용으로 이산화 탄소와 물이 된다. 이 과정에서 생성된 이산화 탄소는 폐포 내로 확산되어 체외로 배출된다.

***분압:** 혼합 기체에서 특정 기체에 의한 압력.
***혈장:** 혈액에서 혈구를 제외한 액상 성분.

혜정 샘 음성 지원

▶ 워크북에서 독서 파트 연습 4번째 시간이야. 이쯤 되면 "아, 22번은 내용 일치 문제, 바로 세부 정보 파악하기 문제구나. 그럼 혜정 쌤이 '야, 지문 읽기 전에 선지 먼저 봐!'라고 하시겠지? '선지에서 눈에 띄는 말에 표시 안 해?'라고 하실 거고, '지문 읽다가 선지에 표시한 말과 관련된 내용 나오면 그 문단까지 읽고 선지로 가서 YES NO에 체크해!'라고 하실 거야." 이렇게 나와 줘야 하는데 말이야. 그래, 안 그래? ^-^

오늘의 태그 문제

정답 22쪽

★22 문항 코드 | 22672-0105 정답률 48%

윗글의 내용과 일치하는 것은?

① 탄산 무수화 효소는 이산화 탄소와 물이 결합하여 탄산을 형성하는 과정과 탄산이 이산화 탄소와 물로 되는 과정에서 작용한다. YES NO
② 폐에서 조직으로 운반되는 산소와 조직에서 폐로 운반되는 이산화 탄소는 각각 세 가지 방식으로 운반된다. YES NO
③ 산소와 결합하지 않은 헤모글로빈이 산소와 결합한 헤모글로빈보다 이산화 탄소와 결합하기 어렵다. YES NO
④ 이산화 탄소와 물이 결합하여 탄산이 형성되는 반응은 주로 혈장에서 일어난다. YES NO
⑤ 평균적으로 조직 내의 산소 분압은 46㎜Hg, 이산화 탄소 분압은 40㎜Hg이다. YES NO

▶ <보기> 안에 그래프가 있어. '헉, 망했어!'가 아니라 '이게 무슨 그래프지? 제목을 보니 <pH 7.4에서의 **산소 해리 곡선**>이구나. x축이 **산소 분압**, y축이 **헤모글로빈의 산소 포화도**네. 이것과 관련된 내용이 나오면 그 문단까지 읽고 바로 YES NO를 판단할 수 있는 선지들은 바로바로 지워야겠다.'라는 생각을 하면 돼. ①번과 ⑤번은 **구간을 나누어 비교**하는 내용이고, ②번은 **'~이면 ~한다'**라는 **인과 관계**를 설명한 내용이야. ③번은 **계산 값**을 언급했고, ④번은 **'조직으로'**라는 방향성과 관련된 정보를 언급을 했어. 이런 부분들이 YES NO 판단의 포인트가 되는 부분들이야.

★**23** 문항 코드 | 22672-0106 정답률 35%

윗글을 바탕으로 〈보기〉를 이해한 내용으로 적절하지 않은 것은?

〈보기〉

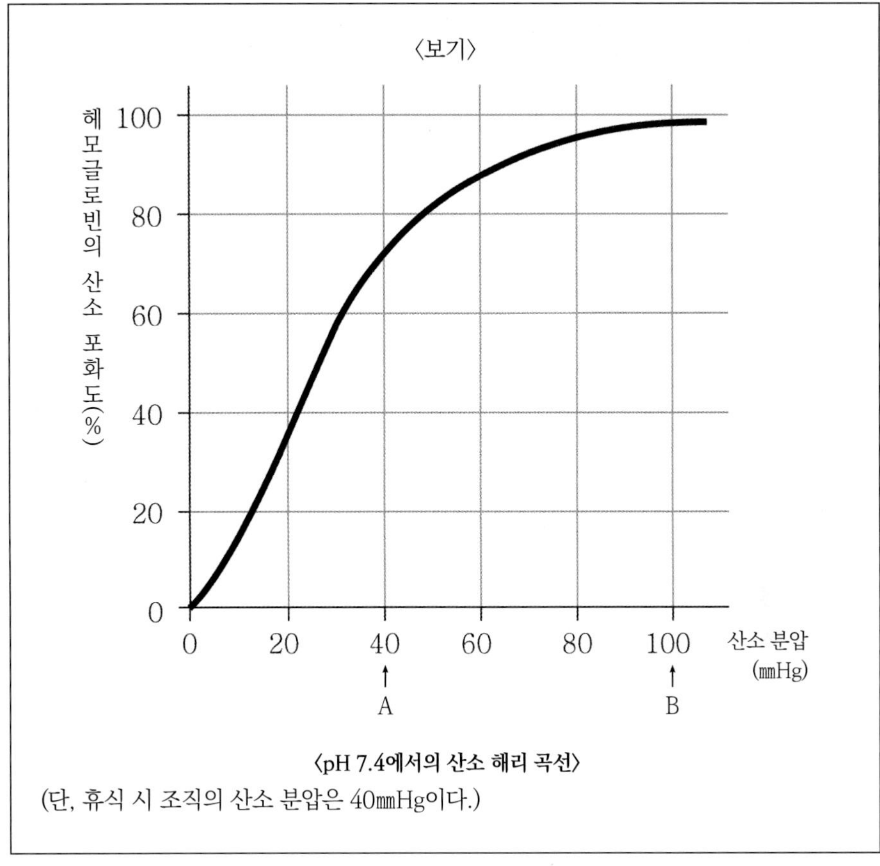

〈pH 7.4에서의 산소 해리 곡선〉

(단, 휴식 시 조직의 산소 분압은 40㎜Hg이다.)

① 산소 분압이 낮아질 때 A부터 B 구간에서 감소되는 산소 포화도보다 A 이하 구간에서 감소되는 산소 포화도가 더 크다. YES NO

② 조직의 온도가 휴식 시보다 상승하면 그 조직의 주변을 흐르는 혈액의 산소 포화도는 A일 때보다 증가한다. YES NO

③ 헤모글로빈의 산소 포화도와 산소 해리도를 더한 값은 A와 B에서 동일하다. YES NO

④ B와 A에서의 산소 포화도 차이만큼의 산소가 휴식 시 조직으로 전달된다. YES NO

⑤ A에서의 산소 해리도는 B에서의 산소 해리도보다 더 크다. YES NO

▶ 윗글을 읽고, <보기>의 가를 읽은 뒤, ①과 ②를 판단, 나를 읽은 뒤 ③과 ④를 판단, 다를 읽은 뒤 ⑤를 판단하면 돼. 사례와 선지만 대응을 잘 시켜도 답을 찾을 수 있는 문제인데, 정답률이 절반 정도 밖에 안 된다니... 이 문제를 틀렸다면 제시된 정보를 바탕으로 추론하는 연습을 더 열심히 해야 한다는 뜻이야.

★**24** 문항 코드 | 22672-0107 정답률 54%

윗글을 참고하여 〈보기〉에 대해 반응한 내용으로 적절하지 않은 것은?

〈보기〉

가. 일산화 탄소 중독은 일산화 탄소의 지나친 흡입으로 어지럼증, 혼수 등의 증상이 나타나는 현상이다. 일산화 탄소는 헤모글로빈과 결합하려는 경향이 산소의 200배 이상이기 때문에 산소와 결합할 수 있는 헤모글로빈의 양을 감소시킨다. 그리고 일산화 탄소는 조직에서 산소 헤모글로빈으로부터 산소의 방출을 억제한다.

나. 과다 호흡 증후군은 동맥혈의 이산화 탄소 농도가 정상 범위 아래로 떨어져 호흡 곤란, 어지럼증 등의 증상이 나타나는 현상이다. 봉지에 입을 대고 호흡을 하게 하는 응급 처치를 하면 증상을 완화하는 데 도움이 된다.

다. 호흡성 산증은 폐에서 기체 교환의 감소로 동맥혈의 이산화 탄소 분압이 증가하여 호흡 곤란, 두통 등의 증상이 나타나는 현상이다.

① 가: 일산화 탄소를 지나치게 흡입하게 되면, 생성되는 산소 헤모글로빈의 양이 평상시보다 줄어들겠군. YES NO

② 가: 일산화 탄소는 산소 헤모글로빈에서 산소가 잘 해리되지 않게 하겠군. YES NO

③ 나: 과다 호흡 증후군은 폐를 통한 이산화 탄소 배출이 너무 많이 일어나는 경우에 발생하는 증상이겠군. YES NO

④ 나: 봉지에 입을 대고 호흡을 하게 되면 평상시보다 더 적은 양의 이산화 탄소를 흡입하게 되겠군. YES NO

⑤ 다: 호흡성 산증이 나타난 사람의 체내에는 이산화 탄소가 배출되지 못해 축적되어 있겠군. YES NO

이 지문의 문제들 정답률 왜 이럼? ㅎㅎ 이런 지문과 문제들에게 고마워해야 돼. 이런 지문과 문제들로 연습할 때 자신의 부족한 부분이 채워지는 건데, 이걸 싫어하면 되겠어? 아… 분석하고 막 설명하고 싶다. ㅎㅎ 너희도 그런 마음이 들기를~. 먼저 문제와 선지들을 빠르게 훑어 읽으면서 대략적으로 어떤 정보들에 주목해야 할지, 어떤 순서로 문제를 해결해야 할지 계획을 세우고, 이 지문은 어떤 종류의 지문 패턴일지를 예측하면서 지문 읽기를 시작하는 거야. 이 지문에서 설명한 정보들이 선지로 어떻게 재구성되는지, 어떤 성격의 정보들이 추론 문제의 근거가 되는지를 파악하는 것, 그것이 기출 분석이야. 기출문제 풀고 채점하고 강의 듣고 해설지 읽는 건 기출 분석이 아니라, 기출 풀기인 거고.

여덟 • **다음 글을 읽고 물음에 답하시오. [25-27]** 〈 2021학년도 대학수학능력시험 〉

최근의 3D 애니메이션은 섬세한 입체 영상을 구현하여 실물을 촬영한 것 같은 느낌을 준다. 실물을 촬영하여 얻은 자연 영상을 그대로 화면에 표시할 때와 달리 3D 합성 영상을 생성, 출력하기 위해서는 모델링과 렌더링을 거쳐야 한다.

모델링은 3차원 가상 공간에서 물체의 모양과 크기, 공간적인 위치, 표면 특성 등과 관련된 고유의 값을 설정하거나 수정하는 단계이다. 모양과 크기를 설정할 때 주로 3개의 정점으로 형성되는 삼각형을 활용한다. 작은 삼각형의 조합으로 이루어진 그물과 같은 형태로 물체 표면을 표현하는 방식이다. 이 방법으로 복잡한 굴곡이 있는 표면도 정밀하게 표현할 수 있다. 이때 삼각형의 꼭짓점들은 물체의 모양과 크기를 결정하는 정점이 되는데, 이 정점들의 개수는 물체가 변형되어도 변하지 않으며, 정점들의 상대적 위치는 물체 고유의 모양이 변하지 않는 한 달라지지 않는다. 물체가 커지거나 작아지는 경우에는 정점 사이의 간격이 넓어지거나 좁아지고, 물체가 회전하거나 이동하는 경우에는 정점들이 간격을 유지하면서 회전축을 중심으로 회전하거나 동일 방향으로 동일 거리만큼 이동한다. 물체 표면을 구성하는 각 삼각형 면에는 고유의 색과 질감 등을 나타내는 표면 특성이 하나씩 지정된다.

공간에서의 입체에 대한 정보인 이 데이터를 활용하여, 물체를 어디에서 바라보는가를 나타내는 관찰 시점을 기준으로 2차원의 화면을 생성하는 것이 렌더링이다. 전체 화면을 잘게 나눈 점이 화소인데, 정해진 개수의 화소로 화면을 표시하고 각 화소별로 밝기나 색상 등을 나타내는 화솟값이 부여된다. 렌더링 단계에서는 화면 안에서 동일 물체라도 멀리 있는 경우는 작게, 가까이 있는 경우는 크게 보이는 원리를 활용하여 화솟값을 지정함으로써 물체의 원근감을 구현한다. 표면 특성을 나타내는 값을 바탕으로, 다른 물체에 가려짐이나 조명에 의해 물체 표면에 생기는 명암, 그림자 등을 고려하여 화솟값을 정해 줌으로써 물체의 입체감을 구현한다. 화면을 구성하는 모든 화소의 화솟값이 결정되면 하나의 프레임이 생성된다. 이를 화면출력장치를 통해 모니터에 표시하면 정지 영상이 완성된다.

모델링과 렌더링을 반복하여 생성된 프레임들을 순서대로 표시하면 동영상이 된다. 프레임을 생성할 때, 모델링과 관련된 계산을 완료한 후 그 결과를 이용하여 렌더링을 위한 계산을 한다. 이때 정점의 개수가 많을수록, 해상도가 높아 출력 화소의 수가 많을수록 연산 양이 많아져 연산 시간이 길어진다. 컴퓨터의 중앙처리장치(CPU)는 데이터 연산을 하나씩 순서대로 수행하기 때문에 과도한 양의 데이터가 집중되면 미처 연산되지 못한 데이터가 차례를 기다리는 병목 현상이 생겨 프레임이 완성되는 데 오랜 시간이 걸린다. CPU의 그래픽 처리 능력을 보완하기 위해 개발된 ㉠그래픽처리장치(GPU)는 연산을 비롯한 데이터 처리를 독립적으로 수행할 수 있는 장치인 코어를 수백에서 수천 개씩 탑재하고 있다. GPU의 각 코어는 그래픽 연산에 특화된 연산만을 할 수 있고 CPU의 코어에 비해서 저속으로 연산한다. 하지만 GPU는 동일한 연산을 여러 번 수행해야 하는 경우, 고속으로 출력 영상을 생성할 수 있다. 왜냐하면 GPU는 한 번의 연산에 쓰이는 데이터들을 순차적으로 각 코어에 전송한 후, 전체 코어에 하나의 연산 명령어를 전달하면, 각 코어는 모든 데이터를 동시에 연산하여 연산 시간이 짧아지기 때문이다.

혜정 샘 음성 지원

▶ 자, 25번도 이제는 딱 보자마자, '어? 혜정 쌤이 출제 매뉴얼에 의하면 문제를 출제한 다음에 특별한 이유가 없다면 선지를 길이 순서대로 재정렬하는 것이 원칙이라고 했는데, 이 문제의 선지들은 길이가 들쑥날쑥하네. 그것은! 선지들이 지문의 내용 순서대로 정렬돼 있다는 거구나! 지문을 한 문단씩 끊어 읽으면서 문단 순서대로 배열되어 있는 선지의 적절성을 바로바로 판단해야겠다는 생각을 해야지. 선생님은 '자연 영상', '모델링', '렌더링', '화솟값', '원근감', '입체감', '해상도 높을수록 연상 양 많아진다.', '병목 현상' 이런 말들이 눈에 들어 와. 막 꼼꼼히 선지를 읽는 게 아니라, 대략적으로 분위기 파악하듯 눈에 들어오는 용어들에 살짝 표시 정도 해 두고, 지문 읽기도 들어가면 되는 거야.

오늘의 태그 문제

정답 23쪽

★**25** 문항 코드 | 22672-0108 정답률 39%

윗글에 대한 이해로 적절하지 않은 것은?

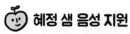

① 자연 영상은 모델링과 렌더링 단계를 거치지 않고 생성된다. YES NO
② 렌더링에서 사용되는 물체 고유의 표면 특성은 화솟값에 의해 결정된다. YES NO
③ 물체의 원근감과 입체감은 관찰 시점을 기준으로 구현한다. YES NO
④ 3D 영상을 재현하는 화면의 해상도가 높을수록 연산 양이 많아진다. YES NO
⑤ 병목 현상은 연산할 데이터의 양이 처리 능력을 초과할 때 발생한다. YES NO

▶ ㉠이 어디 있니? 마지막 문단에 있잖아. ㉠은 마지막 문단에 있는데, ㉠에 대한 추론의 근거는 쩌~기 위로 올라가서 1문단에 있고, 그러기가 쉽지 않아요~. 그러니까 26번의 정답을 찾기 위한 근거는 아마도 4문단이나 그 근처에 있을 거라고 예측할 수 있어. 원리를 설명하는 지문에서는 이와 같은 추론 문제가 잘 출제돼. 사실 이 문제는 세부 내용 파악하기와 접근법이 거의 유사하다고 볼 수 있으니, 비록 정답률이 34%밖에 안 될지라도 너무 겁먹지 말고 정답을 찾아보자고! :)

★**26** 문항 코드 | 22672-0109 정답률 34%

㉠에 대한 추론으로 적절한 것은?

① 동일한 개수의 정점 위치를 연산할 때, 동시에 연산을 수행하는 코어의 개수가 많아지면 총 연산 시간이 길어진다. YES NO
② 정점의 위치를 구하기 위한 10개의 연산을 10개의 코어에서 동시에 진행하려면, 10개의 연산 명령어가 필요하다. YES NO
③ 1개의 코어만 작동할 때, 정점의 위치를 구하기 위한 연산 시간은 1개의 코어를 가진 CPU의 연산 시간과 같다. YES NO
④ 정점 위치를 구하기 위한 각 데이터의 연산을 하나씩 순서대로 처리해야 한다면, 다수의 코어가 작동하는 경우 총 연산 시간은 1개의 코어만 작동하는 경우의 총 연산 시간과 같다. YES NO
⑤ 정점 위치를 구하기 위해 연산해야 할 10개의 데이터를 10개의 코어에서 처리할 경우, 모든 데이터를 모든 코어에 전송하는 시간은 1개의 데이터를 1개의 코어에 전송하는 시간과 같다. YES NO

▶ 선지들을 한눈에 딱 봤을 때 보고 싶지 않아도 강제로 보이는 말들이 있어. 바로 '렌더링 단계'와 '모델링 단계'야. 지문에서 설명해 주겠지. '렌더링'과 '모델링'의 개념, 각 단계에서 일어나는 일의 내용, 각 단계별 특징 같은 정보가 제시돼 있을 거라는 예측이 가능하지? 정보가 단계별로 구분되어 있으니 얼마나 좋아~? 그 내용들을 파악하고 그것을 근거로 각 선지의 내용을 판단하면 되는 거야.

★ **27** 문항 코드 | 22672-0110 정답률 31%

다음은 3D 애니메이션 제작을 위한 계획의 일부이다. 윗글을 바탕으로 할 때 적절하지 않은 것은?

	〔장면 구상〕	〔장면 스케치〕
장면 1	주인공 '네모'가 얼굴을 정면으로 향한 채 입에 아직 불지 않은 풍선을 물고 있다.	
장면 2	'네모'가 바람을 불어 넣어 풍선이 점점 커진다.	
장면 3	풍선이 더 이상 커지지 않고 모양을 유지한 채, '네모'는 풍선과 함께 하늘로 날아올라 점점 멀어지는 모습이 보인다.	

① 장면1의 렌더링 단계에서 풍선에 가려 보이지 않는 입 부분의 삼각형들의 표면 특성은 화솟값을 구하는 데 사용되지 않겠군. YES NO
② 장면2의 모델링 단계에서 풍선에 있는 정점의 개수는 유지되겠군. YES NO
③ 장면2의 모델링 단계에서 풍선에 있는 정점 사이의 거리가 멀어지겠군. YES NO
④ 장면3의 모델링 단계에서 풍선에 있는 정점들이 이루는 삼각형들이 작아지겠군. YES NO
⑤ 장면3의 렌더링 단계에서 전체 화면에서 화솟값이 부여되는 화소의 개수는 변하지 않겠군. YES NO

열공 날짜　　년　월　일

18 독서 지문 속, 원리-방법

개념 태그

#원리　#방법　#문제-해결
#~하면 ~이다.　#사실 함께 다닐 때가 많은 원리-과정-방법　#단계별 순서와 작동 방법
#세부 정보 추론하기　#구체적 사례(그림, 그래프, 도표 등)에 적용하기

▶▶▶ 기억 안 나면? 개념의 나비효과 200쪽으로!

이번 시간에는 원리와 방법을 설명하는 지문 패턴으로 연습해 볼 거야. 복잡한 원리, 방법을 설명하는 지문 패턴은 그 성격상 과학, 기술 지문이나 사회(경제) 지문에서 가장 많이 볼 수 있어. ㅎㄷㄷ 오늘도 두 개의 지문, 총 여섯 개의 문제를 볼 텐데, 지난 시간에 이어 오늘도 정답률들이... ^^; 선생님이 일부러 정답률이 낮은 문제들만 골라오는 게 아닌데, 최근 독서 영역의 기출 지문들은 그냥 눈 감고 골라도 정답률들이 이러하다. ㅠㅠ 한 지문이 담고 있는 정보의 양도 많고, 문항 수도 많고, 문제들의 난도가 높은 게 사실이기는 해. 그런데 문제들을 분석하다 보면, 그렇다고 이 문제가 이 정도로 정답률이 바닥을 칠만하지는 않은데... 싶은 문제들이 종종 보여. 그만큼 너희들이 독서 파트에 자신감을 잃고 있다는 의미인 것 같아. 해 보지도 않고 포기하지 말자. 반복되는 패턴을 찾고, 스스로 읽고 생각하는 시간과 기회를 더 많이 가져야 돼. 복잡한 초고난도 지문을 깔끔하게 이해시켜 주는 강의도 깨알 같은 해설지도 너랑 같이 수험장에는 못 들어가. 결국 수능 시험장에서는 너 '혼자', 너 '스스로' 읽고 이해하고 분석하고 답을 찾아야 하는 거야. 너 혼자 해낼 수 있게 되는, 그런 공부를 해. 방법만 배워. 연습은 선생님이 아니라 네가 하는 거야. 그래야 네가 성장해. 포기하지 말고, 힘내자! :)

아홉 · 다음 글을 읽고 물음에 답하시오. [28~30]　(2020학년도 10월 고3 전국연합학력평가)

알고리즘은 컴퓨터에서 문제 해결 방법을 논리적인 순서로 설명하거나 표현하는 절차이다. 그런데 문제 해결 방법에는 여러 가지가 있을 수 있어 어떤 방법으로 문제를 해결하느냐에 따라 효율성이 달라진다. 알고리즘의 효율성을 분석할 때 흔히 시간 복잡도를 사용하는데, 시간 복잡도는 반복적으로 수행되는 연산의 횟수를 이용하여 나타낸다. 이때 연산에는 산술 연산뿐만 아니라 원소 간의 비교를 나타내는 비교 연산도 포함된다. 알고리즘 분야 중 정렬은 원소들을 오름차순이나 내림차순과 같이 특정한 순서에 따라 배열하는 것으로, 정렬을 통해 특정 원소를 탐색하는 데 소요되는 시간을 줄일 수 있다.

㉠삽입 정렬은 정렬된 부분에 정렬할 원소의 위치를 찾아 삽입하는 방식이다. 집합 {564, 527, 89, 72, 34, 6, 3, 0}의 원소를 오름차순으로 정렬하는 경우, 먼저 564를 정렬된 부분으로 가정하고 그다음 원소인 527을 564와 비교하여 527을 564의 앞으로 삽입한다. 그리고 그다음 원소인 89를 정렬된 부분인 {527, 564} 중 564와 비교하여 564의 앞으로 삽입하고, 다시 527과 비교하여 527의 앞으로 삽입한다. 정렬된 부분과 정렬할 원소를 비교하여, 삽입할 필요가 없다면 순서를 그대로 유지한다. 삽입 정렬은 원소들을 비교하여 삽입하는 과정이 반복되므로 비교 연산의 횟수를 구하여 시간 복잡도를 나타낼 수 있다. 이 경우 집합 {564, 527, 89, 72, 34, 6, 3, 0}의 원소를 오름차순으로 정렬하면 시간 복잡도는 28번(1+2+3+4+5+6+7)이 된다.

㉡병합 정렬은 정렬하려는 집합을 두 개의 부분 집합으로 반복 분할한 뒤 다시 병합하면서 하나의 정렬된 집합으로 만드는 방식이다. 집합을 이루는 원소의 개수가 적을수록 정렬에 필요한 연산 횟수가 줄어든다. 집합 {564, 527, 89, 72, 34, 6, 3, 0}의 원소를 오름차순으로 정렬할 때 병합 정렬을 사용하는 경우, ㉮<그림>의 Ⓐ와 같이 8개의 부분 집합이 될 때까지 전체 집합을 분할한다.

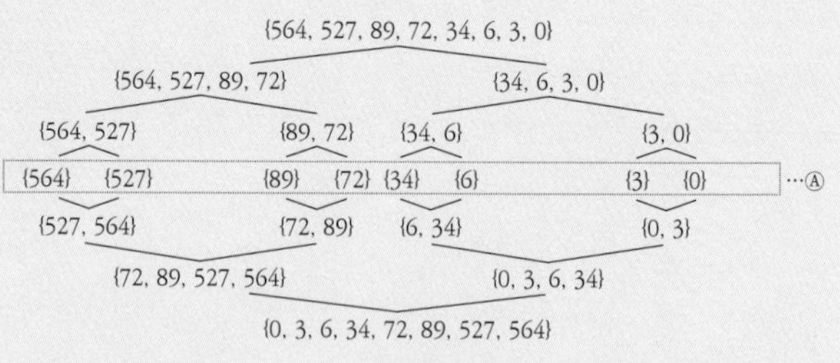

〈그림〉

그 후 {564}와 {527}을 비교하여 {527, 564}로 병합하고, {89}와 {72}를 비교하여 {72, 89}로 병합한다. {527, 564}를 {72, 89}와 병합할 때에는 527과 72를 비교하고, 527과 89를 비교하여 {72, 89, 527, 564}로 병합한다. 병합 정렬은 원소들을 비교하여 정렬하는 과정이 반복되므로 비교 연산의 횟수를 구하여 시간 복잡도를 나타낼 수 있는데, 이 경우 시간 복잡도는 12번((1+1+1+1)+(2+2)+4)이 되고 삽입 정렬에 비해 시간 복잡도가 감소한다.

한편 ㉢기수 정렬은 원소들의 각 자릿수의 숫자를 확인하여 각 자릿수에 해당하는 큐에 넣는 방식이다. 큐는 먼저 넣은 자료를 먼저 내보내는 자료 구조이다. 원소들의

[A] 각 자릿수의 숫자를 확인하기 위해서는 나머지를 구하는 모듈로(modulo) 연산을 수행한다. 집합 {564, 527, 89, 72, 34, 6, 3, 0}의 원소를 오름차순으로 정렬할 때 기수 정렬을 사용하는 경우, 먼저 모듈로 연산으로 일의 자릿수의 숫자를 확인하여 564를 큐4에, 527을 큐7에, 89를 큐9에, 72를 큐2에, 34를 큐4에, 6을 큐6에, 3을 큐3에, 0을 큐0에 넣는다. 이렇게 1차 정렬된 원소들을 다시 모듈로 연산으로 십의 자릿수의 숫자를 확인하여 차례대로 해당하는 큐에 넣어 2차 정렬한다. 이때 해당하는 자릿수가 없다면 자릿수의 숫자를 0으로 간주하여 정렬한다. 기수 정렬은 원소들 중 자릿수가 가장 큰 원소의 자릿수만큼 원소들의 자릿수의 숫자를 확인하는 과정이 반복되므로 모듈로 연산의 횟수를 구하여 시간 복잡도를 나타낼 수 있다. 이 경우 집합 {564, 527, 89, 72, 34, 6, 3, 0}의 원소를 오름차순으로 정렬하면 시간 복잡도는 24번(8+8+8)이 된다.

정렬 알고리즘은 원소들의 초기 나열 상태에 따라 효율성이 다를 수 있으므로 실제 컴퓨터에서는 이를 고려하여 여러 정렬 알고리즘을 복합적으로 사용한다.

혜정 샘 음성 지원

▶ 그냥 딱 알겠지? 아, 나왔구나. 그들은 누구인가? '㉠삽입 정렬', '㉡병합 정렬', '㉢기수 정렬이' 각각 무엇인지 개념을 파악하고, 그 구체적인 방법과 특징을 이해해야 돼. 또 ㉠, ㉡, ㉢이 서로 어떻게 다른지 차이점도 파악해야 되겠지. 선지에서 '㉠과 달리~', '㉡과 달리~', '㉢과 달리~'라고 했으니, 꼼꼼하게 차이점을 파악해야겠지?

오늘의 태그 문제

정답 24쪽

★**28** 문항 코드 | 22672-0111 정답률 49%

㉠~㉢에 대한 설명으로 가장 적절한 것은?

① ㉠과 달리 ㉡에서는 정렬된 부분의 원소와 정렬할 원소를 비교한다. ㄱ ㄴ
② ㉡과 달리 ㉠에서는 원소의 개수가 늘어날수록 정렬된 집합을 만들기 위한 연산 횟수가 감소한다. ㄱ ㄴ
③ ㉡과 달리 ㉠과 ㉢에서는 집합을 각각의 원소로 분할한 뒤 정렬한다. ㄱ ㄴ ㄷ
④ ㉢과 달리 ㉡에서는 원소들의 자릿수에 따라 모듈로 연산의 반복 횟수가 결정된다. ㄴ ㄷ
⑤ ㉢과 달리 ㉠과 ㉡에서는 원소들 간의 비교 횟수를 통해 시간 복잡도를 구한다. ㄱ ㄴ ㄷ

▶ [A]를 바탕으로 생각하면 되는 문제야. 29번만큼은 [A]의 주인공인 '**기수 정렬**'의 방법만을 생각하자고. <보기>를 보면 '1차 정렬', '2차 정렬', '3차 정렬'로 **단계**가 나뉘어 있지? **각 단계에 해당하는 정보**를 [A]에서 찾아서 <보기> 안의 **도식과 대응**시킬 수 있어야 돼.

★29 문항 코드 | 22672-0112 정답률 49%

[A]를 바탕으로 〈보기〉에 대해 보인 반응으로 적절하지 않은 것은?

〈보기〉

◦집합 {564, 527, 89, 72, 34, 6, 3, 0}의 원소를 오름차순으로 정렬할 때 기수 정렬을 사용해 보자.

	큐0	큐1	큐2	큐3	큐4	큐5	큐6	큐7	큐8	큐9
1차 정렬	0		72	3	34 564		6	527		89
결과	{0, 72, 3, 564, 34, 6, 527, 89}									

⇩

	큐0	큐1	큐2	큐3	큐4	큐5	큐6	큐7	큐8	큐9
2차 정렬	6 3 0		527	34			564	72	89	
결과										

⇩

	큐0	큐1	큐2	큐3	큐4	큐5	큐6	큐7	큐8	큐9
3차 정렬	89 72 34 6 3 0					564 527				
결과	{0, 3, 6, 34, 72, 89, 527, 564}									

① 1차 정렬에서 564와 34를 큐4에 넣는 것은 일의 자릿수의 숫자가 동일하기 때문이군. YES NO
② 2차 정렬의 결과는 {0, 3, 6, 527, 34, 564, 72, 89}로 나타나는군. YES NO
③ 3차 정렬에서 0, 3, 6 모두 십의 자릿수가 0으로 간주되기 때문에 큐0에 저장되는군. YES NO
④ 1차 정렬에서는 큐4에 564를 가장 먼저 넣고, 3차 정렬에서는 큐0에 0을 가장 먼저 넣는군. YES NO
⑤ 자릿수가 가장 큰 원소는 백의 자릿수이기 때문에 3차 정렬 결과 모든 원소가 오름차순으로 정렬되는군. YES NO

▶ 아... 이 문제의 정답을 거의 절반의 응시생밖에 못 맞혔다니. 생략된 근거, 이유, 전제를 찾는 문제의 정답은 대부분(100%라고는 할 수 없지만 거의 98% 정도?ㅎㅎ) 지정된 바로 그 문장의 주변에 제시돼 있어. 등잔 밑이 어둡다더니, 그걸 못 찾으면 안 돼~.

★30 문항 코드 | 22672-0113 정답률 54%

㉮의 이유로 가장 적절한 것은?

① 전체 집합을 정렬하는 것보다 부분 집합을 정렬하는 것이 연산 횟수가 줄어들기 때문에
② 부분 집합의 원소들 중 자릿수가 큰 원소일수록 비교 연산 횟수가 줄어들기 때문에
③ 부분 집합 원소들의 초기 나열 상태에 따라 알고리즘을 복합적으로 사용하기 때문에
④ 전체 집합을 반복적으로 분할할수록 비교 연산 횟수가 늘어나기 때문에
⑤ 전체 집합을 각각의 부분 집합으로 다시 분할할 필요가 없기 때문에

아, 이 얼마나 오랜만에 만나 보는 예술 지문인가, 라고 하려고 했는데, 이 지문은 예술과 과학의 융합 지문이라고 할 수 있겠다. 요즘 과학, 기술 지문들 열일한다, 증말. 좀 덜 나와 주면 안 되겠니? 라고 하고 싶어, 솔직히~. ㅎㅎㅎ 뭐, 예술이면 어떻고, 과학이면 어떻겠어. 우리는 출제자가 문제로 내기 위해 맘먹고 치밀하게 구성해 놓은 지문 패턴을 찾아서, 그 정보들에 주목해 그것을 이해하고, 문제를 풀 때 근거로 활용하면 되는 것!
'투시 원근법'이라는 말이 많이 보이네. '투시 원근법'은 어떤 방법인지, 그 방법에 담겨 있는 원리와 특징들을 이해해야겠지? 이제 지문을 얼핏 봐도 화제도 보이고, 출제될 지문 패턴도 보이고, 문제 패턴도 좀 보이고 해야 하는데. 아직 잘 안 보여도 괜찮아. 우리 지금 첫 걸음 떼는 중이라고. :)

열 • 다음 글을 읽고 물음에 답하시오. [31-33] 〔 2018학년도 10월 고3 전국연합학력평가 〕

르네상스 이전의 회화에서는 일정한 비례나 법칙이 없이 가까이 있는 사물은 크게, 멀리 있는 사물은 작게 그리는 자연적 원근법을 사용하였다. 그런데 15세기 르네상스 회화에서는 눈에 보이는 장면을 정확하게 재현하려 했다. 이를 위해 르네상스 화가들은 자연적 원근법과 달리 수학과 과학의 원리를 적용한 투시 원근법으로 대상을 표현하였다.

1435년 알베르티는 『회화론』에서 광학의 원리에 기초한 투시 원근법을 소개하였다. 화가가 상자를 바라보고 있고, 화가의 눈과 상자 사이에 유리판이 놓여 있다고 하자. 눈과 사물 위의 한 점을 직선으로 연결한 선을 시선이라고 하고, 시선이 유리판과 만나는 점을 사영이라고 한다. 상자의 각 점의 사영들을 모아 생기는 상이 화가의 눈에 비친 상자의 상이기 때문에 눈과 사물 사이의 유리판은 곧 화면이 된다. 알베르티는 ㉠유리판에 들어온 사물의 상을 그대로 그린다면, 그림 속의 인물이나 물체 등이 실제 모습과 비례하게 된다고 보았다.

실제로 평행한 두 선을 투시 원근법으로 그린 그림에서는 두 선이 한 점에서 모이는 것을 볼 수 있다. 이 점을 소실점이라고 하는데, 투시 원근법은 소실점의 개수에 따라 한 점 투시 원근법, 두 점 투시 원근법, 세 점 투시 원근법으로 나뉜다. 아래 〈그림 1〉의 투시도는 철로를 ㉡한 점 투시 원근법으로 그린 것으로, 투시도의 구현 원리는 평면도와 상승도를 통해 이해할 수 있다.

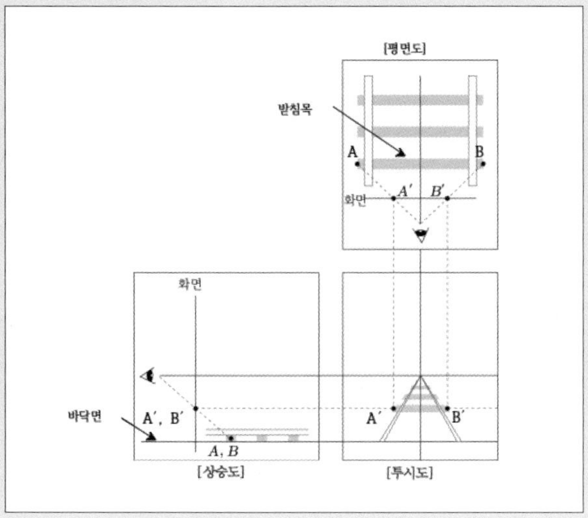

〈그림 1〉

철로의 평면도는 화가의 눈, 화면, 철로를 위에서 내려다볼 때, 철로의 각 점이 화면에 어떻게 사영되는지를 보기 위한 것이다. 화면과 수직으로 만나는 시선을 중앙선이라고 하는데, ㉢이 중앙선이 철로와 평행하다고 하자. 또 눈에서 가장 가까이 있는 받침목의 맨 왼쪽 점 A를 연결하는 시선이 화면과 만나는 점을 A′ 맨 오른쪽 점 B를 연결하는 시선이 화면과 만나는 점을 B′라고 하자. 그렇게 되면 선분 AB의 상은 선분 A′B′가 된다. 이런 식으로 다른 받침목들도 그리다 보면 받침목이 화면에서 멀어질수록 상의 길이가 작아지며, 양쪽 선로를 따라 점들이 멀어질수록 화면의 상들은 ㉣하나의 점에 가까워진다는 것을 알 수 있다. 다음으로 상승도를 보자. 상승도는 화가의 눈, 화면, 철로를 옆에서 본 그림이다. 철로가 놓인 바닥면을 기준으로 볼 때 ㉤중앙선은 바닥면과 평행하다고 하자. 눈에서 가장 가까운 받침목의 양 끝 점 A와 B는 바닥으로부터 같은 높이에 있기 때문에 상승도에서 A′와 B′는 하나의 점으로 화면에 표시된다. 다른 받침목도 이와 마찬가지다.

철로의 평면도와 상승도를 종합하면 투시도를 완성할 수 있다. 투시도를 그릴 화면 위쪽에 평면도를, 화면 왼쪽에 상승도를 놓는다. 그리고 평면도의 중앙선을 아래로 연장하고, 상승도의 중앙선을 오른쪽으로 연장하면 투시도의 한 점에서 만나게 된다. 투시도에서 점 A′의 위치는 평면도의 점 A′로부터의 수직선과 상승도의 점 A′로부터의 수평선이 만나는 점이다. 이런 식으로 다른 점들도 투시도에 표시할 수 있고, 이 점들을 모으면 철로의 상을 얻을 수 있다.

[가] 투시 원근법으로 그린 그림을 화가가 본 것과 유사하게 관람하기 위해서는 최적의 관람 거리를 유지해야 한다. 관람 거리는 관람자와 그림 사이의 거리로, 투시 원근법으로 그린 그림의 최적의 관람 거리는 그림을 그리기 위해 실제 장면을 보고 있는 화가와 화면 사이의 거리에 해당한다. 〈그림 2〉는 가로의 길이가 C이고, 세로의 길이가 D인 직사각형을 한

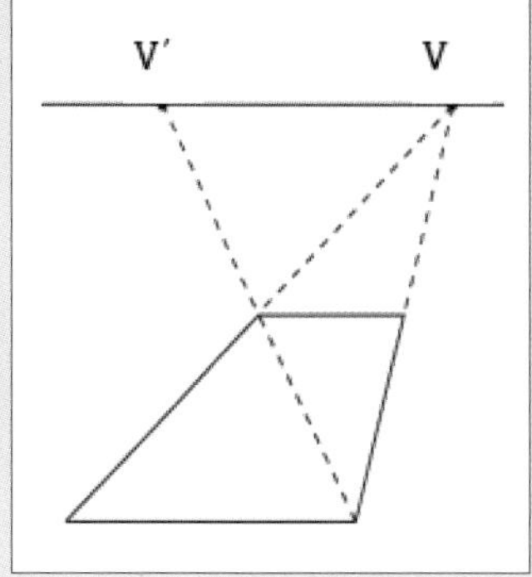

〈그림 2〉

점 투시 원근법으로 그린 것으로, 이 그림의 최적의 관람 거리를 추적해 보자. 가로 변은 화면과 평행하고 세로 변은 화면과 수직으로 놓인 직사각형을 그린 그림에서 직사각형의 세로 변을 연장하면 한 점에서 모이는 것을 볼 수 있는데, 이 점을 V라 하자. 이때 점 V는 그림의 소실점이다. 점 V에서 직사각형의 가로 변과 평행한 선을 긋고 이 선을 지평선이라고 하자. 그런 다음에 직사각형의 한 대각선을 연장했을 때 지평선과 만나는 점을 V′라 하자. 점 V와 V′ 사이의 거리를 c, 화가와 화면 사이의 거리를 d라고 하면 C:D=c:d가 성립하여 최적의 관람 거리를 구할 수 있다.

한편 르네상스 시대에 원근법을 연구했던 프란체스카는 원근법의 한계를 지적하였다. 시선과 중앙선이 이루는 각이 60도의 범위 안에 들어오는 사물을 투시 원근법으로 그릴 경우, 화면에 실제 사물과 유사하게 사물의 상이 구현된다. 하지만 이 범위에서 벗어나 있는 사물을 보고 그린 그림에서는 상이 왜곡된다는 것이다. 이런 이유로 후대 미술가 중에는 투시 원근법에 대한 회의적 시각을 지닌 이들이 등장했다. 하지만 투시 원근법은 여전히 대상을 사실적으로 재현하려는 이들에게는 유용한 방법이다. 최근에는 증강 현실의 구현에 투시 원근법이 활용되고 있다.

혜정 샘 음성 지원

▶ 이렇게 정갈하게 정리된 첫머리를 가진 선지들을 보았나. 각 선지들의 첫머리에 **[평면도], [상승도], [투시도]**라는 말들이 있어. 지문을 읽어 보면 아마도 제일 먼저 [평면도]에 대한 설명이 나오고, 그 다음에 [상승도]에 대한 설명, 그 다음에 [투시도]에 대한 설명이 나올 거야. 어떻게 아냐고? 선지들이 그렇게 정렬돼 있잖아. 지문 읽으면서 해당 정보가 제시되면 그 내용을 이해하고 바로 그에 해당하는 선지를 찾아 읽은 후 적절한 이해인지 (YES) (NO)로 판단하면 되는 거야.

오늘의 태그 문제

정답 24쪽

★31 문항 코드 | 22672-0114 정답률 56%

윗글의 〈그림1〉에 대한 이해로 적절하지 않은 것은?

① [평면도]에서 받침목들이 화면으로부터 멀어질수록 받침목의 끝점을 잇는 시선과 중앙선 사이의 각이 작아진다. (YES) (NO)
② [상승도]에서 한 개의 받침목의 양 끝점은 화면에 동일한 점으로 표시된다. (YES) (NO)
③ [상승도]에서 받침목들이 화면으로부터 멀어질수록 받침목 양 끝점의 사영은 중앙선에서 멀어진다. (YES) (NO)
④ [투시도]에서 멀리 보이는 받침목일수록 그 상이 소실점에 가까워진다. (YES) (NO)
⑤ [투시도]에서 소실점은 평면도의 중앙선과 상승도의 중앙선을 연장하였을 때 만나는 지점에서 형성된다. (YES) (NO)

▶ 이 문제를 해결할 열쇠는 [가]에 있어. [가]에서 설명한 사례와 <보기>의 사례를 대응시켜 보면 선지들의 적절성을 판단할 수 있을 거야.

★32 문항 코드 | 22672-0115

정답률 30%

[가]를 바탕으로 〈보기〉를 이해한 내용으로 가장 적절한 것은?

〈보기〉

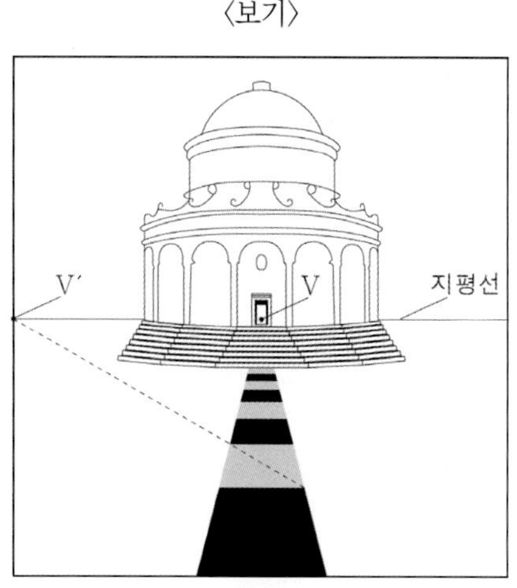

한 점 투시 원근법으로 그린 위 그림은 가로와 세로의 길이가 각각 180cm이다. 그림에서 건물의 계단 앞까지 이어져 있는 타일들은 실제로는 같은 크기의 직사각형이다. 실제 타일은 가로 변이 화면과 평행하고 세로 변이 화면과 수직이다. 그림 속 타일들의 세로 변을 연장하면 건물 중앙 입구의 한 점(V)에서 모인다. 이 점은 그림의 정중앙에 위치해 있다. 이 그림의 점(V)에서 그린 지평선은 그림의 가로 테두리와 평행하며, 지평선과 그림 속 타일의 대각선을 연장한 선은 그림의 세로 테두리에서 한 점(V′)으로 만난다.

① 실제 장면을 보고 있는 화가와 화면 사이의 거리가 120cm였다면, 화가가 보고 그린 실제 타일은 가로의 길이가 세로의 길이보다 더 길겠군. YES NO
② 정사각형인 타일을 보고 이 그림을 그렸다면, 화가가 본 것과 유사하게 관람하기 위해서는 관람 거리를 90cm로 유지해야겠군. YES NO
③ 정사각형인 타일을 보고 이 그림을 그렸다면, 화면의 중앙에 가까이 그려져 있는 타일일수록 V와 V′ 사이의 거리는 가까워지겠군. YES NO
④ 가로의 길이가 100cm, 세로의 길이가 50cm인 직사각형의 타일을 보고 이 그림을 그렸다면, 최적의 관람 거리는 180cm겠군. YES NO
⑤ 세로의 길이가 가로의 길이보다 긴 직사각형의 타일을 보고 이 그림을 그렸다면, V′는 화면의 밖에 위치하겠군. YES NO

▶ 최근에는 단순히 지문에 사용된 어휘들의 문맥적 의미를 묻는 문제 대신, 특정 구절의 의미를 정확하게 이해했는지를 다양한 방식으로 묻고는 해. 그렇다면 이런 문제는 지문을 다 읽고 풀어야 할까? 당연히 아니지. 지문을 읽으면서 ㉠~㉤이 나오면, 그 구절의 의미와 ①~⑤번 선지의 설명이 적절하게 연결되는지를 바로바로 판단해야 돼. 지문 다 읽고 이 문제 풀면 동일한 부분을 두 번씩 읽게 되는 거야. 시간 단축하고 싶다면, 이런 패턴의 문제는 지문을 읽으면서 실시간으로 해결해 버리자.

33 문항 코드 | 22672-0116

정답률 47%

㉠~㉤에 대한 설명으로 적절하지 않은 것은?

① ㉠: 사물의 각 점의 사영들을 모아서 그린다는 것이다. YES NO
② ㉡: 소실점을 하나만 설정하여 그린 것이다. YES NO
③ ㉢: 철로가 화면과 평행한 방향으로 뻗어 있다는 것이다. YES NO
④ ㉣: 중앙선과 화면이 만나는 점에 가까워진다는 것이다. YES NO
⑤ ㉤: 바닥면이 화면과 수직이 된다는 것이다. YES NO

열공 날짜 년 월 일

19 독서, 고난도란 이런 것

개념 태그

#경제 지문에서는 개념, 특징, 원리
#인문 지문에서도 개념, 특징, 그리고 관점 추가요
#사례와 연결되니까
#과학 지문에서도 개념, 특징, 원리, 과정
#개념 특징은 언제나 중요해. 왜?
#짝을 이루는 두 대상 간의 차이점과 공통점

▸▸▸ 기억 안 나면? 개념의 나비효과 212쪽으로!

어떤 구조의 기능을 설명하는 지문 패턴은 '원리-과정-방법'을 설명하는 내용과 따로 떼어 구분하기 어려울 정도로 동시에 제시될 때가 많아. 어떤 기술력이 반영된 대상의 각 구성 요소들이 움직이는 것은 특정한 원리에 따른 것이고, 일련의 과정을 통해 그 기능이 설명될 때가 많기 때문이야. 선생님이 굳이 '원리-과정', '원리-방법', '구조-기능'이라는 지문 패턴을 따로 구분해 가르친 건 그만큼 너희가 과학, 기술 지문과 아주 흔히 결합하는 이런 출제 요소들을 너무 어려워하기 때문에 그만큼 좀 더 다양하게 연습을 시키고 싶었기 때문이야. 「개념의 나비효과 워크북」에서 연습하는 마지막 독서 시간이니만큼 더 집중해서 지문을 읽고, 지금까지 공부하면서 알게 된 팁들을 적용해 보자!

열하나 • 다음 글을 읽고 물음에 답하시오. [34-36]

(2021학년도 대학수학능력시험 6월 모의평가)

일반 사용자가 디지털 카메라를 들고 촬영하면 손의 미세한 떨림으로 인해 영상이 번져 흐려지고, 걷거나 뛰면서 촬영하면 식별하기 힘들 정도로 영상이 흔들리게 된다. 흔들림에 의한 영향을 최소화하는 기술이 영상 안정화 기술이다.

영상 안정화 기술에는 빛을 이용하는 광학적 기술과 소프트웨어를 이용하는 디지털 기술 등이 있다. 광학 영상 안정화(OIS) 기술을 사용하는 카메라 모듈은 렌즈 모듈, 이미지 센서, 자이로 센서, 제어 장치, 렌즈를 움직이는 장치로 구성되어 있다. 렌즈 모듈은 보정용 렌즈들을 포함한 여러 개의 렌즈들로 구성된다. 일반적으로 카메라는 렌즈를 통해 들어온 빛이 이미지 센서에 닿아 피사체의 상이 맺히고, 피사체의 한 점에 해당하는 위치인 화소마다 빛의 세기에 비례하여 발생한 전기 신호가 저장 매체에 영상으로 저장된다. 그런데 카메라가 흔들리면 이미지 센서 각각의 화소에 닿는 빛의 세기가 변한다. 이때 OIS 기술이 작동되면 자이로 센서가 카메라의 움직임을 감지하여 방향과 속도를 제어 장치에 전달한다. 제어 장치가 렌즈를 이동시키면 피사체의 상이 유지되면서 영상이 안정된다.

렌즈를 움직이는 방법 중에는 보이스코일 모터를 이용하는 방법이 많이 쓰인다. 보이스코일 모터를 포함한 카메라 모듈은 중앙에 위치한 렌즈 주위에 코일과 자석이 배치되어 있다. 카메라가 흔들리면 제어 장치에 의해 코일에 전류가 흘러서 자기장과 전류의 직각 방향으로 전류의 크기에 비례하는 힘이 발생한다. 이 힘이 렌즈를 이동시켜 흔들림에 의한 영향이 상쇄되고 피사체의 상이 유지된다. 이외에도 카메라가 흔들릴 때 이미지 센서를 움직여 흔들림을 감쇄하는 방식도 이용된다.

OIS 기술이 손 떨림을 훌륭하게 보정해 줄 수는 있지만 렌즈의 이동 범위에 한계가 있어 보정할 수 있는 움직임의 폭이 좁다. 디지털 영상 안정화(DIS) 기술은 촬영 후에 소프트웨어를 사용해 흔들림을 보정하는 기술로 역동적인 상황에서 촬영한 동영상에 적용할 때 좋은 결과를 얻을 수 있다. 이 기술은 촬영된 동영상을 프레임 단위로 나눈 후 연속된 프레임 간 피사체의 움직임을 추정한다. 움직임을 추정하는 한 방법은 특징점을 이용하는 것이다. 특징점으로는 피사체의 모서리처럼 주위와 밝기가 뚜렷이 구별되며 영상이 이동하거나 회전해도 그 밝기 차이가 유지되는 부분이 선택된다.

먼저 k번째 프레임에서 특징점들을 찾고, 다음 k+1번째 프레임에서 같은 특징점들을 찾는다. 이 두 프레임 사이에서 같은 특징점이 얼마나 이동하였는지 계산하여 영상의 움직임을 추정한다. 그리고 흔들림이 발생한 곳으로 추정되는 프레임에서 위치 차이만큼 보정하여 흔들림의 영향을 줄이면 보정된 동영상은 움직임이 부드러워진다. 그러나 특징점의 수가 늘어날수록 연산이 더 오래 걸린다. 한편 영상을 보정하는 과정에서 영상을 회전하면 프레임에서 비어 있는 공간이 나타난다. 비어 있는 부분이 없도록 잘라 내면 프레임들의 크기가 작아지는데, 원래의 프레임 크기를 유지하려면 화질은 떨어진다.

혜정 샘 음성 지원

▶ 이 지문의 화제는 'OIS 기술'이겠네. 선지들을 사진 찍듯이 한눈에 보니, '보이스코일 모터', '자이로 센서', '렌즈', '이미지 센서' 같은 말들이 보여. 아마 어떤 대상을 구성하는 구성 요소들이겠지? 그렇다면 지문을 읽을 때, 어떤 대상을 이루는 구조들의 기능을 설명하는 정보가 나오면 34번의 선지들을 한번 체크해 봐야겠다는 생각을 해야겠지.

▶ <보기>에서 눈에 띄는 단어는 '특징점'이지. 근데 '특징점'이 뭔지는 모르겠어. 그렇지만 지문에서 '특징점'이 무엇인지 설명해 줄 테니 걱정은 안 해도 돼. 지문을 읽다가 '특징점'과 관련된 정보를 확인하게 되면 그 문단까지 읽은 후에 바로 35번을 해결해 버리는 거야.

오늘의 태그 문제

정답 25쪽

★34 문항 코드 | 22672-0117 정답률 50%

윗글의 'OIS 기술'에 대한 설명으로 적절하지 않은 것은?

① 보이스코일 모터는 카메라 모듈에 포함되는 장치이다. YES NO
② 자이로 센서는 이미지 센서에 맺히는 영상을 제어 장치로 전달한다. YES NO
③ 보이스코일 모터에 흐르는 전류에 의해 발생한 힘으로 렌즈의 위치를 조정한다. YES NO
④ 자이로 센서가 카메라 움직임을 정확히 알려도 렌즈 이동의 범위에는 한계가 있다. YES NO
⑤ 흔들림에 의해 피사체의 상이 이동하면 원래의 위치로 돌아오도록 렌즈나 이미지 센서를 이동시킨다. YES NO

35 문항 코드 | 22672-0118 정답률 60%

윗글을 참고할 때, 〈보기〉의 A~C에 들어갈 말을 바르게 짝지은 것은?

〈보기〉

특징점으로 선택되는 점들과 주위 점들의 밝기 차이가 (A), 영상이 흔들리기 전의 밝기 차이와 후의 밝기 차이 변화가 (B) 특징점의 위치 추정이 유리하다. 그리고 특징점들이 많을수록 보정에 필요한 (C)이/가 늘어난다.

	A		B		C	
①	클수록	YES NO	클수록	YES NO	프레임의 수	YES NO
②	클수록	YES NO	작을수록	YES NO	시간	YES NO
③	클수록	YES NO	작을수록	YES NO	프레임의 수	YES NO
④	작을수록	YES NO	클수록	YES NO	시간	YES NO
⑤	작을수록	YES NO	작을수록	YES NO	프레임의 수	YES NO

▶ 이렇게 <보기> 속에 그림 자료가 등장할 때는 그림 자료의 제목을 꼭 확인해. **제목**을 보니까 'k번째', 'k+1번째'라는 말이 눈에 띄지? 그런데 지문의 마지막 문단에도 'k번째 프레임', 'k+1번째 프레임'이라는 말이 보여. 바로 36번의 정답을 찾기 위한 근거가 이 지문의 **마지막 문단**에 있을 확률이 높겠다는 생각을 할 수 있어. 그런데 마지막 문단이 '**먼저** k번째 프레임에서 특징점들을 찾고,~'라는 말로 시작하고 있거든. 이를 통해 이 지문의 마지막 문단은 어떤 **과정**을 **단계를 나누어 설명하는 정보**라는 걸 알 수 있어. 마지막 문단인 5문단은 4문단과 연결되는 내용이니까, 지문을 읽을 때 4문단과 5문단에서 설명한 정보를 꼼꼼히 이해한 뒤, 36번 <보기> 속 사례에 적용할 수 있어야 돼.

★**36** 문항 코드 | 22672-0119 정답률 33%

윗글을 읽고 〈보기〉를 이해한 반응으로 가장 적절한 것은?

〈보기〉

새로 산 카메라의 성능을 시험해 보고 싶어서 OIS 기능을 켜고 동영상을 촬영했다. 빌딩을 찍는 순간, 바람에 휘청하여 들고 있던 카메라가 기울어졌다. 집에 돌아와 촬영된 영상을 확인하고 소프트웨어로 보정하려 한다.

[촬영한 동영상 중 연속된 프레임]

㉠ k번째 프레임

㉡ k+1번째 프레임

① ㉠에서 프레임의 모서리 부분으로 특징점을 선택하는 것이 움직임을 추정하는 데 유리하겠군. YES NO

② ㉡을 DIS 기능으로 보정하고 나서 프레임 크기가 변했다면 흔들림은 보정되었으나 원래의 영상 일부가 손실되었겠군. YES NO

③ ㉠에서 빌딩 모서리들 간의 차이를 특징점으로 선택하고 그 차이를 계산하여 ㉡을 보정하겠군. YES NO

④ ㉠은 OIS 기능으로 손 떨림을 보정한 프레임이지만, ㉡은 OIS 기능으로 보정해야 할 프레임이겠군. YES NO

⑤ ㉡을 보면 ㉠이 촬영된 직후 카메라가 크게 움직여 DIS 기능으로는 완전히 보정되지 않았다는 것을 알 수 있겠군. YES NO

독서 파트의 마지막 지문과 문제 세트야. ^^ 독서 파트 공부를 다 마친 다음에 열 두 개의 지문과 문제들을 복습할 때는, 스스로 선생님이 돼서 이제까지 공부했던 지문과 문제를 자기 자신에게 분석해서 설명해 줄 수 있어야 돼. >.<
마지막 지문은 요즘 주변에서 정말 많이 듣는 '메타버스'를 화제로 삼고 있어. '메타버스'가 무엇인지, 그리고 '메타버스'와 관련된 기술에는 어떤 것들이 있는지, 그 기술과 관련된 기계 장치가 있다면, 그것의 작동 원리나 그것을 구성하는 요소들의 기능은 무엇인지, 이런 핵심 정보들을 잘 찾고 이해하는 독해를 꾸준히 연습해야 돼.

열둘 • 다음 글을 읽고 물음에 답하시오. [37-39]

(2022학년도 대학수학능력시험 9월 모의평가)

'메타버스(metaverse)'는 '초월'이라는 의미의 '메타(meta)'와 '세계'를 뜻하는 '유니버스(universe)'의 합성어로, 현실 세계와 가상 공간이 적극적으로 상호 작용하는 공간을 의미한다. 감각 전달 장치는 메타버스 속에서 사용자를 대신하는 아바타가 보고 만지는 것으로 설정된 감각을 사용자에게 전달하는 장치이다. 사용자는 이를 통하여 가상 공간을 현실감 있게 체험하면서 메타버스에 몰입하게 된다.

시각을 전달하는 장치인 HMD*는 사용자의 양쪽 눈에 가상 공간을 표현하는, 시차*가 있는 영상을 전달한다. 전달된 영상을 뇌에서 조합하는 과정에서 사용자는 공간과 물체의 입체감을 느낄 수 있다. 가상 공간에서 물체를 접촉하는 것처럼 사용자의 손에 감각 반응을 직접 전달하는 장치로는 가상 현실 장갑이 있다. 가상 현실 장갑은 가상 공간에서 아바타가 만지는 가상 물체의 크기, 형태, 온도 등을 사용자가 느낄 수 있도록 설계되어 있다. 이 외에도 가상 현실 장갑은 사용자의 손가락 및 팔의 움직임에 따라 아바타를 움직이게 할 수 있다.

한편 사용자의 움직임을 아바타에게 전달하는 공간 이동 장치를 이용하면, 사용자는 몰입도 높은 메타버스 체험을 할 수 있다. 공간 이동 장치인 가상 현실 트레드밀은 일정한 공간에 설치되어 360도 방향으로 사용자의 이동이 가능하도록 바닥의 움직임을 지원한다.

[A] 가상 현실 트레드밀과 함께 사용되는 모션 트래킹 시스템은 사용자의 동작에 따라 아바타가 동일하게 움직일 수 있도록 동기화하는 시스템으로, 동작 추적 센서, 관성 측정 센서, 압력 센서 등으로 구성된다. 동작 추적 센서는 사용자의 동작을 파악하며, 관성 측정 센서는 사용자의 이동 속도 변화율 및 회전 속도를 측정한다. 압력 센서는 서로 다른 물체 간에 작용하는 압력을 측정한다. 만약 바닥에 압력 센서가 부착된 신발을 사용자가 신고 뛰면, 압력 센서는 지면과 발바닥 사이의 압력을 감지하여 사용자가 뛰는 힘을 파악할 수 있다. 모션 트래킹 시스템이 사용자의 동작 정보를 컴퓨터에 전달하면, 컴퓨터는 사용자가 움직이는 방향과 속도에 맞춰 트레드밀의 바닥을 제어한다. 이와 같이 사용자의 이동 동작에 따라 트레드밀의 움직임이 변경되기도 하지만, 아바타가 존재하는 가상 공간의 환경 변화에 따라 트레드밀 바닥의 진행 속도 및 방향, 기울기 등이 변경되기도 한다. 또한 사용자의 움직임이나 트레드밀의 작동 변화에 따라 HMD에 표시되는 가상 공간의 장면이 변경되어 사용자는 더욱 현실감 높은 체험을 할 수 있다.

*HMD : 머리에 쓰는 3D 디스플레이의 한 종류.
*시차 : 한 물체를 서로 다른 두 지점에서 보았을 때 방향의 차이.

혜정 샘 음성 지원

오늘의 태그 문제

정답 25쪽

▶ 34번과 선지의 성격이 되게 비슷하다는 생각 들지 않아? 37번의 선지들도 어떤 대상의 구성 요소로 보이는 '감각 전달 장치', '공간 이동 장치', 'HMD', '가상 현실 장갑' 등이 어떤 기능을 하는지를 잘 이해해야겠다는 생각을 하게 해. 지문 읽을 때 각 문단별로 끊어 읽으면서 바로바로 선지의 YES NO를 판단하는 게 좋아.

★37 문항 코드 | 22672-0120 정답률 65%

윗글의 내용과 일치하지 않는 것은?

① 감각 전달 장치와 공간 이동 장치는 사용자가 메타버스에 몰입할 수 있게 한다. YES NO

② 공간 이동 장치는 현실 세계 사용자의 움직임을 메타버스의 아바타에게 전달한다. YES NO

③ HMD는 사용자가 시각을 통해 메타버스의 공간과 물체의 입체감을 느끼도록 한다. YES NO

④ 감각 전달 장치는 아바타가 느끼는 것으로 설정된 감각을 사용자에게 전달하는 장치이다. YES NO

⑤ 가상 현실 장갑을 착용하면 사용자와 아바타는 상호 간에 감각 반응을 주고받을 수 있다. YES NO

▶ 이 문제의 근거 범위는 [A]로 제한돼 있잖아. 먼저 선지들을 훑어 읽으면서 '관성 측정 센서', 'HMD', '가상 현실 트레드밀', '모션 트래킹 시스템' 같은 말에 표시를 해 두고, 이와 관련된 정보들을 [A]에서 확인하게 되면 바로바로 선지들의 YES NO를 판단하도록 하자.

★38 문항 코드 | 22672-0121 정답률 74%

[A]에 대한 이해로 적절한 것은?

① 관성 측정 센서는 사용자의 이동 속도와 뛰는 힘을 측정할 수 있다. YES NO

② HMD에 표시되는 가상 공간 장면의 변경에 따라 HMD는 가상 현실 트레드밀을 제어한다. YES NO

③ 가상 공간에서 아바타가 경사로를 만나면 가상 현실 트레드밀 바닥의 기울기가 변경될 수 있다. YES NO

④ 모션 트래킹 시스템은 아바타의 동작에 따라 사용자가 동일하게 움직일 수 있도록 동기화한다. YES NO

⑤ 아바타가 이동 방향을 바꾸면 가상 현실 트레드밀 바닥의 진행 방향이 변경되어 사용자의 이동 방향이 바뀌게 된다. YES NO

▶ <보기>에서 설명하는 '키넥트 센서'의 **구조**와 각 구조들의 **기능**을 꼼꼼히 이해해야 하는 문제야. 주의할 것은 이 문제가 <보기>만 읽고 푸는 문제가 아니라는 점이야. **윗글을 바탕**으로 <보기>를 이해한 내용들의 적절성을 판단해야 하는 문제니까, 언제나 판단의 근거는 '**지문**' 안에 있다는 것을 잊지 말자.

39 문항 코드 | 22672-0122 정답률 49%

윗글을 바탕으로 〈보기〉를 이해한 내용으로 적절하지 않은 것은?

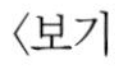

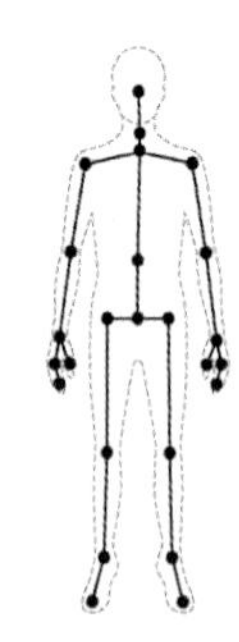

동작 추적 센서의 하나인 키넥트 센서는 적외선 카메라와 RGB 카메라 등으로 구성된다. 적외선 카메라는 광원에서 발산된 적외선이 피사체의 표면에서 반사되어 수신되기까지 걸리는 시간을 측정하여, 피사체의 입체 정보를 포함하는 저해상도 단색 이미지를 제공한다. 반면 RGB 카메라는 피사체의 고해상도 컬러 이미지를 제공한다. 키넥트 센서는 저해상도 입체 이미지를 고해상도 컬러 이미지에 투영하여 사용자가 검출되는 경우, 〈그림〉과 같이 신체 부위에 대응되는 25개의 연결점을 선으로 이은 3D 골격 이미지를 제공한다.

① 키넥트 센서는 가상 공간에 있는 물체들 간의 거리를 측정하여 입체감을 구현할 수 있다. YES NO

② 키넥트 센서가 확보한, 사용자의 춤추는 동작 정보를 바탕으로 아바타의 춤추는 동작이 구현될 수 있다. YES NO

③ 키넥트 센서와 관성 측정 센서를 이용하여 사용자의 걷는 자세 및 이동 속도 변화율을 파악할 수 있다. YES NO

④ 연결점의 수와 위치의 제약 때문에 사용자의 골격 이미지로는 사용자의 얼굴 표정 변화를 아바타에게 전달할 수 없다. YES NO

⑤ 적외선 카메라의 입체 이미지와 RGB 카메라의 컬러 이미지 정보로부터 생성된 골격 이미지가 사용자의 동작 정보를 파악하는 데 사용된다. YES NO

● 열공 날짜 년 월 일

20 국어의 9품사 1

개념 태그 #품사 #체언 #용언 #관계언 #수식언 #독립언 #명사 #대명사 #수사 #동사 #형용사 #조사 #관형사 #부사 #감탄사 #본용언 #보조 용언

▸▸▸ 기억 안 나면? 개념의 나비효과 2권 4쪽으로!

품사는 중학교에서 이미 다 배웠다. 고등학교 수업 시간에도 또 배웠다. 본격 수험생으로서 반드시 알고 있어야 하는 개념인데도 불구하고 부사와 부사어가 뭐가 다른지, 관형사와 관형어의 차이를 모르는 너. 괜찮아, 늦지 않았어~. 그런데 내년에 품사를 다시 정리하고 싶지는 않지~? 그렇다면 어금니 꽉 깨물고 적용 연습에 집중하는 거다! 힘내! :)

혜정 샘 음성 지원

▶ 각 품사의 개념과 품사 분류 기준을 확실하게 이해해야 정답을 찾을 수 있겠지? 가장 기본을 묻는 문제인데도 정답률이 60%밖에 되지 않잖아. 기본을 제대로 공부하자.

오늘의 태그 문제

정답 26쪽

(2013학년도 3월 고3 전국연합학력평가 A형)

★**01** 문항 코드 | 22672-0123 정답률 60%

〈보기〉의 품사 분류 기준에 따라 예문의 단어를 분류해 보았다. 적용한 기준에 따른 분류로 알맞은 것은?

〈보기〉

□ **품사 분류 기준**

◦형태에 따라: 가변어, 불변어

◦기능에 따라: 체언, 용언, 관계언, 수식언, 독립언

◦의미에 따라: 명사, 대명사, 수사, 동사, 형용사, 관형사, 부사, 감탄사, 조사

□ **예문**

◦호수가 깊다.

◦강의 깊이는 누구도 모른다.

	기준	분류 (※‖는 분류의 경계를 표시함.)	
①	형태	깊다, 깊이 ‖ 호수, 가, 강, 의, 는, 누구, 도, 모르다	YES NO
②	기능	깊다, 모르다 ‖ 호수, 강, 깊이 ‖ 누구 ‖ 가, 의 ‖ 는, 도	YES NO
③	기능	깊다, 모르다 ‖ 호수, 강, 깊이, 누구 ‖ 가, 의, 는, 도	YES NO
④	의미	깊다, 깊이 ‖ 모르다 ‖ 호수, 강 ‖ 누구 ‖ 가, 의, 는, 도	YES NO
⑤	의미	깊다 ‖ 깊이 ‖ 모르다 ‖ 호수 ‖ 강 ‖ 누구 ‖ 가 ‖ 의 ‖ 는 ‖ 도	YES NO

다음 글을 읽고 물음에 답하시오. [2-3] (2019학년도 대학수학능력시험 9월 모의평가)

단어를 공통된 성질에 따라 분류한 것을 '품사'라 한다. 품사 분류의 기준으로는 일반적으로 '형태, 기능, 의미'가 있다. '형태'는 단어가 활용하느냐 활용하지 않느냐에 관한 것이고 '기능'은 단어가 문장에서 하는 역할과 관련된다. '의미'는 단어의 구체적인 의미가 아니라 단어 부류가 가지는 추상적인 의미를 말한다.

이러한 기준의 전체 혹은 일부를 적용하여 ㉠**활용하지 않으며 사물의 이름을 나타내는 말**, ㉡**활용하고 사물의 동작이나 작용을 나타내는 말**, ㉢**활용하지 않으며 수량이나 순서를 나타내는 말**, ㉣**활용하지 않으며 앞말에 붙어 앞말과 다른 말의 문법적 관계를 나타내거나 특수한 의미를 덧붙이는 말**, ㉤**활용하지 않으며 뒤에 오는 체언을 수식하는 말** 등으로 개별 품사를 분류할 수 있다.

[A] 그런데 실제로 단어의 품사를 분류할 때에는 분류가 쉽지 않은 것들도 있다. 동사와 형용사의 구별이 대표적인데 사물의 속성이나 상태를 나타내는 형용사와 사물의 작용의 일종인 상태 변화를 나타내는 일부 동사는 의미상 매우 밀접하여 좀 더 세밀하게 구분하여야 한다. 가령 '햇살이 밝다'에서의 '밝다'는 상태를 나타내는 형용사이고, '날이 밝는다'에서의 '밝다'는 상태의 변화를 나타내는 동사이다. 동사와 형용사를 구별하는 또 다른 기준으로 활용 양상을 내세우기도 한다. 동사와 달리 형용사는 원칙적으로 선어말 어미 '-ㄴ/는-', 관형사형 어미 '-는', 명령형·청유형 종결 어미, 의도나 목적을 나타내는 연결 어미 등과 결합하여 쓰이지 않는다.

다만, '있다'의 경우는 품사를 분류할 때 더욱 주의해야 한다. '존재', '소유'와 같이 상태의 의미를 나타내는 '있다'는 형용사로, '한 장소에 머묾'의 의미인 '있다'는 동사로 분류되는데, 동사 '있다'뿐만 아니라 형용사의 '있다'가 관형사형 어미 '-는'과 결합하기 때문이다. 형용사 '없다'의 경우도 반의어인 형용사 '있다'와 동일한 활용 양상을 보여 준다.

▶ 형식만 다르지 1번과 출제 의도는 같은 문제라고 할 수 있어. **품사의 개념**, 그리고 **품사 분류 기준**을 확실하게 알고 있는지를 체크하고자 하는 거야.

★02 문항 코드 | 22672-0124 정답률 49%

다음 문장에서 ㉠~㉤에 해당하는 예를 찾아 이를 설명한 내용으로 적절하지 않은 것은?

옛날 사진을 보니 즐거운 기억 하나가 떠올랐다.

① '옛날, 사진, 기억'은 ㉠에 해당하고 명사이다. YES NO
② '보니, 떠올랐다'는 ㉡에 해당하고 동사이다. YES NO
③ '하나'는 ㉢에 해당하고 수사이다. YES NO
④ '을, 가'는 ㉣에 해당하고 조사이다. YES NO
⑤ '즐거운'은 ㉤에 해당하고 관형사이다. YES NO

▶ 이 문제를 해결하기 위해서는 가장 기본적으로 **동사와 형용사의 개념**을 정확하게 알고 있어야겠지? 그런데 가끔은 이 단어가 동사인지 형용사인지 품사를 분류하는 것이 헷갈릴 때가 있다고 했잖아. **[A]를 참고**해서 구체적인 사례들을 판단하면 되는 거야. 수능 문제의 좋은 점은 **판단의 기준**을 **지문이나 〈보기〉로 제시해 준다**는 거지. 수업 시간에 동사와 형용사의 개념을 제대로 이해했다면 [A]를 잘 이해할 수 있을 거야. :)

★03 문항 코드 | 22672-0125 정답률 75%

[A]를 참고하여 〈보기〉를 이해한 내용으로 적절하지 않은 것은?

〈보기〉

ⓐ 영희가 밥을 먹었다. / 꽃이 예뻤다.
영희가 밥을 먹는다. / *꽃이 예쁜다.

ⓑ 영희야, 밥 먹어라. / *영희야, 좀 예뻐라.
영희야, 밥 먹자. / *우리 좀 예쁘자.

ⓒ 밥 먹으려고 식당으로 갔다. / *예쁘려고 미용실에 갔다.
밥 먹으러 식당에 갔다. / *예쁘러 미용실에 갔다.

ⓓ 나에게는 돈이 있다. / 돈이 있는 사람
나에게는 돈이 없다. / 돈이 없는 사람

ⓔ 나무가 크다. / 나무가 쑥쑥 큰다.
머리카락이 길다. / 머리카락이 잘 긴다.

※ '*'는 비문임을 나타냄.

① ⓐ: 동사와는 달리 형용사는 현재를 나타내는 선어말 어미와 결합할 수 없다. YES NO
② ⓑ: 동사와는 달리 형용사는 명령형·청유형 어미와 결합할 수 없다. YES NO
③ ⓒ: 동사와는 달리 형용사는 의도·목적을 나타내는 연결 어미와 결합할 수 없다. YES NO
④ ⓓ: '있다'와 '없다'는 상태의 의미를 나타내지만 동사로 쓰이고 있다. YES NO
⑤ ⓔ: '크다'와 '길다'는 형용사, 동사로 모두 쓰이고 있다. YES NO

(2014학년도 3월 고3 전국연합학력평가 A형)

▶ **동사와 형용사의 개념**을 잘 이해하고 구체적인 사례에 적용할 수 있어야 돼.

★04 문항 코드 | 22672-0126 정답률 63%

〈보기〉의 ㉠을 설명할 수 있는 사례로 가장 적절한 것은?

〈보기〉

동사는 움직임이나 작용을 나타내고, 형용사는 성질이나 상태를 나타낸다. 그런데 **㉠하나의 단어가 하나 이상의 문법적 성질을 가지고 있어 동사와 형용사 두 가지로 사용되는 경우가 있다.** '밝다'의 경우, '달이 밝다.'에서는 '환하다'의 의미로 쓰여 형용사가 되고 '날이 밝는다.'에서는 '밤이 지나고 환해지다'의 의미로 쓰여 동사가 된다.

① 그녀의 속눈썹은 **길다**. 동 형
긴 겨울방학이 끝났다. 동 형
② 나이보다 얼굴이 **젊다**. 동 형
젊은 나이에 성공을 했다. 동 형
③ 봄바람이 **따뜻하다**. 동 형
따뜻한 마음씨를 가져야 한다. 동 형
④ 나는 너에 대한 기대가 **크다**. 동 형
우리 아들은 키가 쑥쑥 **큰다**. 동 형
⑤ 외출하기에는 시간이 너무 **늦다**. 동 형
그는 **늦은** 나이에 대학에 진학했다. 동 형

(2019학년도 9월 고2 전국연합학력평가)

▶ 의존 명사와 조사를 구분하는 문제는 자주 출제된다고 했지? 모의고사에서도 잘 나오지만 학교 내신에도 잘 출제되니까 정확하게 이해해 놓자. 이 문제를 틀렸다면 반드시 「개념의 나비효과」 교재와 강의로 복습할 것.

★05 문항 코드 | 22672-0127 정답률 32%

윗글과 〈보기〉를 바탕으로 할 때, 밑줄 친 부분의 띄어쓰기가 적절하지 않은 것은?

〈보기〉

만큼
[I]「의존 명사」
「1」 앞의 내용에 상당한 수량이나 정도임을 나타내는 말.
「2」 뒤에 나오는 내용의 원인이나 근거가 됨을 나타내는 말.
[II]「조사」
앞말과 비슷한 정도나 한도임을 나타내는 격조사.

데「의존 명사」
「1」 '곳'이나 '장소'의 뜻을 나타내는 말.
「2」 '일'이나 '것'의 뜻을 나타내는 말.

-는데「어미」
[1] 뒤 절에서 어떤 일을 설명하거나 묻거나 시키거나 제안하기 위하여 그 대상과 상관되는 상황을 미리 말할 때에 쓰는 연결 어미.

① 명주는 무명만큼 질기지 못하다. YES NO
② 학교에 가는데 비가 오기 시작했다. YES NO
③ 그 책을 다 읽는데 삼 일이나 걸렸다. YES NO
④ 소리가 나는 데가 어디인지 모르겠다. YES NO
⑤ 방 안은 숨소리가 들릴 만큼 조용했다. YES NO

(2016학년도 대학수학능력시험 9월 모의평가 A형)

▶ <보기>를 읽으면서 '아~, 이거~!' 라고 해야 된다. 처음 듣는 듯한 표정하면 안 됨. ㅎㅎ 「개념의 나비효과」 2권 9쪽 '개념 콕' 할 때 설명했잖아.

★06 문항 코드 | 22672-0128 정답률 85%

밑줄 친 부분이 〈보기〉의 ㉠에 해당하지 않는 것은?

〈보기〉

국어에서는 의존 명사가 수량을 표현하는 말 뒤에 쓰여 수효나 분량 따위의 단위를 나타내는 경우가 일반적이지만, ㉠자립 명사가 단위를 나타내는 경우도 있다. 예를 들어 '사람'은 자립 명사로 쓰이기도 하지만 수량을 표현하는 말 뒤에 쓰여 사람을 세는 단위를 나타낼 수도 있다.

- 의존 명사: 그 아이는 올해 아홉 살이다.
- 자립 명사: 그는 사람을 부리는 재주가 있다.
- 자립 명사가 단위를 나타내는 경우: 친구 다섯 사람과 함께 도서관에 갔다.

① 이 글에는 여러 군데 잘못이 있다. YES NO
② 앉은자리에서 밥 두 그릇을 다 먹었다. YES NO
③ 시장에서 수박 세 덩어리를 사 가지고 왔다. YES NO
④ 할아버지께서는 밥을 몇 숟가락 겨우 뜨셨다. YES NO
⑤ 나는 서너 발자국 뒤로 물러서다가 냅다 도망쳤다. YES NO

(2012학년도 3월 고3 전국연합학력평가)

▶ 솔직히 '미지칭 대명사'와 '부정칭 대명사'가 제일 헷갈리지? '미지칭 대명사'는 '모르는 사물이나 사람을 가리키는 대명사', '부정칭 대명사'는 '정해지지 않은 사람, 물건, 방향, 장소 따위를 가리키는 대명사'라는 걸 잘 이해하자. ^^

★07 문항 코드 | 22672-0129 정답률 59%

〈보기 1〉을 참조하여 〈보기 2〉의 ㉠~㉤을 판단한 것으로 적절하지 않은 것은?

〈보기 1〉

인칭 대명사는 지시 대상이 화자인지, 청자인지, 화자와 청자 이외의 제삼자인지에 따라 각각 일인칭, 이인칭, 삼인칭 대명사로 나뉜다. 이 중에 삼인칭 대명사에는 미지칭(未知稱) 대명사, 부정칭(不定稱) 대명사, 재귀 대명사가 포함된다. 미지칭 대명사는 가리킴을 받는 사람의 이름이나 신분을 모를 때, 부정칭 대명사는 정해지지 아니한 사람을 지칭할 때, 재귀 대명사는 앞에 나온 삼인칭 주어를 지칭할 때 쓰인다.

〈보기 2〉

초인종이 울린다. "계세요?" 외치는 소리가 들린다.

아 들: ㉠누가 왔는지 ㉡제가 나가 볼게요. (현관으로 나가며) ㉢누구세요? (문을 열어 상대방을 확인한다.)
우체부: 택배 왔습니다.
아 들: (물건을 건네받아 확인하고) 할머니께서 ㉣당신이 손수 말리신 곶감을 보내셨네요. 아버지, 곶감 좀 맛보실래요?
아버지: ㉤네가 먼저 먹으렴. 난 이따가 먹을란다.

① ㉠: 부정칭 대명사 YES NO
② ㉡: 일인칭 대명사 YES NO
③ ㉢: 미지칭 대명사 YES NO
④ ㉣: 재귀 대명사 YES NO
⑤ ㉤: 이인칭 대명사 YES NO

다음 글을 읽고 물음에 답하시오. [8-9] 〔 2019학년도 11월 고2 전국연합학력평가 〕

문장의 주체를 서술하는 기능을 하는 용언은 홀로 쓰이는 본용언과, 홀로 쓰이지 않고 본용언 뒤에서 본용언에 특수한 의미를 더해 주는 보조 용언으로 나눌 수 있다. 예를 들어 '불이 꺼져 간다.'라는 문장이 있을 때, '꺼져'는 '불이 꺼진다.'라는 문장의 서술어로 홀로 쓰일 수 있으므로 본용언이다. 그러나 '간다'는 진행의 의미만 더해 주고 있어, '불이 간다.'라는 문장의 서술어로 홀로 쓰일 수 없으므로 보조 용언이다.

보조 용언은 다시 보조 동사와 보조 형용사로 구분될 수 있다. 일반적으로 보조 용언의 품사는 앞에 오는 본용언의 품사에 따른다. 예를 들어 보조 용언 '않다'는 앞에 오는 본용언의 품사가 동사이면 보조 동사, 형용사이면 보조 형용사로 쓰인다. 한편 보조 용언의 품사가 보조 용언의 의미에 따라 구분되는 경우도 있다. 예를 들어 보조 용언 '하다'가 앞말의 행동이나 상태에 대한 바람이라는 의미를 나타내는 경우에는 보조 동사이다. 또한 보조 용언 '보다'가 어떤 일을 경험한다는 의미를 나타내는 경우에는 보조 동사이고, 앞말이 뜻하는 행동이나 상태에 대한 걱정이라는 의미를 나타내는 경우에는 보조 형용사이다.

본용언은 주로 본용언의 어간에 보조적 연결 어미가 결합되어 보조 용언과 연결된다. 예를 들어 '나는 일을 하고 나서 집에 갔다.'라는 문장은 본용언의 어간 '하-'에 보조적 연결 어미 '-고'가 결합된 '하고'가 보조 용언 '나서'와 연결된 문장이다. 그리고 본용언과 보조 용언이 연결되는 경우들을 살펴보면, 보통 두 용언이 연결되는 경우가 많지만 의미의 추가를 위해 세 용언이 연결되는 경우도 있다. 여기에는 용언들이 ㉠**본용언, 본용언, 보조 용언의 순서로 연결된 경우**, ㉡**본용언, 보조 용언, 본용언의 순서로 연결된 경우**, ㉢**본용언, 보조 용언, 보조 용언의 순서로 연결된 경우**가 있다.

▶ 독서(비문학) 지문이라고 생각해 봐. 지문의 내용을 읽고, 그것을 근거로 구체적 사례에 적용하는 문제인 거야. **'보조 동사'**와 **'보조 형용사'**의 **개념**을 미리 잘 이해해 두었다면 지문 이해와 정답 찾기가 훨씬 쉬워지겠지?

★08 문항 코드 | 22672-0130 정답률 56%

〈보기〉의 ⓐ~ⓔ를 보조 동사와 보조 형용사로 분류한 것으로 적절한 것은?

〈보기〉

- 내일 해야 할 업무가 생각만큼 쉽지는 ⓐ**않겠다**. 동 형
- 나는 부모님께 야단맞을까 ⓑ**봐** 얘기도 못 꺼냈다. 동 형
- 일을 마무리했음에도 사람들은 집에 가지 ⓒ**않았다**. 동 형
- 새로 일할 사람이 업무 처리에 항상 성실했으면 ⓓ**한다**. 동 형
- 이런 일을 당해 ⓔ**보지** 않은 사람은 내 심정을 모를 것이다. 동 형

	보조 동사	보조 형용사
①	ⓐ, ⓑ, ⓓ	ⓒ, ⓔ
②	ⓐ, ⓒ	ⓑ, ⓓ, ⓔ
③	ⓐ, ⓓ, ⓔ	ⓑ, ⓒ
④	ⓑ, ⓒ	ⓐ, ⓓ, ⓔ
⑤	ⓒ, ⓓ, ⓔ	ⓐ, ⓑ

▶ 지문에서 설명한 '본용언'과 '보조 용언'의 연결 구조를 이해해서 <보기>의 사례에 적용해 보자.

★09 문항 코드 | 22672-0131 정답률 85%

윗글의 ㉠~㉢과 관련하여 〈보기〉의 Ⓐ~Ⓔ의 밑줄 친 부분을 분석한 내용으로 적절하지 않은 것은?

〈보기〉

Ⓐ 그는 순식간에 사과를 **던져서 베어 버렸다**.
Ⓑ 그는 식당에서 고기를 **먹어 치우고 일어났다**.
Ⓒ 그에게 전화를 했을 때 그가 **깨어 있어 행복했다**.
Ⓓ 나는 경기에 출전하지 못하고 의자에 **앉아 있게 생겼다**.
Ⓔ 나는 평소 밥을 좋아하는데 오늘은 갑자기 빵을 **먹고 싶게 되었다**.

① Ⓐ: '베어'는 어간 '베-'에 보조적 연결 어미 '-어'가 결합되어 '버렸다'와 연결된 형태이고 ㉠에 해당한다. YES NO
② Ⓑ: '치우고'는 어간 '치우-'에 보조적 연결 어미 '-고'가 결합되어 '일어났다'와 연결된 형태이고 ㉠에 해당한다. YES NO
③ Ⓒ: '깨어'는 어간 '깨-'에 보조적 연결 어미 '-어'가 결합되어 '있어'와 연결된 형태이고 ㉡에 해당한다. YES NO
④ Ⓓ: '앉아'는 어간 '앉-'에 보조적 연결 어미 '-아'가 결합되어 '있게'와 연결된 형태이고 ㉢에 해당한다. YES NO
⑤ Ⓔ: '먹고'는 어간 '먹-'에 보조적 연결 어미 '-고'가 결합되어 '싶게'와 연결된 형태이고 ㉢에 해당한다. YES NO

(2020학년도 4월 고3 전국연합학력평가)

▶ 평소에 띄어쓰기할 때 제일 헷갈리는 게 바로 본용언과 보조 용언의 띄어쓰기야. 나중에 자소서나 논술 쓸 때도 유용하니 잘 알아 두자. ^^

★10 문항 코드 | 22672-0132 정답률 56%

〈보기 1〉을 바탕으로 〈보기 2〉의 ㉠~㉤을 판단한 것으로 적절하지 않은 것은?

〈보기 1〉

보조 용언도 하나의 단어이므로 띄어 쓰는 것이 원칙이나 경우에 따라서는 붙여 쓰는 것도 허용한다. 다만 본용언에 조사가 붙거나 본용언이 합성 용언인 경우, 본용언이 파생어인 경우는 그 뒤에 오는 보조 용언은 붙여 쓰지 않는다. 그런데 본용언이 합성어나 파생어라도 그 활용형이 2음절인 경우에는 본용언과 보조 용언을 붙여 쓰는 것도 허용한다. 그리고 본용언 뒤에 보조 용언이 거듭 나타나는 경우는 앞의 보조 용언만을 본용언에 붙여 쓸 수 있다.

〈보기 2〉

◦ 그가 이 자리를 ㉠**빛내 준다**.
◦ 오늘 일은 일기에 ㉡**적어 둘 만하다**.
◦ 나는 어제 그 책을 ㉢**읽어는 보았다**.
◦ 아마도 이런 기회는 ㉣**다시없을 듯하다**.
◦ 이번에는 제발 열심히 ㉤**공부해 보아라**.

① ㉠은 본용언이 합성어이지만 활용형이 2음절인 경우이므로 '빛내'와 '준다'를 붙여 쓸 수 있다. YES NO
② ㉡은 본용언 뒤에 보조 용언이 거듭 나타나는 경우이므로 '둘'과 '만하다'를 붙여 쓸 수 있다. YES NO
③ ㉢은 본용언에 조사가 붙은 경우이므로 '읽어는'과 '보았다'를 붙여 쓰지 않는다. YES NO
④ ㉣은 본용언이 합성 용언인 경우이므로 '다시없을'과 '듯하다'를 붙여 쓰지 않는다. YES NO
⑤ ㉤은 본용언이 파생어인 경우이므로 '공부해'와 '보아라'를 붙여 쓰지 않는다. YES NO

열공 날짜 년 월 일

21 국어의 9품사 2

개념 태그 #수식언 #관계형사 #부사 #난 왜 관형사랑 형용사가 헷갈리지 #관계언 #조사 #독립언 #감탄사 #품사의 통용

▶▶▶ 기억 안 나면? 개념의 나비효과 2권 16쪽으로!

품사의 첫 번째 시간에는 체언과 용언을 공부했고. 학생, 체언이 뭐가? 그럼 용언은 또 뭐가? 대답했니, 방금? 0.1초만에 대답이 나와야 된다. 체언은 명사, 대명사, 수사! 용언은 동사, 형용사! ㅎㅎ 품사의 두 번째 시간에는 수식언(관형사, 부사), 관계언(조사), 독립언(감탄사)을 공부했지? 기출문제를 보면 확실히 조사에 대해 묻는 문제가 많아. ㅎㅎ 빈출 개념일수록 더 꼼꼼히 알아 두자.

혜정 샘 음성 지원

▶ 각 품사들의 개념을 잘 이해하고 구체적인 사례에 적용할 수 있어야 돼.

오늘의 태그 문제

정답 28쪽

(2019학년도 10월 고3 전국연합학력평가)

★11 문항 코드 | 22672-0133 정답률 21%

〈보기〉의 밑줄 친 단어의 품사에 대한 이해로 적절하지 않은 것은?

〈보기〉

ㄱ. 그곳에서는 빵을 아주 쉽게 구울 수 있다.
ㄴ. 그 사람은 자기가 잠을 잘 잤다고 말했다.
ㄷ. 멋진 형이 근처 식당에서 밥을 지어 왔다.

① ㄱ의 '그곳'과 ㄴ의 '그'는 어떤 처소나 대상을 지시하는 대명사이다. YES NO
② ㄱ의 '아주'와 ㄴ의 '잘'은 용언 앞에 놓여서 그 뜻을 한정하는 부사이다. YES NO
③ ㄱ의 '구울'과 ㄷ의 '지어'는 용언의 어간이 불규칙적으로 활용되는 동사이다. YES NO
④ ㄱ의 '쉽게'와 ㄷ의 '멋진'은 어떤 대상의 성질이나 상태를 나타내는 형용사이다. YES NO
⑤ ㄴ의 '가'와 ㄷ의 '에서'는 앞말과 다른 말과의 문법적인 관계를 나타내는 조사이다. YES NO

(2014학년도 6월 고2 전국연합학력평가 A형)

▶ 실제로 형용사와 관형사를 헷갈려 하는 학생들이 많아. 아마 형용사가 관형사형 어미와 결합해서 관형사처럼 쓰이는 경우가 많아서 헷갈릴 거야. 형용사는 활용하는 가변어이고, 관형사는 활용하지 않는 불변어라는 것도 참고해 두자. ^^

★12 문항 코드 | 22672-0134 정답률 57%

〈보기〉의 밑줄 친 단어를 바르게 분류한 것은?

〈보기〉

형용사와 관형사를 구별하는 기준의 하나로 '서술하는 기능'이 있다. 예를 들어, '동물원에는 큰 사자가 있다.'에서 '큰'은 '사자가 크다'처럼 주어인 '사자가'를 서술하는 기능을 하므로 형용사이다. 그러나 관형사는 그런 기능을 하지 못한다.

ㄱ. 정원에 아름다운 꽃이 피었다. 형 관
ㄴ. 웬 말이 그렇게 많은지 모르겠다. 형 관
ㄷ. 수리를 하고 나니 새 가구가 되었다. 형 관
ㄹ. 모여 있던 모든 사람들이 일제히 나를 쳐다봤다. 형 관
ㅁ. 그의 빠른 일처리가 사람들을 만족스럽게 하였다. 형 관

	형용사	관형사
①	ㄱ, ㄷ	ㄴ, ㄹ, ㅁ
②	ㄱ, ㅁ	ㄴ, ㄷ, ㄹ
③	ㄴ, ㄹ	ㄱ, ㄷ, ㅁ
④	ㄱ, ㄷ, ㅁ	ㄴ, ㄹ
⑤	ㄴ, ㄷ, ㄹ	ㄱ, ㅁ

(2015학년도 7월 고3 전국연합학력평가 A형)

▶ 수 관형사와 수사가 모두 수와 관련된 말이기 때문에 헷갈리기 쉽다고 했어. 우선 수사와 관형사의 개념과 특징을 정확하게 알고 있어야 돼. 수 관형사도 관형사잖아. 관형사는 체언을 수식하는 역할을 해. 특히 수 관형사는 단위성 의존 명사 앞에 잘 놓여. 그리고 수사는 체언 중 하나잖아. 체언에는 조사가 잘 붙는다는 특징도 기억해 놓자. :)

★13 문항 코드 | 22672-0135 정답률 83%

〈보기 1〉을 바탕으로 ㉠과 품사가 같은 것만을 〈보기 2〉에서 고른 것은?

〈보기 1〉

수 관형사는 수사와 형태가 같은 경우가 많아 혼동하기 쉽다. 문장에서 둘 다 활용을 하지 않고 사물의 수량이나 순서를 가리키지만, 수 관형사는 수사와 달리 단위를 나타내는 의존 명사와 함께 쓰인다는 차이가 있다.

◦ 이 일을 마치는 데에 ㉠칠 개월 걸렸다. (수 관형사)
◦ 육에 일을 더하면 칠이다. (수사)

〈보기 2〉

◦ 명호는 바둑을 ㉮다섯 판이나 두었다. 관 수
◦ 윤배가 고향을 떠난 지 ㉯팔 년이 지났다. 관 수
◦ 은주는 시장에서 토마토를 ㉰하나 사 왔다. 관 수
◦ 현수는 달리기 시합에서 ㉱셋째로 들어왔다. 관 수

① ㉮, ㉯ ② ㉮, ㉰ ③ ㉯, ㉰ ④ ㉯, ㉱ ⑤ ㉰, ㉱

(2019학년도 6월 고1 전국연합학력평가)

▶ 이것이 바로 품사의 통용. 겉모양은 똑같은데 어떤 때는 조사로, 어떤 때는 의존 명사로 쓰인단 말이지. 조사와 명사의 개념을 정확하게 알고, 특징들을 이해할 수 있어야 돼. 조사와 의존 명사를 구분하는 것도 빈출 개념이니 꼭 정확하게 이해해 놓자.

★14 문항 코드 | 22672-0136 정답률 55%

다음은 수업의 일부이다. 이를 참고할 때, 띄어쓰기가 바르게 된 문장은?

> **학 생**: 선생님, '뿐'은 앞말에 붙여 쓰는 경우도 있고 띄어 쓰는 경우도 있던데 어떻게 띄어 써야 하나요?
> **선생님**: 품사에 따라 띄어쓰기가 달라져요. '나에게는 너뿐이야.'에서처럼 '너'라는 체언 뒤에 붙어서 한정의 뜻을 나타낼 때의 '뿐'은 조사이기 때문에 앞말에 붙여 써야 해요. 그런데 '그녀는 조용히 웃을 뿐이었다.'에서의 '뿐'은 체언을 수식하는 관형어 '웃을' 뒤에 붙어서 '따름'이라는 뜻을 나타내는 의존 명사이기 때문에 앞말과 띄어 써야 해요.
> **학 생**: '뿐'과 같이 띄어쓰기가 달라지는 예가 더 있나요?
> **선생님**: 대표적인 예로 '대로, 만큼'이 있어요.

① 아는**대로** 모두 말하여라. YES NO
② 마음이 약해질**대로** 약해졌다. YES NO
③ 모든 것이 자기 생각 **대로** 되었다. YES NO
④ 손님들은 먹을 **만큼** 충분히 먹었다. YES NO
⑤ 그 사람은 말 **만큼**은 누구보다 앞선다. YES NO

(2014학년도 대학수학능력시험 A형)

▶ 조사에도 종류가 있었지? 격 조사, 보조사, 접속 조사. 조사는 종류가 많다 보니, 그만큼 출제도 자주 되는 것 같아. 조사의 종류를 구분해서 이해하고 친구에게 설명할 수 있을 정도로 꼼꼼하게 잘 정리해 놓아야 해.

★15 문항 코드 | 22672-0137 정답률 75%

다음은 '사전 활용하기' 학습 활동을 위한 자료이다. 이에 대해 탐구한 내용으로 적절하지 않은 것은?

> **에** 조
> 1 ① 앞말이 처소의 부사어임을 나타내는 격 조사.
> ¶ 동생은 지금 집에 없다.
> ② 앞말이 진행 방향의 부사어임을 나타내는 격 조사.
> ¶ 형은 방금 집에 왔다.
> 2 둘 이상의 사물을 같은 자격으로 이어 주는 접속 조사.
>
> **에서** 조
> ① 앞말이 행동이 이루어지고 있는 처소의 부사어임을 나타내는 격 조사.
> ② 앞말이 출발점의 뜻을 갖는 부사어임을 나타내는 격 조사.
> ③ (단체를 나타내는 명사 뒤에 붙어) 앞말이 주어임을 나타내는 격 조사.

① '에'는 격 조사와 접속 조사로 쓰일 수 있는 반면, '에서'는 격조사로만 쓰이는군. YES NO
② '에 2'의 용례로 "오늘 저녁은 밥에, 국에, 떡에 아주 잘 먹었다."를 들 수 있겠군. YES NO
③ '에서 ③'의 용례로 "우리 학교에서 사람들이 운동을 한다."를 들 수 있겠군. YES NO
④ '에 1 ①'의 용례에 쓰인 '에'는 '에서'로 바꿔 쓸 수 없군. YES NO
⑤ '에 1 ②'의 용례에 쓰인 '에'를 '에서'로 바꾸면 문장의 의미가 바뀌는군. YES NO

《 2015학년도 10월 고3 전국연합학력평가 A형 》

▶ <보기> 속에 다섯 개의 문장이 제시돼 있지? 각 문장을 설명할 수 있는 선지와 대응해서 YES NO를 판단해 보면 돼.

★16 문항 코드 | 22672-0138 정답률 65%

〈보기〉를 바탕으로 하여 조사의 특성에 대해 탐구한 내용이 적절하지 않은 것은?

> 〈보기〉
>
> ◦ 형(은/*는) 학교에 가고, 나(*은/는) 집에 갔다.
> ◦ 민수(가/는) 운동(을/은) 싫어한다.
> ◦ 나는 점심에 국수 먹었는데 너는 무엇을 먹었어?
> ◦ 어서요 읽어 보세요.
> ◦ 빵만으로 살 수 없다.
> (*는 비문법적인 표현임.)

① 격 조사 자리에 보조사가 올 수도 있군. YES NO
② 격 조사는 담화 상황에 따라 생략할 수도 있군. YES NO
③ 앞에 오는 말의 받침 유무에 따라 조사를 선택하기도 하는군. YES NO
④ 보조사는 체언뿐 아니라 부사 뒤에도 붙을 수 있군. YES NO
⑤ 보조사는 격 조사와 결합할 때 격 조사 뒤에만 붙을 수 있군. YES NO

《 2015학년도 대학수학능력시험 6월 모의평가 A형 》

▶ 조사의 개념을 잘 이해하고 정리했다면 바로 정답을 찾을 수 있는 문제. 난 2초만에 푼 것 같음.

★17 문항 코드 | 22672-0139 정답률 67%

다음의 밑줄 친 부분에 해당하는 예로 적절하지 않은 것은?

> 〈보기〉
>
> 국어의 조사 중에는 결합하는 앞말과 다른 말과의 문법적인 관계를 표시하는 격 조사와 특별한 뜻을 더해 주는 보조사가 있다. 격 조사는 특정한 문장 성분에만 쓰인다. 가령 주격 조사는 주어에, 목적격 조사는 목적어에 쓰인다. 반면 보조사는 하나의 문장 성분에만 쓰이는 것이 아니라 여러 문장 성분에 쓰일 수 있다.

① '삼촌이 밤에 만 글을 썼다.'에서의 '만'. YES NO
② '선수들이 오늘 은 간식을 먹었다.'에서의 '은'. YES NO
③ '내가 친구 한테 가방을 선물했다.'에서의 '한테'. YES NO
④ '아이들이 유치원에서 악기 도 연주한다.'에서의 '도'. YES NO
⑤ '누나가 일기를 책으로 까지 만들었다.'에서의 '까지'. YES NO

(2010학년도 대학수학능력시험 6월 모의평가)

▶ 품사들 중에 감탄사가 제일 출제 빈도가 적은 거 같아. ㅎㅎ 그렇지만 우리는 모든 품사의 개념을 잘 이해하고 정리해 두어야 하는 거야.

★18 문항 코드 | 22672-0140 정답률 80%

〈보기〉를 통해 감탄사의 특성을 파악하는 활동을 해 보았다. 다음 설명 중 적절한 것은?

〈보기〉

아 들: 아버지, 저도 바둑을 배워서 명인이 되고 싶어요.
아버지: ㉠뭐, 명인이 된다고?
아 들: ㉡예, 그러니까 바둑판 하나 사 주세요.
아버지: ㉢글쎄, 사 줘야 되나?
아 들: 사 주세요, ㉣예?
아버지: 얼마 전에 농구 선수가 되겠다고 해서 농구공을 사 줬더니 작심삼일이었잖아. 이번에도 흐지부지할 거지?
아 들: 그런데, ㉤음, 작심삼일이 무슨 뜻이에요?
아버지: 그건 결심이 사흘을 가지 못한다는 말인데, 이번에도 그러는 거 아니냐고.
아 들: ㉥아니요, 이번에는 다를 거예요.
아버지: 명인이 되는 게 얼마나 힘든지 아니?
아 들: ㉦글쎄요, 잘은 모르겠지만 열심히 해 볼게요.

① ㉠은 더 이상 여러 말 할 것 없다는 뜻으로 하는 말이겠군. YES NO
② ㉡은 긍정하여 대답하는 의미로, ㉣은 상대방을 의식하지 않고 놀라는 의미로 쓰이고 있군. YES NO
③ ㉢이 ㉦처럼 나타나는 것을 보면, 감탄사도 상대에 따라 다른 형태로 쓰일 수 있군. YES NO
④ ㉤이 문장의 중간에 쓰인 것을 보면 독립어의 기능을 할 수 없겠군. YES NO
⑤ ㉥은 "아니, 이게 어떻게 된 일이냐?"의 '아니'와 같은 의미로 쓰인 것이겠군. YES NO

다음 글을 읽고 물음에 답하시오. [19-20]

(2017학년도 7월 고3 전국연합학력평가)

[A]

공통된 성질을 가진 단어들을 모아 갈래 지어 놓은 것을 품사라고 한다. 국어의 품사는 단어의 형태, 기능, 의미를 기준으로 분류한다.

첫째, 단어는 형태 변화의 여부에 따라 형태가 변하지 않는 말인 불변어와, 활용하여 형태가 변하는 말인 가변어로 나뉜다. 둘째, 단어는 문장 속에서 해당 단어가 수행하는 기능에 따라 문장에서 주로 주어의 기능을 하는 체언, 문장의 주어를 서술하는 기능을 하는 용언, 다른 말을 수식하는 기능을 하는 수식언, 문장에 쓰인 단어들의 관계를 나타내는 기능을 하는 관계언, 다른 성분에 얽매이지 않고 독립적으로 쓰이는 독립언으로 나뉜다. 셋째, 단어는 개별 단어가 어떤 의미를 갖고 있느냐에 따라 대상의 이름을 나타내는 명사, 명사를 대신하여 그것을 가리키는 대명사, 대상의 수량이나 순서를 나타내는 수사, 사람이나 사물 따위의 움직임이나 작용을 나타내는 동사, 성질이나 상태를 나타내는 형용사, 주로 체언을 꾸며 주는 관형사, 주로 용언이나 문장을 꾸며 주는 부사, 앞말에 붙어 그 말과 다른 말과의 문법적 관계를 나타내거나 특별한 뜻을 더하는 조사, 말하는 이의 놀람이나 느낌, 부름, 응답 따위를 나타내는 감탄사로 나뉜다.

단어는 하나의 품사로 사용되는 경우가 일반적이지만 둘 이상의 품사로 사용되는 경우도 있다. 가령 '그는 모든 원인을 자기의 잘못으로 돌렸다.'의 '잘못'은 조사와 결합하는 명사이지만, '그는 길을 잘못 들어서 한참 헤맸다.'의 '잘못'은 용언을 수식하는 부사이다. '잘못'이 ㉠명사와 부사로 쓰인 것이다. 또한 '노력한 만큼 대가를 얻다.'의 '만큼'은 관형어의 수식을 받는 명사이지만, '집을 대궐만큼 크게 짓다.'의 '만큼'은 앞말과 비슷한 정도나 한도임을 나타내는 조사이다. '만큼'이 ㉡명사와 조사로 쓰인 것이다. 이 밖에도 국어에는 부사와 조사로 쓰이는 경우, 수사와 관형사로 쓰이는 경우와 같이 두 개 이상의 품사로 쓰이는 단어들이 존재한다.

▶ 품사의 개념과 특징을 잘 이해했는지, 스스로 체크할 수 있는 문제야. 이 문제를 틀렸다면 관련된 부분의 「개념의 나비효과」 교재를 당장 펼치시고, 복습하는 거다~.

★19 문항 코드 | 22672-0141 정답률 52%

[A]를 바탕으로 〈보기〉의 ⓐ~ⓒ를 이해한 내용으로 적절하지 않은 것은?

〈보기〉

ⓐ 아직까지는 그 사실을 아무도 모르고 있다.
ⓑ 할머니께서 온갖 재료로 만두를 곱게 빚으셨다.
ⓒ (대화 중) "들어가도 됩니까?" / "네, 어서 오십시오."

① ⓐ에서 '아무'는 문장에서 주어의 기능을 하는 체언이다. YES NO
② ⓑ에서 '온갖'은 문장에서 다른 말을 수식하는 수식언이다. YES NO
③ ⓒ에서 '네'는 말하는 이의 응답을 나타내는 감탄사이다. YES NO
④ ⓐ와 ⓑ에서 조사는 각각 3개씩이다. YES NO
⑤ ⓐ와 ⓑ에서 가변어는 각각 2개씩이다. YES NO

▶ 사실 품사의 통용 문제를 스스로 정확하게 풀어낼 수 있다면, 품사의 개념을 잘 이해했다고 볼 수 있어. 20번의 선지들이 다루고 있는 10개의 문장들을 통해 자신의 실력을 점검해 보자. 암기보다는 스스로 이해하고, 이해한 것을 설명할 수 있어야 돼. :)

★20 문항 코드 | 22672-0142 정답률 63%

㉠, ㉡에 해당하는 예로 적절한 것은?

① ㉠ ┌ 둘에 다섯을 더하면 일곱이다.
 └ 여기에 사과 일곱 개가 있다.
② ㉠ ┌ 너 커서 무엇이 되고 싶니?
 └ 가구가 커서 방에 들어가지 않는다.
③ ㉠ ┌ 식구 모두가 여행을 떠났다.
 └ 그릇에 담긴 소금을 모두 쏟았다.
④ ㉡ ┌ 나를 처벌하려면 법대로 해라.
 └ 큰 것은 큰 것대로 따로 모아 두다.
⑤ ㉡ ┌ 모두 같이 학교에 갑시다.
 └ 얼음장같이 차가운 방바닥이 생각난다.

열공 날짜 　　년 　　월 　　일

22 형태소 & 단어

개념 태그

#어간과 어미 #어근과 접사 #규칙 활용 #불규칙 활용
#명사 파생 접미사와 명사형 어미 #파생 명사와 명사형 #형태소 #자립 형태소와 의존 형태소
#실질 형태소와 형식 형태소 #이형태 #단어

▸▸▸ 기억 안 나면? 개념의 나비효과 2권 28쪽으로!

형태소, 어간과 어미, 어근과 접사 같은 개념들은 정말 기본적인 문법 개념이야. 이 개념들은 물론 그 자체로도 중요하지만 다른 문법 개념들을 이해하기 위한 기초가 되기 때문에, 한 번 공부할 때 정확하게 이해해 놓는 게 좋아. 예를 들어 어근과 어근이 결합하면 합성어가 되고, 접사와 어근이 결합하면 파생어가 되거든. 합성어와 파생어의 개념을 제대로 이해하기 위해서는 어근과 접사의 개념을 정확히 알아야겠지? 개념의 나비효과의 문법(언어) 파트의 구성이 다른 문법 교재들의 일반적인 순서와 좀 다른 것도 다 선생님의 이런 계획이 담겨 있기 때문이거든. 먼저 알아야 공부하기 편한 개념을 앞에 배치하고, 그것을 바탕으로 개념을 쌓아야 하는 것을 뒤에 배치했어. 그래서 품사를 맨 처음에 가르친 거고. 쌤의 심오한 뜻을 몰랐지? 너희가 생각하지 못하는 것들도 쌤이 다 생각하고 있느니라. ㅎㅎ 하나하나 개념을 쌓아간다는 생각으로 복습하고, 적용 연습해 보자!

혜정 샘 음성 지원

▶ 기본적인 개념부터 문제를 통해 점검하자! '용언', '활용', '어근', '어간', '어미'는 자신 있게 설명할 수 있어야 돼.

오늘의 태그 문제

정답 29쪽

(2015학년도 3월 고3 전국연합학력평가 A형)

★**21** 문항 코드 | 22672-0143 　정답률 76%

〈보기〉의 ㉠~㉢에 들어갈 말로 적절한 것은?

〈보기〉

선생님: 어간은 용언의 활용 시 변하지 않는 부분을, 어근은 단어 분석 시 실질적 의미를 나타내는 중심 부분을 가리킵니다.

용언	어간	어근
솟다 (단일어)	솟-	솟-
치솟다 (파생어)	치솟-	솟-
샘솟다 (합성어)	샘솟-	샘, 솟-

위의 예에서 알 수 있듯이 어떤 용언이 단일어일 경우 어간과 어근이 일치합니다. 하지만, 용언이 파생어나 합성어일 경우 어간과 어근이 일치하지 않습니다. 그렇다면 이번에는 다음 세 단어의 어간과 어근을 분석해 볼까요?

용언	어간	어근
줄이다	줄이-	㉠
힘들다	힘들-	㉡
오가다	오가-	㉢

	㉠	㉡	㉢
①	줄이-	힘들-	오가-
②	줄이-	힘들-	오-, 가-
③	줄-	힘들-	오가-
④	줄-	힘, 들-	오-, 가-
⑤	줄-	힘, 들-	오가-

다음 글을 읽고 물음에 답하시오. [22-23] (2021학년도 4월 고3 전국연합학력평가)

용언의 어간에 여러 어미가 번갈아 결합하는 현상을 용언의 활용이라 한다. 어간은 용언이 활용할 때 변하지 않는 부분을 가리키고, 어미는 어간 뒤에 결합하여 여러 가지 문법적 의미를 더해 주는 요소를 가리킨다. 어미는 그것이 나타나는 자리에 따라 어말 어미와 선어말 어미로 나눌 수 있다. 어말 어미는 용언의 맨 뒤에 오는 어미이고, 선어말 어미는 어말 어미 앞에 나타나는 어미이다. 가령, "나는 물건을 들었다."라는 문장에서 '들었다'는 어간 '들-'에 선어말 어미 '-었-'과 어말 어미 '-다'가 결합된 용언이다. 어간과 어미의 결합 관계를 기호화하여 어간을 X, 선어말 어미를 Y, 어말 어미를 Z라고 할 때, 어간에 하나의 어미만 결합된 용언은 ㉠X+Z로 표현될 수 있고, 어간에 둘 이상의 어미가 결합된 용언은 ㉡X+Y+Z 혹은 ㉢$X+Y_1+Y_2+Z$ 등으로 표현될 수 있다.

어말 어미는 문법적 기능에 따라 종결 어미, 연결 어미, 전성 어미로 나뉜다. 종결 어미는 문장의 끝에 위치하여 한 문장을 끝맺는 기능을 하며, 대화의 상대방을 높이거나 낮추는 문법적 기능을 하기도 한다. 연결 어미는 두 문장을 나열, 대조 등의 의미 관계로 이어 주는 ⓐ**대등적 연결 어미**, 앞 문장이 뒤 문장의 원인, 조건 등과 같은 의미를 가지도록 이어 주는 ⓑ**종속적 연결 어미**, 본용언과 보조 용언을 이어 주는 ⓒ**보조적 연결 어미**로 나눌 수 있다. 전성 어미는 용언이 서술성을 유지하면서 다른 품사처럼 기능하게 하는 것으로, 명사형 어미, 관형사형 어미 등으로 나눌 수 있다. 한편 선어말 어미는 문장의 주체를 높이거나 문장의 시제를 표현하는 것과 같은 문법적 기능을 한다.

▶ 'X+Z', 'X+Y+Z', '$X+Y_1+Y_2+Z$' 이런 표현들에 겁먹으면 안 돼. 지문의 내용을 잘 읽어 보면, '어간', '어미', '선어말 어미', '어말 어미' 등 우리가 모두 공부한 개념들로 설명하고 있거든. 지문의 내용이 잘 이해되는지 스스로 점검하고 문제를 통해 내가 개념을 잘 이해했는지 점검해 보면 되는 거야.

★22 문항 코드 | 22672-0144 정답률 34%

윗글을 바탕으로 〈보기〉의 밑줄 친 부분을 이해한 내용으로 적절하지 않은 것은?

〈보기〉

선생님: 다음 주에 있을 전국 학생 토론 대회 준비는 마쳤니?
라 온: 아직이요. 내일까지는 반드시 **끝내겠습니다**.
해 람: 사실 이번 주제는 저희들끼리 **준비하기** 너무 어려워요.
선생님: 방금 교무실로 **들어가신** 선생님께 조언을 구해 보렴.
라 온: 창가 쪽에 서 **계신** 분 말씀이죠?
해 람: 아, 수업 종이 **울렸네**. 다음 시간에 다시 오자.

① '끝내겠습니다'는 ㉡에 속하며, 이때 Z는 대화의 상대방을 높이는 기능을 하고 있군. YES NO
② '준비하기'는 ㉠에 속하며, 이때 Z는 용언을 명사처럼 기능하게 하고 있군. YES NO
③ '들어가신'은 ㉡에 속하며, 이때 Y는 문장의 주체를 높이는 기능을 하고 있군. YES NO
④ '계신'은 ㉠에 속하며, 이때 Z는 용언을 관형사처럼 기능하게 하고 있군. YES NO
⑤ '울렸네'는 ㉢에 속하며, 이때 Y_2는 과거 시제를 표현하는 기능을 하고 있군. YES NO

▶ 연결 어미의 개념과 특징을 잘 이해했는지 점검할 수 있는 문제야.

★**23** 문항 코드 | 22672-0145 정답률 82%

〈보기〉의 ㉮~㉲를 윗글의 ⓐ~ⓒ로 바르게 분류한 것은?

〈보기〉

◦ 원숭이가 바나나를 먹고 있다. ㉮

◦ 김이 습기를 먹어 눅눅해졌다. ㉯

◦ 형은 빵을 먹고 동생은 과자를 먹었다. ㉰

◦ 우리는 상대편에게 한 골을 먹고 당황했다. ㉱

◦ 그는 경기가 시작되기도 전에 겁을 먹어 버렸다. ㉲

	ⓐ	ⓑ	ⓒ
①	㉰, ㉱	㉯, ㉲	㉮
②	㉰, ㉱	㉯	㉮, ㉲
③	㉰	㉮, ㉱	㉯, ㉲
④	㉰	㉯, ㉱	㉮, ㉲
⑤	㉰	㉱, ㉲	㉮, ㉯

(2014학년도 대학수학능력시험 9월 모의평가 A형)

▶ 어말 어미의 개념과 특징을 잘 이해했는지 점검할 수 있는 문제야.

★**24** 문항 코드 | 22672-0146 정답률 87%

〈보기〉를 바탕으로 어미를 분류한 것 중, 적절하지 않은 것은?

〈보기〉

단어의 끝에 들어가는 어말 어미는 그 기능에 따라 다음과 같이 분류할 수 있다.

㉠ 문장을 끝맺어 주는 기능을 하는 어미.
　예 '동생은 책을 읽었다.'의 '-다'
㉡ 두 문장을 연결해 주는 기능을 하는 어미.
　예 '이것은 장미꽃이고, 저것은 국화꽃이다.'의 '-고'
㉢ 용언을 명사, 관형사, 부사처럼 기능하게 하는 어미.
　예 '내일 읽을 책을 미리 준비해라.'의 '-을'

① '지금쯤 누나는 집에 도착했겠구나.'의 '-구나'는 ㉠에 해당한다.
② '할아버지께서는 어디 갔다 오시지?'의 '-지'는 ㉠에 해당한다.
③ '이렇게 일찍 가는 이유가 뭐니?'의 '-는'은 ㉡에 해당한다.
④ '형은 밥을 먹었으나, 누나는 밥을 먹지 않았다.'의 '-으나'는 ㉡에 해당한다.
⑤ '지금은 운동하기에 좋은 시간이다.'의 '-기'는 ㉢에 해당한다.

(2015학년도 4월 고3 전국연합학력평가 A형)

▶ 접사와 어근이 결합해 만들어진 단어를 파생어라고 해. 파생어에 대해서는 다음 23강에서 더 자세히 배울 거야. 여기에선 접사의 기능에 집중해서 문제를 풀어 보자.

★**25** 문항 코드 | 22672-0147 정답률 77%

다음은 접사와 어근의 결합 양상에 대해 수업 중 발표한 내용이다. 이에 대한 학생들의 반응으로 적절하지 않은 것은?

[발표 내용]

발표 1: 어근에 접두사가 결합되면 어근에 의미가 더해집니다. 예를 들어 '선무당'은 어근 '무당'에 접두사 '선-'이 결합하여 '서툰'이라는 의미가 더해진 것입니다. '군말', '군살'도 그 예에 속합니다.

발표 2: 어근에 접미사가 결합되면 어근에 의미가 더해집니다. 예를 들어 '꾀보'는 어근 '꾀'에 접미사 '-보'가 결합하여 '그것을 즐기거나 그 정도가 심한 사람'의 의미가 더해진 것입니다.

발표 3: 어근에 접미사가 결합하면 품사가 바뀌기도 합니다. 예를 들어 '사랑'은 '-하다'가 붙으면 명사에서 동사로 품사가 바뀝니다.

① '발표 1'의 내용 중 '군말', '군살'의 '군-'은 '쓸데없는'의 의미를 어근에 더해 주는군. YES NO
② '발표 1'과 '발표 2'를 종합해 보면, 접두사와 접미사는 어근과 결합하여 새로운 단어를 만드는군. YES NO
③ '발표 2'의 단어에 '멋쟁이', '장난꾸러기'를 더 추가할 수 있겠군. YES NO
④ '발표 2'와 '발표 3'을 종합해 보면, '꾀보'는 '-보'에 의해 의미가 더해지고 품사가 바뀌었군. YES NO
⑤ '발표 3'에는 '숙제하다'를 더 추가할 수 있겠군. YES NO

(2014학년도 7월 고3 전국연합학력평가 B형)

▶ 규칙 활용과 불규칙 활용 중에서 헷갈리는 몇 가지가 있긴 해. 그렇지만 한 번 제대로 공부해 두면, 네 문법 자신감의 이유가 되리니, 꼼꼼하게 이해하고 잘 정리해 두자! :)

★ **26** 문항 코드 | 22672-0148 정답률 86%

다음 탐구 과정에서 ㉠에 들어갈 사례로 적절한 것은?

의문	'자리를 **바꿔(○)** 앉았다.'와 '잔금을 **치뤄(×)** 두었다.'에서 '바꿔'와 달리 '치뤄'의 표기가 어문 규정에 어긋나는 이유는 무엇일까?
	⇩
탐구	(1) 각 단어의 기본형을 찾아 활용 형태를 분석해 본다. ◦ 바꾸-(다) + -어 → 바꾸어 → 바꿔 ◦ 치르-(다) + -어 → 치러 (2) '치러'와 같은 형태로 활용하는 사례를 찾아본다. ㉠
	⇩
결과	'치르다'를 '바꾸다'와 같이 어간이 'ㅜ'로 끝나는 사례와 혼동하였기 때문이다. '치르-'는 어간이 'ㅡ'로 끝나는 용언이므로 모음으로 시작하는 어미와 결합할 때, 'ㅡ'가 탈락한다.

① 할머니께서 아침에 동생을 **깨워** 주셨다.
② 그는 자물쇠로 책상 서랍을 **잠가** 놓았다.
③ 오늘은 가족과 함께 고기를 **구워** 먹었다.
④ 언니의 얼굴이 오늘따라 몹시 **하얘** 보였다.
⑤ 오빠가 하는 이야기를 자세히 **들어** 보았다.

(2015학년도 6월 고2 전국연합학력평가)

▶ 불규칙 활용은 어간이 바뀌는 경우, 어미가 바뀌는 경우, 어간과 어미가 모두 바뀌는 경우로 나누어서 공부했었지? 불규칙 활용을 정확히 이해하기 위해서도 어간이 뭔지, 어미가 뭔지 개념 정리가 잘 돼 있어야 하는 거야. 선지에서 다루는 사례들을 통해 불규칙 활용의 개념을 정확히 이해하자.

★ **27** 문항 코드 | 22672-0149 정답률 53%

〈보기〉를 이해한 내용으로 적절하지 않은 것은?

〈보기〉

용언이 활용할 때 어간이나 어미의 기본 형태가 바뀌지 않거나 바뀌어도 일반적인 음운 규칙으로 설명할 수 있는 경우를 '규칙 활용'이라 하고, 어간이나 어미의 기본 형태가 바뀌는 것을 일반적인 음운 규칙으로 설명할 수 없는 경우를 '불규칙 활용'이라 한다. 불규칙 활용은 ㉠**어간이 바뀌는 경우**, ㉡**어미가 바뀌는 경우**, ㉢**어간과 어미가 모두 바뀌는 경우**로 나누어 살펴볼 수 있다.

① '솟다'가 '솟아'로 활용하는 것과 달리, '낫다'는 '나아'로 활용하므로 ㉠에 해당한다. YES NO
② '얻다'가 '얻어'로 활용하는 것과 달리, '엿듣다'는 '엿들어'로 활용하므로 ㉠에 해당한다. YES NO
③ '먹다'가 '먹어'로 활용하는 것과 달리, '하다'는 '하여'로 활용하므로 ㉡에 해당한다. YES NO
④ '치르다'가 '치러'로 활용하는 것과 달리, '흐르다'는 '흘러'로 활용하므로 ㉡에 해당한다. YES NO
⑤ '수놓다'가 '수놓아'로 활용하는 것과 달리, '파랗다'는 '파래'로 활용하므로 ㉢에 해당한다. YES NO

(2017학년도 3월 고3 전국연합학력평가)

▶ <보기> 안의 개념과 사례를 정확하게 이해해 놓도록 하자. 공부하기에 좋은 <보기>야. 용언의 어간에 명사형 어미가 결합해 만들어진 명사형과 어근에 명사 파생 접미사가 결합해 만들어진 파생 명사를 헷갈려 하는 경우가 정말 많거든. 남들이 헷갈려 하는 것들은 특별히 더 확실하게 알아 두자고. 변별력을 위해서.

★28 문항 코드 | 22672-0150 정답률 59%

〈보기〉의 ⓐ, ⓑ가 사용된 예를 ㉠~㉤에서 바르게 고른 것은?

〈보기〉

선생님: 여러분이 헷갈려 하는 것들 중 ⓐ**용언의 어간과 결합하는 명사형 어미 '-(으)ㅁ', '-기'**와 ⓑ**어근과 결합하여 명사를 만드는 명사 파생 접미사 '-이', '-음', '-기'**가 있어요. 전자는 용언의 품사를 바꾸지 않으며, 전자가 결합해 활용된 용언은 서술하는 기능이 유지되고 부사어의 수식을 받을 수 있어요. 한편 후자가 결합하여 만들어진 명사는 관형어의 수식을 받을 수 있어요.

◦ 세상은 홀로 ㉠**살기**가 어렵다.
◦ 형은 충분히 ㉡**잠**으로써 피로를 풀었다.
◦ 날씨가 더워 시원한 ㉢**얼음**이 필요하다.
◦ 우리에게 건전한 ㉣**놀이** 문화가 필요하다.
◦ 이곳은 풍경이 매우 ㉤**아름답기**로 유명하다.

	ⓐ	ⓑ
①	㉠, ㉡	㉢, ㉣, ㉤
②	㉠, ㉤	㉡, ㉢, ㉣
③	㉢, ㉣	㉠, ㉡, ㉤
④	㉠, ㉡, ㉤	㉢, ㉣
⑤	㉡, ㉢, ㉣	㉠, ㉤

⟨ 2013학년도 4월 고3 전국연합학력평가 AB형 ⟩

▶ 형태소의 종류를 도식에 따라 구분하고 구체적인 사례들에 적용해 보는 거야. 실질 형태소, 형식 형태소, 자립 형태소, 의존 형태소의 개념을 잘 알아야겠지? 기본 중 기본이야.

★**29** 문항 코드 | 22672-0151

정답률 38%

다음의 탐구 과정에 따라 〈보기〉의 ㉠~㉤을 분류하고자 한다. A~C에 해당하는 사례를 올바르게 짝지은 것은?

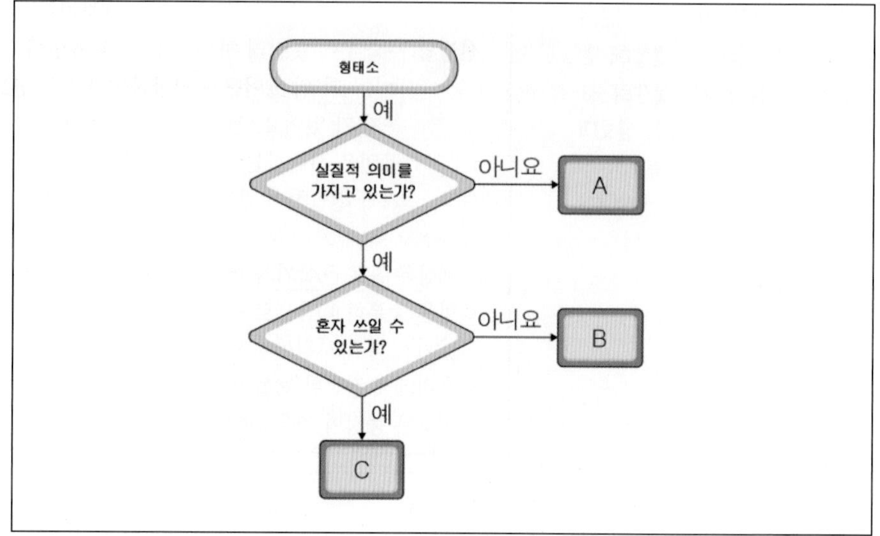

〈보기〉

북두칠성은 ㉠어느 계절에나 북쪽 밤하늘을 보면 쉽게 찾을 수 ㉡있다. 북두칠성을 흔히 국자㉢에 비유하는데, 그것이 국자라면 국을 뜬을 때 국이 흐를 마지막 두 별을 잇㉣는 직선상에 있는 별 중 가장 밝고, 두 별의 간격의 다섯 배쯤에 있는 별을 발견할 것이다. 그 ㉤자리에 보이는 것이 바로 우리가 알고 있는 밤하늘의 북극성이다.

	A	B	C
①	㉠, ㉤	㉢	㉡, ㉣
②	㉡, ㉢	㉠, ㉤	㉣
③	㉢, ㉣	㉠, ㉡	㉤
④	㉢, ㉣	㉡	㉠, ㉤
⑤	㉣	㉢, ㉤	㉠, ㉡

(2016학년도 대학수학능력시험 A형)

▶ 형태소의 개념, 종류, 이형태의 개념까지 종합적으로 묻는 문제야. 이 문제의 선지 하나하나를 YES NO로 대답하고, 그 이유를 정확하게 설명할 수 있다면, 형태소의 개념은 확실히 이해한 것으로 볼 수 있겠어. :)

★30 문항 코드 | 22672-0152 정답률 74%

다음의 (가)에 들어갈 말로 가장 적절한 것은?

〈보기〉

선생님: 지금까지 형태소의 개념 및 유형 그리고 특성에 대해 공부했지요? 그럼, 다음 자료에서 밑줄 친 말들이 가진 공통점이 무엇인지 한번 찾아보세요.

- 하늘은 맑고 바다는 푸르다.
- 그의 말은 듣지 말고 내 말을 들어라.
- 나는 물고기를 잡았지만 놓아주었다.

학 생: 밑줄 친 말들은 모두 [(가)]

① 단어의 자격을 가지고 반드시 다른 말과 결합하여 쓰이는군요. YES NO
② 단어의 자격을 가지고 실질적 의미가 아닌 문법적 의미를 나타내는군요. YES NO
③ 반드시 다른 말과 결합하여 쓰이고 음운 환경에 따라 그 형태가 바뀌는군요. YES NO
④ 음운 환경에 따라 형태가 바뀌고 실질적 의미가 아닌 문법적 의미를 나타내는군요. YES NO
⑤ 실질적 의미가 아닌 문법적 의미를 나타내고 반드시 다른 말과 결합하여 쓰이는군요. YES NO

● 열공 날짜 　　년 　월 　일

23 단어의 형성 & 의미

개념 태그

#합성어 #파생어 #통사적 합성어 #비통사적 합성어
#의미의 확장 #의미의 이동 #의미의 축소 #유의 관계
#반의 관계 #동음이의 관계 #다의 관계 #어휘의 문맥적 의미 파악

▶▶▶ 기억 안 나면? 개념의 나비효과 2권 42쪽으로!

개념의 나비효과 23강을 공부했다면 단일어와 복합어, 합성어와 파생어, 통사적 합성어와 비통사적 합성어가 무엇인지 개념 설명을 할 수 있어야 돼. 수능 언어(문법) 파트에 나오는 개념들은 정말 너무 뻔해. 항상 반복해서 출제되고 있는 개념들을 정확하게 이해해 두자. 그래야 <보기>와 지문에서 설명하는 내용을 빠르게 이해할 수 있고, 제시되는 구체적 사례들을 정확하게 분석해 낼 수 있어. 수능 언어(문법) 파트에서 빠르고 정확하게 문제를 풀어낼 수 있어야, 언매를 선택한 의미가 있는 거라고.

혜정 샘 음성 지원

▶ 비통사적 합성어의 개념을 외국어나 외래어를 대체하는 순화어에 적용해 보라는 문제야. 비통사적 합성어, 품사, 어간 등의 개념을 정확하게 이해했다면 '뜨는곳', '깜짝출연', '생각그물', '덮지붕' 같은 생소한 사례들이 제시되더라도 당황하지 않을 수 있어.

오늘의 태그 문제

정답 31쪽

(2020학년도 3월 고2 전국연합학력평가)

★31 문항 코드 | 22672-0153 　정답률 54%

〈보기〉의 ㉠에 해당하는 예로 적절한 것만을 ⓐ~ⓓ에서 고른 것은?

〈보기〉

선생님: 합성어 중에는 어근의 배열이 우리말의 일반적인 문장 구성 방식에 맞는 것도 있고, 그렇지 않은 것도 있어요. 일반적으로 '체언+체언', '용언의 관형사형+체언', '용언의 연결형+용언' 등의 형태는 통사적 합성어라 하고, '용언의 어간+체언', '부사+체언', '용언의 어간+용언의 어간' 등의 형태는 우리말의 일반적인 문장 구성 방식에 맞지 않으므로 ㉠**비통사적 합성어**라고 하지요. 외국어나 외래어를 대체하는 순화어에서도 통사적 합성어와 비통사적 합성어가 발견됩니다. 그럼 몇 가지 사례를 살펴볼까요?

- 핫 플레이스 ⇨ 뜨는곳 ⋯⋯ ⓐ
- 카메오 ⇨ 깜짝출연 ⋯⋯ ⓑ
- 마인드맵 ⇨ 생각그물 ⋯⋯ ⓒ
- 캐노피 ⇨ 덮지붕 ⋯⋯ ⓓ

① ⓐ, ⓑ 　② ⓐ, ⓓ 　③ ⓑ, ⓒ
④ ⓑ, ⓓ 　⑤ ⓒ, ⓓ

(2022학년도 대학수학능력시험 9월 모의평가)

▶ 품사 개념도 정확하게 이해해야 한다고 했지? 이 문제는 파생어에 대한 문제인데, 이 문제의 정답을 찾기 위해서는 품사의 개념 또한 정확하게 알고 있어야 하는 거야. ④번 선지에서 주동사와 사동사의 개념이 나오는데, 사동 표현은 27강에서 배울 내용이야. 먼저 간단하게만 설명해 주자면, '주동사'란 '문장의 주체가 스스로 행하는 동작을 나타내는 동사', '사동사'란 '문장의 주체가 자기 스스로 행하지 않고 남에게 그 행동이나 동작을 하게 함을 나타내는 동사'를 말해. 27강에서 확실하게 배울 거니까 너무 걱정하지 않아도 돼. ^^

★32 문항 코드 | 22672-0154 정답률 51%

〈보기〉의 ㉮에 들어갈 말로 적절하지 않은 것은?

〈보기〉

선생님: 다음은 접사의 특징을 확인하기 위해 수집한 파생어들이에요. ㉠~㉤에서 각각 확인되는 접사의 공통점을 설명해 보세요.

> ㉠ 넓이, 믿음, 크기, 지우개
> ㉡ 끄덕이다, 출렁대다, 반짝거리다
> ㉢ 울보, 낚시꾼, 멋쟁이, 장난꾸러기
> ㉣ 밀치다, 살리다, 입히다, 깨뜨리다
> ㉤ 부채질, 풋나물, 휘감다, 빼앗기다

학 생: 예, 접사가 [㉮]는 공통점이 있습니다.

① ㉠에서는 용언에 결합하여 명사를 만든다. YES NO
② ㉡에서는 부사에 결합하여 동사를 만든다. YES NO
③ ㉢에서는 사람을 가리키는 의미의 단어를 만든다. YES NO
④ ㉣에서는 주동사에 결합하여 사동사를 만든다. YES NO
⑤ ㉤에서는 어근과 품사가 동일한 단어를 만든다. YES NO

▶ 지난 22강에서 품사를 바꿔 버리는 파생 접미사에 대해 배웠었지? 피동과 사동의 개념을 알고 있으면 문제가 더 쉬워지겠지만, 아직 피동과 사동의 개념과 특징을 잘 모른다고 해도, <보기 1>의 내용을 잘 읽고 이해하면 충분히 답을 찾을 수 있을 거야.

★**33** 문항 코드 | 22672-0155 정답률 68%

〈보기 1〉을 바탕으로 〈보기 2〉와 같이 파생어를 분류하는 활동을 하였다. 이에 대한 설명으로 적절하지 않은 것은?

〈보기 1〉

파생어는 어근에 접사가 붙어 이루어진 말이다. 파생어 형성의 결과는 다음과 같이 분류된다.

㉠ 품사와 문장 구조에 변화가 없음.
　예 명사 '어머니'에 '시-'가 붙어 명사 '시어머니'가 된다.
㉡ 파생어가 되어 품사가 달라짐.
　예 동사 '웃다'의 '웃-'에 '-음'이 붙어 명사 '웃음'이 된다.
㉢ 파생어의 사용으로 문장 구조가 달라짐.
　예 '잡다'에 '-히-'가 붙어 '잡히다'가 되면 '경찰이 도둑을 잡다'와 같은 문장이 '도둑이 경찰에게 잡히다'처럼 바뀐다.
㉣ 위의 ㉡과 ㉢ 모두에 해당함.
　예 형용사 '낮다'에 '-추-'가 붙어 동사 '낮추다'가 되면 '방 온도가 낮다'와 같은 문장이 '내가 방 온도를 낮추다'처럼 바뀐다.

〈보기 2〉

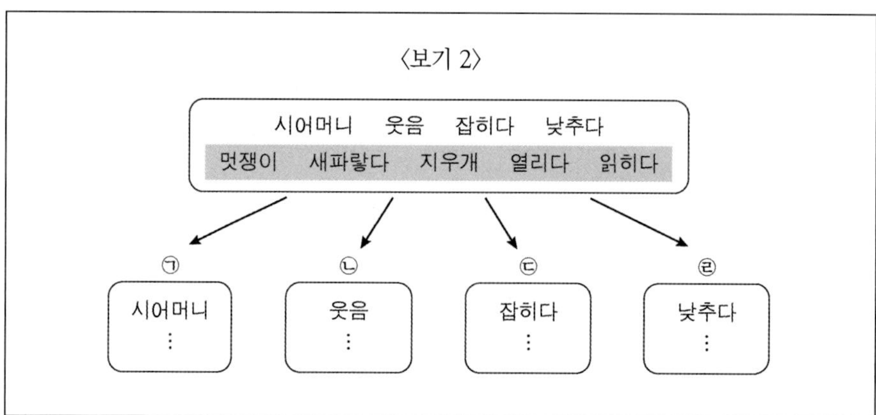

① '멋'에 '-쟁이'가 붙은 '멋쟁이'는 ㉠에 들어간다. YES NO
② '파랗다'에 '새-'가 붙은 '새파랗다'는 ㉠에 들어간다. YES NO
③ '지우다'의 '지우-'에 '-개'가 붙은 '지우개'는 ㉡에 들어간다. YES NO
④ '열다'의 '열-'에 '-리-'가 붙은 '열리다'는 ㉢에 들어간다. YES NO
⑤ '읽다'의 '읽-'에 '-히-'가 붙은 '읽히다'는 ㉣에 들어간다. YES NO

(2022학년도 대학수학능력시험 6월 모의평가)

▶ 중심적 의미와 주변적 의미의 개념을 문제에 적용해 보자. ^^

★34 문항 코드 | 22672-0156 정답률 88%

〈보기〉를 바탕으로 할 때, ㉠~㉢에 해당하는 단어가 사용된 예로 적절한 것은?

〈보기〉

선생님: 신체 관련 어휘는 ㉠신체 부위를 나타내는 중심적 의미가 ㉡주변적 의미로 확장될 수 있어요. 이때 ㉢소리는 같지만 중심적 의미가 다른 단어와 잘 구분해야 합니다. 그럼 아래에서 이러한 의미 관계를 확인해 봅시다.

코[1]
- 포유류의 얼굴 중앙에 튀어나온 부분.
- 콧구멍에서 흘러나오는 액체.

코[2]
- 그물이나 뜨개질한 물건의 눈마다의 매듭.

① ㉠: 묽은 코가 옷에 묻어 휴지로 닦았다. YES NO
② ㉠: 어부가 쳐 놓은 어망의 코가 끊어졌다. YES NO
③ ㉡: 코끼리는 긴 코를 자유자재로 사용한다. YES NO
④ ㉡: 동생이 갑자기 코를 다쳐서 병원에 갔다. YES NO
⑤ ㉢: 어머니께서 목도리를 한 코씩 떠 나가셨다. YES NO

(2013학년도 10월 고3 전국연합학력평가 B형)

▶ 유의 관계와 반의 관계를 개념으로 공부할 때는 더없이 간단했는데, 어휘들을 표로 만들어서 물으니 뭔가 복잡해 보이지? 시험을 볼 때는 눈에 보이는 자료가 주는 부담에 압도당하면 안 돼. 그건 매체나 독서(비문학) 파트에서도 마찬가지야. 선지를 하나씩 차분하게 읽으면서 표를 확인하고 그 적절성을 YES NO로 판단하면 돼.

★35 문항 코드 | 22672-0157 정답률 76%

〈보기〉는 단어의 의미 관계에 관한 수업 자료의 일부이다. 〈보기〉에서 이끌어 낼 수 있는 내용으로 적절하지 않은 것은?

〈보기〉

※ 유의 관계에 있는 '기르다', '키우다', '먹이다'의 쓰임 비교

(두 단어가 결합 가능하면 ○, 그렇지 않으면 ×)

	기르다	키우다	먹이다	
돼지를	○	○	○	ⓐ
감나무를	○	○	×	ⓑ
인내심을	○	○	×	ⓒ
수염을	○	×	×	ⓓ
첨단산업을	×	○	×	ⓔ

① ⓐ의 경우 '기르다', '키우다', '먹이다'는 모두 '사육하다'를 대신해 쓸 수 있다. YES NO
② ⓑ의 경우 '기르다'와 '키우다'는 '재배하다'를 대신해 쓸 수 있다. YES NO
③ ⓒ와 ⓔ를 보면 '키우다'는 '기르다', '먹이다'와 달리 추상적인 의미를 지닌 말과 결합하여 쓸 수 있다. YES NO
④ ⓓ의 경우 '기르다'는 '깎다'와 반의 관계에 있다고 할 수 있다. YES NO
⑤ ⓐ~ⓔ를 보면 '기르다'는 '먹이다'에 비해 '키우다'와 더 많은 상황에서 서로 바꾸어 쓸 수 있다. YES NO

▶ 단어들의 의미 관계는 이렇게 얼마든지 다양한 형태로 물을 수 있어. 문제의 유형이나 그림에 당황하지 말고, 기본 개념을 잘 떠올리면 된다는 선생님의 말을 꼭 기억해.

(2013학년도 대학수학능력시험)

★36 문항 코드 | 22672-0158 정답률 84%

〈보기〉의 (가), (나)에 들어갈 내용으로 적절한 것은?

〈보기〉

어떤 단어가 여러 의미를 지녔을 경우, 각각의 의미에 따라 반의어도 달라질 수 있다. 가령 '시계가 서다'에서 '서다'의 반의어는 '가다'인데, '공연을 서서 보다'에서 '서다'의 반의어는 '앉다'가 된다.

단어	예문	반의어
빼다	주차장에서 차를 **뺐다**.	대다
	(가)	넣다
	적금을 **빼서** 빚을 갚았다.	(나)

(가)		(나)	
① 풍선에서 바람을 **뺐다**.	YES NO	꽂다	YES NO
② 설날이 다가와서 가래떡을 **뺐다**.	YES NO	더하다	YES NO
③ 주머니에서 손을 **뺐다**.	YES NO	찾다	YES NO
④ 새집 냄새를 **뺐다**.	YES NO	박다	YES NO
⑤ 이번 경기에서는 그를 **뺐다**.	YES NO	들다	YES NO

다음 글을 읽고 물음에 답하시오. [37-38] 《 2020학년도 대학수학능력시험 》

다의어란 두 가지 이상의 의미를 가진 단어를 말한다. 다의어에서 기본이 되는 핵심 의미를 중심 의미라고 하고, 중심 의미에서 확장된 의미를 주변 의미라고 한다. 중심 의미는 일반적으로 주변 의미보다 언어 습득의 시기가 빠르며 사용 빈도가 높다. 그러면 다의어의 특징에 대해 좀 더 알아보자.

첫째, 주변 의미로 사용되었을 때는 문법적 제약이 나타나기도 한다. 예를 들면 '한 살을 먹다'는 가능하지만 '한 살이 먹히다'나 '한 살을 먹이다'는 어법에 맞지 않는다. 또한 '손'이 '노동력'의 의미로 쓰일 때는 '부족하다, 남다' 등 몇 개의 용언과만 함께 쓰여 중심 의미로 쓰일 때보다 결합하는 용언의 수가 적다.

둘째, 주변 의미는 기존의 의미가 확장되어 생긴 것으로서, 새로 생긴 의미는 기존의 의미보다 추상성이 강화되는 경향이 있다. '손'의 중심 의미가 확장되어 '손이 부족하다', '손에 넣다'처럼 각각 '노동력', '권한이나 범위'로 쓰이는 것이 그 예이다.

셋째, 다의어의 의미들은 서로 관련성을 갖는다.

> **줄** 명
> ① 새끼 따위와 같이 무엇을 묶거나 동이는 데에 쓸 수 있는 가늘고 긴 물건. 예 줄로 묶었다.
> ② 길이로 죽 벌이거나 늘여 있는 것. 예 아이들이 줄을 섰다.
> ③ 사회생활에서의 관계나 인연. 예 내 친구는 그쪽 사람들과 줄이 닿는다.

예를 들어 '줄'의 중심 의미는 위의 ①인데 길게 연결되어 있는 모양이 유사하여 ②의 의미를 갖게 되었다. 또한 연결이라는 속성이나 기능이 유사하여 ③의 뜻도 지니게 되었다. 이때 ②와 ③은 '줄'의 주변 의미이다.

그런데 ㉠**다의어의 의미들이 서로 대립적 관계를 맺는 경우**가 있다. 예를 들어 '앞'은 '향하고 있는 쪽이나 곳'이 중심 의미인데 '앞 세대의 입장', '앞으로 다가올 일'에서는 각각 '이미 지나간 시간'과 '장차 올 시간'을 가리킨다. 이것은 시간의 축에서 과거나 미래 중 어느 방향을 바라보는지에 따른 차이로서 이들 사이의 의미적 관련성은 유지된다.

▶ 다의어의 개념과 특징을 아주 잘 정리해 준 지문이야. 당장 이 문제를 풀기 위해서만이 아니라 다의어의 개념을 복습하기 좋은 자료라고 생각하면서 지문을 꼼꼼히 읽고 물음에 답해 보자.

★**37** 문항 코드 | 22672-0159 정답률 46%

윗글을 참고하여 추론한 내용으로 적절하지 않은 것은?

① 대부분의 아이들이 '별'의 의미 중 '군인의 계급장'이라는 의미보다 '천체의 일부'라는 의미를 먼저 배우겠군. YES NO

② '앉다'의 의미 중 '착석하다'의 의미로 쓰이는 빈도가 '요직에 앉다'처럼 '직위나 자리를 차지하다'의 의미로 쓰이는 빈도보다 더 높겠군. YES NO

③ '결론에 이르다'와 '포기하기에는 아직 이르다'에서 '이르다'의 의미들은 서로 관련성이 없으니, 이 두 의미는 중심 의미와 주변 의미의 관계로 볼 수 없겠군. YES NO

④ '팽이를 돌리다'는 어법에 맞는데 '침이 생기다'라는 의미의 '돌다'는 '군침을 돌리다'로 쓰이지 않으니, '군침이 돌다'의 '돌다'는 주변 의미로 사용된 것이겠군. YES NO

⑤ 사람의 감각 기관을 뜻하는 '눈'의 의미가 '눈이 나빠져서 안경의 도수를 올렸다'에서의 '눈'의 의미로 확장되었으니, '눈'의 확장된 의미는 기존 의미보다 더 구체적이겠군. YES NO

▶ 지문의 마지막 문단을 잘 이해했다면 문제가 요구하는 바를 명확하게 파악할 수 있을 거야. 마지막 문단은 이 문제를 출제하기 위해 덧붙여 놓은 문단이었어.

★**38** 문항 코드 | 22672-0160 정답률 41%

밑줄 친 단어들의 의미를 고려하여 ㉠의 예에 해당하는 것만을 〈보기〉에서 있는 대로 고른 것은?

〈보기〉

영희: 자꾸 말해 미안한데 모둠 발표 자료 좀 줄래?
민수: 너 빚쟁이 같다. 나한테 자료 맡겨 놓은 거 같네.
영희: 이틀 뒤에 발표 사전 모임이라고 금방 문자 메시지가 왔었는데 지금 또 왔어. 근데 빚쟁이라니, 내가 언제 돈 빌린 것도 아니고…….
민수: 아니, 꼭 빌려준 돈 받으러 온 사람 같다고. 자료 여기 있어. 가현이랑 도서관에 같이 가자. 아까 출발했다니까 금방 올 거야.
영희: 그래. 발표 끝난 뒤에 다 같이 밥 먹자.

① 빚쟁이
② 빚쟁이, 금방
③ 뒤, 돈
④ 뒤, 금방, 돈
⑤ 빚쟁이, 뒤, 금방

다음 글을 읽고 물음에 답하시오. [39-40] (2021학년도 대학수학능력시험)

우리는 단어의 의미와 유래를 통해 단어에 담긴 언중의 인식과 더불어 시대상을 짐작할 수 있다. 그리고 단어의 구조를 통해 단어 구성 방식도 이해할 수 있다.

유길준의 『서유견문』(1895)에는 '원어기(遠語機)'라는 말이 등장하는데, 이것은 영어의 'telephone'에 해당하는 단어로 '말을 멀리 보내는 기계'라는 뜻이다. 오늘날의 '전화기(電話機)'가 '전기를 통해 말을 보내는 기계'의 뜻이라는 점과 비교해 보면 '원어기'는 말을 '멀리' 보낸다는 점에, '전화기'는 말을 '전기로' 보낸다는 점에 초점을 맞춘 단어이다. 이처럼 대상을 어떻게 인식하느냐에 따라 그것을 표현하는 단어는 달라지기도 한다. 또한 개화기 사전에 등장하는 '소젓메쥬(소젖메주)'처럼 새롭게 유입된 대상을 일상의 단어로 표현한 경우도 있다. '소젓메쥬'는 '치즈(cheese)'에 대응하는 단어인데, 간장과 된장의 재료인 '메주'라는 일상의 단어를 통해 대상을 인식했음을 보여 준다.

한편, 『가례언해』(1632)에 따르면 '총각(總角)'은 '머리를 땋아 갈라서 틀어 맴'을 이르는 말이었으나 그러한 의미는 사라지고 오늘날에는 '결혼하지 않은 성년 남자'를 뜻한다. 특정한 행위를 나타내던 단어가 이와 관련된 사람을 지시하는 말로 그 의미가 변화한 것이다. 여기에서 남자도 머리를 땋아 묶었던 과거의 관습을 짐작할 수 있다. 또한 '부대찌개' 역시 한국 전쟁 이후 미군 부대에서 나온 재료로 찌개를 끓였던 것에서 유래한 단어라는 점에서 시대의 흔적을 담고 있다.

우리는 단어의 구조를 통해 단어가 구성되는 방식도 파악할 수 있다. 『한불자전』(1880)에는 이전 시기의 문헌에서는 볼 수 없었던 '두길보기'와 '산돌이'가 등장한다. "양쪽 모두의 눈치를 보는 사람"으로 풀이된 '두길보기'의 '두길'은 **㉠관형사가 후행하는 명사를 수식**하는 것으로 분석된다. "같은 장소를 일 년에 한 번만 지나가는 큰 호랑이"로 풀이된 '산돌이'는 **㉡단어의 구성 요소들이 의미상 목적어와 서술어의 관계**로 이루어져 '산을 돌다'라는 의미를 나타내고 있다. 이와 같이 예전에도 오늘날처럼 다양한 방식으로 단어를 만들어 생각을 표현하고 있었던 셈이다.

▶ 39번은 단어의 구성 방식을 정확하게 파악할 수 있는지를 묻고 있어. ㉠과 ㉡을 봐. 단어의 구성 방식을 분석할 수 있으려면 품사와 문장 성분에 대한 이해가 선행되어야 한다는 걸 알 수 있지? 품사 개념은 공부했고, 문장 성분 개념은 다음 시간에 공부할 거야. 음, 아마도 목적어와 서술어의 개념 정도는 다들 알고 있겠지만, 잘 모르겠더라도 걱정하지 마. 바로 다음 24강에서 열공하게 해 줄 거거든. ㅎㅎ 관형사와 명사, 목적어와 서술어의 개념을 이해하고, 구체적 어휘들에 적용할 수 있어야 답을 찾을 수 있는 문제야.

★39 문항 코드 | 22672-0161 정답률 20%

㉠과 ㉡을 모두 충족하는 단어만을 〈보기〉에서 있는 대로 고른 것은?

〈보기〉

새해맞이, 두말없이, 숨은그림찾기, 한몫하다

① 새해맞이, 숨은그림찾기, 한몫하다
② 두말없이, 숨은그림찾기, 한몫하다
③ 두말없이, 숨은그림찾기
④ 새해맞이, 한몫하다
⑤ 새해맞이

▶ 그냥 독서 지문이라고 생각하고 접근해도 될 만한 패턴의 문제야. 지문과 <보기>에는 구체적 사례들이 한가득이지? 구체적인 사례들을 바탕으로 각 선지를 YES NO로 판단해 보자.

★**40** 문항 코드 | 22672-0162 정답률 68%

윗글과 〈보기〉를 바탕으로 추론한 내용으로 적절하지 않은 것은?

〈보기〉

◦ '립스틱'을 여성들이 입술에 바르던 염료인 '연지'라는 단어를 사용해 '입술연지'라고도 했다.
◦ '변사'는 무성 영화를 상영할 때 장면에 맞추어 그 내용을 설명하던 직업을 가진 사람을 뜻한다.
◦ '수세미'는 박과의 한해살이 덩굴풀을 뜻하는데, 그 열매 속 섬유로 그릇을 닦았다. 오늘날 공장에서 만든 설거지 도구도 '수세미'라고 한다.
◦ '혁대'의 순화어로 '가죽으로 만든 띠'라는 뜻의 '가죽띠'와 '허리에 매는 띠'라는 뜻의 '허리띠'가 제시되어 있다.
◦ '양반'은 조선 시대 사대부를 이르는 말이었지만 지금은 '점잖은 사람'의 뜻으로 주로 쓰인다.

① '입술연지'는 '소젯메쥬'처럼 일상의 단어로 새로운 대상을 인식한 예로 볼 수 있겠군. YES NO
② '변사'는 무성 영화와 관련해 쓰인 단어라는 점에서 시대상이 반영된 예에 해당하겠군. YES NO
③ '수세미'는 기존의 의미에 새로운 의미가 더해졌다는 점에서 '총각'과 유사하겠군. YES NO
④ '가죽띠'는 '재료'에, '허리띠'는 '착용하는 위치'에 초점을 둔 단어라는 점에서 서로 다른 인식이 반영된 것이겠군. YES NO
⑤ '양반'은 신분의 구분이 있었던 사회의 모습을 엿볼 수 있다는 점에서 시대의 흔적을 담고 있겠군. YES NO

24 문장 성분

개념 태그 #어절, 구, 절 #주성분은 주어, 서술어, 목적어, 보어 #서술어의 자릿수 #부속 성분은 관형어, 부사어 #관형사와 관형어는 다르다는 거 #부사와 부사어도 다르다는 거 #독립 성분은 독립어

▸▸▸ 기억 안 나면? 개념의 나비효과 2권 58쪽으로!

품사와 문장 성분을 헷갈려 하는 경우가 종종 있어. 그래서 한번 개념을 정리할 때 정확하게 이해해야 된다고 강조하는 거야. 하나의 개념을 공부하고, 또 다른 개념을 추가로 공부하게 될 때, 두 개념을 혼동하는 일이 없으려면 각각의 개념을 정확하게 이해하는 수밖에 없어. 문장 성분 개념을 잘 이해해야 다음 시간에 배울 문장의 짜임새 개념도 쉽게 이해할 수 있거든. 또 그래야 정확한 문장 표현을 잘 이해할 수 있고. 그럼 기출문제를 통해서 24강에서 배운 문장 성분 개념을 잘 이해했는지 점검해 보자. :)

혜정 샘 음성 지원

▶ 주성분이 뭐라고? 주어, 목적어, 보어, 서술어. :) 그중에서 주어에 대해서 묻는 문제야. 주어의 특징을 떠올리며 문제를 풀어 보자.

오늘의 태그 문제

정답 33쪽

(2013학년도 10월 고3 전국연합학력평가 A형)

★**41** 문항 코드 | 22672-0163 정답률 58%

〈보기〉를 바탕으로 '주어'에 대해 탐구한 내용으로 적절하지 않은 것은?

> 〈보기〉
>
> 지난 토요일에 ㉠사촌 동생이 왔다. 뭘 할까 고민하다 ㉡사촌 동생에게 미술관에 가자고 했다. ㉢지하철이 있었지만, 한 정거장이라 걸어가기로 했다. 재미있게 놀다 오라고 하시며 ㉣어머니께서 용돈을 주셨다. 걷다 생각해 보니, ㉤우리가 함께 노는 것도 오랜만이었다. 다들 바빠서인지 ㉥친척도 서로 만나기가 쉽지 않은 듯하다.

① ㉠, ㉣, ㉥을 보니, 주어는 '무엇이 어찌한다 / 어떠하다'에서 '무엇이'에 해당하는군. YES NO
② ㉠과 ㉣을 비교해 보니, 서술어의 자릿수에 따라 주격 조사의 형태가 달라지는군. YES NO
③ ㉡을 보니, 문맥상 주어를 분명히 알 수 있을 경우에는 주어가 생략되기도 하는군. YES NO
④ ㉢과 ㉤을 비교해 보니, 자음 뒤에서는 '이', 모음 뒤에서는 '가'가 주격 조사로 쓰이는군. YES NO
⑤ ㉥을 보니, 체언뿐 아니라 명사절도 주어가 될 수 있군. YES NO

▶ 주어는 정말 기본적이고 쉬운 개념이라고 생각들 하는데, 이 문제의 정답률은 겨우 52%밖에 안 돼. 주어의 특징, 다시 한번 짚어 보기.

(2013학년도 3월 고2 전국연합학력평가 A형)

★**42** 문항 코드 | 22672-0164 정답률 52%

〈보기〉의 자료를 바탕으로 '주어'에 대해 탐구했을 때, 적절하지 않은 것은?

> 〈보기〉
>
> ㄱ. 새가 날아간다.
> ㄴ. 어디 갔니, 영희는?
> ㄷ. 우리 지금부터 조용히 하자.
> ㄹ. 우리 반이 승리했음이 분명하다.
> ㅁ. 어서 빨리 밥 먹고 학교에 가거라.

① 'ㄱ'과 'ㄷ'을 보면, 주격 조사는 생략될 수도 있어. YES NO
② 'ㄱ'과 'ㄹ'을 보면, 주격 조사의 형태는 앞말과 관계가 없어. YES NO
③ 'ㄱ'과 'ㅁ'을 보면, 상황에 따라 주어가 생략될 수도 있어. YES NO
④ 'ㄴ'과 'ㄷ'을 보면, 주어의 위치는 이동할 수 있어. YES NO
⑤ 'ㄷ'과 'ㄹ'을 보면, 주어는 한 단어뿐 아니라 절이 될 수도 있어. YES NO

▶ 부속 성분 중 관형어를 만드는 방법에 대한 <보기>가 제시돼 있어. <보기> 속 내용을 잘 이해하고 절대 잊지 말자.

(2014학년도 9월 고2 전국연합학력평가 A형)

★**43** 문항 코드 | 22672-0165 정답률 60%

〈보기〉의 예로 적절하지 않은 것은?

> 〈보기〉
>
> 관형어는 체언을 수식하는 문장 성분이다. 관형어가 체언을 수식하는 방법은 여러 가지이다. 가장 기본적인 것은 관형사가 그대로 관형어가 되는 경우이고, 두 번째는 체언에 관형격 조사 '-의'가 결합되어 실현되는 경우이고, 세 번째는 용언 어간에 관형사형 어미가 결합되어 실현되는 것이다. 네 번째는 관형격 조사 '-의'가 생략되어 '체언+체언'의 구성으로 된 경우이다.

① 그는 새 운동화를 신었다. 첫 둘 셋 넷
② 그녀는 겨우 작품을 완성했다. 첫 둘 셋 넷
③ 소녀는 시골 풍경을 좋아한다. 첫 둘 셋 넷
④ 이곳은 내가 다니던 학교이다. 첫 둘 셋 넷
⑤ 지도자는 국민의 단결을 호소했다. 첫 둘 셋 넷

(2013학년도 11월 고2 전국연합학력평가 A형)

▶ 개념이 줄줄이 엮인 문제야. 품사, 문장 성분, 문장의 짜임새까지. 문장의 짜임새는 다음 시간에 꼼꼼히 공부할 거니까, 아직 잘 모른다고 해서 의기소침할 필요 없어. 관형사와 관형어가 어떻게 다른지 자신 있게 대답할 수 있어야 돼. ^^

★ **44** 문항 코드 | 22672-0166 정답률 80%

다음은 문법 수업의 내용을 정리한 학생의 노트이다. 이를 바탕으로 〈보기〉를 탐구한 내용으로 적절하지 않은 것은?

• 관형사: 체언 앞에 놓여서 체언을 꾸며 주는 단어

예) 새 책에 이름을 적어 두었다.

• 관형어: 체언 앞에서 체언을 꾸며 주는 문장 성분

① 관형사

② 체언 + 관형격 조사

③ 용언의 어간 + 관형사형 어미

• 안긴문장(절): 다른 문장 속에서 하나의 성분처럼 쓰이는 홑문장

→ 주어와 서술어를 갖추어야 함.

① 관형절: 다른 문장 속에 들어가 관형어의 역할을 하는 안긴문장(절). 이때 관형절은 '-(으)ㄴ' '-는' '-던' 등의 관형사형 어미를 포함함.

예) '무소유'는 **내가 읽었던** 책이다.

〈보기〉

ㄱ. **어느** 지역이든 **유명한** 관광지는 있기 마련이다.
ㄴ. **내가 산** 꽃을 **그녀의** 화단에 옮겨 심었다.
ㄷ. 나는 **동전 다섯** 개를 잃어버렸지만 **그** 사실을 알지 못했다.

① ㄱ의 '유명한'은 명사 '관광지'를 꾸며 주고 있으므로 관형어라고 할 수 있군. YES NO
② ㄴ의 '그녀의'는 체언에 관형격 조사 '의'가 결합하여 명사 '화단'을 꾸며 주고 있으므로 관형어라고 할 수 있군. YES NO
③ ㄴ의 '산'은 '사다'의 어간 '사-'에 관형사형 어미 '-(으)ㄴ'이 결합한 것이므로 '내가 산'은 관형절이라고 할 수 있군. YES NO
④ ㄷ의 '다섯'은 '개'를 꾸며 주는 관형사이므로, '동전 다섯'은 관형절이라고 할 수 있군. YES NO
⑤ ㄱ의 '어느'와 ㄷ의 '그'는 모두, 뒤에 나오는 체언을 수식하는 관형사이자 관형어라고 할 수 있군. YES NO

(2013학년도 7월 고3 전국연합학력평가 A형)

▶ 부사어는 관형어와 함께 부속 성분이면서도 문장에 반드시 필요할 때가 있어. 이런 부사어를 필수적 부사어라고 해. 필수적 부사어의 개념도 잘 이해해 놓자. 정답률 90%인데 이 문제를 틀리면 되겠니? ㅎㅎ 틀리지 말자. 부사어의 특징 이해하기!

★**45** 문항 코드 | 22672-0167 정답률 90%

다음 자료를 통해 '부사어'에 대해 탐구한 내용으로 적절하지 않은 것은?

〈보기〉

내 단짝 친구는 바로 은수인데, 은수는 춤을 매우 잘 춘다. 쉬는 시간에 은수가 ㉠ 교실 앞에 나와서 춤을 췄다. 은수는 요즘 인기가 많은 가수와 ㉡ 비슷했다. 친구들이 박수를 치면서 호응을 해 주자 은수는 무척 즐거워했다.

		탐구 결과	
'바로'와 '매우'가 꾸미는 문장 성분을 살핀다.	➡	부사어는 다양한 문장 성분을 꾸민다. ①	YES NO
'쉬는 시간에'를 ㉠에 옮겨 본다.	➡	부사어의 위치를 바꾸면 부사어의 의미가 달라진다. ②	YES NO
'매우'와 '가수와'를 생략해 본다.	➡	부사어는 문장에서 반드시 필요한 경우가 있다. ③	YES NO
㉡에 '정말'을 넣어 본다.	➡	부사어를 넣어 서술어의 의미를 강조할 수 있다. ④	YES NO
'무척' 뒤에 '이나'를 붙여 본다.	➡	부사어는 보조사와 결합하여 쓰일 수 있다. ⑤	YES NO

▶ 문형 정보라는 말도 낯설고, 문제도 좀 복잡해 보이긴 할 거야. 하지만 <보기>를 침착하게 읽어보면 우리가 공부한 내용을 요약해 놓은 것임을 알 수 있어. <보기>에서도 설명하듯이 특정 서술어가 요구하는 필수적 문장 성분을 정확하게 파악하면 어렵지 않게 정답을 찾을 수 있어. <보기>의 사례를 이해하고, 이해한 내용을 또 다른 사례들에 적용할 수 있어야 돼.

(2016학년도 대학수학능력시험 9월 모의평가 B형)

★**46** 문항 코드 | 22672-0168 정답률 74%

〈보기〉를 참고할 때 밑줄 친 서술어의 문형 정보를 바르게 추출한 것은?

〈보기〉

서술어의 필수적 문장 성분은 사전의 문형 정보에 제시되어 있다. 이러한 문형 정보를 추출하는 과정을 '지내다'의 예로 간략히 보이면 아래와 같다.

['지내다'의 문형 정보 추출 과정]

예문	• 민수가 요즘에 조용하게 **지낸다**. • 할아버지가 노년에 편하게 **지내신다**.
↓	
문장 성분 분석	• **주 어**: 민수가, 할아버지가 • **부사어**: 요즘에, 조용하게, 노년에, 편하게
↓	
필수적 문장 성분 추출	• **주 어**: 민수가, 할아버지가 • **부사어**: 조용하게, 편하게
↓ ← 주어 제외	
문형 정보	**【-게】**

	예문	문형 정보	
①	• 이 나라는 국토가 대부분 산으로 **되어** 있다. • 요즘에 가죽으로 **된** 지갑이 인기다.	➡ 【…으로】	YES NO
②	• 모두 그 속임수에 아무렇지 않게 **넘어갔다**. • 제 꾀에 자기가 자연스럽게 **넘어간** 꼴이다.	➡ 【-게】	YES NO
③	• 나는 언니와 옷 때문에 **다투기도** 했다. • 그는 누군가와 한밤중에 **다투곤** 했다.	➡ 【…에】	YES NO
④	• 가방에 지갑이 사은품으로 **딸려** 있다. • 그 책에 단어장이 부록으로 **딸려** 있다.	➡ 【…으로】	YES NO
⑤	• 옷에서 때가 깨끗하게 **빠졌다**. • 청바지에서 물이 허옇게 **빠졌다**.	➡ 【-게】	YES NO

▶ '서술어의 자릿수'도 참 자주 출제되는 개념이야. 기출문제들을 통해 '서술어의 자릿수' 개념을 정확하게 이해해 놓자.

(2014학년도 3월 고1 전국연합학력평가)

★47 문항 코드 | 22672-0169 정답률 65%

〈보기 1〉을 참고하여, 〈보기 2〉의 문장을 탐구한 내용으로 적절한 것은?

〈보기 1〉

문장의 성립을 위해서 서술어가 반드시 필요로 하는 문장 성분의 개수를 '서술어의 자릿수'라고 한다. 다음의 예문을 통해 이를 탐구해 보자.

윤아는(㉠) 맑은(㉡) 하늘을(㉢) 좋아한다(서술어).

[탐구 과정]

1) ㉠이 없을 경우: '좋아한다'의 주체(주어)가 빠져서 문장이 성립되지 않는다.
2) ㉡이 없을 경우: '하늘'을 꾸며 주는 말(관형어)이므로, 문장의 성립 여부에 영향을 주지 않는다.
3) ㉢이 없을 경우: '윤아'가 좋아하는 대상(목적어)이 빠져서 문장이 성립되지 않는다.

[탐구 결과]

'좋아한다'는 주어(㉠)와 목적어(㉢)를 반드시 필요로 하는 두 자리 서술어이다.

〈보기 2〉

ㄱ. 희선이는 맛있는 빵을 먹었다.
ㄴ. 빨간 장미꽃이 활짝 피었다.

① ㄱ은 '희선이는'을 생략해도 문장이 성립한다. YES NO
② ㄴ은 '빨간'과 '장미꽃이'를 생략해도 문장이 성립한다. YES NO
③ ㄱ의 '먹었다'와 ㄴ의 '피었다'는 모두 목적어를 반드시 필요로 한다. YES NO
④ ㄱ의 '맛있는'과 ㄴ의 '활짝'은 서술어가 반드시 필요로 하는 문장 성분이다. YES NO
⑤ ㄱ의 '먹었다'는 두 자리 서술어이고, ㄴ의 '피었다'는 한 자리 서술어이다. YES NO

다음 글을 읽고 물음에 답하시오. [48~49] (2019학년도 6월 고1 전국연합학력평가)

서술어에 따라 완전한 문장을 이루기 위해 필요로 하는 문장 성분의 개수가 다른데, 이를 '서술어의 자릿수'라 한다.

'한 자리 서술어'는 주어만을 필요로 한다.

예 아기가 운다.

'두 자리 서술어'는 주어 외에 목적어, 보어, 필수적 부사어 중에서 하나의 문장 성분을 더 필요로 한다.

예 경찰이 도둑을 잡았다.
물이 얼음이 되었다.
아들이 아빠와 닮았다.

'세 자리 서술어'는 주어, 목적어, 필수적 부사어를 반드시 필요로 한다.

예 그녀는 그 아이를 제자로 삼았다.

위 문장에서 부사어인 '아빠와', '제자로'는 필수적 성분으로서, 생략되었을 경우 불완전한 문장이 된다. 이러한 부사어를 ㉠필수적 부사어라 한다.

한편 문장에서 사용되는 의미의 차이에 따라 그 자릿수를 달리하는 서술어도 있다.

예 ㉮ 나는 그녀를 생각한다.
㉯ 나는 그녀를 선녀로 생각한다.

㉮의 '생각하다'는 '사람이나 일 따위에 대하여 기억하다'는 뜻으로 주어와 목적어를 필요로 하는 두 자리 서술어이다. 이에 비해 ㉯의 '생각하다'는 '의견이나 느낌을 가지다'는 뜻으로 주어, 목적어, 부사어를 필요로 하는 세 자리 서술어이다.

▶ 와, 계속 반복이? 서술어의 자릿수를 다루는 기출문제가 정말 많아. 그만큼 서술어의 자릿수를 파악하는 것이 기출문제에 단골로 등장한다는 거야. 서술어의 자릿수 문제를 잘 해결하기 위해서는 서술어에 대해서만이 아니라 주어, 목적어, 보어를 포함하는 주성분의 개념들도 잘 이해해야 돼.

★**48** 문항 코드 | 22672-0170 정답률 56%

〈보기〉는 국어사전의 일부이다. 윗글을 바탕으로 ⓐ~ⓓ를 이해한 것으로 적절한 것은?

〈보기〉

듣다01 [-따] [들어, 들으니, 듣는[든-]]
「동사」
[1] 【…을】
사람이나 동물이 소리를 감각 기관을 통해 알아차리다.
¶ 나는 숲에서 새소리를 ⓐ듣는다.
[2] 【…에게 …을】
주로 윗사람에게 꾸지람을 맞거나 칭찬을 듣다.
¶ 그 아이는 누나에게 칭찬을 자주 ⓑ듣는다.
[3] 【…을 …으로】
어떤 것을 무엇으로 이해하거나 받아들이다.
¶ 그들은 고지식해서 농담을 진담으로 ⓒ듣는다.

듣다02 [-따] [들어, 들으니, 듣는[든-]]
「동사」
【…에】
눈물, 빗물 따위의 액체가 방울져 떨어지다.
¶ 차가운 빗방울이 지붕에 ⓓ듣는다.

① ⓐ는 세 자리 서술어이다. YES NO
② ⓑ는 주어와 목적어만을 필수적으로 요구하는 서술어이다. YES NO
③ ⓒ는 주어 외에 두 개의 문장 성분을 더 필요로 한다. YES NO
④ ⓐ와 ⓓ는 필요로 하는 문장 성분이 서로 같다. YES NO
⑤ ⓑ와 ⓓ는 의미에 차이가 있지만 서술어 자릿수는 같다. YES NO

▶ 필수적 부사어의 개념을 이해하고, 구체적인 사례를 통해 부사어의 특징을 잘 이해하자.

★ **49** 문항 코드 | 22672-0171 정답률 69%

밑줄 친 부분이 ㉠에 해당되지 않는 것은?

① 그 아이는 매우 **영리하게** 생겼다. YES NO
② 승윤이는 **통나무로** 식탁을 만들었다. YES NO
③ 이 지역의 기후는 **벼농사에** 적합하다. YES NO
④ 나는 이 일을 **친구와** 함께 의논하겠다. YES NO
⑤ 작년에 부모님께서 **나에게** 큰 선물을 주셨다. YES NO

(2022학년도 대학수학능력시험)

▶ 먼저 '유리하다'가 몇 자리 서술어인지부터 파악해야겠지? 그런 다음, 각 선지에 제시된 문장의 서술어들이 몇 자리 서술어인지 차근차근 분석해 보면 돼 :)

★ **50** 문항 코드 | 22672-0172 정답률 38%

밑줄 친 서술어가 요구하는 필수 성분의 개수와 종류가 〈보기〉의 문장과 같은 것은?

〈보기〉
이곳의 지형은 외적의 침입을 막기에 **유리하다**.

① 그 광물이 원래는 귀금속에 **속했다**.
② 그는 바람이 불기에 옷깃을 **여몄다**.
③ 우리는 원두막을 하루 만에 **지었다**.
④ 나는 시간이 남았기에 그와 **걸었다**.
⑤ 나는 구호품을 수해 지역에 **보냈다**.

● 열공 날짜 년 월 일

25 문장의 짜임새

개념 태그 #홑문장, 겹문장 #안은문장, 이어진문장 #명사절을 가진 안은문장 #서술절을 가진 안은문장 #관형절을 가진 안은문장 #부사절을 가진 안은문장 #인용절을 가진 안은문장 #대등하게 연결된 이어진문장 #종속적으로 연결된 이어진문장

▶▶▶ 기억 안 나면? 개념의 나비효과 2권 72쪽으로!

24강에서 문장 성분 개념을 잘 이해했지? 문장 성분을 이해한 내용을 바탕으로 25강에서는 문장의 짜임새에 대해 공부했어. 문장의 짜임새도 품사, 문장 성분과 함께 정말 자주 출제되는 개념이니, 한 번 공부할 때 제대로, 확실하게 정리하고 이해해 놓자!

다음 글을 읽고 물음에 답하시오. [51-52] (2017학년도 9월 고2 전국연합학력평가)

서술어는 그 성격에 따라 필요로 하는 문장 성분의 개수가 다른데, 이를 '서술어의 자릿수'라고 한다. 이러한 서술어의 자릿수에 의한 서술어의 종류에는 주어만을 요구하는 한 자리 서술어, 주어 이외에도 목적어, 보어, 부사어 중에서 한 성분을 필수적으로 요구하는 두 자리 서술어, 주어, 목적어, 부사어 세 가지 성분을 모두 요구하는 ㉠세 자리 서술어가 있다.

한편 문장은 주어와 서술어의 관계에 따라 홑문장과 겹문장으로 나뉜다. 홑문장은 '주어-서술어'의 관계가 한 번, 겹문장은 '주어-서술어'의 관계가 두 번 이상 나타나는 문장이다.

겹문장은 다시 이어진문장과 안은문장으로 나뉜다. 이어진문장은 둘 이상의 절이 연결 어미에 의하여 결합된 문장으로, '대등하게 연결된 이어진문장'과 '종속적으로 연결된 이어진문장'이 있다. 대등하게 연결된 이어진문장은 앞 절과 뒤 절의 의미가 대등하게 이어진 문장으로, 앞 절과 뒤 절은 '나열', '대조', '선택' 등의 대등한 의미 관계를 갖는다. 그리고 종속적으로 연결된 이어진문장은 앞 절과 뒤 절의 의미가 독립적이지 못하고 종속적인 관계에 있는 문장으로, 앞 절이 뒤 절에 대해 '배경', '원인', '조건', '결과', '목적' 등의 종속적인 의미 관계를 나타낸다.

문장 속에 안겨 하나의 문장 성분처럼 기능하는 절을 '안긴문장'이라고 하며 이러한 절을 포함한 문장을 '안은문장'이라고 한다. 안긴문장은 문장 속에서 주어, 목적어 등의 기능을 하는 '명사절', 관형어의 기능을 하는 '관형절', 부사어의 기능을 하는 '부사절', 서술어의 기능을 하는 '서술절', 그리고 인용한 내용이 절의 형식으로 안기는 '인용절' 등이 있다. 안은문장에서는 안긴문장의 어떤 성분이 그것을 안고 있는 안은문장의 한 성분과 동일하게 되면 그 안긴문장의 성분이 생략될 수 있다.

혜정 샘 음성 지원

▶ 이것은… 24강에서 지겹게 했던 서술어의 자릿수! ㅎㅎ 세트 문항이 별로 없어서 이걸 넣을지 말지 고민했는데, 24강의 복습이라고 생각하며, 가볍게 정답을 찾아 주자고. 틀리면 안 된다~. :)

오늘의 태그 문제

정답 35쪽

★**51** 문항 코드 | 22672-0173 정답률 69%

㉠에 해당하는 예로 가장 적절한 것은?

① 계절이 어느덧 가을이 되었다. YES NO
② 오빠는 아빠와 정말 많이 닮았다. YES NO
③ 장미꽃이 우리 집 뜰에도 피었다. YES NO
④ 아버지께서 헌 집을 정성껏 고치셨다. YES NO
⑤ 그는 자신의 직업을 천직으로 여겼다. YES NO

▶ <보기>로 제시된 문장들의 짜임새를 스스로 분석할 수 있어야 돼. 홑문장과 겹문장, 안은문장과 이어진문장의 개념을 정확하게 이해해야 하고, 개념을 이해하는 것으로 그치는 게 아니라, 이렇게 <보기>나 선지로 제시되는 구체적인 문장들에도 그 개념을 적용해서 문장의 짜임새를 파악할 수 있어야 하는 거야.

★**52** 문항 코드 | 22672-0174 정답률 59%

윗글을 바탕으로 〈보기〉의 ㄱ~ㅁ에 대해 탐구한 것으로 적절하지 않은 것은?

〈보기〉

ㄱ. 누나는 마음이 넓다.
ㄴ. 그 배는 섬으로 갔다.
ㄷ. 나는 형이 준 책을 읽었다.
ㄹ. 우리는 그가 학생임을 알았다.
ㅁ. 바람도 잠잠하고, 하늘도 푸르다.

① ㄱ에서 안은문장의 주어와 안긴문장의 주어는 동일하다. YES NO
② ㄴ은 주어와 서술어의 관계가 한 번 나타나므로 홑문장이다. YES NO
③ ㄷ에서 안긴문장의 목적어는 안은문장의 목적어와 중복되므로 생략되었다. YES NO
④ ㄷ에는 관형어의 기능을 하는 안긴문장이 있고, ㄹ에는 목적어의 기능을 하는 안긴문장이 있다. YES NO
⑤ ㅁ은 앞 절과 뒤 절이 '나열'의 의미 관계를 가지는, 대등하게 연결된 이어진문장이다. YES NO

(2019학년도 대학수학능력시험)

▶ ①과 ②는 문장 성분 개념과 관련이 있고, ③~⑤는 문장의 짜임새와 관련이 있는 선지야. 이렇게 문장 성분과 문장의 짜임새의 개념은 서로 연결돼 있거든. 개념을 사례에 적용! 언어(문법) 파트의 거의 모든 문제들은 이렇게 개념을 구체적인 사례에 적용하는 패턴이라고 생각할 수 있어.

★**53** 문항 코드 | 22672-0175 정답률 56%

〈보기〉의 ⓐ~ⓒ를 이해한 내용으로 적절하지 않은 것은?

〈보기〉

ⓐ 그는 위기를 좋은 기회로 삼았다.
ⓑ 바다가 눈이 부시게 파랗다.
ⓒ 동주는 반짝이는 별을 응시했다.

① ⓐ의 '삼았다'는 주어 이외에도 두 개의 문장 성분을 필수적으로 요구하는군. YES NO
② ⓑ의 '바다가'와 '눈이'는 각각 다른 서술어의 주어이군. YES NO
③ ⓒ의 '별을'은 안긴문장의 목적어이면서 안은문장의 목적어이군. YES NO
④ ⓐ의 '좋은'과 ⓒ의 '반짝이는'은 안긴문장의 서술어이군. YES NO
⑤ ⓑ의 '눈이 부시게'와 ⓒ의 '반짝이는'은 수식의 기능을 하는군. YES NO

(2015학년도 대학수학능력시험 A형)

▶ 이 문제는 문장 성분과 문장 구조에 대해 동시에 묻고 있어. 개념 공부한 실력 좀 발휘해 봐!

★**54** 문항 코드 | 22672-0176 정답률 46%

다음 ㉠, ㉡의 문장 성분과 문장 구조에 대한 설명이 옳은 것은?

> ㉠ 친구들은 내가 노래 부르기를 원한다.
> ㉡ 우리는 이 지역 토양이 벼농사에 적합함을 몰랐다.

① ㉠에는 부사어가 있지만 ㉡에는 부사어가 없다. YES NO
② ㉠에는 명사절이 안겨 있지만 ㉡에는 부사절이 안겨 있다. YES NO
③ ㉠에는 서술절이 안겨 있지만 ㉡에는 관형절이 안겨 있다. YES NO
④ ㉠의 안긴문장 속에는 관형어가 있지만 ㉡의 안긴문장 속에는 관형어가 없다. YES NO
⑤ ㉠의 안긴문장 속에는 목적어가 있지만 ㉡의 안긴문장 속에는 목적어가 없다. YES NO

(2020학년도 9월 고2 전국연합학력평가)

▶ 우선 ㉠~㉢의 문장들을 각각 'OOO을 가진 안은문장'으로 분석해 볼 수 있어야겠지? 그리고 안긴문장이 안은문장 안에서 어떤 문장 성분의 역할을 하고 있는지도 파악해야 돼.

★**55** 문항 코드 | 22672-0177 정답률 36%

〈학습 활동〉을 수행한 결과로 적절한 것은?

> 〈학습 활동〉
>
> 다른 문장에 들어가 하나의 성분처럼 쓰이는 문장을 안긴문장이라고 하고, 이 문장을 포함한 문장을 안은문장이라고 한다. 안긴문장을 절이라고 하는데 그 종류로는 명사절, 관형절, 부사절, 서술절, 인용절이 있다. 예를 들어 관형절은 안은문장 안에서 절 전체가 관형어의 기능을 한다.
>
> 다음 자료에서 안긴문장의 종류와 기능을 파악해 보자.
>
> **[자료]**
> ㉠ 누나가 주인임이 밝혀졌다.
> ㉡ 삼촌은 농담을 던짐으로써 분위기를 풀었다.
> ㉢ 형은 동생이 고향으로 돌아오기만 기다렸다.

① ㉠~㉢에서 안긴문장의 종류가 모두 동일하고 ㉠에서 안긴문장은 안은문장 안에서 목적어의 기능을 하는군. YES NO
② ㉠~㉢에서 안긴문장의 종류가 모두 동일하고 ㉡에서 안긴문장은 안은문장 안에서 부사어의 기능을 하는군. YES NO
③ ㉠~㉢에서 안긴문장의 종류가 모두 동일하고 ㉢에서 안긴문장은 안은문장 안에서 주어의 기능을 하는군. YES NO
④ ㉠~㉢에서 안긴문장의 종류가 모두 다르고 ㉠에서 안긴문장은 안은문장 안에서 주어의 기능을 하는군. YES NO
⑤ ㉠~㉢에서 안긴문장의 종류가 모두 다르고 ㉡에서 안긴문장은 안은문장 안에서 부사어의 기능을 하는군. YES NO

(2019학년도 대학수학능력시험 9월 모의평가)

▶ 약간씩 모양을 달리하면서 계속 출제되고 있는 문제야. 안긴문장의 어떤 문장 성분이 생략됐는지를 파악해 보자.

★**56** 문항 코드 | 22672-0178 정답률 44%

〈보기〉의 자료를 탐구한 결과로 적절한 것은?

〈보기〉

◦ **탐구 과제**

하나의 문장이 안긴문장으로 다른 문장에 안길 때, 원래 있던 문장 성분이 생략되는 경우가 있다. 아래의 각 문장에서 안긴문장을 파악한 후, 생략된 문장 성분이 있다면 무엇인지 확인해 보자.

◦ **자료**

㉠ 부모님은 자식이 건강하기를 바란다.
㉡ 그 친구는 연락도 없이 그곳에 안 왔다.
㉢ 동생은 자신의 판단이 옳았음을 깨달았다.
㉣ 그는 내가 늘 쉬던 공원에서 산책을 했다.
㉤ 그 사람들은 아주 어려운 과제를 금방 끝냈다.

		안긴문장의 종류	생략된 문장 성분
①	㉠	부사절 YES NO	없음 YES NO
②	㉡	명사절 YES NO	없음 YES NO
③	㉢	명사절 YES NO	주어 YES NO
④	㉣	관형절 YES NO	부사어 YES NO
⑤	㉤	관형절 YES NO	목적어 YES NO

(2015학년도 대학수학능력시험 9월 모의평가 A형)

▶ 55번과 출제 요소가 유사하지? 이런 식으로 기출문제에 반복되어 출제되는 개념들을 눈여겨보고, 반복해서 연습해야 하는 거야.

★**57** 문항 코드 | 22672-0179 정답률 84%

〈보기〉의 ㉠에 해당하는 예가 아닌 것은?

〈보기〉

㉠**하나의 문장이 관형절로 다른 문장에 안길 때, 원래 있었던 주어가 생략되는 경우**가 있다.

(가) 민수가 열심히 공부한다.
(나) 형이 민수에게 음료수를 주었다.
(다) 형이 **열심히 공부하는** 민수에게 음료수를 주었다.

(가)가 (나)에 관형절로 안겨 (다)가 만들어질 때, (가)의 '민수'와 (나)의 '민수'가 중복된다. 이 경우, (가)의 주어 '민수가'가 (다)의 밑줄 친 관형절에서는 나타나지 않는다.

① 형이 **숙제를 하는** 동생을 불렀다. YES NO
② 동생은 **대학생이 된** 형과 여행을 했다. YES NO
③ 영수가 **버스에 탄** 경희에게 말을 걸었다. YES NO
④ 나는 **정수가 은희와 결혼한** 사실을 몰랐다. YES NO
⑤ 그는 **이 그림을 그린** 화가의 전시회에 갔다. YES NO

다음 글을 읽고 물음에 답하시오. [58] 《 2019학년도 10월 고3 전국연합학력평가 》

관형사형 어미는 용언의 어간에 붙어 용언이 관형사와 같은 기능을 수행하게 하는 어미이다. 현대 국어에서 관형사형 어미는 '-(으)ㄴ', '-는', '-(으)ㄹ' 등으로, 이들이 용언의 어간에 붙으면 관형절이 만들어진다. 일반적으로 관형절은 '관계 관형절'과 '동격 관형절'로 분류된다. 수식을 받는 체언이 관형절 속의 한 성분으로 쓰일 수 있으면 관계 관형절이고, 그렇지 않으면 동격 관형절이다. 한편 동격 관형절은 관형절이 만들어지는 과정에서 원래 문장의 종결 어미가 그대로 유지되는 관형절과, 그렇지 않은 관형절로 다시 나눌 수 있다.

▶ 관계 관형절과 동격 관형절의 개념을 알아야 문제의 답을 찾을 수 있는데, 친절하게 지문에 관계 관형절과 동격 관형절의 개념을 설명해 주고 있잖아. 지문에서 설명한 핵심 정보를 구체적 사례에 적용하면 되는 문제야.

★**58** 문항 코드 | 22672-0180 정답률 45%

윗글을 근거로 〈보기〉의 ㉠~㉣을 바르게 분류한 것은?

〈보기〉

[탐구 자료]

- ㉠**힘찬** 함성이 운동장에 울려 퍼졌다.
- 누나는 ㉡**자동차가 전복된** 기억을 떠올렸다.
- 나는 ㉢**형이 조사한** 자료를 보고서에 인용했다.
- ㉣**내가 그 일을 한다는** 사실은 확실히 변함없다.

[탐구 과정]

동격 관형절에 해당합니까? — 아니요 ➡ [A]

⬇ 예

관형절이 만들어지는 과정에서 원래 문장의 종결 어미가 그대로 유지됩니까? — 아니요 ➡ [B]

⬇ 예

[C]

	[A]	[B]	[C]
①	㉠	㉡	㉢, ㉣
②	㉠	㉡, ㉢	㉣
③	㉢	㉠, ㉣	㉡
④	㉠, ㉢	㉡	㉣
⑤	㉠, ㉢	㉣	㉡

(2020학년도 3월 고3 전국연합학력평가)

▶ 안긴문장이 안은문장에서 관형어의 역할을 한다면 관형절, 명사처럼 쓰이고 있다면 명사절인 거잖아. 관형절과 명사절에 주목해서 문장의 짜임새를 좀 더 세부적으로 들여다보자.

★59 문항 코드 | 22672-0181 정답률 50%

〈보기〉는 문법 수업의 일부이다. 선생님의 설명에 따라 ㉠~㉤을 이해한 내용으로 적절하지 않은 것은?

〈보기〉

선생님: 관형절은 안은문장에서 관형어로 쓰이는데 관형절에는 주어가 생략된 관형절, 목적어가 생략된 관형절, 부사어가 생략된 관형절 등이 있어요. 그리고 명사절은 안은문장에서 조사와 결합하여 주어, 목적어, 부사어 등으로 쓰일 수 있어요. 그럼 다음 문장에 대해 관형절과 명사절에 주목하여 분석해 볼까요?

㉠ 약속 시간에 늦은 친구들이 많았다.
㉡ 마지막 문제를 풀기가 생각보다 어렵다.
㉢ 나는 아버지께서 주신 빵을 형과 함께 먹었다.
㉣ 그는 지금 사는 집에서 계속 머무르기를 희망했다.
㉤ 그들은 우리가 어제 목적지에 도착했음을 이미 알았다.

① ㉠에는 주어가 생략된 관형절이 있고, 명사절은 없습니다. YES NO
② ㉡에는 관형절이 없고, 주어로 쓰인 명사절이 있습니다. YES NO
③ ㉢에는 목적어가 생략된 관형절이 있고, 명사절은 없습니다. YES NO
④ ㉣에는 부사어가 생략된 관형절이 있고, 부사어로 쓰인 명사절이 있습니다. YES NO
⑤ ㉤에는 관형절이 없고, 목적어로 쓰인 명사절이 있습니다. YES NO

(2013학년도 4월 고3 전국연합학력평가 A형)

▶ 이어진문장이 안긴문장보다 출제되는 빈도는 좀 적지만 이어진문장의 두 문장이 어떤 의미 관계로 연결되며, 어떤 연결 어미가 사용되는지도 정확하게 파악할 수 있어야 돼.

★60 문항 코드 | 22672-0182 정답률 63%

〈보기〉는 이어진문장과 안은문장에 대해 정리한 것이다. 탐구의 결과로 적절하지 않은 것은?

> 〈보기〉
>
> ◦**이어진문장**: 둘 이상의 홑문장이 대등하거나 종속적으로 연결된 이어진문장
>
> ㄱ. 동생은 과일은 좋아하지만, 야채는 싫어한다.
> 동생은 야채는 싫어하지만, 과일은 좋아한다.
> (동생은 과일을 좋아하다. / 동생은 야채를 싫어하다.)
>
> ㄴ. 철수가 오면 그들은 출발할 것이다.
> 그들이 출발하면 철수가 올 것이다.
> (철수가 오다. / 그들이 출발하다.)
>
> ◦**안은문장**: 홑문장을 전체 문장의 한 성분으로 안고 있는 문장
>
> ㄷ. 언니는 그 아이가 학생임을 알았다.
> (언니는 그것을 알다. / 그 아이가 학생이다.)
>
> ㄹ. 책을 읽던 영수가 수지에게 다가왔다.
> (영수가 책을 읽다. / 영수가 수지에게 다가오다.)
>
> *　　표시: 안긴문장임.

① ㄱ과 ㄴ으로 볼 때, 이어진문장은 두 문장이 '대조'나 '조건'의 의미 관계로 연결되기도 하는군. YES NO

② ㄱ과 ㄴ으로 볼 때, 이어진문장은 앞뒤 문장의 순서가 바뀌어도 동일한 의미를 나타내는군. YES NO

③ ㄱ과 ㄹ로 볼 때, 이어진문장과 안은문장 모두 중복된 내용을 생략할 수 있군. YES NO

④ ㄷ과 ㄹ로 볼 때, 안긴문장은 안은문장에서 명사처럼 쓰이거나 명사를 꾸미는 등 다양한 역할을 하는군. YES NO

⑤ ㄷ과 ㄹ로 볼 때, 안긴문장과 안은문장의 주어는 같을 수도 있고 서로 다를 수도 있군. YES NO

● 열공 날짜 년 월 일

26 종결 & 높임 & 시간

개념 태그 #종결 표현 #평서문, 감탄문, 의문문, 명령문, 청유문 #상대 높임법은 상대를
#주체 높임법은 주어를 #객체 높임법은 부사어나 목적어를 #간접 높임법
#과거, 현재, 미래 시제 #진행상, 완료상

▶▶▶ 기억 안 나면? 개념의 나비효과 2권 85쪽으로!

26강에서는 종결 표현, 높임 표현, 시간 표현을 공부했어. 기출문제들을 보면 알겠지만 이 개념들을 다룬 문제들은 정답률이 높은 편이고, 출제도 정말 자주 되고 있어. 잘 이해해 놓으면 안정적으로 좋은 결과를 얻을 수 있는 범위라는 뜻이야. 특히 높임 표현은 단골 출제 개념이니 더욱 철저한 복습이 필요하다는 것 알아 두자.

다음 글을 읽고 물음에 답하시오. [61-62] (2021학년도 6월 고2 전국연합학력평가)

의문문은 일반적으로 화자가 청자에게 질문하여 대답을 요구하는 문장이다. 의문문은 상대 높임에 따라 다양한 의문형 종결 어미로 표현되며, 의문사가 함께 나타나기도 한다. 의문문의 가장 대표적인 유형이 판정 의문문과 설명 의문문이다.

판정 의문문은 화자의 질문에 대하여 긍정이나 부정의 대답을 요구하는 의문문이다. 판정 의문문이 부정문일 때는 질문하는 사람에 긍정적이면 '응/예/네'로, 부정적이면 '아니(요)'로 대답한다. 판정 의문문 중 화자가 이미 알고 있거나 믿고 있는 사실에 대하여 청자의 동의를 구하거나 확인을 할 때는 어미 '-지' 또는 '-지 않-'을 활용한다. 예를 들어, 청자가 밥을 먹은 것을 확인하기 위해, "밥은 먹었지?" 또는 "밥은 먹었지 않니?"라는 의문문을 쓸 수 있다. 한편 "너는 학교에 갔니 안 갔니?"처럼 선택을 요구하는 의문문도 가부의 답변을 요구한다는 점에서 판정 의문문에 포함한다.

설명 의문문은 주로 의문사가 사용되어 그 의문사가 가리키는 내용에 대하여 청자가 구체적으로 설명해 주기를 요구하는 의문문이다. 의문사에는 '누구, 무엇, 어디, 언제' 등의 의문 대명사, '몇, 어떤'과 같은 의문 관형사, '왜, 어찌'와 같은 의문 부사, '어떠하다, 어찌하다'와 같은 의문 용언 등이 있다. 예를 들어, "어디 가니?"의 경우, "학교 가요."와 같은 대답을 요구하면 설명 의문문이다. 의문 대명사가 포함된 의문문의 경우, 상황에 따라 판정 의문문으로 사용되기도 한다. 이때의 의문 대명사는 정해지지 아니한 사람, 물건, 방향, 장소 따위를 가리키는 부정칭 대명사로 볼 수 있다. 앞의 "어디 가니?"의 경우, "예." 또는 "아니요."의 대답을 요구하면 판정 의문문이 되며, 이때의 '어디'는 부정칭 대명사로 사용된 것이다.

한편, 중세 국어에서는 현대 국어에서와 달리 보조사를 사용해서도 의문문을 만들 수 있었다. 즉, 의문사나 '-녀', '-뇨'와 같은 종결 어미 외에도 '가'와 '고'와 같은 보조사를 이용하여 의문문을 만들었다.

혜정 샘 음성 지원

▶ 선지의 단서를 소홀히 하면 안 된다는 교훈을 주는 문제야. '청자의 반응으로 보아', '이어지는 대답에 따르면'과 같은 부분에 주목해야 돼. 출제자가 특별히 그 부분을 근거로 삼아서 선지의 YES NO를 판단할 것을 요구하고 있는 거거든.

오늘의 태그 문제

정답 37쪽

★**61** 문항 코드 | 22672-0183 정답률 62%

윗글을 바탕으로 〈보기〉를 탐구한 내용으로 적절하지 않은 것은?

〈보기〉

◦ 일찍 등교한 친구끼리 교실에서
A: 왜 이리 힘이 없어. ㉠**아침 못 먹었어?**
B: 응, ㉡**너도 못 먹었지?** 매점 가서 해결하자.

◦ 함께 하교하는 친구끼리 버스 안에서
A: ㉢**너 오늘 저녁에 무엇을 하니?**
B: 아니. ㉣**넌 무엇을 하니?**

◦ 친구끼리 길을 걸으면서
A: ㉤**아까부터 왜 자꾸 웃기만 하는 거야?**
B: 어제 본 영화가 자꾸 생각이 나서.

① ㉠: 청자의 반응으로 보아 청자에게 긍정이나 부정의 대답을 요구하는 것으로 볼 수 있다. YES NO
② ㉡: 자신이 믿고 있는 사실을 청자에게 확인하려는 것으로 볼 수 있다. YES NO
③ ㉢: 이어지는 대답에 따르면 의문사가 가리키는 내용을 설명해 달라는 의도를 드러낸 것으로 볼 수 있다. YES NO
④ ㉣: 청자가 긍정이나 부정의 대답을 하면 의문사를 부정칭 대명사로 사용한 것으로 볼 수 있다. YES NO
⑤ ㉤: 청자의 반응으로 보아 화자는 의문의 초점에 대해 구체적인 설명을 요청하는 것으로 볼 수 있다. YES NO

▶ '선생님 중세 국어는 아직 배우지도 않았는데, 저한테 왜 이러세요?' 이런 목소리가 들리는 듯. ㅎㅎ 26강에서 설명 의문문과 판정 의문문의 개념 배웠잖아. 그러면 중세 국어의 의문문도 이해할 수 있어. 나중에 중세 국어 문제 풀 때도 강조하겠지만, 중세 국어를 범위로 하는 문제는 꼭 현대 국어에서의 의미, 즉 현대어 풀이를 잘 활용해야 돼. 그리고 지문에서 설명한 내용을 잘 이해한 다음에 문제를 풀어 봐. 할 수 있어.

★62 문항 코드 | 22672-0184 정답률 46%

윗글을 참고하여 〈보기〉의 중세 국어를 이해한 내용으로 가장 적절한 것은?

〈보기〉

[탐구 과제] 다음에 제시된 사례들을 바탕으로 중세 국어의 의문문에 대해 알아보자.

ㄱ. 이 ᄹᆞ리 너희 죵가
[현대 국어] 이 딸이 너희의 종인가?

ㄴ. 이 大施主(대시주)의 功德(공덕)이 하녀 져그녀
[현대 국어] 이 대시주의 공덕이 많으냐 적으냐?

ㄷ. 이 엇던 光名(광명)고
[현대 국어] 이것이 어떤 광명인가?

ㄹ. 太子(태자)ㅣ 이제 어듸 잇ᄂᆞ뇨
[현대 국어] 태자는 지금 어디 있느냐?

[탐구 결과] 'ㄱ'과 'ㄴ'은 판정 의문문에, 'ㄷ'과 'ㄹ'은 설명 의문문에 해당한다.

① 판정 의문문과 달리 설명 의문문에서는 종결 어미를 활용하였다. YES NO
② 긍정이나 부정의 대답을 요구할 때 사용하는 의문사가 따로 있었다. YES NO
③ 판정 의문문을 만들 때는 보조사와 종결 어미를 동시에 사용하였다. YES NO
④ 판정 의문문에 사용되는 보조사와 종결 어미의 형태가 설명 의문문과 달랐다. YES NO
⑤ 의문사를 포함한 의문문이 청자에게 선택을 요청하는 의문문으로 쓰이기도 했다. YES NO

(2019학년도 6월 고1 전국연합학력평가)

▶ 높임 표현에 세 가지 방법이 있지? 주체 높임, 객체 높임, 상대 높임의 개념을 정확하게, 철저하게 이해해야 한다. 말했지? 높임 표현은 진짜 찐단골 출제 개념이라고~! :)

★**63** 문항 코드 | 22672-0185 정답률 69%

다음은 높임 표현에 대한 탐구 학습지이다. ㉮에 들어갈 내용으로 적절하지 않은 것은?

▶ 높임 표현의 종류와 실현 방식에 대해 이해하고 〈보기〉 문장에 나타난 높임 표현을 설명해 보자.

종류	실현 방식
상대 높임	• 대화의 상대, 즉 듣는 이를 높이거나 낮춤 • 종결 어미 '-습니다', '-다', '-(으)십시오', '-(아/어)라' 등을 사용
주체 높임	• 서술의 주체, 즉 문장의 주어를 높임 • 선어말 어미 '-(으)시-' 결합 • 주격 조사 '께서' 사용 • 특수 어휘 '계시다', '주무시다' 등 사용
객체 높임	• 서술의 객체, 즉 문장의 목적어나 부사어를 높임 • 부사격 조사 '께' 사용 • 특수 어휘 '드리다', '뵙다' 등 사용

〈보기〉

㉠ 채윤아, 할아버지께 물 좀 갖다 드려라.

㉡ 선생님, 어제 부모님께서 할머니를 모시고 여행을 가자고 말씀을 하셨습니다.

㉮ ______________________

① ㉠은 종결 어미 '-어라'를 사용하여 대화 상대인 '채윤'을 낮추고 있다. YES NO
② ㉠은 부사격 조사 '께'를 사용하여 서술의 객체인 '할아버지'를 높이고 있다. YES NO
③ ㉡은 특수 어휘 '말씀'을 사용하여 서술의 객체인 '할머니'를 높이고 있다. YES NO
④ ㉡은 종결 어미 '-습니다'를 사용하여 대화 상대인 '선생님'을 높이고 있다. YES NO
⑤ ㉡은 주격 조사 '께서'와 선어말 어미 '-시-'를 사용하여 서술의 주체인 '부모님'을 높이고 있다. YES NO

(2020학년도 6월 고1 전국연합학력평가)

▶ 먼저 ㉠과 ㉡의 문장 성분이 무엇인지부터 생각해 봐. ㉠과 ㉡이 각각 높임의 대상이 된다면 어떤 높임법을 써야 할지 판단할 수 있어야 돼. 문장에서의 주체와 객체를 잘 찾아내고, 그에 따른 적절한 높임법을 연결해 보는 거야.

★64 문항 코드 | 22672-0186 정답률 60%

〈보기〉의 '학습 활동'을 수행한 결과로 적절한 것은?

〈보기〉

[학습 활동]

다음 담화 상황에 등장하는 ㉠, ㉡이 달라질 때, 언어 예절에 적합한 높임 표현을 사용해 보자.

[담화 상황]

(내가 철수에게)

"어제 ㉠**영희**가 ㉡**경희**에게 선물을 주는 것을 보았어."

※ 말하는 사람인 '나'와 철수, 영희, 경희는 서로 대등한 관계임.

① ㉠이 높임의 대상인 '선생님'으로 바뀌면 조사 '가'를 '께서'로 고쳐 말해야 한다. YES NO
② ㉠이 높임의 대상인 '선생님'으로 바뀌면 조사 '에게'를 '께'로 고쳐 말해야 한다. YES NO
③ ㉡이 높임의 대상인 '선생님'으로 바뀌면 '주는'을 '주시는'으로 고쳐 말해야 한다. YES NO
④ ㉡이 높임의 대상인 '선생님'으로 바뀌면 '보았어'를 '보셨어'로 고쳐 말해야 한다. YES NO
⑤ ㉡이 높임의 대상인 '선생님'으로 바뀌면 '보았어'를 '보았습니다'로 고쳐 말해야 한다. YES NO

(2019학년도 고1 11월 전국연합학력평가)

▶ <보기 1>이 설명하고 있는 내용은 정말 기본적이면서도 중요한 개념이야. 64번 문제를 풀기 위해서도 반드시 알아야 하는 개념이잖아. <보기 2>에 제시된 구체적 사례에 사용된 높임법들을 모두 찾아내 보자. 문장 분석 시작!

★65 문항 코드 | 22672-0187 정답률 70%

〈보기 1〉을 바탕으로 〈보기 2〉에서 사용된 높임의 양상을 바르게 분석한 것은?

〈보기 1〉

주체 높임법은 서술의 주체에 해당하는 문장의 주어를 높이는 방법이고, 객체 높임법은 서술의 객체에 해당하는 목적어나 부사어가 지시하는 대상을 높이는 방법이다. 이러한 높임을 실현하기 위해서는 선어말 어미, 조사, 특수 어휘를 사용한다.

〈보기 2〉

어머니께서는 할머니를 모시고 공원에 가셨다.

	주체 높임법			객체 높임법	
	선어말 어미	조사	특수 어휘	조사	특수 어휘
①	○	×	○	○	○
②	○	○	×	○	×
③	○	○	×	×	○
④	×	×	○	×	○
⑤	×	○	×	○	×

(2015학년도 대학수학능력시험 9월 모의평가 B형)

▶ 일상에서도 잘못된 높임 표현을 쓰는 경우가 정말 많아. 높임 표현을 올바르게 사용했는지 판단하기 위해서는 제일 먼저 문장 안에서 높여야 할 대상이 누구인지를 분명히 하는 거야. 그리고 그 대상이 주체인지, 객체인지를 구분할 수 있어야 돼.

★66 문항 코드 | 22672-0188 정답률 65%

〈보기〉의 ㉠~㉤에 대한 설명으로 적절하지 않은 것은?

〈보기〉

영희: 경준아, 선생님께서 다음 국어 시간에 있을 모둠 과제 발표는 네가 주도해서 ㉠**준비하시라고** 하셔.

경준: 시인 소개 모둠 과제 말이지?

영희: 응.

경준: 그런데 어떤 시인을 주제로 발표하는 게 좋을지에 대해서도 말씀 ㉡**있으셨니**?

영희: 아니. 그건 시간이 날 때 네가 직접 선생님께 ㉢**물어서** 알아봐.

경준: 아무래도 그래야겠어.

영희: 그런데 선생님께서 저번 수업 시간에 김소월의 시가 ㉣**자기**의 애송시라고 ㉤**말했잖아**. 김소월은 우리나라 사람들이 좋아하는 시인이기도 하니까 김소월의 시 세계를 주제로 하여 발표해 보는 건 어때?

① ㉠: 주체가 '경준'이므로 '준비하라고'로 바꿔 말해야 한다. YES NO
② ㉡: 주어가 '말씀'이므로 '있었니'로 바꿔 말해야 한다. YES NO
③ ㉢: 윗사람인 '선생님'께 묻는 것이므로 '여쭤서'로 바꿔 말해야 한다. YES NO
④ ㉣: '선생님'을 높이는 것이므로 '당신'으로 바꿔 말해야 한다. YES NO
⑤ ㉤: 주체가 '선생님'이므로 '말씀하셨잖아'로 바꿔 말해야 한다. YES NO

(2014학년도 10월 고3 전국연합학력평가 A형)

▶ 과거 시제를 표현하는 방법 배웠지? <보기>의 ㄱ~ㅁ과 선지들의 사례를 짝지어서 과거 시제를 잘 표현하고 있는지 판단해 보자.

★67 문항 코드 | 22672-0189 정답률 87%

〈보기〉는 과거 시제를 표현하는 방법에 대해 조사한 것이다. ㄱ~ㅁ에 해당하는 예로 적절하지 않은 것은?

〈보기〉

ㄱ. 과거 시제란 사건시가 발화시보다 앞서 있는 시제로, 주로 과거 시제 선어말 어미 '-았/었-'을 통해 실현된다.
ㄴ. '-았었/었었-'은 발화시보다 전에 발생하여 현재와는 단절된 사건을 표현하는 데 쓰일 수 있다.
ㄷ. '-더-'는 과거 어느 때의 일이나 경험을 회상할 때에 사용하기도 한다.
ㄹ. 동사 어간에 붙는 관형사형 어미 '-(으)ㄴ'은 과거 시제를 표현하는 데 사용하기도 한다.
ㅁ. 관형사형 어미 '-던'은 과거 시제를 표현하는 데 사용하기도 한다.

① ㄱ: 너는 이제 집에 돌아오면 혼났다. YES NO
② ㄴ: 나는 예전에 그 집에 살았었다. YES NO
③ ㄷ: 지난여름에는 정말 덥더라. YES NO
④ ㄹ: 방학 동안 읽은 책이 제법 여러 권이다. YES NO
⑤ ㅁ: 여름에 푸르던 산이 붉게 물들었다. YES NO

▶ 선생님이 26강에서 공부하는 내용을 범위로 하는 문제들은 상대적으로 정답률이 높은 편이라고 했잖아. 대체적으로 그렇기도 하고. 그런데 이 문제의 정답률을 봐 봐. 무슨 독서 초고난도 문제인 줄. 27% 실화냐? 당시 오답률 2위의 문제였어. ⓐ~ⓕ에 밑줄 친 단어의 품사와 시제를 정확하게 파악할 수 있어야 돼. 특히 정답보다 선택자 수가 훨씬 많았던 매력적인 오답이 있었는데, 혹시나 그 함정에 빠졌다면 왜 그런 실수를 했는지, 꼭 점검해 보자. 그 매력적인 오답이 몇 번 선지인지는 강의에서 확인할 수 있습니당. :)

★**68** 문항 코드 | 22672-0190 정답률 27%

〈학습 활동〉을 해결한 내용으로 적절한 것은?

〈보기〉

관형사형 어미의 형태는 시제 및 단어의 품사에 의해 결정된다. [자료]에서 밑줄 친 단어의 품사와 시제를 분석하여 그 단어에 쓰인 어미가 [표]의 ㉠~㉢ 중 어느 것에 해당하는지 확인해 보자.

[자료]

ⓐ 하늘에 뜬 태양
ⓑ 우리가 즐겨 부르던 노래
ⓒ 늘 푸르던 하늘
ⓓ 운동장에 남은 아이들
ⓔ 네가 읽는 소설
ⓕ 이미 아이들로 가득 찬 교실
ⓖ 달리기가 제일 빠른 친구

[표] 관형사형 어미 체계

	동사	형용사
현재	-는	㉠
과거	㉡	㉢
	-던	
미래	-(으)ㄹ	-(으)ㄹ

① ⓐ의 '뜬'에 쓰인 어미 '-(으)ㄴ'은 ㉠에 해당한다. YES NO
② ⓑ의 '부르던'과 ⓒ의 '푸르던'에 쓰인 어미 '-던'은 ㉢에 해당한다. YES NO
③ ⓓ의 '남은'과 ⓕ의 '찬'에 쓰인 어미 '-(으)ㄴ'은 ㉡에 해당한다. YES NO
④ ⓔ의 '읽는'에 쓰인 어미 '-는'은 ㉡에 해당한다. YES NO
⑤ ⓖ의 '빠른'에 쓰인 어미 '-(으)ㄴ'은 ㉢에 해당한다. YES NO

(2013학년도 고3 10월 전국연합학력평가 B형)

▶ 진행상과 완료상을 표현하는 보조 용언 중 꼭 기억해야 하는 것들이 있다고 강조했어. 이해하고 기억하는 것도 공부에서 중요한 부분이야. 모든 문법 개념을 싹 다 암기해야만 하는 건 아니지만, 선생님이 강조하는 몇 가지는 꼭 기억하자.

★69 문항 코드 | 22672-0191 정답률 79%

〈보기〉의 ㉠~㉤에 대한 설명으로 옳지 않은 것은?

〈보기〉

시간을 표현하는 방법에는 시제와 동작상이 있다. 시제는 화자가 말하는 시점인 발화시와 동작이나 사건이 일어나는 시점인 사건시의 관계에 따라 과거 시제, 현재 시제, 미래 시제로 나뉜다. 동작상은 발화시를 기준으로 동작이 일어나고 있는 모습을 표현한 것인데, 동작이 진행되고 있음을 표현하는 진행상과 동작이 이미 완결되었음을 표현하는 완료상이 있다.

어머니: 방 정리를 ㉠하고 있구나.
아 들: 네. 필요 없는 물건은 다 ㉡내놓았어요.
어머니: 잘 했구나. 그런데 얼마 전에 ㉢산 책은 어디 있니?
아 들: 아, 그 책은 이미 다 읽어서 동생에게 ㉣줘 버렸어요.
어머니: 그래 잘 했다. 아참, 오늘 네 친구가 오기로 했지.
아 들: 네. 조금 있다 저하고 같이 ㉤공부할 친구가 오기로 했어요.
어머니: 그래. 깨끗한 방에서 친구랑 재미있게 놀면 되겠구나.

① ㉠: '-고 있구나'는 동작이 진행되고 있음을 나타내고 있다. YES NO
② ㉡: '-았-'은 사건시가 발화시에 앞선다는 것을 나타내고 있다. YES NO
③ ㉢: '-ㄴ'은 발화시가 사건시에 앞선다는 것을 나타내고 있다. YES NO
④ ㉣: '-어 버렸어요'는 동작이 이미 완결되었음을 나타내고 있다. YES NO
⑤ ㉤: '-ㄹ'은 발화시가 사건시에 앞선다는 것을 나타내고 있다. YES NO

▶ 판단의 근거가 <보기> 안에 있는 문제지? <보기>의 설명을 잘 이해한 다음, 구체적 사례에 적용해 보자.

★70 문항 코드 | 22672-0192 정답률 69%

〈보기〉의 ⓐ~ⓒ에 해당하는 예로 적절하지 않은 것은?

〈보기〉

보조 용언 구성 '-고 있-'은 크게 두 가지 의미를 지닌다.

(가) 민수는 지금 떡국을 먹**고 있**다.
(나) 선생님은 너를 믿**고 있**다.
(다) 지혜는 모자를 쓰**고 있**다.

(가)에서처럼 ⓐ**'어떤 동작이 진행되고 있음'**을 나타내기도 하고, (나)에서처럼 ⓑ**'어떤 상태가 지속되고 있음'**을 나타내기도 한다. (가)의 '-고 있-'은 '-는 중이-'로 교체하여도 ⓐ의 의미가 유지되지만, (나)의 '-고 있-'은 교체하면 부자연스러운 문장이 되거나 ⓑ의 의미가 유지되지 않는다.

한편 (가), (나)에서는 특정한 문맥이 주어지지 않아도 그 의미를 확정할 수 있는 데 반해, (다)에서는 문맥이 충분히 주어지지 않으면 '-고 있-'이 ⓒ**두 가지 의미 모두로 해석될 수 있다**.

① ⓐ A : 아빠 들어오실 때 형은 뭐 하고 있었니?
B : 형은 양치질을 하**고 있**었어요. YES NO

② ⓑ A : 오빠가 너한테 화가 많이 났나 봐.
B : 오빠는 지금 날 오해하**고 있**는 것 같아. YES NO

③ ⓑ A : 내일이 고모님 생신이라고 하네.
B : 아, 나 그거 이미 알**고 있**어. YES NO

④ ⓒ A : 너 안경 잃어버렸다며? 괜찮아?
B : 눈이 아주 나쁘진 않아서 안경 벗**고 있**어도 괜찮아. YES NO

⑤ ⓒ A : 저 중에 신입 사원이 누구야?
B : 저기에 있잖아. 넥타이를 매**고 있**네. YES NO

● 열공 날짜 　　년 　　월 　　일

27 피동 & 사동 & 부정

개념 태그 #능동과 피동 #이중 피동은 노노 #주동과 사동 #직접 사동, 간접 사동 #능력 부정 #의지 부정 #상태 부정

▸▸▸ 기억 안 나면? 개념의 나비효과 2권 101쪽으로!

27강에서 공부한 개념들 중에 많은 학생들이 피동 표현과 사동 표현을 헷갈려 하고 어려워 해. 혼동될 만한 요소들이 있기는 하지만 피동의 의미와 사동의 의미는 전혀 다르거든. 단순히 겉으로 표현되는 것에만 의존하면 피동과 사동 표현이 헷갈릴 수 있지만, 개념을 충분히 이해하고 그 의미를 중심으로 분석해 본다면 피동과 사동 표현에 관한 문제들을 자신 있게 풀어낼 수 있을 거야.

혜정 샘 음성 지원

▶ 능동문의 주어는 피동문의 부사어가 되고~ 어쩌고저쩌고하는 걸 다 외우려는 건 아니겠지? 외우지 않아도 제시되는 구체적인 사례를 통해서 충분히 이해할 수 있고 선지의 YES NO를 판단할 수 있어. 선생님이 어근, 접사, 문장 성분 같은 기본 개념들을 정확하게 공부하라고 계속 강조하는 이유도 여기에 있어. 일일이 문법 개념들을 다 외우지 않아도 사례를 스스로 분석하고 선지의 내용을 판단할 수 있으면 되는 거야.

오늘의 태그 문제

정답 38쪽

(2013학년도 3월 고2 전국연합학력평가 B형)

★71 문항 코드 | 22672-0193 　정답률 81%

다음을 바탕으로 〈보기〉를 이해한 것으로 적절하지 않은 것은?

> 능동문을 피동문으로 바꿀 때에는 능동문의 주어와 목적어를 각각 피동문의 부사어와 주어로 바꾸고, 능동문의 서술어에 알맞은 피동 접사나 '-어지다'를 붙여 피동문의 서술어로 만든다. 피동문을 쓸 때에는 지나친 피동 표현(이중 피동)이 되지 않도록 유의해야 한다.

〈보기〉

ㄱ. 마을이 폭풍에 휩쓸리다.
ㄴ. 도둑이 경찰에게 잡히다.
ㄷ. 그의 오해가 동생에 의해 풀리다.

① ㄱ의 '휩쓸리다'는 '휩쓸다'의 어근에 피동 접사가 붙은 경우이다. YES NO
② ㄱ을 능동문으로 바꾸기 위해서는 '폭풍에'를 목적어로 만들어야 한다. YES NO
③ ㄴ을 능동문으로 바꾸면 행위의 주체가 '경찰'이 된다. YES NO
④ ㄴ의 '잡히다'를 '잡혀지다'로 바꾸면 지나친 피동 표현이 된다. YES NO
⑤ ㄷ의 '풀리다' 외에 '풀다'의 어간에 '-어지다'를 붙여도 피동문이 된다. YES NO

(2019학년도 11월 고1 전국연합학력평가)

▶ 선지들에 사용된 동사들, '끊다', '만지다', '부르다', '묻다', '담다'의 어근에 <보기>에서 설명한 피동 접미사 '-이-, -히-, -리-, -기-'를 붙여 보면 되겠지?

★**72** 문항 코드 | 22672-0194 정답률 63%

〈보기〉는 수업 장면의 일부이다. ㉠에 해당하는 예로 적절한 것은?

〈보기〉

선생님: 주어가 스스로 행동하지 않고 다른 주체에 의해 어떤 동작을 당하거나 영향을 받는 것을 피동이라고 합니다. 피동문을 만들 때는 능동사의 어근에 피동 접미사 '-이-, -히-, -리-, -기-'를 붙여서 짧은 피동을 만들거나, '-아/-어지다'와 같은 표현을 사용하여 긴 피동을 만듭니다. 그런데 ㉠**일부 능동사의 어근에는 피동 접미사가 결합하지 못하여 짧은 피동을 만들 수 없는 경우**도 있습니다.

① 물고기가 낚싯줄을 끊었다. YES NO
② 경민이가 아기의 볼을 만졌다. YES NO
③ 민수가 동생의 이름을 불렀다. YES NO
④ 다람쥐가 도토리를 땅에 묻었다. YES NO
⑤ 요리사가 음식을 접시에 담았다. YES NO

(2014학년도 3월 고3 전국연합학력평가 A형)

▶ 피동의 개념뿐만 아니라 사동의 개념도 알고 있어야 하는 문제야. 피동과 사동의 개념과 의미를 정확하게 알고 있다면 쉽게 답을 찾을 수 있을 거야.

★**73** 문항 코드 | 22672-0195 정답률 62%

〈보기〉의 설명을 바탕으로, 피동 표현을 만들어 보았다. 잘못된 것은?

〈보기〉

피동 표현은 피동 접미사 '-이-, -히-, -리-, -기-'에 의한 피동과 '-되다', '-게 되다', '-어지다'에 의한 피동이 있다. 이 외에 피동의 의미를 갖는 단어를 이용하여 피동 표현을 만들 수 있다.

① '아이가 밥을 먹었다.'를 피동 접미사 '-이-'를 사용하여 '아이에게 밥을 먹였다.'로 바꾸었다. YES NO
② '아이들이 꼬마를 놀렸다.'를 '당하다'를 사용하여 '꼬마가 아이들에게 놀림을 당했다.'로 바꾸었다. YES NO
③ '사냥꾼이 토끼를 잡았다.'를 피동 접미사 '-히-'를 사용하여 '토끼가 사냥꾼에게 잡혔다.'로 바꾸었다. YES NO
④ '사람들이 생태계를 파괴하였다.'를 '-되다'를 사용하여 '생태계가 사람들에 의해 파괴됐다.'로 바꾸었다. YES NO
⑤ '박 감독이 이 영화를 만들었다.'를 '-어지다'를 사용하여 '이 영화는 박 감독에 의해 만들어졌다.'로 바꾸었다. YES NO

(2015학년도 대학수학능력시험 6월 모의평가 A형)

▶ 사동 접미사 '-우-', '-구-', '-추-'가 결합해 만들어진 사동사는 그냥 생긴 것만으로도 구분이 쉽지만, '-이-, -히-, -리-, -기-'가 결합해 만들어진 단어를 피동사인지 사동사인지 구분하는 것을 어려워하는 학생들이 많아. 왜냐하면 사동 접미사 '-이-, -히-, -리-, -기-'가 피동 접미사 '-이-, -히-, -리-, -기-'와 형태가 같기 때문이지. 그래서 선생님이 피동과 사동의 의미를 제대로 파악해야 한다고 강조한 거야. :) 피동은 주체가 누군가에게 어떤 동작을 **당하는** 것, 사동은 주체가 누군가에 어떤 동작을 **시키는** 거라고.

★74 문항 코드 | 22672-0196 정답률 55%

〈보기〉의 ㉠, ㉡에 해당하는 것은?

〈보기〉

우리말의 용언 중에는 피동사와 사동사의 형태가 동일한 것이 있다. 예를 들어, '보다'는 사동사와 피동사가 모두 '보이다'로 그 형태가 같다. 이때 ㉠ 사동사로 쓰인 경우와 ㉡ 피동사로 쓰인 경우는 다음과 같이 문장에서의 쓰임을 통해 구별된다.

동생이 새 시계를 내게 보였다. (사동사로 쓰인 경우)
구름 사이로 희미하게 해가 보였다. (피동사로 쓰인 경우)

① ㉠: 운동화 끈이 풀렸다. 사동 피동
㉡: 아빠의 칭찬에 피로가 금세 풀렸다. 사동 피동

② ㉠: 우는 아이가 엄마 등에 업혔다. 사동 피동
㉡: 누나가 이모에게 아기를 업혔다. 사동 피동

③ ㉠: 나는 젖은 옷을 햇볕에 말렸다. 사동 피동
㉡: 동생은 집에 가겠다는 친구를 말렸다. 사동 피동

④ ㉠: 새들이 따뜻한 곳에서 몸을 녹였다. 사동 피동
㉡: 햇살이 고드름을 천천히 녹였다. 사동 피동

⑤ ㉠: 형이 친구에게 꽃다발을 안겼다. 사동 피동
㉡: 아기 곰이 어미 품에 포근히 안겼다. 사동 피동

▶ 덩치가 너무 큰 자료 때문에 뭔가 더 어려워 보이지만 74번과 다르지 않은 문제야. 오히려 75번에서는 각 동사의 의미까지 제시해 줬기 때문에 74번보다 더 쉬울 수 있는 문제거든. 문제를 제시하는 방식이 조금 낯설더라도 당황하지 말고, 그 출제 의도를 정확하게 파악하면 된다는 생각을 하자.

★**75** 문항 코드 | 22672-0197 정답률 49%

〈보기〉의 ㉠, ㉡에 해당하는 예끼리 묶인 것으로 적절한 것은?

〈보기〉

[선생님의 설명]

여러분, '쓰이다'라는 단어를 어떻게 해석해야 할까요? 우선 '쓰이다'는 피동사이기도 하고 사동사이기도 하므로 이를 구별해야겠죠? 또한 '쓰다'는 동음이의어나 다의어이므로 그 의미에도 유의해야 합니다. 단어를 이해할 때, 이러한 점들을 모두 고려해야 해요. 그럼 이와 관련된 학습 활동을 해 볼까요?

[학습 활동]

다음은 국어사전의 일부이다. 제시된 단어의 의미에 유의하여 각각의 피동사와 사동사가 포함된 예를 들어 보자.

> 갈다[1] 동 〖…을 …으로〗 ② 어떤 직책에 있는 사람을 다른 사람으로 바꾸다.
> 깎다 동 1 〖…을〗 ③ 값이나 금액을 낮추어서 줄이다.
> 묻다[1] 동 〖…에〗 ① 가루, 풀, 물 따위가 그보다 큰 다른 물체에 들러붙거나 흔적이 남게 되다.
> 물다[2] 동 1 〖…을〗 ② 윗니와 아랫니 사이에 끼운 상태로 상처가 날 만큼 세게 누르다.
> 쓸다[2] 동 〖…을〗 ① 비로 쓰레기 따위를 밀어내거나 한데 모아서 버리다.

피동문	사동문
㉠	㉡

① ㉠: 학생회 임원이 새 친구로 갈렸다. 피동 사동
 ㉡: 삼촌이 형에게 그 텃밭을 갈렸다. 피동 사동

② ㉠: 용돈이 이달에 만 원이나 깎였다. 피동 사동
 ㉡: 나는 저번 실수로 점수를 깎였다. 피동 사동

③ ㉠: 내 친구는 가래떡에 꿀만 묻혔다. 피동 사동
 ㉡: 누나는 붓에 먹물을 듬뿍 묻혔다. 피동 사동

④ ㉠: 아빠가 아이 입에 사탕을 물렸다. 피동 사동
 ㉡: 큰형이 동네 개에게 발을 물렸다. 피동 사동

⑤ ㉠: 큰 마당의 눈이 빗자루에 쓸렸다. 피동 사동
 ㉡: 내 동생에게 거실 바닥만 쓸렸다. 피동 사동

다음 글을 읽고 물음에 답하시오. [76] 〔 2020학년도 10월 고3 전국연합학력평가 〕

사동 표현은 주어가 남에게 동작을 하도록 시키는 뜻을 나타내는 것으로, 파생적 사동과 통사적 사동으로 구분될 수 있다. 우선 파생적 사동은 사동 접사 '-이-, -히-, -리-, -기-, -우-, -구-, -추-' 등이 붙어 만들어지는데, '높이다', '좁히다', '울리다', '옮기다', '비우다' 등이 그 예이다. 다만 일부 용언은 사동 접사의 결합에 제약이 있기도 하다. 예컨대 '(회사에) 다니다', '(손을) 만지다'와 같이 어간이 'ㅣ'로 끝나는 동사, '(형과) 만나다', '(원수와) 맞서다'와 같이 특정한 상대 등을 필수적으로 요구하는 동사, '(돈을) 주다'와 같이 주거나 받는 뜻을 가진 동사 등은 대개 사동 접사가 결합되지 못한다. 한편 사동 표현은 '먹게 하다', '잡게 하다'와 같이 '-게 하다'에 의해 만들어지기도 하는데 이를 통사적 사동이라 한다.

▶ 독서(비문학)랑 똑같지 않니? 윗글을 바탕으로 통사적 사동과 파생적 사동의 개념과 특징을 이해하고 구체적 사례에 적용해 보자고.

★76 문항 코드 | 22672-0198 정답률 39%

윗글을 바탕으로 할 때, 〈보기〉에서 적절한 것만을 있는 대로 고른 것은?

〈보기〉

ㄱ. '(선물을) 받다', '(시간이) 늦다'는 모두 파생적 사동이 불가능한 동사이다. YES NO

ㄴ. '(넋을) 기리다'와 달리 '(연을) 날리다'는 사동 접사가 붙어 만들어진 동사이다. YES NO

ㄷ. '(공을) 던지다'와 달리 '(추위를) 견디다'는 어간이 'ㅣ'로 끝나기 때문에 사동 접사가 결합되지 못한다. YES NO

ㄹ. '(적과) 싸우다', '(동생과) 닮다'는 모두 특정한 상대 등을 필수적으로 요구하는 동사이기 때문에 사동 접사가 결합되지 못한다. YES NO

① ㄱ, ㄴ ② ㄱ, ㄷ ③ ㄴ, ㄹ ④ ㄱ, ㄷ, ㄹ ⑤ ㄴ, ㄷ, ㄹ

▶ 이 문제 잘 봐 둬. 나중에 28강 공부할 때 이 문제의 출제 요소들을 다시 만나게 될 거야. 접미사 '-시키다'의 올바른 쓰임을 잘 알아 두자. :)

(2014학년도 10월 고3 전국연합학력평가 B형)

★**77** 문항 코드 | 22672-0199 정답률 76%

〈보기 1〉은 접미사 '-시키다'와 관련하여 국어사전을 찾아본 결과이다. 〈보기 1〉을 참고하여 〈보기 2〉에서 '-시키다'가 바르게 사용된 것을 모두 고른 것은?

〈보기 1〉

국어사전의 정보 1
-시키다 접 (서술성을 가지는 일부 명사 뒤에 붙어) '사동'의 뜻을 더하고 동사를 만드는 접미사.

국어사전의 정보 2
사동 명 주체가 제3의 대상에게 동작이나 행동을 하게 하는 동사의 성질.

〈보기 2〉

ㄱ. 내 힘으로는 군중을 진정시키기 어려웠다. o x
ㄴ. 여러분들께 저희 가족을 소개시켜 드리겠습니다. o x
ㄷ. 우리 군대는 적군을 항복시켜 사실상 전쟁을 끝냈다. o x
ㄹ. 경수는 몸이 아픈 수희를 병원에 급히 입원시켰다. o x
ㅁ. 모든 기계를 가동시켜도 기일을 맞출 수 있을지 모르겠다. o x

① ㄱ, ㄴ, ㅁ ② ㄱ, ㄷ, ㄹ ③ ㄴ, ㄷ, ㄹ
④ ㄴ, ㄷ, ㅁ ⑤ ㄷ, ㄹ, ㅁ

다음 글을 읽고 물음에 답하시오. [78] 《 2017학년도 10월 고3 전국연합학력평가 》

현대 국어에서 사동 표현은 주동문의 동사나 형용사 어근에 사동 접미사 '-이-, -히-, -리-, -기-, -우-, -구-, -추-'가 붙거나, '-게 하다'에 의해 만들어진다.

서술어가 형용사나 자동사인 주동문을 사동문으로 바꿀 때, 주동문의 주어가 사동문의 목적어가 되며 사동문의 주어가 새로 도입된다. 이는 주동문 (ㄱ)과 사동문 (ㄴ)을 살펴보면 알 수 있는데, 서술어의 자릿수에도 변화가 일어난다.

(ㄱ) 얼음이 녹는다.
(ㄴ) 아이들이 얼음을 녹인다.

한편 서술어가 타동사인 주동문을 사동문으로 바꿀 때, 주동문의 주어는 사동문의 부사어가 되고 주동문의 목적어는 그대로 사동문의 목적어가 되며 사동문의 주어가 새로 도입된다. 이는 주동문 (ㄷ)과 사동문 (ㄹ)을 살펴보면 알 수 있는데, 서술어의 자릿수에도 변화가 일어난다.

(ㄷ) 영희가 책을 읽었다.
(ㄹ) 선생님께서 영희에게 책을 읽히셨다.

한편 주동문의 동사나 형용사 어근에 사동 접미사가 붙은 사동사에 의한 사동을 단형 사동이라 하고, '-게 하다'에 의한 사동을 장형 사동이라 한다. 사동을 일으키는 주체가 사동 행위를 받는 대상의 행위에 함께 참여하는 의미를 표현하는 경우를 직접 사동이라 하고 그렇지 않은 경우를 간접 사동이라 하는데, 단형 사동은 맥락에 따라 직접 사동과 간접 사동의 두 가지 의미를 모두 표현할 수 있으나 장형 사동은 간접 사동의 해석만을 허용한다.

▶ 우리가 공부한 사동 표현에 관련된 개념을 자세하게 설명하고 있는 지문이야. 이런 식으로 어차피 지문이나 <보기>를 통해 자세히 설명해 줄 내용을 달달 암기할 필요 없다는 거야. 개념을 정확하게 이해해 놓는다면, 지문이나 <보기>로 제시된 사례를 보면서 선지를 YES NO로 판단할 수 있어.

★78 문항 코드 | 22672-0200 정답률 60%

윗글을 바탕으로 〈보기〉의 ㉠~㉣을 탐구한 내용으로 적절하지 않은 것은?

〈보기〉

㉠ 얼음 위에서 팽이가 돈다.
㉡ 지원이가 그 일을 맡았다.
㉢ 엄마가 아이에게 우유를 먹였다.
㉣ 엄마가 아이에게 우유를 먹게 하였다.

① ㉠을 '아이들이'를 주어로 삼는 단형 사동문으로 바꿀 때, ㉠의 주어는 목적어로 바뀔 것이다. YES NO
② ㉠을 '아이들이'를 주어로 삼는 단형 사동문으로 바꿀 때, 서술어의 자릿수가 한 자리에서 두 자리로 바뀔 것이다. YES NO
③ ㉡을 '선생님께서'를 주어로 삼는 단형 사동문으로 바꿀 때, ㉡의 주어는 부사어로 바뀔 것이다. YES NO
④ ㉡을 '선생님께서'를 주어로 삼는 단형 사동문으로 바꿀 때, 서술어의 자릿수가 두 자리에서 세 자리로 바뀔 것이다. YES NO
⑤ ㉣은 ㉢과 달리 직접 사동과 간접 사동의 의미 모두로 해석될 수 있을 것이다. YES NO

▶ 의지 부정과 능력 부정, 긴 부정과 짧은 부정의 개념만 정확히 안다면 쉽게 정답을 찾을 수 있는 문제야.

(2014학년도 10월 고3 전국연합학력평가 B형)

★**79** 문항 코드 | 22672-0201 정답률 88%

〈보기〉의 ㉠~㉢에 들어갈 문장으로 적절한 것은?

〈보기〉

부정문에는 주체의 의지에 의한 행동의 부정을 나타내는 '안' 부정문과 주체의 의지가 아닌, 그의 능력이나 외부의 원인으로 그 행위가 일어나지 못함을 나타내는 '못' 부정문이 있다.

'동생이 잔다.'라는 긍정문을 아래의 과정을 통해 부정문으로 바꾸어 보자.

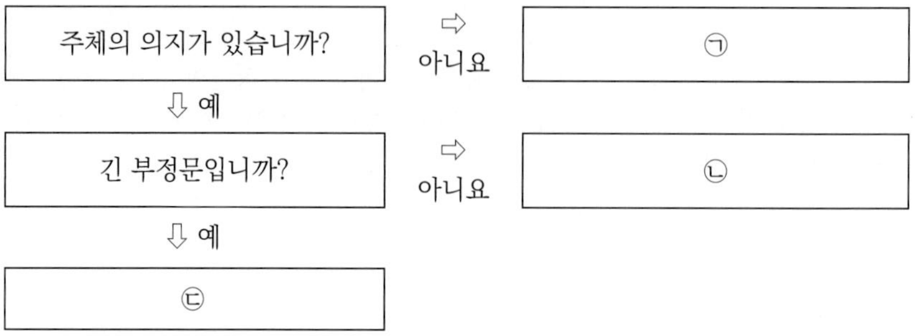

주체의 의지가 있습니까? ⇨ 아니요 → ㉠

⇩ 예

긴 부정문입니까? ⇨ 아니요 → ㉡

⇩ 예

㉢

	㉠	㉡	㉢
①	동생이 자지 못한다.	동생이 못 잔다.	동생이 안 잔다.
②	동생이 못 잔다.	동생이 안 잔다.	동생이 자지 않는다.
③	동생이 안 잔다.	동생이 자지 않는다.	동생이 못 잔다.
④	동생이 자지 못한다.	동생이 못 잔다.	동생이 자지 않는다.
⑤	동생이 못 잔다.	동생이 안 잔다.	동생이 자지 못한다.

(2018학년도 7월 고3 전국연합학력평가)

▶ 선지를 차분하게 읽고 그 의미를 이해해 보자. 어떤 경우가 문법적인 표현이고 비문법적인 표현인지를 꼼꼼히 따져 봐야 돼.

★80 문항 코드 | 22672-0202 정답률 76%

〈보기〉의 사례를 탐구한 내용으로 적절하지 않은 것은?

〈보기〉

㉠ 똑같은 일을 반복하니 지루하다 못해 졸리다.
㉡ 나는 자전거를 {못 탄다/타지 못한다}.
㉢ 컴퓨터를 너무 오래하지 {*않아라/*못해라/마라}.
㉣ 시간이 {*못 넉넉하다/넉넉하지 못하다}.
㉤ ┌ 그녀는 결코 거짓말을 {*했다/하지 않았다}.
　 └ 그녀는 분명히 거짓말을 {했다/하지 않았다}.

'*'는 비문법적 표현임.

① ㉠을 보니, '못하다'는 앞말의 상태에 미치지 아니함을 나타내어 뒷말을 부정하기도 하는구나. YES NO
② ㉡을 보니, 부정 표현은 부정 부사를 통해 실현되기도 하고, 부정 용언을 통해 실현되기도 하는구나. YES NO
③ ㉢을 보니, 명령문의 부정 표현에서는 '않다'나 '못하다'가 아니라 '말다'를 사용하는 것이 자연스럽구나. YES NO
④ ㉣을 보니, 서술어가 형용사인 경우에는 부정 부사 대신 부정 용언을 사용하는 것이 자연스럽구나. YES NO
⑤ ㉤을 보니, 부사에 따라 반드시 부정 표현이 함께 쓰여야 하는 경우가 있겠구나. YES NO

● 열공 날짜　　년　월　일

28 정확한 문장 표현

개념 태그 #정확한 단어 사용 #문장 성분의 호응 #불필요한 피동 표현 #불필요한 사동 표현 #잘못된 높임 표현 #중의적 표현 #모호한 표현 #의미의 중복

▸▸▸ 기억 안 나면? 개념의 나비효과 2권 111쪽으로!

28강에서는 지금까지 공부한 문법 개념들을 구체적인 문장들에 적용해 보는 연습을 할 거야. 종결 표현, 높임 표현, 시간 표현, 피동 표현, 사동 표현, 부정 표현 등을 복습해 본다는 생각으로 문제를 풀어 보자. 아주 어려운 문제들은 아니지만, 틀린 문제가 있다면 반드시 그 파트를 꼼꼼하게 복습해야 하는 거야.

혜정 샘 음성 지원

▶ 일상에서도 정말 자주 틀리는 표현들이야. 잘못된 표현과 정확한 표현을 잘 알아 두자. 출제 요소는 항상 반복되거든.

오늘의 태그 문제

정답 40쪽

(2013학년도 3월 고3 전국연합학력평가 B형)

★81 문항 코드 | 22672-0203 정답률 72%

다음은 자연스러운 문장 표현을 위한 학습 자료이다. ㉠~㉤을 고쳐 쓰기 위한 방안으로 적절하지 않은 것은?

> ◦ 문제는 일을 끝마치는 데 너무 많은 시간이 **걸린다는 점이 문제이다.** ……… ㉠
> ◦ 나는 그에게 좋은 사람을 **소개시켜** 달라고 말했다. ……… ㉡
> ◦ 나는 학급 **회장으로써** 해야 할 일을 했을 뿐이다. ……… ㉢
> ◦ 나는 **성실한 그의 동생**을 어제 만났다. ……… ㉣
> ◦ 이번 주 금요일에 학급 **회의를 가질** 예정이다. ……… ㉤

① ㉠: '문제'가 주어와 서술어에 중복되어 나타나므로, '걸린다는 점이 문제이다'를 '걸린다는 점이다'로 고친다. YES NO
② ㉡: '소개시켜'는 불필요하게 사동 표현이 사용된 것이므로 '소개해'로 고친다. YES NO
③ ㉢: '으로써'는 도구나 수단을 나타내므로 자격을 나타내는 '으로서'로 고친다. YES NO
④ ㉣: '성실한'의 수식 대상이 불분명하므로, 수식 대상이 '동생'일 경우에는 '성실한 그의, 동생'으로 수식 대상이 '그'일 경우에는 '성실한, 그의 동생'으로 고친다. YES NO
⑤ ㉤: '회의를 갖다'는 번역체 표현이므로 '가질'을 '할'로 고친다. YES NO

(2013학년도 4월 고3 전국연합학력평가 B형)

▶ 먼저 고치기 전 문장과 고친 문장을 비교해서 어느 부분이 달라졌는지를 확인한 다음, 고쳐야 하는 이유가 적절하게 설명돼 있는지를 판단하면 돼.

★**82** 문항 코드 | 22672-0204 정답률 68%

다음은 틀리기 쉬운 문장에 대한 탐구 학습지이다. 과제를 수행한 내용으로 적절하지 <u>않은</u> 것은?

탐구 학습지

과제: 다음 [탐구 자료]를 [과제 수행표]에 맞게 고쳐 쓰시오.

[탐구 자료] 틀리기 쉬운 문장

㉠ 오랜만에 친구를 만나서 여간 기뻤다.
㉡ 나는 주중에는 자전거를, 주말에는 수영을 한다.
㉢ 버스가 왼쪽으로 좌회전한 후, 정류장에 정차하였다.
㉣ 우리 학교는 도서관을 매일 개방하게 하고 있습니다.
㉤ 그 문제는 어려워서 풀려지지 않았다.

[과제 수행표]

자료	고쳐야 하는 이유	고친 문장	
㉠	문장 성분 간의 호응이 올바르지 않음.	오랜만에 친구를 만나서 여간 기쁘지 않았다. ······ ①	YES NO
㉡	필요한 문장 성분이 생략됨.	나는 주중에는 자전거를 타고, 주말에는 수영을 한다. ②	YES NO
㉢	불필요하게 의미가 중복됨.	버스가 좌회전한 후, 정류장에 정차하였다. ······ ③	YES NO
㉣	사동 표현을 부적절하게 사용함.	우리 학교는 도서관을 매일 개방시키고 있습니다. ······ ④	YES NO
㉤	이중 피동을 사용함.	그 문제는 어려워서 풀리지 않았다. ······ ⑤	YES NO

(2019학년도 9월 고1 전국연합학력평가)

▶ 직접 인용과 간접 인용의 개념과 표현 방식을 다시 한 번 점검해 보자.

★**83** 문항 코드 | 22672-0205 정답률 78%

〈보기〉를 참고할 때, ㉠~㉢을 이해한 내용으로 적절하지 않은 것은?

〈보기〉

다른 사람의 말이나 생각 등을 원래의 내용과 형식 그대로 옮겨 표현하는 것을 '직접 인용', 원래의 내용을 전달하되 말하는 사람의 관점에서 표현하는 것을 '간접 인용'이라 한다.

직접 인용은 큰따옴표와 종결 표현에 따른 문장 부호를 사용하고, 조사 '라고'를 붙여 표현한다. 간접 인용은 문장 부호 없이, 앞말의 종결 어미에 조사 '고'를 붙여 표현한다. 간접 인용문은 화자의 관점에서 표현하기 때문에 직접 인용문과 비교할 때 인칭, 지시 표현, 높임 표현, 시간 표현, 종결 표현 등에서 변화가 나타나기도 한다.

㉠ 어제 진우는 "내일 떠나고 싶다."라고 했다.
→ 어제 진우는 오늘 떠나고 싶다고 했다.
㉡ 아들이 나에게 "잠시만 집에 계세요."라고 했다.
→ 아들이 나에게 잠시만 집에 있으라고 했다.
㉢ 그 바다에서 아영이는 "나는 이곳이 마음에 들어."라고 했다.
→ 그 바다에서 아영이는 자기는 그곳이 마음에 든다고 했다.

① ㉠: 직접 인용문에서 쓰인 조사 '라고'가 간접 인용문에서 '고'로 달라졌다. YES NO
② ㉠: 직접 인용문에서 쓰인 시간 표현 '내일'이 간접 인용문에서 '오늘'로 달라졌다. YES NO
③ ㉡: 직접 인용문에서 실현된 주체 높임 표현이 간접 인용문에서 객체 높임 표현으로 바뀌었다. YES NO
④ ㉢: 직접 인용문에서 쓰인 1인칭이 간접 인용문에서 3인칭으로 바뀌었다. YES NO
⑤ ㉢: 직접 인용문에서 쓰인 지시 표현 '이곳'이 간접 인용문에서 '그곳'으로 달라졌다. YES NO

(2015학년도 대학수학능력시험 9월 모의평가 A형)

▶ 82번과 형태는 다르지만 출제 의도가 동일한 문제야. 고치기 전 문장과 고친 문장을 비교하는 게 제일 먼저 할 일이야. 그런 다음 선지에서 잘못된 문장을 수정할 때 고려한 문법적 기준이 적절하게 설명돼 있는지를 판단하면 돼.

★**84** 문항 코드 | 22672-0206 정답률 64%

㉠~㉤의 잘못된 문장을 수정할 때 고려한 문법적 기준으로 적절하지 않은 것은?

	잘못된 문장 → 수정한 문장
㉠	그는 양말을 벗고 바위에 앉아서 발을 넣었다. → 그는 양말을 벗고 바위에 앉아서 물에 발을 넣었다. YES NO
㉡	내가 주장하는 바는 문화 회관 건설로 주민 생활이 개선된다. →내가 주장하는 바는 문화 회관 건설로 주민 생활이 개선된다는 것이다. YES NO
㉢	이번 일로 우리는 불편과 피해를 입었다. → 이번 일로 우리는 불편을 겪고 피해를 입었다. YES NO
㉣	우리 모두 쓰레기 줄이기 운동을 동참합시다. → 우리 모두 쓰레기 줄이기 운동에 동참합시다. YES NO
㉤	이 사람에게 그 일은 여간 기쁜 일이다. → 이 사람에게 그 일은 여간 기쁜 일이 아니다. YES NO

① ㉠: 목적어인 '발을'을 수식하는 관형어가 있어야 한다.
② ㉡: '내가 주장하는 바는'과 호응하는 서술어가 있어야 한다.
③ ㉢: 목적어의 하나인 '불편'과 호응하는 서술어가 있어야 한다.
④ ㉣: 서술어인 '동참합시다'가 요구하는 부사어에 정확한 조사를 사용해야 한다.
⑤ ㉤: 부사 '여간'은 부정의 의미를 나타내는 말과 호응해야 한다.

(2014학년도 대학수학능력시험 9월 모의평가 B형)

▶ 문장의 중의성을 해소하는 방법들도 잘 정리해 놓자. 반복되는 출제 요소들이야.

★**85** 문항 코드 | 22672-0207 정답률 65%

다음의 ㉠~㉤에 대해 검토한 것으로 적절하지 않은 것은?

◆문장의 중의성 해소 방법 학습 활동지◆

중의성 있는 문장	중의성 해소 방법
예쁜 모자의 장식물이 돋보였다.	'장식물'이 예쁜 경우에는 ㉠"**예쁜, 모자의 장식물이 돋보였다.**"로 고친다.
손님들이 다 오지 않았어.	손님들 중 일부만 온 경우에는 ㉡"**손님들 중 일부가 오지 않았어.**"로 고친다.
언니가 교복을 입고 있다.	교복을 입는 동작이 진행 중인 경우에는 ㉢"**언니가 교복을 입는 중이다.**"로 고친다.
형은 나보다 동생을 더 좋아한다.	'나'와 '동생'이 비교 대상인 경우에는 ㉣"**형은 나를 좋아하는 것보다 동생을 더 좋아한다.**"로 고친다.
나는 웃으면서 매장에 들어오는 손님에게 인사했다.	'나'가 웃으면서 인사하는 경우에는 ㉤"**나는 매장에 들어오는 손님에게 웃으면서 인사했다.**"로 고친다.

① ㉠은 "모자의 예쁜 장식물이 돋보였다."로도 고칠 수 있다. YES NO
② ㉡은 "손님들이 다는 오지 않았어."로도 고칠 수 있다. YES NO
③ ㉢은 "언니가 지금 교복을 입고 있다."로도 고칠 수 있다. YES NO
④ ㉣은 "형은 나와 동생 중에서 동생을 더 좋아한다."로도 고칠 수 있다. YES NO
⑤ ㉤은 "매장에 들어오는 손님에게 나는 웃으면서 인사했다."로도 고칠 수 있다. YES NO

(2014학년도 대학수학능력시험 6월 모의평가 B형)

▶ 조사 '요'와 어미 '-오'를 정확하게 이해하고, 구분해서 사용할 수 있어야 돼. 조사와 어미의 개념을 다시 한 번 점검해 보자.

★86 문항 코드 | 22672-0208 정답률 58%

다음의 탐구 과정에서 ㉠에 들어갈 내용으로 적절하지 않은 것은?

자료	• (선생님께) "아니요, 모르겠습니다." • (친구에게) "아니, 몰라."	• "나는 주인공이 아니오."

↓

의문점	'아니요'의 '요'와 '아니오'의 '오'는 어떠한 차이가 있을까?

↓

문제 탐구	자료에서 '아니요'의 쓰임을 확인한다. ☞ 윗사람이 묻는 말에 부정으로 대답할 때 쓰이는데, '아니'에 '요'가 붙어서 된 말이다.	자료에서 '아니오'의 쓰임을 확인한다. ☞ 보어를 취하는 서술어로 쓰이는데, '아니-'에 '-오'가 붙어서 된 말이다.
	자료와 다음 사례를 통해 '요'의 문법적 특성을 알아본다. • 뭘 할까요? 뭘 할까? • 어서요, 빨리요. ☞ 단어, 어말 어미 등에 붙어 높임의 뜻을 더해 주는 보조사인데, '요'가 빠지더라도 문장이 성립한다.	자료와 다음 사례를 통해 '-오'의 문법적 특성을 알아본다. • 얼마나 기쁘오? 얼마나 기쁘니? • 일단 멈추시오. ☞ ㉠

↓

적용	"그러면 안 되□."의 □ 안에는 '오'가 들어간다.

① 어간에 붙는다. YES NO
② 선어말 어미에 붙는다. YES NO
③ 평서문에는 쓰이지 않는다. YES NO
④ '-오'가 빠지면 문장이 성립하지 않는다. YES NO
⑤ 상대방을 보통으로 높이는 종결 어미이다. YES NO

(2014학년도 3월 고3 전국연합학력평가 B형)

▶ 또 나왔다. 82번, 84번과 동일한 출제 의도를 가진 문제지? 이 패턴의 문제를 이렇게 3번만 반복해서 풀어 봐도 이제 이런 패턴의 문제에 어떻게 접근해야 할지 분명해지지 않니? 수능에는 이런 식으로 계속 반복해서 출제되는 패턴이 있어. 그게 보이기 시작하면 수는 국어 성적의 향상이 눈에 띄게 빨라질 거야. :)

★87 문항 코드 | 22672-0209 정답률 69%

㉠~㉤의 문장을 고쳐 쓴 이유로 적절하지 않은 것은?

	잘못된 문장	고쳐 쓴 문장
㉠	이는 미리 예상했던 일이다.	이는 예상했던 일이다.
㉡	나는 어제 친구와 의논했다.	나는 어제 친구와 그 일을 의논했다.
㉢	나는 눈이 시리도록 파란 하늘을 보았다.	나는 파란 하늘을 눈이 시리도록 보았다.
㉣	이 책은 쉽게 읽혀진다.	이 책은 쉽게 읽힌다.
㉤	선생님께서는 귀여운 따님이 계십니다.	선생님께서는 귀여운 따님이 있으십니다.

① ㉠: 비슷한 의미의 단어가 중복되어 사용되었다. YES NO
② ㉡: 주어와 서술어의 호응이 적절하지 않다. YES NO
③ ㉢: 문장의 의미가 중의적으로 해석된다. YES NO
④ ㉣: 이중 피동이 사용되었다. YES NO
⑤ ㉤: 높임법의 표현이 잘못 사용되었다. YES NO

▶ 이 문제는 몇 번 문제와 출제 의도가 같은지 알겠어? 바로바로 85번! 원래 문장들은 모두 중의성이 있는 문장들이야. 중의성을 해소하고 그 의미를 분명하게 하려면 어떻게 수정해야 하는지를 묻는 문제야. 어떤 부분들이 출제 포인트가 되고 있는지를 눈여겨보도록. 앞으로 수능 보기까진 이 패턴의 문제들을 또 만나게 될 텐데, 그때마다 반복되는 출제 요소들을 확인할 수 있을 거야.

(2015학년도 4월 고3 전국연합학력평가 B형)

★**88** 문항 코드 | 22672-0210 정답률 80%

㉠~㉤에 들어갈 문장으로 적절하지 않은 것은?

〈보기〉

원래 문장	표현하려는 의미	수정한 문장
현우는 새로 산 옷을 입고 있다.	옷을 입는 동작이 진행 중임을 나타내고자 함.	㉠
영철이는 지수보다 야구 경기를 더 좋아한다.	영철이가 더 좋아하는 것은 지수가 아니라 야구 경기임.	㉡
친구들이 약속 장소에 다 나오지 않았다.	친구들이 일부만 참석함.	㉢
민수는 아침에 윤서가 여행에서 돌아왔다고 말했다.	돌아온 사실을 말한 시점이 아침임.	㉣
그는 내게 장미와 튤립 두 송이를 주었다.	받은 꽃의 개수가 세 송이임.	㉤

① ㉠: 현우는 새로 산 옷을 입고 있는 중이다. YES NO
② ㉡: 영철이는 지수를 좋아하는 것보다 야구 경기를 더 좋아한다. YES NO
③ ㉢: 친구들이 약속 장소에 다는 나오지 않았다. YES NO
④ ㉣: 윤서가 아침에 여행에서 돌아왔다는 것을 민수는 말했다. YES NO
⑤ ㉤: 그는 내게 장미 한 송이와 튤립 두 송이를 주었다. YES NO

▶ ㅎㅎ 이 문제는 밑도 끝도 없이, <보기>도 아무런 설명도 없이, 그냥 가장 정확한 문장을 찾으라고 요구했어. 솔직히 우리가 국어 원어민들이라 이유는 뭐라 분명히 설명할 수는 없지만, '왠~지 이 문장은 어색한 것 같은 느낌이야~.' 하면서 답을 맞힐 수 있는 문제야. ㅎㅎ 노노! 어느 부분이 왜 문법적으로 정확하지 않은지 근거까지 답하라, 알았나?

(2016학년도 대학수학능력시험 A형)

★**89** 문항 코드 | 22672-0211 정답률 81%

다음 중 문법적으로 가장 정확한 문장은?

① 그는 자기가 창안한 사회 이론을 더욱 발전해 사회 문제의 해결에 기여하고자 하였다. o x
② 참관인 자격으로 회의에 참석한 두 사람은 눈짓을 주고받은 후 조용히 회의장을 빠져나갔다. o x
③ 유럽은 18세기 후반부터 약 100년 동안 생산 기술의 발달과 그에 따라 사회 조직의 큰 변화를 겪었다. o x
④ 이 책의 저자가 독자에게 말하려는 요점은 모름지기 사람은 남을 위하여 자기를 희생할 줄도 알아야 한다. o x
⑤ 그의 작품들은 엇비슷해서 학생들이 작품 이름의 혼동이나 각 작품의 이야기 줄거리를 잘 기억하지 못했다. o x

다음 글을 읽고 물음에 답하시오. [90]

〔 2021학년도 10월 고3 전국연합학력평가 〕

국어에는 '않다', '못하다', '말다', '아니다', '없다' 등의 부정 의미의 용언과 주로 함께 쓰이는 단어가 있다. 이러한 단어는 여러 품사에서 나타나는데, 단어에 따라 호응하는 부정 의미의 용언이 다를 수 있다. 그런데 부정 의미의 용언이 나타나지 않은 문장이 문맥적으로 부정 의미를 내포하는 경우에 쓰이는 단어가 있다. 예를 들어 보면, '나는 그곳에 차마 가지 못했다(*나는 그곳에 차마 갔다)'와 같이 '차마'는 부정 의미를 나타내는 '가지 못했다'와 어울린다. 그러나 '내가 그곳에 차마 가겠니?'와 같은 의문문이 '나는 그곳에 차마 갈 수 없다(가지 못한다 / 가지 않는다)'를 뜻함으로써 용언의 의미를 부정하는 문맥일 때에는 '차마'가 쓰일 수 있다.

한편, 부정문 형식의 문장에 함께 쓰여 그 문장의 의미를 강한 긍정으로 해석되게 하는 단어가 있다. 예를 들어, '문제가 어렵지 않다'라는 부정문에 '이만저만'을 함께 써서 '문제가 이만저만 어렵지 않다'가 되면 '문제가 매우 어렵다'라는 의미로 해석된다. 이는 '이만저만'으로 인해 문장의 의미가 '어렵다'를 강조하는 긍정으로 해석된 것이다.

※ '*'는 비문임을 나타냄.

▶ 이 문제 또한 우리가 국어 원어민임이 매우 고마워지는 문제야. 생각해 봐, 외국인들이 이 부분을 공부하려면 이거 다 외울 수밖에 없는 부분인데, 우리는 그냥 알겠지 않아? 예를 들어 '그 일은 나와 아무런 관계가 있다.'라는 문장을 읽으면, 왠~지 '이상해. 어색해. 이건 아닌 것 같아.'라는 느낌이 팍팍 오지? ㅎㅎ 외국인이라면 '아무런'은 주로 뒤에 오는 '않다', '없다', '못 하다' 따위의 부정적인 말과 함께 쓰여 '전혀 어떠한'의 뜻을 나타내는 말이다. 이렇게 공부해야 할 일이라고. 국어 원어민으로서의 장점을 십분 살려 정답을 찾되, 근거도 분명히 답해 보도록 하자.

★90 문항 코드 | 22672-0212 정답률 ??%

윗글을 바탕으로 〈보기〉를 이해한 내용으로 적절하지 않은 것은?

〈보기〉

ㄱ. *그 일은 나와 **아무런** 관계가 있다.
ㄴ. 화단의 꽃들이 **여간** 탐스럽지 않다.
ㄷ. 나는 밤새도록 이것**밖에** 하지 못했다.
ㄹ. 그 아이들이 **좀처럼** 제 말을 듣겠습니까?
ㅁ. *나는 무서워서 그 자리에서 **옴짝달싹했다**.
※ '*'는 비문임을 나타냄.

① ㄱ의 '아무런'은 긍정 의미의 용언이 나타나는 문맥에서 사용될 수 없군. YES NO
② ㄴ의 '여간'은 '탐스럽지 않다'라는 부정 의미를 강조하고 있군. YES NO
③ ㄷ의 '밖에'는 부정 의미의 용언과 어울려 쓰이고 있군. YES NO
④ ㄹ의 '좀처럼'은 부정 의미를 내포하는 문맥에서 쓰이고 있군. YES NO
⑤ ㅁ의 '옴짝달싹했다'를 '옴짝달싹하지 못했다'로 바꾸면 어법에 맞겠군. YES NO

● 열공 날짜 년 월 일

29 음운의 변동 1

개념 태그 #음운 #분절 음운 #비분절 음운 #교체, 다른 말로 대치
#비음화 #유음화 #동화 #음절의 끝소리 규칙
#구개음화 #된소리되기, 다른 말로 경음화 #두음 법칙 #'ㅣ' 역행 동화, 다른 말로 전설 모음화
#모음 조화

▶▶▶ 기억 안 나면? 개념의 나비효과 2권 121쪽으로!

언어(문법) 파트에서 출제 빈도가 가장 높은 부분이 바로 음운의 변동이야. 그리고 음운의 변동은 31강에서 배울 표준 발음법과 아주 밀접하기 때문에 표준 발음법까지 생각하면 그 빈도는 더 높아진다고 볼 수 있어. 29강에서는 교체, 탈락, 첨가, 축약 중에서 교체를 먼저 배워. 교체에는 비음화와 유음화를 비롯한 여러 음운의 변동 현상이 있거든. 양이 많다고 느껴질 수도 있지만, 음운의 변동은 한 번만 제대로 공부해 두면 진짜 마음 든든해진다고. 너의 수능에도 나올 확률이 너무 높은 문법 개념이니 집중해서 연습하자!

다음 글을 읽고 물음에 답하시오. [91] (2021학년도 3월 고1 전국연합학력평가)

모음은 크게 두 부류로 나눌 수 있다. 발음할 때 입술 모양이나 혀의 위치가 변하지 않는 모음을 '단모음'이라 한다. '표준어 규정'은 원칙적으로 'ㅏ, ㅐ, ㅓ, ㅔ, ㅗ, ㅚ, ㅜ, ㅟ, ㅡ, ㅣ'를 단모음으로 발음할 것을 규정하고 있다.

입술 모양이나 혀의 위치가 발음 도중에 변하는 모음은 '이중 모음'이라 하는데, 이중 모음은 홀로 쓰일 수 없는 소리인 '반모음'이 단모음과 결합한 모음이다. 예를 들어 이중 모음 인 'ㅑ'의 발음은, 'ㅣ'를 짧게 발음하는 것과 유사한 소리인 반모음 '[j]' 뒤에서 'ㅏ'가 결합한 소리이다. 'ㅑ'와 마찬가지로 'ㅒ, ㅕ, ㅖ, ㅛ, ㅠ, ㅢ'의 발음은, 각각 반모음 '[j]'와 단모음 'ㅐ, ㅓ, ㅔ, ㅗ, ㅜ, ㅡ'가 결합한 소리이다. 'ㅗ'나 'ㅜ'를 짧게 발음하는 것과 유사한 반모음 '[w]'도 있는데 'ㅘ, ㅙ, ㅝ, ㅞ'의 발음은 각각 반모음 '[w]'와 단모음 'ㅏ, ㅐ, ㅓ, ㅔ'가 결합한 소리이다. 반모음이 단모음 뒤에서 결합한 소리인 'ㅢ'를 제외하고, 이중 모음의 발음은 모두 반모음이 단모음 앞에서 결합한 소리이다.

'ㅚ'와 'ㅟ'는 단모음으로 발음하는 것이 원칙이지만 현실에서 이중 모음으로 발음하는 경우가 많다. 'ㅚ'를 이중 모음으로 발음할 경우에는 반모음 '[w]'와 'ㅔ' 소리를 연속하여 발음하며, 'ㅟ'를 이중 모음으로 발음할 경우에는 반모음 '[w]'와 'ㅣ' 소리를 연속하여 발음한다. '표준어 규정'에서도 현실 발음을 고려하여 이와 같이 'ㅚ'와 'ㅟ'를 이중 모음으로 발음하는 것을 허용하고 있다.

혜정 샘 음성 지원

▶ 이 문제는 선생님이 저 지문을 치워 버려도 답을 딱! 찾을 수 있어야 돼. 모음의 개념 공부했잖아. 특히 단모음과 이중 모음을 구분하는 기준 두 가지 뭐였어? 발음할 때, 무엇과 무엇? 입술 모양이나 혀의 위치가 안 변하면 단모음, 변하면 이중 모음~. 이 문제 틀리기만 해 봐라.... 어머, 나 지금 왜 어금니 꽉 깨물고 있니. ㅎㅎㅎ

오늘의 태그 문제

정답 42쪽

★91 문항 코드 | 22672-0213 정답률 85%

윗글에 대한 이해로 적절하지 않은 것은?

① 'ㅠ'는 발음할 때 입술 모양이나 혀의 위치가 변한다. YES NO
② 'ㅐ'는 발음할 때 입술 모양이나 혀의 위치가 변하지 않는다. YES NO
③ 'ㅖ'의 발음은 반모음 '[j]' 뒤에서 단모음 'ㅔ'가 결합한 소리이다. YES NO
④ 'ㅘ'의 발음은 단모음 'ㅗ' 뒤에서 반모음 '[j]'가 결합한 소리이다. YES NO
⑤ 반모음 '[w]'는 홀로 쓰일 수 없고 단모음과 결합하여 이중 모음을 이룬다. YES NO

▶ 각 선지의 내용이 어떤 음운의 현상과 관련이 있는지, 1초 만에 대답이 나와야 한다~! 1초 만에 대답 안 나오면, 그게 정답일 거야~.

(2014학년도 10월 고3 전국연합학력평가 A형)

★92 문항 코드 | 22672-0214 정답률 68%

〈보기〉에서 설명한 음운 현상과 관계가 있는 질문이 아닌 것은?

〈보기〉

동화란 한 음운이 앞이나 뒤에 있는 음운의 영향을 받아 그 음운과 닮아 가는 현상이다. 대표적인 동화 현상으로는 비음화, 유음화, 구개음화 등이 있다.

① '붙이다'는 왜 [부티다]가 아니라 [부치다]로 소리 날까? YES NO
② '집안일'은 왜 [지바닐]이 아니라 [지반닐]로 소리 날까? YES NO
③ '권력'은 왜 [권력]이 아니라 [궐력]으로 소리 날까? YES NO
④ '먹는다'는 왜 [멍는다]로 소리 날까? YES NO
⑤ '굳이'는 왜 [구지]로 소리 날까? YES NO

▶ 음절의 끝소리 규칙과 된소리되기는 중학생 동생 데려다 놓고 특강 정도는 할 수 있어야지. 반드시 정확하게 이해해야 하는 개념들이야.

(2014학년도 6월 고2 전국연합학력평가 A형)

★93 문항 코드 | 22672-0215 정답률 80%

〈보기〉의 음운 변동이 모두 일어나는 것은?

〈보기〉

- **음절 끝소리 규칙**: 음절 끝에서 발음되는 자음은 'ㄱ, ㄴ, ㄷ, ㄹ, ㅁ, ㅂ, ㅇ'의 일곱 개뿐이다. 음절 끝에 이 일곱 소리 이외의 자음이 오면 일곱 자음 중 하나로 바꾸어 발음한다.
- **된소리되기**: 받침 'ㄱ(ㄲ, ㅋ, ㄳ, ㄺ), ㄷ(ㅅ, ㅆ, ㅈ, ㅊ, ㅌ), ㅂ(ㅍ, ㄼ, ㄿ, ㅄ)' 뒤에 연결되는 'ㄱ, ㄷ, ㅂ, ㅅ, ㅈ'은 된소리로 발음한다.

① 국밥[국빱] 끝소리 된소리
② 닫는[단는] 끝소리 된소리
③ 덮개[덥깨] 끝소리 된소리
④ 공권력[공꿘녁] 끝소리 된소리
⑤ 붙이다[부치다] 끝소리 된소리

(2015학년도 대학수학능력시험 9월 모의평가 A형)

▶ 어떤 자음이 달라졌는지 확인하고 그 자음의 조음 위치와 조음 방식을 표에서 확인하면 돼. 표 안 주고 물었으면, 살짝 당황스러웠을 수 있겠으나, 표를 제공해 줬잖아. 이건 거의 오픈북 수준인 거죠!

★94 문항 코드 | 22672-0216 정답률 86%

〈보기〉의 ㉠에 들어갈 내용으로 알맞은 것은?

〈보기〉

학 생: '식물'이 [싱물]로 발음되는데, 두 자음이 만나서 발음될 때 조음 위치나 방식 중 무엇이 바뀐 것인가요?

선생님: 아래의 자음 분류표를 보면서 그 답을 찾아봅시다.

조음 위치 / 조음 방식	양순음	치조음	연구개음
파열음	ㅂ	ㄷ	ㄱ
비음	ㅁ	ㄴ	ㅇ

이 표는 국어 자음을 조음 위치와 조음 방식에 따라 분류한 자음 체계의 일부입니다. '식'의 'ㄱ'이 '물'의 'ㅁ' 앞에서 [ㅇ]으로 발음되지요. 이와 비슷한 예들로는 '입는[임는]', '뜯는[뜬는]'이 있는데, 이 과정에서 무엇이 달라졌나요?

학 생: 세 경우 모두 두 자음이 만나서 발음될 때, ___㉠___ 이/가 변했네요.

① 앞 자음의 조음 방식
② 뒤 자음의 조음 방식
③ 두 자음의 조음 방식
④ 앞 자음의 조음 위치
⑤ 뒤 자음의 조음 위치

(2013학년도 3월 고3 전국연합학력평가 A형)

▶ 너의 음절의 끝소리 규칙과 된소리되기 특강을 들은 중학생 동생의 열화와 같은 추가 강의 요청으로 비음화 특강까지 열 수 있어야 한다. 그만큼 완벽하게 개념을 이해하고, 내 것으로 소화해야 한다는 뜻이야. :) 시험에 나올 것을 알면서도 대비하지 않는다는 것은 있을 수 없는 일이야…….

★95 문항 코드 | 22672-0217 정답률 86%

〈보기〉의 ⓐ와 동일한 과정으로 설명할 수 있는 단어는?

〈보기〉

오늘 국어 시간에 두 가지 음운 규칙을 배웠다. 음절의 끝소리 규칙은 '잎'이 [입]으로 소리 나는 것처럼 우리말 받침으로 소리 나는 자음은 'ㄱ, ㄴ, ㄷ, ㄹ, ㅁ, ㅂ, ㅇ'의 일곱 개라는 것이다.

또 하나의 규칙은 비음화인데 '밥만'이 [밤만]이 되는 것처럼 'ㄱ, ㄷ, ㅂ'이 'ㄴ, ㅁ' 앞에서 비음으로 소리 나는 것이다.

이제 ⓐ**'꽃눈'이 [꼳눈]으로 소리 나는 현상**은 이렇게 설명할 수 있다.

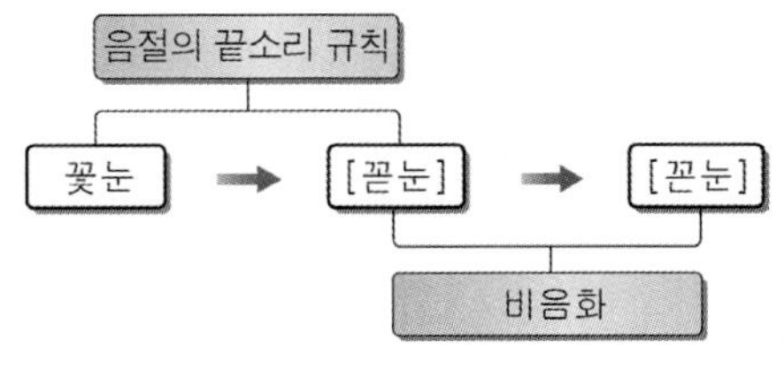

① 끝까지[끋까지]
② 부엌도[부억또]
③ 눈약[눈냑]
④ 놓는[논는]
⑤ 덮밥[덥밥]

▶ 94번의 업그레이드 버전 같은 문제. '맏이', '꽃눈', '강릉', '실내', '앞날'을 발음할 때 어떤 음운의 변동이 일어나는지를 먼저 정확히 분석할 수 있어야 돼.

(2020학년도 10월 고3 전국연합학력평가)

★**96** 문항 코드 | 22672-0218 정답률 75%

〈보기〉에 제시된 '선생님'의 질문에 대한 답으로 적절한 것은?

〈보기〉

선생님: 음운 변동이 일어날 때에는 조음 위치 및 조음 방법이 변하기도 합니다. 다음 단어를 발음할 때 일어나는 변화를 자음 체계를 참고하여 설명해 볼까요?

맏이[마지], 꽃눈[꼰눈], 강릉[강능], 실내[실래], 앞날[암날]

조음 위치 / 조음 방식	양순음	치조음	경구개음	연구개음	후음
파열음	ㅂ/ㅃ/ㅍ	ㄷ/ㄸ/ㅌ		ㄱ/ㄲ/ㅋ	
파찰음			ㅈ/ㅉ/ㅊ		
마찰음		ㅅ/ㅆ			ㅎ
비음	ㅁ	ㄴ		ㅇ	
유음		ㄹ			

① '맏이'를 발음할 때 일어나는 음운 변동에서는 조음 위치만 한 번 변합니다. YES NO

② '꽃눈'을 발음할 때 일어나는 음운 변동에서는 조음 위치만 두 번 변합니다. YES NO

③ '강릉'을 발음할 때 일어나는 음운 변동에서는 조음 방법만 한 번 변합니다. YES NO

④ '실내'를 발음할 때 일어나는 음운 변동에서는 조음 위치가 변한 후 조음 방법이 변합니다. YES NO

⑤ '앞날'을 발음할 때 일어나는 음운 변동에서는 조음 방법이 변한 후 조음 위치가 변합니다. YES NO

⟨ 2020학년도 11월 고2 전국연합학력평가 ⟩

▶ 우선 도식을 이해할 수 있어야겠지? 표에 있는 설명을 잘 읽고 변화의 방향을 체크해 봐야 돼. ㉠과 ㉡에 제시된 단어들을 발음할 때 어떤 음운의 변동이 일어나는지도 스스로 정확하게 분석할 수 있어야 하고. 그런데 정말 단골로 지겹게 나오는 단어들이다. 이 10개 단어들에 나타나는 음운의 변동 이해는 필수!

★97 문항 코드 | 22672-0219 정답률 62%

다음은 수업 장면의 일부이다. ㉠과 ㉡에 해당하는 예로 적절한 것은?

〈보기〉

선생님: 음운의 변동에는 인접한 두 음운 중 어느 한쪽이 다른 쪽 음운의 영향을 받아 이와 비슷하거나 같은 소리로 바뀌는 현상이 있습니다. 이때 바뀌게 되는 음운을 'A', 바뀌어 나타난 음운을 'B', 영향을 준 음운을 'C'라고 생각해 본다면 다음과 같이 도식화해 볼 수 있습니다.

	도식	설명
㉠	A → B/___C	A가 C의 영향을 받아 C 앞에서 B로 바뀌는 경우
㉡	A → B/C___	A가 C의 영향을 받아 C 뒤에서 B로 바뀌는 경우

	㉠		㉡	
①	겹눈	YES NO	맨입	YES NO
②	실내	YES NO	국물	YES NO
③	작년	YES NO	칼날	YES NO
④	백마	YES NO	잡히다	YES NO
⑤	끓이다	YES NO	물놀이	YES NO

⟨ 2015학년도 4월 고3 전국연합학력평가 B형 ⟩

▶ 선생님이 음운의 변동과 31강에서 배울 표준 발음법은 서로 관련이 깊다고 했지? 음운의 변동에 대한 어문 규정을 표준 발음법이라고 생각하면 되거든. 표준 발음법 제18항은 비음화 현상에 대한 규정이고, 제23항은 된소리되기에 관한 규정인 거잖아. 비음화랑 된소리되기는 특강도 할 수 있는 수준인데 뭐이 걱정이야? ㅎㅎㅎ

★98 문항 코드 | 22672-0220 정답률 85%

〈보기〉의 자료를 탐구한 내용으로 적절하지 않은 것은?

〈보기〉

[표준 발음법]

제18항

받침 'ㄱ(ㄲ, ㅋ, ㄳ, ㄺ), ㄷ(ㅅ, ㅆ, ㅈ, ㅊ, ㅌ, ㅎ), ㅂ(ㅍ, ㄼ, ㄿ, ㅄ)'은 'ㄴ, ㅁ' 앞에서 [ㅇ, ㄴ, ㅁ]으로 발음한다.

제23항

받침 'ㄱ(ㄲ, ㅋ, ㄳ, ㄺ), ㄷ(ㅅ, ㅆ, ㅈ, ㅊ, ㅌ), ㅂ(ㅍ, ㄼ, ㄿ,ㅄ)' 뒤에 연결되는 'ㄱ, ㄷ, ㅂ, ㅅ, ㅈ'은 된소리로 발음한다.

① '앞마당'은 18항이 적용되어 [암마당]으로 발음된다. YES NO
② '늦가을'은 23항이 적용되어 [늗까을]로 발음된다. YES NO
③ '꽃망울'은 18항과 23항이 모두 적용되어 [꼰망울]로 발음된다. YES NO
④ '맞먹다'는 18항과 23항이 모두 적용되어 [만먹따]로 발음된다. YES NO
⑤ '홑낚시'는 18항과 23항이 모두 적용되어 [혼낙씨]로 발음된다. YES NO

다음 글을 읽고 물음에 답하시오. [99-100]

(2020학년도 3월 고2 전국연합학력평가)

한 음운이 다른 음운의 속성을 닮아 가는 음운 현상을 '동화'라고 한다. 이때 동화를 일으키는 음운을 '동화음', 동화음을 닮아 가는 음운을 '피동화음'이라고 한다. 동화 현상의 하나인 구개음화는, 경구개가 아닌 위치에서 발음되는 자음이 단모음 'ㅣ'나 반모음 'ǐ' 앞에서 경구개음으로 바뀌는 음운 현상으로, 피동화음인 자음이 동화음 'ㅣ'나 반모음 'ǐ'가 경구개 부근에서 발음되는 속성을 닮아 가는 것이다.

구개음화는 피동화음의 종류에 따라 분류할 수 있는데 피동화음이 'ㄷ, ㅌ, ㄸ'인 경우는 'ㄷ-구개음화', 피동화음이 'ㄱ, ㅋ, ㄲ'인 경우는 'ㄱ-구개음화'로 부른다. 현대 국어에서 표준 발음으로 인정되는 구개음화는 'ㄷ-구개음화' 중 다음 두 가지이다. 우선 음절 끝소리가 'ㄷ, ㅌ'인 형태소가 단모음 'ㅣ'로 시작하는 조사나 접사 같은 형식 형태소와 결합하여 'ㅈ, ㅊ'으로 변하는 경우이다. 그리고 음절 끝소리가 'ㄷ'이고 뒤에 접사 '-히-'가 올 때 'ㄷ'과 'ㅎ'이 축약되어 'ㅌ'이 되고, 이것이 구개음 'ㅊ'으로 되는 경우이다.

과거에는 'ㄱ-구개음화'도 일어났다. 방언에서 '기름'이 '지름'으로 변화된 경우가 이에 해당한다. 이 사례에서 알 수 있듯이 과거에는 구개음화가 형태소 내부에서도 일어날 수 있었으며, 이는 근대 국어 시기에 활발하게 일어났다.

그런데 현대 국어에는 '마디', '견디다'와 같이 과거에 구개음화가 일어났을 법한데 그렇지 않은 단어들이 남아 있다. 이런 단어들은 'ㄷ' 뒤에 오는 모음이 원래 'ㅣ'가 아닌 다른 모음이었다는 공통점이 있다. 예를 들어 '마디'는 과거에 '마듸'였는데, 형태소 내부에서의 구개음화가 사라진 후에 'ㅢ'가 'ㅣ'로 바뀌었기 때문에 구개음화가 일어나지 않은 채로 남게 된 것이다.

[A] 과거에 일어났던 구개음화와 관련하여 잘못된 교정이 일어나기도 했다. 예를 들어 문헌상으로 '김치'의 과거 형태는 '딤치'였는데 구개음화가 일어난 이후 '짐치'로 나타난다. 그런데 언중이 구개음화가 일어난 형태를 원래 형태로 교정하고자 하는 과정에서 원래 형태를 잘못 생각하여 '김치'의 형태로 교정하게 되고 이것이 현재의 '김치'가 되었다.

▶ 수업 시간에 배운 구개음화에 관련된 내용보다 정보가 조금 더 들어 있지? 기본 개념을 잘 이해하고 있으면 이렇게 추가적으로 제시되는 정보 또한 잘 이해할 수 있어.

★99 문항 코드 | 22672-0221 정답률 51%

윗글을 바탕으로 현대 국어의 표준 발음에 대해 설명한 것으로 적절한 것은?

① '같이'를 [가치]로 발음하는 이유는 피동화음이 'ㄱ'인 경우이기 때문이다. YES NO
② '많지만'을 [만치만]으로 발음하는 이유는 동화음이 반모음 'ǐ'인 경우이기 때문이다. YES NO
③ '맏이'를 [마디]로 발음하지 않는 이유는 구개음화를 일으키는 동화음이 없기 때문이다. YES NO
④ '곁으로'를 [겨츠로]로 발음하지 않는 이유는 두 형태소가 결합하는 경우가 아니기 때문이다. YES NO
⑤ '끝인사'를 [끄친사]로 발음하지 않는 이유는 뒤에 결합하는 형태소가 형식 형태소가 아니기 때문이다. YES NO

▶ 지문에 제시된 내용을 근거로 각 선지의 적절성을 판단하면 되는 문제잖아. 국어 문법 개념이 화제인 독서 지문이라고 생각해도 돼. 판단의 근거는 지문에 있다!

★100 문항 코드 | 22672-0222 정답률 45%

[A]를 이해한 내용으로 적절하지 않은 것은?

① '딤치'가 '짐치'로 변하는 과정에서 일어난 구개음화는 'ㄷ-구개음화'에 해당한다. YES NO
② '딤치'가 '짐치'로 변하는 과정에서 일어난 구개음화는 형태소 내부에서 일어났다. YES NO
③ '김치'의 '치'에서 구개음화가 일어나지 않은 것은 '치'의 모음이 본래 'ㅓ'였기 때문이다. YES NO
④ '짐치'가 '김치'로 변하는 과정에서 언중은 '짐치'를 'ㄱ-구개음화'가 일어난 형태라고 생각했다. YES NO
⑤ '김치'의 본래 형태가 '듼치'였고 형태소 내부에서의 'ㄷ-구개음화'가 사라진 후에 'ㅢ'가 'ㅣ'로 변화했다면 구개음화는 일어나지 않았을 것이다. YES NO

30 음운의 변동 2

개념 태그 #탈락 #자음군 단순화 #'ㅎ' 탈락 #'ㄹ' 탈락 #모음의 탈락 #첨가 #반모음 첨가 #'ㄴ' 첨가 #사잇소리 현상 #사이시옷 #축약 #자음 축약, 다른 말로 거센소리되기 #모음 축약 주의하시고 #반모음화

▸▸▸ 기억 안 나면? 개념의 나비효과 2권 134쪽으로!

29강에서 교체에 해당하는 음운 변동을 공부했고, 20강에서는 탈락, 첨가, 축약에 해당하는 음운 변동을 공부했어. 다시 한 번 강조하지만, 음운 변동은 정말 진정으로 자주 문제가 출제되는 영역이라고. 앞으로 기출문제들을 볼 때마다 신경 써서 살펴봐. 음운 변동(표준 발음법까지 포함) 문제가 정말 쌤이 말한 것처럼 자주 출제가 되는지. 그러면 '아~ 내가 이러고 있을 때가 아니구나. 가즈아, 음운 변동 복습하러~!' 할 걸? 1회독, 2회독 생각하지 말고, 한 번에 제.대.로. 하.라.고. 그런 다음에 앞으로 연계 교재와 기출문제 풀면서 자꾸 잊히는 개념들을 다시 찾아보면서 기억 복원하고, 복원하고.... 이렇게 공부해야지, 누가 한 번 들었던 개념 강의를 돌려 보고 있어? 또 오기만 해 봐라! 강의는 선생님 공부, 복습이 진짜 네 공부!

혜정 샘 음성 지원

▶ 음절의 끝소리 규칙, 자음군 단순화, 구개음화, 연음, 비음화 전부 자신 있게 설명할 수 있어야 할 개념들이야.

오늘의 태그 문제

정답 43쪽

〔 2019학년도 11월 고1 전국연합학력평가 〕

★**101** 문항 코드 | 22672-0223 정답률 55%

다음은 사전 활용 수업 장면의 일부이다. 선생님의 설명을 참고하여 〈보기〉의 학습지를 탐구한 내용으로 적절하지 않은 것은?

> **선생님:** 우리는 '표준국어대사전'의 발음 정보를 통해 음절의 끝소리 규칙이나 자음군 단순화가 일어나는 체언의 발음을 확인할 수 있습니다. 이러한 경우 연음될 때의 발음에 대한 이해를 돕기 위해 조사 '이'와의 결합형이 활용 정보에 제시됩니다. 활용 정보에는 비음화와 구개음화가 일어날 때의 발음도 제시되어 있으며, 구개음화의 경우에는 연음될 때의 발음에 대한 이해를 돕기 위해 조사 '을'과의 결합형도 제시됩니다.

〈보기〉

낯 발음: [낟]
활용: 낯이[나치], 낯만[난만]
「명사」 눈, 코, 입 따위가 있는 얼굴의 바닥.

밭 발음: [받]
활용: 밭이[바치], 밭을[바틀], 밭만[반만]
「명사」 물을 대지 아니하거나 필요한 때에만 물을 대어서 야채나 곡류를 심어 농사를 짓는 땅.

흙 발음: [흑]
활용: 흙이[흘기], 흙만[흥만]
「명사」 지구의 표면을 덮고 있는, 무기물과 유기물이 섞여 이루어진 물질.

① '낯'의 경우 발음 정보를 통해 음절의 끝소리 규칙이 일어나는 것을 확인할 수 있군. YES NO
② '흙'의 경우 발음 정보를 통해 자음군 단순화가 일어나는 것을 확인할 수 있군. YES NO
③ '낯'과 '밭'은 모두, 활용 정보를 통해 구개음화가 일어나는 것을 확인할 수 있군. YES NO
④ '밭'과 '흙'은 모두, 활용 정보를 통해 연음될 때의 발음 양상을 확인할 수 있군. YES NO
⑤ '낯', '밭', '흙'은 모두, 활용 정보를 통해 비음화가 일어나는 양상을 확인할 수 있군. YES NO

(2019학년도 9월 고2 전국연합학력평가)

▶ <보기> 안의 단어들... 18년째 국어를 가르쳐 온 쌤은 진짜 너~무 익숙하다. 진정한 단골이야, 단골. 어떤 음운 변동이 일어났는지 설명 St~art! 나 말고, 네가 설명할 수 있어야 한다고! 그런데 정답률 51% 이거 뭐임? 이러기니, 증말. 이런 문제는 틀려서는 안 돼. 동화, 음운 변동 전후의 음운 개수, 형태소 같은 기본 개념들이 튼튼해야 이런 문제들에서 점수를 획득! 하는 거야. 이 정도 문제로 변별당하는 수험생이 되지 말자!

★102 문항 코드 | 22672-0224 정답률 51%

〈보기〉의 ㄱ~ㄹ에 대해 탐구한 것으로 적절하지 않은 것은?

〈보기〉

ㄱ. 신라[실라] ㄴ. 국물[궁물]
ㄷ. 올여름[올려름] ㄹ. 해돋이[해도지]

① ㄱ과 ㄴ은 모두 앞의 음운이 뒤의 음운의 성질을 닮아 변동된 것이군. YES NO
② ㄱ과 ㄷ은 모두 하나의 음운이 다른 음운으로 바뀌는 현상이 일어났군. YES NO
③ ㄱ과 ㄹ은 모두 음운의 변동이 일어나기 전과 후의 음운의 개수에 변화가 없군. YES NO
④ ㄴ과 ㄷ은 모두 두 형태소가 결합할 때 음운 변동이 일어났군. YES NO
⑤ ㄷ과 ㄹ은 모두 두 번 이상의 음운 변동이 일어났군. YES NO

(2019학년도 6월 고2 전국연합학력평가)

▶ 흑. 이 문제도 정답률이 51%라니. 복붙 아니야. 우연히 102번도 103번도 정답률이 51%임. 선생님이 음운 변동 그리 강조하는데, 이런 문제 틀려 오면 눈물이 날 것 같아. ㅎㅎ 연습할 땐 틀려도 돼. 틀려 봐야 내가 뭘 모르는지 알 수 있으니까. 꼼꼼히 오답 정리하고 복습해서 결전의 날에 꼭 정답을 찾자!

★103 문항 코드 | 22672-0225 정답률 51%

〈보기〉는 문법 수업의 일부이다. 선생님의 질문에 대한 대답으로 적절한 것은?

〈보기〉

선생님: 음운의 변동은 발음 결과에 따라 한 음운이 다른 음운으로 바뀌는 ㉠**교체**, 원래 있던 음운이 없어지는 ㉡**탈락**, 없던 음운이 추가되는 ㉢**첨가**, 두 음운이 합쳐져서 하나의 음운으로 바뀌는 ㉣**축약**으로 나눌 수 있습니다.

[질문] 다음 밑줄 친 부분에서 일어나는 음운의 변동 양상을 설명해 볼까요?

나는 어제 사 온 책을 **읽느라** 밤을 꼬박 새웠다. 목차만 **훑고서** 사 온 책은 기대보다 훨씬 재미있었다. 장시간 책을 봐서인지 머리가 아팠다. 그러나 **예삿일**로 생각해 어머니께서 챙겨 주신 **알약을** 먹지 않고 있다가 결국 몸살을 **앓았다**.

① '읽느라[잉느라]'에서 ㉠과 ㉡이 일어납니다. ㄱ ㄴ
② '훑고서[훌꼬서]'에서 ㉠과 ㉢이 일어납니다. ㄱ ㄷ
③ '예삿일[예산닐]'에서 ㉠과 ㉣이 일어납니다. ㄱ ㄹ
④ '알약을[알랴글]'에서 ㉡과 ㉢이 일어납니다. ㄴ ㄷ
⑤ '앓았다[아랃따]'에서 ㉡과 ㉣이 일어납니다. ㄴ ㄹ

(2013학년도 4월 고3 전국연합학력평가 B형)

▶ 아 이제 입이 아파 오려고 해. 같은 말 계속 반복해야 해서. 비음화, 유음화, ㄴ 첨가 같은 기본 개념은 흔들려서는 안 돼. 뿌리 깊은 개념 이해의 수준을 보여 주라고.

★104 문항 코드 | 22672-0226 정답률 57%

다음은 문법 수업의 일부이다. 이를 바탕으로 〈보기〉의 밑줄 친 부분을 이해한 내용으로 적절하지 않은 것은?

〈보기〉

지난 시간에 공부한 내용

* 자음 동화

자음 동화에는, 자음 'ㄱ, ㄷ, ㅂ'이 비음 'ㄴ, ㅁ' 앞에서 비음의 영향을 받아 각각 'ㅇ, ㄴ, ㅁ'으로 발음되는 '비음화'와 자음 'ㄴ'이 유음 'ㄹ'의 앞이나 뒤에서 유음의 영향을 받아 'ㄹ'로 발음되는 '유음화'가 있다. '국물[궁물]'은 'ㄱ'이 'ㅁ' 앞에서 'ㅇ'으로 발음되는 비음화의 사례이며, '난리[날리]'는 'ㄴ'이 'ㄹ' 앞에서 'ㄹ'로 발음되는 유음화의 사례이다.

선생님 설명

'음운의 첨가'란 원래는 없던 소리가 첨가되어 발음되는 것을 말합니다. 예를 들어 '맨입으로는 알려 줄 수 없다.'에서 '맨입'은 '[맨닙]'으로 발음됩니다. 합성어나 파생어에서 앞말의 끝이 자음이고 뒷말이 '이, 야, 여, 요, 유'로 시작하는 경우에는 뒷말의 첫 소리에 'ㄴ' 소리가 첨가되기 때문이지요. 또 합성어에서 앞말이 모음으로 끝나고 뒷말이 'ㄴ, ㅁ'으로 시작되는 경우에도 앞말의 끝소리에 'ㄴ' 소리가 첨가됩니다. 이때에는 '뒷문[뒨문]'의 경우처럼 앞말에 사이시옷('ㅅ')을 넣어서 이를 표시해 준답니다.

〈보기〉

ㄱ. 그는 날렵한 ⓐ**콧날[콘날]**이 매우 인상적이다.
ㄴ. 나는 아끼던 ⓑ**색연필[생년필]**을 잃어버려 속이 상했다.
ㄷ. 그 사람은 회사의 ⓒ**막일[망닐]**을 도맡아 하고 있었다.
ㄹ. 아이가 아직 알약을 먹지 못해서 ⓓ**물약[물략]**을 지어 갔다.
ㅁ. 그녀는 ⓔ**잇몸[인몸]**이 약해져서 정기적으로 치료를 받았다.

① ⓐ는 앞말이 모음으로 끝나고 뒷말이 'ㄴ'으로 시작되는 합성어이므로 앞말의 끝소리에 'ㄴ' 소리가 첨가된 경우라고 할 수 있군. YES NO
② ⓑ에서 'ㄴ' 소리가 첨가된 이유는 앞말의 끝이 자음이고 뒷말이 '여'로 시작하는 합성어이기 때문이군. YES NO
③ ⓒ는 'ㄴ' 소리가 첨가된 후, 'ㅁ'의 영향으로 'ㄱ'이 비음화된 경우라고 할 수 있군. YES NO
④ ⓓ는 'ㄴ' 소리가 첨가되어 '[물냑]'으로 바뀐 후, 'ㄹ'의 영향으로 유음화가 일어난 경우라고 할 수 있군. YES NO
⑤ ⓔ는 사이시옷을 넣어서 'ㄴ' 소리가 첨가됨을 표시한 경우라고 할 수 있군. YES NO

(2020학년도 대학수학능력시험)

▶ 음운 변동과 음절 유형의 개념을 연결해서 묻고 있어. 이 두 개념을 연결해서 묻는 문제는 처음이라고 그게 신유형이니? 이미 다 아는 개념들인데? 선지들 저거 다 한국말이야. 내가 아는 개념들을 연결해서 한국말로 설명했는데, 문제가 무엇이냐? 잘 읽고 너도 한국말(?)로 답하여라. (특별히 이 문제를 위해 (예) (아니오)를 제작함. ㅎㅎㅎ)

★105 문항 코드 | 22672-0227 정답률 57%

〈보기〉의 [A]에 들어갈 말로 적절한 것은?

〈보기〉

선생님: 음절은 발음할 수 있는 최소의 언어 단위인데, 음절의 유형은 크게 분류하면 '①모음, ②자음+모음, ③모음+자음, ④자음+모음+자음'이 있어요. 예를 들면 '꽃[꼳]'은 ④, '잎[입]'은 ③에 속하지요. 그런데 복합어 '꽃잎'은 음운 변동이 일어나 [꼰닙]으로 발음돼요. 이때 [닙]은 ④에 해당되며 음운의 첨가로 음절 유형이 바뀐 것이지요.

이제 아래 단어들을 탐구해 봅시다.

밥상(밥+상), 집일(집+일), 의복함(의복+함)
국물(국+물), 화살(활+살)

학 생: [A]

선생님: 네, 맞아요.

① '밥상[밥쌍]'에서의 [쌍]은 첨가의 결과이고, 음절 유형이 단일어인 '상[상]'과 달라졌어요. (예) (아니오)
② '집일[짐닐]'에서의 [닐]은 교체의 결과이고, 음절 유형이 단일어인 '일[일]'과 달라졌어요. (예) (아니오)
③ '의복함[의보캄]'에서의 [캄]은 축약의 결과이고, 음절 유형이 단일어인 '함[함]'과 달라졌어요. (예) (아니오)
④ '국물[궁물]'에서의 [궁]은 교체의 결과이고, 음절 유형이 단일어인 '국[국]'과 같아요. (예) (아니오)
⑤ '화살[화살]'에서의 [화]는 탈락의 결과이고, 음절 유형이 단일어인 '활[활]'과 같아요. (예) (아니오)

(2019학년도 10월 고3 전국연합학력평가)

▶ 비음화, 구개음화, 음운 변동의 결과 전체 음운의 개수 변화, 교체, 거센소리되기. 국어 영역의 언어(문법)은 범위가 있는 거야. 문학도, 독서도 수능 국어의 범위가 어디까지인지 아무도 모르게 걍 '전 범위'인데, 국어 언어는 범위가 있어! 언어(문법)는 꼭 정리해야만 하는 개념이 어느 정도는 선이 보이니까, 그 부분은 철저히 공부해야 돼.

★106 문항 코드 | 22672-0228 정답률 61%

〈보기〉의 ⓐ~ⓓ를 발음할 때 일어나는 음운 변동을 탐구한 내용으로 적절한 것은?

〈보기〉

◦ ⓐ**밭일**을 하며 발에 ⓑ**밟힌** 벌을 보았다.
◦ ⓒ**숱한** 시련을 이겨 내 승리를 ⓓ**굳혔다**.

① ⓐ에서는 뒷말의 초성이 앞말의 종성과 조음 방법이 같아지는 비음화가 일어난다. (ⓐ)
② ⓐ에서는 '일'이 실질 형태소이기 때문에 구개음화가 일어나지 않고 'ㅌ'이 연음된다. (ⓐ)
③ ⓑ와 ⓒ에서는 모두 음운 변동의 결과 전체 음운의 개수가 줄어든다. (ⓑ) (ⓒ)
④ ⓑ와 ⓓ에서는 모두 어떤 음운이 다른 음운으로 바뀌는 교체 현상이 일어난다. (ⓑ) (ⓓ)
⑤ ⓒ와 ⓓ에서는 모두 거센소리되기가 먼저 일어난 후 구개음화가 일어난다. (ⓒ) (ⓓ)

(2020학년도 3월 고3 전국연합학력평가)

▶ <보기>의 학습 내용이 정말 중요한 정보인데, 그런데 국어 원어민들이라 여러분 모두 국어 발음들이 너무 좋으시거든요. 다들 올바른 발음은 어렵지 않게 할 수 있어. 그 발음에 적용되는 음운 변동을 정확하게 분석해 내기만 하면 돼. :)

★107 문항 코드 | 22672-0229 정답률 59%

〈보기〉의 학습 과제를 수행한 결과로 가장 적절한 것은?

> 〈보기〉
>
> ◦**학습 내용**: 음운 변동의 유형에는 교체, 탈락, 첨가, 축약이 있다. 음운 변동은 한 단어를 단독으로 발음하는 경우에만 일어나는 것이 아니라 둘 이상의 단어를 이어서 한 마디로 발음하는 경우에도 일어날 수 있다. 예를 들어 '낮'과 '한때'를 각각 단독으로 발음하는 경우에 '낮[낟]'은 교체가 일어나고 '한때[한때]'는 음운 변동이 일어나지 않는다. 그런데 '낮'과 '한때'를 이어서 한 마디로 발음하는 경우에는 교체와 축약이 일어나 '낮 한때[나탄때]'로 발음된다.
>
> ◦**학습 과제**: 아래의 ㄱ과 ㄴ에서 두 단어를 이어서 한 마디로 발음하는 경우 공통적으로 일어나는 음운 변동의 유형을 찾고, 그 유형의 적절한 예를 제시하시오.
> ㄱ. 잘 입다[잘립따]
> ㄴ. 값 매기다[감매기다]

	공통적인 음운 변동의 유형	예
①	교체 YES NO	책 넣는다[챙넌는다] YES NO
②	교체 YES NO	좋은 약[조:은냑] YES NO
③	교체 YES NO	잘한 일[잘한닐] YES NO
④	첨가 YES NO	슬픈 얘기[슬픈냬기] YES NO
⑤	첨가 YES NO	먼 옛날[먼:녠날] YES NO

(2020학년도 7월 고3 전국연합학력평가)

▶ 형태소의 개념 잊은 거 아니지? 실질 형태소와 형식 형태소의 개념이... 어... 뭐였더라? 한다면? 「개념의 나비효과」 교재 36쪽으로 고고! 「개념의 나비효과」 제2권에 '형태소'라는 말이 무려 107번이나 나오는데, 모르면 어떡하냐, 응? 마지막으로 정리한다 생각하고 꼭 복습하자. 알 거야, 지금 36쪽 펴고 있는 사람 아무도 없을 거야. 맞지?

★108 문항 코드 | 22672-0230 정답률 65%

〈보기〉의 음운 변동을 분석한 것으로 적절하지 않은 것은?

> 〈보기〉
>
> ㉠ 밭일[반닐] ㉡ 훑는[훌른] ㉢ 같이[가치]

① ㉠에는 음절 끝에 올 수 있는 자음이 제한되어 있기 때문에 일어난 음운 변동이 있다. YES NO
② ㉠과 ㉡은 음운 변동의 결과 음운의 개수에 변화가 생겼다. YES NO
③ ㉠은 실질 형태소끼리 결합할 때, ㉢은 실질 형태소와 형식 형태소가 결합할 때 음운 변동이 일어났다. YES NO
④ ㉡은 자음으로 인한, ㉢은 모음으로 인한 음운 변동이 일어났다. YES NO
⑤ ㉠, ㉡, ㉢에 공통적으로 일어난 음운 변동은 탈락과 교체이다. YES NO

다음 글을 읽고 물음에 답하시오. [109~110]

(2020학년도 9월 고1 전국연합학력평가)

(가) ○○고등학교 국어 자료실 게시판

물고 답하기

질문 '국'은 [국]으로 발음하는데, 왜 '국물'은 [궁물]로 발음하나요?

↳답변 '국물'은 비음화가 일어난 경우입니다. '국물'의 받침 'ㄱ'이 비음 'ㅁ' 앞에서 비음 'ㅇ'으로 바뀌어 [궁물]로 발음됩니다.

(나)

우리말에는 (가)의 사례처럼 한 음운이 일정한 환경에 따라 다르게 발음되는 경우가 있다. 이런 현상을 '음운 변동'이라고 하며 비음화, 거센소리되기, 모음 탈락 등이 이에 해당한다.

비음화는 비음이 아닌 'ㄱ, ㄷ, ㅂ'이 뒤에 오는 비음 'ㄴ, ㅁ'의 영향을 받아 각각 비음인 'ㅇ, ㄴ, ㅁ'으로 바뀌어 발음되는 현상을 말한다. 이것은 한 음운이 다른 음운의 영향을 받아 비슷하거나 같은 소리로 바뀌는 원리로, '밥만', '닫는'도 각각 [밤만], [단는]으로 발음된다. 또한 '담력[담:녁]', '종로[종노]'처럼 'ㄹ'이 비음 'ㅁ, ㅇ' 뒤에서 비음 'ㄴ'으로 바뀌어 발음되는 것도 비음화이다.

거센소리되기는 'ㄱ, ㄷ, ㅂ, ㅈ'이 'ㅎ'과 합쳐져 거센소리인 'ㅋ, ㅌ, ㅍ, ㅊ'으로 발음되는 현상을 말한다. 예로 '축하'는 'ㄱ'과 'ㅎ'이 합쳐져서 하나의 음운인 'ㅋ'이 되어 [추카]로 발음되며, 음운의 개수도 5개에서 4개로 줄어든다.

모음 탈락은 두 모음이 이어질 때 그중 한 모음이 탈락하는 현상을 말한다. '가-+-아서'가 '가서[가서]'가 되거나 '담그-+-아'가 '담가[담가]'가 되는 경우가 그 예이다.

그리고 우리말에서 음절의 끝에서 발음되는 자음은 'ㄱ, ㄴ, ㄷ, ㄹ, ㅁ, ㅂ, ㅇ'뿐이므로 그 이외의 자음이 음절의 끝에 오면 앞에 제시된 자음 중 하나로 발음하게 되는데, 이것도 음운 변동 현상에 해당한다. '부엌[부억]', '옷[옫]'이 그 예이다.

한편 음운 변동은 한 단어 안에서 한 번만 일어나기도 하고, ㉠**여러 차례 일어나기도 한다**. 예를 들어 '앞마당'은 먼저 음절 끝의 자음 'ㅍ'이 'ㅂ'으로 바뀐 후 비음화가 일어나 [암마당]으로 발음된다.

▶ 지금 워크북 30강 총 10문제 중에서 9번째 문제를 풀고 있어. 그런데 정말 개념들 반복되지 않니? 진짜 나온 게 나오고 나오고 또 나온다. 맞지? 개념 확실히 해야겠지? 이걸 어떻게 수능에서 틀려~. 앞으로도 계속 연습할 건데.

★109 문항 코드 | 22672-0231 정답률 51%

〈보기〉는 윗글을 바탕으로 탐구한 자료이다. ⓐ, ⓑ에 들어갈 단어를 바르게 짝지은 것은?

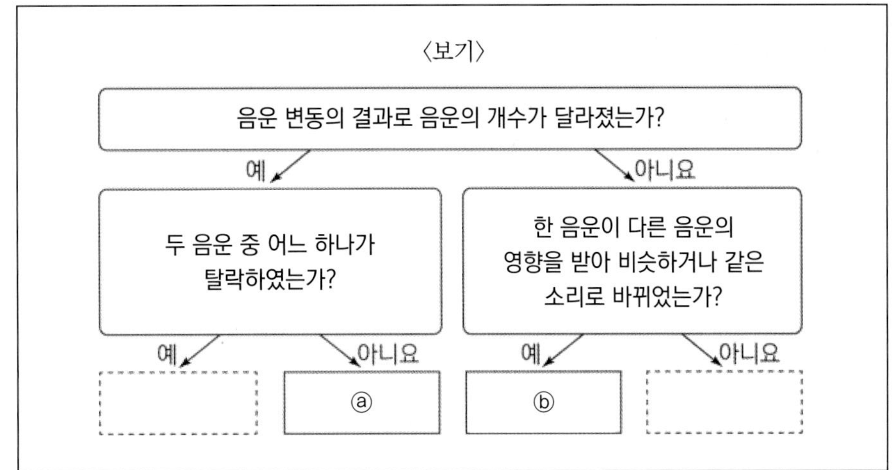
〈보기〉
음운 변동의 결과로 음운의 개수가 달라졌는가?
예
아니요
두 음운 중 어느 하나가 탈락하였는가?
한 음운이 다른 음운의 영향을 받아 비슷하거나 같은 소리로 바뀌었는가?
예
아니요
ⓐ
예
ⓑ
아니요

	ⓐ		ⓑ	
①	창밖[창박]	YES NO	능력[능녁]	YES NO
②	놓다[노타]	YES NO	다섯[다섣]	YES NO
③	맏형[마텽]	YES NO	식물[싱물]	YES NO
④	쓰-+-어→써[써]	YES NO	법학[버팍]	YES NO
⑤	타-+-아라→타라[타라]	YES NO	집념[짐념]	YES NO

▶ 한 단어에서 음운 변동이 여러 차례 일어난 단어를 찾자! 이제는 식은 죽 먹기!

★110 문항 코드 | 22672-0232 정답률 72%

밑줄 친 단어 중 ㉠에 해당하는 예로 적절한 것은?

① 그는 자신의 뜻을 **굽히지[구피지]** 않았다. YES NO
② 올 가을에는 **작년[장년]**보다 단풍이 일찍 물들었다. YES NO
③ 미리 준비하지 **않고[안코]** 이제야 허둥지둥하는구나. YES NO
④ 우리 집 정원에는 개나리, **장미꽃[장미꼳]** 등이 있다. YES NO
⑤ 물감을 **섞는[성는]** 방법에 따라 표현 효과가 달라진다. YES NO

● 열공 날짜 년 월 일

31 규정 모여 1

개념 태그 #표준어 규정 #표준 발음법 #이거 음운의 변동에서 다 한 거구만.
#한글 맞춤법 #다 외우지는 못하지만 이해할 수는 있다.

▸▸▸ 기억 안 나면? 개념의 나비효과 2권 144쪽으로!

31강에서는 표준어 규정(표준어 사정 원칙, 표준 발음법)과 한글 맞춤법 규정에 관한 문제들을 풀어 볼 거야. 특히 표준 발음법에 관한 문제들은 지난 시간의 연장처럼 느껴질 수도 있어. 얘기했지? 음운의 변동과 표준 발음법은 밀접하게 관련돼 있다고. 음운의 변동 개념을 잘 이해했다면 표준 발음법 문제도 잘 해결할 수 있을 거야. 한글 맞춤법은 표기에 관한 문제들인데, 평소에 많이 헷갈려 하는 표기법이나 띄어쓰기에 관해 잘 물어. 그렇지만 맞춤법 규정이 함께 제시되니까 규정의 내용을 잘 이해하고 사례에 적용해 보면 돼. 그런데, 아주 가끔은 맞춤법 규정을 제시하지 않고, 다섯 개의 선지만을 주고 맞춤법에 맞게 쓰였는지를 묻는 문제가 나오기도 했어. ㅎㅎ 평소에 헷갈리는 표현들은 그때그때 잘 알아 두자고.

혜정 샘 음성 지원

▶ 음운 변동과 표준 발음을 좀 새로운 방식으로 물었던 문제야. 이 문제가 무엇을 요구하는지를 잘 이해하지 못해서 이 문제를 틀린 학생들도 많았어. 그럴 때는 문제와 제시된 자료 안의 정보를 차분히 읽어 봐야겠지? '프로그램이 입력된 발음을 본래의 자료로 출력하지 못'했다는 것은 이 프로그램이 각 단어에서 일어나는 음운 변동을 정확히 파악하지 못했다는 뜻이야. 그런데, 너희는 그게 되잖아. 음운 변동 개념을 꼼꼼히 이해하고 공부했으니까~! 자, 이 프로그램에게 한 수 보여 줘. 끊어지다, 없애다, 피붙이, 웃어른, 암탉은 어떤 음운 변동이 일어나는 사례인지 분석해 보는 거야.

오늘의 태그 문제

정답 45쪽

(2021학년도 4월 고3 전국연합학력평가)

★111 문항 코드 | 22672-0233 정답률 44%

다음의 ⓐ에 해당하는 것을 ㉠~㉣ 중에서 바르게 고른 것은?

원격 수업에서 활용하기 위해 우리말 음성을 한글로 변환하는 프로그램이 개발되고 있다. 아래는 이 프로그램의 개발자가 쓴 일지의 일부이다.

◦프로그램의 원리

사용자가 한글 맞춤법에 맞게 표기된 자료를 표준 발음법에 따라 발음하면, 프로그램은 그 발음에 나타난 음운 변동 현상을 분석해 본래의 표기된 자료로 출력한다.

◦확인된 문제

프로그램이 입력된 발음을 본래의 자료로 출력하지 못한 사례가 확인되었다. 아래의 잘못 출력된 사례에서 한글 맞춤법에 맞게 표기된 자료와 출력된 자료를 대조해 ㉠교체, ㉡탈락, ㉢첨가, ㉣축약 중 ⓐ프로그램이 분석하지 못한 음운 변동 현상이 무엇인지 알아봐야겠다.

표기된 자료	표준 발음	출력된 자료
끊어지다 없애다 피붙이 웃어른 암탉	[끄너지다] [업:쌔다] [피부치] [우더른] [암탁]	끄너지다 업쌔다 피부치 우더른 암탁

① ㉠, ㉡ ② ㉠, ㉣ ③ ㉡, ㉢ ④ ㉡, ㉣ ⑤ ㉢, ㉣

(2014학년도 대학수학능력시험 6월 모의평가 B형)

▶ 만약에 <보기>를 안 준다면 어렵겠지. 그리고 우리는 수능 시험을 위해 웬만한 규정들을 다 암기해야 할 거야. 그런데 이렇게 판단의 근거가 되는 규정을 제시해 주잖아. 그러니까 우리는 수능의 언어(문법) 시험을 위해 암기력이 아닌 이해력과 사례에 적용하는 방법을 준비하면 되는 거야.

★**112** 문항 코드 | 22672-0234 정답률 88%

〈보기〉를 고려하여 모음의 발음을 이해한 내용으로 옳은 것은?

> 〈보기〉
>
> **모음의 표준 발음**
>
> ◦ 국어의 단모음은 'ㅏ, ㅐ, ㅓ, ㅔ, ㅗ, ㅚ, ㅜ, ㅟ, ㅡ, ㅣ'의 10개를 원칙으로 한다. 다만 'ㅚ, ㅟ'는 이중 모음으로 발음하는 것도 허용하는데, 특히 'ㅚ'를 이중 모음으로 발음하면 [ㅞ]와 같아진다.
>
> ◦ '예, 례' 이외의 'ㅖ'는 [ㅔ]로 발음할 수 있다.
>
> ◦ 자음을 첫소리로 가지고 있는 음절의 'ㅢ'는 항상 [ㅣ]로 발음하되, 단어의 첫 음절 이외의 '의'는 [ㅣ]로, 조사 '의'는 [ㅔ]로 발음할 수 있다.

① '개'와 '게'를 동일하게 발음하는 것은 표준 발음에 해당한다.
② '금괴'를 [금궤]로 발음하는 것은 표준 발음에 해당하지 않는다.
③ '지혜'를 [지헤]로 발음하는 것은 표준 발음에 해당하지 않는다.
④ '비취다'와 '비치다'를 모두 [비치다]로 발음하는 것은 표준 발음에 해당한다.
⑤ '충의의 뜻'에서 '충의의'를 [충이에]로 발음하는 것은 표준 발음에 해당한다.

(2013학년도 3월 고2 전국연합학력평가 B형)

▶ 음절의 끝소리 규칙은 교체라고 했지? 그럼 자음군 단순화는? 응, 탈락이야. 그리고 항상 '다만' 규정에 유의해야 한다는 거 기억해~.

★**113** 문항 코드 | 22672-0235 정답률 40%

〈보기〉는 표준 발음에 대한 규정의 일부이다. 이를 바탕으로 할 때 발음이 적절하지 않은 것은?

> 〈보기〉
>
> **제8항** 받침소리로는 'ㄱ, ㄴ, ㄷ, ㄹ, ㅁ, ㅂ, ㅇ'의 7개 자음만 발음한다.
>
> **제9항** 받침 'ㄲ, ㅋ', 'ㅅ, ㅆ, ㅈ, ㅊ, ㅌ', 'ㅍ'은 어말 또는 자음 앞에서 각각 대표음 [ㄱ, ㄷ, ㅂ]으로 발음한다.
>
> **제10항** 겹받침 'ㄳ', 'ㄵ', 'ㄼ, ㄽ, ㄾ', 'ㅄ'은 어말 또는 자음 앞에서 각각 [ㄱ, ㄴ, ㄹ, ㅂ]으로 발음한다. **다만,** '밟-'은 자음 앞에서 [밥]으로 발음한다.
>
> **제11항** 겹받침 'ㄺ, ㄻ, ㄿ'은 어말 또는 자음 앞에서 각각 [ㄱ, ㅁ, ㅂ]으로 발음한다. **다만,** 용언의 어간 말음 'ㄺ'은 'ㄱ' 앞에서 [ㄹ]로 발음한다.
>
> **제13항** 홑받침이나 쌍받침이 모음으로 시작된 조사나 어미, 접미사와 결합되는 경우에는, 제 음가대로 뒤 음절 첫소리로 옮겨 발음한다.

① 이제야 **동녘에서**[동녀게서] 해가 떠오른다.
② 그는 **꽃밭**[꼳빧] 근처에서 기다리고 있었다.
③ 비가 그치고 난 후 날씨가 **맑게**[말께] 개었다.
④ 그녀는 하얀 눈을 **밟고**[밥꼬] 앞으로 나아갔다.
⑤ 아버지의 **외곬**[외골] 인생은 마침내 빛을 보았다.

(2016학년도 9월 고2 전국연합학력평가)

▶ 평상시 이 단어들을 올바르게 발음하지 못했던 수험생들이 43% 정도 됐던 거지. 아니, <보기>를 보지 않더라도 답이 딱 보이는데!(나는 올바른 국어 발음 생활 영위자인가 보오. ㅎㅎ) 또 <보기>를 소홀히 여겼던 수험생들도 많았던 거야. 판단의 근거가 되는 <보기>가 긴 것도 아닌데, <보기>를 꼼꼼히 챙기지 못해서 실수를 했던 거야.

★114 문항 코드 | 22672-0236 정답률 57%

〈보기〉의 표준 발음법을 참고하여 단어의 올바른 발음을 탐구한 내용으로 적절하지 않은 것은?

〈보기〉

[표준 발음법]

제13항 홑받침이나 쌍받침이 모음으로 시작된 조사나 어미, 접미사와 결합되는 경우에는, 제 음가대로 뒤 음절 첫소리로 옮겨 발음한다.

제14항 겹받침이 모음으로 시작된 조사나 어미, 접미사와 결합되는 경우에는, 뒤엣것만을 뒤 음절 첫소리로 옮겨 발음한다.

① '깎아'는 [깍가]로 발음해야 한다.
② '읊어'는 [을퍼]로 발음해야 한다.
③ '여덟을'은 [여덜블]로 발음해야 한다.
④ '덮이다'는 [더피다]로 발음해야 한다.
⑤ '부엌이'는 [부어키]로 발음해야 한다.

(2015학년도 3월 고2 전국연합학력평가)

▶ 된소리되기에 관한 규정이야. 좀 귀찮고 복잡해 보여도 <보기>를 바탕으로 한다면 정답을 잘 찾을 수 있어. 근데 정답률 48%, 내가 진짜 몇 번을 다시 확인했다니까, 이 문제가 정답률이 50%도 안 된다고? -.-;;

★115 문항 코드 | 22672-0237 정답률 48%

〈보기〉를 바탕으로 표준 발음법에 대해 탐구한 내용으로 적절하지 않은 것은?

〈보기〉

〈표준 발음법 규정〉

제23항 받침 'ㄱ(ㄲ, ㅋ, ㄳ, ㄺ), ㄷ(ㅅ, ㅆ, ㅈ, ㅊ, ㅌ), ㅂ(ㅍ, ㄼ, ㄿ, ㅄ)' 뒤에 연결되는 'ㄱ, ㄷ, ㅂ, ㅅ, ㅈ'은 된소리로 발음한다.

제24항 어간 받침 'ㄴ(ㄵ), ㅁ(ㄻ)' 뒤에 결합되는 어미의 첫소리 'ㄱ, ㄷ, ㅅ, ㅈ'은 된소리로 발음한다.
다만, 피동, 사동 접미사 '-기-'는 된소리로 발음하지 않는다.

제25항 어간 받침 'ㄼ, ㄾ' 뒤에 결합되는 어미의 첫소리 'ㄱ, ㄷ, ㅅ, ㅈ'은 된소리로 발음한다.

① '따뜻한 국밥'에서 '국밥'은 제23항을 적용하여 [국빱]으로 발음해야겠군.
② '우리 집 닭장'에서 '닭장'은 제23항을 적용하여 [닥짱]으로 발음해야겠군.
③ '의자에 앉도록'에서 '앉도록'은 제24항을 적용하여 [안또록]으로 발음해야겠군.
④ '아이에게 신발을 신기다'에서 '신기다'는 제24항을 적용하여 [신기다]로 발음해야겠군.
⑤ '여덟과 아홉'에서 '여덟과'는 제25항을 적용하여 [여덜꽈]로 발음해야겠군.

《 2020학년도 7월 고3 전국연합학력평가 》

▶ 명사, 접미사, 어간, 겹받침. 다 잘 알고 있는 개념이지? 이런 기본적인 개념들을 정확하게 알고 있어야 제시되는 정보나 선지를 정확하게 이해할 수 있어. ㉠~㉢에서 제시한 조건을 잘 이해하고 선지의 구체적인 단어들과 짝을 지어 보자.

★116 문항 코드 | 22672-0238 　정답률 56%

〈보기〉의 대화에서 ㉠~㉢에 해당하는 예끼리 묶인 것으로 적절한 것은?

> 〈보기〉
>
> **선생님**: 오늘은 '한글 맞춤법 제21항'에 대해 알아보도록 하겠습니다. '빛깔'처럼 ㉠**명사 뒤에 자음으로 시작된 접미사가 붙어서 된 것**, '덮개'처럼 ㉡**어간 뒤에 자음으로 시작된 접미사가 붙어서 된 것**은 그 명사나 어간의 원형을 밝히어 적습니다.
>
> **학　생**: 선생님, 그럼 '널찍하다'의 경우에는 왜 어간의 원형인 '넓-'을 밝히지 않고 소리대로 적나요?
>
> **선생님**: '널찍하다'처럼 ㉢**겹받침의 끝소리가 드러나지 않는 경우**와 '넙치'처럼 어원이 분명하지 않거나 본뜻에서 멀어진 경우에는 소리대로 적습니다.

	㉠	㉡	㉢
①	멋쟁이	굵기	얄따랗다
②	넋두리	값지다	말끔하다
③	먹거리	낚시	할짝거리다
④	오뚝이	긁적거리다	짤막하다
⑤	옆구리	지우개	깊숙하다

《 2011학년도 10월 고3 전국연합학력평가 》

▶ <보기>를 참고하지 않아도 올바른 맞춤법을 알고 있다면, 바로 정답을 찾아도 돼. 그렇지만 조금이라도 확신이 서지 않는 사례가 있다면 <보기>에서 근거를 분명히 확인해서 판단하자. 첩어, 'ㅂ' 불규칙, 용언, 어간, 음절. 이런 기본적인 개념들도 잘 이해하고 있는지 챙기고.

★117 문항 코드 | 22672-0239 　정답률 79%

〈보기〉의 설명에 따라 단어를 선택한 것이다. 적절하지 않은 것은?

> 〈보기〉
>
> 한글 맞춤법에서는 부사의 끝음절이 분명히 '이'로만 나는 것은 '-이'로 적고, '히'로만 나거나 '이'나 '히'로 나는 것은 '-히'로 적는다고 규정하고 있다. 이를 정리하면 다음과 같다.
>
> **〈'-이'로 적는 것〉**
> - 첩어인 명사 뒤
> - 'ㅂ' 불규칙 용언의 어간 뒤
> - '-하다'가 붙는 어근의 끝소리가 'ㅅ'인 경우
>
> **〈'-히'로 적는 것〉**
> - '-하다'가 붙는 어근 뒤
> - '-하다'가 붙는 용언의 어간 뒤에서 부사의 끝음절이 '히'로만 소리 나는 경우

① 손수건을 (고이/고히) 접었다.
② (겹겹이/겹겹히) 옷을 껴입었다.
③ (족이/족히) 열흘은 걸릴 것이다.
④ 그는 (느긋이/느긋히) 기다리고 있었다.
⑤ 할아버지는 그를 (각별이/각별히) 아꼈다.

▶ '선생님, 강의에서 뵈요!' 틀렸다고 했지? '뵈어요'의 준말이니까 '봬요'라고 해야 한다고. <보기>의 ㉠~㉢에 들어갈 적절한 준말을 찾아보자.

(2013학년도 대학수학능력시험 9월 모의평가)

★118 문항 코드 | 22672-0240 정답률 67%

〈보기〉는 준말과 관련한 한글 맞춤법의 일부와 그 예시이다. ㉠~㉢에 들어갈 알맞은 말을 순서대로 나열한 것은?

〈보기〉

◦ 'ㅏ, ㅕ, ㅗ, ㅜ, ㅡ'로 끝난 어간에 '-이-'가 와서 각각 'ㅐ, ㅖ, ㅚ, ㅟ, ㅢ'로 줄 적에는 준 대로 적는다.

	본말	준말
기본형	파이다	㉠
용례	깊게 파인 구덩이	깊게 ㉡ 구덩이

◦ 'ㅐ, ㅔ' 뒤에 '-어, -었-'이 어울려 줄 적에는 준 대로 적는다.

	본말	준말
용례	구덩이가 깊게 ㉢	구덩이가 깊게 팼다

	㉠	㉡	㉢
①	패다	팬	패었다
②	패다	팬	패였다
③	패다	패인	패였다
④	패이다	팬	패었다
⑤	패이다	패인	패였다

▶ 앗, 선생님이 부록까지는 설명하지 않았는데, 부록에서도 문제가 나온 적이 있어. 물론 평가원 문제는 아니고 교육청 학력평가지만. 제시된 자료와 선지의 사례를 연결해서 적절한 사례인지, 아닌지를 판단하는 문제니까 도전언!

(2021학년도 6월 고2 전국연합학력평가)

★119 문항 코드 | 22672-0241 정답률 63%

㉠~㉤에 해당하는 예로 적절하지 않은 것은?

다음은 〈한글 맞춤법〉의 '부록'에서 설명하고 있는 '쉼표(,)'의 대표적인 쓰임들이다.

◦ 같은 자격의 어구를 열거할 때 그 사이에 쓴다. ··· ㉠
◦ 문장의 연결 관계를 분명히 하고자 할 때 절과 절 사이에 쓴다. ··· ㉡
◦ 같은 말이 되풀이되는 것을 피하기 위하여 일정한 부분을 줄여서 열거할 때 쓴다. ··· ㉢
◦ 부르거나 대답하는 말 뒤에 쓴다. ··· ㉣
◦ 문장 중간에 끼어든 어구의 앞뒤에 쓴다. ··· ㉤

① ㉠: 근면, 검소, 협동은 우리 겨레의 미덕이다.
② ㉡: 저 친구, 저러다가 큰일 한번 내겠어.
③ ㉢: 여름에는 바다에서, 겨울에는 산에서 휴가를 즐겼다.
④ ㉣: 네, 지금 가겠습니다.
⑤ ㉤: 나는, 솔직히 말하면, 그 말이 별로 탐탁지 않아.

다음 글을 읽고 물음에 답하시오. [120] 〔 2019학년도 9월 고2 전국연합학력평가 〕

띄어쓰기를 정확하게 하지 않으면 의미를 전달할 때 문제가 발생한다. 구와 합성어의 경우가 그렇다. 다음 사례를 살펴보자.

ㄱ. 직장을 옮기면서 **작은 집**에서 살게 되었다.
ㄴ. 직장을 옮기면서 **작은집**에서 살게 되었다.

ㄱ과 ㄴ은 비슷해 보이지만 띄어쓰기에 따라 살게 된 집의 의미가 달라진다. ㄱ의 '작은 집'은 '크기가 작은 집'을 의미하는 '구'이고, ㄴ의 '작은집'은 '작은아버지 집'을 의미하는 '합성어'이다.

이때 한글 맞춤법 제2항 '문장의 각 단어는 띄어 씀을 원칙으로 한다.'에 따라 살펴보면, 구는 하나의 단어가 아니므로 띄어 써야 하고 사전에 표제어로 오르지 않는다. 반면 합성어는 하나의 단어로 붙여 써야 하고 사전에 표제어로 오른다. 구와 합성어를 구별하기 위해서는 먼저 구성 요소 사이에 다른 말을 넣어 본다. 이때 ㉠**중간에 다른 말이 끼어들어 갈 수 있는 경우**와 ㉡**그렇지 않은 경우**가 있다. 전자는 '구'이고 후자는 '합성어'이다. 한편 구성 요소의 배열이 시간의 흐름에 따라 순차적으로 연결되었는지를 살펴보기도 한다. 이때 '구'는 순차적으로 연결되지만, '합성어'는 ㉢**그렇지 않은 경우**가 있다.

▶ 구와 합성어를 구분하는 방법을 친절하게 설명한 지문이야. 지문의 내용에 근거해서 구체적 사례를 분석해 보자. 평상시에도 띄어쓰기를 많이 틀리는 부분이니, 이 지문의 내용을 잘 이해해 두면 도움이 많이 될 거야.

★120 문항 코드 | 22672-0242 정답률 37%

윗글을 참고할 때, 〈자료〉에 대해 이해한 내용으로 적절하지 않은 것은?

〈보기〉

◦ 누군가 **헌가방**을 **놓고갔다**. ◦ 소가 풀을 **뜯어먹었다**.
◦ **뜬소문**이 돌았다. ◦ 선생님의 설명을 **알아들었다**.

※ 밑줄 친 부분은 띄어쓰기 여부를 판단하지 못한 부분임.

① '헌가방'은 ㉠에 해당하니까 사전에 표제어로 실리지 않았겠군.
② '놓고가다'는 ㉠에 해당하니까 사전에 표제어로 실리지 않았겠군.
③ '뜯어먹다'는 ㉡에 해당하니까 사전에 표제어로 실렸겠군.
④ '뜬소문'은 ㉡에 해당하니까 사전에 표제어로 실렸겠군.
⑤ '알아듣다'는 ㉢에 해당하니까 사전에 표제어로 실렸겠군.

● 열공 날짜　　년　월　일

32 규정 모여 2

개념 태그 #표준어 규정 #표준 발음법 #이거 음운의 변동에서 다 한 거구만.
#한글 맞춤법 #다 외우지는 못하지만 이해할 수는 있다.

▶▶▶ 기억 안 나면? 개념의 나비효과 2권 162쪽으로!

32강에서는 외래어 표기법과 국어의 로마자 표기법에 대해 공부했어. 기출문제들을 살펴보면 규정에 관한 문제들은 한글 맞춤법과 표준 발음법에 관련된 문제가 대부분이고, 외래어 표기법과 국어의 로마자 표기법 문제는 아주 드물어. 그런데 선생님이 「개념의 나비효과」에 그동안 출제됐던 외래어 표기법과 국어의 로마자 표기법 문제들의 대부분을 수록해 놓았더니, 숙제로 낼 관련 기출문제가 별로 없네? ㅎㅎㅎ 그래 뭐, 숙제가 조금 적은 날도 있는 거지. 오늘 워크북 숙제는 단 다섯 문제! :)

혜정 샘 음성 지원

▶ 또 표준 발음법과 국어의 로마자 표기법을 연결한 문제지? 국어의 로마자 표기법에 대한 문제가 자주 출제되지는 않지만, 출제가 된다면 이렇게 표준 발음법과 관련지어서 나오겠다는 생각을 할 수 있어야 돼. 음운 변동 개념을 잘 이해하고 정리해 놓으면 표준 발음법과 로마자 표기법 문제를 해결할 때 아주 도움이 되겠지? 가성비 최고!

오늘의 태그 문제

정답 47쪽

(2013학년도 11월 고2 전국연합학력평가 B형)

★121 문항 코드 | 22672-0243 정답률 70%

다음은 표준 발음법과 국어의 로마자 표기법의 일부이다. 이를 이해한 학생의 반응으로 적절한 것은?

【 표준 발음법 】

제4장 제8항 받침소리로는 'ㄱ, ㄴ, ㄷ, ㄹ, ㅁ, ㅂ, ㅇ' 7개 자음만 발음한다.
제5장 제19항 받침 'ㅁ, ㅇ' 뒤에 연결되는 'ㄹ'은 [ㄴ]으로 발음한다.
제20항 'ㄴ'은 'ㄹ'의 앞이나 뒤에서 [ㄹ]로 발음한다.

【 국어의 로마자 표기법 】

제1장 제1항 국어의 로마자 표기는 국어의 표준 발음법에 따라 적는 것을 원칙으로 한다.
제2장 제1항 모음은 다음 각호와 같이 적는다.

1. 단모음

ㅏ	ㅓ	ㅗ	ㅡ
a	eo	o	eu

제2장 제2항 자음은 다음 각호와 같이 적는다.

1. 파열음

ㄱ	ㄲ	ㄷ	ㅌ	ㅂ
g, k	kk	d, t	t	b, p

2. 파찰음

ㅈ	ㅊ
j	ch

3. 마찰음

ㅅ	ㅎ
s	h

4. 비음

ㄴ	ㅁ	ㅇ
n	m	ng

5. 유음

ㄹ
r, l

[붙임 1] 'ㄱ, ㄷ, ㅂ'은 모음 앞에서는 'g, d, b'로, 자음 앞이나 어말에서는 'k, t, p'로 적는다.
[붙임 2] 'ㄹ'은 모음 앞에서는 'r'로, 자음 앞이나 어말에서는 'l'로 적는다. 단 'ㄹㄹ'은 'll'로 적는다.
제3장 제3항 고유 명사는 첫 글자를 대문자로 적는다.

① '종로'는 'Jongro'로 표기해야겠군. YES NO
② '탐라'는 'Tamna'로 표기해야겠군. YES NO
③ '벚꽃'은 'beotkkoj'으로 표기해야겠군. YES NO
④ '강릉'은 'Kangneung'으로 표기해야겠군. YES NO
⑤ '한라산'은 'Halrasan'으로 표기해야겠군. YES NO

▶ 국어의 모음을 로마자로 표기하는 방법을 설명하고 있어. 이런 규정이 출제됐을 때 붙임이나 다만 조항이 제시돼 있다면 눈여겨보는 것이 좋아. :)

★122 문항 코드 | 22672-0244 (2022학년도 EBS 수능특강 언어와 매체)

〈보기〉는 국어의 로마자 표기법을 학습한 것이다. 이를 통해 알 수 있는 사실로 적절하지 않은 것은?

〈보기〉

[선생님의 설명]

국어의 단모음 'ㅏ, ㅗ, ㅜ, ㅣ, ㅔ'는 각각 로마자 'a, o, u, i, e'에 대응시킬 수 있지만, 단모음 'ㅓ, ㅡ, ㅐ, ㅚ, ㅟ'는 하나의 로마자에 대응시킬 수 없어서 각각 'eo, eu, ae, oe, wi'를 사용해서 표기합니다. 또 국어의 이중 모음은 반모음 'j'를 지닌 'ㅑ, ㅕ, ㅛ, ㅠ, ㅒ, ㅖ'의 경우는 'y'를 사용하여 표기하고, 반모음 'w'를 지닌 'ㅘ, ㅝ, ㅙ, ㅞ'의 경우는 'w'를 사용하여 표기합니다.

[로마자 표기법 제2장 표기 일람]

제1항 모음은 다음 각호와 같이 적는다.

2. 이중 모음

ㅑ	ㅕ	ㅛ	ㅠ	ㅒ	ㅖ	ㅘ	ㅙ	ㅝ	ㅞ	ㅢ
ya	yeo	yo	yu	yae	ye	wa	wae	wo	we	ui

[붙임] 'ㅢ'는 'ㅣ'로 소리 나더라도 'ui'로 적는다.

① 'ㅠ'의 로마자 표기는 반모음 'j'에 대응하는 로마자와 단모음 'ㅜ'에 대응하는 로마자로 이루어져 있군. YES NO
② 'ㅙ'의 로마자 표기는 반모음 'w'에 대응하는 로마자와 단모음 'ㅐ'에 대응하는 로마자로 이루어져 있군. YES NO
③ 'ㅑ'와 'ㅘ'의 로마자 표기는 두 이중 모음이 서로 같은 단모음을 지니고 있음을 드러내는군. YES NO
④ 'ㅛ'와 'ㅔ'의 로마자 표기는 두 이중 모음이 서로 다른 반모음을 지니고 있음을 드러내는군. YES NO
⑤ 'ㅢ'와 'ㅣ'의 로마자 표기는 두 모음이 동일하게 소리 날 때도 항상 다르겠군. YES NO

▶ 표준 발음법도 음운 변동과 아주 관련이 깊었지만 국어와 로마자 표기법도 음운 변동을 표기에 반영하는 부분이 많아서 함께 이해해야 돼. 어떤 음운 변동을 반영하고 반영하지 않는지, 사례를 통해서 이해하자.

(2019학년도 대학수학능력시험 9월 모의평가)

★123 문항 코드 | 22672-0245 　정답률 70%

〈보기〉의 ㉠~㉤에 대한 설명으로 적절한 것은?

〈로마자 표기 한글 대조표〉

자음		ㄱ	ㄷ	ㅂ	ㄸ	ㄴ	ㅁ	ㅇ	ㅈ	ㅊ	ㅌ	ㅎ
표기	모음 앞	g	d	b	tt	n	m	ng	j	ch	t	h
	그 외	k	t	p								

모음	ㅏ	ㅐ	ㅗ	ㅣ
표기	a	ae	o	i

〈로마자 표기의 예〉

	한글 표기	발음	로마자 표기
㉠	같이	[가치]	gachi
㉡	잡다	[잡따]	japda
㉢	놓지	[노치]	nochi
㉣	맨입	[맨닙]	maennip
㉤	백미	[뱅미]	baengmi

① ㉠에서 일어나는 음운 변동은 '땀받이[땀바지]'에서도 일어나고, 로마자 표기에 반영되었다. YES NO

② ㉡에서 일어나는 음운 변동은 '삭제[삭쩨]'에서도 일어나고, 로마자 표기에 반영되었다. YES NO

③ ㉢에서 일어나는 음운 변동은 '닳아[다라]'에서도 일어나고, 로마자 표기에 반영되었다. YES NO

④ ㉣에서 일어나는 음운 변동은 '한여름[한녀름]'에서도 일어나고, 로마자 표기에 반영되지 않았다. YES NO

⑤ ㉤에서 일어나는 음운 변동은 '밥물[밤물]'에서도 일어나고, 로마자 표기에 반영되지 않았다. YES NO

(2016학년도 4월 고3 전국연합학력평가)

▶ 표준 발음법 각 항의 내용을 읽었을 때, 어떤 음운 변동을 다룬 규정인지 알아볼 수 있어야 돼. 그리고 선지들에서 제시한 단어들에서 일어나는 음운 변동을 분석해서 표준 발음법의 조항과 연결해야겠지? 음... 근데 이거 가만 보니, 로마자 표기법의 탈을 쓴 그냥 표준 발음법 문제 아니야? ㅎㅎㅎ

★124 문항 코드 | 22672-0246 정답률 77%

〈보기 1〉은 문법 수업의 한 장면이다. 〈보기 1〉을 참고하여 〈보기 2〉를 탐구한 것으로 옳지 않은 것은?

〈보기 1〉

선생님: 표준 발음법에 대한 이해는 올바른 발음 생활뿐만 아니라 국어를 로마자로 표기하려고 할 때도 많은 도움을 줍니다. 국어의 로마자 표기는 표준 발음에 따라 적는 것을 원칙으로 하기 때문입니다.

[표준 발음법]

제13항 홑받침이나 쌍받침이 모음으로 시작된 조사나 어미, 접미사와 결합되는 경우에는, 제 음가대로 뒤 음절 첫소리로 옮겨 발음한다.

제15항 받침 뒤에 모음 'ㅏ, ㅓ, ㅗ, ㅜ, ㅟ'들로 시작되는 실질 형태소가 연결되는 경우에는, 대표음으로 바꾸어서 뒤 음절 첫소리로 옮겨 발음한다.

제17항 받침 'ㄷ, ㅌ(ㄾ)'이 조사나 접미사의 모음 'ㅣ'와 결합되는 경우에는, [ㅈ, ㅊ]으로 바꾸어서 뒤 음절 첫소리로 옮겨 발음한다.

제18항 받침 'ㄱ(ㄲ, ㅋ, ㄳ, ㄺ), ㄷ(ㅅ, ㅆ, ㅈ, ㅊ, ㅌ, ㅎ), ㅂ(ㅍ, ㄼ, ㄿ, ㅄ)'은 'ㄴ, ㅁ' 앞에서 [ㅇ, ㄴ, ㅁ]으로 발음한다.

제29항 합성어 및 파생어에서, 앞 단어나 접두사의 끝이 자음이고 뒤 단어나 접미사의 첫 음절이 '이, 야, 여, 요, 유'인 경우에는, 'ㄴ' 소리를 첨가하여 [니, 냐, 녀, 뇨, 뉴]로 발음한다.

〈보기 2〉

덮이다, 웃어른, 굳이, 집일, 색연필

① '덮이다'를 로마자로 표기하려면, 표준 발음법 제13항에 대한 이해가 필요하겠군. YES NO
② '웃어른'을 로마자로 표기하려면, 표준 발음법 제15항에 대한 이해가 필요하겠군. YES NO
③ '굳이'를 로마자로 표기하려면, 표준 발음법 제17항에 대한 이해가 필요하겠군. YES NO
④ '집일'을 로마자로 표기하려면, 표준 발음법 제13항, 제18항에 대한 이해가 필요하겠군. YES NO
⑤ '색연필'을 로마자로 표기하려면, 표준 발음법 제18항, 제29항에 대한 이해가 필요하겠군. YES NO

▶ 124번과 크게 다르지 않아. <보기 2>의 표준 발음법 각 항이 설명하는 음운 변동을 파악하고, 그 음운 변동이 <보기 1>의 표기에 반영이 됐는지 되지 않았는지를 판단하면 되겠지.

★125 문항 코드 | 22672-0247 〔 2019학년도 EBS 수능완성 〕

〈보기 1〉은 우리말을 '국어의 로마자 표기법'에 따라 표기한 것이고, 〈보기 2〉는 '표준 발음법'의 일부를 정리한 것이다. 〈보기 1〉과 〈보기 2〉를 연관 지어 이해한 내용으로 적절하지 않은 것은?

〈보기 1〉

㉠ Hong Bitna(← *홍빛나[홍빈나])
㉡ haedoji(← 해돋이[해도지])
㉢ Samjuk-myeon(← 삼죽면[삼중면])
㉣ Nakdonggang(← 낙동강[낙똥강])
㉤ Ulsan(←울산[울싼])

*는 인명을 나타냄.

〈보기 2〉

제9항 받침 'ㄲ, ㅋ', 'ㅅ, ㅆ, ㅈ, ㅊ, ㅌ', 'ㅍ'은 어말 또는 자음 앞에서 각각 대표음 [ㄱ, ㄷ, ㅂ]으로 발음한다.
제17항 받침 'ㄷ, ㅌ(ㄾ)'이 조사나 접미사의 모음 'ㅣ'와 결합되는 경우에는, [ㅈ, ㅊ]으로 바꾸어서 뒤 음절 첫소리로 옮겨 발음한다.
제18항 받침 'ㄱ(ㄲ, ㅋ, ㄳ, ㄺ), ㄷ(ㅅ, ㅆ, ㅈ, ㅊ, ㅌ, ㅎ), ㅂ(ㅍ, ㄼ, ㄿ, ㅄ)'은 'ㄴ, ㅁ' 앞에서 [ㅇ, ㄴ, ㅁ]으로 발음한다.
제23항 받침 'ㄱ(ㄲ, ㅋ, ㄳ, ㄺ), ㄷ(ㅅ, ㅆ, ㅈ, ㅊ, ㅌ), ㅂ(ㅍ, ㄼ, ㄿ, ㅄ)' 뒤에 연결되는 'ㄱ, ㄷ, ㅂ, ㅅ, ㅈ'은 된소리로 발음한다.
제26항 한자어에서, 'ㄹ' 받침 뒤에 연결되는 'ㄷ, ㅅ, ㅈ'은 된소리로 발음한다.

① ㉠을 통해 '표준 발음법' 제9항의 음운 변동은 '로마자 표기법'에 반영되는 것을 알 수 있어. YES NO
② ㉡을 통해 '표준 발음법' 제17항의 음운 변동은 '로마자 표기법'에 반영되는 것을 알 수 있어. YES NO
③ ㉢을 통해 '표준 발음법' 제18항의 음운 변동은 '로마자 표기법'에 반영되는 것을 알 수 있어. YES NO
④ ㉣을 통해 '표준 발음법' 제23항의 음운 변동은 '로마자 표기법'에 반영되지 않는다는 것을 알 수 있어. YES NO
⑤ ㉤을 통해 '표준 발음법' 제26항의 음운 변동은 '로마자 표기법'에 반영되지 않는다는 것을 알 수 있어. YES NO

····▶ 여기서부터는 보너스!!!

다음 글을 읽고 물음에 답하시오. [126-127] (2019학년도 11월 고1 전국연합학력평가)

[A] 현대 국어의 표기는 '표준어를 소리대로 적되, 어법에 맞도록 함을 원칙으로 한다.'라는 한글 맞춤법 규정을 따른다. 표준어를 소리대로 적는다는 것은 표준어를 발음 나는 대로 적는 표음주의를, 어법에 맞도록 한다는 것은 각 형태소의 본 모양을 밝혀 적는 표의주의를 채택한 것이다. 그런데 일반적인 활용 규칙에서 어긋나는 경우, 합성어나 파생어를 구성함에 있어서 구성 요소가 본뜻에서 멀어진 경우 등에는 표음주의가 채택된다.

이러한 표기 원칙이 제정되기 전 국어의 표기 방식은 이어 적기, 끊어 적기, 거듭 적기 등의 다양한 방식으로 나타났다. 자음으로 끝나는 체언이 모음으로 시작되는 조사를 만나거나 자음으로 끝나는 용언의 어간이나 어근이 모음으로 시작되는 어미나 접사를 만날 때, 이어 적기는 앞 형태소의 끝소리를 뒤 형태소의 첫소리로 옮겨 적는 방식이고, 끊어 적기는 실제 발음과는 달리 형태소의 본 모양을 밝혀서 끊어 적는 방식이다. 그리고 거듭 적기는 앞 형태소의 끝소리를 뒤 형태소의 첫소리에도 다시 적는 표기 방식으로, '말씀+이'를 '말씀미'와 같은 방식으로 적는 것이다. 한편 'ㅋ, ㅌ, ㅍ'을 'ㄱ, ㄷ, ㅂ'과 'ㅎ'으로 나누어 표기하는 방식인 재음소화 표기가 나타나기도 했는데, '깊이'를 '깁히'와 같이 적는 경우를 예로 들 수 있다.

▶ [A]에서 설명한 표음주의와 표의주의의 의미를 이해하고 <보기> 안의 사례들과 연결해 보자.

★126 문항 코드 | 22672-0248 정답률 62%

〈보기〉는 '한글 맞춤법'의 일부를 정리한 학습지이다. [A]를 바탕으로 〈보기〉의 ㉠~㉤을 이해한 내용으로 적절하지 않은 것은?

〈보기〉

제15항 용언의 어간과 어미는 구별하여 적는다.
예) ㉠**먹고**, ㉡**좋아**
[붙임] 두 개의 용언이 어울려 한 개의 용언이 될 적에, 앞말의 본뜻이 유지되고 있는 것은 그 원형을 밝히어 적고, 그 본뜻에서 멀어진 것은 밝히어 적지 아니한다.
(1) 앞말의 본뜻이 유지되고 있는 것 예) 돌아가다
(2) 본뜻에서 멀어진 것 예) ㉢**사라지다**, 쓰러지다

제18항 다음과 같은 용언들은 어미가 바뀔 경우, 그 어간이나 어미가 원칙에 벗어나면 벗어나는 대로 적는다.
1. 어간의 끝 'ㅂ'이 'ㅜ'로 바뀔 적 예) ㉣**쉽다**, 맵다
2. 어간의 끝음절 '르'의 'ㅡ'가 줄고, 그 뒤에 오는 어미 '-아/-어'가 '-라/-러'로 바뀔 적 예) ㉤**가르다**, 부르다

① ㉠은 단어의 기본형인 '먹다'와 마찬가지로 표의주의 방식을 채택하고 있군. YES NO
② ㉡은 어간과 어미를 구별하여 형태소의 본 모양을 밝혀 적는 방식으로 표기하고 있군. YES NO
③ ㉢은 합성어를 구성함에 있어서 앞말이 본뜻에서 멀어져 발음 나는 대로 적는 방식을 채택하고 있군. YES NO
④ ㉣은 활용할 때, '쉽고'와 같은 표의주의 표기와 '쉬우니'와 같은 표음주의 표기를 모두 확인할 수 있군. YES NO
⑤ ㉤은 활용할 때, '갈라'와 같이 일반적인 활용 규칙에서 어긋난 경우에는 표의주의 방식으로 표기하고 있군. YES NO

> ▶ 이어 적기, 거듭 적기, 끊어 적기의 개념은 34강에서 자세히 배울 거야. 아직 이 개념들을 정확하게 배우지는 않았지만 소리 나는 대로 적는 표음주의, 각 형태소의 본 모양을 밝혀 적는 표의주의의 의미를 이해했다면 지문의 사례와 연결해 볼 수 있을 거야. 지금 틀리면 어때. 지금 한 번 틀려 봤기 때문에 다음에는 그 문제를 맞히게 될 텐데. :)

★127 문항 코드 | 22672-0249 정답률 56%

윗글을 바탕으로 <보기>의 ⓐ~ⓖ를 탐구한 내용으로 적절하지 않은 것은?

〈보기〉

◦ 머리셔 ᄇᆞ라매 ⓐ**노피** 하ᄂᆞᆯ해 다핫고 갓가이셔 보니 아ᄉᆞ라히 하ᄂᆞᆳ ⓑ**므레** ᄌᆞᆷ겻ᄂᆞ니
(멀리서 바람에 높이 하늘에 닿았고 가까이서 보니 아스라이 하늘의 물에 잠겼나니)
-『번역박통사』-

◦ 고경명은 광쥐 ⓒ**사ᄅᆞᆷ이니** 임진왜난의 의병을 슈챵ᄒᆞ야 금산 ⓓ**도적글** 티다가 패ᄒᆞ여
(고경명은 광주 사람이니 임진왜란에 의병을 이끌어 금산 도적을 치다가 패하여)
-『동국신속삼강행실도』-

◦ ⓔ**븕은** 긔운이 하ᄂᆞᆯ을 ᄯᅱ노더니 이랑이 소ᄅᆡ를 ⓕ**놉히** ᄒᆞ야 나를 불러 져긔 믈 밋츨 보라 웨거ᄂᆞᆯ 급히 눈을 ⓖ**드러** 보니
(붉은 기운이 하늘을 뛰놀더니 이랑이 소리를 높이 하여 나를 불러 저기 물 밑을 보라 외치거늘 급히 눈을 들어 보니)
-『의유당관북유람일기』-

① ⓐ는 이어 적기를 하고 있는 반면 ⓕ는 거듭 적기를 하고 있군. YES NO
② ⓑ는 앞 형태소의 끝소리를 뒤 형태소의 첫소리로 옮겨 적고 있군. YES NO
③ ⓒ는 체언과 조사가 결합할 때 형태소의 본 모양을 밝혀서 끊어 적고 있군. YES NO
④ ⓓ는 앞 형태소의 끝소리를 뒤 형태소의 첫소리에도 다시 적고 있군. YES NO
⑤ ⓔ와 ⓖ는 용언의 어간이 모음으로 시작하는 어미를 만날 때 표기하는 방식이 서로 다르군. YES NO

(2016학년도 대학수학능력시험 6월 모의평가 B형)

> ▶ 128번부터 나머지 세 문제는 평소에 흔히들 틀리는 표현들을 함께 짚어 보려고 가져왔어. 국어 성적도 올리고, 일상의 국어 생활도 점검해 보고.

★128 문항 코드 | 22672-0250 정답률 84%

<보기>의 선생님의 설명을 바탕으로 할 때, ㉠에 들어갈 말로 적절하지 않은 것은?

〈보기〉

학 생: '되어요, 돼요, 되요' 중에서 어느 게 맞는지 궁금해요.
선생님: "어간 모음 'ㅚ' 뒤에 '-어'가 붙어서 'ㅙ'로 줄어지는 것은 'ㅙ'로 적는다."라는 맞춤법 규정에 따르면 '되어요'는 어간 '되-'에 '-어요'가 결합된 것이므로 '돼요'로 줄어들 수 있어. 그러니까 '되어요, 돼요'는 맞는 말이지만 '되요'는 틀린 말이지. '(바람을) 쐬다, (턱을) 괴다, (나사를) 죄다, (어른을) 뵈다, (명절을) 쇠다' 등도 이 규정에 따라 적으면 돼.
학 생: 아, 그러면 ______㉠______.

① '쐬어라'는 '쐬-'와 '-어라'가 결합된 것이므로 '쐐라'로 줄어들 수 있겠네요. YES NO
② '괴-'와 '-느냐'가 결합될 때는 '어'가 들어갈 수 없으므로 '괘느냐'는 틀린 말이겠네요. YES NO
③ '좨도'는 '죄-'와 '-어도'가 결합된 말이 줄어든 것이겠네요. YES NO
④ '뵈-'가 '-어서'와 결합되면 '봬서'로 줄어들 수 있겠네요. YES NO
⑤ '쇠-'와 '-더라도'가 결합될 때는 '쇄더라도'로 적으면 틀린 것이겠네요. YES NO

▶ 비슷한 표현들, 그래서 혼동하기 쉬운 단어들이지? 제대로 구분해 보자.

★129 문항 코드 | 22672-0251 〔 2004학년도 대학수학능력시험 〕

제시된 낱말을 활용하여 문장을 만드는 과제를 수행하였다. 잘못 해결한 것은?

① ┌ 다리다 : 약은 정성껏 다려야 한다. YES NO
└ 달이다 : 내일 입을 옷을 달이고 있었어. YES NO

② ┌ 안치다 : 이제 밥만 안치면 되겠구나. YES NO
└ 앉히다 : 아이들을 어디에 앉히면 좋겠니? YES NO

③ ┌ 엉기다 : 그릇에 기름이 엉기어 있군. YES NO
└ 엉키다 : 여행 계획이 엉키어 버렸군. YES NO

④ ┌ 이따가 : 지금은 바쁘니까 이따가 만나자. YES NO
└ 있다가 : 조금만 누워 있다가 일어나마. YES NO

⑤ ┌ 저리다 : 다리가 저려서 걷기가 힘들구나. YES NO
└ 절이다 : 배추를 절이는 방법을 배웠어. YES NO

〔 2015학년도 대학수학능력시험 B형 〕

▶ 2015 수능에 이렇게 아무런 자료도 없이 다섯 개의 단어가 한글 맞춤법에 맞게 쓰였는지 판단해 보라는 문제가 출제됐었어. 당시 수험생들, 많이들 당황했었겠지? 아니나 다를까 정답률 43%. 어문 규정에 나오는 사례들도 평소 눈여겨보고, 헷갈리는 표현들은 국어사전을 검색해서 확실히 알고 넘어가는 습관을 기르자고.

★130 문항 코드 | 22672-0252 정답률 43%

밑줄 친 부분이 한글 맞춤법에 맞게 쓰인 것은?

① **엇저녁**에는 고향 친구들과 만나서 식사를 했다. YES NO
② 그가 발의한 안건은 다음 회의에 **부치기로** 했다. YES NO
③ **적잖은** 사람들이 그 의견에 찬성의 뜻을 보였다. YES NO
④ 동생은 누나가 직접 만든 **깍뚜기**를 먹어 보았다. YES NO
⑤ 저기 **넙적하게** 생긴 바위가 우리들의 놀이터였다. YES NO

33 담화

개념 태그 #담화 #발화 #직접 발화 행위 #간접 발화 행위 #통일성, 응집성 #화자, 청자, 발화, 장면, 매체 #지시 표현, 대용 표현, 접속 표현, 반복 #호칭어 #지칭어 #인사말

▸▸▸ 기억 안 나면? 개념의 나비효과 2권 172쪽으로!

담화 부분은 사실 그리 어렵지도 않고, 실제로 문제의 정답률도 꽤 높은 편인 영역이라고 볼 수 있어. 그건 담화가 우리의 생활과 거의 밀착된 삶의 일부이기 때문일 거야. 구체적인 담화에서 각각의 발화가 어떤 의도를 가지는지, 또 어떤 구체적인 의미를 담고 있는지 파악하는 연습을 해 볼 거야. 딱 열 문제만으로도 담화와 관련된 문제들이 어떤 패턴으로 출제되는지 방향을 잡을 수 있을 거야. :)

혜정 샘 음성 지원

▶ <보기>에서 제시한 사례들을 통해서 내용을 잘 이해하고, 밑줄 친 어미들이 정보의 출처를 확인할 수 있는 어미인지 판단해 보자.

오늘의 태그 문제

정답 49쪽

(2010학년도 대학수학능력시험 6월 모의평가)

★**131** 문항 코드 | 22672-0253 정답률 89%

〈보기〉의 [A]에 들어갈 대화로 적절하지 않은 것은?

〈보기〉

화자는 전달하고자 하는 정보뿐만 아니라 그 정보의 출처를 **'직접 경험', 추측', '전해 들음'**으로 구분하여 문장에 담아 표현하는 경우가 있다. 예를 들면 "비가 많이 왔구나."에서는 비가 많이 왔다는 정보뿐만 아니라 그 사실을 '지금 직접 봄'으로써 알게 되었다는 의미도 확인되는데, 그러한 의미는 어미 '-구나'를 통해 드러난다. 또한 "비가 많이 오더라."에서는 비가 많이 왔다는 정보뿐만 아니라 그 사실을 '그 당시에 직접 봄'으로써 알게 되었다는 의미도 확인되는데, 그러한 의미는 어미 '-더-'를 통해 드러난다.

다음 대화의 밑줄 친 부분도 정보의 출처를 드러내는 기능을 가진 어미들이다.

[A]

① 딸 : 오늘 날씨 어떻대요?
아버지 : 눈이 아주 많이 온대.

② 여학생 : 같이 점심 먹으러 가자.
남학생 : 나는 조금 있다가 먹을래.

③ 학생 1 : 선생님께서 출석을 점검하라셔.
학생 2 : 어쩌지? 철수가 아직도 안 왔네.

④ 김 대리 : 김 과장님 공항에 도착하셨을까?
이 대리 : 한 시간쯤 지났으니까 도착하셨을걸.

⑤ 아들 : 오늘은 바람이 불어서 그나마 시원하네요.
어머니 : 집에 있어서 몰랐지만, 어제는 무척 더웠겠어.

(2013학년도 9월 고2 전국연합학력평가 A형)

▶ 네가 몇 번을 고를지 궁금하다.
from. 정답률 68%와 오답지 선택 비율에 놀란 쌤이…….

★132 문항 코드 | 22672-0254 정답률 68%

다음 대화 상황을 이해한 것으로 적절한 것은?

① 학생은 발화의 상황적 의미를 제대로 이해하고 있다. YES NO
② 아주머니와 학생은 대화를 통해 동일한 심리적 경험을 하고 있다. YES NO
③ 학생은 아주머니에게 발화에 담긴 내용을 수행하겠다고 다짐하고 있다. YES NO
④ 아주머니는 인간관계 형성을 위한 사회적 상호 작용을 중요시하고 있다. YES NO
⑤ 아주머니는 관용적 표현을 활용하여 학생으로부터 정보를 제공받고자 한다. YES NO

(2014학년도 3월 고3 전국연합학력평가 B형)

▶ 체크해야 할 조건이 두 개야. ㉮와 ㉯ 둘 다 놓치지 말고 꼼꼼하게 체크하자.

★133 문항 코드 | 22672-0255

정답률 86%

아래의 글에서 〈보기〉의 ㉮와 ㉯가 모두 나타난 것은?

〈보기〉

응집성이란 담화를 이루는 발화나 문장들이 형식상 특정한 장치에 의해 연결되는 것을 말하며, 이는 주로 지시 표현, 접속 부사 등과 같은 ㉮연결어에 의해 표현된다. 또한 유사한 어휘 또는 표현을 반복함으로써도 표현된다. 이 외에도 ㉯직접적으로 순서나 과정을 드러내는 어휘를 사용하기도 한다.

청소년 목공 동아리 '목동'의 이번 활동은 연필꽂이 만들기입니다. ①먼저 디자인을 구상합니다. 다음으로 치수를 정합니다. 그리고 치수에 따라 나무를 자르는 재단이 끝나면 작업이 시작됩니다. 재단된 나무를 잘 배치해서 접착제로 붙입니다. ②우리 목동 친구들은 잘 아시죠? 접착제를 너무 많이 쓰면 접착제가 나무의 겉면으로 삐져나와 굳잖아요. ③그러니 욕심부리지 말고 적당량만 발라 줍니다. 접착제로 다 붙인 후에는 못을 자동으로 박는 목공 기구인 '타카건'으로 나무판들을 고정합니다. ④이렇게 한 다음 연필꽂이의 바닥까지 모두 조립하고 사포질을 해 줍니다. 사포질을 안 한 모서리에 찔리면 다칠 수 있으니 조심하세요. ⑤사포질을 할 때에는 나무의 결을 따라 하는 것이 보기에 좋습니다. 사포질을 마친 후에는 연필꽂이에 칠을 하거나 장식을 붙여 완성합니다.

(2014학년도 대학수학능력시험 예비 시행 A형)

▶ 직접 발화와 간접 발화 배웠지? 담화 상황을 고려하여 발화 의도를 구분해 보자.

★134 문항 코드 | 22672-0256 정답률 53%

〈보기〉를 참고할 때, ㉠~㉤ 중 표현하는 방식이 나머지 넷과 다른 것은?

〈보기〉

화자는 자신의 의도를 직접적으로 표현하기도 하고, 간접적으로 표현하기도 한다. 예를 들어, 누군가와 밥을 먹으러 가고 싶을 때, "밥 먹으러 가자."처럼 청유형 어미 '-자'를 사용하여 의도를 직접적으로 표현할 수도 있고, "벌써 점심시간이네."처럼 평서형 어미 '-네'를 사용하여 간접적으로 표현할 수도 있다.

①	(귀가한 후 누나에게) **동생**: ㉠아, 목마르다. 직접 간접 **누나**: 자, 물 여기 있어.
②	(추운 교실에서 창가에 앉은 학생에게) **선생님**: ㉡창문이 열렸네. 직접 간접 **학생**: 네, 닫을게요.
③	(목적지까지 가는 길을 모를 때) **행인 A**: ㉢구청에 가려면 어느 쪽으로 가야 하나요? 직접 간접 **행인 B**: 오른쪽 모퉁이를 돌아가면 돼요.
④	(옷을 빌려 달라는 동생에게) **언니**: ㉣너 나한테 맡겨 둔 옷 있니? 직접 간접 **동생**: 알았어. 내 옷 입을게.
⑤	(추운 겨울, 실내로 들어오는 선생님을 맞이하면서) **제자**: 선생님, ㉤여기 따뜻한 차입니다. 직접 간접 **선생님**: 그래, 잘 마실게.

(2014학년도 6월 고2 전국연합학력평가)

▶ 으잉? 내가 편집을 잘못했나, 다시 확인했음. 134번과 발문이 한 글자도 다르지 않고 똑같아. ㅎㅎ같은 출제 의도의 문제니까 이번에도 담화 상황을 고려하여 발화 의도를 구분해 보자.

★135 문항 코드 | 22672-0257 정답률 85%

〈보기〉를 참고할 때, ㉠~㉤ 중 표현하는 방식이 나머지 넷과 다른 것은?

〈보기〉

화자는 자신의 의도를 직접적으로 표현할 수도 있고 간접적으로 표현할 수 있다. 예를 들어, 방이 지저분해서 청소하라고 말하고 싶을 때, 엄마가 아들에게 "방 정리 좀 해라."처럼 명령형 어미 '-(아/어)라'를 사용하여 의도를 직접적으로 표현할 수도 있고, "방이 너무 지저분하네."처럼 평서형 어미 '-네'를 사용하여 의도를 간접적으로 표현할 수도 있다.

① (자율 학습 시간에 반장이 떠드는 학생에게)
반장: ㉠**시끄러워서 집중이 잘 안 되네.** 직접 간접
학생: 미안해. 조용히 할게.

② (밤늦게까지 게임을 하는 아들에게)
엄마: ㉡**내일 학교에 안 가니?** 직접 간접
아들: 그만하고 잘게요.

③ (소나기가 올 때 시어머니가 며느리에게)
시어머니: ㉢**우리 손자 우산 안 가져갔지?** 직접 간접
며느리: 제가 우산 들고 마중 갈게요.

④ (사장이 실수가 잦은 사원에게)
사장: ㉣**우리 회사에서 일한 지 몇 년이 되었죠?** 직접 간접
사원: 앞으로 조심하겠습니다.

⑤ (주말에 동생이 언니에게)
동생: ㉤**뮤지컬 함께 보러 가자.** 직접 간접
언니: 내일 시험 있어서 갈 수 없어.

(2014학년도 3월 고2 전국연합학력평가 B형)

▶ 사실 136번도 134번, 135번과 같은 출제 의도를 가진 문제지. <보기 1>의 밑줄 친 부분을 잘 확인하고 문제에서 요구하는 내용을 찾아보자.

★136 문항 코드 | 22672-0258 정답률 83%

〈보기 1〉의 밑줄 친 부분의 예를 〈보기 2〉에서 고른다고 할 때, 가장 적절한 것은?

> 〈보기 1〉
>
> 발화(發話)는 발화자의 어떤 의도를 담고 있다. 따라서 발화자가 상대방(청자)에게 무엇인가를 요구할 때, 일반적으로 명령문을 사용하여 발화자의 의도를 직접 드러낸다. 하지만 담화 상황에 따라 **발화자가 요구하는 바를 평서문을 통해 상대방에게 간접적으로 표현**하거나 의문문을 통해 상대방에게 간접적으로 표현할 수도 있다.

> 〈보기 2〉
>
> ◦ **모임에서 만나 둘이 이야기를 하는 상황**
> 남자A: ㉠**저는 ○○고등학교에 다닙니다**.
> 남자B: 그 학교는 어디에 있나요?
>
> ◦ **병원에서 의사가 환자를 진료하는 상황**
> 의사: ㉡**예전보다 많이 좋아지셨네요**.
> 환자: 전부 의사 선생님 덕분입니다.
>
> ◦ **개학 후 교사가 학생들을 처음 대면한 상황**
> 교사: ㉢**여러분, 많이 보고 싶었어요**.
> 학생: 선생님, 저희도 그래요.
>
> ◦ **귀가한 아들이 어머니에게 말하는 상황**
> 아들: ㉣**엄마, 배가 너무 고파요**.
> 엄마: 그래, 금방 차려 줄게.
>
> ◦ **여행객이 아름다운 경치를 보고 있는 상황**
> 여행객 A: ㉤**이곳은 정말 아름답습니다**.
> 여행객 B: 그래요. 정말 아름답네요.

① ㉠ ② ㉡ ③ ㉢ ④ ㉣ ⑤ ㉤

▶ 오랜만에 보는 높임 표현이군. 높임 표현도 정확하게 이해해 놓아야 한다고 강조했지? 상대 높임, 주체 높임, 객체 높임! 다시 한 번 개념을 잘 기억하고 있는지 점검해 보자.

(2015학년도 4월 고3 전국연합학력평가 B형)

★137 문항 코드 | 22672-0259 정답률 57%

〈보기 1〉을 바탕으로 〈보기 2〉의 ㉠~㉤에 대해 설명한 내용으로 적절하지 <u>않은</u> 것은?

〈보기 1〉

지칭어와 호칭어, 높임 표현이 발달한 우리말에서는 특히 담화 상황에서 화자, 청자, 맥락 등을 종합적으로 고려해야 한다. 다른 사람에게 그 대상을 가리킬 때 사용하는 말인 지칭어와 그 대상을 직접 부를 때 사용하는 말인 호칭어를, 화자와 청자, 담화에 언급된 대상의 상황을 종합적으로 고려하여 선택해야 한다. 또한 높임 표현은 청자나 담화 속 주체와 객체의 높임 관계를 고려하여 어미, 조사, 어휘 등을 적절하게 사용해야 한다.

〈보기 2〉

혜연: 삼촌, 어서 오세요. 좀 늦으셨네요?
삼촌: 생각보다 차가 밀리더구나. 다들 오셨니?
혜연: 아니요. 차가 밀리는지 ㉠**할머니**께서도 아직 도착하지 못하셨어요.
삼촌: ㉡**어머니는 어디 계시니?**
혜연: ㉢**할아버지를 모시고 조금 전에 결혼식장에 들어가셨어요.**
삼촌: 아침부터 너희 ㉣**어머니**께서 많이 바쁘셨겠네. 너도 언니 결혼식 때문에 옆에서 이것저것 도와주느라 힘들었지?
혜연: 아니에요. 그것보다 삼촌께서 이렇게 멀리서 와 주셔서 ㉤**언니가 정말 기뻐할 것 같아요.**

① ㉠에서는 화자가 자신을 기준으로 대상을 파악하여 지칭어를 사용하고 있군. (YES) (NO)
② ㉡에서 문장의 주체는 화자가 높여야 할 대상이므로 특수한 어휘를 통해 높임을 실현하고 있군. (YES) (NO)
③ ㉢에서 문장의 객체는 화자가 높여야 할 대상이므로 조사를 통해 높임을 실현하고 있군. (YES) (NO)
④ ㉣에서는 화자가 청자를 기준으로 대상을 파악하여 지칭어를 사용하고 있군. (YES) (NO)
⑤ ㉤에서는 청자가 화자보다 높은 대상이므로 종결 어미를 통해 높임을 실현하고 있군. (YES) (NO)

(2013학년도 4월 고3 전국연합학력평가 A형)

▶ <보기 1>이 개념의 나비효과 33강에서 공부한 내용의 핵심을 잘 정리해서 서술하고 있어. 찬찬히 잘 읽어 보고, 담화 맥락과 상황을 고려하여 각 발화가 담고 있는 의미를 정확하게 파악해 보자.

★**138** 문항 코드 | 22672-0260 정답률 87%

〈보기 1〉을 참고하여 〈보기 2〉를 이해한 내용으로 적절하지 않은 것은?

〈보기 1〉

실제 발화의 의미는 말하는 이, 듣는 이, 장면 등 담화를 구성하고 있는 다양한 요소들을 고려해야만 제대로 이해할 수 있다. 발화에서의 지시 표현은 시간적, 공간적 장면이 있어야 그 의미를 정확히 이해할 수 있고, 높임 표현도 구체적인 발화 상황을 고려했을 때 인물들 사이의 상하 관계나 친소 관계를 정확하게 파악할 수 있다. 또한 확신이나 추정 등 말하는 이의 심리적 태도나 의도, 생략된 내용 등을 정확하게 파악하려면 담화 맥락과 상황을 고려해야 한다.

〈보기 2〉

영희: 여기 있던 빵 누가 치웠어? (철수를 쳐다보며) ㉠**네가 먹었지?**
철수: 아니, 내가 먹은 건 아니고 아까 희수가 배고프다고 해서 줬어.
영희: 아이고, ㉡**참 잘하셨네요.**
철수: 그 빵이 네 빵이었어? 미안해. ㉢**대신 이 과자라도 먹을래?**
영희: 그거? 그래, ㉣**먹을래**. (과자를 먹다가 건네며) 근데 넌 배 안 고파?
철수: ㉤**난 점심 먹었어**.

① ㉠: 영희의 행위를 고려할 때 '먹었지?'라는 표현은 어떤 사실에 대해 의심하면서 이를 확인하려는 심리를 전달한다. YES NO
② ㉡: 발화 상황을 고려할 때 '참 잘하셨네요.'는 표현된 진술과 발화의 의도가 일치하지 않음을 알 수 있다. YES NO
③ ㉢: 이어지는 영희의 반응을 고려할 때 '이'라는 지시 표현은 '과자'가 철수보다는 영희에게 가까운 위치에 있음을 나타낸다. YES NO
④ ㉣: 철수의 직전 발화 내용을 고려할 때 행위의 주체와 대상이 생략되었음을 알 수 있다. YES NO
⑤ ㉤: 과자를 건네는 영희의 행위와 마지막 물음에 담긴 의도를 고려할 때 제안을 거절하려는 철수의 심리가 담겨 있다. YES NO

▶ 담화에 사용된 대명사들이 각각 무엇을 지시하고 있는지, 구체적 의미를 파악할 수 있는지 묻고 있어. 적절한 지시 표현을 잘 사용하는 것이 담화의 응집성을 높이는 방법이야. 그리고 화자가 사용한 지시 표현의 의미를 정확하게 파악할 수 있어야 원활한 의사소통이 이루어질 수 있는 거야.

★**139** 문항 코드 | 22672-0261 정답률 64%

〈보기〉의 담화 상황으로 볼 때, ㉠~㉤에 대한 설명으로 적절하지 않은 것은?

〈보기〉

A: 영희가 말도 없이 책을 가져갔다고 민수가 화가 많이 났더라. 그런데 ㉠**그것**이 사실이야?

B: 아니, 내가 영희에게 민수 말이 맞느냐고 물어봤는데, ㉡**자기**는 분명히 말하고 가져갔다고 그러더라.

A: 서로 의사소통이 잘 안됐나 보다. ㉢**아무나** 좋으니 일단 나서서 민수와 영희의 오해를 풀어 주는 게 좋겠다. 그나저나 어제 저녁에 교실에 있었던 애들이 ㉣**누구**였는지 기억나?

B: 나도 ㉤**거기**에 누가 있었는지는 기억이 안 나네.

① ㉠은 '민수가 화가 많이 난 것'을 간단히 표현하려고 사용한 대명사이다. YES NO
② ㉡은 B가 앞서 언급한 '영희'를 도로 나타내기 위해 사용한 대명사이다. YES NO
③ ㉢은 화자가 불특정 대상을 가리키기 위해 사용한 대명사이다. YES NO
④ ㉣은 화자가 지시 대상을 정확히 모르고 있어서 사용한 대명사이다. YES NO
⑤ ㉤은 A가 앞서 언급한 '교실'을 가리키기 위해 사용한 대명사이다. YES NO

(2014학년도 9월 고2 전국연합학력평가 B형)

▶ 국어 문장의 주성분이 뭐였지? 바로 대답할 수 있어야지. 주어, 목적어, 보어, 서술어. ㅎㅎ 문장의 주성분일지라도 화자와 청자가 상황 맥락을 공유하고 있다면 쉽게 문장 성분을 생략할 수 있는 게 국어의 특징이기도 하다고 배웠잖아. 점심시간에 학교 식당에서 만났을 때, "너는 점심밥을 잘 먹었니?", "네, 선생님. 저는 점심밥을 잘 먹었습니다." 우리 이렇게 대화하지 않잖아. "잘 먹었어?", "네~ 선생님."이라고 얘기해도 잘 통하잖아. 단, 화자와 청자가 상황 맥락을 공유하고 있다면 말이야. 생략된 문장 성분을 복원해 보자.

★140 문항 코드 | 22672-0262 정답률 81%

〈보기〉의 설명을 참고할 때, (가)~(마)에 대해 학생이 이해한 내용으로 적절하지 않은 것은?

〈보기〉

담화 상황에서는 문장의 필수 성분일지라도 화자와 청자가 상황 맥락을 공유하고 있는 경우, 생략이 가능할 때가 있다. 이때 성분 생략의 기본 요건은 복원 가능성이다. 즉 상황 맥락을 공유하여 원활한 의사소통이 이루어지는 대화에서는 생략된 성분을 다시 복원할 수 있어, 대화 참여자가 생략된 성분이 무엇인지 파악할 수 있다.

(가) 선생님: (깨끗한 교실을 보며) 누가 이 일을 했어요?
반 장: (철수가 청소한 것을 알고) 철수가요.

(나) 선생님: (반장을 불러 심부름을 했는가를 확인하기 위해서) 누가 이 일을 했어요?
반 장: (아무도 심부름을 하지 않은 상황에서) 안 했어요.

(다) 선생님: (신발장의 신발이 어지럽게 놓여 있는 것을 보고) 좀 치워라.
반 장: (선생님이 책상에 널려 있는 책을 치우라는 것으로 알고) 네, 선생님.

(라) 선생님: (신발장의 신발이 어지럽게 놓여 있는 것을 보고) 좀 치워라.
반 장: (신발장을 보며) 네, 선생님.

(마) 선생님: (신발장의 신발이 어지럽게 놓여 있는 것을 보고) 좀 치워라.
반 장: (신발장 정리를 끝내며) 끝냈어요.

① (가)와 (나)의 반장은 공통적으로 목적어를 생략하며 말하고 있군. YES NO
② (가), (나)를 보면 똑같은 형태의 질문에 대한 대답이라도 상황 맥락에 따라 생략된 문장 성분에 차이가 생길 수 있군. YES NO
③ (다)의 반장은 상황 맥락을 공유하여 원활한 의사소통을 하고 있군. YES NO
④ (라)의 반장은 주어, 목적어, 서술어를 생략하였다고 볼 수 있군. YES NO
⑤ (마)의 반장이 생략한 성분을 복원하여 말한다면 '제가 선생님께서 시키신 신발장 정리를 끝냈어요.' 정도로 볼 수 있겠군. YES NO

● 열공 날짜 　　년　　월　　일

34 국어의 변천

개념 태그 #중세 국어의 특징 #근대 국어의 특징 #이어 적기, 거듭 적기, 끊어 적기 #8종성법에서 7종성법으로 #성조는 방점으로 #훈민정음 창제 정신 #훈민정음 제자 원리

▶▶▶ 기억 안 나면? 개념의 나비효과 2권 182쪽으로!

개념의 나비효과 워크북에서 연습하는 문법의 마지막 강. 국어의 변천. '악, 싫다.'하는 소리가 들리는 것도 같지만, 사실 대학 때 선생님은 중세 국어, 근대 국어가 그렇게 재미있었거든. 평가원 시험에는 대부분 중세 국어의 특징들이 출제되고 있고, 최근에는 예전보다 더 심화된 내용들을 <보기>나 지문에 제시하고 그것을 바탕으로 구체적인 사례들을 이해할 수 있는지를 묻고 있어. 수능에서는 문법 개념을 무조건 암기하라고 요구하지 않기 때문에 제시된 정보와 사례를 연결해 이해하는 연습을 한다면 수능 날에도 중세 국어 문제의 정답을 잘 찾을 수 있을 거야.

혜정 샘 음성 지원

▶ 아주 기본적인 중세 국어의 특징들을 이해하고 있는지를 묻는 문제야. 이어 적기, 목적격 조사, 어두 자음군, 의미의 변화 등을 골고루 묻고 있어. 이런 문제의 정답은 100% 자신 있게 찾아낼 수 있어야 돼.

오늘의 태그 문제

정답 51쪽

(2020학년도 6월 고2 전국연합학력평가)

★**141** 문항 코드 | 22672-0263 정답률 67%

〈보기〉의 중세 국어 자료에 나타난 특징을 탐구한 내용으로 적절하지 않은 것은?

〈보기〉

[중세 국어] 불·휘기·픈남·ᄀᆞᆫᄇᆞᄅᆞ·매아·니:뮐·ᄊᆡ
[현대 국어] 뿌리가 깊은 나무는 바람에 아니 움직이므로

〈용비어천가〉

[중세 국어] ·첫소·리·ᄅᆞᆯ어·울·워ᄡᅳᇙ·디·면ᄀᆞᆯ·ᄫᅡ·쓰·라
[현대 국어] 첫소리를 합하여 쓸 것이면 나란히 쓰라.

〈훈민정음언해〉

[중세 국어] ·몸·이며얼굴·이며머·리털·이·며·ᄉᆞᆯ·ᄒᆞᆫ
[현대 국어] 몸과 형체와 머리털과 살은

〈소학언해〉

① '기·픈'은 '깊은'과 견주어 보니, 소리 나는 대로 적었음을 알 수 있군. YES NO
② ':뮐·ᄊᆡ'는 '움직이므로'에 대응하는 것을 보니, 현대 국어에서는 쓰이지 않는 단어임을 알 수 있군. YES NO
③ '·ᄅᆞᆯ'은 '를'과 견주어 보니, 현대 국어와 단어의 형태가 달랐음을 알 수 있군. YES NO
④ 'ᄡᅳᇙ·디·면'은 '쓸 것이면'에 대응하는 것을 보니, 초성에 서로 다른 두 개의 자음이 함께 사용되었음을 알 수 있군. YES NO
⑤ '얼굴'은 '형체'라는 의미였던 것을 보니, 현대 국어로 오면서 단어의 의미가 확대되었음을 알 수 있군. YES NO

(2021학년도 3월 고3 전국연합학력평가)

▶ 141번과 같은 출제 의도의 문제야. 마찬가지로 중세 국어의 기본적인 특징인 모음 조화, 부사격 조사, 어두 자음군, 주체 높임 선어말 어미, 관형격 조사, 이어 적기의 개념을 정확하게 알고 있어야 돼. 선생님이랑 개념의 나비효과 34강을 공부했다면 정답률 100%여야만 하는 문제들이야.

★142 문항 코드 | 22672-0264 정답률 76%

〈보기〉는 중세 국어를 학습하기 위한 자료이다. 〈보기〉를 바탕으로 중세 국어의 특징을 탐구한 내용으로 적절하지 않은 것은?

〈보기〉

太子ㅣ 앗겨 ᄆᆞᅀᆞ매 너교ᄃᆡ 비들 만히 니르면 몯 삷가 ᄒᆞ야 닐오ᄃᆡ 金으로 ᄯᅡ해 ᄭᆞ로ᄆᆞᆯ ᄣᅳᆷ 업게 ᄒᆞ면 이 東山ᄋᆞᆯ ᄑᆞ로리라 須達이 닐오ᄃᆡ 니ᄅᆞ샨 양ᄋᆞ로 호리이다 太子ㅣ 닐오ᄃᆡ 내 롱담ᄒᆞ다라 須達이 닐오ᄃᆡ 太子ㅅ 法은 거즛마ᄅᆞᆯ 아니ᄒᆞ시ᄂᆞᆫ 거시니 구쳐 ᄑᆞᄅᆞ시리이다

[현대어 풀이]

태자가 아껴 마음에 여기되 '값을 많이 이르면 못 살까.' 하여 이르되 "금으로 땅에 깔음을 틈 없게 하면 이 동산을 팔겠다." 수달이 이르되 "이르신 양으로 하겠습니다." 태자가 이르되 "내가 농담하였다." 수달이 이르되 "태자의 도리는 거짓말을 하시지 않는 것이니 하는 수 없이 파실 것입니다."

① '金으로'와 '양ᄋᆞ로'를 통해 모음 조화에 따라 형태를 달리하는 부사격 조사가 있었음을 확인할 수 있다. YES NO

② 'ᄣᅳᆷ'을 통해 단어 첫머리에 자음이 연속하여 올 수 있었음을 확인할 수 있다. YES NO

③ '니ᄅᆞ샨'을 통해 주체인 수달을 높이는 선어말 어미가 쓰였음을 확인할 수 있다. YES NO

④ '太子ㅅ'을 통해 'ㅅ'이 관형격 조사로 쓰였음을 확인할 수 있다. YES NO

⑤ '거즛마ᄅᆞᆯ'을 통해 자음으로 끝나는 체언에 모음으로 시작하는 조사가 결합할 때 이어 적기를 하였음을 확인할 수 있다. YES NO

(2020학년도 대학수학능력시험)

▶ 중세 국어의 주격 조사는 기본 중의 기본! '이', 'Ø(영형태)', 'ㅣ'로 실현되는 양상을 구체적 사례를 통해 꼭 알아 둬야 돼.

★143 문항 코드 | 22672-0265 정답률 67%

〈보기 1〉의 ㉠~㉢에 해당하는 예만을 〈보기 2〉에서 고른 것은?

〈보기 1〉

중세 국어의 주격 조사는 음운 조건에 따라 '이', '∅(영형태)', 'ㅣ'로 실현되었다.

- 자음 다음에는 '이'가 나타났다. ……… ㉠
  예) 바비(밥+이) [밥이]
- 모음 '이'나 반모음 'ㅣ' 다음에는 '∅(영형태)'로 실현되어, 나타나지 않았다. ……… ㉡
  예) 활 쏘리(활 쏠 이+∅) [활 쏠 이가], 새(새+∅) [새가]
- 모음 '이'와 반모음 'ㅣ' 이외의 모음 다음에는 'ㅣ'가 나타났다.
  예) 쇼ㅣ(쇼+ㅣ) [소가]
- 음운 조건에 관계없이 생략되기도 했다. ……… ㉢
  예) 곶 됴코 [꽃 좋고], 나모 셋ᄂᆞᆫ [나무 서 있는]

〈보기 2〉

ⓐ: 나리 져므러 [날이 저물어]
ⓑ: 太子 오ᄂᆞ다 드르시고 [태자 온다 들으시고]
ⓒ: 내해 ᄃᆞ리 업도다 [개천에 다리가 없도다]
ⓓ: 아ᄃᆞ리 孝道ᄒᆞ고 [아들이 효도하고]
ⓔ: 孔子ㅣ 드르시고 [공자가 들으시고]

① ㉠: ⓐ, ⓓ ② ㉠: ⓐ, ⓔ ③ ㉡: ⓑ, ⓒ
④ ㉡: ⓑ, ⓓ ⑤ ㉢: ⓒ, ⓔ

(2014학년도 3월 고3 전국연합학력평가 B형)

▶ 모음 조화는 중세 국어의 중요한 특징 중 하나야. 지금은 목적격 조사가 '을/를'밖에 없는데 둘 다 음성 모음을 갖고 있잖아. 그럼 모음 조화를 지킬 수가 없지. 중세 국어의 목적격 조사, '을/를', 'ᄋᆞᆯ/ᄅᆞᆯ'이 앞에 오는 체언의 음운 환경에 따라 어떻게 결합하는지 잘 이해해야 돼. 이건 한 번 이해해 놓으면 잊어버릴 수가 없음.

★144 문항 코드 | 22672-0266

정답률 83%

〈보기〉에서 ㉠~㉣에 들어갈 목적격 조사로 옳은 것은?

〈보기〉

15세기 국어의 모음 중 'ㆍ, ㅏ, ㅗ'는 양성 모음, 'ㅡ, ㅓ, ㅜ'는 음성 모음, 'ㅣ'는 중성 모음에 해당한다. 당시에는 체언과 조사가 결합할 때 모음 조화가 엄격하게 지켜졌는데, 모음 조화란 양성 모음은 양성 모음끼리, 음성 모음은 음성 모음끼리 어울리는 현상이다. 15세기 국어에서 목적격 조사는 'ᄋᆞᆯ, 을, ᄅᆞᆯ, 를'이 있다. 이들 가운데 어떤 것이 선택되는가는 체언이 자음으로 끝나느냐 모음으로 끝나느냐와 함께 체언과의 모음 조화에 따라서 결정되었다.

중세 국어	현대 국어	중세 국어	현대 국어
사ᄅᆞᆷ+㉠	사람+을	누+㉢	누구+를
천하+㉡	천하+를	ᄠᅳᆮ+㉣	뜻+을

	㉠	㉡	㉢	㉣
①	ᄋᆞᆯ YES NO	ᄅᆞᆯ YES NO	를 YES NO	을 YES NO
②	ᄋᆞᆯ YES NO	ᄅᆞᆯ YES NO	을 YES NO	를 YES NO
③	을 YES NO	ᄋᆞᆯ YES NO	를 YES NO	ᄅᆞᆯ YES NO
④	을 YES NO	를 YES NO	ᄅᆞᆯ YES NO	ᄋᆞᆯ YES NO
⑤	ᄅᆞᆯ YES NO	ᄋᆞᆯ YES NO	을 YES NO	를 YES NO

(2019학년도 9월 고2 전국연합학력평가)

▶ 예전에는 중세 국어의 주격 조사가 참 많이 출제됐었는데, 너무 많이 나왔어. ㅎㅎ 이제 관형격 조사와 그 외의 다양한 조사들이 번갈아가면서 출제되는 편이야. <보기>의 내용을 잘 이해하고, 그것을 바탕으로 선지에 제시된 체언과 조사의 결합 양상을 분석해 보자.

★145 문항 코드 | 22672-0267

정답률 55%

〈보기〉를 참고할 때, ㉠과 ㉡에 해당하는 사례로 적절한 것은?

〈보기〉

중세 국어에서 'ᄋᆡ/의'는 ㉠관형격 조사와 ㉡부사격 조사로 모두 사용되는 양상을 보인다. 대체로 높임을 나타내지 않는 유정 명사 뒤에서는 관형격 조사로 쓰이고, 시간이나 장소 등을 나타내는 일부 체언 뒤에서는 부사격 조사로 사용되었다. 한편 'ᄋᆡ/의'는 모음 조화의 양상에 따라 'ᄋᆡ' 또는 '의'로 실현되었다.

	㉠	㉡
①	겨틔 서서 (곁에 서서) YES NO	거부븨 터리 ᄀᆞᆮ고 (거북의 털과 같고) YES NO
②	거부ᄇᆡ 터리 ᄀᆞᆮ고 (거북의 털과 같고) YES NO	겨틔 서서 (곁에 서서) YES NO
③	거부븨 터리 ᄀᆞᆮ고 (거북의 털과 같고) YES NO	바ᄆᆡ 비취니 (밤에 비치니) YES NO
④	바믜 비취니 (밤에 비치니) YES NO	사ᄅᆞᄆᆡ ᄠᅳ들 (사람의 뜻을) YES NO
⑤	사ᄅᆞᄆᆡ ᄠᅳ들 (사람의 뜻을) YES NO	겨ᄐᆡ 서서 (곁에 서서) YES NO

▶ 이건 오픈북 시험인 거야. <보기>에 판단 근거를 다 제시해 줬잖아. 답을 알려 주면서 풀어 보라는 문제인데, 그럼에도 정답률이 56%라니. 기본적인 개념을 알고 있다면 점수를 가져가라는 이런 문제가 너무 고맙게 느껴질 거야. 중세 국어의 선어말 어미 '-오-'를 이해하는 게 물론 가장 중요하지만, '-오-'의 쓰임을 설명하기 위한 '어미', '주어', '음성 모음', '과거 시제', '현재 시제', '어말 어미' 이런 기본적인 용어들을 정확히 아는 것도 중요해. '선어말 어미'와 '어말 어미'만 잘 구분할 수 있어도 틀리지 않을 수 있는 문제라고.

(2019학년도 11월 고2 전국연합학력평가)

★146 문항 코드 | 22672-0268 정답률 56%

〈보기〉의 '교사가 제시한 과제'에 대해 학생들이 보인 반응으로 적절하지 않은 것은?

〈보기〉

〈교사가 알려 준 내용〉

현대 국어와 마찬가지로 중세 국어에서도 어말 어미 앞에서 문법적인 기능을 하는 어미가 있었다. 그중 하나인 '-오-'는 현대 국어에서 쓰이지 않는 어미로 문장의 주어가 화자임을 표현하기 위해 쓰였는데, 음성 모음 뒤에서는 '-우-'로 나타났다. 또한 '-오-'는 과거 시제를 나타내는 '-더-'와 결합하면 '-다-'로, 현재 시제를 나타내는 '-ᄂᆞ-'와 결합하면 '-노-'로 나타났다.

〈교사가 제시한 과제〉

※ 다음 예문들을 보고 ㉠~㉢의 어미에 대해 탐구해 보자.

◦ 내 어저씌 다ᄉᆞᆺ 가짓 ᄭᅮ믈 ㉠**ᄭᅮ우니**
[내가 어저께 다섯 가지의 꿈을 꾸니]

◦ 내 이ᄅᆞᆯ 爲윙ᄒᆞ야 … 새로 스믈여듧 字ᄍᆞᆼ를 ㉡**ᄆᆡᇰᄀᆞ노니**
[내가 이를 위하여 … 새로 스물여덟 자를 만드니]

◦ 太子ㅣ 닐오ᄃᆡ 내 ㉢**롱담ᄒᆞ다라**
[태자가 말하되, "내가 농담하였다."]

① ㉠의 '-우-'는 어간 'ᄭᅮ-'에 있는 음성 모음 때문에 나타난 형태이군. YES NO
② ㉡의 '-노-'는 '-ᄂᆞ-'와 '-오-'가 결합되어 나타난 형태이군. YES NO
③ ㉢의 '-다-'는 '-더-'가 어말 어미와 결합하여 나타난 형태이군. YES NO
④ ㉡과 ㉢에는 모두 문장의 시제를 나타내는 기능을 하는 어미가 사용되었군. YES NO
⑤ ㉠, ㉡, ㉢ 모두에는 주어가 화자임을 표현하기 위한 어미가 사용되었군. YES NO

(2020학년도 9월 고2 전국연합학력평가)

▶ 단골 출제 요소 중 하나라고 볼 수 있어. 중세 국어의 설명 의문문과 판정 의문문에 쓰이는 의문 보조사를 잘 이해해 두자.

★147 문항 코드 | 22672-0269 정답률 55%

〈보기〉의 ㉠~㉢에 들어갈 말로 적절한 것은?

〈보기〉

중세 국어에는 용언의 어간에 붙어서 실현되는 의문형 어미와는 달리, 체언 뒤에 직접 실현되어서 의문의 뜻을 나타내면서 문장을 끝맺는 조사가 있다. 이를 '의문 보조사'라고 하는데, 의문 보조사로는 판정 의문문에 실현되는 '가/아'와 설명 의문문에 실현되는 '고/오'가 있다. 그런데 '가, 고'는 모음 또는 'ㄹ' 다음에는 '아, 오'로 쓰인다.

◦얻논 藥(약)이 (㉠)
[얻는 약이 무엇인가?]

◦이 ᄯᆞ리 너희 (㉡)
[이 딸이 너의 종인가?]

◦엇뎨 일훔이 (㉢)
[어찌 이름이 선야인가?]

	㉠	㉡	㉢
①	므스것고 YES NO	죵가 YES NO	船若(선야)오 YES NO
②	므스것고 YES NO	죵가 YES NO	船若(선야)고 YES NO
③	므스것고 YES NO	죵고 YES NO	船若(선야)오 YES NO
④	므스것가 YES NO	죵고 YES NO	船若(선야)오 YES NO
⑤	므스것가 YES NO	죵아 YES NO	船若(선야)고 YES NO

▶ 'ㅎ 종성 체언'은 기본적으로 알고 있어야 하는 개념이지만, 혹시 'ㅎ 종성 체언'에 대해 잘 몰랐더라도, 제시된 자료를 통해 충분히 답을 찾을 수 있는 문제야. 제시된 자료를 대충 읽지 말고 꼼꼼히 읽고 이해해 두자.

★**148** 문항 코드 | 22672-0270 정답률 44%

한글 맞춤법과 중세 국어 자료를 함께 참고하여 탐구한 결과로 적절하지 않은 것은?

한글 맞춤법	【제31항】 두 말이 어울릴 적에 'ㅎ' 소리가 덧나는 것은 소리대로 적는다. ◦ 수캐(○) / 수개(×)　　◦ 살코기(○) / 살고기(×)
관련 자료	중세 국어에서는 '숧', '암ㅎ[雌]', '수ㅎ[雄]', '안ㅎ[內]', '나라ㅎ' 등의 'ㅎ 종성 체언'이 있었다. 'ㅎ 종성 체언'은 단독형으로 쓰일 때에는 'ㅎ'이 나타나지 않지만, 아래와 같은 경우 'ㅎ'이 나타나기도 하였다. ['ㅎ'이 나타나는 경우 / 예] 모음으로 시작하는 말과 결합하는 경우 'ㅎ'을 이어 적음. / 하늘ㅎ+이 →하늘히(하늘이) 자음 'ㄱ, ㄷ, ㅂ'으로 시작하는 말과 결합하는 경우 'ㅋ, ㅌ, ㅍ'이 됨. / 고ㅎ+기리 →고키리(코끼리) 현대 국어에서는 몇 개의 복합어에서만 'ㅎ' 종성 체언의 흔적이 남아 있는데, '수캐', '살코기', '암평아리' 등이 그에 해당한다.

'ㅎ'이 나타나는 경우	예
모음으로 시작하는 말과 결합하는 경우 'ㅎ'을 이어 적음.	하늘ㅎ+이 →하늘히(하늘이)
자음 'ㄱ, ㄷ, ㅂ'으로 시작하는 말과 결합하는 경우 'ㅋ, ㅌ, ㅍ'이 됨.	고ㅎ+기리 →고키리(코끼리)

① '안팎'은 'ㅎ 종성 체언'인 '안ㅎ'에 '밖'이 결합한 흔적이 남아 있는 경우이겠군. YES NO
② '수캐'는 'ㅎ'이 'ㄱ'과 어울려 'ㅋ'으로 되는 거센소리되기가 이루어진 것이겠군. YES NO
③ '살코기'의 '살'은 중세 국어에서 단독으로 쓰일 경우 '숧'의 형태로 사용되었겠군. YES NO
④ '나라'는 중세 국어에서 조사 '이'와 결합하는 경우 '나라히'의 형태로 사용되었겠군. YES NO
⑤ '암평아리'는 중세 국어에서 'ㅎ 종성 체언' '암ㅎ'에 '병아리'가 결합한 흔적일 수 있겠군. YES NO

(2019학년도 6월 고2 전국연합학력평가)

▶ 높임 표현은 현대 국어에서도 정말 중요하고, 또 그만큼 자주 출제되는 요소라고 강조했었어. 현대 국어의 문법 개념을 잘 알고 있으면 중세 국어의 문법을 이해하는 데에 아주 큰 도움이 돼. 당연하지, 시기가 다를 뿐 똑같은 우리말이잖아. '주체 높임'과 '객체 높임'의 개념을 떠올리면서 문제를 풀어 보자. 그리고 중세 국어 관련 문제를 풀 때는 [현대어 풀이]를 적극 활용하라고 했던 거 잊지 마~!

★149 문항 코드 | 22672-0271 정답률 74%

〈보기 1〉을 바탕으로 〈보기 2〉를 분석한 것으로 적절하지 않은 것은?

〈보기 1〉

[중세 국어의 주체 높임법과 객체 높임법]

- **주체 높임법**: 문장의 주어에 해당하는 대상을 높이는 것이다. 주체 높임법은 주로 선어말 어미 '-시-/-샤-'를 통해 실현된다. 또한 특수 어휘나 조사에 의해 실현되기도 한다.
- **객체 높임법**: 문장의 목적어나 부사어에 해당하는 대상을 높이는 것이다. 객체 높임법은 주로 선어말 어미 '-습-/-줍-/-숩-'을 통해 실현된다. 또한 특수 어휘나 조사에 의해 실현되기도 한다.

〈보기 2〉

㉠ **世尊(세존)ㅅ 安否(안부) 묻ᄌᆞᆸ고 니ᄅᆞ샤ᄃᆡ** [A] **므스므라 오시니잇고** [B]
[세존의 안부를 여쭙고 이르시되 무슨 까닭으로 오셨습니까?]

㉡ **네 아ᄃᆞ리 各各(각각) 어마님내 뫼ᅀᆞᆸ고**
[네 아들이 각각 어머님을 모시고]

① ㉠의 [A]에서 주체 높임은 실현되었으나 그 주체가 생략되었다. YES NO
② ㉠의 [A]에서 선어말 어미를 사용하여 객체 높임이 실현되었다. YES NO
③ ㉠의 [B]에서는 주체를 높이기 위해 선어말 어미가 사용되었다. YES NO
④ ㉡에서 특수 어휘를 사용하여 주체인 '아들'을 존대하였다. YES NO
⑤ ㉡에서는 객체인 '어마님'을 높이기 위해 선어말 어미를 사용하였다. YES NO

▶ 마지막 문제는 중세 국어의 특징들을 확인하는 문제로 마무우~리. 중세 국어의 가장 기본적인 특징들을 다룬 문제임에도 정답률이 높지 않았어. 이 문제를 틀렸다면 반드시 오답 정리를 꼼꼼하게 해야 돼.
여기까지 문법 기본 개념 정리하고 적용 연습 하느라 진짜 고생 많았어. '언어와 매체'를 선택한 만큼, 내 선택에 후회가 없으려면 최선을 다해야 하는 거잖아. 지금까지 정리한 문법 개념을 바탕으로 문법 영역 100점의 길로 들어선 거야. 적용 연습은 쭉 계속된다! ^-^

(2021학년도 4월 고3 전국연합학력평가)

★150 문항 코드 | 22672-0272 정답률 58%

〈보기〉에 나타난 중세 국어의 특징을 탐구한 내용으로 적절하지 <u>않은</u> 것은?

〈보기〉

불휘 기픈 남ᄀᆞᆫ **ᄇᆞᄅᆞ매** 아니 뮐ᄊᆡ 곶 됴코 여름 **하ᄂᆞ니**
ᄉᆡ미 기픈 므른 **ᄀᆞᄆᆞ래** 아니 그츨ᄊᆡ **내히** 이러 **바ᄅᆞ래** 가ᄂᆞ니

[현대어 풀이]
뿌리가 깊은 나무는 **바람에** 아니 움직이므로 꽃이 좋고 열매가 **많으니**,
샘이 깊은 물은 **가뭄에** 아니 그치므로 **내(川)가** 이루어져 **바다에** 가느니.
- 「용비어천가(龍飛御天歌)」 〈제2장〉 -

① '불휘'와 'ᄉᆡ미'를 보니, '이' 모음으로 끝난 체언 뒤에 동일한 형태의 주격 조사가 사용되었음을 알 수 있군. YES NO
② 'ᄇᆞᄅᆞ매'와 'ᄀᆞᄆᆞ래'를 보니, '애'가 현대 국어의 부사격 조사와 같은 기능으로 사용되었음을 알 수 있군. YES NO
③ '하ᄂᆞ니'를 보니, '하다'가 현대 국어와 다른 의미로 쓰였음을 알 수 있군. YES NO
④ '므른'과 '바ᄅᆞ래'를 보니, 앞 형태소의 끝소리를 다음 형태소의 첫소리로 옮겨 적는 방식이 사용되었음을 알 수 있군. YES NO
⑤ '내히'를 보니, 체언이 모음으로 시작하는 조사와 결합할 때 체언의 끝소리 'ㅎ'이 연음되어 나타나는 경우가 있었음을 알 수 있군. YES NO

35 매체 1

개념 태그 #매체는 개념보단 패턴 #기출문제 분석이 제1의 기본
#매체 문제 패턴 및 접근법 #문제 풀이 전략으로 시간 단축

▶▶▶ 기억 안 나면? 개념의 나비효과 2권 194쪽으로!

매체는 2022학년도 대학수학능력시험에서부터 시행된 과목이기 때문에, 기출문제가 많지 않아. 그렇지만 크게 걱정하지 않아도 돼. 매체 영역은 사실 다른 영역보다 상대적으로 정답률이 높은 편이야. 챙겨야 할 개념이 많은 것도 아니라 문제 패턴별로 접근법을 잘 익히고, 실수 없이 빠르게 정답을 찾는 연습이 필요한 영역이야. 앞으로 시행될 평가원 모의평가와 연계 교재의 매체 문제들을 꼼꼼히 잘 풀어 보고 준비하면 돼. :)

하나 • (가)는 인터넷 블로그이고, (나)는 텔레비전 생방송 뉴스의 일부이다. 물음에 답하시오. [1~3] (2021학년도 3월 고3 전국연합학력평가)

(가)

환경 파수꾼 '구르미'의 블로그 검색

읽을거리 | 생각 나누기 | 자료 더하기 | 일상 기록

북극곰은 지구 온난화가 싫어요

구르미
2021.02.06. 12:10

여러분은 '겨울' 하면 무엇이 떠오르시나요?
추위? 얼음? 북극?
오늘은 다큐멘터리 '북극곰의 오늘과 내일'을 보고 든 생각에 대해 여러분과 의견을 나누고자 해요.

지구 온난화로 북극곰의 삶의 터전이 줄어들고 있어요.

옆의 사진은 우리에게 충격적으로 다가와요. '북극곰의 오늘과 내일'에서는 옆의 사진과 같은 상황이 계속되면 북극곰이 멸종될 수 있다고 경고하고 있어요. 북극곰을 힘들게 하고 있는 지구 온난화는 왜 일어나는 것일까요? 그래프를 보시면 지구 평균 기온의 상승과 이산화 탄소 농도가 관계가 있음을 알 수 있어요.

지구 평균 기온과 이산화 탄소 평균 농도의 변화

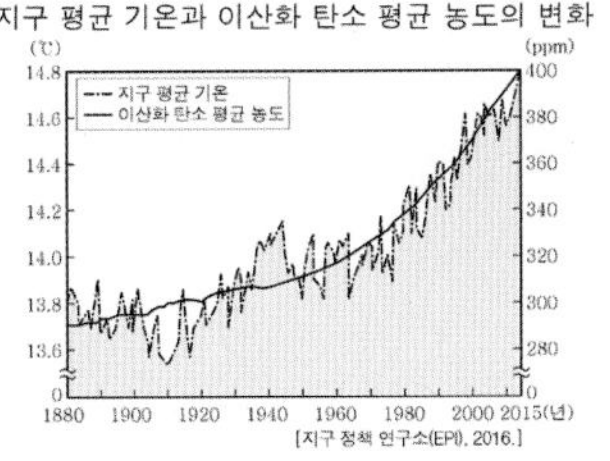

[지구 정책 연구소(EPI), 2016.]

우리가 일상에서 이산화 탄소의 배출을 줄여야 하지 않을까요? 일상에서 이산화 탄소 배출을 줄이는 방법으로는 대중교통 이용하기, 가까운 거리는 걸어 다니기, 플라스틱 사용 줄이기, 대체 에너지 개발하기 등이 있어요.

이 영상은 '북극곰의 오늘과 내일' 홍보 영상인데, 다큐멘터리를 찾아서 시청하시면 북극곰의 아픔을 실감하실 수 있을 거예요.
(혹시 자료 중에 잘못된 것이 있으면 알려 주세요. 수정하겠습니다.)

#지구_온난화 #북극곰_멸종_위기 #이산화_탄소_배출_줄이기

댓글 ✎ 7 공감 ♥ 16

사랑이 북극곰에게 미안하네요. 이제 가까운 거리는 걸어 다니는 게 좋겠죠? ······ ㉠
➡**구르미** 그럼요. 저도 플라스틱의 사용을 줄이기로 결심했어요.

초록꿈 저도 이산화 탄소 배출을 줄이기 위한 노력이 필요하다고 생각해요. www.○○○.go.kr 여기서 이산화 탄소 배출 줄이기 캠페인을 벌이고 있어요. ······ ㉡
➡**구르미** 방문 감사합니다. 저도 주변 분들과 공유할게요.

밤톨이 대체 에너지 개발하기는 우리가 일상에서 실천할 수 있는 방법이라고 보기 어려워요.
➡**구르미** 감사해요. 수정할게요.

몽돌이 그래프의 추세가 계속 이어지면 사진 속 작은 얼음 조각마저 사라져 북극곰은 살 곳이 없어지고 말겠어요. ㅠ.ㅠ

(나)

진행자: 지구 온난화의 영향으로 전국에 두 달째 가뭄이 이어지면서 여러 피해가 발생하고 있습니다. 현장을 취재한 윤○○ 기자 나와 있습니다. 상황이 심각하다면서요?

윤 기자: 네, 그렇습니다.

진행자: 현장 상황에 대해 구체적으로 말씀해 주시겠어요?

윤 기자: 취재한 자료 영상을 보시면 문제의 심각성을 확인하실 수 있습니다. 지금 영상에 보이고 있는 것이 저수지 바닥입니다. 이 영상을 보고 계시는 시청자분들께서도 문제의 심각성에 공감하실 것입니다.

진행자: 가뭄이 이렇게나 심각하군요. 그에 따라 피해도 상당할 것 같습니다.

윤 기자: 가뭄으로 인해 힘들어하는 농민 한 분을 만나 봤습니다. 인터뷰 영상 보시겠습니다.

김□□ | △△리 이장
마늘을 키우고 있는데, 씨알이 예전의 절반도 안 됩니다. 마늘 알맹이가 아예 껍질 속에서 말라 버려 수확을 포기하는 농민도 있습니다.

혜정 쌤 음성 지원

▶ (가)는 인터넷 블로그 글이고, (나)는 텔레비전 생방송 뉴스의 일부야. 두 매체의 유형이 다른 만큼 각 매체의 특징과 두 매체 간의 차이점에 대해서 생각해 봐야겠지?

오늘의 태그 문제

정답 52쪽

★01 문항 코드 | 22672-0273 정답률 72%

(가)와 (나)에 대한 이해로 가장 적절한 것은?

① (가)는 (나)와 달리 정보 생산자 간에 면 대 면 소통을 통해 정보를 수정할 수 있다. [가] [나]

② (가)는 (나)와 달리 정보 수용자를 고려하여 격식을 갖춘 말투로 정보를 제시하고 있다. [가] [나]

③ (가)는 (나)와 달리 특정 기호를 앞에 붙여 열거한 말들을 통해 전달되는 정보의 핵심 어구를 파악할 수 있다. [가] [나]

④ (나)는 (가)와 달리 정보 수용자를 특정인으로 한정지어 대량의 정보를 전달하고 있다. [가] [나]

⑤ (나)는 (가)와 달리 정보 생산자와 수용자의 상호 작용을 바탕으로 정보의 수정이 이루어지고 있다. [가] [나]

▶ 중요한 정보가 제시된 <보기>야. 이런 <보기>는 매체 영역의 개념을 잘 정리해 주고 있으니, 문제를 다 풀고 나서도 다시 한 번 읽으면서 이해해 놓도록 하자.

★02 문항 코드 | 22672-0274

정답률 80%

〈보기〉를 참고하여 (가)와 (나)에 대해 보인 반응으로 적절하지 않은 것은?

> 〈보기〉
>
> 텔레비전 뉴스, 인터넷 블로그 등 매체를 통해 전달되는 정보의 구체적 형태를 매체 자료라고 한다. 매체 언어는 음성, 문자, 사진, 동영상 등의 양식이 복합적으로 사용되는 특성을 지닌다. 따라서 매체 자료의 수용자는 이러한 복합 양식적인 매체 언어의 특성을 고려하여 의미를 구성할 수 있다. 이때 그 의미는 생산자와 수용자가 놓여 있는 맥락 속에서 생성된다. 그렇기 때문에 매체 자료의 수용은 생산자의 의도나 관점, 수용자의 관점이나 이해관계 등을 고려하여 이루어진다. 이 과정에서 매체 자료의 수용자는 창의적 생산자가 되기도 하면서 사회적 소통에 참여할 수 있다.

① (가)에서 그래프와 동영상 등을, (나)에서 문자와 음성 등을 활용한 것은 매체 언어의 복합 양식적 특성을 보여 주는 것이겠군. YES NO

② (가)에서 '몽돌이'가 쓴 댓글은 수용자가 매체 언어의 복합 양식적 특성을 고려하여 의미를 구성할 수 있음을 보여 주는 것이겠군. YES NO

③ (가)에서 '구르미'가 다큐멘터리를 보고 든 생각을 블로그에 올려 다른 사람들과 의견을 나눈 것은 매체 자료의 수용자가 창의적 생산자로서 사회적 소통에 참여할 수 있음을 보여 주는 것이겠군. YES NO

④ (나)에서 진행자와 윤 기자가 가뭄의 심각성을 강조한 것은 문제의식을 수용자와 공유하고자 하는 의도를 가지고 매체 자료를 생산하였음을 보여 주는 것이겠군. YES NO

⑤ (나)에서 진행자가 윤 기자에게 현장 상황에 대한 구체적인 설명을 요청한 것은 생산자들 간에 놓여 있는 맥락이 같아도 관점이 서로 다를 수 있음을 보여 주는 것이겠군. YES NO

▶ ㉠과 ㉡은 (가) 자료의 끝부분에 있어. (가)의 해당 부분을 읽고 바로 3번을 해결하는 게 좋아.

★03 문항 코드 | 22672-0275

정답률 85%

㉠, ㉡에 대한 설명으로 가장 적절한 것은?

① ㉠: 매체 언어의 특성에 주목하여, 블로그를 통해 제시된 정보의 신뢰성에 대한 의문을 제기하고 있다. YES NO

② ㉠: 매체를 통한 의사소통의 목적과 관련하여, 블로그에 제시된 정보를 개인의 문제 해결을 위해 활용하고 있다. YES NO

③ ㉠: 매체의 사용 습관에 대한 성찰을 바탕으로, 블로그를 통해 이루어지는 의사소통에 대한 개선책을 제안하고 있다. YES NO

④ ㉡: 블로그에 제시된 의견에 동의를 나타내고 매체의 기능을 활용하여 관련 정보를 추가하고 있다. YES NO

⑤ ㉡: 블로그에 제시된 주장의 타당성을 비판하고 매체의 파급력을 고려하여 자신의 견해를 덧붙이고 있다. YES NO

둘 • (가)는 학생들이 학생회장 후보자 홍보 동영상 제작 준비를 위해 휴대 전화 메신저로 나눈 대화이고, (나)는 (가)를 바탕으로 작성한 이야기판이다. 물음에 답하시오. [4-6] (2021학년도 3월 고3 전국연합학력평가)

(가)

학생회장 후보자 지원단 대화방(5명)

경호: 얘들아, 대화방 열었어. 서로 즉각적으로 의견을 나눌 수 있고 대화 내용이 남아 있어 그 내용을 참고하며 의견을 나눌 수도 있어서 좋을 것 같아.

한신: 학생회장 후보자 홍보 동영상 제작에 대해 이야기하자는 거지?

경호: 응, 맞아. 의견 줄래?

소희: 누리 소통망에 올릴 홍보 동영상은 우리의 슬로건인 '소통과 화합'을 잘 강조할 수 있어야 할 것 같아. 전에 만든 포스터에서는 그게 잘 드러나지 않아서 아쉬웠어.

연주: 좋은 생각이야.

한신: 누가 이야기판 만들래? 나한테 이야기판 양식이 있어. 공유할게.

파일 전송: 이야기판 양식.hwp(15.0KB)

지섭: 내가 이야기판을 만들어 볼게. 그럼 지금부터 동영상을 어떻게 구성할지 의견을 줘.

소희: **㉠슬로건인 '소통과 화합'이 잘 드러나도록 소통에 관한 장면과 화합에 관한 장면을 하나씩 구성하자.**

연주: **㉡소통 장면에서는 경청하는 태도가 드러나도록 하고, 화합 장면에서는 여럿이 함께하는 모습을 보여 주도록 하자.**

한신: **㉢학교에 바라는 점을 말하는 인터뷰와 후보자를 지지하는 이유를 밝히는 인터뷰를 각각 다른 장면으로 제시하자.**

지섭: **㉣공약 사항을 자막으로 제시할 때 주의를 환기하기 위해 효과음을 넣자.**

경호: 좋아. **㉤내레이션으로 자막 내용에 대해 설명해 주자.**

지섭: 잘해 볼게. ┌(^^)┘

(나)

장면		장면 설명
S#1		(우측 상단에 슬로건 제시) 학생들과 함께, 후보자가 힘찬 발걸음으로 등교한다. [자막] 기호 ×번 김□□
S#2		후보자가 귀 옆에 양손을 가져다 댄다. [효과음] (자막이 나올 때) 빠밤 [자막] 학급별 소통함 제작 [내레이션] 여러분의 목소리를 귀 기울여 듣겠습니다.
S#3		세 학생이 어깨동무를 한다. [효과음] (자막이 나올 때) 빠밤 [자막] 한마음 축제 개최 [내레이션] 축제를 통해 하나가 되는 ○○고를 만들겠습니다.
S#4		학교에 바라는 점을 말하는 한 학생의 인터뷰를 제시한다.
S#5		투표하는 손을 보여 준다. [자막] 당신의 한 표를 기호 ×번에 행사하세요.

혜정 샘 음성 지원

▶ 선지에 제시된 학생들의 이름 순서가 대화방에서 발언을 한 학생들의 순서와 대체로 일치해. (가)를 읽으면서 바로바로 ①~⑤번을 YES NO로 판단해야 하는 거야. (가)를 다 읽은 다음에 이 문제를 풀려고 하면 다시 다섯 명의 발언을 읽어야 되거든. 매체에서는 빠르게 정답을 찾아 시간을 단축하는 게 중요해. 제시된 자료를 한 번에 정확하게 읽으면서 문제를 해결하는 연습이 제일 중요해.

▶ ㉠~㉤은 (나)의 내용 조건이 되는 거지. 실수하면 안 되는 문제, 아주 기본적인 내용 파악 문제라고 할 수 있어.

▶ 수정 방안이 가져올 수 있는 효과를 생각해 봐야 하는 거야.

오늘의 태그 문제

정답 53쪽

★ **04** 문항 코드 | 22672-0276 정답률 74%

(가)의 대화에 대한 설명으로 가장 적절한 것은?

① '한신'은 동영상이 게재되는 매체의 정보 유통 방식을 언급하며 동영상의 구성 방향을 제안하고 있다. YES NO
② '소희'는 매체 언어의 표현 전략을 비교하여 매체 언어를 새롭게 표현하는 방법의 중요성을 설명하고 있다. YES NO
③ '연주'는 문자와 그림말이 어우러져 만들어 내는 의미를 제시하여 동영상 제작에 대한 공감을 나타내고 있다. YES NO
④ '경호'는 휴대 전화 메신저의 특성을 언급하며 해당 매체로 대화하는 것에 대한 긍정적인 태도를 나타내고 있다. YES NO
⑤ '지섭'은 대화가 이루어지는 매체의 정보 전달 효과를 고려하여 동영상 제작의 절차와 역할 분담 방안을 제시하고 있다. YES NO

★ **05** 문항 코드 | 22672-0277 정답률 82%

㉠~㉤ 중 (나)에 반영되지 않은 것은?

① ㉠ YES NO ② ㉡ YES NO ③ ㉢ YES NO ④ ㉣ YES NO ⑤ ㉤ YES NO

★ **06** 문항 코드 | 22672-0278 정답률 84%

다음은 (나)에 대한 검토 내용을 정리한 것이다. 이를 바탕으로 (나)를 수정하기 위한 방안으로 적절하지 않은 것은?

〈이야기판 검토 결과〉

S#1	후보자의 힘찬 발걸음을 부각할 수 있는 배경 음악이 필요함.
	후보자와 함께 새로운 출발을 할 수 있다는 내용이 자막에 제시되어야 함.
S#2~S#4	슬로건을 일관되게 노출하여 강조할 필요가 있음.
S#4	인터뷰 내용의 전달 효과를 높여야 함.
S#5	공약의 실현 가능성을 인상적으로 제시하며 마무리해야 함.

① S#1에 밝고 역동적인 느낌의 음악을 배경 음악으로 제시한다. YES NO
② S#1의 자막을 '기호 ×번 김□□와 함께 새로운 학교생활이 시작됩니다.'로 수정한다. YES NO
③ S#2~S#4에 S#1처럼 화면 우측 상단에 '소통과 화합'이라는 문구를 추가한다. YES NO
④ S#4에 인터뷰의 핵심 내용을 나타내는 말들을 자막으로 제시한다. YES NO
⑤ S#5에 학생회장 후보자가 자막을 힘주어 읽는 내레이션을 추가한다. YES NO

셋 · (가)는 학생들이 발표를 위해 만든 온라인 카페이고, (나)는 발표 자료의 수정을 위해 휴대 전화 메신저로 나눈 대화의 일부이다. 물음에 답하시오. [7-9]

(2021학년도 4월 고3 전국연합학력평가)

(가)

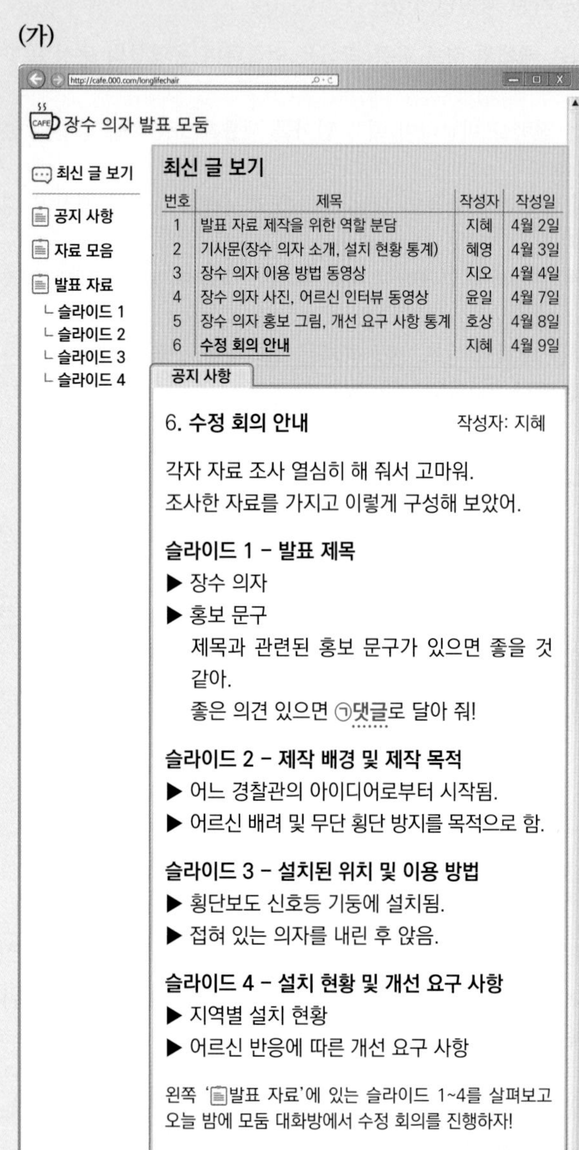

http://cafe.000.com/longlifechair

장수 의자 발표 모둠

- 최신 글 보기
- 공지 사항
- 자료 모음
- 발표 자료
  - 슬라이드 1
  - 슬라이드 2
  - 슬라이드 3
  - 슬라이드 4

최신 글 보기

번호	제목	작성자	작성일
1	발표 자료 제작을 위한 역할 분담	지혜	4월 2일
2	기사문(장수 의자 소개, 설치 현황 통계)	혜영	4월 3일
3	장수 의자 이용 방법 동영상	지오	4월 4일
4	장수 의자 사진, 어르신 인터뷰 동영상	윤일	4월 7일
5	장수 의자 홍보 그림, 개선 요구 사항 통계	호상	4월 8일
6	수정 회의 안내	지혜	4월 9일

공지 사항

6. **수정 회의 안내** 작성자: 지혜

각자 자료 조사 열심히 해 줘서 고마워.
조사한 자료를 가지고 이렇게 구성해 보았어.

슬라이드 1 - 발표 제목
▶ 장수 의자
▶ 홍보 문구
제목과 관련된 홍보 문구가 있으면 좋을 것 같아.
좋은 의견 있으면 ㉠댓글로 달아 줘!

슬라이드 2 - 제작 배경 및 제작 목적
▶ 어느 경찰관의 아이디어로부터 시작됨.
▶ 어르신 배려 및 무단 횡단 방지를 목적으로 함.

슬라이드 3 - 설치된 위치 및 이용 방법
▶ 횡단보도 신호등 기둥에 설치됨.
▶ 접혀 있는 의자를 내린 후 앉음.

슬라이드 4 - 설치 현황 및 개선 요구 사항
▶ 지역별 설치 현황
▶ 어르신 반응에 따른 개선 요구 사항

왼쪽 '발표 자료'에 있는 슬라이드 1~4를 살펴보고 오늘 밤에 모둠 대화방에서 수정 회의를 진행하자!

(나)

발표 모둠 대화방(5명)

지혜: 수정 회의 시작합시다!

지오: 우선 각 슬라이드의 제목에서 중심 화제를 이어 주는 말이 있는 경우 이를 중심 화제의 글자 크기보다 작게 하여 중심 화제를 부각할 필요가 있겠어. 더불어 중심 화제들의 제시 순서에 맞게 번호를 다는 게 좋을 것 같아.

지혜: 그래, 둘 다 반영할게.

[A]
지혜: 참, 혜영이는 기사들을 좀 더 찾아봐 줄 수 있을까? 제작 배경을 구체적으로 소개하려면 다양한 내용이 필요해서.

혜영: 그러고 보니 기사 내용의 대부분이 제작 목적에 대한 설명이구나! 알았어, 더 찾아볼게.

[B]
호상: 장수 의자가 횡단보도 신호등 기둥에 설치된 거 맞지? 사진이 너무 흐릿해서 잘 안 보여.

윤일: 사진 파일 전송: 장수 의자 위치.JPG(8.1MB)
이게 원본인데 확인해 볼래?

지혜: 이게 더 잘 보인다. 신호등 기둥에 설치된 게 확실하네. 고마워!

[C]
지혜: 근데 윤일이가 올린 동영상을 슬라이드에 활용하기는 했는데, 여기에도 어르신께서 장수 의자에 앉아 계신 모습이 담겨 있어서 지오가 올린 동영상과 내용이 겹쳐. 함께 쓰는 게 적절하지 않은 것 같아.

호상: 지오가 올린 동영상에는 어르신들께서 의자를 직접 내리고 앉으시는 모습까지 담겨 있으니 이용 방법을 제시할 때는 이걸 활용하는 게 좋을 거 같은데?

지혜: 그 부분을 강조하면 훨씬 효과적이겠다.

[D]
지혜: 그런데 내가 동영상 편집 방법을 잘 모르는데……

호상: 그러면 편집은 내가 할게.

지혜: 정말? 그럼 내가 너 대신 발표를 할게. 슬라이드를 제작한 사람이 내용의 흐름에 더 익숙할 테니까.

호상: 고마워. 잘 부탁해!

혜영: 그러면 윤일이가 올린 동영상을 글과 그림으로 정리해서 어르신 반응에 따른 개선 요구 사항을 제시할 때 활용하면 좋겠어. 동영상을 또 제시할 필요는 없잖아.

윤일: 그게 좋겠다. 할아버지 말씀은 글로 정리하고, '무단 횡단 금지'가 '잠시 쉬어 가세요.'보다 더 크게 장수 의자에 적혀 있어서 언짢다고 하신 할머니 말씀은 글과 사진으로 정리할게. 내가 찍어 올린 사진 중에 할머니의 말씀을 뒷받침할 만한 사진이 있으니, 이걸 함께 제시하면 할머니의 개선 요구 사항을 효과적으로 표현할 수 있을 것 같아.

지혜: 좋은 생각이야. 반영할게.

[E]
지혜: 참, 그런데 호상이가 올린 두 자료의 출처가 모두 없더라. 통계 자료 출처는 내가 검색해서 찾았어. 그런데 장수 의자 홍보 그림의 출처는 못 찾았어. 혹시 그림을 찾은 인터넷 주소 좀 알려 줄래?

호상: 아, 미안해. 그 출처는 이거야. 여기 주소 보낼게.
http://www.◇◇.go.kr

지오: 그런데 개선 요구 사항이 표로 제시되어 있던데 원그래프로 바꿔 제시하는 게 시각적으로 효과적일 것 같아.

지혜: 응, 그렇게 해 볼게.

혜정 샘 음성 지원

오늘의 태그 문제

정답 53쪽

▶ 판단해야 할 범위를 정확하게 지정해 주고 있는 문제야. (나)의 [A]~[E] 부분을 읽으면서 바로바로 ①~⑤ 선지를 YES NO로 판단해야겠지? 4번과 7번 같은 문제들은 실시간으로 정답을 찾아내는 게 중요하다는 것, 꼭 기억하자.

★07 문항 코드 | 22672-0279 정답률 78%

(나)를 바탕으로 (가)에서 확인할 수 있는 내용으로 적절하지 않은 것은?

① [A]를 통해 (가)의 '최신 글 보기' '2'번 게시물에 담겨 있는 기사문에는 장수 의자 제작 목적보다 제작 배경에 대한 내용이 상대적으로 적음을 알 수 있다. YES NO
② [B]를 통해 (가)의 '최신 글 보기' '4'번 게시물에 담겨 있는 사진은 (나)에서 실시간으로 공유된 사진보다 화질이 좋지 않음을 알 수 있다. YES NO
③ [C]를 통해 (가)의 '최신 글 보기' '3'번 게시물에 담겨 있는 동영상에는 어르신께서 장수 의자에 앉아 계신 모습이 등장하지 않음을 알 수 있다. YES NO
④ [D]를 통해 (가)의 '최신 글 보기' '1'번 게시물에 담겨 있는 역할 분담에는 '지혜'와 '호상'이 각각 슬라이드 제작자와 발표자로 되어 있음을 알 수 있다. YES NO
⑤ [E]를 통해 (가)의 '최신 글 보기' '5'번 게시물에 담겨 있는 장수 의자 홍보 그림에는 (나)에서 제시된 인터넷 주소인 출처가 없음을 알 수 있다. YES NO

▶ 문제에서 (나)를 고려하라고 했지? 그런데 (나)의 [A]~[E] 부분은 7번의 답을 찾기 위한 근거로 이미 활용됐어. 그렇다면 그 나머지 부분들이 8번 문제를 해결하기 위한 근거로 활용될 수 있겠다는 생각을 할 수 있어. <보기 1>이 <보기 2>로 어떻게 수정되어 달라졌는지를 확인하고, (나)에서 확인할 수 있는 수정에 관련된 의견들과 연결해 보면 되겠지?

★08 문항 코드 | 22672-0280 정답률 64%

(나)를 고려하여 〈보기 1〉을 〈보기 2〉로 수정했다고 할 때, ⓐ~ⓔ 중 적절하지 않은 것은?

〈보기 1〉

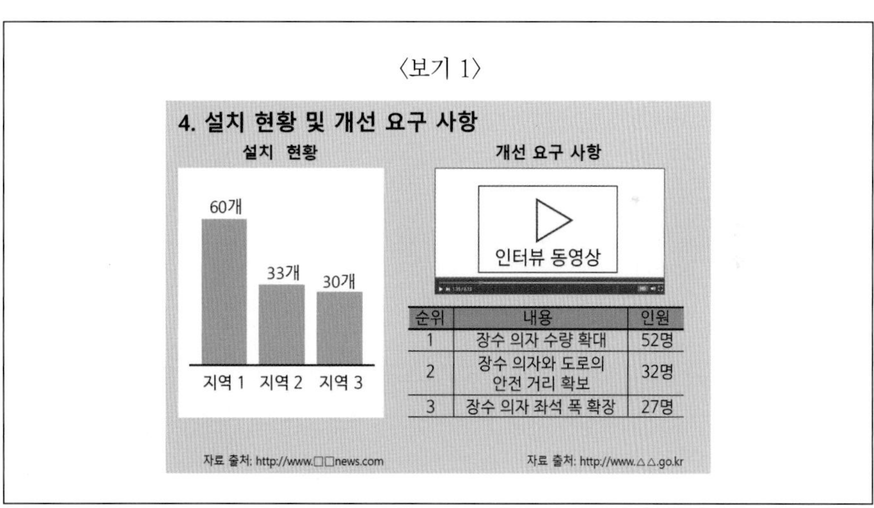

〈보기 2〉

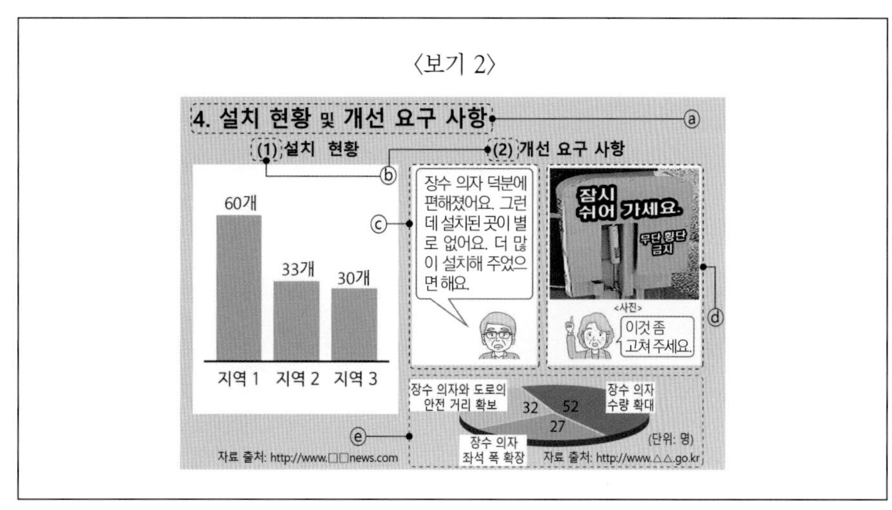

① ⓐ YES NO ② ⓑ YES NO ③ ⓒ YES NO ④ ⓓ YES NO ⑤ ⓔ YES NO

▶ ㉠은 제목과 관련된 홍보 문구에 대한 의견을 의미하잖아. 호상이와 혜영이의 댓글이 바로 ㉠의 내용이 된다고 생각할 수 있어. 호상이와 혜영이의 의견이 홍보 문구가 갖춰야 할 두 가지 조건이 되는 거야. 호상이가 제시한 **내용 조건**과 혜영이가 제시한 **형식 조건**을 모두 갖춘 문구를 정답으로 골라야 돼.

★**09** 문항 코드 | 22672-0281 정답률 83%

다음은 ㉠에 해당하는 내용이다. ㉮에 들어갈 문구로 가장 적절한 것은?

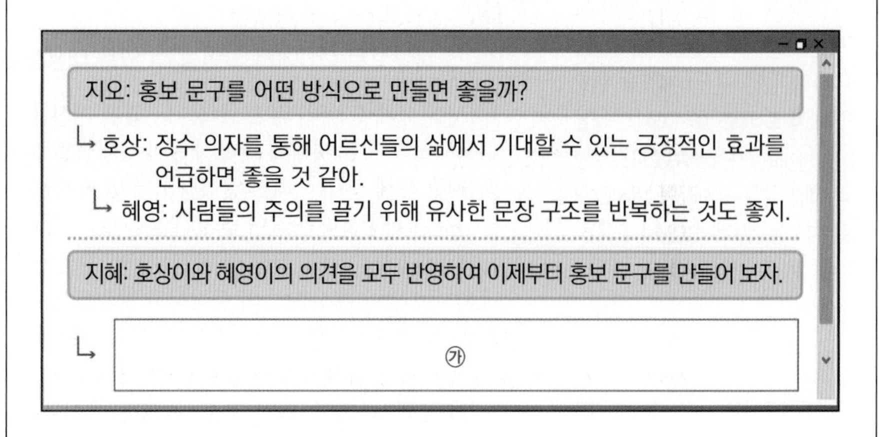

① 호상: 나의 작은 관심, 지역의 큰 기쁨. 장수 의자에 대한 관심이 지역 경제를 살립니다. 호상 혜영
② 윤일: 장수 의자에 앉아 신호등을 기다려 보세요. 편안함을 위한 장수 의자, 안전함까지 드립니다. 호상 혜영
③ 혜영: 장수 의자에서 만난 이웃들과 함께 웃어 보아요. 우리 지역의 공동체는 더 밝아질 것입니다. 호상 혜영
④ 지혜: 안전을 위해 장수 의자에서 잠시 대기하세요. 장수 의자에 머물면서 당신의 삶이 지켜질 수 있습니다. 호상 혜영
⑤ 지오: 힘겨운 기다림은 이제 그만, 편안한 기다림은 이제 시작. 장수 의자, 어르신들의 안전과 휴식을 책임집니다. 호상 혜영

● 열공 날짜 　　년 　월 　일

36 매체 2

개념 태그 #매체는 개념보단 패턴 #기출문제 분석이 제1의 기본 #매체 문제 패턴 및 접근법 #문제 풀이 전략으로 시간 단축

▸▸▸ 기억 안 나면? 개념의 나비효과 2권 207쪽으로!

매체 영역은 앞으로도 지문의 자료들을 보기 전에 출제된 문제 패턴부터 빠르게 확인하고, 지문을 어떤 순서로 읽고 문제의 정답을 찾을 것인지를 계획하는 연습을 쭉 할 거야. 그렇게 꾸준히 연습해서 매체 영역의 문제 풀이는 자기 것으로 완벽하게 체화할 수 있도록. 이 시간에도 세 개의 세트로 연습해 보자. :)

넷 • (가)와 (나)는 인쇄된 잡지에 실린 광고이고, (다)는 인터넷에 올려진 광고이다. 물음에 답하시오. [10-12] 〈 2021학년도 4월 고3 전국연합학력평가 〉

(가)

바다 생물을 위협하는 가장 가벼운 총

전 세계 바다에 버려지는
플라스틱 빨대 한 해 800만 톤.
사람들에겐 편리한 작은 빨대 하나지만
바다 생물들에겐 생명의 위협이 됩니다.
㉠**이제 플라스틱 빨대 사용을 줄여서**
바다 생물과 함께 지구 환경도 살릴 때입니다.

(나)

'미세 제로 공기 청정기'로
미세먼지 탈출하세요!

CADR(시간당 공기 정화 능력) 95m^3/h
CADR(Clean Air Delivery Rate)은 시간당 공기 정화 능력을 나타내는 지표입니다. ㉡**이번에 출시된 제품은 기존 제품보다 공기 청정 기능에 있어 두 배 높은 CADR 수치를 보이고 있습니다.**

소비자 평가단 만족도 (별 5개 만점)
평점: ★★★★★
다른 제품보다 저렴하네요. ☺☺☺
– 닉네임 '하늘 마루' 님
평점: ★★★★★
디자인이 마음에 쏙 들어요. ☺
– 닉네임 '좋은 엄마' 님

(다)

생 활

건강 기능 식품 전문 기업 ○○사, '○○헬스' 출시

감태 추출물 활용하여 불면증 개선에 효과적
하루 한 알로 피로 회복 효과까지

건강 기능 식품 전문 기업 ○○사는 '○○헬스'를 이번 달 22일 전국 매장에서 동시에 출시한다고 밝혔다. 식품의약품안전처의 인증을 받은 이 제품은 숙면에 도움을 줄 뿐만 아니라 피로 회복 효과도 있다.

성인 남녀를 대상으로 ○○헬스의 복용 결과를 분석한 보고서에 따르면 숙면을 취하는 시간이 늘어나는 효과가 있다고 한다. ㉢**이 효과는 감태 추출물 때문이다**. 또 ○○헬스에는 비타민 B도 함유되어 있어 ○○헬스 한 알을 복용하는 것만으로도 불면증 개선과 더불어 피로 회복 효과까지 기대할 수 있다. ㉣**그래서 ○○헬스는 바쁜 직장인과 학생들이 간편하게 섭취할 수 있는 건강 기능 식품이라고 할 수 있다**.

○○사 홍보 담당자는 "청소년부터 노년층까지의 모든 소비자들이 ○○헬스를 필수적인 식품으로 여기도록 홍보하겠다."라고 말했다. ㉤**더 나아가 ○○헬스는 인터넷 쇼핑몰을 통해 판매될 예정이므로, 곧 세계 여러 나라 사람들은 이를 복용할 수 있을 것이다**.

□□일보 김△△ 기자(kim@□□news.co.kr)

전체 댓글 2개 　최근 순
등록
↳ 하루 중 언제 먹는 게 가장 효과적인가요? 09:05
↳ 제가 요즘 불면증에 시달리고 있는데 정말 기대되네요! 08:01

혜정 샘 음성 지원

▶ 시에서 문제를 해결했던 방식과 같아. (가) 자료를 확인한 뒤 바로 (가)에 관련된 선지들의 적절성을 판단하고, (나) 자료를 확인한 뒤 바로 남아 있는 선지들 중 (나)에 관련된 선지들의 적절성을 판단하는 거야. 이쯤에서 답이 이미 나올 때도 많아. 마지막으로 (다) 자료를 확인한 뒤 남은 선지들 중 (다)에 관련된 선지들의 적절성을 판단하는 거야.

▶ <보기>는 광고 매체에 관련된 정보를 잘 정리해 준 자료야. 이와 관련지어 (가), (나), (다)를 이해해야겠지? 쌤은 이 문제도 10번과 마찬가지로 실시간으로 각 선지의 적절성을 판단해. (가) 자료 확인한 뒤 10번과 11번의 (가)와 관련된 선지들을 모두 판단해 버리고, (나) 자료 확인한 뒤 10번과 11번의 (나)와 관련된 선지들을 모두 판단~ 쭉 이런 식으로. (가), (나), (다) 순서대로 자료 읽고, 10번 푼 다음에, 11번 풀고, 마지막으로 12번 풀고. 이렇게 시험지에 나열돼 있는 순서대로 문제를 풀지 않아도 돼. 아니, 그렇게 풀면 안 돼. 우린 여기에서 정답률을 높이고, 시간은 단축해야 하니까.

오늘의 태그 문제

정답 54쪽

★10 문항 코드 | 22672-0282 정답률 84%

(가)~(다)에 대한 설명으로 가장 적절한 것은?

① (가)와 달리 (나)는 글자 크기의 차이가 드러나므로 제목과 구체적인 정보를 구분하여 내용을 전달할 수 있다. 가 나
② (나)와 달리 (가)는 문자 언어와 이모티콘이 함께 나타나므로 수용자의 생각을 효과적으로 표현할 수 있다. 가 나
③ (나)와 달리 (다)는 실시간으로 의견을 남길 수 있는 기능이 있으므로 수용자의 참여를 유도할 수 있다. 나 다
④ (다)와 달리 (가)는 동일한 이미지의 나열이 드러나므로 내용과 관련된 수용자의 가치 판단에 영향을 줄 수 있다. 가 다
⑤ (다)와 달리 (나)는 내용을 찾아볼 수 있는 기능이 있으므로 수용자에게 정보에 대한 선택적 접근의 기회를 제공할 수 있다. 나 다

★11 문항 코드 | 22672-0283 정답률 83%

〈보기〉를 읽은 학생이 (가)~(다)에 보인 반응으로 적절하지 않은 것은?

〈보기〉

광고는 대중을 설득하는 활동으로서, 목적에 따라 상품 판매의 촉진을 위한 상업 광고와 공익적 가치의 실현을 위한 공익 광고로 나눌 수 있다. 일반적으로 광고는 사실적인 정보와 주관적인 평가를 함께 활용하여 설득의 효과를 높이고자 한다. 그런데 최근 인터넷에서는 상품 판매의 촉진을 목적으로 한 기사문 형태의 광고가 증가하고 있다. 이러한 광고는 표제와 부제, 핵심 내용을 요약한 전문 등을 갖춰 일반적인 기사문과 유사한 형태를 보인다. 또한 기사문 형태의 광고는 언론사 명칭과 작성자 이름을 제시하여 내용의 신뢰성을 부각하고자 하는데, 이를 접한 대중들은 제시된 내용을 의심하지 않고 믿는 경향을 보이기 때문에 사회적으로 문제가 되기도 한다.

① (가)는 환경 문제의 대처와 관련된 가치의 실현을 위해 대중을 설득하고 있으므로 공익 광고에 속하겠군. YES NO
② (나)는 특정 제품의 기능을 제시하여 제품의 판매가 촉진되도록 대중을 설득하고 있으므로 상업 광고에 속하겠군. YES NO
③ (나)에서 특정 제품과 관련된 용어의 의미와 기능적 특징을 제시한 부분은 사실적인 정보와 주관적인 평가를 함께 활용한 것이겠군. YES NO
④ (다)에서 특정 언론사 명칭과 기사 작성자 이름이 제시된 부분을 보면 광고 내용의 신뢰성을 부각하려 했음을 알 수 있겠군. YES NO
⑤ (다)는 특정 제품의 출시 정보와 효능에 관한 내용을 표제와 부제, 전문의 형식을 갖춰 제시하고 있으므로 기사문 형태의 광고에 해당하겠군. YES NO

▶ 12번 문제는 매체 영역의 문법 문제라고 했지? 보조사, 수사, 의존 명사, 접속 부사, 대명사의 개념과 특징들 다 기억하고 있지? 품사 또한 정말 많이 출제되는 영역이라고 강조, 또 강조했어. ^^ 그리고 이 문제도 ㉠~㉤까지 판단의 범위가 딱 지정돼 있잖아. 실시간! 자료를 읽다가 ㉠이 나오면 바로 12번의 ① 번 선지 확인하는 거야. 결국 이 세트는 세 문제를 모두 실시간으로 바로바로 선지를 판단해야 돼. 처음에는 복잡하게 느껴질 수도 있지만, 익숙해져 봐. 웰컴 투 신세계. :) 정답 찾는 속도 실화입니까? 하게 될 거야. ㅎㅎ

★12 문항 코드 | 22672-0284 정답률 47%

㉠~㉤에 대해 이해한 내용으로 적절하지 않은 것은?

① ㉠: 보조사를 사용하여 '살릴'의 대상을 추가적으로 제시하고 있다. YES NO
② ㉡: 수사를 사용하여 서로 다른 대상의 '기능'을 제시하고 있다. YES NO
③ ㉢: 의존 명사를 사용하여 '감태 추출물'이 '효과'의 원인임을 드러내고 있다. YES NO
④ ㉣: 접속 부사를 사용하여 앞 문장과의 인과 관계를 드러내고 있다. YES NO
⑤ ㉤: 대명사를 사용하여 앞에서 언급한 '판매될' 제품을 지시하고 있다. YES NO

다섯 • (가)는 동아리 학생들이 휴대 전화 메신저로 나눈 대화이고, (나)는 (가)를 바탕으로 '채원'이 제작해 블로그에 올린 카드 뉴스의 초안이다. 물음에 답하시오. [13-15]

(2021학년도 10월 고3 전국연합학력평가)

(가)

동아리 대화방(4명)

채원 학교에서 준 가정 통신문 봤어? 음식물 쓰레기를 줄이자는 거 말이야.

준형 그거 잃어버렸어. 혹시 사진으로 찍어서 보내 줄 수 있어?

현진 이거 말하는 거지?

사진 파일 전송: ○○고 가정 통신문(3MB)

채원 응. 음식물 쓰레기 처리에 이렇게 많은 비용이 드는 줄 몰랐어.

수예 그래. 나도 그거 보고 음식물 쓰레기의 양이 증가하는 문제가 심각하다고 생각했어.ㅠㅠ

준형 이전에 내가 보낸 영상 봤니? 음식물 쓰레기 발생량과 그에 따른 사회적 비용에 대한 내용이야. 못 본 사람은 꼭 봐. 여기 주소 눌러 봐. http://www.△△△.kr

수예 나는 이미 봤는데 애니메이션이라 재미있더라.

현진 나도 지금 보내 준 주소로 들어가서 봤어. 짧지만 강렬하군!

준형 난 영상을 보면서 우리 학교 음식물 쓰레기 문제가 떠올랐어.

채원 그래서 말인데, 이에 관한 카드 뉴스를 제작해 학교 누리 소통망에 올리자!

수예 좋아. ㉠카드 뉴스는 사진, 이미지 등을 비중 있게 사용하여 정보의 전달력을 높인 뉴스니까, 그 특성에 맞게 구성해야겠네.

현진 핵심 내용을 간단한 문구로 제시하고 다양한 이미지를 적절히 배치해야지.

채원 ㉡카드 뉴스를 볼 사람들의 관심을 유도할 수 있는 방안도 필요해.

준형 그리고 ㉢우리 학교 학생들이 주로 볼 거니까, 학교생활과 관련된 내용을 다루면 좋을 것 같아.

채원 좋아. 내가 카드 뉴스 초안 만들어서 동아리 블로그에 올릴게. 보고 댓글로 의견 줘.

(나)

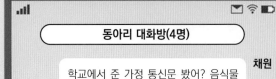

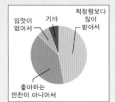

	우리 학교 급식의 실태는?
 1/6	 급식을 남기는 이유는 다양하게 나타났다. 2/6
우리 학교 급식 잔반 처리 비용은? 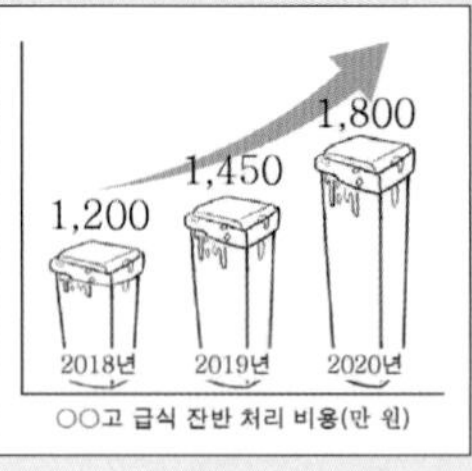 3/6	우리 학교 급식 잔반을 30%만 줄여도?  ○○고 영양사 "잔반을 30%만 줄여도 연 500만 원 이상을 절감할 수 있어요." 4/6
급식 잔반을 줄이는 방안은?  딱 먹을 만큼만 받기! 편식하지 말고 골고루 먹기! 5/6	 6/6

혜정 샘 음성 지원

오늘의 태그 문제

정답 55쪽

▶ 선지의 적절성을 판단해야 하는 근거 범위가 명확하게 지정돼 있지? 한 사람이 여러 번 말하고 있으니까 놓치는 부분 없도록 꼼꼼히 확인하자.

★13 문항 코드 | 22672-0285 정답률 96%

(가)의 대화에 대한 설명으로 가장 적절한 것은?

① '현진'은 자신이 직접 생산한 문서 파일을 다른 대화 참여자들에게 전달하고 있다. YES NO
② '수예'는 매체 자료의 성격을 고려하여 매체 자료의 전달 효과를 부정적으로 평가하고 있다. YES NO
③ '준형'은 하이퍼링크를 활용하여 대화 내용과 관련된 자료를 다른 대화 참여자들에게 제공하고 있다. YES NO
④ '채원'은 카드 뉴스의 제작을 제안하며 매체가 가지는 정보 전달의 파급력을 밝히고 있다. YES NO
⑤ '채원'과 '수예'는 그림말을 활용하여 상대방의 말에 대한 공감을 드러내고 있다. YES NO

▶ 선지에서 언급하고 있는 제작 계획의 효과가 ㉠~㉢의 조건을 충족할 수 있는지 판단할 수 있어야 돼.

★14 문항 코드 | 22672-0286 정답률 95%

'채원'이 ㉠~㉢을 고려하여 세운 제작 계획 중 (나)에 반영되지 않은 것은?

① ㉠을 고려하여, 학생들이 선호하지 않는 급식 메뉴의 종류를 사진으로 제시해야겠어. YES NO
② ㉠을 고려하여, 변화의 추이를 한눈에 파악할 수 있는 이미지를 사용해 정보의 전달력을 높여야겠어. YES NO
③ ㉡을 고려하여, 이미지를 결합한 글자를 사용해 카드 내용에 대한 독자의 흥미를 끌어야겠어 YES NO.
④ ㉢을 고려하여, 우리 학교의 급식 잔반 처리에 들어가는 비용을 자료로 제시해야겠어. YES NO
⑤ ㉢을 고려하여, 잔반을 줄였을 때의 혜택이 우리 학교 학생들에게 돌아간다는 점을 부각해야겠어. YES NO

▶ 사실 14번과 15번의 문제 접근 방식은 비슷해. 14번은 제작 계획과 관련된 문제이고, 15번은 수정 계획과 관련된 문제라고 생각할 수 있어. 두 문제 모두 조건이라고 볼 수 있는 계획의 핵심 요소를 파악한 뒤, 그것이 잘 반영되었는지의 여부를 판단할 수 있어야 돼. 이 문제는 먼저 댓글에서 다섯 개의 수정 계획을 파악한 다음, 그것들이 (나)에 잘 반영되었는지를 하나하나 체크하면 되는 거야.

★15 문항 코드 | 22672-0287 정답률 94%

다음은 (나)에 달린 '댓글'이다. 다음을 바탕으로 (나)를 수정한 내용으로 적절하지 않은 것은?

> **현진**: 두 번째 카드의 제목은 수정하는 게 좋을 것 같아.
> ↳ **준형**: 맞아. 제목이 내용과 어울리지 않아. 그리고 그래프에 조사 대상의 인원과 각 항목에 응답한 학생들의 비율도 밝혀 주자.
> ↳ **현진**: 그래프에서 특별히 강조할 내용은 따로 정리해 주자.
> **수예**: 고생 많았어. 그런데 네 번째 카드의 삽화는 내용이 잘 드러날 수 있도록 바꾸는 게 좋지 않을까?
> ↳ **현진**: 그게 좋겠다. 그리고 잔반 줄이기를 통해 큰 효과를 거둔 다른 학교의 사례를 제시하면 설득력을 높일 수 있을 거야.

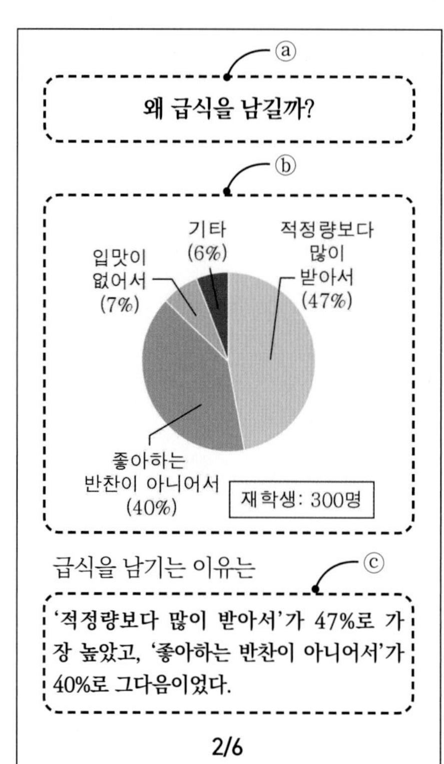

① ⓐ YES NO ② ⓑ YES NO ③ ⓒ YES NO ④ ⓓ YES NO ⑤ ⓔ YES NO

여섯 • (가)는 텔레비전 방송 뉴스이고, (나)는 신문 기사이다. 물음에 답하시오. [16~18] 〔2021학년도 10월 고3 전국연합학력평가〕

(가)

장면	내용
[장면 1] 포털의 '검색어 제안 기능', 의심 사례 제보 급증	**진행자**: 포털 사이트에서 정보를 검색하는 경우 많으시죠? 국내 유명 포털 사이트에서 제공하는 검색어 제안 기능이 본래 목적대로 이용되고 있지 않다는 제보가 최근 급증하고 있습니다. ㉠이 소식을 유□□ 기자가 전해 드립니다.
[장면 2]  	**기자**: 검색어 제안 기능은 전체 이용자의 검색 횟수를 기반으로 한 알고리즘에 바탕을 두고 있습니다. 그런데 이 점을 악용하는 사례가 있다고 합니다. ㉡어떤 방식인지 알아보겠습니다.
[장면 3]  	**IT 전문가**: 이렇게 검색창에서 특정 단어를 검색한 후 특정 업체명을 검색하겠습니다. 이 작업을 수천 회 반복하면 특정 단어를 검색할 때 특정 업체가 검색어로 제안될 수 있습니다.
[장면 4] 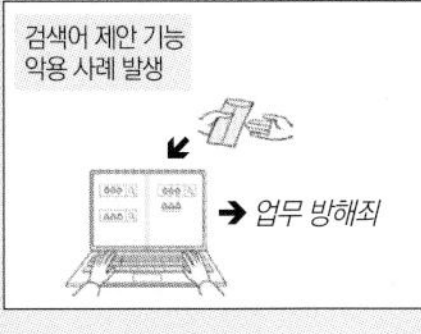 	**기자**: 검색어 제안 기능은 이용자에게 편의를 제공하기 위한 포털 사이트의 서비스입니다. 하지만 최근 대가를 받고 검색어 제안 기능에 특정 업체명이 제시되도록 하여 업무 방해죄로 처벌받은 경우도 있었습니다.
[장면 5]  	**포털 사이트 관계자**: 비정상적 방법에 의해 검색어가 제안되는 경우가 발생하지만, 차단 시스템을 주기적으로 업그레이드하여 해당 결과를 제외하고 있습니다.
[장면 6] 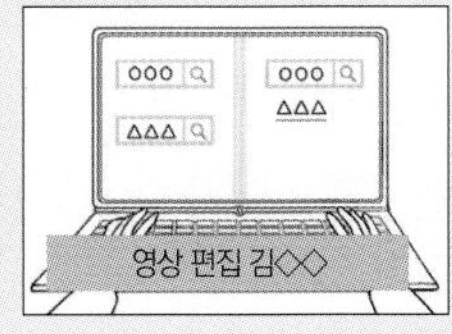 	**기자**: 검색어 제안 기능이 본래 목적대로 운영되지 못하고 상업적인 목적으로 악용되고 있는 사례가 발생하고 있습니다. ㉢이용자들의 주의가 필요한 때입니다.

(나)

6면 2021년 ×월 ×일 화요일 | **사회** | 제 1210호 ☆☆신문

'검색어 제안 기능'에 대한 토론회 열려
규제 강화에 대한 입장 차이 확인

최근 포털 사이트의 '검색어 제안 기능'에 대한 사회적 논의가 필요하다는 목소리가 높다. 지난 9일 ◎◎기관의 주관으로 검색어 제안 기능에 대한 토론회가 열렸다.

토론회에 참여한 언론 정보 전문가는 검색어 제안 기능을 통해 이용자가 편리하게 자신이 원하는 정보에 접근할 수 있으므로 규제를 최소화해야 한다는 입장을 보였다. 법에 저촉되지 않는다면, 검색어 제안 기능의 운영은 그 주체인 포털 사이트가 자율적으로 결정할 수 있는 영역이라고 보았다.

한편 시민 단체 대표는 최근 부정한 방법에 의해 검색어가 제안됨으로써 이용자들이 피해를 입는 사례가 빈번하게 발생하고 있어 검색어 제안 기능에 대해 규제를 강화해야 한다는 입장을 보였다. ㉣또한 선량한 이용자가 입을 수 있는 피해를 예방할 필요가 있다고 말했다.

㉤토론회를 방청한 한 시민은 "자율성과 공익적 가치가 균형과 조화를 이룰 수 있도록 다양한 목소리가 고려되면 좋겠습니다."라고 의견을 밝혔다.

윤○○ 기자 oooo@OOO.co.kr

혜정 샘 음성 지원

▶ 이제 알지? [장면 1] 확인한 다음에 바로 ①번 선지 판단~ 실시간으로 바로바로 선지들을 판단해 버리는 방법으로 문제를 해결한다!

오늘의 태그 문제

정답 55쪽

★16 문항 코드 | 22672-0288 정답률 94%

(가)에 사용된 정보 제시 전략으로 적절하지 않은 것은?

① [장면 1]에서는 뉴스 수용자가 보도의 핵심 내용을 알 수 있도록, 화면의 하단에 자막으로 보도 내용의 요점을 제시한다. YES NO

② [장면 2]부터 [장면 5]까지는 뉴스 수용자가 중간부터 뉴스를 시청하더라도 보도 내용을 짐작할 수 있도록, 화면 상단 한쪽에 핵심 어구를 고정하여 제시한다. YES NO

③ [장면 3]에서는 뉴스 수용자의 이해를 도울 수 있도록, 검색어 제안 기능의 악용 사례를 전문가의 시연을 통해 보여 준다. YES NO

④ [장면 4]에서는 보도 내용에서 제시하는 사건의 흐름을 쉽게 파악할 수 있도록, 방향을 나타내는 기호를 활용하여 화면을 구성한다. YES NO

⑤ [장면 6]에서는 보도 내용에서 다룬 다양한 정보를 뉴스 수용자가 효과적으로 취사선택할 수 있도록, 보도 내용들을 요약한 화면을 보여 주며 마무리한다. YES NO

▶ 대용 표현, 미래 시제, 청유형 문장, 접속 표현, 인용 표현. 전부 언어(문법) 시간에 배운 개념들이야. ㉠~㉤이 눈에 보이는 족족 바로바로 그것과 관련된 선지를 읽고 YES NO로 판단해 버리는 거야. 16번도, 17번도 실시간으로 선지들을 판단해야 하는 문제야.

★17 문항 코드 | 22672-0289 정답률 87%

(가)와 (나)의 언어적 특성을 고려할 때, ㉠~㉤에 대한 설명으로 가장 적절한 것은?

① ㉠: 대용 표현을 사용하여 문제의 해결 가능성을 압축적으로 설명하고 있다. YES NO

② ㉡: 미래 시제를 나타내는 표현을 사용하여 기대 효과를 제시하고 있다. YES NO

③ ㉢: 청유형 문장을 사용하여 보도 내용과 관련한 수용자의 행동 변화를 유도하고 있다. YES NO

④ ㉣: 접속 표현을 사용하여 기사 내용의 흐름을 전환하고 있다. YES NO

⑤ ㉤: 인용 표현을 사용하여 토론회에 다녀온 시민의 견해를 직접 제시하고 있다. YES NO

▶ '시의성'이란 단어가 좀 생소하지? 시의성(時때 시, 宜마땅할 의, 性성품 성)이란 그 당시의 사정이나, 사회의 요구에 알맞은 성질을 의미해. 이 기회에 잘 알아 두자. 이 문제처럼 기출문제들의 <보기>에는 중요한 개념들이 잘 정리돼 있는 경우가 많아. 대충 읽어 넘기지 말고, 문제를 다 푼 뒤에 꼼꼼히 다시 읽으면서 해당 매체의 특징들을 잘 이해해 놓자.

이 문제도 실시간으로 판단할 수 있는 패턴의 문제야. 어떻게 접근하면 되겠어? 먼저, <보기>를 통해 매체의 성격을 잘 이해한 뒤, (가)를 읽고 ①, ②, ⑤번 선지에서 (가)와 관련된 내용들의 적절성을 판단하고, (나)를 확인한 다음에 ③, ④, ⑤번 선지에서 (나)와 관련된 내용들의 적절성을 판단하면 되는 거야. :)

매체 영역의 연습이 벌써 끝나 버렸어. 워크북에서의 연습은 끝났지만, 알게 된 문제 패턴과 문제 접근 방법으로 연계 교재의 매체 파트 문제들에 적용 연습, 꼭 하는 거다! :)

★18 문항 코드 | 22672-0290 정답률 89%

〈보기〉를 바탕으로 (가)와 (나)에 대해 보인 반응으로 적절하지 않은 것은?

〈보기〉

뉴스 생산자는 여러 가지 정보 가운데서 수용자가 관심을 가질 만한 시의성 있는 정보를 선택한다. 그리고 뉴스 수용자가 문제 상황에 관심을 지니고 공감할 수 있도록 유도하고, 공공의 이익을 증진할 수 있는 방안을 제시하는 방향으로 뉴스를 구성한다. 그 과정에서 대중이 신뢰할 수 있는 출처에서 나온 정보를 활용한다. 또한 뉴스 생산자는 쟁점이 되는 화제를 다룰 때 공정성 있는 태도를 지닐 필요가 있다.

① (가)에서 뉴스 생산자가 화제와 관련된 전문가의 말을 제시했다는 점에서 정보의 신뢰성을 확인할 수 있겠군. YES NO
② (가)에서 뉴스 생산자가 보도를 시작하며 수용자의 경험을 환기했다는 점에서 수용자의 관심을 유도했다는 것을 확인할 수 있겠군. YES NO
③ (나)에서 뉴스 생산자가 특정 사안에 대해 대립하는 입장을 모두 보도했다는 점에서 기사의 공정성을 확인할 수 있겠군. YES NO
④ (나)에서 뉴스 생산자가 공공의 이익을 증진할 수 있는 방안을 직접 제안했다는 점에서 기사의 공공성을 확인할 수 있겠군. YES NO
⑤ (가)와 (나) 모두에서 뉴스 생산자가 최근 발생한 사건과 관련된 소식을 전달했다는 점에서 정보의 시의성을 확인할 수 있겠군. YES NO

37 화법 1

개념 태그 #화법은 개념보단 패턴 #기출문제 분석이 제1의 기본 #화법 문제 패턴 및 접근법 #문제 풀이 전략으로 시간 단축

▶▶▶ 기억 안 나면? 개념의 나비효과 2권 216쪽으로!

화법과 작문을 선택한 제자들, 반가워~! 네가 화법과 작문을 선택했다는 것은,
첫째, 난 화법과 작문이 너어~무 좋아. 어떻게 화법과 작문을 선택하지 않을 수가 있어? 이런 경우.
둘째, 난 언어(문법)는 자신 없어. 느므 싫어. 어떻게 언어와 매체를 선택할 수가 있어? 이런 경우.
아마도 둘째의 경우와 비슷하지 않을까 싶다? ㅎㅎ 이유야 어떻든 화법과 작문을 선택한 이상, 단 한 문제도 틀리지 않는다. 그리고 겁나게(?) 빨리 풀어서 독서 영역의 고난도 지문을 읽는 데에 보탤 시간을 확보한다. 알았지? 그게 목표야. 다 맞아야 하는 거야. 싹 다. 그러려면 문제 풀이 접근법을 완벽하게 내 것으로 체화해야 돼. 체화는 연습으로 만들어지는 거야. 화법과 작문은 기출문제도 쌓여 있으니, 자, 시작하자.

하나 · **다음은 '교내 연설 대회'에 참가한 학생의 연설이다. 물음에 답하시오. [1~3]** (2021학년도 6월 대학수학능력시험 모의평가)

여러분, 환경의 날 행사 때 교내 방송으로 시청했던 영상을 잠시 떠올려 봅시다. 작은 빙하에 의지한 채 바다를 부유하던 북극곰의 눈물을 보며 모두들 가슴 아파하지 않으셨습니까? 그 눈물은 이산화 탄소에 의한 지구 온난화가 빚어낸 비극입니다. 이와 관련하여 저는 연안 생태계의 가치와 보호에 대한 관심을 촉구하고자 합니다.

2019년 통계에 따르면 우리나라의 이산화 탄소 배출량은 세계 11위에 해당하는 높은 수준입니다. 그동안 우리나라는 이산화 탄소 배출을 줄이려 노력하고, 대기 중 이산화 탄소 흡수를 위한 산림 조성에 힘써 왔습니다. 그런데 우리가 놓치고 있는 이산화 탄소 흡수원이 있습니다. 바로 연안 생태계입니다.

연안 생태계는 대기 중 이산화 탄소 흡수에 탁월합니다. 물론 연안 생태계가 이산화 탄소를 얼마나 흡수할 수 있겠냐고 말하는 분도 계실 것입니다. 하지만 연안 생태계를 구성하는 갯벌과 염습지의 염생 식물, 식물성 플랑크톤 등은 광합성을 통해 대기 중 이산화 탄소를 흡수하는데, 산림보다 이산화 탄소 흡수 능력이 뛰어납니다. 2018년 정부 통계에 따르면, 우리 연안 생태계 중 갯벌의 면적은 산림의 약 4%에 불과하지만 연간 이산화 탄소 흡수량은 산림의 약 37%이며 흡수 속도는 수십 배에 달합니다.

또한 연안 생태계는 탄소의 저장에도 효과적입니다. 연안의 염생 식물과 식물성 플랑크톤은 이산화 탄소를 흡수하여 갯벌과 염습지에 탄소를 저장하는데 이 탄소를 블루카본이라 합니다. 산림은 탄소를 수백 년간 저장할 수 있지만 연안은 블루카본을 수천 년간 저장할 수 있습니다. 연안 생태계가 훼손되면 블루카본이 공기 중에 노출되어 이산화 탄소 등이 대기 중으로 방출됩니다. 그러므로 블루카본이 온전히 저장되어 있도록 연안 생태계를 보호해야 합니다.

㉠지금 우리가 연안 생태계로 눈을 돌리지 않으면 북극곰의 눈물은 우리의 눈물이 될 것입니다. 건강한 지구를 후손에게 물려주기 위해 일회용품 줄이기, 나무 한 그루 심기와 함께 이산화 탄소의 흡수원이자 저장고인 지구의 보물, 연안 생태계를 보호하고 그 가치를 알리는 데 동참합시다.

혜정 샘 음성 지원

▶ 이건 말하기 방식을 묻는 문제잖아. 진짜 돌고 돌아 줘서 너~무 고마운 선지들이야. 지문 읽기 전에 선지부터 본다. '청유의 문장', '통계 자료', '예상되는 반론', '청중과 공유하는 경험', '비유적 표현'. 기출문제를 분석해 본 자만이 느낄 수 있는 이 반가움! 이렇게 자주 나오는 선지의 표현들을 미리 확인하고, 연설 지문을 읽으면서 미리 확인한 이런 표현들이 등장하면 그때 바로바로 그와 관련된 선지를 YES NO로 판단하는 거야. 연습해 봐.

▶ 뭐 포스터 나오고, 그림 자료도 좀 있고 '염생 식물'이라 하고 'CO_2' 이런 거 나오니까 살짝 과학 삘 나서 왠지 쫄리기도(?) 하고, 여기서 그러면 안 된다, 얘들아. 이건 화법이야. ㅎㅎ 문제를 봐. '위 연설을 바탕'으로 한 '연설 홍보 포스터'래. 이건 그냥 아~주 난도가 낮은 독서(비문학)의 내용 일치 문제인 거야. 요즘 너희가 푸는 독서(비문학) 지문의 난도를 생각해 보렴. 이건 뭐, 귀여운 수준 아니겠니? 이런 문제는 틀릴 수가 없는 거지.

오늘의 태그 문제

정답 56쪽

★**01** 문항 코드 | 22672-0291 정답률 62%

위 연설자의 말하기 방법으로 적절하지 않은 것은?

① 청유의 문장을 사용하여 주장이 야기한 논란을 해소한다. YES NO
② 통계 자료를 근거로 활용하여 주장의 신뢰성을 강화한다. YES NO
③ 예상되는 반론을 언급하여 특정 대상의 가치를 강조한다. YES NO
④ 청중과 공유하는 경험을 들어 상황의 심각성을 인식시킨다. YES NO
⑤ 비유적 표현을 활용하여 문제 해결에 동참할 것을 촉구한다. YES NO

★**02** 문항 코드 | 22672-0292 정답률 79%

다음은 위 연설자가 자신의 연설을 홍보하기 위해 작성한 포스터이다. 위 연설을 바탕으로 할 때 적절하지 않은 것은?

○○고등학교 교내 연설 대회
지구 온난화 대응의 새로운 접근, 연안 생태계!

연설자:△△△

◦연설 관련 그림 자료

〈연안 생태계〉

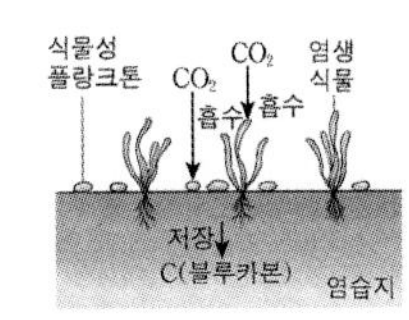

연안의 염생 식물과 식물성 플랑크톤은 광합성을 통해 대기 중의 이산화 탄소를 흡수하여 갯벌과 염습지에 탄소를 저장함. ······ ① YES NO

◦연설 내용

- 우리나라는 이산화 탄소 배출량 순위가 높은 편이며 대기 중 이산화 탄소를 줄이고자 노력해 왔음. ······ ② YES NO
- 연안 생태계는 대기 중 이산화 탄소 감축 효과가 있으며 산림보다 이산화 탄소 흡수 능력이 우수함. ······ ③ YES NO
- 연안 생태계가 훼손되면 블루카본이 공기 중에 노출되어 문제가 발생함. ······ ④ YES NO
- 대기 중 이산화 탄소 감축을 위한 기존의 방법을 연안 생태계 보호가 대체할 수 있음. ······ ⑤ YES NO

▶ 문학적 표현! 북극곰의 눈물이 우리의 눈물이 될 거래. 어떻게 하지 않으면? 지금 우리가 연안 생태계로 눈을 돌리지 않으면. 이 포인트를 살려서 친구들을 설득할 말로 가장 적절한 것을 골라야 하는 거야.

★**03** 문항 코드 | 22672-0293 정답률 83%

위 연설을 듣고 그 취지에 공감한 학생이 ㉠에 주목하여 친구들을 설득할 말로 가장 적절한 것은?

① 연안 생태계의 복구에 무심했던 나를 반성했어. 일회용품 사용을 자제하여 연안 생태계를 되살리자. YES NO

② 블루카본이 지구 온난화의 원인임을 알았어. 북극곰을 위해 연안 생태계 보호의 중요성을 홍보하자. YES NO

③ 북극곰의 모습에서 우리의 미래를 보는 것 같았어. 북극곰을 살리기 위해 산림 조성이 시급함을 알리자. YES NO

④ 우리도 북극곰처럼 위기에 처할 수 있어. 이제 연안 생태계의 가치를 알고 이를 보호하기 위해 관심을 갖자. YES NO

⑤ 북극곰과 공생하려면 나무 한 그루가 의미 있다는 것을 알았어. 이산화 탄소를 줄이기 위해 작은 일부터 실천하자. YES NO

둘 • **다음은 학생이 수업 시간에 한 발표이다. 물음에 답하시오. [4-6]** (2021학년도 9월 대학수학능력시험 모의평가)

떫은맛이 어떤 느낌인지 모르는 사람은 없을 것입니다. 그런데 그 맛이 어떻게 해서 느껴지는지, 떫은맛이 나는 식품이 몸에 어떤 영향을 주는지에 대해서는 잘 모르는 것 같습니다. 그래서 여러분에게 떫은맛에 대해 알려 드리려고 합니다.

과학 시간에 단맛, 짠맛, 신맛 등과 같은 기본적인 맛이 혀의 미각 세포를 통해 느껴진다고 배운 적이 있는데, 기억하시나요? (대답을 듣고) 다들 잘 알고 있네요. 그런데 떫은맛은 입속 점막과 같은 피부 조직이 자극을 받아 느껴지는 촉각에 해당해요. 떫은맛을 내는 성분은 입안에서 혀 점막의 단백질과 결합합니다. 그 과정에서 만들어진 물질이 혀의 점막을 자극하죠. 이 자극 때문에 우리는 입안이 텁텁하다고 느낍니다. 그 텁텁한 느낌을 떫은맛이라고 하는 거죠.

(사진을 보여 주며) 이것은 감의 단면입니다. 과육 사이에 보이는 작고 검은 점들을 본 적이 있으시죠? (대답을 듣고) 네, 다들 본 적이 있는 이 점들이 떫은맛을 내는 성분 중의 하나인 타닌입니다. 덜 익은 감의 타닌은 침에 녹는 성질이 있어 떫은맛을 느끼게 해요. 하지만 감이 익어 가면서 타닌이 침에 녹지 않는 성질로 변하기 때문에 잘 익은 감에서는 떫은맛이 느껴지지 않습니다.

떫은맛이 나는 식품을 적당히 먹으면 건강에 도움이 됩니다. ○○연구소의 연구에 따르면, 떫은맛을 내는 타닌이 들어 있는 감과 녹차는 당뇨와 고혈압 등을 개선하는 기능이 있다고 합니다. 다만 떫은맛이 나는 식품을 많이 섭취하면 입이 마르고, 대장에서 수분 흡수율이 지나치게 높아져서 속이 불편할 수 있으니 적당히 섭취하는 게 좋습니다.

떫은맛을 꺼리는 사람도 있지만 떫은맛은 다른 맛과 혼합돼 독특한 풍미를 형성하기도 합니다. 그 풍미 때문에 녹차나 홍차를 즐기는 사람도 많은데요, 발표를 준비하면서 우리 주변에 떫은맛이 나는 식품이 많다는 것을 알게 되었습니다. 떫은맛이 나는 식품에는 무엇이 더 있는지 여러분도 찾아보면 어떨까요? 이상으로 발표를 마치겠습니다.

혜정 샘 음성 지원

▶ 쌤이 1번 문제 얘기하면서 이 패턴 문제 정말 베리 땡쓰라고 했지? 이렇게 계속 나와 주니, 정말 고맙지. 뭐부터 보라고? 선지. '개념 정의 후 화제 제시', '요청에 따라 추가 설명', '중간중간에 주의점 안내', '청중의 경험 환기', '청중의 반응 확인', '이해 여부 확인용 질문하며 마무~리'. 정말 공식이 따로 없다. ①번은 화제 제시 전에 개념 정의니까 1문단쯤 봐 주고, 추가 설명한다고 했으니까 마지막 문단쯤 봐 주고, 중간중간이라고 했으니까 말 그대로 중간중간에 주의점 안내하는지 봐 주고, 청중 반응 확인한다고 했으니까 청중한테 질문 같은 거 던지는지 봐 주고, 이해 여부 확인하는 질문을 하면서 마무리한다고 했으니까 이것도 마지막 문단쯤 봐 주면 되는 것.

오늘의 태그 문제

정답 56쪽

★**04** 문항 코드 | 22672-0294 정답률 85%

위 발표에 대한 설명으로 가장 적절한 것은?

① 발표에 사용할 용어의 개념을 정의한 후 화제를 제시하고 있다. YES NO
② 청중의 요청에 따라 발표 내용에 대한 정보를 추가하여 설명하고 있다. YES NO
③ 발표 중간중간에 청중이 발표를 들으면서 주의해야 할 점을 안내하고 있다. YES NO
④ 발표 내용과 관련된 청중의 경험을 환기하며 청중의 반응을 확인하고 있다. YES NO
⑤ 발표 내용에 대한 청중의 이해 여부를 확인하는 질문을 하며 발표를 마무리하고 있다. YES NO

▶ 사실 시간이 부족할 때는 '발표 계획'을 더 주목해서 봐야 하는 거야. 5번도 4번과 접근법이 아주 유사해. 먼저 선지부터 확인. '발표의 목적', '감각의 차이', '떫은맛 느껴지는 과정', '시각 자료', '연구 결과 인용', '식품의 예'. 선지의 포인트가 보이는가? 포인트 찾았으면 빠르게 근거 확인, 발표 목표를 상식적으로 언제 말하겠니? 그렇지, 처음에. 그러니까 첫 문단쯤에서 발표 목표 밝히는지 확인해 주고. 이거 독서에서 쌤이 엄청 강조한 거다. '차이점', '과정'의 정보가 있는지 확인하고. 시각 자료는 괄호로 제시될 때가 많으니 눈에 잘 띌 거야. 안 보고 싶어도 보임. (사진을 보여 주며) ㅎㅎ 연구 결과를 인용하는지, 사례를 드는지 빠르게 확인해야 돼. 여기서의 주의점은 계획의 대상도 체크해야 한다는 거야. 사진을 보여 주긴 보여 주는데, 떫은맛을 내는 다양한 성분을 분석한 사진이 아니라 떫은맛을 처음 느껴 본 아기의 사진, 막 이런 걸 제시하면 그건 아닌 거잖아~. 선지의 핵심어로 체크 포인트는 잡되, 구체적인 내용도 놓치면 안 되는 거야.

★**05** 문항 코드 | 22672-0295 정답률 82%

다음은 발표를 하기 위해 작성한 메모와 발표 계획이다. 발표 내용에 반영되지 않은 것은?

	메모		발표 계획	
①	청중은 떫은맛의 느낌은 알지만 떫은맛과 관련된 지식은 부족할 것임.	→	떫은맛에 대한 정보를 제공하는 것이 발표의 목적임을 밝혀야지.	YES NO
②	청중은 기본적인 맛은 미각 세포를 통해 느낀다는 것을 배운 적이 있음.	→	기본적인 맛과 떫은맛이 느껴지는 감각의 차이를 언급하며 떫은맛이 느껴지는 과정을 설명해야지.	YES NO
③	감의 타닌(과육의 검은 점)이 떫은맛을 냄.	→	떫은맛을 내는 다양한 성분을 분석한 시각 자료를 보여 줘야지.	YES NO
④	떫은맛이 나는 식품이 건강에 도움을 줌.	→	떫은맛이 나는 식품의 효능과 관련된 연구 결과를 인용해야지.	YES NO
⑤	떫은맛이 나는 식품은 여러 가지가 있음.	→	떫은맛이 포함되어 풍미를 느낄 수 있는 식품의 예를 언급해야지.	YES NO

▶ <보기>의 '학생 1'의 말을 읽은 뒤 ①, ④번 선지 판단, '학생 2'의 말을 읽은 후에는 ②, ④, ⑤번 선지 판단, '학생3'의 말을 읽고서는 ③, ⑤번 선지 판단. 물론 이미 앞에서 적절하지 않다고 판단한 선지는 다시 안 봐도 돼. 그래야 시간이 더 단축되지. 일일이 하나하나 다 봐야 안 불안하다고? 근거가 분명한 판단은 불안감을 안 줘. '1+1'을 '2'라고 했는데, 왜 불안해. 수학만 분명한 근거가 있는 게 아니라 국어도 분명한 근거가 있어. 내 판단을 내가 가장 신뢰할 수 있는 '근거 있는 자신감'은 뿌리가 튼튼한 실력에서 나와. 그런 건 시험 난도가 높다고, 컨디션이 안 좋다고 줄어드는 게 아니야. 감(感느낌 감)을 유지하는 공부에서 얻어진 느낌 따위와 비교가 되는 게 아니라고.

★06 문항 코드 | 22672-0296 정답률 92%

〈보기〉는 위 발표를 들은 학생들의 반응이다. 발표의 내용을 고려하여 학생의 반응을 이해한 내용으로 가장 적절한 것은?

〈보기〉

학생 1: 녹차에 타닌이 들어 있다는 사실을 처음 알았어. 녹차의 떫은맛이 물에 우려내는 정도에 따라 달라지는 걸로 봐서 녹차의 타닌은 물에 녹는 성질을 가지고 있겠군.

학생 2: 떫은맛에 대해 관심이 없었는데 쉽게 접하는 과일인 감과 연결해서 설명하니 떫은맛에 관심이 생겼어. 떫은맛이 나는 건 먹어서 좋을 게 없다고 생각했는데 그렇지 않네. 몸에 좋다니 앞으로 적당히 먹어 봐야겠어.

학생 3: 감의 검은 점이 단맛을 내는 것이라고 생각했는데 떫은맛을 내는 성분이었구나. 감이 익어 가면서 그 성분의 성질이 변한다는 점이 흥미로웠어.

① '학생 1'은 발표 내용과 자신이 알고 있던 사실을 비교하며 발표에서 제시한 정보의 문제점을 지적하고 있다. 1

② '학생 2'는 발표자가 청중에게 익숙한 사물을 소재로 제시한 것에 대해 그 이유를 궁금해하고 있다. 2

③ '학생 3'은 발표에서 새롭게 알게 된 사실에 대해 추가적인 정보가 필요하다고 판단하고 있다. 3

④ '학생 1'과 '학생 2'는 모두, 발표에서 직접적으로 언급하지 않은 내용을 추론하고 있다. 1 2

⑤ '학생 2'와 '학생 3'은 모두, 발표에서 새롭게 알게 된 정보를 통해 자신이 평소 생각하던 바를 수정하고 있다. 2 3

셋 • 다음은 강연의 일부이다. 물음에 답하시오. [7-9] (2020학년도 4월 고3 전국연합학력평가)

안녕하세요. 강연을 맡은 약사 ○○○입니다. 저는 오늘 약에 대해 설명하려고 하는데요, 혹시 여러분이 아플 때 먹었던 약은 주로 어떤 형태였나요? (대답을 듣고) 네, 약의 형태가 다양하죠? 일반적으로 약의 형태를 제형이라고 합니다. 이렇게 약을 다양한 제형으로 만드는 것은 각각의 제형에 따라 특성이 다르기 때문입니다. 오늘은 먹는 약인 내복약을 제형에 따라 분류하여 종류와 특징, 그리고 복용 시 주의점에 대해 알려 드리겠습니다.

(화면에 사진을 보여 주며) 여기 보시는 것처럼 내복약에는 대표적으로 산제, 액제, 캡슐제, 정제가 있습니다. 산제는 분말이나 아주 작은 알갱이 형태의 가루로 된 약이고, 액제는 액체 형태의 약입니다. 캡슐제는 약물을 캡슐에 넣은 형태의 약이고, 정제는 우리가 흔히 알약이라고 부르는데 약물을 압축해서 일정한 형태로 만든 것입니다.

그럼 이제부터 제형에 따른 특징과 복용 시 주의점을 알아보겠습니다. 먼저 산제나 액제는 복용해야 하는 용량에 맞게 미세하게 조절이 가능합니다. 그리고 정제나 캡슐제에 비해 노인이나 소아가 약을 삼키기 쉽고 약효도 빠르게 나타납니다. 하지만 이 둘은 정제에 비해 변질되기 쉬우므로 특히 보관에 주의해야 하고 복용 전 변질 여부를 잘 확인해야 합니다. 캡슐제는 캡슐로 약물을 감싸서 자극이 강한 약물을 복용할 때 생기는 불편을 줄일 수 있고, 정제로 만들면 약효가 떨어질 수 있는 경우에 사용되어 약효를 유지할 수 있습니다. 하지만 캡슐제는 캡슐이 목구멍이나 식도에 달라붙을 수 있기 때문에 충분한 양의 물과 함께 복용해야 합니다.

그리고 정제는 일정한 형태로 압축되어 있어 산제나 액제에 비해 보관이 간편하고 정량을 복용하기 쉽습니다. 이러한 정제는 약물의 성분이 빠르게 방출되는 속방정과 서서히 지속적으로 방출되는 서방정으로 구분할 수 있습니다. 서방정은 오랜 시간 일정하게 약의 효과를 유지할 수 있어 복용 횟수를 줄일 수 있습니다. 그런데 서방정은 함부로 쪼개거나 씹어서 먹으면 안 됩니다. 왜냐하면 약물의 방출 속도가 달라져 부작용의 위험이 커질 수 있기 때문입니다.

오늘 강연 내용은 유익하셨나요? 이번 강연이 약에 대한 이해를 높일 수 있는 계기가 되었으면 합니다. 또한 약과 관련해 더 궁금한 내용이 있다면 '온라인 의약 도서관'을 통해 찾아보실 수 있습니다. 마지막으로 상세한 복약 정보는 꼭 의사나 약사에게 확인하시기 바랍니다. 경청해 주셔서 감사합니다.

혜정 샘 음성 지원

▶ 자, 이 패턴 문제, 오늘만 세 번째다. ㅎㅎ 세 번만에 이렇게 각인이 될 수 있는 거다. 그러니 나는 어떻겠니. 십 년 넘게 이런 문제를 보는데, 보자마자 휙휙 답 착착 나오지 않겠어? 그 방법을 그냥 알려 주는 거야, 챙겨. '강연자의 신분', '시각 자료', '질문', '용어의 개념 정의', '요약 마무리'. 느낌 오지. 신분 언제 밝힐까. 강연 끝나고 난 사실 이런 사람이었어~ 하겠니. 첫 문단에서 확인할 내용인 거고. 시각 자료는 괄호로 제시되는 경우가 대부분이라고 했지? 저기 딱 보이네, (화면에 사진을 보여 주며), 용어의 개념 정의는 그 용어가 화제라면 글의 앞부분에 제시돼야 하지만, 다른 용어의 개념 정의는 어디에든 등장할 수 있어. 요약 마무리는 당연히 마지막 문단이겠지. 이런 문제는 점수 획득용 문제. 빠르게 해결하자.

오늘의 태그 문제

정답 57쪽

★**07** 문항 코드 | 22672-0297 정답률 88%

위 강연에 대한 설명으로 적절하지 않은 것은?

① 강연자의 신분을 밝히며 청중에게 신뢰감을 주고 있다. YES NO
② 시각 자료를 활용하여 강연 내용을 효과적으로 전달하고 있다. YES NO
③ 질문을 던지는 방식을 사용하여 청중의 반응을 유도하고 있다. YES NO
④ 강연에 사용된 용어의 개념을 정의하여 청중의 이해를 돕고 있다. YES NO
⑤ 강연의 내용을 요약하며 마무리하여 강연의 주제를 강조하고 있다. YES NO

▶ 6번과 복붙 수준이지? 같은 패턴의 문제야.

★08 문항 코드 | 22672-0298

정답률 90%

〈보기〉는 학생들이 강연을 들으며 떠올린 생각이다. 이를 바탕으로 학생들의 듣기 활동을 이해한 내용으로 가장 적절한 것은?

〈보기〉

학생 1: 제형의 종류가 이렇게 많은지 몰랐어. 약사를 진로로 생각하는 나에게 참 유익한 정보인 것 같아.

학생 2: 서방정은 복용 시 주의 사항을 설명해 주어서 좋았어. 그런데 속방정을 복용할 때 주의할 점은 무엇일까?

학생 3: 피부에 바르는 약도 내복약처럼 제형에 따라 특징이 달라지는지 알고 싶어졌어. 나중에 온라인 의약 도서관에 접속해서 알아봐야겠어.

① '학생 1'은 강연 내용에 대해 부정적으로 평가하며 듣고 있다. 1

② '학생 2'는 강연 내용을 자신의 문제 상황에 적용하며 듣고 있다. 2

③ '학생 3'은 강연 내용의 순서를 예측하며 능동적인 태도로 듣고 있다. 3

④ '학생 1'과 '학생 3'은 모두 강연을 들으며 생긴 의문점을 해결하기 위한 방법을 고민하며 듣고 있다. 1 3

⑤ '학생 2'와 '학생 3'은 모두 강연에서 언급되지 않은 내용에 대해 궁금해 하며 듣고 있다. 2 3

▶ 9번은 독서 영역의 '세부 내용 파악하기' 패턴의 문제인 거고, 이 강연은 독서의 지문 패턴 중, '개념-특징', '구분-차이점'인 거야. 쌤이랑 다 했잖아. 왜...? 문학만 하고 독서는 걸렀냐? -_-+ ㅎㅎ 항상 풀던 독서 문제의 아주 쉬운 버전이라고 생각하고 풀면 돼.

★09 문항 코드 | 22672-0299

정답률 86%

다음은 강연 내용을 확인하기 위한 학습지의 일부이다. 위 강연을 들은 학생들이 보인 반응으로 적절하지 않은 것은?

약품	제형	특징 및 주의 사항
㉠		◦약물이 분말 형태임. ◦복용해야 할 용량에 맞게 조절 가능함. 습기 주의
㉡	액제	◦노약자가 복용하기 쉬움. ◦복용 전 변질 여부를 확인해야 함. 물약
㉢		◦약물을 캡슐에 넣은 형태임. ◦자극이 강한 약물을 복용할 때 생기는 불편을 줄일 수 있음. 충분한 물과 함께 복용
㉣	정제 (서방정)	◦비교적 보관이 간편함. ◦일정한 형태로 압축되어 정량을 복용하기 쉬움.

① ㉠의 '특징 및 주의 사항'으로 보아 '제형'에는 산제라는 내용이 들어갈 수 있겠군. YES NO

② ㉡의 '특징 및 주의 사항'에는 ㉠과 같이, 복용해야 하는 용량에 맞게 조절할 수 있다는 내용이 들어갈 수 있겠군. YES NO

③ ㉢은 '특징 및 주의 사항'으로 보아 ㉡에 비해 약효가 빠르게 나타나는 제형이라고 할 수 있겠군. YES NO

④ ㉣의 '제형'으로 보아 '특징 및 주의 사항'에는 함부로 쪼개거나 씹어서 복용하면 안 된다는 내용이 들어갈 수 있겠군. YES NO

⑤ ㉣의 '특징 및 주의 사항'에는 약의 효과를 오랜 시간 일정하게 유지할 수 있어 복용 횟수를 줄일 수 있다는 내용이 들어갈 수 있겠군. YES NO

38 화법 2

개념 태그 #화법은 개념보단 패턴 #기출문제 분석이 제1의 기본 #화법 문제 패턴 및 접근법 #문제 풀이 전략으로 시간 단축

▸▸▸ 기억 안 나면? 개념의 나비효과 2권 225쪽으로!

화법 영역은 문학이나 언어(문법) 영역처럼 기본적으로 챙겨 두어야 하는 개념이 많지 않아. 화법은 개념보다는 패턴에 무게를 둬야 해. 지문을 읽기 전에 어떤 패턴의 문제가 출제되었는지 확인하고, 어떤 전략을 가지고 지문을 읽으면서 빠르게 정답을 찾아야 할지 계획을 세우고 출발하는 거야. 그 잠깐의 숨 고르기가 훨씬 더 짧은 시간에 더 정확하게 정답을 찾을 수 있는 이유가 되거든. 그럼 연습해 보자.

넷 • 다음은 학생들의 토의이다. 물음에 답하시오. [10-12] (2017학년도 3월 고3 전국연합학력평가)

사회자: 우리 △△미술관은 최근 전시회 횟수도 줄고 관람객 발걸음도 뜸해지고 있습니다. 오늘은 운영 위원 여러분과 이 문제의 원인 및 해결 방안에 대해 토의해 보겠습니다. 먼저 문제의 원인에 대해 말씀해 주십시오.

위원 1: 건물이 너무 낡은 데다 전시 공간도 협소해서 전시도 관람도 불편합니다. ——— [A]

위원 2: 미술관을 전시 공간으로만 활용하는 것도 문제입니다. 전시가 없는 기간은 거의 운영하지 않고 있습니다.

위원 3: 주변의 다른 미술관들에 비해 전시료와 관람료가 너무 높게 책정된 것이 문제입니다.

사회자: 여러 가지 원인을 분석해 주셨는데요, ㉠그럼 이 문제들을 해결하기 위한 방안으로 어떤 것이 있을까요?

위원 3: 다른 전시관보다 전시료와 관람료를 대폭 낮추었으면 좋겠습니다.

위원 2: 전시회가 없을 때에도 사람들이 미술관을 자주 찾을 수 있도록 다채로운 프로그램을 마련해야 합니다.

사회자: ㉡어떻게 프로그램을 다양화할 수 있을까요?

위원 2: 일반인을 대상으로 미술 강좌를 개설하거나 청소년 미술 대회를 여는 방법 등이 있습니다.

위원 1: 현재의 공간을 그대로 활용하는 데는 한계가 있습니다. 지난주에 시에서 미술관을 시 외곽으로 이전하자고 제안을 했습니다. 이 제안을 받아들이면 좋겠습니다. [B]

사회자:그럼 제안해 주신 방안을 평가해 보고 최적의 방안을 찾아보겠습니다.

위원 2: 미술관을 시 외곽으로 이전하면 접근성이 떨어져 미술관을 찾는 시민들의 불편함이 커지기 때문에 이전을 반대하는 의견이 더 많을 것입니다. 저는 다양한 프로그램을 통해 시민 참여를 확대하는 것이 실현 가능성이 더 높다고 생각합니다. [C]

위원 3: 저도 미술관 이전은 어렵다고 생각합니다. 시에서 제시한 조건으로는 우리가 원하는 넓고 쾌적한 미술관 조성이 쉽지 않을 것입니다.

위원 1: 미술 강좌를 개설하거나 다양한 프로그램을 진행하려면 모두 비용이 많이 들 것입니다. 또 가뜩이나 예산이 부족한 상황에서 전시료와 관람료를 낮추면 예산 확보가 더 어려워질 것입니다. [D]

위원 3: 저는 ○○ 문화 재단에 예산 지원을 신청해 예산을 확보하면 이 문제를 해결할 수 있다고 생각합니다. 예산 지원 사업의 취지가 우리와 같이 어려운 상황에 처한 예술 단체나 시설을 보조하는 것이었습니다. 제안서를 잘 준비하여 지원을 받으면 좋겠습니다.

위원 2: 그게 좋겠네요. 예산 지원을 받는다면 전시료 인하로 작지만 알찬 전시회가 자주 열릴 수 있으며, 관람료도 인하되어 관람객이 크게 증가할 것입니다. 그리고 프로그램도 다양화할 수 있습니다. [E]

위원 1: 저도 동의합니다.

사회자: 좋은 의견들 주셔서 감사합니다. 지금까지 제안해 주신 내용을 토대로 ○○ 문화 재단에 제안서를 제출해 예산 지원을 받으면 미술관을 이전하지 않고도 프로그램을 다양화하고 전시료와 관람료도 낮출 수 있을 것입니다. 이에 대한 구체적인 실천 방안은 추후 논의하겠습니다.

혜정 샘 음성 지원

오늘의 태그 문제

정답 58쪽

▶ 판단해야 할 근거의 범위를 [A]~[E]로 딱 지정해 준 문제야. 쉽게 말해, ①번 선지는 딱 정해진 [A]에 대해서만 판단해야 하는 거지. 그렇다면 [A]를 다 읽은 순간과 ①번 선지의 적절성을 판단해야 하는 순간의 간격을 최소화하라고. [A]를 읽은 후에는 바로 ①번 선지를 판단하고, [B]를 읽은 후에는 ②번 선지를 판단하는 거지. 이거 문학에서도 독서에서도 항상 해 온 거잖아. 실시간으로 선지를 판단해서 정답률은 높이고 시간은 단축하자! :)

★10 문항 코드 | 22672-0300 정답률 87%

토의 참여자의 발화 [A]~[E]에 대한 설명으로 적절하지 않은 것은?

① [A]:사회자의 요청에 따라 미술관의 여건에 초점을 맞추어 문제의 원인을 제시하고 있다. YES NO
② [B]:'위원 2'가 제시한 방안의 장단점을 분석하여 단점을 보완하기 위한 대안을 제시하고 있다. YES NO
③ [C]:'위원 1'이 제시한 방안을 부정적으로 평가하고 자신의 해결 방안을 옹호하고 있다. YES NO
④ [D]:'위원 2'와 '위원 3'이 제시한 방안을 실행할 때 발생할 수 있는 문제점을 경제적 측면에서 지적하고 있다. YES NO
⑤ [E]:'위원 3'이 제안한 방안의 시행으로 거둘 수 있는 다양한 효과를 예상하고 있다. YES NO

▶ ㉠과 ㉡은 둘 다 사회자의 발언이야. 토의에서 사회자가 어떤 역할을 하는지 생각해 보고, ㉠과 ㉡이 구체적으로 어떤 기능을 하는지 판단해 보는 거야. ㉠을 읽은 다음에는 ㉠에 관련된 부분들의 적절성을 먼저 판단하고, ㉡을 읽은 다음에는 ㉠에 대해 적절하게 설명한 선지들의 ㉡ 관련 부분의 적절성을 판단하면 돼.

★11 문항 코드 | 22672-0301 정답률 86%

㉠과 ㉡에 대한 설명으로 적절한 것은?

① ㉠은 토의의 진행 순서를 바꾸기 위한 질문이고, ㉡은 토의 참여자의 궁금증을 해소하기 위한 질문이다. ㉠ ㉡
② ㉠은 토의 목적을 환기하기 위한 질문이고, ㉡은 토의 참여자 간의 의견 대립을 조정하기 위한 질문이다. ㉠ ㉡
③ ㉠은 토의의 다음 단계로 넘어가기 위한 질문이고, ㉡은 토의 참여자의 발언 내용을 구체화하기 위한 질문이다. ㉠ ㉡
④ ㉠은 적극적인 토의 참여를 유도하기 위한 질문이고, ㉡은 토의 참여자의 발언 순서를 바로잡기 위한 질문이다. ㉠ ㉡
⑤ ㉠은 토의 참여자에게 발언에 추가할 내용이 있는지 확인하기 위한 질문이고, ㉡은 토의의 국면을 전환하기 위한 질문이다. ㉠ ㉡

▶ 미술관 측에서 토의 내용을 바탕으로 작성한 제안서 초안이라는 것은, 이 제안서의 초안이 토의의 내용을 반영하고 있다는 뜻인 거야. 결국 이 문제는 독서의 내용 일치 문제와 같은 출제 의도를 갖는 거야. 토의의 내용을 사실적으로 이해했는지 묻겠다는 뜻이야.

★12 문항 코드 | 22672-0302 정답률 75%

다음은 미술관 측에서 ○○ 문화 재단에 제출할 제안서 초안이다. ⓐ~ⓔ 중 위 토의 내용에 부합하지 않는 것은?

제안	△△ 미술관의 예산 지원 요청
제안 이유	△△ 미술관은 최근 관람객이 크게 줄어 운영에 어려움을 겪고 있습니다. 미술관 운영을 활성화하기 위한 다양한 방안을 모색하고 있으나 예산상의 어려움이 있어 귀 재단에 예산 지원을 요청하고자 합니다.
제안 내용	귀 재단에서 예산을 지원해 줄 경우 이를 활용하여 다음과 같은 사업을 하고자 합니다. ㄱ. 시 외곽에 제2 미술관 건립 ······ ⓐ ㄴ. 일반인을 대상으로 하는 미술 강좌 개설 ······ ⓑ ㄷ. 청소년을 위한 미술 대회 개최 ······ ⓒ ㄹ. 전시료와 관람료 인하 ······ ⓓ
기대 효과	ㄱ. 전시회 개최 횟수의 증가 ······ ⓔ ㄴ. 관람객의 증가 ㄷ. 프로그램의 다양화

① ⓐ YES NO ② ⓑ YES NO ③ ⓒ YES NO ④ ⓓ YES NO ⑤ ⓔ YES NO

다섯 • 다음은 토론의 일부이다. 물음에 답하시오. [13~15] 〔 2017학년도 대학수학능력시험 〕

사회자: 우리 학교 동아리 축제에서 동아리 홍보관은 신입 회원 모집을 위한 홍보 효과가 높기 때문에 동아리들에게 인기가 많습니다. 그러나 홍보관 설치를 위한 공간이 한정되어 있어, 지금까지는 학생회가 홍보관 운영 계획서를 공모하여 심사한 후 홍보관을 운영할 동아리를 선정해 왔습니다. 그런데 기존 방식인 ㉠**심사 방식** 대신 새로운 방식으로 ㉡**추첨 방식**을 요구하는 동아리들이 많이 있어, 이번 시간에는 '동아리 축제에서 홍보관을 운영할 동아리를 선정할 때 추첨 방식으로 해야 한다.'라는 논제로 토론을 하겠습니다. 찬성 측 입론해 주십시오.

찬성 1: 동아리 축제에서 홍보관을 운영할 동아리를 선정할 때 추첨 방식으로 해야 합니다. 심사 방식의 평가 기준이 타당하지 않고, 평가자 주관이 개입될 수 있어 평가의 신뢰성이 낮아 학생들의 불만이 높기 때문입니다. 반면에 추첨 방식은 선정 과정에서 평가자의 견해가 반영될 수 없습니다. 또한 추첨 방식으로 한다면 홍보관 운영 동아리로 선정될 수 있는 기회가 모든 동아리에 균등하게 부여될 수 있습니다. 그리고 동아리 홍보관 운영 계획서를 준비하는 과정에서 동아리들이 시간과 노력을 불필요하게 들이는 문제도 해소할 수 있습니다.

사회자: 이번에는 반대 측에서 반대 신문 해 주십시오.

반대 2: 추첨 방식이 기회를 균등하게 부여한다고 말씀하셨는데, 그럴 경우 동아리 홍보관 운영을 더 잘 계획하고 준비한 동아리가 탈락할 수도 있죠. 준비가 덜 된 동아리가 선정된다면 동아리 홍보관 운영의 부실로 이어질 수 있지 않나요? [A]

찬성 1: 그렇지 않습니다. 선정된 동아리들은 새로운 회원을 모집하기 위해 적극적으로 홍보해야 하므로, 홍보관 운영에 최선을 다할 것입니다.

사회자: 이번에는 반대 측에서 입론해 주십시오.

반대 1: 홍보관 운영 동아리 선정을 추첨 방식으로 하는 것에 반대합니다. 기존의 심사 방식은 전체 학생을 대표하는 다수의 평가자가 참여하여 평가자의 주관적 개입을 줄일 수 있고, 평가 기준 역시 매년 학생들의 의견을 수렴하여 개선해 왔기 때문에 그 타당성이 매우 높다고 할 수 있습니다. 또한 심사 방식은 모든 동아리가 홍보관 운영 계획서를 제출할 기회를 공평하게 부여하고 있습니다. 그리고 이 계획서를 준비하는 과정에서 동아리 구성원들이 동아리 축제의 목적에 부합하는 활동을 고민하게 되므로 축제가 내실화될 수 있습니다.

사회자: 이번에는 찬성 측에서 반대 신문 해 주십시오.

찬성 1: 홍보관 운영 계획서를 평가하는 기준이 타당하다고 하셨는데 작년 설문 조사 결과에 따르면 평가 기준 중의 일부가 특정 동아리에게 유리하게 작용한다고 응답한 학생들이 많았습니다. 이런 점에서 평가 기준이 타당하다고 보기 어렵지 않나요? [B]

반대 1: 그 문제는 평가 기준의 일부를 개선하여 해결할 수 있습니다.

혜정 샘 음성 지원

▶ 문제를 잘 읽어야 돼. 토론의 '입론'에 대한 이해로 가장 적절한 것을 고르라고 했거든. 13번도 결국 10번처럼 판단해야 할 근거 범위를 딱 지정해 준 거지. 사회자가 '찬성 측 입론해 주십시오.'라고 하잖아. 그 다음에 이어지는 찬성 1의 발언을 읽고 바로 ①, ②번 선지의 적절성을 판단하고, 사회자가 '이번에는 반대 측에서 입론해 주십시오.'라고 말한 후 이어지는 반대 1의 발언을 읽고 나머지 ③~⑤번 선지의 적절성을 판단하면 되는 거야.

오늘의 태그 문제

정답 58쪽

★13 문항 코드 | 22672-0303 정답률 84%

위 토론의 입론에 대한 이해로 가장 적절한 것은?

① '찬성 1'은 용어의 개념을 정의함으로써 논의의 범위를 한정하고 있다. YES NO
② '찬성 1'은 기존 방식이 유지될 때 발생하는 기대 효과를 중심으로 주장하고 있다. YES NO
③ '반대 1'은 논제와 관련된 문제 해결의 시급성을 강조하고 있다. YES NO
④ '반대 1'은 기존 방식의 긍정적 측면을 근거로 삼아 새로운 방식을 반대하고 있다. YES NO
⑤ '반대 1'은 새로운 방식을 도입할 때 발생할 수 있는 부정적 측면에 대하여 언급하고 있다. YES NO

▶ [A]와 [B]에 사용된 말하기 방식을 정확히 파악해야 하는 문제야. 이 문제도 [A]와 [B]만을 범위로 판단해야 하니까, [A]를 읽고서는 ①, ②, ⑤번 선지의 적절성을, [B]을 읽고서는 ③, ④, ⑤번 선지의 적절성을 판단해 보자.

★14 문항 코드 | 22672-0304 정답률 85%

[A]와 [B]에 대한 설명으로 가장 적절한 것은?

① [A]는 상대측이 제시한 사례가 적합한지에 대해 의문을 제기하고, 적합한 사례를 제시할 것을 요구하고 있다. Ⓐ

② [A]는 상대측이 앞서 진술한 내용의 일부를 확인하고, 기존 방식을 고수할 경우 생길 문제점을 제기하고 있다. Ⓐ

③ [B]는 상대측 주장을 뒷받침하는 근거가 믿을 만한지 의문을 제기하고, 출처를 제시할 것을 요구하고 있다. Ⓑ

④ [B]는 상대측이 언급한 내용의 일부를 확인하고, 설문 조사 결과를 근거로 평가 기준의 타당성에 대해 의문을 제기하고 있다. Ⓑ

⑤ [A]와 [B] 모두 상대측이 인용한 전문가의 설명이 적합한지 따지고, 사실 관계를 확인하고 있다. Ⓐ Ⓑ

▶ 지문을 읽기 전에 문제를 먼저 확인했다면, ㉠과 ㉡에 관련된 각 측의 주장에 더 주목했을 거야. 이렇게 세부적인 정보를 확인하는 것이 어렵게 느껴지는 사람은 독서 지문을 문단별로 끊어 읽으면서 '세부 정보 확인 문제'를 해결했듯이, 이 지문도 각 발언 단위로 끊어 읽으면서 선지를 지워 나가도 괜찮아.

★15 문항 코드 | 22672-0305 정답률 84%

㉠과 ㉡에 관한 토론의 내용을 분석한 것으로 적절하지 않은 것은?

① 찬성 측은 평가자의 주관이 개입될 수 없다는 점에서 ㉡이 적합한 방식이라고 주장하고 있군. YES NO

② 찬성 측은 시간과 노력이 불필요하게 드는 ㉠의 문제점을 ㉡이 해소할 수 있다는 점에서 ㉡이 적합하다고 주장하고 있군. YES NO

③ 반대 측은 홍보관 운영을 더 잘 계획하고 준비한 동아리가 ㉡으로 인해 탈락할 수 있다는 점을 들어 ㉠을 옹호하고 있군. YES NO

④ 반대 측은 동아리가 홍보관 운영 계획서를 준비하는 과정을 통해 축제가 내실화될 수 있다고 주장하며 ㉠을 지지하고 있군. YES NO

⑤ 반대 측은 ㉡을 도입하면 모든 동아리에게 선정 기회가 균등하게 부여된다는 점을 들어 ㉡이 ㉠보다 더 공평하다고 주장하고 있군. YES NO

여섯 • 다음은 두 마을 간의 협상이다. 물음에 답하시오.[16~18] 〔2016학년도 9월 대학수학능력시험 모의평가 B형〕

> ○○군에서는 전국적 규모의 축제를 기획하면서 개최 장소를 A 마을과 B 마을 중에서 선정하고자 하였다. 그런데 두 마을이 공동 개최에 합의하였고, 이에 따라 A 마을의 대표 A와 B 마을의 대표 B가 후속 협상을 하게 되었다.

A: 오늘은 우리가 지난번 협상에서 다루지 못한 축제 공식 명칭에 대하여 논의를 했으면 하는데, 어떠세요?

B: 좋습니다. 저희도 같은 생각입니다.

A: 그러면 저희의 입장부터 말씀드리겠습니다. 축제 공식 명칭은 두 마을의 이름을 병기하되 저희 마을 이름을 먼저 표기했으면 합니다.

B: 글쎄요. 저희도 저희 마을 이름이 앞섰으면 하는 생각이 있습니다. 개최지로 저희가 유력했던 상황에서 사실상 저희의 양보로 공동 개최가 가능했습니다. 따라서 명칭과 관련해서는 저희의 의견을 수용해 주십시오.

A: 공동 개최와 관련해 잘못 생각하신 부분이 있는 것 같습니다. B 마을도 공동 개최가 이익이 된다고 판단하여 합의한 것 아닙니까? 그러니 축제 명칭은 각자의 축제 유치 의도를 고려하되 세부 조건을 조율해서 정하는 것이 옳다고 봅니다.

B: 무슨 뜻인지요?

A: 저희가 알아본 바로는 B 마을은 축제 유치를 통한 경제 활성화에 관심이 있다고 알고 있는데, 맞죠?

B: 그렇습니다.

A: 그런데 이미 유명한 B 마을과는 달리 저희는 저희 마을을 전국에 알리는 것이 일차적 목표입니다. 그러니 축제 명칭은 저희가 원하는 대로 하면서 경제적인 면에서는 B 마을에 유리하도록 협상의 세부 조건을 구성하자는 것입니다.

B: 글쎄요. 축제 명칭에서 앞쪽에 표기되는 것은 그 의미가 큽니다. 저희 마을의 인지도가 이미 높다고 하더라도…….

A: 명칭에서 저희 마을 이름을 앞세우는 대신 원하는 조건이 있으면 말씀하시죠.

B: 말씀하신 대로 저희는 경제적 이득이 중요합니다. 따라서 첫째, 명칭보다는 홍보 효과가 적지만 저희 마을 특산품을 축제 캐릭터로 만들겠습니다. 둘째, 공동 개최를 하게 되면 행사들을 서로 나누어 진행하게 될 텐데요, 저희가 전체 행사 중 60%를 가져가겠습니다. 이 조건들이 충족되지 않는다면 축제 공식 명칭과 관련하여 합의할 수 없습니다.

A: B 마을 특산품을 캐릭터로 만들면서 행사를 60%까지 가져간다는 것은 지나친 요구라고 생각합니다. 행사 배분 비율은 공동 개최에 걸맞게 50%를 원칙으로 합시다.

B: 그 제안은 저희 마을 주민들의 동의를 얻기 어려울 것입니다. 지금도 공동 개최에 대한 반대가 많거든요. 차라리 저희 마을이 유치하지 못하게 되더라도 단독 개최를 다시 추진하겠습니다.

A: 지난번 합의를 일방적으로 파기하는 것은 같은 ○○군 마을끼리 온당치 않습니다. 단독 개최를 하더라도 저희 마을의 도움이 필요하지 않겠습니까? 행사 배분 비율은 양보하기 어렵습니다. 그 대신에 B 마을이 원하는 다른 조건을 추가하시는 게 어떨까요?

B: 좋습니다. 이렇게 하죠. 행사 배분은 동일하게 50%씩 하고, 행사 선택은 하나씩 교대로 하되, 저희 마을부터 선택을 시작하는 것으로 하는 겁니다. 그래야 수익성이 높은 행사를 저희 마을에서 가져갈 수 있으니까요.

A: 음. 저희 마을 이름을 먼저 표기하는 것으로 하고 그 정도 조건이면 받아들일 수 있겠네요. 그렇게 합시다.

혜정 샘 음성 지원

오늘의 태그 문제

정답 59쪽

▶ 보통 문제의 선지는 다른 특별한 조건이 없다면 길이의 순서대로 재정렬되기 마련이야. 그런데 ①~⑤번 선지가 정렬되어 있는 형태를 봤을 때, 이 문제의 선지들은 길이 순서대로가 아닌 협상의 내용 순서대로 정렬되어 있음을 추측해 볼 수 있어. 16번은 지문의 내용을 읽으면서 ①부터 ⑤의 순서대로 선지의 적절성을 판단하면 되는 문제인 거야. 협상의 세부 내용을 잘 확인해 보자.

★16 문항 코드 | 22672-0306 정답률 80%

위 협상에 대한 이해로 적절하지 않은 것은?

① A는 지난 협상에서 논의하지 못한 사안을 언급함으로써 의제를 제시하였군. YES NO
② A는 의견을 조율하는 과정에서 협상 전에 알아본 B 마을에 대한 정보를 활용하고 있군. YES NO
③ B는 A가 제안한 세부 조건이 협상 결렬을 초래할 수 있음을 내비치며 A의 새로운 제안을 이끌어 내었군. YES NO
④ B는 A의 양보할 수 없는 지점을 고려하여 자신이 제안한 세부 조건을 수정하여 제시하였군. YES NO
⑤ A와 B가 의견을 조율하는 과정에서 지난 협상에서 합의된 사안이 수정되었군. YES NO

▶ A의 발언 횟수가 꽤 많아. 이럴 때는 선지를 미리 핵심어 위주로 체크해 두는 게 좋아. '의제 타결이 시급함 강조', '연쇄적인 질문', '상대방의 의견 지적', '감정에 호소', '무조건적 양보 요청', '가정적 진술', '신뢰성 문제 삼기' 등의 말하기 방식을 지문에서 발견한다면 바로 바로 그에 해당하는 선지를 지워버리면 되겠지?

★17 문항 코드 | 22672-0307 정답률 84%

위 협상에 나타난 A의 말하기 방식으로 가장 적절한 것은?

① 의제 타결의 시급함을 강조하며 상대방의 협력을 촉구하고 있다. YES NO
② 연쇄적인 질문을 통해 갈등 상황의 원인이 양측 모두에게 있음을 강조하고 있다. YES NO
③ 상대방의 의견이 적절하지 않다고 언급하며 자신의 제안에 동의할 것을 유도하고 있다. YES NO
④ 자신이 처한 상황을 설명하며 감정에 호소하여 상대방의 무조건적인 양보를 요청하고 있다. YES NO
⑤ 가정적 진술을 통해 상대방이 내세운 근거의 신뢰성을 문제 삼으며 자신의 의견이 정당함을 피력하고 있다. YES NO

▶ 협상에서 합의에 이르는 장면은 아무래도 지문의 뒷부분에 잘 드러나겠지? 뒷부분에 주목하되, 전체적인 담화의 내용을 잘 파악한다면 어렵지 않게 정답을 찾을 수 있는, 기본적인 담화 내용 파악하기 문제라고 할 수 있어.

★18 문항 코드 | 22672-0308 정답률 87%

위 협상에서 A와 B가 합의에 이를 수 있었던 요인으로 가장 적절한 것은?

① A와 B 모두 상대방의 양보로 축제의 공동 개최가 가능했다고 인식했기 때문이다. YES NO
② A는 축제 명칭을, B는 행사 배분 비율을 상대방의 입장을 고려하여 양보했기 때문이다. YES NO
③ A는 행사 선택의 순서에서, B는 축제 캐릭터와 관련해서 최초의 입장을 고수하지 않고 양보했기 때문이다. YES NO
④ A마을의 인지도 향상과 B 마을의 경제적 이득 증대를 모두 실현할 수 있는 방안이 도출되었기 때문이다. YES NO
⑤ A가 바라는 효과적인 축제 홍보와 B가 바라는 마을의 화합 증진을 모두 실현할 수 있는 방안이 도출되었기 때문이다. YES NO

39 작문 1

개념 태그 #작문은 개념보단 패턴 #기출문제 분석이 제1의 기본 #작문 문제 패턴 및 접근법 #문제 풀이 전략으로 시간 단축

▶▶▶ 기억 안 나면? 개념의 나비효과 2권 232쪽으로!

'전 화법은 잘하는데, 작문은 자신이 없어요.'라든가 '작문은 항상 다 맞는데, 화법이 문제예요.' 이런 고민을 하는 경우는 거의 없어. 화법과 작문은 다르지만 또 비슷하거든. 화법은 말하고 듣는 활동, 작문은 쓰고 읽는 활동이 지문과 문제의 내용이 되기에 구체적인 지문의 내용과 범위가 다르기는 하지만 문제의 패턴이나 패턴에 따른 접근법은 거의 비슷하다고 볼 수 있어. 화법도 작문도, 가장 효율적인 방법으로 문제의 패턴을 확인하고 그에 따라 효율적으로 지문에서 필요한 정보를 확인하며 정답을 찾을 수 있어야 돼. 화법뿐만 아니라 작문에서의 목표도 한 문제도 틀리지 않는 것. 그리고 시간을 단축하는 거야. 그러려면 시작은 정확하게 문제의 패턴을 파악하는 연습에 익숙해지자.

하나 • 다음을 읽고 물음에 답하시오. [1-3] 〔 2021학년도 대학수학능력시험 6월 모의평가 〕

[작문 상황]
◦작문 목적: 물 섭취와 관련된 잘못된 인식을 바로잡을 수 있는 올바른 물 섭취 방법에 대한 정보 제공
◦예상 독자: 학교 학생들
◦전달 매체: 2020년 6월에 발간될 학교 신문

[수집한 자료 목록]

구분	내용	출처	연도(제작/발행)
〈자료 1〉	전문가가 권하는 물 섭취 방법	○○신문	2019
〈자료 2〉	물 중독 사례	△△방송 다큐멘터리	2014
〈자료 3〉	한국인의 물 섭취 현황	□□병원 보고서	2004
〈자료 4〉	1일 1인당 수돗물 사용량 현황	환경부 연례 보고서	2013

[초고]

학생들은 물 섭취에 대해 어떤 인식을 가지고 있을까? 인터뷰를 통해 만난 우리 학생들은 대부분 물은 많이 마실수록 좋다고 답했다. 물이 관절의 충격을 흡수하며, 장기와 조직을 보호하는 등의 역할을 한다는 점에서 물 섭취는 중요하다. 그러나 물을 많이 섭취한다고 무조건 좋은 것만은 아니다. 그렇다면 바람직한 물 섭취를 위해 유의할 점은 무엇일까?

우선, 한 번에 마시는 물의 양에 유의해야 한다. 단시간 내에 지나치게 많은 양의 물을 마시면 혈액 속 나트륨 농도가 정상 수치 이하로 내려가는 '물 중독'이 발생할 수 있다. 그러면 피로감이 커지고, 두통 또는 어지럼증에 시달리거나, 장기가 붓는 등의 증상이 나타날 수 있다. 한 다큐멘터리에서는 물 중독 환자들의 모습을 보여 주며 그 위험성을 경고하기도 했다.

다음으로, 물을 마시는 때에 대해서도 유의해야 한다. ◇◇대학 연구 팀의 실험이 이를 뒷받침한다. 연구 팀은 먼저 실험 참여자들을 대상으로 목이 마른지 물어보았다. 그런 다음 이들에게 동일한 과제를 부여했다. 이후 관찰을 통해 이들의 물 섭취 유무를 파악하며 과제 수행 능력을 측정했다. 실험 결과는 우리에게 다음과 같은 정보를 제공한다. 목이 마를 때 물을 마신 경우는 물을 마시지 않은 경우보다 과제 수행 능력이 뛰어나다. 이는 일반적인 생각과 같다. 반면 일반적 생각과 달리 목마르지 않은 때 물을 마신 경우는 물을 마시지 않은 경우보다 과제 수행 능력이 떨어진다.

혜정 샘 음성 지원

▶ 지문을 읽기 전에 선별 기준의 핵심을 파악해야 돼. 작문 목적에 부합하는지, 출처가 분명한지, 최근의 정보인지. 이 문제는 작문 목적과 수집한 자료들, 그리고 선별 기준의 핵심을 잘 연결해서 이해하기만 해도 빠르게 정답을 확인할 수 있는 문제야. 선별 기준을 먼저 확인한다면 자료의 내용, 출처, 연도의 의미가 더 분명하게 보일 거야.

오늘의 태그 문제

정답 60쪽

★01 문항 코드 | 22672-0309 정답률 79%

수집한 자료를 다음의 기준에 따라 선별한 후, 선별된 자료를 반영하여 '초고'를 작성하였다. 각 자료에 대한 이해로 적절하지 않은 것은?

선별 기준	그렇다	아니다
(가) 작문 목적에 부합하는가?		
(나) 출처가 분명한 최근의 정보인가?		

① 〈자료 1〉은 '내용'이 물 섭취 방법에 대한 올바른 정보를 제공하기에 적합하다고 보아 (가)에 대해 '그렇다'라고 판단했겠군. YES NO
② 〈자료 2〉는 '내용'이 물 섭취에 대한 많은 학생들의 인식이 잘못되었음을 뒷받침하는 정보를 제공한다고 보아 (가)에 대해 '그렇다'라고 판단했겠군. YES NO
③ 〈자료 3〉은 '연도'를 고려하면 최근의 상황을 반영하지 못하지만 '출처'가 명확하고 물 섭취 실태를 보여 주기에 적절하다고 보아 (나)에 대해 '그렇다'라고 판단했겠군. YES NO
④ 〈자료 4〉는 '내용'이 물 섭취에 관해 정확한 정보를 제공하려는 목적에 부합하지 않는다고 보아 (가)에 대해 '아니다'라고 판단했겠군. YES NO
⑤ 〈자료 4〉는 '출처'는 분명하지만 해마다 발간되는 보고서라는 점에서 '연도'를 고려했을 때 최근의 현황에 대한 정보가 아니라고 보아 (나)에 대해 '아니다'라고 판단했겠군. YES NO

▶ 1문단 → 2문단 → 3문단을 범위로 하는 선지가 순서대로 제시돼 있지? 문단별로 끊어 읽으면서 바로바로 각 문단에 해당하는 선지의 적절성을 판단해야 돼.

★02 문항 코드 | 22672-0310 정답률 68%

위의 '초고'에 반영된 내용 조직 방법으로 적절하지 않은 것은?

① 1문단에서 물 섭취에 대한 학생들의 인식은 묻고 답하는 구조로 제시한다. YES NO
② 1문단에서 물의 인체 내 역할은 원인과 결과의 관계가 드러나도록 제시한다. YES NO
③ 2문단에서 물 중독 증상에 대한 부분은 정보를 나열하여 제시한다. YES NO
④ 3문단에서 물 섭취에 대한 실험 방법은 그 과정을 순서대로 제시한다. YES NO
⑤ 3문단에서 물 섭취에 대한 실험 결과는 비교·대조의 방법으로 제시한다. YES NO

▶ 친구의 조언 속에 마지막 문단을 작성할 때의 조건이 들어 있어. 그 조건을 분명하게 항목화할 수 있어야 돼. 조건이 몇 개인지를 정리하고 각 선지에 제시된 내용이 그 조건을 모두 충족하는지 꼼꼼하게 판단해 봐.

★03 문항 코드 | 22672-0311 정답률 69%

〈보기〉는 '초고'를 읽은 친구의 조언이다. 〈보기〉를 반영하여 '초고'에 마지막 문단을 추가한다고 할 때 가장 적절한 것은?

〈보기〉

글이 마무리되지 않은 느낌이 드니까 중심 내용으로 제시한 두 가지 유의 사항을 모두 포함하는 문장을 추가하는 것이 좋겠어. 그리고 중심 내용에 담긴 정보가 독자에게 어떤 긍정적인 가치가 있는지도 언급하는 게 좋겠어.

① 물은 적당한 양을 필요한 때에 마셔야 좋은 것이다. 물 섭취에 대한 올바른 정보를 이해하고 삶에 적용한다면 건강을 지키며 삶의 질을 높일 수 있을 것이다. 문장 추가 가치 언급

② 언제 마시는가에 따라 물도 독이 될 수 있음을 유의해야 한다. 갈증을 느낄 때 물을 마셔야만 물이 인체에서 수행하는 역할을 활성화하는 데 기여할 수 있다. 문장 추가 가치 언급

③ 물은 인체에 필수적이나 한 번에 많은 물을 마시지는 말아야 한다. 물이 인체에 미치는 영향을 정확히 안다면 물이 지닌 긍정적 가치를 더 많이 발견할 수 있을 것이다. 문장 추가 가치 언급

④ 물 중독 사례와 연구 팀의 실험을 통해 물 섭취 시 유의 사항을 확인하였다. 결국 물을 한 번에 많이 마시면 건강에 해롭고, 목마르지 않은데 마시면 과제 수행 능력이 떨어진다. 문장 추가 가치 언급

⑤ 당연하다고 생각했던 것들이 거짓인 경우도 있는데 물은 많이 마실수록 좋다는 인식도 그러하다. 올바른 물 섭취를 생활화한다면 학습 능력 향상에 도움을 얻을 수 있을 것이다. 문장 추가 가치 언급

둘 • (가)는 글을 쓰기 전 학생이 작성한 메모이고, (나)는 (가)를 작성한 학생이 쓴 글이다. 물음에 답하시오. [4~6]

(2021학년도 대학수학능력시험 9월 모의평가)

(가) 학생의 메모

- 작문 상황: 교내 학생들에게 인포그래픽에 대해 소개하는 글을 써서 교지에 실으려 함.
- 예상 독자가 궁금해 할 만한 내용
  - -어떤 것을 인포그래픽이라고 할까? ……… ㉠
  - -인포그래픽의 유형을 나누는 기준은 무엇일까? ……… ㉡
  - -비상구 표시등의 그래픽 기호도 인포그래픽일까? ……… ㉢
  - -인포그래픽이 글에 비해서 더 나은 점은 무엇일까? ……… ㉣
  - -인포그래픽이 널리 쓰이게 된 배경은 무엇일까? ……… ㉤

(나) 학생의 글

[그림]과 같이 복합적인 정보의 배열이나 정보 간의 관계를 시각적인 형태로 나타낸 것을 '인포그래픽'이라고 한다.

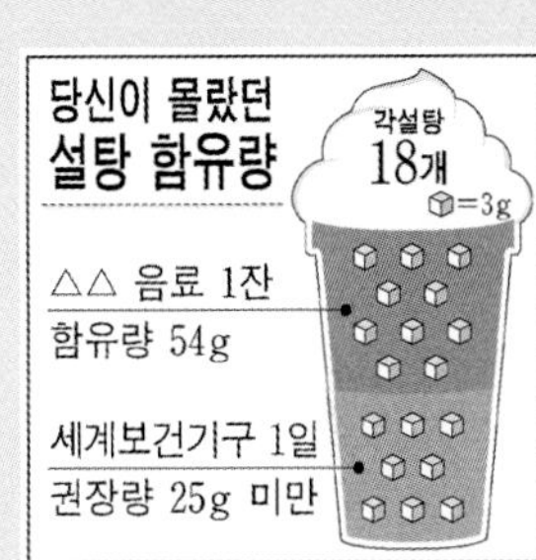

[그림]

인포그래픽에 대한 높은 관심은 시대의 변화와 관련이 있다. 정보가 넘쳐나고 정보에 주의를 지속하는 시간이 점차 짧아지면서, 효과적으로 정보를 전달할 수 있는 인포그래픽에 주목하게 된 것이다. 특히 소셜 미디어의 등장은 정보 공유가 용이한 인포그래픽의 쓰임을 더욱 확대하였다.

인포그래픽과 유사한 것으로, 비상구 표시등의 그래픽 기호처럼 시설이나 사물 등을 상징화하여 표시한 픽토그램이 있다. 그러나 픽토그램은 인포그래픽과 달리 복합적인 정보를 나타내기 어렵다. 예를 들어 컴퓨터를 나타낸 픽토그램은 컴퓨터 자체를 떠올리게 하지만, 인포그래픽으로는 컴퓨터의 작동 원리도 효과적으로 설명할 수 있다.

인포그래픽은 독자의 정보 처리 시간을 절감할 수 있다. 글은 문자 하나하나를 읽어야 정보를 파악할 수 있지만, 인포그래픽은 시각 이미지를 통해 한눈에 정보를 파악할 수 있다. 또한 인포그래픽은 독자의 관심을 끌 수 있다. 김○○ 박사의 논문에 따르면, 인포그래픽은 독자들이 정보에 주목하는 정도를 높이는 효과가 있다고 한다.

시각적인 형태로 복합적인 정보를 나타냈다고 해서 다 좋은 인포그래픽은 아니다. 정보를 한눈에 파악하게 하는지, 단순한 형태와 색으로 구성됐는지, 최소한의 요소로 정보의 관계를 나타냈는지, 재미와 즐거움을 주는지를 기준으로 좋은 인포그래픽인지를 판단해 봐야 한다. 시각적 재미에만 치중한 인포그래픽은 정보 전달력을 떨어뜨릴 수 있다.

[A] 학생들도 쉽게 인포그래픽을 만들 수 있다. 발표를 하거나 보고서를 작성할 때 인포그래픽을 활용해 보면 어떨까? 발표와 보고서의 전달력이 한층 높아질 것이다.

혜정 샘 음성 지원

▶ 이 문제는 (나)의 내용을 확인하는 문제야. ㉠~㉤이 이 문제의 선지가 되는 거지. 독서에서 세부 정보를 확인하는 문제를 풀 때도 각 선지의 내용을 미리 빠르게 훑어보고, 지문을 읽으면서 관련된 선지를 빠르게 판단해 버리는데, 이 문제도 똑같아. ㉠~㉤을 먼저 가볍게 확인한 후 (나)를 읽으면서 (나)에서 다룬 내용이 나오면 바로바로 하나씩 지워 나가면 돼.

오늘의 태그 문제

정답 60쪽

★04 문항 코드 | 22672-0312 정답률 81%

㉠~㉤ 중 (나)에 반영되지 않은 것은?

① ㉠ YES NO ② ㉡ YES NO ③ ㉢ YES NO ④ ㉣ YES NO ⑤ ㉤ YES NO

▶ 고쳐 쓰기 전과 후의 내용이 둘 다 제시될 때는 달라진 점을 찾는 게 가장 먼저 해야 할 일이야. 달라진 점을 찾으면 글을 고쳐 쓴 이유를 추론할 수 있어.

★05 문항 코드 | 22672-0313 정답률 78%

〈보기〉는 [A]의 초고이다. 〈보기〉를 [A]로 고쳐 쓸 때 반영한 친구의 조언으로 가장 적절한 것은?

> 〈보기〉
>
> 지금까지 인포그래픽에 대해 살펴보았다. 인포그래픽의 여러 특성에 비추어 볼 때 앞으로 인포그래픽이 활용되는 분야는 더욱 늘어날 것이다.

① 예상 독자가 탐구해야 할 문제가 포함되도록 써 보는 게 어때? YES NO
② 예상 독자가 얻을 수 있는 효용이 드러나도록 써 보는 게 어때? YES NO
③ 글의 내용에 대해 균형 잡힌 관점이 드러나도록 써 보는 게 어때? YES NO
④ 글의 도입에서 제기한 문제에 대한 답이 포함되도록 써 보는 게 어때? YES NO
⑤ 글의 내용을 설명한 순서대로 요약한 내용이 포함되도록 써 보는 게 어때? YES NO

▶ 각 선지에서 '(나)의 ~과 관련하여'까지의 내용은 판단의 대상을 지정해 주는 말이야. 제시된 글에서 '인포그래픽의 관심 유발 효과', '인포그래픽 연구 논문', '좋은 인포그래픽의 기준', '인포그래픽의 사용 목적', '인포그래픽의 효율성'이라는 정보가 어떻게 활용되고 있는지만 판단하면 돼. 쉽게 말하면 문항에 제시된 글만 정확하게 확인하면 답을 찾을 수 있는 문제이므로, 다시 (나)의 내용을 일일이 확인할 필요는 없어.

★06 문항 코드 | 22672-0314 정답률 78%

다음은 (나)를 읽은 학생이 이를 참고하여 작성한 글의 일부이다. (나)의 정보를 활용한 방식으로 가장 적절한 것은?

> 설문 조사 결과 우리 학교 학생의 90%가 학교 정보 알림판을 읽어 본 적이 없었습니다. 그 이유를 물은 인터뷰에서 학생들 대다수는 '알림판에 관심이 안 생겨서'라고 답했습니다.
>
> 이러한 문제를 해결하기 위해, 알림판을 인포그래픽으로 만들어 주실 것을 건의합니다. 많은 학생들이 인포그래픽을 선호하며, 인포그래픽이 유용하다는 점도 알고 있습니다. 특히 교지의 글에서 인용한 논문을 찾아보니, 인포그래픽을 활용하면 정보에 주목하는 정도가 글만 활용할 때보다 성별이나 나이와 상관없이 2배 정도 높아졌다고 합니다. 또한 인근 학교에서는 학교 신문에 인포그래픽을 추가했더니 학교 신문을 읽는 학생이 3배 늘었다고 합니다. 건의가 수용되면 알림판에 관심을 갖는 학생들이 많아질 것입니다.

① (나)에 언급된 인포그래픽의 관심 유발 효과와 관련하여, 그 효과가 확인된 인근 학교의 사례를 문제 해결 방안의 근거로 제시하였다. YES NO
② (나)에 인용된 인포그래픽 연구 논문과 관련하여, 그 논문의 내용에 대해 추가적으로 조사한 정보를 문제 상황의 내용으로 제시하였다. YES NO
③ (나)에 진술된 좋은 인포그래픽의 기준과 관련하여, 그 기준으로 알림판의 정보가 신뢰할 만한지 평가한 결과를 문제 상황의 내용으로 제시하였다. YES NO
④ (나)에 언급된 인포그래픽의 사용 목적과 관련하여, 그 사용 목적이 무엇인지 교내 학생들에게 설문한 결과를 문제 상황의 내용으로 제시하였다. YES NO
⑤ (나)에 언급된 인포그래픽의 효율성과 관련하여, 그 효율성에 얼마나 공감하는지 교내 학생들에게 인터뷰한 내용을 문제 해결 방안의 근거로 제시하였다. YES NO

셋 • (가)는 학교 신문에 실을 글을 쓰기 위해 학생이 작성한 메모이고, (나)는 이에 따라 쓴 초고이다. 물음에 답하시오. [7-9] 《 2020학년도 대학수학능력시험 》

(가) 학생의 메모

[작문 상황]

◦목적: 지역 방언 보호에 대한 관심 촉구
◦주제: 지역 방언의 보호가 필요하다.
◦예상 독자: 우리 학교 학생들

[독자 분석]

◦지역 방언이 사라져 가는 실태를 잘 모름. ……… ㉠
◦지역 방언의 가치에 대한 인식이 부족함. ……… ㉡

(나) 학생의 초고

세계에서 언어가 사라져 가는 현상은 우리나라 지역 방언에서도 벌어지고 있다. 특히 지역 방언의 어휘는 젊은 세대 사이에서 빠르게 사라져 가고 있는 실정이다. 일례로 한 조사에 따르면 우리 지역의 방언 어휘 중 특정 단어들을 우리 지역 초등학생의 80% 이상, 중학생의 60% 이상이 '전혀 사용하지 않는다.'라고 답했다. 또한 2010년에 유네스코에서는 제주 방언을 소멸 직전의 단계인 4단계 소멸 위기 언어로 등록하였다.

[A] 지역 방언이 사라져 가는 원인은 복합적이다. 서울로 인구가 집중되면서 지역 방언을 사용하는 인구가 감소하였으며, 대중 매체의 영향으로 표준어가 확산되어 가는 것도 한 원인이다.

일부 학생들은 표준어로도 충분히 대화할 수 있다며 지역 방언이 꼭 필요하냐고 말할 수도 있다. 그럼에도 우리는 왜 지역 방언 보호에 관심을 가져야 하는 것일까? 그것은 지역 방언의 가치 때문이다. 지역 방언은 표준어만으로는 표현하기 어려운 감정과 정서의 표현을 가능하게 한다. 그리고 '다슬기' 외에 '올갱이, 데사리, 민물고동'과 같이 동일한 대상을 지역마다 다르게 표현하는 지역 방언이 있는 것처럼 지역 방언은 우리말의 어휘를 더욱 풍부하게 만드는 바탕이 된다.

[B] 지역 방언은 우리의 소중한 언어문화 자산이다. 지역 방언의 세계 문화유산 지정이 시급하다. 사라져 가는 지역 방언의 보호에 관심을 기울이자.

혜정 샘 음성 지원

▶ 심플하게 (나)의 내용 파악을 확인하는 문제야. 선지 미리 빠르게 훑어보고, (나)를 읽으면서 (나)에 그런 내용이 있는지 없는지 확인하면 끝. 4번과 같은 패턴, 같은 출제 의도의 문제인 것을 스스로 판단할 수 있어야 돼.

오늘의 태그 문제

정답 60쪽

★07 문항 코드 | 22672-0315 정답률 88%

㉠, ㉡을 바탕으로 세운 글쓰기 계획 중 (나)에 활용되지 않은 것은?

① ㉠을 고려하여, 우리 지역 학생들의 지역 방언 사용 실태를 보여 주는 조사 결과를 제시한다. YES NO
② ㉠을 고려하여, 소멸 위기 언어로 등록될 정도로 심각한 위기에 처한 지역 방언이 있다는 내용을 제시한다. YES NO
③ ㉠을 고려하여, 문제의식을 환기하기 위해 지역 방언으로 인해 의사소통에 어려움을 겪었던 경험을 제시한다. YES NO
④ ㉡을 고려하여, 예상되는 반론을 제시하며 지역 방언의 보호에 관심을 가져야 하는 이유를 강조한다. YES NO
⑤ ㉡을 고려하여, 지역 방언의 예를 활용하며 지역 방언의 가치를 설명한다. YES NO

▶ 구체적인 수치가 제시되는 자료는 가장 수치가 크거나 작은 항목에 주목해야 돼. 그리고 연도가 구체적으로 제시돼 있을 때는 변화 추이(증가 혹은 감소)가 주는 의미에 주목해야 하고, 전문가의 인터뷰는 주제와 관련한 핵심 정보에 주목해야겠지.

★**08** 문항 코드 | 22672-0316 정답률 75%

다음은 [A]를 보완하기 위해 추가로 수집한 자료이다. 자료 활용 방안으로 가장 적절한 것은?

[자료 1] 언어 의식 조사	[자료 2] 전문가 인터뷰
표준어 사용자가 지역 방언 사용자와 대화할 때 받는 느낌 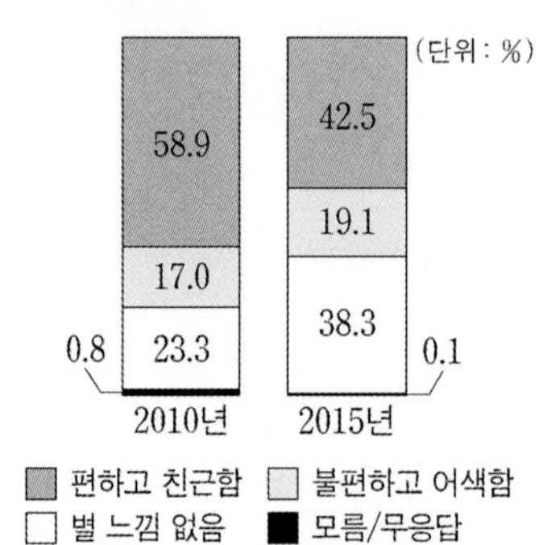 	"방언 사용 지역에서는 관공서와 학교 등에서나 표준어가 높은 비율로 사용되는 것이 일반적이었어요. 그런데 최근 조사 자료에 따르면, 일상생활에서도 표준어가 상당히 높은 비율로 사용되고 있습니다. 아무래도 표준어가 세련된 느낌을 준다고 생각하기 때문이겠지요."

① [자료 1]: 지역 방언에 대한 긍정적 느낌의 비율과 부정적 느낌의 비율 변화 양상이 상반된다는 점에서, 지역 방언에 대한 무관심을 원인으로 추가해야겠군. YES NO

② [자료 1]: 지역 방언 사용자와 대화할 때 받는 느낌의 순위가 변함이 없다는 점에서, 시대의 변화상을 반영하지 못한 지역 방언 교육 정책을 원인으로 추가해야겠군. YES NO

③ [자료 2]: 표준어와 지역 방언을 구분하여 사용해야 한다는 인식이 부족하다는 점에서, 공식적 상황에서의 표준어 사용 교육이 부재한 것을 원인으로 추가해야겠군. YES NO

④ [자료 2]: 공식적 상황에서 사용하는 표준어를 일상에서도 사용하려는 경향이 있다는 점에서, 방언을 사용해도 되는 상황에서도 표준어를 쓰려는 태도를 원인으로 추가해야겠군. YES NO

⑤ [자료 1]과 [자료 2]: 지역 방언에 대한 표준어 사용자와 지역 방언 사용자의 인식이 서로 다르다는 점에서, 대중 매체의 지역 방언에 대한 편향성을 원인으로 추가해야겠군. YES NO

▶ 이 문제는 고쳐 쓰기 전과 후가 두 세트 제시돼 있는 거야. [B]와 고친 글, 고친 글과 다시 고친 글. 각각 고쳐쓰기 후 달라진 부분을 체크해서 고쳐 쓴 이유를 추론할 수 있어야 돼.

★09 문항 코드 | 22672-0317 정답률 64%

다음은 학생이 [B]를 고쳐 쓰는 과정의 일부이다. ⓐ, ⓑ에 해당하는 내용을 바르게 짝지은 것은?

점검	[B]에는 (ⓐ)해야겠다.

↓

고친 글	지역 방언은 지역의 고유한 문화와 정서를 담고 있다는 점에서 우리의 소중한 언어문화 자산이다. 우리의 언어문화를 전 세계에 알릴 수 있기 때문에 지역 방언의 세계 문화유산 지정이 시급하다. 사라져 가는 지역 방언의 보호에 관심을 기울이자.

↓

재점검	고친 글을 읽어 보았는데 (ⓑ)해야겠다.

↓

다시 고친 글	지역 방언은 지역의 고유한 문화와 정서를 담고 있다는 점에서 우리의 소중한 언어문화 자산이다. 사라져 가는 지역 방언의 보호에 관심을 기울이자.

① ⓐ: 문장의 내용을 뒷받침하는 근거가 없으니 이를 추가 YES NO
ⓑ: 글의 흐름에서 벗어나는 문장이 있으니 이를 삭제 YES NO

② ⓐ: 문단이 완결되지 않았으니 마무리하는 문장을 추가 YES NO
ⓑ: 글의 통일성을 해치는 문장이 있으니 이를 삭제 YES NO

③ ⓐ: 문장 간 연결이 긴밀하지 않으니 연결 표현을 추가 YES NO
ⓑ: 의미가 중복되는 문장이 있으니 이를 삭제 YES NO

④ ⓐ: 글의 목적에 부합하는 정보가 부족하니 이를 추가 YES NO
ⓑ: 글의 맥락에 부적합한 담화 표지가 있으니 이를 삭제 YES NO

⑤ ⓐ: 주요 개념의 설명이 부족하니 부연 설명을 추가 YES NO
ⓑ: 앞 문단에서 다룬 중복된 내용이 있으니 이를 삭제 YES NO

● 열공 날짜 　　년 　　월 　　일

40 작문 2

개념 태그 #작문은 개념보단 패턴 #기출문제 분석이 제1의 기본 #작문 문제 패턴 및 접근법 #문제 풀이 전략으로 시간 단축

▶▶▶ 기억 안 나면? 개념의 나비효과 2권 243쪽으로!

40강에서는 화법과 작문 통합 세트들로 연습해 볼 거야. 화법과 작문은 다르지만 또 비슷하다고 했지? 화법과 작문을 각각 따로 잘 연습해 놓고, 통합 지문을 어려워 할 필요는 없어. 했던 대로 그대로 접근 방법을 적용하면 돼.
워크북 연습이 끝나도 앞으로 기출문제와 2026 수능을 위한 연계 교재의 문제들에 계속 적용 연습을 하면서 문제 접근법을 완벽한 내 것으로 만들어야 돼. 어느 순간 '이제 화작은 된 거 같아.'라는 생각이 들 수도 있어. 그렇다고 아예 화작을 놓으면 안 된다. 매일은 아니더라도 일주일에 한두 번은 화작을 실전처럼 풀어 보는 연습을 조금씩 해 나가는 게 좋아. 수능 날 화작에서 실수하지 않고 다 맞는 것이 목표라는 거 잊지 마. :)

넷 • (가)는 한 학생이 학교 홈페이지 '자유 게시판'에 올린 글이고, (나)는 이를 바탕으로 학생회 학생들이 나눈 대화이며, (다)는 학생회 학생들이 작성한 건의문이다. 물음에 답하시오. [10-13] (2021학년도 대학수학능력시험 6월 모의평가)

(가)

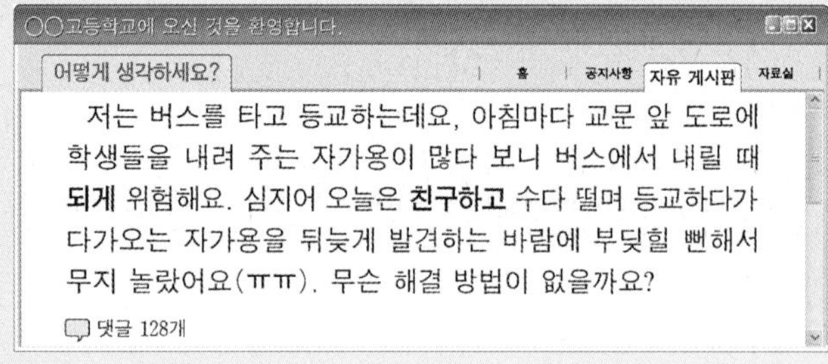
○○고등학교에 오신 것을 환영합니다.
어떻게 생각하세요? | 홈 | 공지사항 | 자유 게시판 | 자료실

저는 버스를 타고 등교하는데요, 아침마다 교문 앞 도로에 학생들을 내려 주는 자가용이 많다 보니 버스에서 내릴 때 **되게** 위험해요. 심지어 오늘은 **친구하고** 수다 떨며 등교하다가 다가오는 자가용을 뒤늦게 발견하는 바람에 부딪힐 뻔해서 무지 놀랐어요(ㅠㅠ). 무슨 해결 방법이 없을까요?

댓글 128개

(나)

학생 1: 어제 학교 **홈피** '자유 게시판'에 올라온 글 봤어?
학생 2: 아, 등굣길 문제?
학생 3: 나도 봤어. 조회 수도 엄청나고, 댓글을 보니 공감하는 애들이 **되게** 많더라.
학생 1: 그래서 말인데, 안전한 등굣길을 만들기 위해 학생회 차원에서 건의문을 써서 게시하는 건 어때?
학생 3: (고개를 끄덕이며) 좋은 생각이야.
학생 1: 내 생각엔 첫째로, 일단 학생들이 **학교 올 때** 자가용 이용은 자제하자고 제안하면 좋겠어.
학생 2: 그런데, 자가용 등교는 대부분 사정이 있는 거 아닐까? 다리를 다쳤거나 집이 너무 멀거나 하는.
학생 1: 내 기억에 차에서 내리는 애들 중 다리가 불편해 보이는 경우는 별로 없던데? 집도 멀지 않은데 차 타고 오는 애들도 많이 봤고. [A]
학생 3: 어떤 방법으로 학교에 오든 그건 개인의 선택에 맡겨야 할 문제 아닐까?
학생 1: 그렇다 해도 댓글 보면 많은 애들이 자가용 등교 때문에 등굣길이 안전하지 않다고 여기는 건 분명해 보여. 누군가의 선택이 다른 많은 사람들을 불편하게 한다면 그건 문제가 있다고 봐야지.
학생 2: 그렇다고 특별한 사정이 있는 애들까지 자가용 등교를 미안해 하게 만들 필요는 없잖아? [B]
학생 3: 그럼 글 쓸 때 이런 경우는 이해해 주자고 따로 언급하는 건 어때?
학생 1: 그 정도면 괜찮겠다. 자가용을 이용하지 않았을 때 남은 물론 자기한테도 좋은 점이 있다는 것도 알려 주면 좋겠어.
학생 3: 응. 그리고 다른 사람의 자가용 등교 때문에 위험했던 적이 있는 학생들은 그 기억을 떠올리게 해 주자. 실제 자가용 등교로 인한 사고가 얼마나 많은지 자료도 찾아 제시하고.

학생 2: 그래. 그럼 이제 등굣길 안전을 위해 추가로 제안할 게 뭐가 있을지 생각해 보자. 아, 등굣길에 주변을 살피며 걸어야 한다는 건 어때?

학생 1: 나도 너하고 같은 생각 했는데. 그럼 우리 지금까지 이야기한 내용을 정리해서 학교 게시판에 올려 보자.

(다)

학생 여러분, 안녕하세요? 제28대 학생회입니다.

오늘 아침 여러분의 등굣길은 어떤 모습이었나요? 안전했나요?

㉠최근 학교 **홈페이지**에 올라온 글처럼, 여러분도 **학교에 올 때** 누군가 등교에 이용한 자가용으로 인해 놀라거나 위험에 처한 적이 있을 것입니다. ㉡자가용 등교는 자신의 등굣길은 편하게 해 주지만 다른 학생들의 등굣길을 혼잡하고 위험하게 만들기도 합니다. ㉢□□ 경찰서의 자료에 따르면, 우리 지역 학교 앞 교통사고 발생률은 일과 시간과 대비하여 등교 시간에 67% 정도 높다고 합니다. 여러분이 타고 온 차도 다른 학생들에게 해가 될 수 있습니다. 특히 우리 학교 앞 도로는 유난히 좁다 보니 횡단보도에 정차하는 경우도 많아 몹시 위험합니다.

㉣물론 걷기가 불편하거나 집이 많이 먼 경우는 자가용 등교가 불가피할 수 있습니다. 그러나 이런 경우가 아니라면, 안전한 등굣길을 위해 우선 자가용 이용을 자제하는 것이 필요합니다.

또한 안전한 등굣길을 만들려면 주변을 살피며 걷는 습관도 필요합니다. 휴대 전화를 보거나 이어폰을 꽂고 걷다 보면 차가 오는 것을 보지 못해 위험해질 수 있기 때문입니다.

우리가 조금만 노력하면, 차에 놀라며 걷는 대신 친구와 함께 여유로운 발걸음으로 교문을 들어서는 아침 풍경을 만들 수 있습니다. 또, 자가용을 이용할 필요가 없게 부지런히 등교 준비를 하다 보면 규칙적인 생활 습관도 갖게 될 것입니다.

㉤여러분은 안전한 등굣길을 만들고 싶지 않으신가요? 그러려면 자가용 이용은 자제하고 주변을 살피며 걸어 주세요. 다 함께, 평화로운 등교 장면을 상상이 아닌 현실로 만듭시다.

긴 글 읽어 주셔서 감사합니다.

2020년 △월 △일

○○고등학교 학생회

혜정 샘 음성 지원

▶ (가)~(다)를 통해 알 수 있는 다양한 화법과 작문의 상황적 특징을 이해하고 있는지 묻는 문제야. '홈페이지의 자유 게시판이라는 온라인 공간의 게시 글', '실제 친구들과의 대화 상황', '공식적인 성격의 건의문'의 특성을 잘 파악해서 비교할 수 있어야 돼.

오늘의 태그 문제

정답 62쪽

★**10** 문항 코드 | 22672-0318 정답률 76%

(가)~(다)를 비교하여 이해한 내용으로 적절하지 않은 것은?

① 개인의 경험을 이야기하는 (가)보다 공식적인 성격이 강한 (다)에서 격식을 갖춘 표현이 더 두드러지게 나타나는군. YES NO

② (나)의 '홈피'와 (다)의 '홈페이지'를 비교해 보면, (다)에서는 줄인 말을 되도록 쓰지 않는 문어적인 특징을 확인할 수 있군. YES NO

③ (가), (나)는 (다)와 달리 의사소통 참여자들이 시간과 공간을 모두 공유하는 상황이므로 (가), (나)에는 언어적 표현 외에 준언어적 표현도 함께 나타나는군. YES NO

④ (나)의 '학교 올 때', '우리'와 (다)의 '학교에 올 때', '우리가'를 비교해 보면, (나)에서는 조사의 생략이 문어보다 자유롭게 허용되는 구어적인 특징을 확인할 수 있군. YES NO

⑤ (가)는 (다)처럼 문어 상황이지만 (가)의 '되게', '친구하고', (나)의 '되게', '너하고', (다)의 '몹시', '친구와'를 비교해 보면, (가)에서는 (나)에서처럼 구어적인 특징을 확인할 수 있군. YES NO

▶ 판단해야 하는 범위가 지정돼 있으므로, [A]의 대화 장면을 확인한 뒤에 바로 ①, ②, ⑤번 선지의 적절성 판단, [B]의 대화 장면을 확인한 다음에는 ③, ④, ⑤번 선지의 적절성을 판단하면 돼.

★11 문항 코드 | 22672-0319 정답률 81%

[A], [B]에 대한 설명으로 가장 적절한 것은?

① [A]에서 '학생 1'은 '학생 2'의 발화를 듣고 자신이 확인한 주변 상황을 근거로 들어 '학생 2'의 의견을 뒷받침하고 있다. Ⓐ
② [A]에서 '학생 3'은 '학생 1'의 발화 중 일부를 재진술하여 '학생 1'이 제시한 상황에 대한 자신의 이해가 정확한지 확인하고 있다. Ⓐ
③ [B]에서 '학생 1'은 자신의 관점과 상반되는 다수의 생각을 언급하며 자신의 의견이 지닌 차별성을 부각하고 있다. Ⓑ
④ [B]에서 '학생 3'은 '학생 2'가 한 말을 요약하며 '학생 2'의 견해가 지닌 한계를 드러내고 있다. Ⓑ
⑤ [A], [B] 모두에서 '학생 2'는 질문의 형식을 활용하여 '학생 1'의 의견에 대해 추가로 생각할 점이 있음을 밝히고 있다. ⒶⒷ

▶ 지문을 읽기 전에 선지를 빠르게 먼저 훑어 읽는 게 더 유리한 패턴의 문제들이 있다고 했지? 그럼 12번은? 이 문제는 지문 읽기 전에 선지들을 빠르게 훑어 읽는 게 좋을까? 아니, 이렇게 **판단해야 할 범위가 ㉠, [A] 등으로 분명하게 지정돼 있는 선지는 미리 읽을 필요가 없어.** 지문을 읽다가 ㉠~㉤이 나오면 그 부분을 먼저 읽고, 그에 대한 설명인 선지를 그때 읽으면 되는 거니까. **시간을 단축하려면 중복해서 읽는 횟수를 줄여야** 하는 거야. 지문 읽기 전에 어떤 문제와 선지를 미리 확인할 것인지 빠르고 정확하게 판단할 수 있어야 돼. 그건 **연습**을 통해 만들어져. 화작이 독서나 문학보다 상대적으로 쉬운 영역일지라도 꾸준히 연습해 나가야 하는 이유, 알겠지?

★12 문항 코드 | 22672-0320 정답률 84%

〈보기〉를 참고할 때, ㉠~㉤에 대한 반응으로 가장 적절한 것은?

> 〈보기〉
> 글을 쓸 때는 설득 전략과 표현 방식을 활용하여 설득 효과를 높일 수 있다. 논리적 추론을 강조하는 이성적 설득 전략에는 전문가 소견이나 객관적 자료 활용하기, 예상 반론을 언급하고 필자의 주장이 우위에 있음을 드러내기 등이 있다. 독자의 감정에 호소하는 감성적 설득 전략에는 독자의 공감을 얻기 위해 독자나 필자의 경험을 언급하기 등이 있다. 또한 표현 방식으로는 이중 부정이나 설의법 등이 활용된다.

① ㉠에서 현안과 관련한 예상 독자의 경험을 언급한 것은 필자의 주장이 전문가의 의견에 부합함을 강조하고 있다고 볼 수 있겠어. YES NO
② ㉡에서 필자의 경험을 제시하고 그와 대비되는 예상 독자의 경험을 제시한 것은 독자의 감정에 호소하여 설득의 효과를 높이고 있다고 볼 수 있겠어. YES NO
③ ㉢에서 구체적인 수치를 사용하여 현황을 보여 준 것은 객관적인 자료를 제시하여 이성적 설득 전략을 활용한 것으로 볼 수 있겠어. YES NO
④ ㉣에서 예상 독자가 제기할 수 있는 이견을 언급한 것은 그 의견이 실현 불가능한 것임을 밝혀 필자의 주장이 우위에 있음을 드러내기 위한 것으로 볼 수 있겠어. YES NO
⑤ ㉤에서 현재의 상황이 지속됨으로써 발생할 결과를 설의적인 표현으로 제시한 것은 표현 방식을 활용하여 설득적 효과를 높이고 있는 것으로 볼 수 있겠어. YES NO

▶ (다)는 ⓐ~ⓔ에 따라 내용이 전개되고 있잖아. 그러니까 (다)를 읽으면서 그 내용 전개에 따라 ①~⑤의 적절성을 바로바로 판단하면 돼. 선지의 길이가 긴 편인데, 각 선지가 전반부와 후반부로 나뉘는 게 보이지? 어디에 더 무게를 둬야 할까? 문제는 굉장히 복잡하게 표현돼 있지만, 결국 심플하게 말하자면 (다)의 내용을 파악해 보라는 거거든. 그러니까 각 선지의 후반부에 무게를 두어 판단해야 한다는 걸 빠르게 눈치채야 돼.

★13 문항 코드 | 22672-0321 정답률 79%

〈보기〉는 (나)를 반영하여 (다)를 쓸 때 적용한 내용 전개 과정이다. 〈보기〉의 ⓐ~ⓔ에 따라 (나)와 (다)를 관련지어 이해한 내용으로 적절하지 않은 것은?

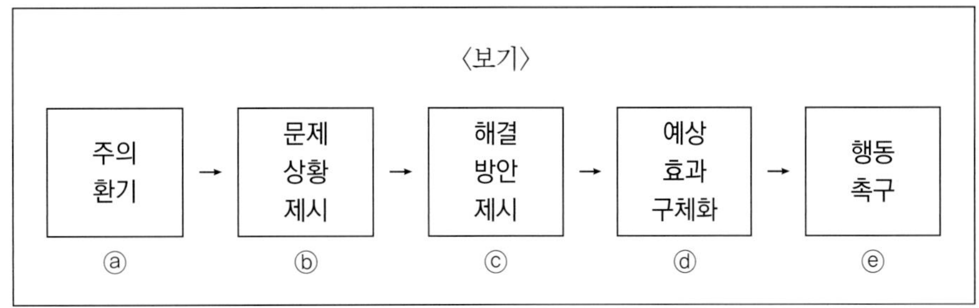

① ⓐ: (나)에서 안전한 등굣길 만들기를 화제로 삼았던 것을 반영하여, (다)에서는 이와 관련한 독자의 일상을 떠올려 보게 함으로써 화제에 대한 주의를 환기하고 있다. YES NO

② ⓑ: (나)에서 자가용 등교로 인해 등굣길이 위험하다는 인식을 드러낸 것을 반영하여, (다)에서는 자가용 등교가 학교 주변 환경과 맞물려 심각한 문제가 되고 있음을 제시하고 있다. YES NO.

③ ⓒ: (나)에서 자가용 이용이 불가피한 학생이 있음을 언급한 것을 반영하여, (다)에서는 집이 먼 경우 부지런히 등교 준비를 해야 한다는 것을 해결 방안으로 제시하고 있다. YES NO

④ ⓓ: (나)에서 자가용 등교 자제가 자신에게도 좋은 점이 있음을 알려 주자고 한 의견을 반영하여, (다)에서는 자가용 이용을 자제했을 때 예상되는 긍정적 변화를 구체화하고 있다. YES NO

⑤ ⓔ: (나)에서 등굣길 안전을 확보하기 위한 방법으로 언급한 제안들을 반영하여, (다)에서는 등교 시에 유념할 행동 방향을 제시하며 독자가 이를 실천하도록 촉구하고 있다. YES NO

다섯 • (가)는 텔레비전 방송의 인터뷰이고, (나)는 (가)를 시청하고 산림 치유 프로그램에 참여한 학생이 쓴 수기이다. 물음에 답하시오. [14-17] (2021학년도 대학수학능력시험 9월 모의평가)

(가)

진행자: 산림 치유에 대해 알아보고자 ◇◇ 국립 산림 치유원의 산림 치유 지도사 이○○님을 모셨습니다. 안녕하세요.

지도사: 안녕하세요.

진행자: 시청자 분들께 산림 치유와 산림 치유 프로그램에 대해 간단히 소개해 주시겠어요?

지도사: 산림 치유란 피톤치드, 나뭇잎의 초록색 등과 같은 숲의 환경 요소로 심신의 건강을 회복시키는 것입니다. 산림욕, 숲 치료라고들 하시는데요, 공식 명칭은 산림 치유입니다. 산림 치유원과 치유의 숲에서는 숲 명상, 숲 체조 등의 활동으로 구성된 다양한 산림 치유 프로그램을 운영하고 있습니다. 저희가 운영하고 있는 숲 명상 사례를 잠시 보여 드리겠습니다. (동영상 제시) 시청자 분들께서는 화면을 보시면서, 숲의 소리에 귀 기울여 보세요. 숲의 짙은 녹음과 맑은 새소리에 마음이 편안해지실 겁니다.

진행자: (동영상을 보고 나서) 숲에서의 활동이 실감 나게 느껴지네요. 실제로 체험하면 훨씬 좋겠습니다. 중·장년층이 주로 이런 활동에 참여할 거라고 많은 분들이 생각하시는데, 실제로는 그렇지 않죠?

지도사: 청소년부터 노년층까지 폭넓은 연령층이 참여합니다. 최근에는 청소년 대상 프로그램의 인기가 높습니다.

진행자: 제 생각에는 청소년들이 학업 등으로 힘들어하는 경우가 많아져서 그런 것 같네요. 산림 치유 프로그램에 참여하면 어떤 점이 좋나요?

지도사: 요즘 스트레스 때문에 힘들어하는 분들이 많으시죠? 진행자께서도 스트레스 때문에 힘들었던 적 있으신가요?

진행자: 네, 업무 처리가 생각만큼 잘 진행되지 않아서 스트레스를 받았던 적이 있습니다. 그럴 땐 좀 힘들죠.

지도사: 스트레스는 마음을 지치게 하죠. 그럴 때 산림 치유 프로그램이 도움이 될 수 있습니다. (표 제시) 이 표는 저희가 프로그램 참가자의 스트레스 정도를 조사한 자료인데요, 참가 전과 후를 비교해 보면 두 집단 모두 스트레스 점수의 평균값이 절반 이하로 감소했음을 알 수 있습니다.

진행자: 산림 치유 프로그램의 효과를 잘 알 수 있네요.

지도사: 진행자께서도 참여하시면 스트레스가 줄어들고 마음이 좀 편해지실 겁니다. 꼭 한번 참여해 보세요.

진행자: 네, 그러겠습니다. 그러면 프로그램 운영 장소에 대해 알려 주시겠어요?

지도사: (그림 제시) 이렇게 한 곳의 산림 치유원과 스물일곱 곳의 국공립 치유의 숲이 여러 시·도에 분산돼 운영되고 있습니다. 적절한 장소를 골라 참가 신청을 하고 이용하시면 됩니다.

진행자: 말씀하신 참가 신청은 어떻게 할 수 있나요?

지도사: △△누리집에 신청 방법과 프로그램 정보가 안내되어 있으니, 그에 따라 신청하시면 됩니다.

진행자: 끝으로 시청자 분들께 한 말씀 해 주시죠.

지도사: 숲은 마음을 토닥여 주는 친구입니다. 숲으로 오세요.

진행자: 오늘 좋은 말씀 감사합니다.

(나)

내성적인 성격 때문에 고민이 많았다. 내 생각을 표현하고 친구들에게 말을 거는 것이 쉽지 않아 속상했고, 스트레스를 받았다. 그러던 중 산림 치유에 대한 방송 인터뷰를 보게 되었다. 인터뷰에서는 산림 치유 프로그램이 스트레스를 낮춰 준다고 했다. 그런 점이 나에게 도움이 될 것 같아 산림 치유 프로그램에 참여하기로 마음먹었다.

내 생각과 달리 인터뷰에서는 산림 치유 프로그램에 어른들만 참여하는 것이 아니라고 했다. '내 또래의 다른 청소년들도 산림 치유 프로그램을 많이 찾는구나.' 하고 생각했다. 그런데 인터뷰 내용만으로는 내게 맞는 청소년 프로그램이 언제, 어디서 열리는지 알 수 없었다. 그래서 인터뷰에서 알려 준 누리집에 들어가 보니 자세한 내용을 확인할 수 있었다. □□ 치유의 숲에서 운영하는 산림 치유 프로그램의 하나인 '쉼숲' 프로그램이 마음에 들었다.

'쉼숲' 프로그램에서 제일 좋았던 활동은 '나무와 대화하기'였다. 내 마음에 드는 나무를 하나 골라 그 나무와 20분 동안 대화하는 활동이었다. 나무에 귀를 대고 숲의 소리를 들어 보기도 하고, 그동안 하지 못했던 이야기를 나무에게 털어놓기도 했다. 친구들에게 나를 표현하지 못해 답답했던 것, 그런 내 모습 때문에 힘들었던 일들을 이야기했다. 그러고 나니 마음이 후련해지면서 고민하던 나 자신의 모습을 한 발짝 물러서서 바라볼 수 있었다. 인터뷰에서 숲을 '마음을 토닥여 주는 친구'라고 했던 말이 마음에 와닿았다.

[A]

혜정 샘 음성 지원

▶ 화법의 단골 문제 패턴이지? '자신의 의견 덧붙이기', '내용 바로잡아 주기', '추가 정보 요청하는 질문', '경험 언급', '기대되는 긍정적인 결과 언급', '참여 권유'와 같은 말하기 방식을 확인하는 대로 바로바로 해당하는 선지를 지워 버리면 돼. yes에 표시하면 되겠지?

▶ 선지를 기준으로 자료의 내용을 확인해 봐. ①, ②는 [질문 1]에 대한 내용이니까, ㉠과 연결 지어 ①, ②의 적절성을 먼저 판단하고, 그 다음에 ③, ④의 적절성을 판단하기 위해 [질문 2]와 ㉡을 연결해 생각해 보는 거야. 마지막에 [질문 3]과 ㉢을 연결해서 ⑤번 선지를 판단하면 되는 거지. 만약에 제시된 순서대로 <보기 1>을 읽고 <보기 2>의 자료들을 확인한 다음에, 선지 ①부터 ⑤까지를 순서대로 읽으면서 그 적절성을 판단하려면, <보기 1>과 <보기 2>를 다시 읽고 다시 생각하고 판단하는 데에 걸리는 시간이 몇 배로 늘어나게 되거든. 자료와 선지들을 어떤 순서로 어떻게 조합해서 빠르게 확인하고 정답을 찾을 것인지를 계획할 수 있어야 돼.

오늘의 태그 문제

정답 62쪽

★14 문항 코드 | 22672-0322 정답률 86%

(가)에 나타난 의사소통 방식으로 적절하지 않은 것은?

① '진행자'는 '지도사'의 답변에 자신의 의견을 덧붙이고 있다. YES NO
② '지도사'는 '진행자'가 잘못 이해하고 질문한 내용을 바로잡아 주고 있다. YES NO
③ '진행자'는 '지도사'의 답변에 대한 추가 정보를 요청하는 질문을 하고 있다. YES NO
④ '진행자'는 자신의 경험을 언급하며 '지도사'의 질문에 대해 답변하고 있다. YES NO
⑤ '지도사'는 기대되는 긍정적인 결과를 언급하며 '진행자'의 참여를 권유하고 있다. YES NO

★15 문항 코드 | 22672-0323 정답률 89%

〈보기 1〉은 '지도사'가 받은 전자 우편의 내용이고, 〈보기 2〉는 '지도사'가 인터뷰를 위해 준비한 자료이다. ㉠~㉢의 활용 계획 중 (가)에 드러나지 않은 것은?

〈보기 1〉

방송국입니다. 인터뷰 질문을 보내 드리니, 답변과 자료를 준비해 주세요. 추가 질문이 있으면 다시 연락드리겠습니다.
[질문 1] 산림 치유와 산림 치유 프로그램을 간단히 소개해 주시겠어요?
[질문 2] 산림 치유 프로그램의 긍정적 효과에 대해 소개해 주시겠어요?
[질문 3] 프로그램 운영 장소에 대한 정보를 알려 주시겠어요?

〈보기 2〉

㉠[동영상]
◦내용: '숲 명상' 참가자들이 숲에서 새소리 등 숲의 소리를 들으며 명상하는 장면 (1분 분량)

㉡[표]
산림 치유 프로그램 참가자 집단의 스트레스 점수 평균값 변화

참가자 집단	참가 전 점수 평균값	참가 후 점수 평균값
A직업군	36.6점	12.4점
B직업군	34.3점	10.8점

※32~49점 구간: '스트레스 관련 질환 주의군'에 해당함.

㉢[그림]

① [질문 1]에 대한 답변 과정에서 ㉠을 제시하며, 실제 산림 치유 프로그램 활동을 간접 체험해 보도록 안내해야겠군. YES NO
② [질문 1]에 대한 답변 과정에서 ㉠을 제시하여, 영상과 소리를 통해 산림 치유 프로그램 활동을 생생하게 전달해야겠군. YES NO
③ [질문 2]에 대한 답변 과정에서 ㉡을 제시하여, 수치 변화로 알 수 있는 산림 치유 프로그램의 효과를 보여 줘야겠군. YES NO
④ [질문 2]에 대한 답변 과정에서 ㉡을 제시하며, 많은 직장인이 스트레스 관련 질환 주의군에 속한다는 점을 언급해야겠군. YES NO
⑤ [질문 3]에 대한 답변 과정에서 ㉢을 제시하며, 산림 치유 프로그램 운영 장소의 수와 분포에 대한 정보를 제공해야겠군. YES NO

▶ 16번의 선지도 13번처럼 선지를 전반부와 후반부로 나눌 수 있어. 이런 선지의 전반부는 대부분 선지 전체를 판단할 때의 전제 조건이 되기 때문에 적절성 판단의 대상이 아닐 때가 많아. YES NO를 판단해야 하는 포인트는 대부분 선지의 후반부에 있다는 점을 참고하자.

★16 문항 코드 | 22672-0324 정답률 87%

(가)와 (나)를 고려할 때, 학생이 글을 쓰기 위해 떠올렸을 생각으로 적절하지 않은 것은?

① 인터뷰에서 숲을 비유적으로 표현했는데, 그 어구를 활용해 산림 치유 프로그램이 나에게 도움이 되었음을 제시해야겠다. YES NO

② 인터뷰에서 산림 치유 프로그램이 스트레스 해소에 좋다고 했는데, 그 점이 프로그램에 참여하는 계기였음을 밝혀야겠다. YES NO

③ 인터뷰에서 산림 치유 프로그램에 청소년들도 참가한다고 했는데, 이 말을 듣고 산림 치유 프로그램에 대한 기존의 생각이 바뀌었음을 밝혀야겠다. YES NO

④ 인터뷰에서 숲의 환경 요소가 심신에 좋은 영향을 준다고 했는데, 산림 치유 프로그램에서 만난 다른 사람들도 좋은 영향을 받았음을 언급해야겠다. YES NO

⑤ 인터뷰에서 청소년을 대상으로 하는 산림 치유 프로그램의 운영 시기와 장소에 대한 정보를 얻지 못했는데, 이에 대한 구체적 정보를 누리집에서 찾을 수 있었음을 언급해야겠다. YES NO

▶ 조건에 따라 올바르게 표현할 수 있는지를 묻는 문제야. 제시된 조건이 몇 개인지를 구체적으로 항목화 한 다음에 모든 조건을 충족한 선지를 찾아야 한다고 했어. 17번 문제는 세 가지 조건을 제시하고 있어. 신속, 정확하게 조건들을 체크해 보자.

화법과 작문 영역의 연습이 벌써 끝나 버렸어. 워크북에서의 연습은 끝났지만, 알게 된 문제 패턴과 문제 접근 방법으로 기출문제와 연계 교재의 화법과 작문 영역 문제들에 적용 연습, 꼭 꾸준히 하는 거다! :)

★17 문항 코드 | 22672-0325 정답률 89%

다음을 고려할 때, [A]에 들어갈 내용으로 가장 적절한 것은?

〈보기〉

[글쓰기 과정에서의 자기 점검]

체험의 의미가 부각되도록 '쉼숲' 프로그램에 참여하기 전과 후의 내 마음 상태를 모두 표현해야겠어. 그리고 삶의 자세에 대한 다짐을 나타내야지.

① 주말에 집에만 틀어박혀 지내던 나는 이제 주말이 오면 종종 숲으로 향한다. 숲이 내가 믿고 기댈 수 있는 친구가 되었기 때문이다. 참여 전 참여 후 다짐

② 고민거리를 지니고 있던 나는 나무와 대화를 나눈 후 마음의 짐을 덜어 낼 수 있었다. 산림 치유의 효과를 실감한 뜻깊은 시간이었다. 참여 전 참여 후 다짐

③ 인터뷰에서 알게 된 산림 치유 프로그램을 직접 경험해 보니 정말 만족스러웠다. 앞으로 힘든 일이 생길 때마다 숲을 찾아가 숲의 응원을 받고 와야겠다. 참여 전 참여 후 다짐

④ 이제 나는 집에 돌아와 다시 일상을 보내고 있다. 나를 따뜻하게 맞아 주던 숲을 기억하면서 나도 다른 사람들에게 향기로운 사람이 되려고 노력할 것이다. 참여 전 참여 후 다짐

⑤ 성격 때문에 속상해하던 나는 나무와 대화를 나누고 나서, 속상했던 마음이 풀리고 내 성격을 인정하게 되었다. 이제 내 모습을 아끼며 살아갈 것이다. 참여 전 참여 후 다짐

개념의 나비효과 워크북

계획표 & 복습노트

(언매 선택)

내 공부 시간은 내가 결정하고 내가 지킨다!

공부한 내용	공부한 날	지문	나의 이해도	복습 필요	복습한 날
01 시 읽기 매뉴얼	월 일	하나	上□ 中□ 下□	□	월 일
		둘	上□ 中□ 下□	□	월 일
		셋	上□ 中□ 下□	□	월 일
02 화자 씨의 모든 것	월 일	넷	上□ 中□ 下□	□	월 일
		다섯	上□ 中□ 下□	□	월 일
		여섯	上□ 中□ 下□	□	월 일
03 시상 전개 방식	월 일	일곱	上□ 中□ 下□	□	월 일
		여덟	上□ 中□ 下□	□	월 일
		아홉	上□ 中□ 下□	□	월 일
04 시의 형상성	월 일	열	上□ 中□ 下□	□	월 일
		열하나	上□ 中□ 下□	□	월 일
		열둘	上□ 中□ 下□	□	월 일
05 시의 함축성	월 일	열셋	上□ 中□ 下□	□	월 일
		열넷	上□ 中□ 下□	□	월 일
		열다섯	上□ 中□ 下□	□	월 일
06 시의 표현법 몽땅	월 일	열여섯	上□ 中□ 下□	□	월 일
		열일곱	上□ 中□ 下□	□	월 일
		열여덟	上□ 中□ 下□	□	월 일
07 고전 시가, 읽기 & 갈래	월 일	열아홉	上□ 中□ 下□	□	월 일
		스물	上□ 中□ 下□	□	월 일
		스물하나	上□ 中□ 下□	□	월 일
08 고전 시가, 주제 & 발상	월 일	스물둘	上□ 中□ 下□	□	월 일
		스물셋	上□ 中□ 下□	□	월 일
		스물넷	上□ 中□ 下□	□	월 일
09 소설 읽기 매뉴얼	월 일	스물다섯	上□ 中□ 下□	□	월 일
		스물여섯	上□ 中□ 下□	□	월 일
10 서술자 씨의 모든 것	월 일	스물일곱	上□ 中□ 下□	□	월 일
		스물여덟	上□ 中□ 下□	□	월 일
11 소설의 구성 & 배경 & 갈등	월 일	스물아홉	上□ 中□ 下□	□	월 일
		서른하나	上□ 中□ 下□	□	월 일
12 고전 소설의 모든 것	월 일	서른둘	上□ 中□ 下□	□	월 일
		서른셋	上□ 中□ 下□	□	월 일
13 묻어가는 수필 & 극	월 일	서른넷	上□ 中□ 下□	□	월 일
		서른다섯	上□ 中□ 下□	□	월 일
14 독서 지문 읽기 매뉴얼	월 일	하나	上□ 中□ 下□	□	월 일
		둘	上□ 中□ 下□	□	월 일
15 독서 지문 속, 개념-특징-사례	월 일	셋	上□ 中□ 下□	□	월 일
		넷	上□ 中□ 下□	□	월 일
16 독서 지문 속, 관점-차이	월 일	다섯	上□ 中□ 下□	□	월 일
		여섯	上□ 中□ 下□	□	월 일

공부한 내용	공부한 날	지문	나의 이해도	복습 필요	복습한 날
17 독서 지문 속, 원리-과정	월 일	일곱	上□ 中□ 下□	□	월 일
		여덟	上□ 中□ 下□	□	월 일
18 독서 지문 속, 원리-방법	월 일	아홉	上□ 中□ 下□	□	월 일
		열	上□ 中□ 下□	□	월 일
19 독서, 고난도란 이런 것	월 일	열하나	上□ 中□ 下□	□	월 일
		열둘	上□ 中□ 下□	□	월 일
20 국어의 9품사 1	월 일	1~5번	上□ 中□ 下□	□	월 일
		6~10번	上□ 中□ 下□	□	월 일
21 국어의 9품사 2	월 일	1~5번	上□ 中□ 下□	□	월 일
		6~10번	上□ 中□ 下□	□	월 일
22 형태소&단어	월 일	1~5번	上□ 中□ 下□	□	월 일
		6~10번	上□ 中□ 下□	□	월 일
23 단어의 형성&의미	월 일	1~5번	上□ 中□ 下□	□	월 일
		6~10번	上□ 中□ 下□	□	월 일
24 문장 성분	월 일	1~5번	上□ 中□ 下□	□	월 일
		6~10번	上□ 中□ 下□	□	월 일
25 문장의 짜임새	월 일	1~5번	上□ 中□ 下□	□	월 일
		6~10번	上□ 中□ 下□	□	월 일
26 종결 & 높임 & 시간	월 일	1~5번	上□ 中□ 下□	□	월 일
		6~10번	上□ 中□ 下□	□	월 일
27 피동 & 사동 & 부정	월 일	1~5번	上□ 中□ 下□	□	월 일
		6~10번	上□ 中□ 下□	□	월 일
28 정확한 문장 표현	월 일	1~5번	上□ 中□ 下□	□	월 일
		6~10번	上□ 中□ 下□	□	월 일
29 음운의 변동 1	월 일	1~5번	上□ 中□ 下□	□	월 일
		6~10번	上□ 中□ 下□	□	월 일
30 음운의 변동 2	월 일	1~5번	上□ 中□ 下□	□	월 일
		6~10번	上□ 中□ 下□	□	월 일
31 규정 모여 1	월 일	1~5번	上□ 中□ 下□	□	월 일
		6~10번	上□ 中□ 下□	□	월 일
32 규정 모여 2	월 일	1~5번	上□ 中□ 下□	□	월 일
		6~10번	上□ 中□ 下□	□	월 일
33 담화	월 일	1~5번	上□ 中□ 下□	□	월 일
		6~10번	上□ 中□ 下□	□	월 일
34 국어의 변천	월 일	하나	上□ 中□ 下□	□	월 일
		둘	上□ 中□ 下□	□	월 일
35 매체 1	월 일	셋	上□ 中□ 下□	□	월 일
		넷	上□ 中□ 下□	□	월 일
36 매체 2	월 일	다섯	上□ 中□ 下□	□	월 일
		여섯	上□ 中□ 下□	□	월 일

(언매 선택)

나만의 복습 노트

공부한 날	공부한 내용	꼭 복습해야 할 문제, 선지	꼭 기억해야 할 나의 실수	복습
월 일	01 시 읽기 매뉴얼	#	#	▢
월 일	02 화자 씨의 모든 것	#	#	▢
월 일	03 시상 전개 방식	#	#	▢
월 일	04 시의 형상성	#	#	▢
월 일	05 시의 함축성	#	#	▢
월 일	06 시의 표현법 몽땅	#	#	▢
월 일	07 고전 시가, 읽기 & 갈래	#	#	▢
월 일	08 고전 시가, 주제 & 발상	#	#	▢
월 일	09 소설 읽기 매뉴얼	#	#	▢
월 일	10 서술자 씨의 모든 것	#	#	▢
월 일	11 소설의 구성 & 배경 & 갈등	#	#	▢
월 일	12 고전 소설의 모든 것	#	#	▢
월 일	13 묻어가는 수필 & 극	#	#	▢
월 일	14 독서 지문 읽기 매뉴얼	#	#	▢
월 일	15 독서 지문 속, 개념-특징-사례	#	#	▢
월 일	16 독서 지문 속, 관점-차이	#	#	▢
월 일	17 독서 지문 속, 원리-과정	#	#	▢
월 일	18 독서 지문 속, 원리-방법	#	#	▢

공부한 날	공부한 내용	꼭 복습해야 할 문제, 선지	꼭 기억해야 할 나의 실수	복습
월 일	19 독서, 고난도란 이런 것	#	#	○
월 일	20 국어의 9품사 1	#	#	○
월 일	21 국어의 9품사 2	#	#	○
월 일	22 형태소 & 단어	#	#	○
월 일	23 단어의 형성 & 의미	#	#	○
월 일	24 문장 성분	#	#	○
월 일	25 문장의 짜임새	#	#	○
월 일	26 종결 & 높임 & 시간	#	#	○
월 일	27 피동 & 사동 & 부정	#	#	○
월 일	28 정확한 문장 표현	#	#	○
월 일	29 음운의 변동 1	#	#	○
월 일	30 음운의 변동 2	#	#	○
월 일	31 규정 모여 1	#	#	○
월 일	32 규정 모여 2	#	#	○
월 일	33 담화	#	#	○
월 일	34 국어의 변천	#	#	○
월 일	35 매체 1	#	#	○
월 일	36 매체 2	#	#	○

(화작 선택)

내 공부 시간은 내가 결정하고 내가 지킨다!

공부한 내용	공부한 날	지문	나의 이해도	복습 필요	복습한 날
01 시 읽기 매뉴얼	월 일	하나	上□ 中□ 下□	□	월 일
		둘	上□ 中□ 下□	□	월 일
		셋	上□ 中□ 下□	□	월 일
02 화자 씨의 모든 것	월 일	넷	上□ 中□ 下□	□	월 일
		다섯	上□ 中□ 下□	□	월 일
		여섯	上□ 中□ 下□	□	월 일
03 시상 전개 방식	월 일	일곱	上□ 中□ 下□	□	월 일
		여덟	上□ 中□ 下□	□	월 일
		아홉	上□ 中□ 下□	□	월 일
04 시의 형상성	월 일	열	上□ 中□ 下□	□	월 일
		열하나	上□ 中□ 下□	□	월 일
		열둘	上□ 中□ 下□	□	월 일
05 시의 함축성	월 일	열셋	上□ 中□ 下□	□	월 일
		열넷	上□ 中□ 下□	□	월 일
		열다섯	上□ 中□ 下□	□	월 일
06 시의 표현법 몽땅	월 일	열여섯	上□ 中□ 下□	□	월 일
		열일곱	上□ 中□ 下□	□	월 일
		열여덟	上□ 中□ 下□	□	월 일
07 고전 시가, 읽기 & 갈래	월 일	열아홉	上□ 中□ 下□	□	월 일
		스물	上□ 中□ 下□	□	월 일
		스물하나	上□ 中□ 下□	□	월 일
08 고전 시가, 주제 & 발상	월 일	스물둘	上□ 中□ 下□	□	월 일
		스물셋	上□ 中□ 下□	□	월 일
		스물넷	上□ 中□ 下□	□	월 일
09 소설 읽기 매뉴얼	월 일	스물다섯	上□ 中□ 下□	□	월 일
		스물여섯	上□ 中□ 下□	□	월 일
10 서술자 씨의 모든 것	월 일	스물일곱	上□ 中□ 下□	□	월 일
		스물여덟	上□ 中□ 下□	□	월 일
11 소설의 구성 & 배경 & 갈등	월 일	스물아홉	上□ 中□ 下□	□	월 일
		서른하나	上□ 中□ 下□	□	월 일
12 고전 소설의 모든 것	월 일	서른둘	上□ 中□ 下□	□	월 일
		서른셋	上□ 中□ 下□	□	월 일

공부한 내용	공부한 날	지문	나의 이해도	복습 필요	복습한 날
13 묻어가는 수필 & 극	월 일	서른넷	上□ 中□ 下□	□	월 일
		서른다섯	上□ 中□ 下□	□	월 일
14 독서 지문 읽기 매뉴얼	월 일	하나	上□ 中□ 下□	□	월 일
		둘	上□ 中□ 下□	□	월 일
15 독서 지문 속, 개념-특징-사례	월 일	셋	上□ 中□ 下□	□	월 일
		넷	上□ 中□ 下□	□	월 일
16 독서 지문 속, 관점-차이	월 일	다섯	上□ 中□ 下□	□	월 일
		여섯	上□ 中□ 下□	□	월 일
17 독서 지문 속, 원리-과정	월 일	일곱	上□ 中□ 下□	□	월 일
		여덟	上□ 中□ 下□	□	월 일
18 독서 지문 속, 원리-방법	월 일	아홉	上□ 中□ 下□	□	월 일
		열	上□ 中□ 下□	□	월 일
19 독서, 고난도란 이런 것	월 일	열하나	上□ 中□ 下□	□	월 일
		열둘	上□ 中□ 下□	□	월 일
37 화법 1	월 일	하나	上□ 中□ 下□	□	월 일
		둘	上□ 中□ 下□	□	월 일
		셋	上□ 中□ 下□	□	월 일
38 화법 2	월 일	넷	上□ 中□ 下□	□	월 일
		다섯	上□ 中□ 下□	□	월 일
		여섯	上□ 中□ 下□	□	월 일
39 작문 1	월 일	하나	上□ 中□ 下□	□	월 일
		둘	上□ 中□ 下□	□	월 일
		셋	上□ 中□ 下□	□	월 일
40 작문 2	월 일	넷	上□ 中□ 下□	□	월 일
		다섯	上□ 中□ 下□	□	월 일

(화작 선택)

나만의 복습 노트

공부한 날	공부한 내용	꼭 복습해야 할 문제, 선지	꼭 기억해야 할 나의 실수	복습
월 일	01 시 읽기 매뉴얼	#	#	○
월 일	02 화자 씨의 모든 것	#	#	○
월 일	03 시상 전개 방식	#	#	○
월 일	04 시의 형상성	#	#	○
월 일	05 시의 함축성	#	#	○
월 일	06 시의 표현법 몽땅	#	#	○
월 일	07 고전 시가, 읽기 & 갈래	#	#	○
월 일	08 고전 시가, 주제 & 발상	#	#	○
월 일	09 소설 읽기 매뉴얼	#	#	○
월 일	10 서술자 씨의 모든 것	#	#	○
월 일	11 소설의 구성 & 배경 & 갈등	#	#	○
월 일	12 고전 소설의 모든 것	#	#	○
월 일	13 묻어가는 수필 & 극	#	#	○
월 일	14 독서 지문 읽기 매뉴얼	#	#	○
월 일	15 독서 지문 속, 개념-특징-사례	#	#	○
월 일	16 독서 지문 속, 관점-차이	#	#	○
월 일	17 독서 지문 속, 원리-과정	#	#	○
월 일	18 독서 지문 속, 원리-방법	#	#	○
월 일	19 독서, 고난도란 이런 것	#	#	○
월 일	37 화법 1	#	#	○
월 일	38 화법 2	#	#	○
월 일	39 작문 1	#	#	○
월 일	40 작문 2	#	#	○

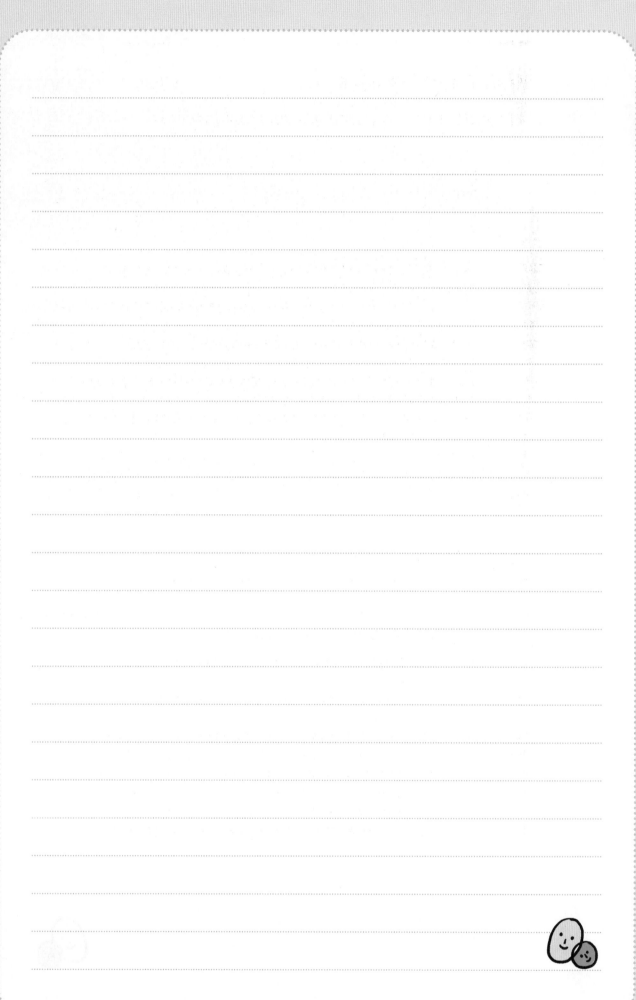

윤혜정의
개념의 나비효과
워크북

윤혜정의
개념의 나비효과
워크북

윤혜정의
개념의 나비효과

네 꿈에 날개 달아 줄

만점 국어의 시작.

since 2011

워크북 정답 및 해설

EBS

수능개념

본 교재는 전년도 발행한 교재와 동일한 내용을 수록하고 있습니다.

문제를 사진 찍고
해설 강의 보기
Google Play | App Store

EBSi 사이트
무료 강의 제공

1강 | 시 읽기 매뉴얼

하나 2012학년도 11월 고2 전국연합학력평가 A형 [41-42]
(가) 정호승, 「파도타기」
1 ④ 2 ③

둘 2014학년도 10월 고3 전국연합학력평가 B형 [32-33]
(가) 김소월, 「삼수갑산」 (나) 문정희, 「율포의 기억」
3 ① 4 ④

셋 2020학년도 3월 고3 전국연합학력평가 [44-45]
(가) 김현승, 「오월의 환희」 (나) 이기철, 「벚꽃 그늘에 앉아 보렴」
5 ② 6 ④

1. 출제 의도 <보기>를 참고한 감상의 적절성 판단하기

❹가 답인 이유
〈보기〉를 참고하면 '파도'는 시련의 상황을 비유적으로 나타낸 것으로, 이를 고려할 때 '칼을 들어 파도를 자를 자'는 부정적 현실 상황을 타개하고자 하는 사람을 의미한다고 볼 수 있다. 따라서 부정적인 현실을 더욱 악화시켰던 세력을 의미하는 것은 아니다.

오답을 피하고 싶었어
① 〈보기〉를 참고하면 '겨울밤'은 부조리한 시대를 비유적으로 나타내는 것으로, 이러한 겨울밤이 깊어간다는 것은 그만큼 현실이 더욱 어려워지고 있음을 나타낸다고 볼 수 있다.
② 〈보기〉를 참고하면 이 글에는 상승지향적 움직임으로 인간다운 삶을 살고자 하는 민중의 생명력과 의지를 드러내는데, '눈사람으로 솟아오르며'라는 구절에 그 의미가 담겨 있다고 볼 수 있다.
③ 〈보기〉를 참고하면 민중들은 어려운 현실에서 고통스럽게 살아가고 있는데 '어디론가 끌려가는'이라는 구절에 그 모습이 드러난다고 볼 수 있다.

2. 출제 의도 시어의 의미 및 기능 파악하기

❸이 답인 이유
ⓐ는 화자가 파도 위를 걸어갈 때 맞는 것으로, 부정적인 현실 속에서 화자에게 가해지는 시련과 고난을 의미한다. 반면 ⓑ는 화자가 기다리는 것으로, 화자가 지향하는 바를 의미한다고 볼 수 있다.

3. 출제 의도 <보기>를 참고한 감상의 적절성 판단하기

❶이 답인 이유
'물도 많고 산 첩첩'은 '삼수갑산'의 모습을 형용한 표현이지, 화자가 떠난 고향의 모습을 형용한 것은 아니다. 게다가 '물도 많고 산 첩첩'은 고향으로 돌아가지 못하게 하는 상황을 '삼수갑산'의 지형적 특징으로 형용한 것이어서 고향의 아름다움과는 거리가 있다.

4. 출제 의도 시구의 의미 및 기능 파악하기

❹가 답인 이유
화자의 어머니는 화자를 데리고 뻘밭을 보여 주기 위해 바다로 갔다. 화자는 그곳에서 힘겹지만 치열하게 살아가는 생명들을 발견하고, 그들의 모습에서 삶의 숭고한 가치를 깨닫는다. 이 시는 '검은 뻘밭'을 '푸른 물'과 대비하며 이를 효과적으로 제시하고 있다.

5. 출제 의도 <보기>를 참고한 감상의 적절성 판단하기

❷가 답인 이유
〈보기〉는 (가)와 (나)에 공통적으로 사용된 시어인 '그늘'이 갖는 다양한 의미에 대해 언급하고 있다. (가)에서 '채울 대로 가득히 채우'는 '빛'이 신의 은총을 의미하는 것은 맞지만 〈보기〉에서 '그늘'과 '밝음'이 대립하지 않는다고 했으므로 '밝음'이 어둠을 사라지게 만드는 힘을 지니고 있다는 설명은 적절하지 않다.

오답을 피하고 싶었어
① 〈보기〉에서 '그늘'이 '밝음'을 드러내는 역할을 하고 있다고 했고, (가)의 '밝음에 너는 옷을 입혔'다는 것은 '그늘'이 '밝음'을 더욱 분명하게 드러내기 위해 구체적인 형상을 입혔다는 의미로 볼 수 있다.
③ 〈보기〉에서 '그늘'은 안식처로서의 의미를 나타낸다고 했고, (가)의 '이깔나무'의 '아래'에서 '고단한 꿈을 한때나마 쉬어' 가겠다고 했으므로 여기서의 '그늘'은 안식처의 의미로 볼 수 있다.
④ 〈보기〉에서 (나)의 '그늘'이 깨끗하고 순수한 곳이라고 했고, (나)에서 '벚꽃 그늘처럼 청정하게'라고 했으므로 '벚꽃 그늘'이 깨끗하고 순수한 곳임을 나타낸다고 볼 수 있다.
⑤ 〈보기〉에서 (나)의 '그늘'이 일상의 삶으로 지친 이들이 삶의 긍정적 변화를 경험할 수 있는 곳이라고 했으므로, (나)에서 '우리 삶'이 '넉넉하고 싱싱해'진다는 것은 '벚꽃 그늘'에서 삶의 긍정적 변화를 경험할 수 있음을 나타낸다고 볼 수 있다.

6. 출제 의도 시구의 의미 이해하기

❹가 답인 이유
ⓔ의 '새의 날개처럼 가벼워지는'은 '새의 날개'가 가지고 있는 가벼운 속성을 '무겁고 불편한' 일상과 연결 지어 이해했을 때 홀가분하고 편안한 마음을 느끼는 상태를 의미한다고 볼 수 있다.

오답을 피하고 싶었어
① ㉠의 '나도 기쁠 때는 눈물에 젖는다'에서 '눈물'은 기쁠 때 흘리는 눈물이므로, 다양한 감정의 변화 양상을 나타낸다고 볼 수 없다.
② ㉡의 '오월의 새 술들 가득 부어라!'는 '밝음'이 차고 넘치는 상태를 의미하는 것으로, 시적 화자가 자기 성찰을 통해 본연의 모습을 찾은 기쁨과는 관련이 없다.
③ ㉢의 '햇살처럼 쨍쨍한 맨몸'은 일상의 굴레를 벗고 그늘에 앉기 위한 순수한 상태를 말하는 것으로, 부정적 현실에 대한 저항 의지와는 관련이 없다.
⑤ ㉤의 '더 걸어야 닿는'은 일상의 공간인 '집'으로 가는 양상에 대한 설명이므로, 인간 세계로부터 분리된 이상적 공간으로 나아가는 양상을 나타낸다고 볼 수 없다.

2강 | 화자 씨의 모든 것

넷 2018학년도 9월 고2 전국연합학력평가 [22-23]

(가) 백석, 「수라(修羅)」 (나) 송수권, 「까치밥」
7 ⑤ 8 ②

다섯 2014학년도 6월 고2 전국연합학력평가 B형 [31, 33]
(가) 박용래, 「월훈(月暈)」 (나) 윤성택, 「산동네의 밤」
9 ② 10 ②

여섯 2021학년도 대학수학능력시험 6월 모의평가 [22변형, 23-24]
(가) 조지훈, 「산상(山上)의 노래」 (나) 손택수, 「나무의 수사학 1」
11 ○ 12 ④ 13 ⑤

7. 출제 의도 작품 간의 공통점(시적 상황과 화자의 정서 및 태도) 파악하기

⑤가 답인 이유

(가)는 '거미'를 쓸어버리는 경험을 통해 가족 공동체가 회복되기를, (나)는 '아버지', '할아버지'의 경험을 통해 공동체와 조화를 이루는 삶을 바라고 있다.

8. 출제 의도 소재의 함축적 의미 파악하기

②가 답인 이유

㉠의 '보드라운 종이'에는 '무척 작은 새끼 거미'를 안타깝게 바라보며 조심스럽게 대하는 배려의 마음이, ㉡의 '까치밥 몇 개'에는 겨울철 먹을 것이 떨어져 배고파할 '날짐승'들을 배려하는 마음이 담겨 있다.

9. 출제 의도 표현상의 특징 파악하기

②가 답인 이유

(나)에는 '따스하게 안겨오는' 부분에서 촉각적 이미지를 활용하여 고단한 산동네의 삶과 이를 바라보는 화자의 따뜻한 시선을 강조하여 드러내고 있다.

오답을 피하고 싶었어

① (가)에서 공간적 배경을 묘사하는 과정에서 명사형과 서술형으로 행의 종결에 변화를 주었으나 그것이 화자의 정서가 변화하는 것을 드러내지는 않는다. 화자는 장면을 관찰하고 있을 뿐이다.
③ (가)와 (나)는 모두 독백적 어조를 사용하고 있다.
④ (가)와 (나) 모두 동일한 시구가 반복되고 있지 않다.
⑤ (가), (나) 모두 시간의 흐름에 따라 대상이 변화하지 않는다. (나)는 대상의 변화가 나타나는 것이 아니라, 대상에 대한 화자의 인식이 변화한 것이다.

10. 출제 의도 <보기>를 참고하여 시구의 의미 파악하기

②가 답인 이유

㉡ '어둠에 익숙한 이 동네'는 산동네의 삶이 '어둠'과 같은 상황에 놓여 있다는 것을 표현한 것으로, 산동네 사람들의 힘든 현실을 의미한다. 따라서 ㉡은 화자의 안주하는 삶의 태도를 드러낸 것으로 볼 수 없다.

오답을 피하고 싶었어

① ㉠은 화자가 대상인 산동네를 관찰하는 부분이다.
③ ㉢은 '허물없이' 산동네 사람들에게 다가가고 싶은 화자의 마음이 드러난다.
④ ㉣은 화자가 자신을 '누군가에게 건너가는', 다른 사람들과 연결된 긍정적 존재임을 깨닫는 대목이다.
⑤ ㉤은 '불씨'를 달고 있는 산동네의 모습으로, 화자가 새로운 시선으로 산동네를 바라보며 희망을 발견하고 있음을 보여 주고 있다.

11. 출제 의도 시적 화자의 어조 파악하기

○가 답인 이유

(가)의 '숨으라', '사양하라'에서 명령형 어조를 활용하여 대상인 '샛별', '사슴과 토끼'의 행동을 유도한다고 볼 수 있다. (나)의 '도시가 나무에게 / 반어법을 가르친 것이다', '그가 견딜 수 없는 건 ~ 붕붕거린다는 것, ~ 뜯어 먹는다는 것', '나무는, 알고 보면 / 치욕으로 푸르다' 등에서 도시에서 꽃을 피운 나무의 모습에 대한 단정적 진술을 활용하여 도시의 삶에 적응하지 못하고 힘겹게 살아가는 현대인의 모습이라는 주제 의식을 드러낸다고 볼 수 있다.

12. 출제 의도 시구의 의미 이해하기

④가 답인 이유

[A]의 '무엇'은 화자가 '울'면서 '간구'한 대상으로 화자가 과거에 염원했던 것이고, [B]의 '무엇'은 [A]에서 '간구'했던 '무엇'이 이루어진 상황에서 앞으로 다가올 미래에 대한 기대를 드러내는 것이다. '나래 떨던 샛별'은 '어둠 속'에서 고통받던 대상을 의미하고 '향기로운 싸릿순'은 평화로운 세계에서 대상들이 서로 '사양'하는 것이므로, 화자의 지향점으로 기능한다고 이해하는 것은 적절하지 않다.

오답을 피하고 싶었어

① [A]에서 화자를 울게 한 문제는 부정적인 속성을 지닌 것이라고 볼 수 있으므로 [B]에서 화자가 기다리는 대상은 아니라고 이해할 수 있다.
② [A]에서 화자는 '못 박힌 듯 기대어' '울어 왔'다고 했으므로 과거의 고통을 드러내고 있다고 이해할 수 있고, [B]에서 화자는 '옷자락을 날리며' '무엇을 기다리'고 있으므로 미래에 대한 기대를 드러내고 있다고 이해할 수 있다.
③ [A]의 '긴 밤'은 '무엇을 간구하며 울어 왔'던 부정적 상황이라고 이해할 수 있고, [B]의 '맑은 바람 속'은 화자가 '무엇을 기다리며 노래하'는 새로운 상황을 드러내는 것이라고 이해할 수 있다.
⑤ 2연의 '이 아침'에 '시들은 핏줄의 굽이굽이로' '사늘한 가슴의 한복판까지' '종소리'가 '은은히 울려'온다는 내용을 바탕으로 볼 때, [A]의 '간구'는 '사늘한 가슴'의 생명력 회복을 바라는 기원이라고 이해할 수 있다. '메마른 입술에 피가 돌아' '피리의' '가락을 더듬'은 후에 부르는 '노래'라는 점에서 [B]의 '노래'는 '메마른 입술'에 생명력이 회복된 이후의 소망을 표출한다고 이해할 수 있다.

13. 출제 의도 <보기>를 참고한 감상의 적절성 판단하기

⑤가 답인 이유

<보기>의 '도시의 가로수는 나무의 푸름이나 아름다운 꽃조차도 도구적 가치에 의해서 평가된다.'는 내용과 연관 지어 감상할 때, '치욕으로 푸르다'는 척박한 도시 환경에서도 도구적 가치로 평가받기 위해 꽃을 피울 수밖에 없는 나무의 상황을 비판적으로 드러낸 표현이라고 볼 수 있다. 따라서 '치욕으로 푸르다'를 도구적 가치로 평가받는 환경에 적응하지 못하는 나무를 비

판하는 것이라고 감상하는 것은 적절하지 않다.

오답을 피하고 싶었어

① <보기>의 '도시에 제대로 뿌리박지 못하면서도 도시 환경에 적응하여 꽃을 피우는 나무에서 치욕을 읽어 낸 것이다. 그것은 도시의 이주민인 화자가 나무에 대해 동질감을 느끼는 이유이기도 하다.'라는 내용과 연관 지어 감상할 때, '들뜬 뿌리라도 내리'려는 화자의 모습은 도시에 제대로 뿌리박지 못한 나무의 상황에 대한 화자의 동질감이 반영된 것이라고 볼 수 있다.

② <보기>의 '도시 환경에 적응하여 꽃을 피우는 나무'와 연관 지어 감상할 때, '내성이 생긴 이파리'는 나무가 도시에 적응하면서 지니게 된 성질을 보여 준다고 볼 수 있다.

③ <보기>의 '삭막한 도시 환경에도 불구하고 고통을 참아 내며 꽃을 피우는 모습'과 연관 지어 감상할 때, '시끄러운 가로등 곁'은 꽃을 피우며 참아 내야 할 삭막한 도시 환경을 드러낸다고 볼 수 있다.

④ <보기>의 '삭막한 도시 환경에도 불구하고 고통을 참아 내며 꽃을 피우는 모습'과 연관 지어 감상할 때, '신경증과 불면증'은 나무가 도시에 적응하기 위해 견뎌 내야 할 고통이라고 볼 수 있다.

3강 | 시상 전개 방식

일곱 2021학년도 9월 고1 전국연합학력평가 [27-28]
(가) 정지용,「춘설(春雪)」 (나) 고재종,「첫사랑」
14 ⑤ 15 ④

여덟 2015학년도 대학수학능력시험 9월 모의평가 B형 [31-32]
(가) 김영랑,「모란이 피기까지는」 (나) 김종길,「고고(孤高)」
16 ② 17 ③

아홉 2021학년도 3월 고3 전국연합학력평가 [1-2]
(가) 김남조,「설목(雪木)」 (나) 김광섭,「겨울날」
18 ① 19 ③

14. 출제 의도 표현상의 특징 파악하기

⑤가 답인 이유

(가)는 '눈', '얼음', (나)는 '눈', '봄' 등의 계절감이 드러나는 시어를 사용하여 주제를 형상화하고 있다.

15. 출제 의도 작품을 종합적으로 이해하고 감상하기

④가 답인 이유

[D]에서 화자는 봄을 맞이하는 기쁨을 드러내고 있을 뿐, [C]에서 보인 자신의 태도를 허무하게 여기지는 않는다.

오답을 피하고 싶었어

① [A]는 문 열자 보이는 먼 산을 마주한 놀라움을 '선뜻!'이라고 표현하며, 먼 산에 내린 눈이 마치 이마에 닿아서 차가운 것처럼 나타내고 있다.

② [B]는 눈 덮인 산이 이마에 닿을 듯이 차갑게 느껴진다는 것을 부각하고 있다.

③ [C]는 얼음이 녹고 바람이 부는 모습을 제시하며 봄을 맞아 변화하는 자연의 모습을 나타내고 있다.

⑤ [E]는 파릇한 새순이 돋아나는 미나리의 모습과 고기의 입이 오물거리는 모습을 통해 봄을 생동감 있게 제시하고 있다.

16. 출제 의도 표현상의 특징 파악하기

②가 답인 이유

(가)는 1~2행과 11~12행이, (나)는 1연과 6연이 수미상관 구조를 이루고 있다. 수미상관의 구조는 첫 연과 끝 연이 거의 똑같이 반복되는 경우도 있지만, (가)처럼 일부 행이 같은 내용과 비슷한 문장 구조로 반복되거나 (나)처럼 첫 연이 마지막 연에서 변형되어 나타나는 경우도 있다. 수미상관의 구조를 취한 시는 구조적으로 안정된 느낌을 주거나, 반복되는 부분의 내용이 강조되거나, 운율을 형성하는 등의 효과가 있다. (가)는 모란이 피기까지는 기다리겠다는 주제 의식이, (나)는 북한산이 고고한 높이를 회복할 날을 기다리며 그와 같은 고고한 삶을 지향하겠다는 주제 의식이 담긴 부분이 반복되며 주제를 강조하는 효과를 내고 있다.

오답을 피하고 싶었어

① (가)와 (나) 모두 화자가 공간을 이동한다고 볼 수 있는 구절이 없다.

③ (가)의 11~12행이 어순의 도치를 한 부분이다. 그러나 이렇게 어순을 도치하여 상황의 긴박감을 표현하고 있지는 않다. 또한 (나)에서는 어순이 도치된 부분이 있다고 볼 수 없다.

④ (나)는 '수묵'이라는 시어가 흑백의 대비를 연상시킨다고 볼 수 있다. 또한 화자가 바라보는 대상이 눈으로 덮인 부분과 그렇지 않은 부분으로 나뉠 수 있다는 점에서 흑백의 대비를 떠올릴 여지가 있다. 그러나 (가)는 모란꽃의 색깔이 연상되고 흑백의 색채 이미지를 떠올리기 어렵기 때문에 흑백의 대비가 나타난다고 볼 수 없다.

⑤ (가)와 (나) 모두 가상의 상황을 나타낸다고 보기 어렵다. (가)는 모란이 핀 것을 본 경험을 바탕으로, (나)는 북한산이 고고한 높이를 나타낸 것을 본 경험을 바탕으로 쓴 시이기 때문이다. (나)의 '~려면'이라는 표현을 가상의 상황이라고 판단하더라도 이 표현을 통해 자기반성의 태도를 보여 주는 것은 아니다.

17. 출제 의도 <보기>를 참고한 감상의 적절성 판단하기

③이 답인 이유

이 시의 대상인 북한산이 고고한 아름다움을 보이려면 '높은 봉우리만이 엷은 화장을 하듯 / 가볍게 눈을 쓰고' 있어야 한다. 즉 대상의 높이는 고고한 아름다움을 결정하는 조건 중 하나이지 유일한 조건은 아니다.

오답을 피하고 싶었어

① (가)에서는 '나'가 모란이 피는 아름다움을 경험하고 있다. '나'라는 표현을 통해 아름다움을 경험하는 주체를 직접 노출하고 있다.

② (가)에서 대상(모란)은 짧은 시간 동안만 피어 있다. 시의 표현을 글자 그대로 해석하면 일 년 중 '삼백 예순 날'을 제외한 5일 동안만 모란이 피어 있는 것이다. 정확하게 5일이 아니더라도 이렇게 한정된 시간 동안만 모란의 아름다움을 볼 수 있다는 것이 대상의 아름다움을 강화한다. 오랜 기간 접할 수 있는 아름다움이 아니기 때문에 더욱 절실하고 소중하며 더 아름답게 느낀다는 것이다.

④ (나)에서 대상의 고고한 아름다움이 드러나는 순간은 2연과 3연에, 그렇지 않은 순간은 4연에 드러나며 대비를 이루고 있다.

⑤ (가)는 봄, (나)는 겨울이라는 계절적 배경을 통해 대상의 아름다움을 표현하고 있다.

18. 출제 의도 작품 간의 공통점 및 차이점(표현상의 특징) 파악하기

❶이 답인 이유

(나)에서 '총총히', '뱅뱅', '어정어정', '왈칵' 등과 같은 의태어를 사용하여 시적 상황을 드러내고 있으나, (가)에는 의태어를 사용한 표현을 찾기 어렵다.

오답을 피하고 싶었어

② (가)와 (나) 모두 스스로에게 묻는 질문을 활용하여 주제 의식을 드러내는 표현은 찾을 수 없다.
③ (가)에서는 독백의 방식으로 시상을 전개하고 있다고 볼 수 있으나, (나)에서는 대화의 방식이 사용되고 있다고 보기 어렵다.
④ (가)와 (나)는 모두 점층적 표현을 사용했다고 보기 어렵고 대상의 역동성을 드러내고 있지도 않다.
⑤ (가)와 (나)는 모두 시간의 흐름에 따른 세태 변화를 드러낸다고 보기 어렵다.

19. 출제 의도 계절적 배경에 주목하여 시구의 의미 이해하기

❸이 답인 이유

(나)에서 '말 한마디 못하고 갈라진'은 어머니와 이별하게 된 화자의 황망함을 드러낸 것이다. 화자가 성찰을 통해 내적 성숙을 이루고 있다고 보기 어렵다.

오답을 피하고 싶었어

① (가)에서 가을에 이별한 상황에 주목해 보면, '시냇물마저 여위는'은 가을에서 겨울로 넘어갈 때 만물이 쇠락한다는 계절의 특성과 연결해서 감상할 수 있다. 이는 화자의 쓸쓸한 처지와 조응한다고 볼 수 있다.

4강 | 시의 형상성

열	2013학년도 6월 고2 전국연합학력평가 A형 [38-39] (가) 정철, 「속미인곡」 (나) 황진이의 시조 20 ⑤ 21 ③
열하나	2014학년도 11월 고2 전국연합학력평가 B형 [38변형, 39-40] (가) 윤동주, 「사랑스런 추억」 (나) 박재삼, 「울음이 타는 가을 강」 22 × 23 ③ 24 ③
열둘	2006학년도 10월 고3 전국연합학력평가 [21, 24] (가) 김광규, 「크낙산의 마음」 (나) 정지용, 「장수산 1」 25 ⑤ 26 ⑤

20. 출제 의도 시적 상황과 화자의 정서 및 태도 파악하기

❺가 답인 이유

(나)의 '춘풍 이불'은 따스한 이불을 의미하는 것으로, 시적 화자가 임이 돌아오는 날에 사용하려는 것이다. (나)에서 화자가 임을 위해 새롭게 이불을 만드는 상황은 아니며, 화자가 임이 돌아오기를 기다리는 것은 맞지만, 임과의 재회에 대해 굳은 믿음을 가졌다는 내용도 찾을 수 없다.

21. 출제 의도 시적 화자의 상황과 표현상의 특징 파악하기

❸이 답인 이유

㉠에는 화자가 한밤중에 독수공방하는 처지가 나타나 있고, ㉡에는 밤(시간)이라는 추상적 대상을 시각적으로 형상화하는 발상 및 표현이 사용되었다. 이러한 조건에 맞춰 시행(詩行)을 창작한 것은 ③이다.

22. 출제 의도 작품 간의 공통점(표현상의 특징)파악하기

×가 답인 이유

(나)에는 '울음이 타는'과 같이 청각을 시각화한 공감각적 심상이 활용되고 있지만, (가)에는 공감각적 심상이 나타나지 않는다.

23. 출제 의도 <보기>를 참고한 감상의 적절성 판단하기

❸이 답인 이유

'비둘기'는 과거 속 화자 자신의 부끄러운 모습과 대비되는 자연물이다. 과거와 현재를 직접적으로 매개하거나 현실 상황에 대한 부정적 인식의 심화와 관련되기보다는, 과거의 부끄럽고 힘겨웠던 모습을 부각시키는 소재라고 할 수 있다.

오답을 피하고 싶었어

① '희망과 사랑처럼 기차를 기다려'를 통해 희망과 꿈을 품고 있음을, '플랫폼에 간신한 그림자를 떨어트리고'를 통해 힘겹게 살아가고 있음을 알 수 있으며, 이 모든 행위가 과거 속 공간인 '정거장'에서 일어나고 있으므로 적절하다.
② 화자는 과거 '서울'의 '플랫폼에서 간신한 그림자를 날리'며 '담배'를 피우고 있으므로, '간신한'의 의미에 주목할 때 '담배'가 과거의 힘겨운 상황 속에 있는 화자의 시름이나 고민 등을 드러내는 소재라는 진술은 적절하다.
④ '옛거리에 남은 나'는, 현재 무의미하게 살고 있는 화자가 '희망과 사랑처럼 그리워'하는 대상이다. 따라서 이때의 '나'는 현재 자신의 모습과 대비되는, 꿈을 잃지 않았던 과거 자신의 모습을 의미한다는 진술은 적절하다.
⑤ '젊음'은, 현재의 화자가 그리워하는 대상이자 '희망과 사랑'을 간직했던 과거 속 자신의 모습이므로, '젊음'이 화자가 소망하는 과거의 모습을 상징적으로 나타낸 것이라는 진술은 적절하다.

24. 출제 의도 <보기>를 참고한 감상의 적절성 판단하기

❸이 답인 이유

'햇볕'에서 '해질녘'으로 이어지는 것은 시간의 흐름과 관련된다고 볼 수 있지만, '햇볕'만으로는 흐름의 이미지를 도출하기는 어렵다. 또한 〈보기〉의 '흐름'은 주로 '강물'과 같은 물의 흐름과 관련이 있음을 알 수 있으며, 설움의 보편성 역시 '강물'과 인간 삶의 대응을 고려할 때 이끌어낼 수 있으므로 적절하지 않은 진술이다.

오답을 피하고 싶었어

① 1연에서 화자의 서러운 감정이 '어느새 등성이에 이르러 눈물나고나.'로 이어지고 있으므로 적절한 진술이다.
② 1연에서 보인 '눈물'이 2연에서는 '울음'으로 이어짐을 통해 화자의 슬픔이 점차 고조되어감을 알 수 있으므로 적절한 진술이다.

④ '산골 물소리'가 강물이 시작되는 것을, '소리 죽은 가을 강'이 '바다에 다 와 가는' 강물의 하류를 각각 의미한다고 할 때, 이는 강물이 바다에 이르는 과정을 형상화한 것이라고 할 수 있다. 또한 '산골 물소리'가 '기쁜 첫사랑'과 대응된다는 점을 고려한다면 강물의 흐름은 인간 삶의 과정을 형상화했다고 볼 수 있으므로 적절한 진술이다.

⑤ '이제는 미칠 일 하나로 바다에 다 와 가는'이라는 구절을 '가을 강'이 이제 '바다'에 다다를 '일'만 남았다고 해석했다면 이는 소멸의 이미지에 주목한 것이라고 할 수 있다. 또한 이를 삶의 과정과 관련짓는다면 죽음을 앞둔 노년의 상황을 형상화한 것이라고 할 수 있다. 따라서 이와 같은 내용은 〈보기〉에서 언급한 인간 삶의 유한함이나 그에 따른 허무의 정서를 드러낸 것이라고 할 수 있으므로 적절한 진술이다.

25. 출제 의도 <보기>를 참고한 감상의 적절성 판단하기

❺가 답인 이유

'집'은 시적 화자가 일상적 삶을 살아가는 공간으로, '탈일상'으로의 여정의 출발점이자 도착점이다. 그러나 시적 화자가 새로워질 수 있는 것은 '크낙산'의 자연 때문이다. 따라서 새로운 삶의 모태가 되는 공간은 집이 아니라 '크낙산'이다.

26. 출제 의도 표현상의 특징 파악하기

❺가 답인 이유

㉠은 후각적 이미지를 지닌 '냄새'를 '서늘하게'라고 하여 촉각적 이미지로, '피어오른다'고 하여 시각적 이미지로 바꾸어 표현하고 있다. ㉡의 '내음새'(냄새)는 '조찰히 늙은 사나이'의 고결한 정신을 상징하는 시어이다. 화자가 지향하는 정신적 세계를 '내음새'라는 후각적 이미지로 바꿔 표현하고 있다.

5강 | 시의 함축성

열셋 2016학년도 11월 고2 전국연합학력평가 [32-33]
(가) 이용악, 「하나씩의 별」 (나) 신경림, 「갈구렁달」
27 ② 28 ③

열넷 2015학년도 4월 고3 전국연합학력평가 B형 [43변형, 44-45]
(가) 조지훈, 「마음의 태양」 (나) 정호승, 「폭풍」
29 ① × ② ○ 30 ④ 31 ⑤

열다섯 2017학년도 3월 고2 전국연합학력평가 [44-45]
(가) 정지용, 「유리창(琉璃窓) 1」 (나) 나희덕, 「성(聖) 느티나무」
32 ③ 33 ⑤

27. 출제 의도 시어와 시구의 의미 및 기능 파악하기

❷가 답인 이유

(가)의 '하나씩의 별'은 화물열차 지붕 위에 드러누워 고향으로 돌아가고 있는 유이민들이 저마다 마음속에 품고 있는 희망이자 소망을 의미하며, (나)의 '갈구렁달'은 고향에서 떠밀려 도시로 왔지만 이곳에서도 제대로 귀속되지 못한 채 서울의 주변부로 밀려나 고달프게 살아가는 사람들의 모습을 닮은 것으로, 이것을 쳐다보는 사람들로 하여금 자기연민을 환기시키는 역할을 하고 있으므로 적절하다.

28. 출제 의도 <보기>를 참고한 감상의 적절성 판단하기

❸이 답인 이유

(가)의 '푸르른 바다와 거리 거리', '골짝 골짝'은 과거, 이민 열차를 타고 고향을 떠나던 사람들이 서러이 내다보던 창밖 풍경을 표현한 것이므로 해방 정국의 황폐화된 현실을 드러낸다고 한 것은 적절하지 않다.

오답을 피하고 싶었어

① (가)의 '험한 땅에서 험한 변 치르고'는 고향을 떠났던 유이민들이 객지에서 겪었던 간난(艱難)과 고초를, (나)의 '벌판에 버려진'은 시골과 서울 그 어느 곳에도 제대로 속하지 못하고 도시 주변부로 밀려난 사람들의 상황을 형상화한 것이므로 적절하다.

② (가)의 '헐벗은 채 돌아오는 이 사람들과 마찬가지로 헐벗은 나'는 화자가 동질감을 느낀 것을 나타낸 것이므로 적절하다.

④ (나)의 '시골에서 내몰리고 서울에서도 떠밀려'는 고향과 도시 그 어느 곳에서도 온전히 귀속되지 못하고 있는 화자의 처지를 드러내고 있으므로 적절하다.

⑤ (나)의 '저녁놀을 바라볼 시간'이나, '갈갬질치며 고추잠자리 잡을 시간'은 고향에서의 추억을 화자가 떠올리고 있는 표현이므로 적절하다.

29. 출제 의도 작품 간의 공통점(표현상의 특징) 파악하기

❶이 ×인 이유

반어적 표현이란 표현의 효과를 높이기 위하여 실제와 반대되게 표현하는 방식인데, (가)와 (나)에는 모두 반어적 표현이 사용되지 않았으며, 세태를 풍자하는 내용도 나타나 있지 않다.

❷가 ○인 이유

의인화는 생명이 없는 대상에 인간적인 속성을 부여함으로써 시적 화자의 정서나 시적 분위기, 주제 등을 강조하는 방법이다. (가)에서는 '눈물의 이슬'을 받아 핀 '한 송이 꽃'의 모습을 의인화하여 '그윽히 웃는'다고 표현하고 고난을 감내하고 핀 꽃의 모습을 구체적으로 형상화하였다. (나)에서는 '폭풍'에 맞서는 '나무'의 모습을 의인화하여 '머리를 풀고 하늘을 뒤흔드는'과 같이 구체적으로 형상화하였다.

30. 출제 의도 시구의 의미 및 기능 파악하기

❹가 답인 이유

㉣에는 '폭풍', 즉 외부의 시련이 고조된 상황이 '폭풍이 휘몰아치는 밤이 깊어 갈지라도'라는 시어를 통해 제시되어 있다. 이를 '새'나 '나무'가 처한 시련이 더 커진 상황으로 이해할 수는 있지만 이 작품에서는 '폭풍이 지나가기를 기다리는 일은 옳지 않다', 즉 '외부의 시련'에 소극적으로 대응하는 것은 옳지 않다는 시상이 1연부터 7연까지 일관되게 제시되어 있으므로 ㉣을 대상이 처한 상황의 변화를 제시하여 시상의 반전을 유도하고 있다고 이해하는 것은 적절하지 않다.

오답을 피하고 싶었어

① ㉠에는 '꽃 사이 타오르는 햇살'(시각적 이미지)을 향하여 고요히 돌아가는 해바라기(대상)의 모습이 드러나 있다.

② ㉡에서 화자는 고통을 감내하는 삶의 자세를 '괴로움에 짐짓 웃을 양이면'으로 제시하고, 이러한 삶의 자세가 힘들기는 하지만 가치가 있다는 것을 '슬픔도 오히려 아름다운 것'이라며 역설적 발상을 통해 강조하고

있다.

③ ⓒ에서 화자는 '높은 넋을 살게 하자'고 하며 청유형 어미를 사용하여 자신의 다짐을 확고히 하는 한편 청자의 동참을 촉구하고 있다.

⑤ ⓜ에서 '폭풍'에 맞서지 않고 '폭풍이 지나간 들녘에 핀 한 송이 꽃이 되기'는 '폭풍'에 대해 소극적인 대응을 하는 모습인데, 화자는 이 작품에서 소극적인 대응을 옳지 않다고 하며 부정하고 있다. 따라서 ⓜ에는 화자가 지양하는 모습이 '한 송이 꽃'을 통해 구체적으로 형상화되어 있다.

31. 출제 의도 <보기>를 참고한 감상의 적절성 판단하기

❺가 답인 이유

'경외'는 공경하면서 두려워한다는 의미인데, (나)에서 화자는 '폭풍'을 경외하고 있지 않고 극복해야 할 대상으로 생각하고 있다.

오답을 피하고 싶었어

① 시의 소재가 되는 대상들을 통해 화자는 삶의 지향점을 제시하기도 하는데, (가)에서 화자는 '높고 아름다운 하늘을 받들어 그 속에 맑은 넋을 살게 하자'고 하고 있으므로 '높고 아름다운 하늘'은 화자가 자신의 삶에서 추구하고자 하는 세계로 볼 수 있다.

② 시의 소재가 되는 대상들은 화자에게 특정한 의미로 인식되기도 하는데, (가)에서 화자는 '눈물의 이슬을 받아' 핀 '가시밭길 넘어 그윽히 웃는 한 송이 꽃'을 통해 자신도 삶에서 '육신의 괴로움'을 달게 받을 것임을 말하고 있다. 이러한 깨달음을 통해 '한 송이 꽃'은 화자에게 '육신의 괴로움'을 감내한 존재로 인식되고 있음을 알 수 있다.

③ 시의 소재가 되는 대상들은 화자에게 깨달음을 주기도 하는데, (가)에서 화자는 '노고지리같이 맑고 아름다운 하늘을 받들어 그 속에 높은 넋을 살게 하자'고 하고 있다. 즉 '노고지리'는 화자에게 높은 정신세계를 지향해야 한다는 깨달음을 주는 대상이다.

④ 시의 소재가 되는 대상들을 통해 화자는 삶에 대한 태도를 드러내기도 하는데, (나)에서 '새'는 '스스로 폭풍이 되어 폭풍 속을 나는' 모습으로 제시되어, 화자에게 시련에 대한 적극적인 삶의 의지를 갖게 하고 있다.

32. 출제 의도 <보기>를 참고한 감상의 적절성 판단하기

❸이 답인 이유

(가)에서 화자는 유리로 안과 밖이 차단된 공간에서 유리창에 서린 성에를 보며 죽은 자식의 이미지를 떠올린다. 유리 너머의 세계는 죽은 자식이 있는 세계이다. 유리가 지닌 투명성으로 인해 화자는 창밖을 응시하며 죽은 아이와 소통을 시도할 수 있지만, 그러나 그 차단성으로 인해 단절감을 느낄 수밖에 없다. (나)에서 번개에 맞아 탄 검게 된 나무의 모습은 시커먼 아궁이를 연상시킨다. 그러나 죽은 듯하나 스스로 잎을 내며 다른 자연물들의 삶의 터전이 되고 있는 고목의 모습은 스스로를 태워 불을 피우고 온기를 나눌 수 있는 아궁이의 속성과 같은 것이다. 따라서 (나)에 대한 감상의 핵심은 고목의 속성에서 아궁이의 속성을 발견하고 그 속성이 동일시되고 있다는 점을 파악하는 데에 있다. 이와 같이 두 시의 소재상의 공통점은 '유리'와 '아궁이'의 이중적 속성, 즉 '유리'의 투명하지만(소통) 차단된(단절) 속성과 '아궁이'의 태워야만(소멸) 불을 피울 수 있는(생성) 속성에 기인한다. 그러나 '발이 묶인 채' 있는 고목은 땅에 뿌리를 내리며 서 있는 고목의 모습을 의미하는 것이므로 아궁이가 지닌 소멸의 이미지와는 관련이 없다.

오답을 피하고 싶었어

⑤ '오래오래 제 살을 달여 내놓는다'는 것은 고목이 불에 탔으나 이듬해 봄, 끝내 잎을 피워내며 생명체를 품어 내고 있음을 의미한다. 그것은 마치 '아궁이'가 무엇인가를 태우며 불을 피워야 하고, 스스로 뜨겁게 달구어져야 그 누군가에게 온기를 나누어 주는 것과도 같다. 따라서 '고목'이 자신의 살을 달이는 모습에서는 소멸의 이미지를, 이를 내놓는 모습에서는 생성의 이미지를 엿볼 수 있다.

33. 출제 의도 <보기>를 참고한 감상의 적절성 판단하기

❺가 답인 이유

'발이 묶인 채 날아오르는 새'는 뿌리를 땅에 박고 하늘을 향해 가지를 뻗고 있는 나무를 비유한 것이다. 따라서 '푸른 날개'를 뻗고 있는 나무는 그 왕성한 생명력을 드러내는 것으로, '새'는 나무의 생명력을 형상화하고 있다.

오답을 피하고 싶었어

③ '외로운 황홀한 심사'는 자식을 잃은 화자의 이중적 심리를 드러낸다. 자식을 잃은 상황이므로 화자는 깊은 고독과 슬픔에 잠겨 있다. 그러나 유리에 어린 영상을 죽은 자식의 이미지로 생각하고 유리를 어루만지는 시간만큼은, 창밖 죽은 자식이라 생각되는 그 별을 응시할 수 있는 순간만큼은 소통과 만남의 시간인 것이다. 그래서 그 시간만큼은 그리움과 먹먹함에 순수하게 빠져들 수 있다. 자식의 죽음을 경험한 화자가 그립고 보고 싶은 자식의 모습을 유리에 어린 영상을 통해서나마 느끼고 만날 수 있다면 그 마음이 어떠할까. 일변 몹시 아프고 슬프지만, 그러나 일변 눈물겹게 그립고 황홀한, 그 형언할 길 없는 상충의 심리, 모순된 마음을 화자는 '외롭고 황홀한 심사'라고 표현하고 있는 것이다.

6강 | 시의 표현법 몽땅

열여섯 2013학년도 10월 전국연합학력평가 B형 [31-32]
(가) 정지용, 「고향」 (나) 이재무, 「장독대」
34 ④ 35 ⑤

열일곱 2019학년도 대학수학능력시험 6월 모의평가 [28, 30]
(가) 박봉우, 「휴전선」 (나) 배한봉, 「우포늪 왁새」
36 ③ 37 ⑤

열여덟 2017학년도 10월 고3 전국연합학력평가 [39, 41]
(가) 백석, 「나와 나타샤와 흰 당나귀」
(나) 박남준, 「아름다운 관계」
38 ③ 39 ③

34. 출제 의도 작품 간의 공통점(표현상의 특징) 파악하기

❹가 답인 이유

(가)는 '뻐꾸기가 울고', '흰 점 꽃', '풀피리 소리', '쓰디쓰다'의 시구를 통해 청각, 시각, 미각 등 다양한 감각을 동원하여 시상을 전개하고 있다. (나) 역시 '정한수'의 백색 이미지, '밤새 울음'과 '기차 목쉰 기적'의 청각적 이미지, 의인화된 자연물 등 다양한 감각을 통해 시상을 전개하고 있다.

오답을 피하고 싶었어

① 수미상관의 구조는 (가)에만 해당된다.

② 대상에게 말을 건네는 어투는 (나)의 마지막 행에서만 발견된다.

③ 반복을 통해 의미를 강조하는 것은 (가)의 '고향에 고향에' 부분에만 사용되었다.

⑤ '설의적 표현'은 (가)의 '그리던 고향이 아니러뇨'에서 발견할 수 있다.

35. 출제 의도 시어의 의미 및 기능 파악하기

⑤가 답인 이유

'고향에 돌아와도 그리던 고향이 아니러뇨'를 통해 화자가 ⓐ의 '현실의 고향'과 ⓑ의 '마음속에 그리움으로 남아 있는 고향'을 다르게 인식하고 있음을 확인할 수 있다. '산꿩', '뻐꾸기', '흰 점 꽃'의 실제 자연과는 달리, '구름'은 ⓐ와 ⓑ의 괴리로 인해 안식처를 잃고 방황하고 있는 화자의 마음을 비유한다.

오답을 피하고 싶었어

④ 방황하는 마음을 드러낸 것이므로 부정적 현실을 수용하려는 태도는 보이지 않는다.

36. 출제 의도 작품을 종합적으로 이해하고 감상하기

③이 답인 이유

(가)는 위기감이 감도는 휴전선의 현재 상태를 중심으로 과거의 역사, 미래에 발생할지도 모를 비극적 상황을 이야기하고 있다. 그러므로 시간의 흐름에 따라 시상을 전개한 것은 아니다. (나)는 화자가 떠 올린 한 소리꾼의 삶과 우포늪의 모습이 연관되어 형상화되었을 뿐, 시선의 이동에 따라 시상이 전개되고 있지 않다.

오답을 피하고 싶었어

① (가)에서는 '~쓰는가.', '-하는가.' 등 설의적 표현을 사용하여 남북 분단의 현실에 대한 안타까움을 드러내고 있다.
② (나)에서는 '한 대목 절창'을 '폭포 물줄기로 내리'친다고 했는데, 이는 청각의 시각화를 통해 소리꾼의 소리를 생동감 있게 표현한 것이다.
④ (가)에서는 '산과 산이 ~쓰는가.'라는 동일한 시구의 반복을 통해 분단 극복의 의지를 강조하고 있고, (나)에서는 한 소리꾼의 삶을 통해 우포늪에서 창조된 예술의 경지와 우포늪의 아름다움을 강조하고 있다.
⑤ (가)에서는 우리 민족이 겪는 분단의 아픔과 공포를 '꽃', '화산', '바람'이라는 자연물에 투영하여 드러내고 있고, (나)에서는 진정한 소리를 찾기 위해 노력했던 소리꾼의 예술에 대한 염원을 '우포늪 왁새'라는 자연물을 통해 드러내고 있다.

37. 출제 의도 <보기>를 참고한 감상의 적절성 판단하기

⑤가 답인 이유

[E]에서 화자는 하늘을 선회하는 왁새를 바라보며, 평생 추구했던 절창을 끝낸 소리꾼과 이 왁새를 대비하여 보여주는 것이 아니라 동일시하고 있다. 이와 같이 화자는 우포늪의 왁새로부터 소리꾼을 상징적으로 떠올리면서, 자연과 인간이 어우러진 세계에서 창조되는 예술의 경지와 우포늪의 아름다움을 그려 내고 있다.

오답을 피하고 싶었어

① [A]에서 화자는 왁새 울음소리가 퍼지는 눈부신 우포늪의 모습을 보며 한 대목 절창을 찾아 떠돌던 한 소리꾼을 연상하고 있다.
② [B]에서 화자는 득음의 경지에 오르기 위해 떠돌아 다녔던 소리꾼의 삶의 비애를 '달빛 같은 슬픔이 엉켜 수염을 흔들 곤했다'라고 감각적으로 표현하고 있다.
③ [C]에서는 소리꾼이 평생 찾아 헤맸던 절창이 늪 뒷산 솔바람에 있었음을 발견한 화자의 정서가 영탄적 어조를 통해 드러나고 있다.
④ [D]에서 화자는 왁새들이 '동편제'를 넘어가는 상상의 장면을 '소목 장재토평마을'이라는 현실적 공간과 결부하여 형상화하고 있다.

38. 출제 의도 표현상의 특징 파악하기

③이 답인 이유

(가)에서는 설의적 표현이 드러나 있지 않다. (나)에서는 2연에서 '뒤돌아본다'와 그 아래 시구부터 마지막까지의 구절 '산다는 일이~있었던가'까지가 도치되어 성찰과 반성의 의미를 강조하고 있다.

오답을 피하고 싶었어

① (가)는 '푹푹', '응앙응앙'의 음성 상징어를 통해 화자의 정서를 효과적으로 드러내고 있다.
② (나)는 '바위'와 '소나무'를 의인화하여 '바위'가 '소나무'를 받아들이고 키워내는 상황이 드러나 있다.
④ (가)는 '푹푹 눈이 나린다', '눈은 푹푹 날리고'와 같이 유사한 시구의 반복과 변주를 통해 운율감을 형성하고 있다. (나)는 '없었어', '말았어', '바위였지', '되었지', '안겼지', '틀었지', '드리우고', '흐르게 하고', '들려주고'와 같이 '-어, -지, -고'와 같은 어미를 반복하여 운율감을 형성하고 있다.
⑤ (가)에서는 '흰', (나)에서는 '푸른'의 색감을 나타나는 시어를 통해 당나귀의 순수한 이미지, 소나무의 싱싱한 이미지를 드러내고 있다.

39. 출제 의도 <보기>를 참고한 감상의 적절성 판단하기

③이 답인 이유

(나)에서 '소나무'는 스스로 뿌리를 내리며 생명력을 키워낸 것이 아니라, '바위'가 먼저 '틈'을 벌려 '솔씨'를 뿌리내리게 하고, '몸'을 틀어 '빗물'을 받으며 고통을 감내하는 '사랑'으로 '소나무'를 키워낸 것이다. '바위'의 이러한 '사랑'이 있었기에 '소나무'는 '푸른 그늘'을 드리우며 '바람'과 '새'를 품어줄 수 있는 존재가 될 수 있었다. 요컨대 '소나무'의 생명의 원천은 '바위'에서 비롯되었으며, 이러한 '바위'와 '소나무'의 관계는 다시 '소나무'에서 '바람', '새'의 관계로 확장되고 있는 것이다. 따라서 그 매개의 지점을 '강물 소리'와 '노랫소리'로 볼 수가 없다.

오답을 피하고 싶었어

① '세상 같은 건 더러워 버리는 것이다'를 통해 화자가 '세상'을 부정적으로 인식하고 세상으로부터의 고립과 단절을 자처하는 화자의 태도가 드러난다. '마가리'는 이러한 '세상'과 대비되는 공간이다.
② 작품에서 '눈'은 '세상'을 차단하는 역할을 하기도 하고 '나타샤'에 대한 그리움을 환기하며 그 정서를 심화하는 역할도 한다. 따라서 '눈'이 '푹푹' 쌓임에 따라 세계로부터 '나'가 자처한 고립은 심화되고, '나타샤'를 향하는 '나'의 몰입도 깊어진다.

7강 | 고전 시가, 읽기 & 갈래

열아홉 2016학년도 3월 고3 전국연합학력평가 [44-45]
정철, 「성산별곡」
40 ⑤ 41 ④

스물 2016학년도 10월 고3 전국연합학력평가 [44-45]
(가) 이황, 「도산십이곡」〈후 5〉 (나) 윤선도, 「어부사시사」
42 ③ 43 ②

스물하나 2017학년도 7월 고3 전국연합학력평가 [43, 45]
(가) 유배 시가 (나) 윤선도, 「견회요(遣懷謠)」
(다) 안조원, 「만언사(萬言詞)」
44 ① 45 ①

40. 출제 의도 <보기>를 참고한 감상의 적절성 판단하기

⑤가 답인 이유

〈보기〉는 '성산별곡'에 인용된 '고사'에서 등장하는 '소재'를 중심으로 작품을 감상하기를 유도하는 내용으로, 〈자료〉는 제시문에 등장하는 소재와 관련된 고사의 내용이다. 자연을 노래한 가사 작품에 자주 등장하는 '백구(갈매기)'라는 소재는 인간의 무심(無心)을 알아보는 갈매기로서, 욕심 없이 살아가는 모습을 드러내는 것으로 이해할 수 있다. '무심코 한가함이 주인과 어떠한가'는 '백구'와 '주인'의 모습이 다르지 않음을 드러내는 것인데, 〈자료〉의 '백구' 고사로 볼 때, '갈매기를 잡으려는 마음'은 '무심함'이 아니라 '욕심'이 있는 것으로 이해해야 한다. 따라서 '주인'의 모습을 '어부'의 모습과 같은 것으로 연상하는 것은 적절한 감상이 아니다.

오답을 피하고 싶었어

① '산옹'이 '외씨'를 뿌리며 산에서 살아가는 '소박한 삶'은, 진나라가 망하자 벼슬을 버리고 '외씨'를 뿌리며 살던 '소평'의 모습을 연상케 하므로 적절한 감상이다.
② '시내 길'에 피어 있는 '도화'는 진나라 때 고사에서 유래된, 복숭아꽃이 만발한 '무릉도원'을 연상케 하므로 적절한 감상이다.
③ '풋잠'을 자며 느낀 평안함은 중국 전설에 나오는 '희황'과 연관된 '희황베개'로 상징되는 태평함을 연상케 하므로 적절한 감상이다.
④ 산에 퍼진 '연꽃 향기'는 '연꽃'을 소재로 '군자'의 덕을 예찬한 송나라 도학자 '염계'가 지은 '애련설'을 연상케 하므로 적절한 감상이다.

41. 출제 의도 다른 작품과 비교하여 이해한 내용의 적절성 파악하기

④가 답인 이유

〈보기〉는 '강강월'이라는 기녀의 시조 작품으로, 홀로 잠 못 이루는 밤에 등불을 다시 켜며 어찌할 바를 모르고 있는 정서를 표현하고 있는 작품이다. ㉠에서 '할 일'은 '산옹'이 산중에서 살아가는 한가로운 삶을 뜻하는 것으로, '세상을 위해 해야 할 과업'이 아니며, 〈보기〉의 '잔등 돋워'는 '나'가 잠도 오지 않은 방에서 사그라지는 등불의 심지를 돋워 다시 밝게 하는 행위로, '나'의 외로운 정서를 달래고자 하는 행위이다.

오답을 피하고 싶었어

① ㉠의 '매창'은 방에서 잠을 자다가 일어난 '산옹'이 '아침볕'이 나는 밖의 상황을 알게 되는 통로이며, 〈보기〉의 '창'은 방 안에 홀로 잠들지 못하는 '나'가 '굵은 빗소리'가 들리는 밤에 방 밖의 상황을 알게 되는 통로이다.
② ㉠의 '아침볕'은 '산옹'이 맞이하는 아침의 분위기를, 〈보기〉의 '기러기 우는 밤'은 '나'가 잠 못 들고 있는 '밤'의 분위기를 자아낸다.
③ ㉠의 '향기'는 아침에 '산옹'이 일어나도록 자극을 하고 있고, 〈보기〉의 '굵은 빗소리'는 등불을 다시 밝히며 잠 못 들고 있는 '나'가 더욱 잠이 들지 못하게 하고 있다.
⑤ ㉠이 '곧 없지도 아니하다'에서는 소박하게 살아가는 '산옹'의 생활에 대한 긍정적 인식이 드러나고, 〈보기〉의 '더욱 망연하여라'에서는 잠 못 드는 밤에 무엇을 해야 할지 모르는 '나'의 슬픔이 드러나 있다.

42. 출제 의도 주어진 자료를 참고한 감상의 적절성 판단하기

③이 답인 이유

[A]의 초, 중장에서는 '청산'과 '유수'에서 파악되는 자연의 영원불변함에 대한 감탄을 드러내고 있다. 이 부분을 천리를 구현하고자 하는 과정에서 겪을 수밖에 없는 어려움을 한탄한 것으로 보는 것은 적절하지 않다.

오답을 피하고 싶었어

①, ② 1~2문단의 내용에 근거해 볼 때, '청산'과 '유수'는 각각 오랜 시간 동안 푸르름을 유지하며 밤낮으로 그치지 않고 흐른다는 점에서 천리의 영원불변함을 드러내는 소재이며, 이러한 속성은 곧 인간이 지향하고 추구해야 할 보편타당한 이치와 관련된 자연의 본성이라 할 수 있다.
④ 2문단의 내용에 의하면, '청산'과 '유수'의 속성을 '우리'와 연결한 것은 자연에 구현된 천리를 인간이 추구해야 할 이치와 동일시하는 작가의 시각이 나타난 것으로 볼 수 있다.
⑤ '우리'도 자연의 속성을 닮겠다는 의지를 드러낸 종장의 내용은 (가)의 2문단에서 언급되었듯이 현실에서도 천리를 구현하겠다는 태도와 연결할 수 있다.

43. 출제 의도 주어진 자료를 참고한 감상의 적절성 판단하기

②가 답인 이유

〈춘 4〉에서 안개 속에서 들락날락하며 마치 움직이는 것처럼 생동감 있게 묘사된 '어촌 두어 집'의 모습은 '버구기'와 '버들숲'을 배경으로 '온갖 고기 뛰노'는 자연물의 모습과 조화를 이루는 어촌 풍경의 일부이다. 따라서 이들이 서로 대조를 이루면서 현실의 혼탁함을 부각한다는 설명은 적절하지 않다.

오답을 피하고 싶었어

① 〈춘 1〉에서 자연의 봄 풍광은 각각 시간의 흐름에 따르는 것으로 제시되어, 자연의 질서와 조화를 드러내고 있다.
③ 〈하 6〉의 '만고심'은 화자가 '수조가'를 부르면서 어부 생활의 풍류를 즐기는 가운데 느끼게 되는 근심으로, 이는 자신이 즐기는 자연의 질서와 조화가 결여된 현실을 떠올리며 느끼는 화자의 심리로 볼 수 있다.
④ 〈추 2〉에서 화자는 '고기마다 살져 읻'는 가을의 어촌 풍경에 감탄하며 '만경 징파'에서 실컷 즐기고자 하는 태도를 드러내고 있다.
⑤ 〈추 2〉의 종장에서 '인간'은 '수국'과 대조되는 공간으로, 멀수록 더욱 좋은 것으로 인식되는 부조리한 현실을 의미한다.

44. 출제 의도 세부 내용 파악하기

①이 답인 이유

1문단에서 가사는 연속체로, 길이의 조절이 자유로웠기에 유배지에서의 삶과 정서를 좀 더 구체적으로 담아낼 수 있었다는 것을 확인할 수 있다.

오답을 피하고 싶었어

② 1문단에서 '유배 시가는 고려 시대 정서의 「정과정곡」을 시초로 하여'라고 하였으므로, 유배 시가가 조선 시대에 처음 창작되었다는 말은 적절하지 않다.

45. 출제 의도 주어진 자료를 참고한 감상의 적절성 판단하기

❶이 답인 이유
(나)의 '제3수'에는 임금을 향한 화자의 변치 않는 충정이 담겨 있을 뿐, 자연에 은거하고자 하는 화자의 소망이 담겨 있다고 보기는 어렵다.

오답을 피하고 싶었어
② (나)의 '제5수'에서 임금을 잊으면 불효라고 한 표현을 통해 임금에 대한 충정을 효와 관련하여 드러내고 있음을 알 수 있다.
⑤ (다)의 '탐화봉접이 그물에 걸렸으랴'에서 화자 자신을 꽃을 탐하는 벌과 나비인 '탐화봉접'에 비유하고, 화자가 개인적 잘못을 저질러 유배된 것은 '그물에 걸'린 것에 비유하고 있다.

8강 | 고전 시가, 주제 & 발상

스물둘 2021학년도 3월 고3 전국연합학력평가 [22-24]
애정 시조에 나타나는 달의 작중 기능
46 ③ 47 ④ 48 ②

스물셋 2021학년도 4월 고3 전국연합학력평가 [17-18]
시조의 노년 표현법
49 ③ 50 ⑤

스물넷 2021학년도 대학수학능력시험 6월 모의평가 [38, 40]
정철, 「관동별곡」
51 ③ 52 ③

46. 출제 의도 시어의 의미 및 기능 파악하기

❸이 답인 이유
(다)의 달은 옥적 소리와 정서적으로 연결되어 '천수 만한'이라는 화자의 수심을 불러일으키는 역할을 하고 있다. (다)에서 '달'은 화자의 내면을 빗댄 것으로 보기 어렵고 임을 위한 화자의 정성도 나타나지 않는다.

오답을 피하고 싶었어
① '돌 쓰쟈 비 써나니'를 통해 (가)의 달이 배의 출항과 관련된 것이며, 화자와 임이 헤어지는 달밤이라는 시간적 배경을 알려 준다고 볼 수 있다.
② (나)의 달은 화자가 고향을 떠난 장소인 '객창'에서 바라보는 것이며, '두견이'라는 소재와 정서적으로 연결되어 화자의 정한을 돋우고 있다.
④ '내 ᄆᆞ옴 버혀 내여 뎌 돌을 밍글고져'를 통해 (라)의 달은 화자의 마음이 투영된 것이며, '고온 님 계신 고듸 가 비최여나 보리라'를 통해 떨어져 있는 임과 화자를 이어 주는 매개물임을 알 수 있다.
⑤ (마)의 화자는 달에게 '우리 님이 안젓더냐 누엇더냐'라고 궁금한 점을 물어보고 있으며, 달을 임의 소식을 알려 줄 수 있는 대상으로 생각하고 있다.

47. 출제 의도 작품에 사용된 관용적 표현 파악하기

❹가 답인 이유
ⓓ는 '의인화된 사물에 이별의 책임을 전가하는 것'인데, 이러한 내용은 (가)~(마)에서 찾을 수 없다.

오답을 피하고 싶었어
① ⓐ는 (가)의 '지국총 소리', (나)의 '두견이만 우지진다', (다)의 '옥적(玉笛) 소리' 등이 해당한다.
② ⓑ는 (다)의 '잠 못 드러 ᄒᆞ노라'가 해당한다.
③ ⓒ는 (다)의 '천수 만한', '천리', (라)의 '구만리' 등이 해당한다.
⑤ ⓔ는 (마)의 '쏫 갓흔 우리 님'이 해당한다.

48. 출제 의도 작품 간의 공통점 및 차이점 파악하기

❷가 답인 이유
(나)는 '돗는 달'과 '지는 달'에서 달이라는 소재를 통해 달이 떠서 질 때까지의 시간 경과를 나타내고 있다. 하지만 (다)에서는 달이라는 소재를 통해 시간의 경과를 나타내는 것을 찾을 수 없다.

오답을 피하고 싶었어
① (나)에 '달'이라는 시어는 반복되나 연쇄는 나타나지 않으며, (다)에는 반복과 연쇄가 나타나지 않는다.
③ (나)와 (다)에서 화자의 시선이 각각 원경에서 근경으로 이동하거나, 근경에서 원경으로 이동하는 것은 나타나지 않는다.
④ (나)와 (다)에서 화자가 고통을 견딘다고 추측할 여지는 있으나, 재회를 확신하는 모습은 찾을 수 없다.
⑤ (나)의 경우 마지막 구절이 빠진 채 '지는 달만'으로 종결되고 있다. 이것은 시조에다 곡을 붙여 부르는 시조창을 위한 가창의 편의와 관련된 것이다. 하지만 (다)는 그렇지 않다.

49. 출제 의도 시적 상황과 화자의 정서 및 태도 파악하기

❸이 답인 이유
ⓒ의 화자는 자신의 흰머리가 없어지지 않는 것을 청산이 옛 모습을 되찾는 것과 비교하며 한탄하고 있다. 따라서 순환하는 자연의 원리는 인정하면서도 늙음에 대해 한탄하던 자신을 후회하는 화자의 모습이 드러나고 있지 않으므로 적절하지 않다.

오답을 피하고 싶었어
① ㉠에는 유흥이 싫고 미워질 만큼 충분히 즐기지 못하였는데 자신의 몸이 늙어 가는 것에 대해 안타까워하는 화자의 마음이 드러나고 있으므로 적절하다.
② ㉡에는 어차피 늙을 수밖에 없다는 자연의 섭리를 인정하고 삶을 즐김으로써 서글픔을 달래려는 화자의 태도가 드러나고 있으므로 적절하다.
④ ㉣에는 공평한 하늘 아래 소년들 또한 늙을 수밖에 없다는 자연의 이치에 대한 화자의 생각이 드러나고 있으므로 적절하다.
⑤ ㉤에는 속절없이 빠르게 흐르는 세월에 흰머리가 난다고 인지한 화자의 상황이 드러나고 있으므로 적절하다.

50. 출제 의도 주어진 자료를 참고한 감상의 적절성 판단하기

❺가 답인 이유
(마)에서 'ᄆᆞ옴'은 세월이 흐른 뒤에도 변하지 않아 '소년' 시절뿐만 아니라 '소년' 시절 이후에도 화자와의 유사점을 나타내고 있으므로 적절하지 않다.

오답을 피하고 싶었어
① (가)에서 '일월'과 '장천'은 무한히 지속되는 영원성을 의미하여 화자의 짧은 인생과 차이점을 드러내고 있다. 따라서 세계와 자아의 이질성이 나타나고 있으므로 적절하다.
② (나)에서 '청산'이 '황산'으로 변하는 것은 화자가 나이를 먹고 늙는 것과의

유사점이다. 따라서 세계와 자아의 동질성이 나타나고 있으므로 적절하다.
③ (다)에서 '적설'은 '동풍'이 불기 전에는 화자의 흰머리와 유사점이 나타나고 있으나, '동풍'이 분 뒤에는 모두 녹아 화자의 흰머리와 차이점이 나타나고 있다. 따라서 세계와 자아의 동질성과 이질성이 함께 나타나고 있으므로 적절하다.
④ (라)에서 '소년'은 '소년행락'의 시절이 계속될 수 없다는 점에서 유한한 인간인 화자와 유사점이 나타나고 있으나, '소년행락'의 시절을 현재 누리고 있다는 점에서 이미 '소년행락'의 시절이 끝난 화자와 차이점이 나타나고 있다. 따라서 세계와 자아의 동질성과 이질성이 함께 나타나고 있으므로 적절하다.

51. 출제 의도 작품을 종합적으로 이해하고 감상하기

❸이 답인 이유

화자는 '개심대'에 올라 금강산의 만이천 봉우리를 조망하고, 그에 대한 감흥을 서술하고 있다. 금강산의 봉우리마다 맺혀 있는 맑고 깨끗한 기운을 먼저 묘사하고 금강산의 기운을 흩어 인걸을 만들고자 하는 마음, 봉우리의 정다움 등 금강산을 보고 느낀 감흥을 서술하고 있다.

오답을 피하고 싶었어

① 화자는 '금강대'의 '선학'이 '서호 녯 주인'을 반기는 것처럼 자신을 반기고 있다고 여기고 있다. 화자가 자연 속에서 만족감을 느끼며 자연에 동화되고 있는 것이다. 또한 화자는 '진헐대'에 올라 아름다운 금강산의 모습에 감탄하고 있다. 화자가 '금강대'에서 '진헐대'로 이동하면서 자연에 대해 이중적 태도를 보여 주고 있는 것이 아니다.
② 화자는 '진헐대'에서는 아름다운 금강산의 모습에 감탄하고 있으며, '불정대'에서는 십이폭포의 장관에 감탄하고 있다. '진헐대'와 '불정대'에서 화자의 내적 갈등이 고조되고 있지는 않다.
④ 화자는 '화룡소'를 보며 마치 천년 묵은 늙은 용이 굽이굽이 서려 있는 것 같다고 묘사하면서 '화룡소'가 넓은 바다와 이어져 있다고 말하고 있다. 화자의 시선이 원경에서 근경으로 이동하고 있지는 않다.
⑤ 화자는 마하연, 묘길상, 안문재를 넘어 내려가 불정대에 오르고 있다. '화룡소'에서 '불정대' 까지의 이동 경로는 드러나 있다.

52. 출제 의도 <보기>를 참고한 감상의 적절성 판단하기

❸이 답인 이유

'중향성'을 바라보며 천지가 생겨날 때에 금강산의 만이천 봉우리가 저절로 생겨난 것이라고 말하고 있다. 작가는 자연에 하늘의 이치가 구현된 것이라고 여기는 것이지, 자연의 미가 인간 사회의 영향을 받은 것이라고 인식하고 있는 것은 아니다.

오답을 피하고 싶었어

① '혈망봉'은 '천만겁 디나도록 구필 줄 모르'는 대상으로, 변치 않는 지조를 지닌 존재로 묘사되어 있다. '혈망봉'을 굽히지 않는 존재로 보는 것은 작가가 지조라는 가치를 투사하여 '혈망봉'을 이상적 인간상으로 이해한 것이다.
② 맑고 깨끗한 금강산의 기운을 흩어 내어 인걸을 만들겠다는 것은 백성들에게 선정을 베풀 수 있는 뛰어난 인재를 구하고자 하는 것이다. 작가는 '개심대'에서 바라본 금강산의 모습을 통해 목민관으로서의 사회적 책무를 떠올리고 있다.
④ '불정대'에서 본 폭포를 은하수를 베어 실처럼 풀어서 베처럼 걸어 놓은 것으로 묘사하고 있다. 폭포를 '실'이나 '베'와 같은 구체적이고 일상적인 사물을 활용하여 표현함으로써 자연의 미를 사실감 있게 드러내고 있다.
⑤ '불정대'에서 본 풍경에 대해 이백도 여산 폭포가 더 낫다는 말을 못 할 것이라고 표현하고 있다. 중국의 '여산'과 비교하며 우리 자연의 아름다움을 강조한 것인데, 이는 이백의 시구에 등장하는 관념적인 대상으로서의 자연이 아닌 현실에서 만날 수 있는 자연의 아름다움을 높이 평가한 것이다.

9강 | 소설 읽기 매뉴얼

스물다섯 2011학년도 대학수학능력시험 [40-43]
이호철, 「나상(裸像)」
53 ⑤ 54 ② 55 ⑤ 56 ④

스물여섯 2021학년도 대학수학능력시험 9월 모의평가 [16, 18-19]
이기영, 「고향」
57 ⑤ 58 ③ 59 ④

53. 출제 의도 서술상의 특징 파악하기

❺가 답인 이유

이 소설은 형제가 포로로 이송되는 과정을 그리고 있다. 제시된 소설에서 '형'은 천진난만한 순수함을 지닌 인물로 동생에 대한 각별한 애정을 드러낸다. 우는 동생을 나무라면서 본인이 운다든가, 동생 귀에 속삭이는 행위, 동생의 허리나 허벅다리를 쿡쿡 찌르는 행위 등을 반복 서술하면서 '형'의 성격을 구체화하고 있다.

오답을 피하고 싶었어

① 인물을 우스꽝스럽게 희화화하는 내용은 유추할 수 없다.
② 내적 독백이 아니라, '형'과 '동생'의 대화가 위주이다.
③ 현재와 과거의 교차 서술은 등장하지 않는다.
④ 간접 인용이 아니라 '형'과 '동생'의 대화 내용이 직접 인용의 방식으로 서술되어 있다.

54. 출제 의도 소재의 의미 및 기능 파악하기

❷가 답인 이유

이 소설에서는 형과 동생의 갈등 구도라든가 갈등 양상은 나타나지 않는다. 오히려 형은 동생을 기특하게 여기고 동생 역시 형의 죽음을 예감하면서 안타까워하고 있다.

오답을 피하고 싶었어

① 형이 흩날리는 눈을 보며 울음을 그치고 '눈이 내린다.'라며 좋아하는 것으로 보아, '눈'은 형에게 동심을 불러일으킨 매개체라고 할 수 있다.
③ '눈 덮인 초라한 들판'을 통해 황량하고 쓸쓸한 이미지를 떠올릴 수 있다.
④ 형의 걸음이 자꾸 처지는 것은 형의 '담증' 때문이고, 그로 인해 형은 경비병의 따발총에 맞아 죽음을 맞이하게 된다.
⑤ 형이 죽게 되는 시점에서 '함박눈'이 내리는 것은 비극적 분위기를 고조시키는 것이라 할 수 있다.

55. 출제 의도 인물의 심리 및 태도 파악하기

❺가 답인 이유

동생은 자신을 각별하게 생각하는 형의 마음을 차츰 깨닫게 된다. 아파하는 형의 모습에 동생은 안타까움을 느낄 뿐이다. 따라서 '무심하게 바라보는 동생의 모습'은 글의 흐름상 어울리지 않는다.

오답을 피하고 싶었어

③ 춥다면서 동생을 끌어안는 형에게, 공감의 의미로 고개를 끄덕여 주는 것은 적절한 의견이라 할 수 있다.

④ 아파하는 형을 바라보지만 아무 것도 해 줄 수 없다고 여기는 상황이므로 '동생'의 안타까운 눈빛을 보여주는 것은 적절한 사례에 해당한다.

56. 출제 의도 <보기>를 참고한 감상의 적절성 판단하기

❹가 답인 이유

이 소설에서 작가는 북한군의 포로가 된 형제가 전쟁이라는 상황에서 어떤 모습을 보이는가를 그리고 있다. '형'은 전쟁이라는 극한 상황 속에서도 동심을 잃지 않는다. 또한 포로의 상황을 벗어나기 위해 현실과 타협하는 등의 행동을 하지 않는다. 따라서 형은 파괴하려는 폭력에 대해 어떠한 저항의 행위도 보이지 않는다.

오답을 피하고 싶었어

① 〈보기〉에서는 '형'을 천진난만한 '벌거숭이 인간'이며, 근원적인 인간성을 지닌 인물이라고 설명하고 있다.

② '경비병'은 형제를 구속하는 존재이므로, '인간 본연의 모습을 억압하고 길들이는 감시망'을 상징한다고 볼 수 있다.

③ 포로 호송이라는 상황은 구성원을 획일화하는 사회에 대한 상징이라 볼 수 있다.

⑤ 제시된 소설은 외부의 폭력에 희생되는 모습을 묘사하여, 근원적인 인간성의 소중함을 일깨우고 있다.

57. 출제 의도 서술상의 특징 파악하기

❺가 답인 이유

[A]에서는 안승학의 가난했던 형편 및 그의 가족사, '이 동리'로 가족이 옮겨오게 된 이유 등과 같은 인물의 내력을 간추려 설명하고 있다. 즉 서술 대상인 안승학에 대한 요약적 서술을 통해 그에 관한 정보를 개괄적으로 제시하고 있다.

오답을 피하고 싶었어

① [A]에서는 서술 대상인 안승학이라는 인물에 대한 정보를 서술자의 서술을 통해 요약적으로 제시하고 있을 뿐, 인물에 대한 독백적 서술은 나타나지 않는다.

② 안승학이 '이 동리'로 옮겨 와 살게 된 내력을 소개하고 있으나, 안승학에 대한 성찰적 태도가 드러나지는 않는다.

③ 안승학의 부친과 모친의 죽음, 그리고 '이 동리'로 옮겨 살게 된 내력을 시간의 흐름에 따라 제시하고 있을 뿐, 병렬적 서술을 통해 안승학에 관한 정보를 반복적으로 제시하고 있지 않다.

④ 안승학의 내력을 그의 가족을 중심으로 서술하고 있을 뿐, 안승학에 대한 묘사적 서술을 통해 정보를 단계적으로 제시하고 있지는 않다.

58. 출제 의도 인물의 심리 및 태도 파악하기

❸이 답인 이유

희준은 안승학에게 자신들의 '요구 조건'을 들어줄 수 있는지를 확인하고 있을 뿐, '요구 조건'이 이행되지 않았을 때 어떤 일이 벌어질 것인지에 대해서는 언급하지 않았다. 따라서 '요구 조건'의 불이행 때문에 벌어질 일에 대해 희준이 안승학에게 경고하고, 이러한 희준에 대해 안승학이 염려하고 있음이 암시되어 있다는 진술은 적절하지 않다.

오답을 피하고 싶었어

① 남의 집을 찾아왔으면 문간에서 주인을 찾고 들어와야 하지 않느냐는 안승학의 말에 대해 김선달은 "아무도 없는데 누구보고 말하랍니까? 대문 기둥에다 대고 말씀하랍시오."라고 응수하며 안승학에 대해 비아냥거리는 태도를 보이고 있다.

② '요구 조건'을 들어줄 것이냐고 묻는 희준에게 안승학은 "그따위 이야기를 할 작정으로 이렇게들 식전 아침에 왔어? 못 들어주겠어!"라고 말하며 '요구 조건'에 대한 거부 의사를 직접적으로 표출하고 있다.

④ 안승학은 '그따위 이야기', '어림없지' 등과 같은 말을 사용하면서 '요구 조건'의 수용을 직접적으로 거부하고 있다. 그리고 화가 나서 담뱃대를 밀어 던지면서 자신을 방문한 다섯 사람에게 시간 낭비하지 말고 돌아갈 것을 요구하고 있다. 이러한 안승학의 반응에 대해 다섯 사람은 '정녕코' 요구 조건을 못 들어주겠냐며 안승학의 의중을 다시 한번 확인하고 있다. 이러한 인물들의 언행을 통해 '요구 조건' 수락을 둘러싼 안승학과 다섯 사람 간의 갈등 양상과 이로 인한 긴장된 분위기를 알 수 있다.

⑤ 안승학은 희준을 포함한 다섯 사람이 갑작스럽게 자신을 방문하자 '적이 마음에 불안을 느'끼고 있다. 그리고 자신에 대해 비아냥거리는 태도를 보이는 김선달에게 분해 하면서도 그에게 호령할 용기를 내지 못하고 있다. 이러한 안승학의 모습을 통해 그가 다섯 사람의 갑작스러운 방문으로 인해 심리적으로 동요되고 있음을 알 수 있다.

59. 출제 의도 서술상의 특징 파악하기

❹가 답인 이유

다섯 사람이 안승학에게 '요구 조건'의 수락 여부를 묻는 것은 안승학이 '요구 조건'을 수락할 수 있는 사음이라는 사회적 지위를 지니고 있기 때문이다. 그러나 안승학은 '요구 조건'에 대한 확답을 받기 위해 자신을 찾아온 다섯 사람에게 호령할 용기를 내지 못하고 있는데, 이는 다섯 사람이 갑작스럽게 자신을 방문한 것에 대해 안승학이 불안을 느꼈기 때문이다. 따라서 이러한 안승학의 반응을 자신의 사회적 지위를 인정하지 않는 다섯 사람에 대한 반감으로 이해하는 것은 적절하지 않다.

오답을 피하고 싶었어

① 별다른 지체도 없이 찌그러진 오막살이에서 가난하게 살았던 안승학은 마을 사람들의 소작권을 관리하는 사음의 자리에 오르며 지위가 변하게 된다. 사음이라는 지위가 지주를 대신하여 소작권을 관리하는 자리라는 점에서, 안승학은 소작제를 이용하여 과거와 현재의 지위가 달라진 인물형에 해당한다는 것을 알 수 있다.

② 대부분의 사람들이 '기차와 정거장과 전봇대를 보고 경이의 눈을 크게 떴'던 것과 달리, 안승학은 사람들에게 목판차를 탔던 경험을 말하고 우편소 이용 방법을 보여 주고 있다. 이러한 안승학의 모습을 통해 새로운 근대 문물의 유입에 발빠르게 적응하며 지체도 없고 형세도 없는 '근본'에서 벗어나 자신의 지위를 변모시켜가는 인물형을 확인할 수 있다.

③ 안승학은 사람들에게 목판차를 맨 처음으로 먼저 타고 서울에 갔던 경험을 자랑하면서 자신이 이 지방에서 가장 똑똑한 사람인 것처럼 행동하고 있다. 이러한 안승학의 모습을 통해 근대 문물의 경험을 앞세워 자신을 과시하는 인물형을 확인할 수 있다.

⑤ 안승학은 '요구 조건'을 들어줄 것인지를 묻는 다섯 사람에게 서로의 물질상 손해만 커질 것이라며, 나락을 벨 것을 강요하고 있다. 이는 다섯 사람으로 대표되는 소작농의 이익보다는 사음인 자신의 이익을 우선시

하는 모습으로, 이러한 안승학의 모습을 통해 다른 사람의 이익보다는 사적인 이익을 우선시하는 인물형을 확인할 수 있다.

10강 | 서술자 씨의 모든 것

스물일곱 2019학년도 3월 고3 전국연합학력평가 [27-29]
이청준, 「황홀한 실종」
60 ⑤ 61 ⑤ 62 ④

스물여덟 2020학년도 대학수학능력시험 [30-32]
김소진, 「자전거 도둑」
63 ① 64 ⑤ 65 ⑤

60. 출제 의도 서술상의 특징 파악하기

⑤가 답인 이유

[A]는 전지적인 서술자가 서술의 초점이 되는 인물인 윤일섭의 시선으로 손 박사의 언행에 담긴 의미를 해석하여 그것을 독자에게 전달하고 있다.

오답을 피하고 싶었어

① 이야기 밖의 전지적인 서술자가 사건을 전달하고 있으므로, 이야기 속 서술자의 자기 고백적 진술을 통해 내면이 제시되었다고 보기 어렵다.
② 서술자가 전지적인 입장에서 초점이 되는 인물의 시선으로 사건을 전달하고 있으므로, 관찰자의 입장에서 사건 이해에 필요한 단서를 제공했다는 설명은 적절하지 않다.

61. 출제 의도 구절의 의미 파악하기

⑤가 답인 이유

'쇠울타리'가 쾌적한 공간을 독차지하려는 자들을 위해 마련된 '영리한 고안'이라는 것은 윤일섭이 한 생각이다. 윤일섭은 손 박사 역시 쾌적한 공간을 독차지하려는 자들의 하나라고 의심하고 있다. 따라서 이러한 생각이 손 박사의 생각이며 ㉠이 이에 상응하는 처방이라는 설명은 적절하지 않다.

오답을 피하고 싶었어

① 손 박사는 윤일섭이 '자신의 사고로는 도저히 수습할 수 없는 심각한 혼란'을 겪고 있다고 생각하는데, 문맥상 그 혼란은 쇠창살과 관련되어 있음을 알 수 있다. 따라서 손 박사는 '마음속의 쇠창살'을 부숴 없애라는 처방을 내렸다고 볼 수 있다.
② 손 박사는 윤일섭의 교문에 대한 의식의 도착 증세가 그의 직장 생활에 대한 고충담 속에서 더욱 현저하게 드러난다고 보고, 그러한 증세가 모두 '쇠창살'과 관련이 있다고 진단하고 있다. 따라서 손 박사는 ㉠과 같은 처방을 내렸다고 볼 수 있다.
③ 윤일섭은 손 박사가 '그의 곁에서 내쫓으려는 음흉스런 꾐수'를 가지고 자신을 '쇠창살' 밖으로 내몰기 위해 ㉠과 같은 처방을 내린 것이라고 의심하고 있다.
④ 윤일섭은 손 박사가 '자신의 쇠창살을 교묘하게 숨기면서 윤일섭 그에게만 그것을 부수라 꿰어낸' 것이라고 생각하고 있다.

62. 출제 의도 <보기>를 참고한 감상의 적절성 판단하기

④가 답인 이유

윤일섭은 자신이 선택받지 못한 자들의 무리에 속해 있다고 생각한다. 따라서 현재 자신의 모습을 '바깥세상 구경이나 하면서 살'고 있다고 보기 어려우며, 윤일섭은 자신을 과거 자신의 자리로 되돌려 놓아야 한다고 생각하지도 않는다.

오답을 피하고 싶었어

① '비좁고 육중한 은행 문을 용케 들어갈 수 있었'던 것을 다행스럽다고 여기는 '윤일섭'은 자본주의 질서 속에서 체제의 보호를 받고 싶어 하는 자아의 모습을 보여 준다고 할 수 있다.
② 윤일섭은 '승진'을 '더 안전한 이선 삼선'의 자리로 옮겨 앉는 것이라고 생각하며 그것을 바라고 살아왔는데, 이것은 체제의 보호 속에 더 깊이 안주하고 싶은 자아의 욕망과 관련이 있다.
③ 윤일섭은 '선택받지 못한 자들'이 바깥으로 쫓겨난 채 선택받은 자들의 모욕적인 눈길 속에 우왕좌왕 방황을 계속하고 있는 게 현실이라고 했는데, 이러한 마음속에는 자본주의 체제로부터 밀려날 수 있다는 불안감이 담겨 있다고 볼 수 있다.
⑤ 윤일섭은 '은행 점포의 좌석 배치'가 '완전한 피라미드 포진'을 이루고 있다고 말하는데, 이것은 은행 안에서도 치열한 생존 경쟁이 펼쳐지고 있음을 보여 주는 것으로 자본주의적 질서를 상징한다.

63. 출제 의도 작품의 내용 파악하기

①이 답인 이유

제시된 글에서 아버지는 혹부리 영감에게 물건을 받아 오는 과정에서 소주 스무 병 값을 치르고 열여덟 병만을 들고 오는 실수를 저지른다. '나'와 아버지는 사태를 해결하기 위해 혹부리 영감을 찾아가 사건의 자초지종을 설명하고 하소연을 한다. 그러나 혹부리 영감은 막무가내로 인정할 수 없다는 태도를 견지하며, '정 그렇게 우기면 거래를 끊겠다는 협박성 경고'까지 덧붙인다. 마지못해 아버지는 자신의 과오를 인정하고 가게로 돌아와 아들 앞에서 눈물을 보인다. 이를 통해 아버지가 혹부리 영감의 주장을 따른 이유가 그의 위협적인 경고 때문이었음을 알 수 있다.

오답을 피하고 싶었어

② 스무 병이 와야 할 소주가 열여덟 병만 온 것을 확인한 아버지의 얼굴이 '맞보기가 민망할 정도로 금세 하얗게 질렸다.'라고 표현한 부분에서 아버지가 당황한 내색을 보였음을 파악할 수 있다.
③ 가게에 있던 캐러멜 하나를 아무 생각 없이 집어먹은 '나'의 행동에 대해 아버지가 '불같이 화를 내며' 당수를 한 대 세게 내리꽂고 혼내는 장면을 통해 아버지가 '나'의 잘못을 묵인하지 않았음을 알 수 있다.
④ '나'는 혹부리 영감에게 자초지종을 설명하였지만, 자초지종을 듣고 마지못해 '나'의 염려를 덜어 준 부분은 찾을 수 없다.
⑤ '막내인 나는 번번이 아버지의 뒤로 팔을 늘어뜨린 채 졸졸 따른 수밖에 없었다.', '그땐 그게 죽도록 싫었다.' 등의 표현을 통해, '나'의 기분과 무관하게 아버지가 '나'를 심부름꾼으로 데리고 다녔음을 추측할 수 있다.

64. 출제 의도 작품 감상의 적절성 판단하기

⑤가 답인 이유

혹부리 영감에게 '아버지 같은 사람 하나쯤 거래를 끊어도 장부상 거의 표가 나지 않을 것'인데 반해, '나'는 '거래가 끊긴다면 아버지한테는 큰 타격이 아닐 수 없었다.'라고 생각한다. 이어지는 장면에서 아버지가 자신의 구멍가게로 돌아와 기어코 눈물을 보이는 모습은 둘 사이의 거래 관계에 있어서 혹부리 영감이 절대적인 우위에 있었음을 보여 준다. 따라서 '나'가 혹부리 영

감에 대한 기억을 통해 형편이 어려운 사람들 간의 유대감을 느꼈을 것이라는 내용은 적절하지 않다.

오답을 피하고 싶었어

① '나'는 '캐러멜 갑 안에 미키대장군이 몇 개 들어있는지조차 훤히 꿰차고 있는 아버지'의 모습을 통해 '한 평도 채 안 되는 구멍가게'에 대한 아버지의 각별한 애정을 확인하며 그것이 아버지의 '생존 이유'였음을 짐작하고 있다.

② 아버지가 '어차피 짝이 맞아야 파니께니'와 같은 이유를 대며 '날큼 털어넣지 못하겠니'라고 권하는 모습을 통해 '나'에 대한 미안함을 서툴게 에둘러 표현하고 있음을 추측할 수 있다.

③ '그땐 그게 죽도록 싫었다.', '정말 그 자리에서 혀를 빼물고 죽고 싶은 생각뿐이었다.' 등을 통해 궁핍으로 인한 '나'의 내면의 상처를 추측할 수 있다.

④ '애초 자기 눈앞에서 까 보이지 않은 것은 인정할 수 없다.'라고 반응하는 혹부리 영감의 매몰찬 태도는 어린 '나'에게 이해타산적인 모습으로 비춰졌을 것이다.

65. 출제 의도 <보기>를 참고한 반응의 적절성 판단하기

⑤가 답인 이유

ⓜ은 아버지가 구멍가게로 돌아와 열여덟 병의 소주를 쓰다듬으며 아들 앞에서 눈물을 보이는 모습이다. 〈보기〉에 진술된 서술 방식 중, 유년 '나'로 시선을 제한하여 아버지의 행위와 표정을 묘사한 것으로 볼 수 있다. 그러나 ⓜ에서 유년 '나'의 심리를 제시하고 있는 부분은 찾아보기 어렵다.

오답을 피하고 싶었어

① ㉠은 〈보기〉의 세 가지 서술 방식 중 첫째 방식을 활용한 것으로, '그 구멍가게에 대한 아버지의 몰두와 자존심'이라는 표현에서 서술자가 아버지의 내면을 설명하고 있다고 볼 수 있다.

② ㉡은 〈보기〉의 세 가지 서술 방식 중 둘째 방식을 활용한 것으로, 독자는 유년 '나'가 '캐러멜 네 개가 끈끈하게 녹아내릴 때까지 먹지 않고' 서 있었던 행위의 의미를 스스로 해석해야 할 것이다.

③ ㉢을 〈보기〉의 세 가지 서술 방식 중 셋째 방식으로 본다면, 아버지의 내면이 직접적으로 서술되지 않았으므로 독자가 아버지의 내면을 스스로 해석해야 할 것이다.

④ ㉣을 〈보기〉의 세 가지 서술 방식 중 셋째 방식으로 본다면, 독자는 혹부리 영감이 '풍기 때문에 왼쪽으로 힐끗 돌아간 두터운 입술을 떠들쳐' 침을 튀기며 말하는 장면을 직접 목격한 듯한 느낌을 받을 것이다.

11강 | 소설의 구성 & 배경 & 갈등

스물아홉	2019학년도 10월 고3 전국연합학력평가 [26, 28-29] 박영한, 「지상의 방 한 칸」 66 ⑤ 67 ⑤ 68 ⑤
서른	2016학년도 대학수학능력시험 6월 모의평가 A형 [34, 36-37] 김유정, 「봄.봄」 69 ② 70 ⑤ 71 ④

66. 출제 의도 서술상의 특징 파악하기

⑤가 답인 이유

이 작품에서는 주인공인 '나'가 서술자가 되어 자신의 내면을 고백적으로 진술하면서 자신이 처한 작가로서의 심리적 상황을 제시하고 있다.

오답을 피하고 싶었어

② 사건 전개에 따른 공간적 배경의 변화는 나타나 있으나, 이를 통해 인물의 갈등이 해소되는 과정을 보여 준 것은 아니다.

67. 출제 의도 <보기>를 참고한 감상의 적절성 판단하기

⑤가 답인 이유

주인공이 친구에게 고통에 대한 사랑과 초월에 대하여 들려줄 용기를 낼 수 없었던 것은, 자신부터가 충분한 신념을 갖고 있지 못하기 때문이다. 따라서 이러한 모습이 정치적인 격변의 상황을 외면해 버린 데서 오는 지식인으로서의 부끄러움을 드러낸다는 설명은 적절하지 않다.

오답을 피하고 싶었어

① 군더더기로 여성지의 연재 원고 매수나 채우고 있다는 것은 예술가로서의 치열성이 희석된 모습이라고 할 수 있다.

② 머릿속에 든 이미지가 박살나는 등 창작에 집중하기 어려운 붙들네에서의 생활은 주인공이 소설가로서의 존립을 위협받는 상황이라고 할 수 있다.

③ 조용한 방 한 칸을 구하기 위해 주인공이 여름내 땀 흘리며 보낸 시간들은 주인공이 작가로서의 꿈을 지켜 내려 노력한 고투의 과정이라고 할 수 있다.

④ '전자오락실', 'TV의 스포츠 화면' 등은 소설에 대한 기대를 잃은 대중이 몰려들고 있는 것들로, 예술가의 존립 근거를 위협하는 대중문화라고 할 수 있다.

68. 출제 의도 반복된 표현의 연결된 의미 이해하기

⑤가 답인 이유

ⓐ는 주인공이 창작에 집중할 수 없었던 것이 단순히 집 주변의 분위기 때문은 아니라는 것을 밝힌 것이다. 그것은 자신이 글을 쓸 수 없는 것이 쓸모없는 생각들로 머릿속을 가득 채운 자신의 무능 때문이라고 생각했기 때문이다. 그러나 주인공은 ⓑ에서 또 그것은 자기만이 책임져야 할 문제는 아니라고 말하고 있다. 그것은 문학 종사자들의 야심을 잠재워 버리게 한 사회적인 문제와도 관련되어 있기 때문이다. 따라서 ⓐ와 ⓑ를 연결하여 제시한 것은, 자신의 창작을 가로막고 있는 것이 개인적인 문제를 넘어 사회적인 문제와도 관련되어 있다는 인물의 인식을 보여 주기 위한 것이라고 할 수 있다.

69. 출제 의도 서술상의 특징 파악하기

②가 답인 이유

'나'와 장인과 대립하고 있던 중에 장인이 '나'의 뺨을 때린 것이 현재 진행 중인 상황이다. 이 상황에서 서술자인 '나'는 '작년 이맘때'의 사건(장인이 던진 돌멩이에 맞아 '나'가 태업을 하자 장인이 장가를 들여 주겠다고 회유했고 '나'가 이에 넘어감)을 회상한다. 그러한 회상을 통해 '나'가 점순이와 혼인하기로 하고 장인의 집에서 머슴살이를 하는 인물임이 드러나며, 인물들이 어떤 관계에 놓여 있는지를 짐작할 수 있다.

오답을 피하고 싶었어

① 현재 사건을 서술하다가 '작년 이맘때'의 사건, '그 전날'의 사건이 회상되고 있으므로 동시에 일어나는 두 사건의 병치로 볼 수 없다.
③ 일상적인 구어체로 서술하고 있어서 현학적 표현을 찾기 어렵다.
④ 서술자인 '나'는 자신이 겪은 일을 주관적인 관점에서 전하고 있다.
⑤ '나'가 자신이 겪은 일을 직접 이야기하고 있다.

70. 출제 의도 구절의 의미 및 기능 파악하기

⑤가 답인 이유
㉤은 점순이가 겉으로 보이는 키는 크지 않았지만 속으로는 제법 성숙해진 듯하다는 뜻에서 한 말이다.

오답을 피하고 싶었어
① ㉠은 '욕필'이라는 별명이 본명인 '봉필'과 연관되어 있음을 나타낸다.
② ㉡은 괄호를 제거해도 문장이 자연스럽다.
③ 장인에 대한 반감을 장인 소유의 소에게 대신 표출하는 중인데, ㉢은 그것을 나타내고 있다.
④ ㉣은 점순이의 행동 특성에 대해 장인이 '채신이 없이 들까분다'고 평가했음을 알려 주고 있다.

71. 출제 의도 <보기>를 참고한 감상의 적절성 판단하기

④가 답인 이유
'점순이'의 키를 보고 생긴 울화를 '소'에게 풀고 있다. '점순이'는 '나'의 화풀이 대상이 아니다.

오답을 피하고 싶었어
① 장인은 마름이라는 지위를 이용해 소작인들에게 부당한 요구를 하는 인물이다. 이런 인물이 많았다면 소작인들이 안정적으로 소작하기 어려워, 불안감에 시달렸을 것이다.
② 장가를 들여 주겠다는 장인의 회유에 넘어간 '나'는 '논'에서 이틀 걸릴 일을 하루에 해치우는 일꾼으로서의 모습을 보여주었다.
③ '화전밭'에서 '나' 는 생동하는 봄 풍경에 휩쓸려 몸이 나른하고 가슴이 울렁거리며 노래를 하는 등 분위기에 취한 모습을 보여주었다.
⑤ '이날'은 '나'가 점순이도 자신과 혼례를 할 생각을 하고 있다는 것을 알게 된 날이다.

12강 | 고전 소설의 모든 것

서른하나 2022학년도 대학수학능력시험 [29-31]
작자 미상, 「박태보전」
72 ① 73 ③ 74 ⑤

서른둘 2021학년도 10월 고3 전국연합학력평가 [27-28, 30]
(가) 작자 미상, 「윤선옥전」 (나) 작자 미상, 「이공본풀이」
75 ③ 76 ⑤ 77 ⑤

72. 출제 의도 공간적 배경에 대한 이해의 적절성 판단하기

①이 답인 이유
'금부'는 박태보가 상의 명령으로 형옥에서 옮겨 와 갇히게 된 곳이다. 임금의 명이 실현되는 공간이지는 하지만, 박태보는 여전히 자신의 뜻을 굽히지 않고 있으며 만조백관과 장안 백성이 박태보를 보기 위해 모여들고 있으므로 임금의 권위가 실현된 공간이라고 보기는 어렵다. 또한 '한 곳'은 임금이 자신을 풍자하는 아이들의 노래를 듣고 애연함을 느끼게 되는 곳이므로 임금이 자신의 권위를 내세우는 공간이라고 볼 수 없다.

오답을 피하고 싶었어
② '진도'는 임금이 박태보를 정배 보낸 곳이므로 박태보가 향해야 하는 곳이고, '외관'은 임금이 민 중전을 내친 곳이므로 민 중전이 거처해야 하는 곳이다.
③ '이화촌'은 꿈에서 깨어난 부인이 시부모 당하에 문안차 나간 곳이면서, 하인이 전해 준 박태보의 편지를 대감 부부와 받게 되는 곳이다.
④ '과천'은 박태보가 정배지인 진도로 가던 중에 머물다 숨을 거두게 되는 곳이면서, '이화촌'에 있던 대감이 박태보의 편지를 받고 향하는 곳이다.
⑤ '심산궁곡'은 아이들이 부른 노래 속에 나오는 곳으로, 백성들이 세월을 보내다가 성군을 기다리자고 한 곳이고 '성내 성외'는 임금이 순행하는 곳이다 따라서 '심산궁곡'은 '성내 성외'와 대비되어 백성들이 임금을 피하려는 곳이라고 볼 수 있다.

73. 출제 의도 인물의 심리 및 태도 파악하기

③이 답인 이유
[A]는 상소 중에 이름 올린 제원(諸모든제, 員사람원)이 한 말로, 죽음 앞에서도 충(忠)을 잃지 않는 박태보의 강직함을 칭송한 것이다. [B]는 박태보가 생가 친척과 양가 제족에게 한 말로, 죽음 앞에서도 자신의 뜻을 굽히지 않을 것을 분명히 하고 있다. 따라서 [A]에 언급된 박태보의 강직함이 [B]에 나타난 박태보의 다짐에서 확인된다고 할 수 있다.

오답을 피하고 싶었어
① [A]에는 박태보의 위기에 대해 책임을 통감하는 제원들의 탄식이 나타나 있으나, [B]에는 그 책임을 자신에게 돌리는 박태보의 자책이 들어 있지 않다.
② [B]에 박태보가 무죄를 소명하겠다는 결심을 하며 삶을 도모하는 내용은 나타나 있지 않다.
④ [A]에 제원들 간의 갈등으로 인한 박태보의 심리적 상처는 나타나 있지 않다. 따라서 [B]에서 그 상처가 가족과의 만남을 통해 해소된다는 설명 또한 적절하지 않다.
⑤ [A]에 박태보의 후회가 드러나 있지 않으므로 [B]에서 그러한 후회가 반복되었다는 설명 또한 적절하지 않다.

74. 출제 의도 <보기>를 참고한 감상의 적절성 판단하기

⑤가 답인 이유
'장안 백성이 뉘 아니 낙루(落떨어질낙, 淚눈물루)하리오', '어찌 천신이 감동치 아니하리오.', '일문이 애통함을 차마 못 볼러라.' 등에서 박태보에 대한 민심을 편집자적 논평을 통해 반복적으로 나타내고 있다. 그러나 박태보는 결국 죽음을 맞이하였으며 민 중전이 내쳐지는 것을 막지도 못하였으므로, 이러한 민심에 박태보가 기우는 국운을 회복한 영웅으로 추대되면서 얻은 백성들의 지지가 반영되었다고 볼 수 없다. 다만 이것은 고난과 시련 끝에 죽음을 맞게 된 박태보에 대한 백성들의 안타까움을 드러낸 것이라고 할 수 있다.

오답을 피하고 싶었어
① 부인의 꿈에 나타난 박태보는 "내 무죄하여 탕탕한 청천이 감동하사"라

고 말하며, '전고 충신'을 따라 황성에 구경 간다고 하였다. 이것은 박태보가 윤리적 명분에 있어 인정받은 도덕적 영웅임을 보여 준 것이라고 할 수 있다.

② 대감 부부에게 전해진 편지에서 박태보는 '국은을 또한 갚지 못하옵고 중로 고혼이 되어'라고 하였다. 이것은 박태보가 임금을 올바른 길로 인도하려는 숭고한 뜻을 결국 이루지 못하고 죽음에 이르게 되었음을 보여 주는 것이다.

③ 박태보는 편지에서 '만세 후에 부자지정을 만분지일이나 바라나이다.'라고 하며 끝을 맺었다. 이를 통해 박태보는 죽음을 맞이하는 상황에서도 부모에 대한 윤리적 책임을 다하려 한 인물임을 알 수 있다.

④ 아이들이 부른 노래에서는 '저 달은 밝다마는 우리 주상은 불명하야'라고 하였다. 이를 통해 백성들이 임금을 부도덕한 인물로 평가하며 신임하지 않았음을 알 수 있다.

75. 출제 의도 서술상의 특징 파악하기

❸이 답인 이유

(가)는 '이 산이 높고 높으니 틀림없이 이 가운데 절이 있을 것이다', '이것은 분명히 절일 것이다', '분명히 산신령이 인도함이구나' 등 서술자가 인물의 내면을 직접적으로 진술하고 있다. 그러나 (나)는 서술자가 인물의 내면을 직접적으로 진술하고 있지 않다.

76. 출제 의도 구절의 의미 및 기능 파악하기

❺가 답인 이유

할락궁이는 아버지의 부재로 그동안 아버지의 사랑을 받은 적이 없다. 아버지의 무릎에 앉아 온갖 어리광을 부리는 것은 아버지의 사랑에 대한 결핍을 채우고 싶은 마음에서 비롯된 행동이라고 이해할 수 있다.

오답을 피하고 싶었어

③ ⓒ에는 선옥이 선경에 들어온 이유는 드러나지만, 선경을 찾은 데서 비롯된 안도감은 드러나지 않는다.

77. 출제 의도 다양한 맥락을 고려한 작품 감상의 적절성 판단하기

❺가 답인 이유

(가)에서 조력자인 노인이 둔갑술로 몸을 숨기고 풍운조화를 부리는 선옥을 보고 선옥을 영웅이라고 평가하는 것을 통해 조력자가 선옥의 능력을 인정하고 있음을 알 수 있다. 하지만 (나)에서 할락궁이가 꽃을 모두 따는 것을 통해서는 조력자가 할락궁이의 능력을 인정하고 있는지 알 수 없다.

오답을 피하고 싶었어

① (가)의 선옥은 높이 솟아 있는 '층암절벽'을 올라 천상 북두칠성이 귀양살이를 하고 있는 '초가집'에, (나)의 할락궁이는 각각 '발등', '무릎', '자개미', '잔등'에 뜨는 '물'을 지나 저승의 '서천꽃밭' 에 이르고 있다는 점에서 학생 1의 진술은 적절하다.

③ (가)에서 남악 산신령이 노인에게 보낸 '편지'로 선옥의 신분이, (나)에서 '얼레빗 한 짝'과 '참실 반 묶음'을 통해 사라도령과 할락궁이의 혈연관계가 드러난다는 점에서 학생 3의 진술은 적절하다.

④ (가)의 '천만 병서'는 선옥이 '신기 묘수'를 배우기 위해 필요한 책이라는 점에서, (나)의 '꽃들'과 '회초리'는 할락궁이가 어머니를 살려 내기 위해 필요하다는 점에서 학생 4의 진술은 적절하다.

13강 | 묻어가는 수필 & 극

서른셋 2016학년도 4월 고3 전국연합학력평가 [37-39]
최금동, 김강윤 각색, 「역마」
78 ③ 79 ④ 80 ④

서른넷 2022학년도 대학수학능력시험 [21-23]
(가) 이육사, 「초가」 (나) 김관식, 「거산호 2」
(다) 이옥, 「담초(談艸)」
81 ④ 82 ① 83 ④

78. 출제 의도 작품의 특징 파악하기

❸이 답인 이유

S# 67에서 법운에 의해 옥화의 행동 변화가 일어나고 있으므로 적절하다.

오답을 피하고 싶었어

① 다양한 소리를 활용하여 극적 긴장감을 완화시키는 부분은 나타나 있지 않으므로 적절하지 않다.

② 새로운 인물의 등장으로 인해 인물 간의 관계가 개선되는 부분은 나타나 있지 않으므로 적절하지 않다.

④ 가상 공간과 현실 공간을 대비하는 부분은 나타나 있지 않으므로 적절하지 않다.

⑤ 현재와 과거를 반복적으로 제시하는 부분은 나타나 있지 않으므로 적절하지 않다.

79. 출제 의도 등장인물에 대한 이해의 적절성 판단하기

❹가 답인 이유

S# 67에서 옥화는 강강술래 소리를 하며 법운을 발견하고, 웃음을 보이므로 '법운'을 잊으려 하고 있다는 것은 적절하지 않다.

오답을 피하고 싶었어

① S# 60에서 상돌네는 옥화의 기대와는 다른 발언을 하고 있으므로 적절하다.

② S# 65에서 혜초는 종소리를 듣고 법운의 마음을 짐작하고 있으므로 적절하다.

③ 법운은 S# 65에서 혜초의 조언을 들은 뒤 S# 66에서 쌍계사를 나서고 있으므로 적절하다.

⑤ S# 63에서 소향은 법운과의 관계에 대한 옥화의 말을 의심하고 있으므로 적절하다.

80. 출제 의도 영화의 촬영 기법 이해 및 적용의 적절성 판단하기

❹가 답인 이유

㉣에서 법운이 옥화의 모습을 볼 수 없다고 할 때, 법운의 주관적 시점으로 촬영할 수 없으므로 적절하지 않다.

오답을 피하고 싶었어

① ㉠은 법운이 볼 수 없는 상황에서 강강술래 전체 장면을 보여 주려 한다면 객관적 시점의 쇼트로 촬영할 수 있으므로 적절하다.

② ㉡은 법운의 눈은 객관적 시점의 쇼트로 촬영하고 법운의 시선으로 본 강강술래 장면은 법운의 주관적 시점의 쇼트로 촬영하여 연결할 수 있으므로 적절하다.
③ ㉢은 옥화의 시점에서 바라본 법운의 모습을 보여주는 장면이라면 옥화의 주관적 시점의 쇼트로 촬영할 수 있으므로 적절하다.
⑤ ㉤은 객관적 시점의 쇼트로 촬영할 수 있으므로 적절하다.

81. 출제 의도 작가의 관점 및 주제 의식 파악하기

❹가 답인 이유

(다)에서 '나'는 '하늘은 사사로움이 없기에 그 조화가 균일하'다고 하였다. 따라서 '나'는 하늘의 입장에서 보면 모든 풀이 '조화가 균일'한 존재라고 인식하고 있으며 가치의 우열 또한 없는 것으로 생각하고 있음을 알 수 있다.

오답을 피하고 싶었어

① '나'는 모란과 해당화를 견주어 보면서 비록 크고 작은 차이는 있으나 '공교함'과 '졸렬함'에 다른 헤어림이 있을 수 없다고 하였다. 따라서 꽃의 쓰임새에 기준을 두고 꽃의 '공교함'과 '졸렬함'을 판단해야 한다는 것은 '나'의 생각으로 보기 어렵다.
② '나'는 '귀함'과 '천함'의 차이가 어디에서 비롯된 것인지에 대해 물음을 던지며, 범상한 화초에 이름조차 붙이지 않는 것에 대해서도 의문을 제기하고 있다. 따라서 '귀함'과 '천함'에 대한 평가가 그 본성에 맞게 이름이 부여되었는가에 달려 있다고 믿는 것은 '나'의 생각과 거리가 멀다.
③ '나'는 '낳는 것은 하늘에 달려 있으나 영화롭게 하는 것은 인간에 달려 있다.'라고 하였다. 따라서 풀을 영화롭게 하는 주체가 하늘이어야 한다는 깨달음을 드러냈다고 보는 것은 적절하지 않다.
⑤ '나'는 '사사로움'이 없는 하늘과 달리 인간은 널리 베풀지 못하므로 소원함도 있고 친함도 있는 것이라고 하였다. 따라서 인간의 감정에 소원함과 친함이 모두 있으므로 사사로움을 넘어 균형을 도모할 수 있다는 것은 '나'의 생각으로 보기 어렵다.

82. 출제 의도 시어의 의미 및 기능 파악하기

❶이 답인 이유

(가)의 1연에서 '묵화'와 '박쥐 나래'는 어둠의 이미지로 연결되어 있다. '묵화' 자체가 먹으로 그린 그림이기도 하지만, '고향을 그린 묵화'는 '좀이 쳐' 있어서 어둡고 낡았다. '박쥐 나래 밑에 황혼이 묻혀 오면 / 초가 집집마다 호롱불이 켜지고'에는 황혼이 지고 어둠에 묻혀가는 마을의 모습이 그려져 있다. 그러므로 '묵화'와 '박쥐 나래'의 이미지 연결이 고향의 어두운 분위기를 드러내고 있음을 알 수 있다. 한편 (나)에서 화자는 '북창'을 열어 '산을 향하여' 앉는다. 9행의 '그 품 안에서 자라나 거기에 가 또 묻히리니', 12행의 '네 품이 내 고향인 그리운 산아' 등에서 '품'이 반복되고 있는데, 이는 '산'이 주는 아늑한 분위기와 관련되어 있음을 알 수 있다.

오답을 피하고 싶었어

② (가)의 '묵화'는 '황혼'이 상징하는 현실적 상황과 관련지어 볼 수 있다. 2연부터 이어지는 '묵화'의 '그림 조각'들을 당대의 시대 현실과 관련하여 해석할 수 있기 때문이다. 그러나 (나)에서 '북창'을 통해 보이는 '산'이 절망적 상황에 대응한다고 보기는 어렵다. (나)에서 '저승의 밤'은 '이승의 낮'과 함께 삶과 죽음을 이어주는 존재로서의 '산'을 말하는 맥락에서 제시되기 때문이다.
③ (가)에서 '고향'을 그린 '좀'이 친 '묵화'는 오래 세월이 흘러 낡고 헌 그림이다. 그러므로 '좀이 쳐'는 화자가 고향에 대해 느끼는 세월의 깊이를 드러낸다고 할 수 있다. 그러나 (나)에서 화자는 '오늘' '북창'을 열어 '산을 향하여' 앉는다. 이는 '장거릴' 등지게 하는 상황과 관련이 있다고 할 수 있는데, 이어지는 '마음이 본시 산을 사랑해 / 평생 산을 보고 산을 배우네.', '네 품이 내 고향인 그리운 산아' 등에서 보듯이 '산'에 대한 화자의 인식이나 태도는 '오늘'을 시점으로 변화된 것이 아니라 오랫동안 이어져 온 것임을 알 수 있다.
④ (가)의 1, 2연에 의하면 '그림 조각'은 '고향을 그린 묵화'의 '띄엄 띄엄 보이는' 조각이다. 그것은 화자가 분절하여 제시한 고향의 이미지가 아니라, 오랜 세월에 낡고 닳아 부분적으로만 떠오르는 '조각' 그림으로 이해할 수 있다. 즉 '띄엄 띄엄 보이는 그림 조각'은 고향을 떠난 지 오래된, 화자의 상상 속에서 구성되는 '고향'에 대한 단편적인 기억들로 해석할 수 있다. (나)에서 화자는 '북창'을 열어 '산'을 바라보고 있다. 그 '산'은 '고요하고 너그러'우며 '네 품이 내 고향인 그리운 산'이라고 하여 아늑한 분위기의 이미지로 나타난다.
⑤ (가)의 2~3연에는 '말매나물 캐러 간 / 가시내'가 '빈 바구니 차고 오긴 너무나도 부끄러워' '두 뺨 위에 모매꽃이 피었'다는 내용이 있다. 시상의 흐름으로 보아 이 역시 '묵화'에 그려진 '그림 조각'의 일부이다. '모매꽃'은 '메꽃'의 방언으로 엷은 붉은색을 띠는 들꽃이다. 그러므로 '모매꽃'을 통해 '가시내'들의 부끄러움의 정서를 담아내고 있다고 할 수 있다. (나)에서 '보옥'은 '산'의 겸허한 덕성을 드러내는 맥락에서 쓰인 시어이므로, 안타까움의 정서와는 상관이 없다.

83. 출제 의도 <보기>를 참고한 감상의 적절성 판단하기

❹가 답인 이유

'부호가의 깊은 장막 안'에 있다는 것은 인간에 의해 귀한 대우를 받고 있음을 나타낸 것이기는 하지만, 이를 통해 인간과 가까운 공간의 적막한 분위기를 환기하는 것은 아니다.

오답을 피하고 싶었어

① '호롱불'은 대체로 어두울 때 켜는 것이므로 그 속성을 고려할 때 산골 마을의 저녁 풍경을 시각적 이미지로 나타낸 것으로 볼 수 있다.
② 젊은이들은 피폐한 농촌에 뿌리를 내리지 못하고 객지로 떠도는 모습으로 그려진다. 젊은이들이 탄 '뗏목'은 물결이 거세지면 언제든 뒤집힐 수 있는 것이므로 삶의 불안정함을 구체적인 이미지로 나타낸 것으로 볼 수 있다.
③ '장거리'는 물건을 사고파는 장터가 서는 거리로, 이해타산에 따라 인심이 쉽게 변하는 세속적인 삶이 이루어지는 공간이다. 따라서 장거리는 인심이 쉽게 변하는 세속적 공간의 분위기를 환기한다고 볼 수 있다.
⑤ '소'의 목구멍을 채우는 풀은 하찮게 여겨져 여물로 쓰이는 것인 반면, '나비'가 찾는 풀은 귀하게 여겨지는 것이다. 따라서 소의 목구멍을 채우는 것과 나비가 다투어 찾는 것은 하찮게 취급되는 풀과 귀하게 여기는 풀의 차이를 구체적 이미지로 나타낸 것으로 볼 수 있다.

14강 | 독서 지문 읽기 매뉴얼

하나 2021학년도 대학수학능력시험 6월 모의평가 [29-33]
[사회] '지식 재산 보호와 디지털세'
1 ② 2 ⑤ 3 ④ 4 ③ 5 ③

둘 2022학년도 대학수학능력시험 6월 모의평가 [14-17]
[과학] '전통적 PCR와 실시간 PCR의 원리와 특징'
6 ① 7 ② 8 ④ 9 ②

1. 출제 의도 세부 내용 파악하기

❷가 답인 이유

2, 3문단에서는 디지털세 도입과 관련된 내용을, 4문단에서는 지식 재산 보호와 관련하여 상이한 국가별 입장에 대한 내용을 다루고 있다. 그리고 1문단에서는 영업 비밀은 생산 방법, 판매 방법, 그 밖에 영업 활동에 유용한 기술상 또는 경영상의 정보 등으로, 일정 조건을 갖추면 법으로 보호받을 수 있다고 하여 영업 비밀의 범위와 영업 비밀이 법적 보호 대상으로 인정받기 위해 일정 조건을 갖추어야 함은 언급하고 있으나 이 글에서 영업 비밀이 법적 보호 대상으로 인정받기 위한 절차에 대해서는 언급하고 있지 않다.

오답을 피하고 싶었어

① 1문단에서 법으로 보호되는 특허권과 영업 비밀은 모두 지식 재산이라고 언급하고 있다.

③ 2문단에서 디지털세는 이를 도입한 국가에서 ICT 다국적 기업이 거둔 수입에 대해 부과하는 세금이며, 디지털세의 배경에는 국가가 기업으로부터 걷는 세금 중 가장 중요한 법인세의 감소에 대한 각국의 우려가 있다고 언급하고 있다.

④ 3문단에서 많은 ICT 다국적 기업이 법인세율이 현저하게 낮은 국가에 자회사를 설립하고 그 자회사에 특허의 사용 권한을 부여하여 법인세율이 높은 국가에 설립된 자회사에서 특허 사용으로 수입이 발생하면 법인세율이 현저하게 낮은 국가의 자회사에 로열티를 지출하게 한다고 하였다. 이를 통해 로열티를 이용하여 법인세가 부과될 이윤을 최소화함으로써 법인세를 줄일 수 있다고 언급하고 있다.

⑤ 4문단에서 지식 재산 보호의 최적 수준은 유인 비용과 접근 비용의 합이 최소가 될 때라고 언급하고 있다.

2. 출제 의도 중심 내용 파악하기

❺가 답인 이유

2문단에서 디지털세는 이를 도입한 국가에서 ICT 다국적 기업이 거둔 수입에 대해 부과되는 세금이라고 언급하고 있다.

오답을 피하고 싶었어

① 1, 2문단에 따르면 일부 국가에서 디지털세 도입을 진행하는 것은 ICT 다국적 기업이 지식 재산으로 거두는 수입에 대한 과세 문제에서 불거진 결과이므로 디지털세의 도입은 지식 재산 보호를 강화하는 것과 관련이 없다.

② 2문단에 따르면 디지털세는 이를 도입한 국가에서 ICT 다국적 기업이 거둔 수입에 대해 부과되는 세금이고, 법인세는 재화나 서비스의 판매 등을 통해 거둔 수입에서 제반 비용을 제외하고 남은 이윤에 대해 부과하는 세금임을 알 수 있다.

③ 3문단에서 ICT 다국적 기업의 본사를 많이 보유한 국가 중 어떤 국가들은 ICT 다국적 기업의 활동이 해당 산업에서 자국이 주도권을 유지하는 데 중요하기 때문에라도 디지털세 도입에는 방어적이라고 언급하고 있다. 또한 4문단에서 ICT 산업을 주도하는 국가에서 더 중요한 문제는 ICT 지식 재산 보호의 국제적 강화일 수 있다고 언급하고 있다.

④ 3문단에서 예를 들어 설명하고 있는 ICT 다국적 기업이 여러 국가에 자회사를 설립하는 방식은 법인세를 회피하기 위한 것이다.

3. 출제 의도 생략된 내용 추론하기

❹가 답인 이유

3문단에서 ICT 다국적 기업 Z사가 법인세율이 매우 낮은 A국에 세운 자회사를 Ⓐ라 하고, 법인세율이 A보다 높은 B국에 세운 자회사를 Ⓑ라고 할 때, ICT 다국적 기업 Z사는 Ⓑ로 하여금 Ⓐ에 로열티를 지출하도록 함으로써 Ⓑ에 법인세가 부과될 이윤을 최소화한다고 언급하고 있다. 따라서 ICT 다국적 기업은 법인세율이 높은 국가의 자회사에서 수입에 비해 이윤을 줄이는 방식으로 법인세를 줄이고 있다고 할 수 있다.

오답을 피하고 싶었어

① 3문단에 따르면 Ⓑ는 Ⓐ에게 특허 사용에 대한 수수료인 로열티를 지출해야 하므로 Ⓐ의 수입은 늘어날 수 있다. 그러나 이는 법인세의 대상이 되는 Ⓑ의 이윤을 최소화하기 위한 것일 뿐, 이를 통해 법인세율이 높은 국가의 자회사인 Ⓑ의 수입이 많은지 여부는 알 수 없다.

② 3문단에서 ICT 다국적 기업 Z사는 Ⓑ로 하여금 특허의 사용 권한을 부여받은 Ⓐ에 로열티를 지출하도록 한다고 언급하고 있다. 따라서 ICT 다국적 기업은 법인세율이 높은 국가의 자회사가 법인세율이 낮은 국가의 자회사에 로열티를 지출하도록 한다고 할 수 있다.

③, ⑤ 2문단에서 법인세는 재화나 서비스의 판매 등을 통해 거둔 수입에서 제반 비용을 제외하고 남은 이윤에 대해 부과하는 세금이라고 언급하고 있다. 그리고 3문단에서 ICT 다국적 기업 Z사는 Ⓑ로 하여금 Ⓐ에 로열티를 지출하도록 하여 Ⓑ의 법인세 부과 대상이 되는 이윤을 최소화한다고 언급하고 있다. 이로 미루어 Ⓑ는 Ⓐ에 비해 수입 대비 제반 비용의 비율이 높고 수입 대비 이윤의 비율은 낮다고 볼 수 있다. 그러므로 ICT 다국적 기업 자회사의 수입 대비 제반 비용의 비율은 법인세율이 높은 국가일수록 높다고 할 수 있다. 또한 법인세율이 낮은 국가일수록 비용은 동일하지만 로열티 수입이 늘어나므로 수입 대비 이윤의 비율도 높다고 할 수 있다.

4. 출제 의도 구체적 사례에 적용하기

❸이 답인 이유

[A]에서 지식 재산의 보호가 약할수록 유용한 지식 창출의 유인이 저해되어 지식의 진보가 정체되고, 지식 재산의 보호가 강할수록 해당 지식에 대한 접근을 막아 소수의 사람만이 혜택을 보게 된다고 언급하고 있다. 전자로 발생한 손해를 유인 비용, 후자로 발생한 손해를 접근 비용이라고 하였으므로 〈보기〉의 S국에서 현재의 특허 제도가 특허권을 과하게 보호한다고 판단한다면 지식 재산 보호 수준을 낮추어 접근 비용을 줄이고 싶어할 것이라고 예상할 수 있다.

오답을 피하고 싶었어

① [A]에 따르면, ICT 산업을 주도하는 국가에서는 ICT 지식 재산 보호의 국제적 강화를 중시할 수 있다. 따라서 ICT 산업에서 주도적인 국가는 지적 재산 보호의 국제적 강화를 목적으로 〈보기〉의 S국이 유인 비용을 현재보다 크게 인식하여 지식 재산 보호 수준을 높이기 바랄 것이라고 예상할 수 있다.

② [A]에서 지식 재산의 보호가 약할수록 유용한 지식 창출의 유인이 저해되어 지식의 진보가 정체되고, 지식 재산의 보호가 강할수록 해당 지식에 대한 접근을 막아 소수의 사람만이 혜택을 보게 된다고 언급하고 있다. 따라서 〈보기〉의 S국에서는 지식 재산 보호 수준이 낮을 때가 높을 때보다 지식 재산 창출 의욕의 저하로 인한 손해가 더 심각하리라고 예상할 수 있다.

④ [A]에서 소개한 특허 보호 정도와 국민 소득의 관계를 보여 주는 한 연구에서는 국민 소득이 일정 수준 이상인 상태에서는 국민 소득이 증가할수록 특허 보호 정도가 강해지는 경향이 있지만, 가장 낮은 소득 수준을 벗어난 국가들은 그들보다 소득 수준이 낮은 국가들보다 오히려 특허 보호

가 약한 것으로 나타났다고 하였다. <보기>의 S국은 현재 국민 소득이 가장 낮은 수준의 국가라고 하였으므로 S국의 국민 소득이 점점 높아진다면 유인 비용과 접근 비용의 합이 최소가 되는 지식 재산 보호 수준은 소득이 가장 낮은 수준이었을 때보다 낮아졌다가 높아질 것으로 예상할 수 있다.

⑤ [A]에서는 지식 재산의 보호가 약할수록 유용한 지식 창출의 유인이 저해되어 지식의 진보가 정체되고, 지식 재산의 보호가 강할수록 해당 지식에 대한 접근을 막아 소수의 사람만이 혜택을 보게 되는데, 전자로 발생한 손해를 유인 비용, 후자로 발생한 손해를 접근 비용이라고 한다고 언급하고 있다. <보기>의 S국이 지식 재산 보호 수준을 높이면 지식의 발전이 저해되어 발생하는 손해, 즉 유인 비용은 감소할 것이고, 다수가 지식 재산의 혜택을 누리지 못하여 발생하는 손해, 즉 접근 비용은 증가할 것으로 예상할 수 있다.

5. 출제 의도 내용의 인과 관계 파악하기

❸이 답인 이유

ICT 다국적 기업인 Z사는 법인세율이 A국보다 높은 B국의 자회사로 하여금 수입 중 일부를 법인세율이 매우 낮은 A국의 자회사에 로열티로 지출하도록 하여 A국의 자회사의 수입을 늘린다. 2문단에 따르면 법인세는 재화나 서비스의 판매 등을 통해 거둔 수입에서 제반 비용을 제외하고 남은 이윤에 대해 부과하는 세금이라고 언급하고 있다. A국은 법인세율이 매우 낮은 국가라고 하였으므로 Z사가 A국에 세운 자회사는 이윤이 늘어나도 법인세를 적게 낼 것이다. 따라서 Z사는 B국의 자회사는 이윤을 최소화하여 내야 할 법인세를 줄이는 반면 A국의 자회사의 이윤을 극대화할 것이므로 ⓐ를 'A국의 자회사가 얻게 될 이윤을 줄인다'로 바꿔 쓸 수 없다.

오답을 피하고 싶었어

① ICT 다국적 기업인 Z사는 법인세율이 상대적으로 높은 B국의 자회사가 법인세율이 매우 낮은 A국의 자회사에 로열티를 지출하게 하여 법인세율이 높은 국가에서의 이윤은 줄이고 법인세율이 낮은 국가에서의 이윤은 늘리는 방식으로 법인세를 회피할 수 있다. 따라서 ⓐ를 'Z사의 전체적인 법인세 부담을 줄인다'로 바꿔 쓸 수 있다.
② ICT 다국적 기업인 Z사는 ⓐ의 과정에서 B국의 자회사로 하여금 A국의 자회사에 특허 사용에 대한 수수료인 로열티를 지출하도록 한다고 하였으므로 ⓐ를 'A국의 자회사가 거두는 수입을 늘린다'로 바꿔 쓸 수 있다.
④ 2문단에 따르면 법인세는 재화나 서비스의 판매 등을 통해 거둔 수입에서 제반 비용을 제외하고 남은 이윤에 대해 부과하는 세금이다. 따라서 ⓐ는 'B국의 자회사가 낼 법인세를 최소화한다'는 것을 의미한다.
⑤ 2문단에 따르면 법인세는 재화나 서비스의 판매 등을 통해 거둔 수입에서 제반 비용을 제외하고 남은 이윤에 대해 부과하는 세금이다. B국의 자회사가 A국의 자회사에 지출하는 로열티는 제반 비용의 일부라고 할 수 있으므로 ⓐ를 'B국의 자회사가 지출하는 제반 비용을 늘린다'로 바꿔 쓸 수 있다.

6. 출제 의도 생략된 내용 추론하기

❶이 답인 이유

1문단에 따르면, 주형 DNA는 증폭의 바탕이 되는 이중 가닥 DNA이고, 주형 DNA에서 증폭하고자 하는 부위를 표적 DNA라고 한다. 프라이머는 표적 DNA의 일부분과 동일한 염기 서열로 이루어진 짧은 단일 가닥 DNA이다. 따라서 표적 DNA에는 프라이머와 동일한 염기 서열이 있으므로, 주형 DNA에도 프라이머와 염기 서열이 정확하게 일치하는 부위가 있다는 것을 알 수 있다.

오답을 피하고 싶었어

② 2문단에 따르면, 일정한 시간 동안 진행되는 사이클마다 표적 DNA의 양은 2배씩 증가한다. 그러므로 처음의 양에서 2배가 되는 시간과 4배에서 8배가 되는 시간은 같다.
③ 2문단에 따르면, 전통적인 PCR는 PCR의 최종 산물에 형광 물질을 결합시켜 발색을 통해 표적 DNA의 증폭 여부를 확인한다. 이는 사이클마다 발색 반응이 일어나도록 하는 실시간 PCR와 다른 점이다. 따라서 전통적인 PCR는 표적 DNA의 농도를 PCR 과정 중에는 알 수 없다.
④ 3문단에 따르면, 실시간 PCR는 전통적인 PCR와 동일하게 PCR를 실시한다. 전통적인 PCR는 열을 가해 이중 가닥의 DNA를 2개의 단일 가닥으로 분리하며, 이러한 가열 과정은 실시간 PCR에도 적용이 된다.
⑤ 3문단에 따르면 실시간 PCR도 전통적인 PCR와 동일하게 PCR를 실시하므로 표적 DNA의 증폭이 일어나려면 프라이머와 DNA 중합 효소가 필요하다.

7. 출제 의도 세부 내용 파악하기

❷가 답인 이유

3문단에 따르면, ㉠은 이중 가닥 DNA에 결합하여 발색하는 형광 물질로, 새로 생성된 이중 가닥 표적 DNA에 결합하여 발색한다. 이와 달리 ㉡은 표적 DNA에서 프라이머가 결합하지 않는 부위에 특이적으로 결합하도록 설계된 것으로, 이중 가닥 DNA가 단일 가닥이 되면 표적 DNA와 결합한다. 이후 DNA 중합 효소에 의해 이중 가닥 DNA가 형성되는 과정 중에 탐침이 표적 DNA와의 결합이 끊어지고 분해되어 형광 물질과 소광 물질의 분리가 일어나면 형광 물질이 발색하게 된다.

오답을 피하고 싶었어

① 3문단에 따르면, ㉠은 이중 가닥 DNA에 결합하여 발색하며 프라이머끼리 결합한 이중 가닥의 이합체에도 결합한다. 그러나 ㉠이 프라이머와 결합하여 이합체를 이룬다는 내용은 확인할 수 없다.
③ 4문단에 따르면, ㉡은 형광 물질과 소광 물질이 붙어 있는 단일 가닥 DNA 단편으로, 표적 DNA에서 프라이머가 결합하지 않는 부위에 특이적으로 결합하도록 설계되어 있다. ㉡이 형광 물질과 결합하여 이합체를 이루는 것은 아니다.
④ 4문단에 따르면, 이중 가닥 DNA가 형성되는 과정에서 ㉡이 분해되어 형광 물질과 소광 물질의 분리가 일어나면 형광 물질이 발색된다. 그러므로 한 사이클이 시작될 때가 아니라 끝날 때 발색 반응이 일어난다.
⑤ ㉠은 이중 가닥 표적 DNA에 결합하지만, ㉡은 이중 가닥 DNA가 단일 가닥으로 되었을 때 표적 DNA에 결합한다.

8. 출제 의도 반응의 적절성 판단하기

❹가 답인 이유

1문단에 따르면, PCR 과정에는 프라이머가 필요하다. 프라이머는 표적 DNA의 일부분과 동일한 염기 서열로 이루어진 단일 가닥 DNA이므로, 표적 DNA의 염기 서열이 알려져 있지 않으면 프라이머를 만들 수 없다. 따라서 표적 DNA의 염기 서열을 모르면 진단 검사를 통해 감염 여부를 분석하는 것이 불가능하다.

오답을 피하고 싶었어

① 전통적인 PCR로 진단 검사를 할 때 사이클을 충분히 수행하면 표적 DNA의 양이 증폭된다. 그러므로 시료에 포함된 바이러스의 양이 적은

감염 초기에 감염 여부를 진단할 수 없다는 반응은 적절하지 않다.

② 전통적인 PCR로 진단 검사를 할 때는 DNA 증폭 여부 확인을 위해 최종 산물에 형광 물질을 결합시킨다. 따라서 DNA 증폭 여부 확인에 발색 물질이 필요 없다는 반응은 적절하지 않다.

③ 전통적인 PCR로 진단 검사를 할 때에는 충분히 사이클을 수행한 후 종료한다. 실시간으로 표적 DNA의 증폭 여부를 확인할 수가 없기 때문에 진단에 시간이 더 걸리므로 진단에 걸리는 시간을 줄일 수 있다는 반응은 적절하지 않다.

⑤ 실시간 PCR로 진단 검사를 할 때에는 사이클마다 발색 반응이 일어나도록 하여 표적 DNA의 증폭을 실시간으로 확인할 수 있으므로, DNA의 양이 더 이상 증폭되지 않을 정도로 사이클을 수행하지 않아도 일정 수준의 발색도에 도달하면 감염 여부를 확인할 수 있다. 그러므로 감염 여부를 PCR가 끝난 후에야 알 수 있다는 반응은 적절하지 않다.

9. 출제 의도 구체적 사례에 적용하기

②가 답인 이유

PCR의 과정에서 표적 DNA의 양이 한 사이클마다 2배씩 증폭된다는 것을 고려하면 단위 시간당 시료의 표적 DNA의 증가량은 초기 농도가 높은 ⓐ가 ⓑ보다 많다. 그러므로 ㉮에는 'ⓑ보다 많겠군'이 적절하다. Ct값은 '표적 DNA를 검출했다고 판단하는 발색도에 도달하는 데 소요된 사이클'로 정의된다. 사이클의 값이 어떠하든 ⓐ와 ⓑ가 표적 DNA를 검출했다고 판단하는 발색도에 이르는 것은 이중 가닥 표적 DNA가 동일한 양으로 증폭되었을 때이므로 ㉯에는 'ⓑ와 같겠군'이 적절하다. 표적 DNA의 초기 농도가 높은 ⓐ는 사이클이 진행됨에 따른 표적 DNA의 증가량이 많기 때문에 ⓑ에 비해 빨리 일정 수준의 발색도에 도달할 수 있다. 따라서 Ct값은 ⓐ가 작다. 그러므로 ㉰에는 'ⓑ보다 작겠군'이 적절하다.

15강 | 독서 지문 속, 개념-특징-사례

셋 2021학년도 4월 고3 전국연합학력평가 [6-7, 9]
[사회] '형사소송법'
10 ③ 11 ② 12 ⑤

넷 2021학년도 대학수학능력시험 [27-29]
[사회] '예약의 법적 성질'
13 ③ 14 ① 15 ④

10. 출제 의도 핵심 내용 이해하기

③이 답인 이유

4문단에서 '적법한 절차에 따르지 않고 수집한 증거의 증거능력'이 부정된다고 하였으므로 적법한 절차에 따라 확보한 문서는 증거능력이 있고, 8문단에서 '증거자료가 사실의 판단에 기여할 수 있는 정도, 즉 증거의 실질적인 가치로서의 신빙성'이 증명력이라고 하였으므로 그 내용이 사건과 관련이 없다고 법관이 판단한 문서는 증명력이 없다. 따라서 ㉠을 보여주는 사례로 적절하다.

오답을 피하고 싶었어

① 5문단에서 피고인을 강요하여 얻은 자백은 증거능력이 없다고 하였으므로 적절하지 않다.

② 8문단에서 '증거자료가 사실의 판단에 기여할 수 있는 정도'가 증명력이라고 하였으므로 유죄 판결의 핵심적인 근거로 이용된 증거는 증명력이 있는 것이므로 적절하지 않다.

④ 4문단에서 '적법한 절차에 따르지 않고 수집한 증거'는 증거능력이 없다고 하였으므로 적절하지 않다.

⑤ 8문단에서 '증거자료가 사실의 판단에 기여할 수 있는 정도'가 증명력이라고 하였으므로 결정적인 단서를 담고 있다고 법관에게 인정된 증거는 증명력이 있는 것이어서 적절하지 않다.

11. 출제 의도 구체적 사례에 적용하기

②가 답인 이유

1문단에서 '범죄사실은 증거에 의해 ~ 증명에 이르러야 한다'라고 하였으며 2문단에서 '증거능력이 없는 증거는 원칙적으로 사실 인정의 자료로 쓰일 수 없다.'라고 하였고, [증거 1]과 [증거 1-1]은 위법수집증거배제법칙에 따라 모두 사실 인정의 자료로 쓰일 수 없으므로 적절하지 않다.

오답을 피하고 싶었어

① 4문단에서 '위법하게 수집된 1차 증거와 ~ 2차 증거의 증거능력이 인정될 수 있다'라고 하였는데, [증거 1-1]은 증거능력이 없는 증거라고 법원이 판단하였으므로 적절하다.

③ 4문단에서 '위법하게 수집한 증거를 통해 ~ 위법수집증거배제법칙에 따라 배제된다.'라고 하였으므로 적절하다.

④ 5문단에서 '신체적, 정신적 압박 없이 임의로 한 자백만 증거능력을 인정'한다고 하였는데 법원이 [증거 2]가 '적법하게 수집되어 사실 인정의 자료로 쓰일 수 있는', 곧 증거능력이 있는 증거라고 하였으므로 적절하다.

⑤ 6문단에서 '피고인, 증인 등 ~ 간접적으로 전해진 것'이 전문증거라고 하였으므로 법정에서 이루어진 진술증거들이 전문증거가 아니라고 한 것은 적절하다.

12. 출제 의도 세부 정보 이해하기

⑤가 답인 이유

9문단에서 '모순되는 증거가 ~ 법관의 자유 판단에 맡겨진다'라고 하였으므로 어느 쪽도 증거의 실질적인 가치로서의 신빙성을 인정받을 수 없다는 설명은 적절하지 않다.

오답을 피하고 싶었어

① 8문단에서 '증거자료가 사실의 판단에 기여할 수 있는 정도'가 증명력이라고 하였고, 9문단에서 '증명력 평가는 법관의 자유 판단에 맡겨져 있'다고 하였으므로 적절하다.

② 9문단에서 '신빙성 없는 증인의~ 믿을 수도 있다.'라고 하였으므로 적절하다.

③ 9문단에서 법관은 '증거능력이 있는 증거가 제출되면' 증거가치를 판단한다고 하였고, '법관은 자유롭게 증거를 취사선택할 수 있'다고 하였으므로 적절하다.

④ 9문단에서 증거가치에 대한 법관의 자유 판단은 '합당한 근거를 배경으로 ~ 자의적 판단은 정당화되지 않는다'라고 하였으므로 적절하다.

13. 출제 의도 중심 내용 파악하기

③이 답인 이유

2문단에서 계약은 권리 발생 등에 관한 당사자의 합의로, 일상에서의 예약이라고 할 때와 법적인 관점에서의 예약은 구별된다고 하였다. 그리고 '기차

탑승을 위해 미리 돈을 지불하고 승차권을 구입하는 것'을 예로 들어 이는 예약에 해당하지 않는 계약이라고 설명하고 있다. 따라서 '돈을 지불하고 승차권을 구입'한 행위는 계약을 체결한 것이고, 이때 급부는 '기차 탑승'이 된다. 1문단에 따르면 채권은 급부를 요구할 수 있는 권리이므로 '기차 탑승'이 곧 채권의 행사가 된다. 따라서 ㉠은 기차에 탑승하는 권리의 행사 시점을 미래로 정해 두는 것으로 볼 수 있다.

오답을 피하고 싶었어

① 기차 탑승을 요구할 수 있는 권리가 채권이고 기차 탑승 서비스 제공이 급부이다.

② ㉠은 기차 탑승 서비스 제공을 급부로 하는 것이므로 기차를 탑승하지 않는 것은 승차권 구입에 따라 발생한 채권, 즉 상대방에게 특정 행위(급부)를 요구할 수 있는 권리를 포기하는 것이다. 그리고 1문단에 따르면 채권에 대응하는 의무는 '채무'라고 하였으므로 승차권 구입자의 의무와는 상관이 없다.

④ 승차권을 미리 구입하는 것 자체가 서비스를 제공받을 권리를 발생시키는 계약이므로 계약 없이 법률로 정해진 요건을 충족하였다는 설명은 적절하지 않다.

⑤ 어떤 계약을 성립시킬 수 있는 권리 발생을 목적으로 하는 것은 예약이다. 2문단에서 ㉠은 법적인 관점에서 예약에 해당하지 않는 계약이라고 하였으므로 ㉠에서 미리 돈을 지불하는 것을 탑승 서비스 이용 계약을 성립시킬 수 있는 권리를 확보하는 예약 행위로 설명하는 것은 적절하지 않다.

14. 출제 의도 생략된 내용 추론하기

❶이 답인 이유

채권을 발생시키는 예약의 경우 채권의 급부 내용은 예약상 권리자의 본계약 성립 요구에 대해 상대방이 승낙하는 것이다. 따라서 [A]에서 본계약은 급식 제공과 대금 지급이라고 하였으므로, 채권자인 급식업체의 입장에서 예약상 급부는 급식 계약 승낙(ㄱ)이 되고, 본계약상 급부는 급식제공에 따른 급식대금 지급(ㄷ)이 된다. 예약 완결권을 발생시키는 예약의 경우 본계약을 성립시키겠다는 의사를 표시하는 것만으로 본계약이 성립하므로 예약상의 급부는 없다(ㄴ)고 볼 수 있다.

15. 출제 의도 구체적 사례에 적용하기

❹가 답인 이유

갑의 손해가 을의 고의나 과실에서 비롯된 것이 아님을 을이 증명하지 못했다면 을은 채무 불이행의 책임을 지고 손해 배상의 채무를 지게 된다. 병 역시 갑이 예약해 둔 시간에 고의로 끼어들어 위법한 행위를 하였으므로 불법행위 책임이 성립하여 손해 배상의 채무를 지게 된다. 을과 병 모두 손해 배상의 채무는 지지만 병은 갑과 급부의 이행을 내용으로 하는 계약을 맺은 당사자가 아니므로 병이 채무 불이행의 책임을 진다는 설명은 적절하지 않다.

오답을 피하고 싶었어

① 을은 갑에게 약속한 오전 10시에 머리 손질을 해주지 못한 과실이 있으므로 채무 불이행 책임이 있다. 그리고 병은 고의로 끼어들어 위법성이 있는 행위를 했으므로 불법행위에 따른 손해 배상 채무를 지게 된다.

② 을이 고의가 있었을 경우, 을은 채무 불이행 책임을 져 손해 배상을 해야 한다. 그리고 병은 고의로 끼어들어 위법성이 있는 행위를 했으므로 역시 손해 배상의 채무를 진다. 다만 5문단에서 언급한 바와 같이 예약상 권리자에게 예약 상대방인 을이나 방해자인 병 중 누구라도 손해 배상을 하면 다른 한쪽의 배상 의무도 사라지므로 을이 배상을 하면 병의 채무는 사라진다.

③ 4문단의 내용으로 미루어 볼 때 을이 갑의 손해가 자신의 고의나 과실에서 비롯된 것이 아님을 증명하지 못했을 경우, 을은 채무 불이행의 책임에서 벗어날 수 없다. 그리고 5문단의 내용으로 미루어 볼 때 병도 고의로 끼어들어 위법성이 있는 행위를 했으므로 불법행위에 따른 손해 배상 채무를 져야 한다. 한편 이런 상황에서 예약 상대방과 방해자 중 한 사람이 손해 배상을 하면 다른 한쪽의 배상 의무는 사라지는데 그 이유는 급부 내용이 동일하기 때문이라고 하였으므로 을과 병의 급부 내용은 동일하다고 보아야 한다.

⑤ 을에게 고의나 과실이 없음이 증명된다면 을은 채무 불이행의 책임에서 벗어나게 된다. 그러나 병은 고의로 끼어들어 위법성이 있는 행위를 했으므로 을과 달리 갑의 손해를 금전으로 배상할 채무를 진다.

16강 | 독서 지문 속, 관점-차이

다섯 2022학년도 대학수학능력시험 6월 모의평가 [10-12]
[인문] '베카리아의 형벌론'
16 ③ 17 ⑤ 18 ④

여섯 2021학년도 대학수학능력시험 9월 모의평가 [22-24]
[인문] (가) '예술 정의에 대한 미학 이론의 전개'
(나) '예술 작품에 대한 주요 비평 방법'
19 ① 20 ② 21 ③

16. 출제 의도 핵심 정보 파악하기

❸이 답인 이유

1문단을 통해, 사람은 전쟁과 같은 상태에서 벗어나기 위해 자유의 일부를 양도하며, 이렇게 개개인의 국민이 할애한 자유의 총합이 주권을 구성한다는 점을 확인할 수 있다. 또한 이렇게 구성된 주권을 주권자가 위탁받아 관리하며, 전체 복리를 위해 법 위반자에게 설정된 것이 형벌이라는 것을 확인할 수 있다. 따라서 주권자는 자신의 자유를 양도한 개인들의 행복, 즉 전체 복리를 위해 주권 관리의 일환으로 법 위반자에게 형벌을 시행하는 주체임을 알 수 있다. 주권자는 개개인의 국민이 아니라 개개인의 국민으로부터 주권을 위탁받은 자이므로, ③은 적절하지 않다.

오답을 피하고 싶었어

① 1문단을 통해, 개인이 자유의 일부를 떼어 주고 나머지 자유의 몫을 평온하게 누리기로 합의하였다는 것과, 법이 사회의 형성과 지속의 조건이라는 것을 확인할 수 있다. 따라서 개인이 자신의 자유를 할애하여 공동체를 구성한 합의가 유지되기 위해서는 사회의 형성과 지속 조건으로서 법이 필요하다는 것을 알 수 있다.

② 1문단을 통해, 베카리아가 이성적인 인간을 상정하는 당시 계몽주의 사조에 호응했다는 것과, 이익을 저울질할 줄 알고 그에 따라 행동하는 존재로서 인간을 전제하였다는 것을 확인할 수 있다. 또한 3문단을 통해, 베카리아는 인간이 감각적인 존재라는 사실에 맞추어 제도가 운용될 것을 역설했다는 것을 확인할 수 있다. 따라서 베카리아가 사람을 이성적이고 타산적인 존재이자 감각적 존재라고 전제했다는 것을 알 수 있다.

④ 3문단을 통해, 가장 잔혹한 형벌도 계속 시행되다 보면 사회 일반은 그에 무디어진다는 것과, 죽는 장면의 목격은 무시무시한 경험이지만 그 기억은 일시적이라는 것을 확인할 수 있다. 따라서 잔혹함이 주는 공포의 효과가 처음에는 크더라도 이는 시간이 흐르면서 감소하는 일시적인 것임을 알 수 있다.

⑤ 1문단을 통해, 주권은 개개인이 할애한 자유의 총합과 같다는 것과, 형벌

은 주권자가 주권을 관리하기 위해 법 위반자에게 설정한 것으로 형벌권의 행사는 양도의 범위를 벗어날 수 없다는 것을 확인할 수 있다. 따라서 형벌권 행사의 범위는 양도된 자유의 총합, 즉 주권의 범위를 넘을 수 없다는 것을 알 수 있다.

17. 출제 의도 세부 내용 파악하기

❺가 답인 이유

㉠은 범죄를 가로막는 방벽으로서의 형벌을 의미한다. 그런데 형벌의 목적은 범죄로 얻을 이득, 곧 공익이 입게 되는 그만큼의 손실보다 형벌이 가하는 손해가 조금이라도 크기만 하면 달성된다고 하였다. 지키려는 공익보다 형벌이 가하는 손해가 조금이라도 크기만 하면 형벌의 범죄에 대한 방어 효과가 달성되므로, 형벌이 높게 설정될수록 방어 효과가 증가하는 것은 아니다.

오답을 피하고 싶었어

① 2문단에 따르면, 형벌의 목적은 범죄자가 또다시 피해를 끼치지 못하도록 억제하고, 다른 사람들이 그 같은 행위를 하지 못하도록 예방하는 데 있다. 따라서 형벌은 재범을 방지하는 역할을 한다는 것을 알 수 있다.

② 2문단을 통해, 범죄와 형벌 사이의 손익 관계를 누구나 알 수 있도록 처벌 체계는 명확히 성문법으로 규정되어야 하고, 그 집행의 확실성도 갖추어져야 한다는 것을 확인할 수 있다.

③ 범죄를 가로막는 방벽으로서 형벌이 설정한 울타리의 높이는 살인인지 절도인지 등에 따라 달리해야 한다는 것, 즉 공익을 훼손한 정도에 비례해야 한다는 것을 확인할 수 있다.

④ 1문단을 통해, 베카리아는 이성적인 인간을 상정하는 당시 계몽주의 사조에 호응하여 이익을 저울질할 줄 아는 존재로서 인간을 전제하였다는 점을 확인할 수 있다. 또한 2문단을 통해 형벌의 목적은 범죄와 형벌 사이의 손익 관계에 따라 그 달성이 좌우된다는 것을 확인할 수 있다. 따라서 형벌의 목적 달성에 손익을 저울질하는 인간의 이성이 활용된다는 것을 알 수 있다.

18. 출제 의도 세부 내용 추론하기

❹가 답인 이유

1문단을 통해, 베카리아는 형벌권의 행사가 양도의 범위, 즉 할애된 자유의 총합을 벗어날 수 없다고 전제했다는 것을 확인할 수 있다. 또한 3문단을 통해, 베카리아가 더욱 중요한 것을 지키기 위해 희생한 자유에는 무엇보다도 값진 생명이 포함될 수 없다고 말했다는 것과, 자유로운 인간들 사이의 합의를 바탕으로 논의를 전개하여 사회 계약론자로 이해된다는 것을 확인할 수 있다. 따라서 베카리아의 입장은 가장 큰 가치를 내어주는 합의, 즉 생명을 내어주는 합의가 있을 수 없다는 이유로 사회 계약론의 입장에서 사형을 비판했을 것으로 볼 수 있다.

오답을 피하고 싶었어

① 3문단에서 베카리아가 공리주의자로도 평가된다는 것은 확인할 수 있다. 그러나 1문단에 따르면, 전체 복리를 위해 법 위반자에게 설정된 것이 형벌이라는 것이 베카리아의 입장이다. 따라서 형벌은 사회적 행복 증진을 저해하는 것이 아니라 사회적 행복을 증진시키는 역할을 한다고 볼 수 있다.

② 3문단에서 베카리아가 장래의 범죄 발생을 방지한다는 일반 예방주의로 나아가는 토대를 세웠다는 평가를 받는다고 하였으므로 일반 예방주의의 입장이라는 것을 확인할 수 있다. 또한 더욱 중요한 것을 지키기 위해 희생한 자유에는 무엇보다도 값진 생명이 포함될 수 없다고 말했다는 점에서 사형 폐지에 대한 그의 입장을 추론할 수 있다. 그러나 사형보다 다른 형벌이 더 강력한 억제 효과를 갖는다고 본 것이지 사형이 범죄 예방에 효과가 없다고 본 것은 아니다.

③ 3문단에 따르면, 베카리아가 잔혹한 형벌을 반대하여 휴머니스트로 이해된다는 것을 확인할 수 있다. 그러나 잔혹한 형벌도 계속 시행되다 보면 사회 일반은 그에 무디어진다는 것과, 죽는 장면의 목격은 무시무시한 경험이지만 그 기억은 일시적이라고 보았다는 점에서 사형이 사람의 기억에 영구히 각인된다고 본 것은 아니라는 것을 알 수 있다.

⑤ 2문단에 따르면, 형벌이 범죄가 일으킨 결과를 되돌려 놓을 수 없다는 것이 베카리아의 입장이다. 또한 3문단을 통해, 죽는 장면의 목격은 무시무시한 경험이지만 그 기억은 일시적이고, 자유를 박탈당한 인간이 속죄하는 고통의 모습을 오랫동안 대하는 것이 더욱 강력한 억제 효과를 갖는다는 것이 베카리아의 주장임을 확인할 수 있다. 즉 베카리아는 피해 회복의 관점으로 형벌을 바라보지 않았으며 무기 징역이 사형보다 더 큰 범죄 억제 효과를 갖는다고 보았음을 짐작할 수 있다.

19. 출제 의도 핵심 정보 파악하기

❶이 답인 이유

(가)의 1문단에서 모방론은 예술이 자연에 대한 모방이라는 아리스토텔레스의 말에서 비롯하였으며, 대상과 그 대상의 재현이 닮은꼴이어야 한다는 재현의 투명성 이론을 전제하고 있다고 언급하고 있다. 따라서 뒤샹의 작품 「샘」이 변기 그 자체이기 때문에 모방론자의 입장에서는 「샘」이 예술 작품이 되기 위한 필요충분조건을 갖추고 있다고 평가하는 말을 할 수 있다고 볼 수 없다.

오답을 피하고 싶었어

② (가)의 1문단에서 낭만주의 사조는 독창적인 감정 표현을 중시하는 한편 외부 세계에 대한 왜곡된 표현을 허용한다고 언급하고 있다. 그런데 모방론은 예술이 자연에 대한 모방이라고 하면서 대상과 그 대상의 재현이 닮은꼴이어야 한다는 재현의 투명성 이론을 전제하고 있다고 언급하고 있다. 따라서 낭만주의 예술가의 입장에서 모방론자를 대상의 재현만 강조하고 예술가의 감정을 중시하지 않는다고 평가하는 말을 할 수 있다.

③ (가)의 2문단에서 표현론은 진지한 관념이나 감정과 같은 예술가의 마음을 예술의 조건으로 규정하고 있다고 언급하고 있다. 따라서 표현론자는 낭만주의 예술가에게 예술가의 마음을 표현했으니 대상을 있는 그대로 표현하지 않았더라도 당신의 작품은 예술 작품이라고 평가하는 말을 할 수 있다.

④ (가)의 4문단에서 디키의 견해는 일정한 절차와 관례를 거치기만 하면 모두 예술 작품으로 볼 수 있다는 분류적 이론이라고 언급하고 있다. 이에 따르면 뒤샹은 자신의 작품인 「샘」 이외의 다른 변기들도 일정한 절차와 관례를 거치기만 하면 예술 작품이 될 수 있다고 평가하는 말을 할 수 있다.

⑤ (가)의 3문단에서 웨이츠의 이론은 예술의 정의에 대한 기존의 이론들이 겉보기에는 명제의 형태를 취하고 있으나 사실은 참과 거짓을 판정할 수 없는 사이비 명제라는 견해를 취한다고 언급하고 있다. 이에 따르면 (가)의 2문단에서 콜링우드가 제시한 '진정한 예술 작품은 물리적 소재를 통해 구성될 필요가 없는 정신적 대상이다.'라는 명제는 참과 거짓을 판단할 수 없는 사이비 명제로 볼 수 있다.

20. 출제 의도 구체적 사례에 적용하기

❷가 답인 이유

(가)의 4문단에서 디키의 제도론은 예술계라는 어떤 사회 제도에 속하는 한

사람 또는 여러 사람에 의해 감상의 후보 자격을 수여받은 인공물을 예술 작품으로 규정한다고 언급하고 있다. 이러한 디키의 관점을 적용하면, 「그리움」이 일정한 절차와 관례를 거쳐 예술 작품으로 평가받는 과정이 있어야 한다. 그런데 평범한 신발이 특별한 이유가 신발의 원래 주인이 화가였다는 사실에 있음을 언급한 것은 감상의 후보 자격을 수여받은 인공물, 즉 「그리움」이라는 작품 자체가 아니라 「그리움」에 그려진 신발의 주인이 누구인지에 주목한 것이므로 디키의 관점을 적용한 착안점이라고 할 수 없다.

오답을 피하고 싶었어

① (가)의 2문단에서 콜링우드는 진지한 관념이나 감정과 같은 예술가의 마음을 예술의 조건으로 규정하는 표현론을 제시하였다고 언급하고 있다. 따라서 콜링우드의 관점을 적용하면, 화가 A가 낡은 신발을 「그리움」이라고 이름 붙인 것은 아버지에 대한 그리움이라는 감정에서 비롯하였다고 할 수 있다.

③ (나)의 2문단에서 텐은 예술 작품이 창작된 당시 예술가가 살던 시대의 환경, 정치·경제·문화적 상황, 작품이 사회에 미치는 효과 등을 예술 작품 비평의 중요한 근거로 삼는다고 하면서 작품이 창작된 시대적 상황 외에 작가의 심리적 상태와 이념을 포함하여 많은 자료를 바탕으로 작품을 분석하고 해석한다고 언급하고 있다. 따라서 텐의 관점을 적용하면, 화가 A의 예술가 정신은 궁핍하게 살면서도 예술혼을 잃지 않고 작품 활동을 했던 아버지의 삶에서 영향을 받았다는 〈보기〉의 팸플릿의 설명을 고려할 때 「그리움」에 그려진 아버지의 낡은 신발이 화가 A가 추구하는 예술가 정신의 상징이라고 해석할 수 있다.

④ (나)의 3문단에서 프리드와 같은 형식주의 비평가들은 작품 속에 표현된 사물, 인간, 풍경 같은 내용보다는 선, 색, 형태 등의 조형 요소와 비례, 율동, 강조 등과 같은 조형 원리를 예술 작품의 우수성을 판단하는 기준이라고 주장한다고 언급하고 있다. 따라서 프리드의 관점을 적용하면, 작품 전체에 따뜻한 계열의 색이 주로 사용되었다고 한 작품 정보 요약 내용에서 따뜻한 계열의 색들을 유기적으로 구성한 점에 주목하여 작품의 우수성을 판단할 수 있다.

⑤ (나)의 4문단에서 "훌륭한 비평가는 대작들과 자기 자신의 영혼의 모험들을 관련시킨다."라는 프랑스의 말을 인용하며 인상주의 비평은 비평가가 다른 저명한 비평가의 관점과 상관없이 자신의 생각과 느낌에 대하여 자율성과 창의성을 가지고 비평하는 것이라고 언급하고 있다. 따라서 프랑스의 관점을 적용하여 그림 속의 낡고 색이 바랜 신발을 보고 지친 삶에서 편안함과 여유를 느꼈음을 서술할 수 있다.

21. 출제 의도 구체적 사례에 적용하기

③이 답인 이유

(나)의 4문단에서 인상주의 비평은 예술을 어떤 규칙이나 객관적 자료로 판단할 수 없다고 보고, 비평은 비평가가 자신의 생각과 느낌에 대하여 자율성과 창의성을 가지고, 작가의 의도나 그 밖의 외적인 요인들을 고려할 필요 없이 비평가의 자유 의지로 무한대의 상상력을 가지고 작품을 해석하고 판단하는 것이라고 언급하고 있다. B에서 '슬퍼 보이고'와 '고통을 호소하고'라고 서술한 것은 비평가가 자신의 생각과 느낌을 자율적이고 창의적으로 표현한 것일 뿐 작가의 심리적 상태를 표현하는 것이라고 할 수 없다.

오답을 피하고 싶었어

①, ② (나)의 2문단에서 맥락주의 비평은 예술 작품이 창작된 사회적·역사적 배경에 관심을 갖고, 예술 작품이 창작된 당시 예술가가 살던 시대의 환경, 정치·경제·문화적 상황, 작품이 사회에 미치는 효과 등을 예술 작품 비평의 중요한 근거로 삼는다고 언급하고 있다. 따라서 A에서 '1937년'이라는 해에 바스크 산악 마을인 '게르니카'에서 발생한 사건을 언급한 것은 역사적 정보를 바탕으로 한 작품 해석이라고 할 수 있다. 아울러 '게르니카'에서 벌어진 비극적 참상을 '전 세계에 고발'하였다고 서술한 것은 작품이 사회에 미치는 효과를 드러내고자 한 것이라고 할 수 있다.

④, ⑤ (나)의 4문단에서 인상주의 비평은 예술을 어떤 규칙이나 객관적 자료로 판단할 수 없다고 보고, 비평은 비평가가 자신의 생각과 느낌에 대하여 자율성과 창의성을 가지고, 작가의 의도나 그 밖의 외적인 요인들을 고려할 필요 없이 비평가의 자유 의지로 무한대의 상상력으로 작품을 해석하고 판단하는 것이라고 언급하고 있다. 따라서 B에서 '우울한 색과 기괴한 형태'를 언급한 것은 비평가가 자신의 생각이나 느낌을 언급한 것이라고 할 수 있으며, '희망을 갈구하는'이라는 서술은 비평가가 자유로운 상상력을 펼친 결과라고 할 수 있다.

17강 | 독서 지문 속, 원리-과정

일곱 2020학년도 10월 고3 전국연합학력평가 [38-39, 41]
[과학] '호흡 · 순환'
22 ① 23 ② 24 ④

여덟 2021학년도 대학수학능력시험 [34, 36-37]
[기술] '3D 합성 영상의 생성, 출력을 위한 모델링과 렌더링'
25 ② 26 ④ 27 ④

22. 출제 의도 세부 내용 파악하기

①이 답인 이유

5문단에서 조직에서 확산된 이산화 탄소는 탄산 무수화 효소의 작용으로 물과 결합하여 탄산을 형성하고, 폐포 주위의 모세 혈관에서는 탄산이 탄산 무수화 효소의 작용으로 이산화 탄소와 물이 된다고 했다.

오답을 피하고 싶었어

② 2문단에서 폐에서 조직으로 운반되는 산소는 혈장에 용해된 상태와 산소 헤모글로빈 형태로 운반된다고 했다.

③ 4문단에서 산소와 결합하지 않은 헤모글로빈은 산소와 결합한 헤모글로빈보다 쉽게 이산화 탄소와 결합한다고 했다.

④ 5문단에서 이산화 탄소는 주로 적혈구 내에서 탄산 무수화 효소의 작용으로 물과 결합하여 탄산을 형성한다고 했다.

⑤ 2문단에서 조직 내 산소 분압은 평균 40㎜Hg라고 했고, 4문단에서 조직의 이산화 탄소 분압은 평균 46㎜Hg라고 했다.

23. 출제 의도 핵심 내용 이해하기

②가 답인 이유

3문단에서 온도가 높아진 조직 주변 모세 혈관을 흐르는 혈액에서 산소가 더 쉽게 해리된다고 했으므로 조직의 온도가 상승하면 산소 포화도는 감소한다.

오답을 피하고 싶었어

① 3문단에서 산소 분압이 낮아질 때 산소 헤모글로빈으로부터 해리되는 산소의 양은 산소 분압이 40~100㎜Hg 구간보다 0~40㎜Hg 구간에서 더 많다고 한 내용을 통해 알 수 있다.

③ 3문단에서 산소 포화도와 산소 해리도를 더한 값은 100%라고 한 내용을 통해 알 수 있다.

④ 2문단에서 조직의 모세 혈관을 흐르는 동맥혈의 산소 분압은 100mmHg이고 휴식 시 조직의 산소 분압이 40mmHg이므로 동맥혈 내의 산소는 조직으로 확산된다고 한 내용을 통해 알 수 있다.
⑤ 3문단에서 산소 포화도와 산소 해리도를 더한 값은 100%라고 했고, A의 산소 포화도가 B의 산소 포화도보다 작다는 것을 통해 알 수 있다.

24. 출제 의도 구체적 사례에 적용하기

❹가 답인 이유

〈보기〉에서 과다 호흡 증후군은 이산화 탄소 농도가 정상 범위 아래로 떨어져서 나타난다고 했고, 증상을 완화하기 위해 봉지에 입을 대고 호흡을 하게 한다고 했다. 봉지에 입을 대고 호흡을 하면 배출한 이산화 탄소를 다시 흡입하게 되므로 봉지에 입을 대지 않고 호흡을 할 때보다 더 많은 양의 이산화 탄소를 흡입하게 된다.

오답을 피하고 싶었어

① 〈보기〉에서 일산화 탄소는 산소와 결합할 수 있는 헤모글로빈의 양을 감소시킨다고 한 내용과, 2문단에서 산소의 약 98.5%는 적혈구 내에 있는 헤모글로빈과 결합하여 산소 헤모글로빈을 생성한다는 내용을 토대로 한 반응이다.
② 〈보기〉에서 일산화 탄소는 조직에서 산소 헤모글로빈으로부터 산소의 방출을 억제한다고 한 내용과, 3문단에서 산소 헤모글로빈에서 산소가 해리되어 방출된다고 한 내용을 토대로 한 반응이다.
③ 〈보기〉에서 과다 호흡 증후군은 이산화 탄소 농도가 정상 범위 아래로 떨어져서 나타난다고 한 내용과, 5문단에서 이산화 탄소는 폐포 내로 확산되어 체외로 배출된다고 한 내용을 토대로 한 반응이다.
⑤ 〈보기〉에서 호흡성 산증은 폐에서 기체 교환의 감소로 이산화 탄소의 분압이 증가한 것이라고 한 내용과, 5문단에서 이산화 탄소는 폐포 내로 확산되어 체외로 배출된다고 한 내용을 토대로 한 반응이다.

25. 출제 의도 세부 내용 파악하기

❷가 답인 이유

모델링 단계를 설명한 2문단의 마지막 문장에서 물체 표면을 구성하는 각 삼각형 면에는 고유의 색과 질감 등을 나타내는 표면 특성이 하나씩 지정된다고 하였다. 즉 물체 고유의 표면 특성은 렌더링 과정이 아닌 모델링 단계에서 지정된다. 렌더링 단계에서는 공간에서의 입체에 대한 정보인 모델링 단계의 데이터를 활용하여 화면을 생성하며 각 화소별로 화솟값을 부여하여 밝기나 색상을 나타낸다고 3문단에서 언급하고 있다.

오답을 피하고 싶었어

① 1문단에서 3D 합성 영상을 생성, 출력하려면 자연 영상과 달리 모델링과 렌더링 과정을 거쳐야 한다고 언급하고 있다.
③ 3문단의 내용을 통해 물체의 입체감과 원근감은 관찰 시점을 기준으로 2차원의 화면을 생성하는 렌더링 과정을 통해 구현된다는 것을 알 수 있다.
④ 4문단에서 해상도가 높아 출력 화소의 수가 많을수록 연산 양이 많아져 연산 시간이 길어진다고 언급하고 있다.
⑤ 4문단에서 과도한 양의 데이터가 집중되어 미처 연산되지 못한 데이터가 차례를 기다리는 것을 병목 현상이라고 언급하고 있다.

26. 출제 의도 생략된 내용 추론하기

❹가 답인 이유

다수의 코어가 작동하더라도 데이터의 연산을 하나씩 순서대로 처리해야 한다면, 이전 코어의 연산 이후에 다른 코어에서 다음 연산이 이루어지게 된다. 그러므로 이러한 경우의 총 연산 시간은 단일 코어에서 데이터 연산을 순차적으로 진행할 때 걸리는 총 연산 시간과 같다.

오답을 피하고 싶었어

①, ② 4문단에서 GPU는 동일한 연산을 여러 번 수행할 경우, 한 번의 연산에 쓰이는 데이터들을 순차적으로 각 코어에 전송한 후 전체 코어에 하나의 연산 명령어를 전달해 각 코어가 모든 데이터를 동시에 연산하도록 하기 때문에 연산 시간이 짧아진다고 언급하고 있다.
③ 4문단에서 GPU의 각 코어는 그래픽 연산에 특화된 연산만을 할 수 있고 CPU의 코어에 비해 저속으로 연산한다고 언급하고 있다. 그러므로 GPU와 CPU가 각각 1개의 코어에서 1개의 동일한 연산을 할 경우, CPU의 연산 시간이 더 짧다는 것을 알 수 있다.
⑤ 4문단에 따르면 GPU의 데이터 처리 속도가 빠른 것은 한 번의 연산에 쓰이는 데이터들을 순차적으로 각 코어에 전송한 후, 동시에 모든 데이터를 연산하기 때문이다. GPU는 한 번의 연산에 쓰이는 데이터들을 순차적으로 각 코어에 전송한다고 하였으므로 10개의 데이터를 10개의 코어에 전송하는 시간은 1개의 데이터를 1개의 코어에 전송하는 시간보다 길다.

27. 출제 의도 구체적 사례에 적용하기

❹가 답인 이유

장면 3은 풍선과 '네모'가 함께 날아올라 특정한 관찰 시점으로부터 점점 멀어지면서 작게 보이는 장면을 구상한 것이다. 지문에 따르면 이러한 원근감은 모델링이 아니라 렌더링을 통해 구현된다. 3문단에서는 동일 물체라도 멀리 있는 경우는 작게, 가까이 있는 경우는 크게 보이는 원리를 활용하여 화솟값을 지정하는 것이라고 하였다. 즉 크기가 같은 동일 물체의 원근감을 화솟값으로 구현하는 것이다. 장면 3에서 풍선의 크기가 더 이상 커지지 않았다는 것은 장면 2에서 풍선의 크기가 실제로 변하다가 장면 3에서는 크기의 변화가 없다는 것을 의미한다. 따라서 모델링 단계에서 풍선에 있는 정점들이 이루는 삼각형들이 작아질 것이라는 이해는 적절하지 않다. 유의할 점은 3문단에서 말했듯이 원근감은 관찰 시점을 기준으로 한다는 것이다. 따라서 장면 3에서 풍선이 멀리 날아갈 때 풍선이 작게 보이는 것은 관찰 시점에서 멀리 있는 것처럼 보이는 것일 뿐 풍선의 크기가 작아졌다고 보아서는 안 된다.

오답을 피하고 싶었어

① 3문단의 내용을 통해 렌더링은 관찰 시점을 기준으로 2차원의 화면을 생성하는 것이라는 내용을 확인할 수 있다. 그러므로 장면 1에서 관찰 시점상 풍선에 가려 보이지 않는 입 부분의 삼각형은 2차원의 화면에 생성되지 않는 부분이므로 해당 부분의 표면 특성이 화솟값을 구하는 데 사용되지 않는다.
② 2문단에서 모델링 단계에서의 정점의 개수는 물체가 변형되어도 변하지 않는다고 언급하였다. 따라서 장면 2가 풍선의 크기가 점점 커지는 장면이라고 해도 풍선에 있는 정점의 개수는 유지됨을 알 수 있다.
③ 2문단에서 모델링에서는 물체가 커지거나 작아지면 정점 사이의 간격이 넓어지거나 좁아진다고 언급하고 있다. 장면 2에서는 풍선이 점점 커지고 있으므로 정점 사이의 간격이 넓어질 것임을 알 수 있다.
⑤ 3문단에서 화소는 전체 화면을 잘게 나눈 점으로, 정해진 개수의 화소로 화면을 표시하고 각 화소별로 밝기나 색상 등을 나타내는 화솟값이 부여된다고 하였다. 따라서 렌더링 단계에서 장면 3이 나타난 전체 화면의 화

소 개수 자체에는 변화가 없으며, 장면을 구현하는 과정에서 일부 화소의 화솟값만 변화할 것임을 알 수 있다.

18강 | 독서 지문 속, 원리-방법

아홉 2020학년도 10월 고3 전국연합학력평가 [27, 29-30]
[기술] 'C로 쓴 자료 구조론'
28 ⑤ 29 ③ 30 ①

열 2018학년도 10월 고3 전국연합학력평가 [34-36]
[과학예술] '투시 원근법'
31 ③ 32 ② 33 ③

28. 출제 의도 핵심 정보 파악하기

❺가 답인 이유

2문단에서 삽입 정렬은 원소들을 비교하여 삽입하는 과정이 반복된다고 하였다. 그리고 3문단에서 병합 정렬은 원소들을 비교하여 정렬하는 과정이 반복된다고 하였다. 삽입 정렬과 병합 정렬 모두 비교 연산의 횟수를 구하여 시간 복잡도를 나타낼 수 있다.

오답을 피하고 싶었어

① 2문단에서의 삽입 정렬은 정렬된 부분에 정렬할 원소의 위치를 찾아 삽입한다고 하였다.
② ㉠, ㉡ 모두 원소의 개수가 늘어난다면 정렬된 집합을 만들기 위한 연산 횟수가 늘어날 것이다.
③ ㉠과 ㉢에서는 정렬하려는 집합을 부분 집합으로 분할하지 않는다.
④ 원소들의 자릿수에 따라 모듈로 연산을 반복하는 방식은 ㉡이 아니라 기수 정렬이다.

29. 출제 의도 구체적 사례에 적용하기

❸이 답인 이유

기수 정렬은 원소들의 각 자릿수의 숫자를 확인하는 방식이므로 1차 정렬에서는 일의 자릿수의 숫자, 2차 정렬에서는 십의 자릿수의 숫자, 3차 정렬에서는 백의 자릿수의 숫자를 확인한다.

오답을 피하고 싶었어

① 564는 일의 자릿수의 숫자가 '4'이다. 34는 일의 자릿수의 숫자가 '4'이다. 따라서 564와 34를 큐4에 넣는다.

30. 출제 의도 생략된 내용 추론하기

❶이 답인 이유

병합 정렬은 정렬하려는 집합을 두 개의 부분 집합으로 반복 분할한 후 다시 병합하며 정렬한다. 원소의 개수가 적은 부분 집합을 병합하며 정렬하는 것이 전체 원소를 정렬하는 것보다 연산 횟수가 줄어들기 때문이다. 집합 {564, 527, 89, 72, 34, 6, 3, 0}의 경우에서도 알 수 있듯이 8개의 원소 전체를 대상으로 정렬하는 것보다 부분 집합으로 정렬할 때 연산 횟수가 줄어든다.

31. 출제 의도 글의 세부 정보 파악하기

❸이 답인 이유

[상승도]에서 받침목들은 화면으로부터 멀어질수록 받침목 양 끝점의 사영이 중앙선과 가까워진다.

오답을 피하고 싶었어

① [평면도]에서 화면과 가장 가까이 있는 받침목의 양 끝점 A와 B는 각각 화면에 A′와 B′로 표시된다. 그리고 그 뒤에 있는 받침목의 양 끝점의 사영은 A′와 B′보다 중앙선과 가깝다. 이처럼 받침목이 화면에서 멀어질 때 받침목의 끝점을 잇는 시선과 중앙선 사이의 각은 작아진다.
② [상승도]에서 한 개의 받침목의 양 끝점은 화면에서 동일한 점으로 표시된다.
④, ⑤ [투시도]에서 멀리 보이는 받침목은 그 상이 평면도의 중앙선과 상승도의 중앙선이 만나는 지점, 즉 소실점에 가까워진다.

32. 출제 의도 구체적 상황에 적용하기

❷가 답인 이유

'$C:D=c:d$'가 성립하므로 실제 타일이 정사각형이라면 $c=d$가 된다. 이 그림의 V는 그림의 정중앙에 위치하고 V′는 그림의 세로 테두리의 중앙에 위치하므로, 즉 V와 V′ 사이의 거리는 90cm이다. 그러므로 이 그림의 최적의 관람 거리는 90cm이다.

오답을 피하고 싶었어

① 실제 장면을 보고 있는 화가와 화면 사이의 거리가 최적의 관람 거리이다. 최적의 관람 거리가 120cm라면 '$C:D=c:d$'가 성립하므로 화가가 보고 그린 실제 타일의 가로 길이와 세로 길이의 비는 90:120이 된다. 실제 타일의 세로 길이가 가로 길이보다 더 긴 것이다.
③ V는 그림의 정중앙에 위치해 있다. 또한 그림 속 각 타일의 대각선을 연장하여 지평선과 만나도록 하면 모두 같은 점 V′에서 만난다. 그러므로 어느 위치에 있는 타일이든 V와 V′ 사이의 거리는 달라지지 않는다.
④ '$C:D=c:d$'가 성립한다고 하였으므로, 가로의 길이가 100cm, 세로의 길이가 50cm인 직사각형의 타일을 보고 그린 그림의 최적의 관람 거리는 90×50/100로, 45cm가 된다.
⑤ 그림 속 타일의 대각선을 연장한 선과 지평선이 만나는 점이 V′이다. 실제 타일의 크기와 상관없이 그림의 V′는 달라지지 않는다.

33. 출제 의도 구절의 세부적 의미 이해하기

❸이 답인 이유

화면과 수직으로 만나는 시선을 중앙선이라고 하고 이 선이 철로와 평행이라고 하였으므로, ㉢은 철로가 화면과 수직인 방향으로 뻗어 있다는 것이다.

오답을 피하고 싶었어

① 상자의 각 점의 사영들을 모아 생기는 상이 화가의 눈에 비친 상자의 상이라고 하였으므로 ㉠은 사물의 각 점의 사영들을 모아서 그린다는 의미이다.
② 소실점의 개수에 따라 투시 원근법을 나누므로, ㉡의 한 점 투시 원근법은 소실점을 하나로 설정하여 그린 것이다.
④ 평면도에서 받침목이 화면에 멀어질수록 상의 길이가 작아지면서 화면의 상들은 중앙선과 화면이 만나는 점에 가까워진다.
⑤ 화면과 수직으로 만나는 선이 중앙선이므로 중앙선이 바닥면과 평행하다

는 것은 바닥면이 화면과 수직이 된다는 것이다.

않는다.

19강 | 독서 지문 속, 구조-기능

열하나 2021학년도 대학수학능력시험 6월 모의평가 [26-28]
[기술] '영상 안정화 기술'
34 ② 35 ② 36 ②

열둘 2022학년도 대학수학능력시험 9월 모의평가 [14-16]
[기술] '메타버스(metaverse)의 몰입도를 높이는 여러 가지 기술'
37 ⑤ 38 ③ 39 ①

34. 출제 의도 중심 내용 파악하기

❷가 답인 이유

자이로 센서는 이미지 센서 각각의 화소에서 빛의 세기 변화를 통해 카메라의 움직임을 감지하고, 움직임의 방향과 속도를 제어 장치에 전달한다. 따라서 자이로 센서가 제어 장치에 전달하는 것은 이미지 센서에 맺히는 영상이 아니라 카메라의 움직임의 방향과 속도이다. 또한 이미지 센서에 피사체의 상이 맺히면 이미지 센서 각각의 화소에서 빛의 세기에 비례해 발생한 전기 신호가 저장 매체에 영상으로 저장되므로, 이미지 센서에 맺히는 것은 영상이 아니라 피사체의 상이다.

오답을 피하고 싶었어

① OIS 기술을 사용하는 카메라 모듈의 구성 장치 중에는 렌즈를 움직이는 장치가 있으며, 보이스코일 모터는 렌즈를 움직여서 동영상을 보정하는 장치이므로 적절한 진술이다. 3문단의 '보이스코일 모터를 포함한 카메라 모듈'을 통해 이를 확인할 수 있다.

③ 보이스코일 모터를 포함한 카메라 모듈은 렌즈 주위에 코일과 자석이 배치되어 있고, 카메라가 흔들리면 제어 장치에 의해 코일에 전류가 흘러서 발생한 힘이 렌즈를 이동시켜 피사체의 상이 유지되므로 적절한 진술이다.

④ 4문단에서 OIS 기술은 렌즈의 이동 범위에 한계가 있어 보정할 수 있는 움직임의 폭이 좁다고 했으므로 적절한 진술이다.

⑤ 3문단에서 코일에서 발생한 힘이 렌즈를 이동시켜 흔들림에 의한 영향이 상쇄되는 방법과 이외에도 이미지 센서를 움직여 흔들림을 상쇄하는 방식을 설명하고 있으므로 적절한 진술이다.

35. 출제 의도 핵심 내용 이해하기

❷가 답인 이유

특징점으로는 주위와 밝기가 뚜렷이 구별되는 부분이 선택되므로, 특징점으로 선택되는 점들과 주위 점들의 밝기 차이가 클수록 특징점의 위치 추정이 유리하다. 또한 특징점으로 영상이 이동하거나 회전해도 그 밝기 차이가 유지되는 부분도 선택되므로, 영상이 흔들리기 전의 밝기 차이와 후의 밝기 차이 변화가 작을수록 특징점의 위치 추정이 유리하다. 한편 특징점의 수가 늘어날수록 연산이 더 오래 걸리므로, 특징점들이 많을수록 보정에 필요한 시간은 늘어난다.

오답을 피하고 싶었어

①, ③, ⑤ 특징점들의 수와 보정에 필요한 프레임의 수는 관련이 없다. 따라서 특징점들이 많아지더라도 보정에 필요한 프레임 수는 늘어나지 않는다.

36. 출제 의도 구체적 사례에 적용하기

❷가 답인 이유

DIS 기능을 통해 영상을 보정하는 과정에서 영상을 회전하면 프레임에서 비어 있는 공간이 나타난다. 이러한 공간을 잘라내면 프레임의 크기가 작아진다. ㉡을 DIS 기능으로 보정하고 나서 프레임 크기가 변했다면, 이는 비어 있는 부분이 없도록 잘라내어 프레임의 크기가 작아졌음을 의미한다. 따라서 DIS 기능에 의해 흔들림은 보정되었으나 원래의 영상 일부가 손실되었을 것으로 추측할 수 있다.

오답을 피하고 싶었어

① 특징점은 피사체의 모서리처럼 주위와 밝기가 뚜렷이 구별되는 부분이 선택된다. 프레임의 모서리가 아니라 피사체의 모서리를 특징점으로 선택하는 것이 움직임을 추정하는 데 유리하므로 적절하지 않은 진술이다.

③ 특징점으로 선택되는 부분은 주위와 밝기가 뚜렷이 구별되며 영상이 이동하거나 회전해도 그 밝기 차이가 유지되는 부분이다. 따라서 ㉠에서 빌딩 모서리들 간의 차이를 특징점으로 선택하는 것이 아니라 각 빌딩 모서리를 특징점으로 선택하고, 각 특징점들의 ㉠, ㉡ 프레임 간 위치 차이를 계산하여 ㉡을 보정할 것으로 추측할 수 있다.

④ OIS 기능을 켜고 동영상을 촬영했으므로 ㉠, ㉡ 모두 OIS 기능으로 손떨림이 보정된 프레임으로 추측할 수 있다. 그럼에도 불구하고 ㉡의 피사체가 기울어진 이유는 렌즈의 이동 범위의 한계로 인해 보정할 수 있는 움직임의 폭이 좁기 때문일 것이다. 또한 OIS 기능은 카메라로 촬영할 때 작동하는 기술이므로, 촬영이 끝난 후에는 OIS 기능으로 ㉡을 보정할 수 없다. 따라서 ㉡이 OIS 기능으로 보정해야 하는 프레임이라는 것은 적절하지 않은 진술이다.

⑤ k번째 프레임인 ㉠과 비교할 때 k+1번째 프레임인 ㉡의 피사체가 많이 기울어져 있다. 이는 ㉠이 촬영된 직후 카메라가 크게 움직여 ㉡처럼 촬영된 것이라 할 수 있다. 하지만 <보기>에 따르면 소프트웨어로 보정하기 전이므로 DIS 기능은 아직 사용되지 않았다는 것을 알 수 있다. 따라서 ㉡이 DIS 기능으로는 완전히 보정되지 않았다는 것은 적절하지 않은 진술이다.

37. 출제 의도 세부 내용 파악하기

❺가 답인 이유

2문단에 따르면, 가상 현실 장갑은 가상 공간에서 물체를 접촉하는 것처럼 사용자의 손에 감각 반응을 직접 전달하는 장치로, 가상 공간에서 아바타가 만지는 가상 물체의 크기, 형태, 온도 등을 사용자가 느끼도록 설계되어 있다. 사용자의 감각 반응을 아바타에게 전달할 수 있는 장치가 아니므로 가상 현실 장갑을 착용해도 상호 간에 감각 반응을 주고받을 수 있는 것은 아니다.

오답을 피하고 싶었어

① 1문단에 따르면, 사용자는 감각 전달 장치를 통하여 가상 공간을 현실감 있게 체험할 수 있다. 또한 3문단에 따르면, 사용자는 공간 이동 장치인 가상 현실 트레드밀을 사용함으로써 더욱 현실감 높은 체험을 할 수 있다. 따라서 감각 전달 장치와 공간 이동 장치는 사용자가 메타버스에 몰입할 수 있게 함을 알 수 있다.

② 3문단에 따르면, 공간 이동 장치는 사용자의 움직임을 아바타에게 전달하여 사용자가 몰입도 높은 메타버스를 체험하게 해 준다.

③ 2문단에 따르면, HMD는 시각을 전달하는 장치로 사용자의 양쪽 눈에 시차가 있는 영상을 전달한다. 사용자는 전달된 영상을 뇌에서 조합하는 과정에서 공간과 물체의 입체감을 느낄 수 있다.
④ 1문단에 따르면, 감각 전달 장치는 사용자를 대신하는 아바타가 보고 만지는 것으로 설정된 감각을 사용자에게 전달하는 장치이다.

38. 출제 의도 중심 내용 파악하기

❸이 답인 이유

[A]에 따르면, 아바타가 존재하는 가상 공간의 환경 변화에 따라 트레드밀 바닥의 진행 속도 및 방향, 기울기 등이 변경되기도 한다. 따라서 가상 공간에서 아바타가 경사로를 만나면 가상 현실 트레드밀 바닥의 기울기가 변경될 수 있다.

오답을 피하고 싶었어

① 관성 측정 센서는 사용자의 이동 속도 변화율 및 회전 속도를 측정하며, 사용자의 뛰는 힘을 감지하는 것은 압력 센서이다. 따라서 관성 측정 센서는 사용자의 뛰는 힘을 측정할 수 없다.
② 모션 트래킹 시스템이 사용자의 동작 정보를 컴퓨터에 전달하면 컴퓨터가 사용자가 움직이는 방향과 속도에 맞춰 트레드밀의 바닥을 제어한다고 하였다. 반면 HMD에 표시되는 가상 공간의 장면은 사용자의 움직임이나 트레드밀의 작동 변화에 따라 변경된다고 하였으므로, HMD는 가상 현실 트레드밀을 제어하는 것이 아니라 트레드밀의 작동 변화에 따라 변경된 장면을 표시하는 역할을 담당함을 알 수 있다.
④ 모션 트래킹 시스템은 사용자의 동작에 따라 아바타가 동일하게 움직일 수 있도록 동기화하는 역할을 한다. 따라서 모션 트래킹 시스템이 아바타의 동작에 따라 사용자가 동일하게 움직일 수 있도록 동기화한다는 진술은 적절하지 않다.
⑤ 모션 트래킹 시스템이 감지한 사용자의 동작 정보에 따라 사용자가 움직이는 방향과 속도에 맞춰 트레드밀의 움직임이 변경되기도 하고, 아바타가 존재하는 가상 공간의 환경 변화에 따라 트레드밀 바닥의 진행 속도 및 방향, 기울기 등이 변경되기도 한다. 따라서 아바타가 이동 방향을 바꾸면 사용자의 이동 방향이 바뀌게 된다는 진술은 적절하지 않다.

39. 출제 의도 구체적 사례에 적용하기

❶이 답인 이유

4문단에서 동작 추적 센서는 사용자의 동작을 파악하는 센서라고 설명하였고, 〈보기〉에서 키넥트 센서는 동작 추적 센서의 하나라고 설명하였으므로 키넥트 센서가 가상 공간에 있는 물체들 간의 거리를 측정하여 입체감을 구현한다는 설명은 적절하지 않다.

오답을 피하고 싶었어

② 4문단에 따르면, 모션 트래킹 시스템은 사용자의 동작에 따라 아바타가 동일하게 움직일 수 있도록 동기화하는 시스템이며 사용자의 동작을 파악하는 동작 추적 센서는 모션 트래킹 시스템을 구성하는 센서 중 하나이다. 〈보기〉에서 키넥트 센서는 동작 추적 센서의 하나라고 하였으므로 키넥트 센서가 확보한 사용자의 춤추는 동작 정보를 바탕으로 아바타의 춤추는 동작이 구현될 수 있음을 알 수 있다.
③ 4문단에 따르면, 관성 측정 센서는 사용자의 이동 속도 변화율 및 회전 속도를 측정하며 동작 추적 센서는 사용자의 동작을 파악한다. 〈보기〉에 따르면, 키넥트 센서는 동작 추적 센서의 하나이므로 키넥트 센서와 관성 측정 센서를 모두 이용하면 사용자의 걷는 자세 및 이동 속도 변화율을 파악할 수 있다.
④ 〈보기〉에 따르면, 키넥트 센서는 〈그림〉과 같이 신체 부위에 대응하는 25개의 연결점을 선으로 이은 3D 골격 이미지를 제공한다. 그런데 얼굴 표정은 이 골격 이미지에 포함되지 않으므로 사용자의 얼굴 표정 변화를 아바타에게 전달할 수 없다.
⑤ 적외선 카메라와 RGB 카메라는 동작 추적 센서인 키넥트 센서를 이루고 있다. 4문단에 따르면, 동작 추적 센서는 사용자의 동작을 파악한다. 따라서 적외선 카메라가 제공하는 입체 이미지와 RGB 카메라가 제공하는 컬러 이미지로부터 도출된 골격 이미지는 사용자의 동작 정보를 파악하는 데 사용됨을 알 수 있다.

20강 | 국어의 9품사 1

2013학년도 3월 고3 전국연합학력평가 A형 [12]
1 ③
2019학년도 대학수학능력시험 9월 모의평가 [11-12]
2 ⑤ 3 ④
2014학년도 3월 고3 전국연합학력평가 A형 [12]
4 ④
2019학년도 9월 고2 전국연합학력평가 [12]
5 ③
2016학년도 대학수학능력시험 9월 모의평가 A형 [13]
6 ①
2012학년도 3월 고3 전국연합학력평가 [12]
7 ①
2019학년도 11월 고2 전국연합학력평가 [12-13]
8 ⑤ 9 ②
2020학년도 4월 고3 전국연합학력평가 [15]
10 ②

01. 출제 의도 품사의 분류 기준 이해하기

❸이 답인 이유

품사 분류 기준 중 '형태'는 형태의 변화 여부를 말하므로 '깊다'와 '모르다'는 가변어, 나머지는 불변어이다. '기능'은 문장 내에서 하는 역할이므로 '호수', '강', '누구', '깊이'는 주어가 될 수 있는 체언이며, '깊다'와 '모르다'는 주로 서술어 역할을 하는 용언이며, '가, 의, 는, 도'는 조사이므로 관계언이다. '의미'는 개별 단어가 갖는 의미가 아니라 품사 전체가 갖는 의미로서 명사는 '사물의 이름을 나타내는 말', 형용사는 '사물의 상태를 나타내는 말'과 같은 것이다. 이에 따르면, '깊다'는 형용사, '모르다'는 동사, '호수, 강, 깊이'는 명사, '누구'는 대명사, '가, 의, 는, 도'는 조사로 분류된다.

02. 출제 의도 품사의 분류 기준 이해하기

❺가 답인 이유

'즐거운'은 '마음에 거슬림이 없이 흐뭇하고 기쁘다.'라는 뜻을 지니는 '즐겁다'의 어간에 관형사형 어미 '-ㄴ'이 결합한 형태로, 형용사이다. 형용사는 활용을 하고 사물의 속성이나 상태를 나타낸다. ⓜ은 관형사에 대한 설명으로, 제시된 예문에서 관형사는 쓰이지 않았다.

오답을 피하고 싶었어

① ㉠은 명사에 대한 설명으로, 제시된 예문에서는 '옛날, 사진, 기억'이 이에 해당한다. '옛날'은 '지난 지 꽤 오래된 시기를 막연히 이르는 말'로 명사이다.
② ㉡은 동사에 대한 설명으로, 제시된 예문에서는 '보니, 떠올랐다'가 이에 해당한다.
③ ㉢은 수사에 대한 설명으로, 제시된 예문에서는 '하나'가 이에 해당한다.
④ ㉣은 조사에 대한 설명으로, 제시된 예문에서는 '을, 가'가 이에 해당한다. '을'은 목적격 조사이고, '가'는 주격 조사이다.

03. 출제 의도 동사와 형용사의 개념과 특징 파악하기

❹가 답인 이유

마지막 문단의 '존재', '소유'와 같이 상태의 의미를 나타내는 '있다'는 형용사로 쓰인다는 설명에 따라 ⓓ의 '있다'와 '없다'는 형용사로 쓰임을 알 수 있다. '있다, 없다'의 경우 동사와 형용사로 쓰일 때 모두 관형사형 어미 '-는'과 결합할 수 있다고 하였기 때문에 예문 '돈이 있는(없는) 사람'은 '있다, 없다'가 동사로 쓰였는지, 형용사로 쓰였는지를 판별하는 기준이 되기 어렵다.

오답을 피하고 싶었어

① '예쁜다'가 쓰인 문장이 비문임을 통해 현재 시제 선어말 어미 '-ㄴ/는-'은 형용사와 결합할 수 없음을 확인할 수 있다.
② '예뻐라', '예쁘자'가 쓰인 문장이 비문임을 통해 명령형 · 청유형 어미는 형용사와 결합할 수 없음을 확인할 수 있다.
③ '예쁘려고', '예쁘러'가 쓰인 문장이 비문임을 통해 의도나 목적을 나타내는 연결 어미 '-려고', '-러'는 형용사와 결합할 수 없음을 확인할 수 있다.
⑤ '나무가 크다.'의 '크다'와 '머리카락이 길다.'의 '길다'는 속성이나 상태를 나타내는 형용사이다. '나무가 쑥쑥 큰다.'의 '크다'와 '머리카락이 잘 긴다.'의 '길다'는 상태의 변화를 나타내는 동사이다. 후자는 현재 시제 선어말 어미 '-ㄴ-'과 결합할 수 있다.

04. 출제 의도 단어의 의미에 따라 품사 구분하기

❹가 답인 이유

〈보기〉는 하나의 단어가 동사와 형용사 두 가지로 쓰이는 경우를 설명하고 있다. ④의 '기대가 크다.'에서 '크다'는 기대나 생각이 보통 정도를 넘는다는 뜻으로 상태를 나타내므로 형용사이다. '쑥쑥 큰다.'에서 '크다'는 '자라다'의 뜻으로 작용을 나타내므로 동사이다.

05. 출제 의도 의존 명사, 조사, 어미의 띄어쓰기 이해하기

❸이 답인 이유

'읽는데'의 '데'는 데 「의존 명사」 「2」의 '일'이나 '것'의 의미이며 '읽는'이라는 용언의 관형사형인 관형어의 수식을 받고 있는 의존 명사이므로 '읽는'과 '데' 사이를 띄어 '읽는∨데'로 써야 한다.

오답을 피하고 싶었어

② '가는데'의 '-는데'는 뒤 절에서 비가 오기 시작한 것을 설명하기 위하여 상관되는 상황인 '학교에 가는 상황'을 미리 말하기 위해 사용한 연결 어미로, 어간 '가-'에 붙여 '가는데'로 써야 한다.

06. 출제 의도 자립 명사 의존 명사 구분하기

❶이 답인 이유

자립 명사가 단위성 의존 명사의 기능을 하는 현상을 정확하게 이해할 수 있는지를 묻고 있는 문항으로, 정답은 ①이다. ①~⑤의 밑줄 친 명사는 모두 수량을 표현하는 말 뒤에 쓰여 특정 대상을 세는 단위를 나타내는데, 이 중 자립 명사로 쓰이지 않는 것을 찾으면 된다. ①의 '군데'는 '한 군데, 두 군데, 몇 군데' 등에서처럼 '낱낱의 곳을 세는 단위'의 의미를 지니는 의존 명사로 항상 관형어의 수식을 받아야 하며, 자립 명사로는 쓰이지 않는다.

오답을 피하고 싶었어

② '그릇'은 '그릇을 씻다.'에서처럼 '음식이나 물건 따위를 담는 기구를 통틀어 이르는 말'의 의미를 지니는 자립 명사로 쓰인다.
③ '덩어리'는 '덩어리가 지다, 우박이 덩어리로 쏟아진다.' 등에서처럼 '크게 뭉쳐서 이루어진 것'의 의미를 지니는 자립 명사로 쓰인다.
④ '숟가락'은 '숟가락으로 먹다, 숟가락을 놓다.' 등에서처럼 '밥이나 국물 따위를 떠먹는 기구'의 의미를 지니는 자립 명사로 쓰인다.
⑤ '발자국'은 '발자국이 남다, 발자국을 따라가다.' 등에서처럼 '발로 밟은 자리에 남은 모양'의 의미를 지니는 자립 명사로 쓰인다.

07. 출제 의도 지시 대상에 따른 인칭 대명사의 종류 구별하기

❶이 답인 이유

〈보기 1〉의 설명을 바탕으로 〈보기 2〉의 ㉠을 보면, "계세요?"라고 외치는 소리를 듣고, 그 사람이 누구인지를 확인하려는 상황이므로 이때의 '누구'는 미지칭 대명사에 해당한다. 따라서 부정칭 대명사로 파악한 ①은 적절하지 않다.

오답을 피하고 싶었어

㉡은 자신을 낮추는 일인칭 대명사이다.
㉢은 미지칭 대명사이다.
㉣은 앞에 나온 삼인칭 주어인 '할머니'를 다시 받는 재귀 대명사이다.
㉤은 이인칭 대명사이다.

08. 출제 의도 보조 용언 분류하기

❺가 답인 이유

2문단에서 보조 용언 '않다'는 앞에 오는 본용언의 품사를 따름을 알 수 있다. 따라서 ⓐ의 '않겠다'는 보조 형용사로, ⓒ의 '않았다'는 보조 동사로 보아야 한다. 2문단에서 보조 용언 '보다'가 어떤 일을 경험한다는 의미를 나타내는 경우에는 보조 동사이고, 앞말이 뜻하는 행동이나 상태에 대한 걱정이라는 의미를 나타내는 경우에는 보조 형용사임을 알 수 있다. 따라서 ⓑ의 '봐'는 보조 형용사로, ⓔ의 '보지'는 보조 동사로 보아야 한다. 2문단에서 보조 용언 '하다'는 앞말의 행동이나 상태에 대한 바람이라는 의미를 나타내는 경우에는 보조 동사임을 알 수 있다. 따라서 ⓓ의 '한다'는 보조 동사로 보아야 한다.

09. 출제 의도 본용언과 보조 용언의 연결 이해하기

❷가 답인 이유

Ⓑ의 '먹어 치우고 일어났다'는 본용언 '먹어', 보조 용언 '치우고', 본용언

'일어났다'의 순서로 연결된 경우이므로 적절하지 않다.

오답을 피하고 싶었어

① Ⓐ의 '던져서 베어 버렸다'는 본용언 '던져서', 본용언 '베어', 보조 용언 '버렸다'의 순서로 연결된 경우이므로 적절하다.
③ Ⓒ의 '깨어 있어 행복했다'는 본용언 '깨어', 보조 용언 '있어', 본용언 '행복했다'의 순서로 연결된 경우이므로 적절하다.
④ Ⓓ의 '앉아 있게 생겼다'는 본용언 '앉아', 보조 용언 '있게', 보조 용언 '생겼다'의 순서로 연결된 경우이므로 적절하다.
⑤ Ⓔ의 '먹고 싶게 되었다'는 본용언 '먹고', 보조 용언 '싶게', 보조 용언 '되었다'의 순서로 연결된 경우이므로 적절하다.

10. 출제 의도 본용언과 보조 용언의 띄어쓰기 이해하기

❷가 답인 이유

㉡은 본용언 '적어' 뒤에 보조 용언 '둘', '만하다'가 거듭 나타나는 경우이다. <보기 1>에서 본용언 뒤에 보조 용언이 거듭 나타나는 경우는 앞의 보조 용언만을 본용언에 붙여 쓸 수 있다고 했으므로, '적어'와 '둘'을 붙여 쓸 수 있다.

21강 | 국어의 9품사 2

2019학년도 10월 고3 전국연합학력평가 [14]
11 ①
2014학년도 6월 고2 전국연합학력평가 A형 [13]
12 ②
2015학년도 7월 고3 전국연합학력평가 A형 [12]
13 ①
2019학년도 6월 고1 전국연합학력평가 [14]
14 ④
2014학년도 대학수학능력시험 A형 [12]
15 ③
2015학년도 10월 고3 전국연합학력평가 A형 [12]
16 ⑤
2015학년도 대학수학능력시험 6월 모의평가 A형 [12]
17 ③
2010학년도 대학수학능력시험 6월 모의평가 [12]
18 ③
2017학년도 7월 고3 전국연합학력평가 [13-14]
19 ④　20 ③

11. 출제 의도 단어의 품사 이해하기

❶이 답인 이유

ㄱ의 '그곳'은 어떤 처소를 지시하는 대명사인 지시 대명사이지만, ㄴ의 '그'는 어떤 대상을 지시하는 관형사인 지시 관형사이다.

오답을 피하고 싶었어

② ㄱ의 '아주'와 ㄴ의 '잘'은 모두 용언 앞에 놓여서 그 뜻을 한정하는 부사에 해당한다.
③ ㄱ의 '구울'(굽다)은 'ㅂ' 불규칙 용언, ㄷ의 '지어'(짓다)는 'ㅅ' 불규칙 용언이다. 즉 ㄱ의 '구울'과 ㄷ의 '지어'는 모두 용언의 어간이 불규칙적으로 활용되는 동사에 해당한다.
④ ㄱ의 '쉽게'(쉽다)와 ㄷ의 '멋진'(멋지다)은 모두 어떤 대상의 성질이나 상태를 나타내는 형용사에 해당한다.
⑤ ㄴ의 '가'는 주격 조사, ㄷ의 '에서'는 부사격 조사이다. ㄴ의 '가'와 ㄷ의 '에서'는 모두 앞말과 다른 말과의 문법적인 관계를 나타내는 조사에 해당한다.

12. 출제 의도 형용사와 관형사 구별하기

❷가 답인 이유

ㄱ의 '아름다운'은 '꽃이 아름답다'처럼 주어인 '꽃이'를 서술하는 기능을 하며, ㅁ의 '빠른'은 '일처리가 빠르다'처럼 주어인 '일처리가'를 서술하는 기능을 하므로 형용사이다. 하지만, ㄴ의 '웬'과 ㄷ의 '새', ㄹ의 '모든'은 주어를 서술하는 기능을 하지 못하므로 관형사이다.

13. 출제 의도 수사와 수 관형사 구별하기

❶이 답인 이유

㉠의 '칠'은 단위를 나타내는 의존 명사인 '개월'과 함께 쓰이고 있으므로 수 관형사이다. ㉮의 '다섯'과 ㉯의 '팔'은 각각 단위를 나타내는 의존 명사인 '판', '년'과 함께 쓰이고 있으므로 수 관형사이고, ㉰의 '하나'와 ㉱의 '셋째'는 단위를 나타내는 의존 명사와 함께 쓰이지 않으므로 수사이다. 특히 ㉱는 조사와 결합하는 수사의 특징이 잘 드러난다.

14. 출제 의도 품사에 따라 달라지는 띄어쓰기 이해하기

❹가 답인 이유

'먹을 만큼'에서 '만큼'은 '먹을'이라는 용언의 관형사형 뒤에서 '앞의 내용에 상당한 수량이나 정도임을 나타내는 말'을 뜻하는 의존 명사이므로 앞말과 띄어 쓴다.

오답을 피하고 싶었어

① '아는대로'에서 '대로'는 '아는'이라는 용언의 관형사형 뒤에서 '어떤 모양이나 상태와 같이'를 뜻하는 의존 명사이므로 앞말과 띄어 써야 한다.
② '약해질대로'에서 '대로'는 '약해질'이라는 용언의 관형사형 뒤에서 '어떤 상태가 매우 심하다는 뜻을 나타내는 말'을 뜻하는 의존 명사이므로 앞말과 띄어 써야 한다.
③ '생각 대로'에서 '대로'는 '생각'이라는 체언 뒤에서 '앞에 오는 말에 근거하거나 달라짐이 없음'을 뜻하는 조사이므로 앞말에 붙여 써야 한다.
⑤ '말 만큼'에서 '만큼'은 '말'이라는 체언 뒤에서 '앞말과 비슷한 정도나 한도임'을 뜻하는 조사이므로 앞말에 붙여 써야 한다.

15. 출제 의도 사전을 활용한 각 품사의 특징 파악하기

❸이 답인 이유

이 문항은 조사 '에', '에서'의 국어사전 뜻풀이 및 용례를 제시한 후 그에 대해 탐구할 수 있는 능력을 평가하고 있다. 정답은 ③으로, '에서 ③'은 단체를 나타내는 명사 뒤에 붙어 주격 조사로 쓰일 때의 뜻풀이임에 비해 선

지 ③에서 제시한 문장은 '에서'가 처소의 부사어를 나타내는 격 조사로 쓰이는 '에서 ①'의 용례에 해당한다. '에서 ③'의 용례로는 "이번 대회는 우리 학교에서 우승을 차지했다.", "정부에서 실시한 조사 결과가 발표되었다." 정도를 들 수 있다.

오답을 피하고 싶었어

① 제시된 뜻풀이를 보면 '에'는 ②에서 접속 조사로 쓰일 수 있음에 비해, '에서'는 격 조사로 쓰이는 뜻풀이만 제시되어 있다.
② '에 ②'의 '둘 이상의 사물을 같은 자격으로 이어 주는 접속 조사'의 뜻풀이의 용례로 "오늘 저녁은 밥에, 국에, 떡에 아주 잘 먹었다."는 타당하다.
④ '에 ① ①'의 용례, "동생은 지금 집에 없다."에서 '집에'를 '집에서'로 바꾸어 쓸 수 없음을 통해 확인할 수 있다.
⑤ '에 ① ②'의 용례인 "형은 방금 집에 왔다."를 "형은 방금 집에서 왔다."와 비교해 보면 문장의 의미가 달라짐을 확인할 수 있다. 전자 '에'가 앞말이 진행 방향의 부사어임을 나타내는 격 조사로 쓰인 것이고, 후자는 '에서'가 앞말이 출발점의 뜻을 갖는 부사어임을 나타내는 격 조사로 쓰인 것이다.

16. 출제 의도 조사의 특성 이해하기

⑤가 답인 이유

〈보기〉의 '빵만으로'에서 보조사 '만'은 격 조사 '으로' 앞에 붙어 있다.

오답을 피하고 싶었어

④ '어서요'에서 보조사 '요'는 부사 '어서' 뒤에 붙어 있다.

17. 출제 의도 격 조사와 보조사 구분하기

③이 답인 이유

이 문항은 격 조사와 보조사에 대한 설명을 바탕으로 격 조사와 보조사를 구분할 수 있는지 여부를 묻고 있다. 정답은 ③으로, '친구한테'의 '한테'는 어떤 행동이 미치는 대상임을 나타내는 격 조사이다. '에게'보다 구어적인 말로, 부사격 조사에 해당한다. '한테'는 다른 문장 성분에는 쓰일 수 없는데, 예를 들어 '내가'를 대신하여 '나한테'를 쓰면 해당 문장 성분의 격이 주격에서 부사격으로 바뀌게 된다. 이렇게 '한테'는 부사격 조사로만 쓰이는 격 조사에 해당하며 보조사가 아니다.

오답을 피하고 싶었어

① '밤에만'의 '만'은 '다른 것으로부터 제한하여 어느 것을 한정함을 나타내는 보조사'이다.
② '오늘은'의 '은'은 '선수들은', '간식은'과 같이 다른 문장 성분에도 쓰일 수 있으므로 보조사에 해당한다.
④ '악기도'의 '도'는 '이미 어떤 것이 포함되고 그 위에 더함의 뜻을 나타내는 보조사'이다.
⑤ '책으로까지'의 '까지'는 '도'와 비슷한 의미를 지녀, '이미 어떤 것이 포함되고 그 위에 더함의 뜻을 나타내는 보조사'이다.

18. 출제 의도 감탄사의 용법 파악하기

③이 답인 이유

ⓒ의 '글쎄'가 ⓢ의 '글쎄요'로 '요'가 첨가된 것은 발화의 청자가 아들에서 아버지로 바뀌었기 때문이다. 이로 볼 때, 감탄사도 상대에 따라 형태를 달리하여 쓰인다고 볼 수 있다.

오답을 피하고 싶었어

① ㉠의 '뭐'는 다음에 이어지는 '명인'에 대해서 이의를 드러내고 있으므로, '여러 말 할 것 없'이 수용하거나 긍정한다는 의미로 보기 어렵다.
② ㉣은 상대방을 의식하고 상대방이 자신의 요청을 들어줄 것을 바라는 발화이다.
④ ㉤의 '음' 앞뒤에 반점(,)이 있다는 것은 독립어의 기능을 하고 있음을 보여 주는 것이라 할 수 있다.
⑤ ㉥의 '아니요'는 부정하는 의미이고, "아니 ~ 된 일이냐?"의 '아니'는 놀라움의 의미이므로 둘은 의미가 같지 않다.

19. 출제 의도 각 품사의 특징 파악하기

④가 답인 이유

ⓐ에 조사는 '까지', '는', '을', '도'가 있으며, ⓑ에는 '께서', '로', '를'이 있다. 따라서 조사는 ⓐ에 4개, ⓑ에는 3개가 있다.

오답을 피하고 싶었어

② '온갖'은 뒤에 오는 체언인 '재료'를 수식하는 수식언(관형사)이다.
⑤ 가변어는 ⓐ에 2개('모르고', '있다'), ⓑ에도 2개('곱게', '빚으셨다')가 있다. '곱게'는 용언(형용사)인 '곱다'가 '고와', '고우니'처럼 활용되는 형태이므로 가변어이다.

20. 출제 의도 품사의 통용 이해하기

③이 답인 이유

'식구 모두가 여행을 떠났다.'의 '모두'는 조사 '가'와 결합하여 문장에서 주어의 기능을 하는 체언(명사)이고, '그릇에 담긴 소금을 모두 쏟았다.'의 '모두'는 용언 '쏟았다'를 수식하는 부사이다.

오답을 피하고 싶었어

① 수사와 관형사(수 관형사)이다.
② 동사와 형용사이다.
④ 모두 조사이다.
⑤ 부사와 조사이다.

22강 | 형태소 & 단어

2015학년도 3월 고3 전국연합학력평가 A형 [12]
21 ④
2021학년도 4월 고3 전국연합학력평가 [35-36]
22 ⑤ 23 ④
2014학년도 대학수학능력시험 9월 모의평가 A형 [12]
24 ③
2015학년도 4월 고3 전국연합학력평가 [12]
25 ④
2014학년도 7월 고3 전국연합학력평가 B형 [11]
26 ②
2015학년도 6월 고2 전국연합학력평가 [12]
27 ④

2017학년도 3월 고3 전국연합학력평가 [11]
28 ④
2013학년도 4월 고3 전국연합학력평가 AB형 [11]
29 ④
2016학년도 대학수학능력시험 A형 [11]
30 ③

21. 출제 의도 어간과 어근의 개념 파악하기

④가 답인 이유
용언은 그것이 단일어인지, 파생어인지, 합성어인지에 따라 어간의 구성이 다르다. '솟다'처럼 단일어인 용언의 경우 어간과 어근은 '솟-'으로 동일하다. '치솟다'처럼 파생어인 경우, '치솟-'(어간)은 '치-'(접사)+'솟-'(어근)으로 이루어져 있으며, '샘솟다'처럼 합성어인 경우, '샘솟-'(어간)은 '샘'(어근)+'솟-'(어근)'으로 이루어져 있다. 이를 선생님이 제시한 세 단어에 적용하면, '줄이다'의 경우 파생어이므로 어간 '줄이-'가 '줄-'(어근)+'-이-'(접사)로 이루어져 있고, '힘들다'의 경우 합성어이므로 어간 '힘들-'이 '힘'(어근)+'들-'(어근)로 이루어져 있으며, '오가다'의 경우 어간 '오가-'가 '오-'(어근)+'가-'(어근)로 이루어져 있다.

22. 출제 의도 용언의 활용 이해하기

⑤가 답인 이유
'울렸네'는 어간 '울리-'와 과거 시제 선어말 어미 '-었-', 종결 어미 '-네'가 결합하여 활용된 용언이다. 따라서 '울렸네'는 ⓒ에 속하므로 적절하지 않다.

오답을 피하고 싶었어
① '끝내겠습니다'는 어간 '끝내-'와 선어말 어미 '-겠-', 대화의 상대방을 높이는 기능을 하는 종결 어미 '-습니다'가 결합하여 활용된 용언이므로 적절하다.
② '준비하기'는 어간 '준비하-'와 명사형 어미 '-기'가 결합하여 활용된 용언이므로 적절하다.
③ '돌어가신'은 어간 '들어가-'와 문장의 주체를 높이는 기능을 하는 선어말 어미 '-시-', 관형사형 어미 '-ㄴ'이 결합하여 활용된 용언이므로 적절하다.
④ '계신'은 어간 '계시-'와 관형사형 어미 '-ㄴ'이 결합하여 활용된 용언이므로 적절하다.

23. 출제 의도 연결 어미 이해하기

④가 답인 이유
㉯의 '-고'는 앞 문장과 뒤 문장을 나열의 의미 관계로 이어 주는 대등적 연결 어미이다. ㉯의 '-어'와 ㉱의 '-고'는 앞 문장과 뒤 문장을 종속적인 의미 관계로 이어 주는 종속적 연결 어미이다. ㉮의 '-고'와 ㉲의 '-어'는 본용언과 보조 용언을 이어 주는 보조적 연결 어미이다.

24. 출제 의도 어말 어미 이해하기

③이 답인 이유
이 문항은 〈보기〉에서 어말 어미를 종결 어미(㉠), 연결 어미(㉡), 전성 어미(㉢)로 구분하여 설명한 뒤, 개별 사례에 적용하여 탐구할 수 있는지 여부를 묻고 있다. 종결 어미는 문장을 끝맺어 주는 기능을 하는 어말 어미로 그 종류에 따라 평서형 종결 어미, 감탄형 종결 어미, 의문형 종결 어미, 명령형 종결 어미, 청유형 종결 어미로 나눌 수 있다. 〈보기〉에 제시된 ㉠ '읽었다'의 '-다'는 평서형 종결 어미에 해당한다. 연결 어미는 용언의 어간에 붙어 다음 말에 연결하는 구실을 하는 어말 어미로 두 문장을 연결해 주는 기능을 한다. 끝으로, 전성 어미는 용언의 어간에 붙어 다른 품사의 기능을 수행하게 하는 어말 어미로 명사형 어미, 관형사형 어미와 부사형 어미로 나뉘며 〈보기〉에 제시된 ㉢ '읽을'의 '-을'은 관형사형 어미에 해당한다. '가는'의 '-는'은 ㉡의 연결 어미가 아닌 ㉢의 전성 어미, 그중에서도 관형사형 어미에 해당한다.

오답을 피하고 싶었어
① '도착했겠구나'의 '-구나'는 흔히 감탄의 뜻을 지니며, 해라할 자리나 혼잣말에 쓰여, 화자가 새롭게 알게 된 사실에 주목함을 나타내는 어말 어미로 종결 어미(㉠)에 해당한다.
② '오시지?'의 '-지'는 어떤 사실을 물을 때 쓰이는 어말 어미로 종결 어미(㉠)에 해당한다. 맥락에 따라 '-지'가 어떤 사실을 긍정적으로 서술하거나 명령하거나 제안하는 등의 의미로도 쓰이는데, 이 경우에도 모두 종결 어미(㉠)에 해당한다.
④ '먹었으나'의 '-으나'는 앞 절의 내용과 뒤 절의 내용이 서로 다름을 나타내는 어말 어미로, 두 문장을 연결해 주는 연결 어미(㉡)에 해당한다.
⑤ '운동하기에'의 '-기'는 용언의 어간 '운동하-'에 붙어 그 말이 명사 구실을 하게 하는 어말 어미로, 전성 어미(㉢)에 해당한다.

25. 출제 의도 접사에 의한 단어의 파생 이해하기

④가 답인 이유
'그것을 특성으로 지닌 사람'의 뜻을 더하는 접미사인 '-보'는 몇몇의 명사와 결합하여 새로운 단어를 만든다. '꾀보'는 어근(명사) '꾀'에 접미사 '-보'가 결합하여 '잔꾀가 많은 사람'으로 의미는 더해지나 품사는 명사로 변함이 없으므로 품사가 바뀌었다는 진술은 적절하지 않다.

26. 출제 의도 한글 맞춤법 규정 파악하기

②가 답인 이유
'치러'는 '치르다'가 기본형으로, '치르-'가 어미 '-어'와 결합하여 활용할 때, 어간의 'ㅡ'가 탈락한 것이다. ②의 '잠가' 역시 '잠그다'가 기본형으로, '잠그-'가 어미 '-아'와 결합하여 활용할 때, 어간의 'ㅡ'가 탈락한 형태이므로 ㉠의 사례로 적절하다.

오답을 피하고 싶었어
① '깨우다'가 '깨워'가 된 것은 규칙 활용으로, 모음이 축약된 형태이다.
③ '굽다'가 '구워'가 된 것은 'ㅂ' 불규칙 활용이다.
④ '하얗다'가 '하얘'가 된 것은 'ㅎ' 불규칙 활용이다.
⑤ '듣다'가 '들어'가 된 것은 'ㄷ' 불규칙 활용이다.

27. 출제 의도 불규칙 활용 이해하기

④가 답인 이유
'치르다'는 '치르-+-어→치러'와 같이 활용하는데, 여기서 'ㅡ'가 탈락한다. 이것은 일정한 환경에서 예외 없이 'ㅡ'가 탈락하는 일반적인 음운 규칙으로 설명할 수 있으므로 규칙 활용에 해당한다. 반면 '흐르다'는 활용할 때 '흐르-+-어→흘러'와 같이 모음 어미 앞에서 어간의 '르'가 'ㄹㄹ' 형태로 변하

는 'ㄹ' 불규칙 활용이므로 ㉠에 해당한다.

오답을 피하고 싶었어

① '낫다'는 모음 어미 앞에서 어간의 'ㅅ'이 탈락하는 'ㅅ' 불규칙 활용으로 ㉠에 해당한다.
② '엿듣다'는 모음 어미 앞에서 어간의 'ㄷ'이 'ㄹ'로 바뀌는 'ㄷ' 불규칙 활용으로 ㉠에 해당한다.
③ '하다'는 어간 '하-' 뒤에 어미 '-아' 대신에 '-여'가 붙는 '여' 불규칙 활용으로 ㉡에 해당한다.
⑤ '파랗다'는 'ㅎ' 불규칙 활용에 해당하는 것으로, 'ㅎ'으로 끝나는 어간 '파랗-'에 어미 '-아'가 올 때 어간과 어미가 모두 변해 '파래'가 되어 ㉢에 해당한다.

28. 출제 의도 접사와 어미의 쓰임 이해하기

❹가 답인 이유

㉠은 용언의 어간 '살-'과 명사형 어미 '-기'가 결합한 것이고, 부사어 '홀로'의 수식을 받고 있으며 '살-'은 서술하는 기능을 유지하고 있다. ㉡은 용언의 어간 '자-'와 명사형 어미 '-ㅁ'이 결합한 것이고, 부사어 '충분히'의 수식을 받고 있으며 '자-'는 서술하는 기능을 유지하고 있다. ㉢은 어근 '얼-'에 접사 '-음'이 결합한 명사로서 '시원한'이라는 관형어의 수식을 받는다. ㉣은 어근 '놀-'에 접사 '-이'가 결합한 명사로서 '건전한'이라는 관형어의 수식을 받는다. ㉤은 용언의 어간 '아름답-'에 명사형 어미 '-기'가 결합한 것이고, 부사어 '매우'의 수식을 받으며 '아름답-'은 서술하는 기능을 유지하고 있다. 따라서 ㉠, ㉡, ㉤은 ⓐ에 해당하고, ㉢, ㉣은 ⓑ에 해당한다.

29. 출제 의도 형태소의 분류 기준 이해하기

❹가 답인 이유

〈보기〉에서 A에는 실질적인 의미를 갖지 못한 형식 형태소가 속한다. 따라서 조사 ㉢'에'와 어미 ㉣'-는'은 A에 해당한다. B에는 실질적인 의미를 가지고 있는 형태소 중, 혼자 쓰일 수 없는 의존 형태소가 속한다. 따라서 어간 ㉡'있-'은 B에 해당한다. C에는 실질적인 의미를 가지고 있는 실질 형태소이자, 혼자 쓰일 수 있는 자립 형태소가 속한다. 따라서 ㉠'어느'와 ㉤'자리'는 C에 해당한다.

30. 출제 의도 형태소의 개념과 특징 파악하기

❸이 답인 이유

제시된 사례를 통해 형태소의 유형과 특성을 파악할 수 있는지를 묻는 문항이다. 우선 밑줄 친 '은/는', '듣-/들-', '-았-/-었-'은 모두 반드시 다른 말과 결합하여 쓰여야 하는 의존 형태소들이다. 또한 이들은 각각 받침의 유무 및 결합하는 어간과 어미의 차이에 따라, 즉 음운 환경에 따라 그 모습을 달리하는 이형태의 관계가 있는 형태소들이다. 먼저, '은/는'은 결합하는 말에 받침이 있는가, 없는가에 따라 형태가 바뀐다. 또한, '듣다'의 어간 '듣-'은 모음으로 시작되는 어미 '-어라'와 결합할 때 '들-'로 형태가 바뀐다. 마지막으로, 과거 시제의 선어말 어미 '-았-/-었-'은 어간 끝음절의 모음에 따라 형태가 바뀌어 실현된다.

오답을 피하고 싶었어

① 반드시 다른 말과 결합하여 쓰인다는 진술은 타당하지만, 해당 형태소들은 모두 의존 형태소들이기 때문에 기본적으로 단어의 자격을 가질 수 없다. 그러나 '은/는'과 같은 조사의 경우는 예외적으로 단어의 자격을 부여한다.
② '은/는'은 의존 형태소이지만 예외적으로 단어의 자격을 가진다. 그러나 나머지는 단어의 자격을 가질 수 없다. 또한, '은/는', '-았-/-었-'은 문법적 의미를 나타내는 형식 형태소(문법 형태소)이지만, 동사 어간 '듣-/들-'은 실질적 의미를 나타내는 실질 형태소(어휘 형태소)이다.
④ 음운 환경에 따라 형태가 바뀐다는 진술은 타당하지만, '듣-/들-'은 실질 형태소(어휘 형태소)이다.
⑤ 반드시 다른 말과 결합하여 쓰인다는 진술은 타당하지만, '듣-/들-'은 실질 형태소(어휘 형태소)이다.

23강 | 단어의 형성 & 의미

2020학년도 3월 고2 전국연합학력평가 [14]
31 ④
2022학년도 대학수학능력시험 9월 모의평가 [37]
32 ④
2012학년도 대학수학능력시험 9월 모의평가 [12]
33 ⑤
2022학년도 대학수학능력시험 6월 모의평가 [39]
34 ⑤
2013학년도 10월 고3 전국연합학력평가 B형 [14]
35 ③
2013학년도 대학수학능력시험 [12]
36 ⑤
2020학년도 대학수학능력시험 [11-12]
37 ⑤ 38 ②
2021학년도 대학수학능력시험 [11-12]
39 ④ 40 ③

31. 출제 의도 합성어의 구성 방식 파악하기

❹가 답인 이유

〈보기〉에 제시된 순화어의 사례 중 ⓑ의 '깜짝'은 부사, '출연'은 명사로 ⓑ는 '부사+명사(체언)' 구성의 비통사적 합성어에 해당한다. ⓓ의 '덮-'은 동사의 어간, '지붕'은 명사로 ⓓ는 '동사(용언)의 어간+명사(체언)' 구성의 비통사적 합성어에 해당한다.

오답을 피하고 싶었어

ⓐ '뜨는'은 동사의 어간 '뜨-'에 관형사형 어미 '-는'이 결합한 용언의 관형사형이며, '곳'은 명사로 '용언의 관형사형+체언' 구성의 통사적 합성어에 해당한다.
ⓒ '생각'과 '그물'은 각각 명사로 '체언+체언' 구성의 통사적 합성어에 해당한다.

32. 출제 의도 파생어의 형성 방식 파악하기

❹가 답인 이유

㉣에 쓰인 접사는 '-치-', '-리-', '-히-', '-뜨리다'이다. '살리다', '입히다'에 쓰인 접사는 주동사에 결합하여 사동사를 파생하지만, '밀치다'와 '깨뜨리다'에 쓰인 접사는 강조의 뜻을 더할 뿐 사동사를 파생하지 않는다.

오답을 피하고 싶었어

① ㉠에 쓰인 접사는 '-이', '-음', '-기', '-개'인데, 이들은 각각 용언 '넓-', '믿-', '크-', '지우-'에 결합하여 명사를 파생한다.
② ㉡에 쓰인 접사는 '-이다', '-대다', '-거리다'인데, 이들은 각각 부사 '끄덕', '출렁', '반짝'에 결합하여 동사를 파생한다.
③ ㉢에 쓰인 접사는 '-보', '-꾼', '-쟁이', '-꾸러기'인데, 이들은 모두 사람을 가리키는 의미의 단어를 파생한다.
⑤ ㉤에 쓰인 접사는 '-질', '풋-', '휘-', '-기-'이다. '부채질', '풋나물'에서는 접사가 명사 어근에 결합하여 명사를 파생하며, '휘감다', '빼앗기다'에서는 접사가 동사 어근에 결합하여 어근과 같은 품사인 동사를 파생한다.

33. 출제 의도 파생어 형성 이해하기

❺가 답인 이유

⑤의 '읽히다'는 '읽다'와 마찬가지로 동사이다. '읽다'가 '누가 무엇을 읽다'의 능동문에 쓰이고, '읽히다'가 '무엇이 누구에게 읽히다'의 피동문에 쓰임으로써 문장 구조의 변화가 일어나는 ㉢에 해당하기는 하지만, 파생어 형성 과정에서 품사가 달라지지는 않으므로 ㉡에 해당하지 않는다. 따라서 ㉡과 ㉢의 조건을 모두 충족해야 하는 ㉣에는 '읽히다'가 해당하지 않는다.

오답을 피하고 싶었어

① '멋'에서 파생된 '멋쟁이'는 '멋'과 마찬가지로 명사이므로 ㉠에 해당한다.
② '파랗다'에서 파생된 '새파랗다'는 '파랗다'와 마찬가지로 형용사이므로 ㉠에 해당한다.
③ 동사 '지우다'에서 파생된 '지우개'는 명사이므로 ㉡에 해당한다.
④ '열다'가 쓰이는 문장('누가 무엇을 열다.')과 '열리다'가 쓰이는 문장('무엇이 누구에 의해 열리다.')은 그 구조가 다르므로 ㉢에 들어간다고 할 수 있다.

34. 출제 의도 단어의 의미 관계 파악하기

❺가 답인 이유

'목도리를 한 코씩 뜨다'의 '코'는 '그물이나 뜨개질한 물건의 눈마다의 매듭'의 의미로, ㉢에 해당한다.

35. 출제 의도 단어의 의미 관계와 쓰임 이해하기

❸이 답인 이유

'키우다'뿐 아니라 '기르다'도 '인내심'이라는 추상적 의미를 나타내는 말(추상 명사)과 결합할 수 있다.

오답을 피하고 싶었어

'기르다', '키우다', '먹이다'는 '돼지를 키우다'에서와 같이 '(동물을) 사육한다'는 공통 의미를 가지는 유의 관계에 있다(①). 그런데 유의어는 그 의미가 비슷하지만 똑같지는 않아서, 쓰임에 따라 의미 관계가 달라지기도 한다. 예컨대, '기르다'와 '키우다'는 '감나무' 같은 식물을 가리키는 말과 결합하여 '재배하다'는 의미로 쓰이며(②), '인내심' 같은 단어와도 결합할 수 있다는 점에서 '먹이다'에 비해 유의 관계의 폭이 넓다(⑤). 또한 ⓓ의 '기르다'는 '머리카락이나 수염 따위를 깎지 않고 길게 자라도록 하다'의 의미이므로 '풀이나 털 따위를 잘라 내다'의 의미인 '깎다'와 반의 관계에 있다고 할 수 있다(④).

36. 출제 의도 반의 관계 이해하기

❺가 답인 이유

〈보기〉의 '시계가 서다/가다', '서서/앉아서 보다'에서처럼, 다의어를 반의어로 바꾸어 쓸 때는 다의어의 여러 의미 중 해당 의미에 대응하는 반의어를 선택해야 한다. (가)에 들어갈 예문은 반의어 '넣다'와 짝을 이루는 '빼다'가 쓰인 ①('바람을 빼다/넣다'), ③('손을 빼다/넣다'), ⑤('경기에서 그를 빼다/넣다')가 적절하다. 그런데 ①, ③, ⑤에서 (나)에 들어갈 말로 제시된 것 가운데, '적금을 빼다'의 '빼다'와 반의 관계를 이루는 것은 '(적금을) 들다' 뿐이다.

37. 출제 의도 다의어의 의미 이해하기

❺가 답인 이유

'눈'의 중심 의미는 '감각 기관'이고, '눈이 나빠지다'의 '눈'은 '시력'을 뜻하는 주변 의미이다. 기존 의미가 확장되어 생긴 주변 의미는 기존 의미보다 추상성이 강화되는 경향이 있다는 3문단의 진술을 고려할 때, '눈'의 기존 의미인 '감각 기관'에 비해, 확장된 주변 의미인 '시력'이라는 의미가 '더 구체적'이라는 추론은 적절하지 않다.

오답을 피하고 싶었어

① 1문단에 따르면 중심 의미는 일반적으로 주변 의미보다 언어 습득의 시기가 빠르다. '별'은 중심 의미가 '천체의 일부'이고, 주변 의미가 '군인의 계급장'이기 때문에 ①은 추론 가능한 진술이다.
② 1문단에 따르면 중심 의미는 일반적으로 주변 의미보다 사용 빈도가 높다. '앉다'는 중심 의미가 '착석하다'이고, 주변 의미가 '직위나 자리를 차지하다'이기 때문에 ②는 추론 가능한 진술이다.
③ 4문단에 따르면 다의어의 중심 의미와 주변 의미는 서로 관련성을 갖는다. 그런데 '결론에 이르다'의 '이르다'와 '포기하기에는 아직 이르다'의 '이르다' 사이에는 의미적 관련성이 없기 때문에 이 둘은 중심 의미와 주변 의미의 관계로 볼 수 없다. 전자는 '어떤 정도나 범위에 미치다'의 뜻을 지니는 동사이고, 후자는 '대중이나 기준을 잡은 때보다 앞서거나 빠르다'의 뜻을 지니는 형용사로, 이 두 단어는 동음이의어에 해당한다.
④ 2문단에 따르면 다의어가 주변 의미로 사용되었을 때는 문법적 제약이 나타나기도 한다. '팽이가 돌다/팽이를 돌리다'에 쓰인 '돌다'에 비해 '군침이 돌다'에 쓰인 '돌다'는 사동형 '군침을 돌리다*'가 불가능한 문법적 제약을 지닌다. 이를 감안할 때, '군침이 돌다'의 '돌다'는 주변 의미로 사용된 것이라는 추론이 가능하다.

38. 출제 의도 다의어의 의미 이해하기

❷가 답인 이유

민수가 말한 '빚쟁이'는 '남에게 돈을 빌려준 사람'을 뜻하는 반면, 영희가 말한 '빚쟁이'는 '빚을 진 사람'을 뜻한다. 즉 다의어 '빚쟁이'의 의미들이 서로 대립적 관계를 맺고 있는 것이다. 마찬가지로, 영희가 말한 '금방'은 '말하고 있는 시점보다 바로 조금 전에'를 뜻하는 반면, 민수가 말한 '금방'은 '말하고 있는 시점부터 바로 조금 후에'를 뜻한다. 즉 다의어 '금방'의 의미들이 서로 대립적 관계를 맺고 있는 것이다.

오답을 피하고 싶었어

영희가 말한 '돈'과 민수가 말한 '돈'은 둘 다 '화폐'를 뜻한다는 점에서 ㉠의 예로 적절하지 않다. 마찬가지로, '이틀 뒤에'의 '뒤'와 '발표 끝난 뒤에'의

'뒤'는 둘 다 '시간이나 순서상으로 다음이나 나중'을 뜻한다는 점에서 ㉠의 예로 적절하지 않다.

39. 출제 의도 단어의 구성 방식 파악하기

❹가 답인 이유
'새해맞이'의 '새해'는 관형사 '새'가 후행 명사 '해'를 수식하는 것으로 분석된다. 또한 '새해맞이'는 '새해를 맞이하는 일'이라는 의미를 나타내므로 단어의 구성 요소들이 의미상 목적어와 서술어의 관계를 이룬다. 한편 '한몫하다'의 '한몫'은 관형사 '한'이 후행 명사 '몫'을 수식하는 것으로 분석되고, '한몫하다'는 '한몫을 하다'라는 의미를 나타내므로 단어의 구성 요소들이 의미상 목적어와 서술어의 관계를 이룬다.

오답을 피하고 싶었어
'두말없이'의 '두말'은 관형사 '두'가 후행 명사 '말'을 수식하는 것으로 분석되지만, '두말없이'는 '두말이 없이'라는 의미를 나타내므로 단어의 구성 요소들이 의미상 주어와 서술어의 관계를 이룬다. '숨은그림찾기'는 '숨은그림을 찾다'라는 의미를 나타내므로 단어의 구성 요소들이 의미상 목적어와 서술어의 관계를 이루지만, '숨은그림찾기'의 '숨은그림'에서는 관형사가 아닌 동사 어간 '숨-'에 어미 '-은'이 결합한 형태의 '숨은'이 후행 명사 '그림'을 수식한다.

40. 출제 의도 단어의 의미 형성 이해하기

❸이 답인 이유
'수세미'는 그릇을 닦을 때 쓰이기도 하던 특정 식물을 지칭하는 기존의 의미에 오늘날에는 공장에서 만들어져 나오는 일반적인 의미의 '설거지 도구'라는 새로운 의미가 더해진 사례이다. 그러나 '총각'은 '머리를 땋아 갈라서 틀어 맴'이라는 기존의 의미가 사라지고 오늘날에는 그 의미가 '결혼하지 않은 성년 남자'로 변화된 사례이다.

오답을 피하고 싶었어
① 일상의 단어였던 '메주'를 사용하여 '치즈'를 '소젖메주'로 표현했듯이, 일상의 단어였던 '연지'를 사용하여 '립스틱'을 '입술연지'로 표현한 것이다.
② '총각, 부대찌개'에 과거의 관습과 시대의 흔적이 담겨 있듯이, '변사'에도 무성 영화가 상영되었던 당대의 시대상이 반영되어 있다.
④ '원어기-전화기'의 사례처럼 '가죽띠-허리띠'도 대상에 대한 인식이 다를 때 그것을 표현하는 단어가 달라지기도 함을 보여 주는 사례이다.
⑤ '양반'은 원래 조선 시대의 특정 신분을 가리키는 말이었다는 점에서 신분 구분이 있었던 당시의 시대상을 반영하고 있다.

24강 | 문장 성분

2013학년도 10월 고3 전국연합학력평가 A형 [14]
41 ②
2013학년도 3월 고2 전국연합학력평가 A형 [13]
42 ②
2014학년도 9월 고2 전국연합학력평가 A형 [13]
43 ②
2013학년도 11월 고2 전국연합학력평가 A형 [14]
44 ④
2013학년도 7월 고3 전국연합학력평가 A형 [12]
45 ②
2016학년도 대학수학능력시험 9월 모의평가 B형 [13]
46 ①
2014학년도 3월 고1 전국연합학력평가 [15]
47 ⑤
2019학년도 6월 고1 전국연합학력평가 [11-12]
48 ③ 49 ②
2022학년도 대학수학능력시험 [38]
50 ①

41. 출제 의도 주어의 특징 이해하기

❷가 답인 이유
주격 조사 '께서'는 주어(주체)가 높임의 대상일 때 붙는 것으로, 서술어의 자릿수와는 상관이 없다.

오답을 피하고 싶었어
① 주어는 서술어의 주체를 나타내는 말로, '무엇이 어찌한다/어떠하다'에서 '무엇이'에 해당한다.
③ ㉡에서는 서술어 '했다'의 주어가 문맥상 '나'임이 분명하므로 생략되었다.
⑤ '친척도 서로 만나기'는 명사절로 그것이 포함된 문장의 주어 역할을 하고 있다.

42. 출제 의도 주어의 특징 이해하기

❷가 답인 이유
'ㄱ'의 주어는 '새가'이며, 'ㄹ'에서 안은문장의 주어는 '우리 반이 승리했음이'이고 안긴문장의 주어는 '우리 반이'이다. 주격 조사는 앞말에 받침이 없으면 '가', 앞말에 받침이 있으면 '이'가 쓰인다. 따라서 주격 조사의 형태가 앞말과 관계가 없다는 진술은 적절하지 않다.

오답을 피하고 싶었어
① 'ㄱ'에는 주격 조사 '가'가 사용되었으나, 'ㄷ'에는 주격 조사가 생략되어 있다.
③ 'ㄱ'에는 주어인 '새가'가 사용되었으나, 'ㅁ'에는 주어가 생략되었다. 명령문에는 주어가 흔히 생략된다.
④ 'ㄴ'의 주어인 '영희는'은 문장의 제일 뒤에, 'ㄷ'의 주어인 '우리'는 문장의 제일 앞에 위치해 있다.
⑤ 'ㄷ'의 주어인 '우리'는 한 단어이지만, 'ㄹ'의 주어인 '우리 반이 승리했음이'는 절의 형식이다.

43. 출제 의도 관형어의 형성 방법 이해하기

❷가 답인 이유
②의 '겨우'는 부사로 서술어인 '완성했다'를 수식하고 있으므로, 관형어의 형성 방법에 따른 문장 성분으로 볼 수 없다.

44. 출제 의도 관형사와 관형어 이해하기

❹가 답인 이유

'다섯'은 수 관형사로서 단위성 의존 명사 '개'를 꾸며 주고 있다는 내용은 적절하지만, '동전 다섯'은 문장의 요건, 즉 주어와 서술어를 갖추고 있지 못하므로 '동전 다섯'을 관형절로 진술한 부분은 적절하지 않다.

오답을 피하고 싶었어

① '유명한'은 용언인 '유명하다'의 어간에 관형사형 어미 '-ㄴ'이 결합된 말이며, 제시된 문장에서 명사 '관광지'를 꾸며 주고 있으므로 적절한 진술이다.
② '그녀의'는 체언인 '그녀'에 관형격 조사 '의'가 결합된 말이며 제시된 문장에서 명사 '화단'을 꾸며 주고 있으므로 적절한 진술이다.
③ '산'은 용언인 '사다'의 어간에 관형사형 어미 '-ㄴ'이 결합된 말이며, 제시된 문장에서 명사 '꽃'을 꾸며 주고 있으므로 적절한 진술이다.
⑤ '어느'와 '그'는 관형격 조사나 관형사형 어미가 결합하지 않은 말로서 품사는 관형사이며, 제시된 문장에서 각각 명사 '지역', '사실'을 꾸며 주고 있으므로 적절한 진술이다.

45. 출제 의도 부사어의 특징 이해하기

❷가 답인 이유

자료를 통해 부사어가 체언(은수)뿐만 아니라 부사어(잘)도 꾸밈을 알 수 있다. 부사어는 '가수와'처럼 반드시 필요한 필수적 부사어도 있고, '정말'처럼 서술어의 의미를 강조할 수 있다. 또한 '무척이나'처럼 보조사 '이나'와도 결합할 수 있음을 알 수 있다. '쉬는 시간에'라는 부사어는 ㉠에 넣어도 의미의 차이가 없으므로 적절하지 않다.

46. 출제 의도 서술어의 문형 정보 추출하기

❶이 답인 이유

〈보기〉에서 '지내다'의 문형 정보로 【-게】를 제시한 것은 결국 필수적 부사어 '조용하게, 편하게'를 추출한 것에 따른 결과이기 때문이다. 제시된 두 예문에서 '산으로, 가죽으로'는 '되다'가 필수적으로 요구하는 부사어이며, 이때 '되다'는 '어떤 재료나 성분으로 이루어지다'의 의미를 지닌다. 따라서 '되다'의 문형 정보를 【…으로】로 추출하는 것은 타당하다. 참고로, '여기 머물게 되다'의 '되다'는 '어떤 상황이나 사태에 이르다'의 의미를 지니며, '머물게'가 필수적 부사어이다. 따라서 이러한 '되다'의 문형 정보로는 【-게】가 추출된다.

오답을 피하고 싶었어

② '아무렇지 않게, 자연스럽게'가 생략되어도 제시된 문장들이 어색하지 않은 것을 보면, 이들은 '넘어가다'의 필수적 부사어가 아니다. 따라서 '넘어가다'의 문형 정보로 【-게】를 추출하는 것은 타당하지 않다. 오히려 제시된 두 예문에서 주어를 제외한 필수적 문장 성분은 '속임수에', '꾀에'이기 때문에 【…에/에게】를 '넘어가다'의 문형 정보로 추출해야 한다.
③ '옷 때문에, 한밤중에'가 생략되어도 제시된 문장들이 어색하지 않은 것을 보면, 이들은 '다투다'의 필수적 부사어가 아니다. 따라서 '다투다'의 문형 정보로 【…에】를 추출하는 것은 타당하지 않다. 오히려 제시된 두 예문에서 주어를 제외한 필수적 문장 성분은 '언니와', '누군가와'이기 때문에 【…와/과】를 '다투다'의 문형 정보로 추출해야 한다. 참고로, '이 환자의 생명은 분초를 다툰다'에 쓰인 '다투다'는 '사태가 매우 급하다'의 뜻을 지니며 '분초를'을 필수적으로 요구한다. 따라서 이러한 '다투다'의 문형 정보로는 【…을/를】을 추출할 수 있다.
④ '사은품으로, 부록으로'가 생략되어도 제시된 문장들이 어색하지 않은 것을 보면, 이들은 '딸리다'의 필수적 부사어가 아니다. 따라서 '딸리다'의 문형 정보로 【…으로】를 추출하는 것은 타당하지 않다. 오히려, 제시된 두 예문에서 주어를 제외한 필수적 문장 성분은 '가방에, 그 책에'이기 때문에 【…에/에게】를 '딸리다'의 문형 정보로 추출해야 한다.
⑤ '깨끗하게, 허옇게'가 생략되어도 제시된 문장들이 어색하지 않은 것을 보면, 이들은 '빠지다'의 필수적 부사어가 아니다. 따라서 '빠지다'의 문형 정보로 【-게】를 추출하는 것은 타당하지 않다. 오히려, '때가, 물이'라는 주어를 제외한 필수적 문장 성분은 '옷에서, 청바지에서'이기 때문에 【…에서】를 '빠지다'의 문형 정보로 추출해야 한다.

47. 출제 의도 서술어의 자릿수 이해하기

❺가 답인 이유

ㄱ의 '먹었다'는 주어 '희선이는'과 목적어 '빵을'이 반드시 필요하므로 두 자리 서술어이며, ㄴ의 '피었다'는 주어 '장미꽃이'가 반드시 필요하므로 한 자리 서술어이다.

오답을 피하고 싶었어

① '희선이는'은 주어로서, '먹었다'의 필수 성분이므로 생략하면 안 된다.
② '빨간'은 '장미꽃이'를 꾸며 주는 관형어이므로 생략해도 문장이 성립하지만, '장미꽃이'는 주어이므로 문장 성립에 필요하다.
③ '먹었다'는 목적어를 반드시 필요로 하지만, '피었다'는 목적어를 요구하지 않는다.
④ '맛있는'은 관형어, '활짝'은 부사어로서 둘 다 뒤의 말을 꾸며 주는 수식어이므로, 생략해도 문장 성립 여부에 영향을 주지 않는다.

48. 출제 의도 서술어의 자릿수 이해하기

❸이 답인 이유

ⓒ의 '듣는다'는 주어 '그들은' 이외에 목적어 '농담을'과 부사어 '진담으로'를 더 필요로 하므로 '주어 외에 두 개의 문장 성분을 더 필요로 한다.'는 올바른 이해이다.

오답을 피하고 싶었어

① ⓐ는 주어와 목적어를 필수적으로 요구하는 두 자리 서술어이다.
② ⓑ는 주어와 목적어 외에 부사어를 필수적으로 필요로 하는 세 자리 서술어이다.
④ ⓐ는 주어와 목적어를 필요로 하는 서술어이고, ⓓ는 주어와 부사어를 필요로 하는 서술어이다.
⑤ ⓑ와 ⓓ는 사전적 의미가 서로 다른 동음이의어이므로 의미에 차이가 있다. 하지만 ⓑ는 주어, 목적어, 부사어를 필요로 하는 세 자리 서술어이고, ⓓ는 주어, 부사어를 필요로 하는 두 자리 서술어이다.

49. 출제 의도 필수적 부사어 이해하기

❷가 답인 이유

①, ③, ④, ⑤에서 밑줄 친 단어의 경우 생략하였을 때 의미가 불완전한 문장이 되는 반면, ②의 '통나무로'의 경우 '만들었다'의 재료를 의미하는 부사어로서 생략하여도 문장이 성립하기 때문에 필수적 부사어라 할 수 없다.

50. 출제 의도 서술어의 자릿수 이해하기

①이 답인 이유

<보기>에 쓰인 '유리하다'는 '이익이 있다.'라는 뜻을 지니는데, 주어와 부사어를 필수적으로 요구한다. '관계되어 딸리다.'라는 뜻을 지니는 '속하다' 역시 주어와 부사어를 필수적으로 요구한다.

오답을 피하고 싶었어

② '벌어진 옷깃이나 장막 따위를 바로 합쳐 단정하게 하다.'라는 뜻을 지니는 '여미다'는 주어와 목적어를 필수적으로 요구한다.
③ '재료를 들여 밥, 옷, 집 따위를 만들다.'라는 뜻을 지니는 '짓다'는 주어와 목적어를 필수적으로 요구한다.
④ '다리를 움직여 바닥에서 발을 번갈아 떼어 옮기다.'라는 뜻을 지니는 '걷다'는 주어를 필수적으로 요구한다.
⑤ '사람이나 물건 따위를 다른 곳으로 가게 하다.'라는 뜻을 지니는 '보내다'는 주어, 목적어, 부사어를 필수적으로 요구한다.

25강 | 문장의 짜임새

2017학년도 9월 고2 전국연합학력평가 [11-12]
51 ⑤ 52 ①
2019학년도 대학수학능력시험 [14]
53 ③
2015학년도 대학수학능력시험 A형 [13]
54 ⑤
2020학년도 9월 고2 전국연합학력평가 [14]
55 ②
2019학년도 대학수학능력시험 9월 모의평가 [15]
56 ④
2015학년도 대학수학능력시험 9월 모의평가 A형 [13]
57 ④
2019학년도 10월 고3 전국연합학력평가 [13]
58 ④
2020학년도 3월 고3 전국연합학력평가 [12]
59 ④
2013학년도 4월 고3 전국연합학력평가 A형 [15]
60 ②

51. 출제 의도 서술어의 자릿수 파악하기

⑤가 답인 이유

'여겼다'는 주어(그는), 목적어(직업을), 부사어(천직으로)를 필수적으로 요구하므로 세 자리 서술어이다.

오답을 피하고 싶었어

① '되었다'는 주어(계절이), 보어(가을이)를 필수적으로 요구하므로 두 자리 서술어이다.
② '닮았다'는 주어(오빠는), 부사어(아빠와)를 필수적으로 요구하므로 두 자리 서술어이다.
③ '피었다'는 주어(장미꽃이)만을 필수적으로 요구하므로 한 자리 서술어이다.
④ '고치셨다'는 주어(아버지께서), 목적어(집을)를 필수적으로 요구하므로 두 자리 서술어이다.

52. 출제 의도 문장의 짜임새 파악하기

①이 답인 이유

ㄱ에서 안은문장의 주어는 '누나는'이고 안긴문장의 주어는 '마음이'이므로, 안은문장의 주어와 안긴문장의 주어는 동일하지 않다.

오답을 피하고 싶었어

② ㄴ은 주어(배는)와 서술어(갔다)의 관계가 한 번 나타나는 홑문장이다.
③ ㄷ의 '나는 책을 읽었다.'에 '형이 책을 주었다.'라는 문장이 안긴 것으로 안긴문장의 목적어인 '책을'은 안은문장의 목적어 '책을'과 중복되므로 생략되었다.
④ ㄷ에는 '형이 준'의 관형어의 기능을 하는 안긴문장이 있고, ㄹ에는 '그가 학생임을'의 목적어의 기능을 하는 안긴문장이 있다.
⑤ ㅁ의 앞 절 '바람도 잠잠하다.'와 뒤 절 '하늘도 푸르다.'가 나열의 의미 관계를 가지는 연결 어미 '-고'에 의해 대등하게 연결된 이어진문장이다.

53. 출제 의도 문장의 짜임새 파악하기

③이 답인 이유

ⓒ의 안은문장은 '동주는 별을 응시했다.'이고 안긴문장은 '별이 반짝이다.'이다. 따라서 '별을'은 안은문장의 목적어이며, 안긴문장의 목적어는 아니다. ⓒ의 안긴문장에는 목적어가 없다.

오답을 피하고 싶었어

① ⓐ의 서술어 '삼았다'는 주어 이외에도 목적어 '위기를'과 부사어 '기회로'를 필수적으로 요구한다.
② ⓑ의 안은문장은 '바다가 파랗다.'이고, 안긴문장은 '눈이 부시다.'이다. 따라서 '바다가'와 '눈이'는 각각 '파랗다'와 '부시다'의 주어이다.
④ ⓐ의 안긴문장은 '기회가 좋다.'이고, ⓒ의 안긴문장은 '별이 반짝이다.'이다. 따라서 '좋은'과 '반짝이는'은 안긴문장의 서술어이다.
⑤ ⓑ의 '눈이 부시게'는 부사절이고, ⓒ의 '반짝이는'은 관형절이다. 둘 다 수식의 기능을 한다.

54. 출제 의도 문장의 짜임새 파악하기

⑤가 답인 이유

이 문항에서는 문장 성분과 문장의 구조에 대한 지식을 바탕으로 제시된 두 문장을 분석할 것을 요구하고 있다. 두 문장은 각각 '내가 노래 부르기', '이 지역 토양이 벼농사에 적합함'이라는 명사절이 '친구들은 원한다.'와 '우리는 몰랐다.'에 안겨 있는 겹문장이다. ㉠의 안긴문장 '내가 노래 부르기'에는 '노래(를)'라는 목적어가 있지만, ㉡의 안긴문장 '이 지역 토양이 벼농사에 적합함'에는 목적어가 없다. ㉡에서 '벼농사에'는 '적합함'이라는 서술어가 필수적으로 요구하는 부사어이지 목적어가 아니다.

오답을 피하고 싶었어

① ㉠과 ㉡의 문장 성분을 큰 틀에서 분석해 보면, 각각 [주어+목적어(주어+목적어+서술어)+서술어], [주어+목적어(주어+부사어+서술어)+서술어]로 구분할 수 있는데, 부사어는 ㉡에만 나타날 뿐 ㉠에는 나타나지 않는

다.

② ㉠과 ㉡은 모두 명사절을 가진 안은문장이며, 두 문장 모두에서 부사절은 나타나지 않는다.

③ ㉠과 ㉡은 모두 명사절을 가진 안은문장이며, 두 문장 모두에서 서술절이나 관형절은 나타나지 않는다.

④ ㉠의 문장에는 관형어가 나타나지 않는다. ㉡의 문장에는 '이'가 '지역'을 수식하는 관형어로 쓰이고 있으며, '이 지역'이라는 구 역시 '토양'을 수식하는 관형어로 쓰인다.

55. 출제 의도 문장의 짜임새 파악하기

❷가 답인 이유

㉠ '누나가 주인임이 밝혀졌다.'에서 '누나가 주인임'은 명사절이고 안은문장 안에서 주어의 기능을 한다. ㉡ '삼촌은 농담을 던짐으로써 분위기를 풀었다.'에서 '(삼촌이) 농담을 던짐'은 명사절이고 안은문장 안에서 부사어의 기능을 한다. ㉢ '형은 동생이 고향으로 돌아오기만 기다렸다.'에서 '동생이 고향으로 돌아오기'는 명사절이고 안은문장 안에서 목적어의 기능을 한다.

오답을 피하고 싶었어

㉠~㉢의 안긴문장은 모두 명사절로 종류는 동일하다. ㉠의 안긴문장은 주어, ㉡의 안긴문장은 부사어, ㉢의 안긴문장은 목적어로 안은문장 안에서 각각 다른 기능을 한다.

56. 출제 의도 문장의 짜임새 파악하기

❹가 답인 이유

㉣에는 '내가 늘 쉬-'가 전성 어미 '-던'을 통해 관형절로 안겨 있으며, 안긴문장에 부사어 '공원에서'가 생략되어 있다.

오답을 피하고 싶었어

① ㉠에는 '자식이 건강하-'가 전성 어미 '-기'를 통해 명사절로 안겨 있으며, 안긴문장에 생략된 문장 성분은 없다.

② ㉡에는 '연락도 없-'이 전성 어미 '-이'를 통해 부사절로 안겨 있으며, 안긴문장에 생략된 문장 성분은 없다.

③ ㉢에는 '자신의 판단이 옳았-'이 전성 어미 '-음'을 통해 명사절로 안겨 있으며, 안긴문장에 생략된 문장 성분은 없다.

⑤ ㉤에는 '아주 어렵-'이 전성 어미 '-은'을 통해 관형절로 안겨 있으며, 안긴문장에는 주어 '과제가'가 생략되어 있다.

57. 출제 의도 문장의 짜임새 파악하기

❹가 답인 이유

〈보기〉의 (다)는 (가)가 (나)에 관형절로 안겨 만들어진 겹문장인데, 이때 (가)의 '민수'와 (나)의 '민수'가 중복되어 (다)의 관형절에서는 (가)의 주어 '민수가'가 실현되지 않은 것이다. 그런데 ④는 '정수가 은희와 결혼했다.'가 '나는 사실을 몰랐다.'에 관형절로 안기는 과정에서 중복되는 성분이 없기 때문에 겹문장을 형성할 때 원래 있던 주어 '정수가'가 생략되지 않았다. 따라서 ④는 ㉠에 해당하는 사례가 아니다.

오답을 피하고 싶었어

① '동생이 숙제를 한다.'가 '형이 동생을 불렀다.'에 관형절로 안기는 과정에서 '동생'이 중복되어 원래 있던 주어 '동생이'가 생략되었다.

② '형이 대학생이 되었다.'가 '동생은 형과 여행을 했다.'에 관형절로 안기는 과정에서 '형'이 중복되어 원래 있던 주어 '형이'가 생략되었다.

③ '경희가 버스에 탔다.'가 '영수가 경희에게 말을 걸었다.'에 관형절로 안기는 과정에서 '경희'가 중복되어 원래 있던 주어 '경희가'가 생략되었다.

⑤ '화가가 이 그림을 그렸다.'가 '그는 화가의 전시회에 갔다.'에 관형절로 안기는 과정에서 '화가'가 중복되어 원래 있던 주어 '화가가'가 생략되었다.

58. 출제 의도 관계 관형절과 동격 관형절의 개념 이해 및 적용하기

❹가 답인 이유

'힘찬'(㉠)은 '함성이 힘차다.'로부터 만들어진 관계 관형절이다. 수식을 받는 체언 '함성'이 관형절 속에서 주어로 쓰일 수 있기 때문이다. '형이 조사한'(㉢)은 '형이 자료를 조사하다.'로부터 만들어진 관계 관형절이다. 수식을 받는 체언 '자료'가 관형절 속에서 목적어로 쓰일 수 있기 때문이다. '자동차가 전복된'(㉡)은 '자동차가 전복되다.'로부터 만들어진 동격 관형절이다. 그리고 관형절이 만들어지는 과정에서 원래 문장의 종결 어미가 그대로 유지되지 않는 관형절이다. '내가 그 일을 한다는'(㉣)은 '내가 그 일을 한다.'로부터 만들어진 동격 관형절이다. 그리고 관형절이 만들어지는 과정에서 원래 문장의 종결 어미가 그대로 유지되는 관형절이다.

59. 출제 의도 안은문장에서 관형절과 명사절 이해하기

❹가 답인 이유

㉣의 '지금 사는'에서 '집에'라는 부사어가 생략된 관형절이 있고, '계속 머무르기를'에서 목적어로 쓰인 명사절이 있지 부사어로 쓰인 명사절이 있는 것은 아니다.

오답을 피하고 싶었어

① ㉠에는 주어가 생략된 관형절인 '약속 시간에 늦은'이 있고, 명사절은 없다.

② ㉡에는 관형절이 없고, 주어로 쓰인 명사절인 '마지막 문제를 풀기'가 있다.

③ ㉢에는 목적어가 생략된 관형절인 '아버지께서 주신'이 있고, 명사절은 없다.

⑤ ㉤에는 관형절이 없고, 목적어로 쓰인 명사절인 '우리가 어제 목적지에 도착했음'이 있다.

60. 출제 의도 안은문장에서 관형절 이해하기

❷가 답인 이유

ㄱ은 대등하게 연결된 이어진문장이므로 앞뒤 문장의 순서가 바뀌어도 의미가 동일하지만, ㄴ은 종속적으로 연결된 이어진문장이므로 앞뒤 문장의 순서가 바뀌면 그 의미가 달라진다.

오답을 피하고 싶었어

① ㄱ은 두 문장이 대조의 관계로 이어진문장이고, ㄴ은 조건의 의미 관계로 이어진문장이다.

③ ㄱ에서는 중복된 '동생은'이, ㄹ에서는 '영수가'가 생략되었다.

④ ㄷ은 안긴문장이 안은문장에서 목적어의 역할을 하고 있으므로 명사처럼 쓰인 경우이고, ㄹ은 안긴문장이 '영수'를 꾸미는 역할을 하므로 명사를 꾸미는 관형사처럼 쓰인 경우라고 할 수 있다.

⑤ ㄷ의 안은문장의 주어는 '언니는'이고, 안긴문장의 주어는 '아이가'이다. ㄹ은 안긴문장, 안은문장의 주어가 '영수가'로 동일하다. 따라서 안긴문장과 안은문장의 주어는 같을 수도 있고 다를 수도 있다.

2021학년도 6월 고2 전국연합학력평가 [11-12]
61 ③ 62 ④
2019학년도 6월 고1 전국연합학력평가 A형 [15]
63 ③
2020학년도 6월 고1 전국연합학력평가 [15]
64 ①
2019학년도 고1 11월 전국연합학력평가 [13]
65 ③
2015학년도 대학수학능력시험 9월 B형 [13]
66 ②
2014학년도 10월 고3 전국연합학력평가 A형 [13]
67 ①
2020학년도 대학수학능력시험 [14]
68 ③
2013학년도 고3 10월 전국연합학력평가 B형 [15]
69 ③
2016학년도 대학수학능력시험 국어 A형 [13]
70 ④

61. 출제 의도 판정 의문문과 설명 의문문 이해하기

❸이 답인 이유

㉢은 의문사 '무엇'이 포함된 의문문으로, 맥락에 따라 설명 의문문으로도, 판정 의문문으로도 쓰일 수 있다. ㉢의 경우, 이어지는 대답이 '아니'이므로 판정 의문문으로 사용된 것으로 판단할 수 있으며, 이때 의문사 '무엇'은 부정칭 대명사로 사용한 것이다. 따라서 의문사가 가리키는 내용을 설명해 달라는 의도를 드러낸 것으로 보기 어렵다.

오답을 피하고 싶었어

① ㉠은 청자의 반응 '응'으로 보아 판정 의문문으로 사용된 것이므로 청자에게 긍정이나 부정의 대답을 요구하고 있다.
② ㉡은 종결 어미 '-지'를 사용하여 청자도 자신처럼 아침을 못 먹었을 것이라고 믿는 바를 확인하기 위한 판정 의문문이다.
④ ㉣은 청자의 반응에 따라 의문문의 유형이 달라질 수 있다. 청자에게 긍정이나 부정의 대답을 요구할 수도 있고, 의문사가 가리키는 내용을 설명해 주기를 요구할 수도 있다.
⑤ ㉤은 의문사 '왜'가 가리키는 내용에 대하여 청자가 설명하는 대답을 하고 있으므로 설명 의문문으로 판단할 수 있다.

62. 출제 의도 중세 국어의 의문문 이해하기

❹가 답인 이유

〈보기〉의 [탐구 결과]에 따르면, ㄱ과 ㄴ은 판정 의문문, ㄷ과 ㄹ은 설명 의문문이다. 그리고 4문단에 의하면, ㄱ의 '가'와 ㄷ의 '고'는 의문문을 만드는 보조사이고, ㄴ의 '-녀'와 ㄹ의 '-뇨'는 의문문을 만드는 종결 어미이다. 중세 국어에서는 판정 의문문에는 '아/어' 계통의 보조사나 종결 어미가 사용되었고, 설명 의문문에는 '오' 계통의 보조사나 종결 어미가 사용되었다. 따라서 〈보기〉의 사례들을 통해 중세 국어에서는 판정 의문문에 사용되는 보조사나 종결 어미의 형태가 설명 의문문과 달랐다고 판단할 수 있다.

63. 출제 의도 높임 표현 이해하기

❸이 답인 이유

'말씀'이라는 어휘는 문맥에 따라 높임과 낮춤의 의미를 갖는데, ㉡에서 '말씀'은 서술의 주체인 '부모님'을 높이는 특수 어휘로 사용되었다.

64. 출제 의도 담화 상황에 따른 높임 표현의 적절성 판단하기

❶이 답인 이유

높임 표현은 발신자와 수신자의 관계 및 의도, 사회·문화적 상하 관계, 이야기 장면과 같이 담화 상황에 따라 사용 여부가 달라진다. ①과 같이 안은문장의 주체가 높임의 대상이 될 때 주격 조사 '가'를 '께서'로 고쳐 말하는 것이 바람직하다.

오답을 피하고 싶었어

② 부사격 조사 '께'는 서술의 객체를 높이는 표현이므로 적절하지 않다.
③ '주시는'의 '-시-'는 주체를 높이는 표현이다. ㉡은 안긴문장의 객체이므로 '주는'은 객체를 높이는 특수한 어휘인 '드리는'으로 고치는 것이 적절하다.
④ '보셨어'에 포함된 '-시-'는 주체를 높이는 표현으로, 서술의 객체를 높일 때에는 사용되지 않는다. 〈보기〉의 문장에서 서술어 '보았어'의 주어는 화자인 '나'로 문장에서 생략되어 있다. '보셨어'는 화자인 자기 자신을 높이는 표현이므로 적절하지 않다.
⑤ '보았습니다'는 대화 상대방을 높이는 표현이므로, 서술의 객체를 높일 때에는 사용되지 않는다.

65. 출제 의도 높임 표현 이해하기

❸이 답인 이유

〈보기 2〉에서 조사 '께서'는 주체인 '어머니'를 높이고 있고, '가셨다'는 '가-+-시-+-었-+-다'로 분석할 수 있는데, 선어말 어미 '-시-'가 주체인 '어머니'를 높이고 있다. 또한 '모시다'라는 특수 어휘를 통해 객체인 '할머니'를 높이는 객체 높임법을 사용하고 있다.

66. 출제 의도 높임 표현의 적절성 판단하기

❷가 답인 이유

㉡에서 '말씀'은 말하는 이(경준)가 높이는 대상인 '선생님'과 밀접한 관계를 맺는 대상이기 때문에 높임 표현을 사용해야 한다. 따라서 '있었니'가 아니라 '있으셨니'로 표현하는 것이 적절하다.

오답을 피하고 싶었어

① ㉠에서 서술어 '준비하다'의 주체는 '경준'이기 때문에 영희의 입장에서 높임의 선어말 어미 '-시-'를 사용하여 말할 필요가 없다.
③ ㉢에서 서술의 객체인 '선생님'을 높이기 위해서는 '묻다'가 아니라 객체 높임법에 사용되는 특수한 동사 '여쭈다'를 써서 말해야 한다.
④ ㉣의 '자기'는 '앞에서 이미 말하였거나 나온 바 있는 사람을 도로 가리키는 삼인칭 대명사'(재귀 대명사)이다. 그런데 이 대명사가 영희가 높여야

하는 대상인 '선생님'을 가리키기 때문에 높임의 의미를 지니는 '당신'으로 바꾸어 말해야 한다.
⑤ ⓜ의 주체는 영희의 입장에서 높여야 하는 대상인 '선생님'이기 때문에 주체 높임을 실현하여 '말씀하셨잖아'라고 말해야 한다.

67. 출제 의도 시간 표현 이해하기

❶이 답인 이유
'너는 이제 집에 돌아오면 혼났다.'의 '-았-'은 미래의 일을 표현하는 데 쓰였다. 과거 시제 선어말 어미의 특수한 용법으로 볼 수 있다.

68. 출제 의도 시간 표현 이해하기

❸이 답인 이유
ⓓ의'남은'은 동사 '남다'의 어간에 과거를 나타내는 관형사형 어미 '-(으)ㄴ'이 결합된 경우이다. 따라서 이때의 '-(으)ㄴ'은 ⓒ에 해당한다. ⓕ의 '찬'은 '이미'라는 부사로 짐작할 수 있듯이 동사 '차다'의 어간에 과거를 나타내는 관형사형 어미 '-(으)ㄴ'이 결합된 경우이다. 따라서 이때의 '-(으)ㄴ'도 ⓒ에 해당한다.

오답을 피하고 싶었어
① ⓐ의 '뜬'은 동사 '뜨다'의 어간에 과거를 나타내는 관형사형 어미 '-(으)ㄴ'이 결합된 경우이다. 따라서 이때의 '-(으)ㄴ'은 ⓒ에 해당한다.
② ⓑ의 '부르던'은 동사 '부르다'의 어간에 과거를 나타내는 관형사형 어미 '-던'이 결합된 경우이다. ⓒ의'푸르던'은 형용사 '푸르다'의 어간에 과거를 나타내는 관형사형 어미 '-던'이 결합된 경우다. 따라서 ⓒ의 '푸르던'만 ⓔ에 해당한다.
④ ⓔ의 '읽는'은 동사 '읽다'의 어간에 현재를 나타내는 관형사형 어미 '-는'이 결합된 경우이므로 ⓒ에 해당하지 않는다.
⑤ ⓖ의 '빠른'은 형용사 '빠르다'의 어간에 현재를 나타내는 관형사형 어미 '-(으)ㄴ'이 결합된 경우이다. 따라서 이때의 '-(으)ㄴ'은 ㉠에 해당한다.

69. 출제 의도 시간 표현 이해하기

❸이 답인 이유
'산 책'에서 '산'의 '-ㄴ'은 과거 시제를 나타낸다. 따라서 '-ㄴ'은 사건시가 발화시에 앞선다고 할 수 있다.

70. 출제 의도 시간 표현 이해하기

❹가 답인 이유
보조 용언 구성 '-고 있-'이 진행상(ⓐ)의 의미를 지닐 때, 완료상(ⓑ)의 의미를 지닐 때, 두 의미로 모두 해석 가능한 때(ⓒ)에 대한 설명을 기반으로 해당되는 사례들을 파악할 수 있는지를 묻는 문항이다. 문맥이 충분하게 주어지지 않은 상황에서 '안경을 벗고 있다.'라는 문장에 대해 진행상과 완료상의 의미로 모두 해석하는 것이 가능하지만, ④에서는 '안경을 잃어버린 뒤의 상황'이라는 일정한 문맥이 부여되어 해당 문장은 '안경을 벗고 지내다.' 정도의 완료상의 의미만 나타나기 때문이다.

오답을 피하고 싶었어
① '양치질을 하는 중이었어요.'로 교체하여도 원래의 의미가 유지되는 것을 볼 때 진행상(ⓐ)의 예로 적절하다.
② '오해하는 중이다.'로 교체하면 부자연스러운 문장이 되고, 오해를 하고 있는 상태의 지속이라는 의미가 나타나기 때문에 완료상(ⓑ)의 예로 적절하다.
③ '아는 중이다.'로 교체하면 부자연스러운 문장이 되고, 생신임을 아는 상태의 지속이라는 의미가 나타나기 때문에 완료상(ⓑ)의 예로 적절하다.
⑤ 해당 문맥에서 '넥타이를 매고 있네.'는 '신입 사원이 넥타이를 매는 동작을 진행한다는 의미', '신입 사원이 현재 넥타이를 매고 있는 상태로 있다는 의미'로 모두 해석 가능하기 때문에 진행상과 완료상의 의미로 모두 해석 가능한 때(ⓒ)의 예로 적절하다.

27강 | 피동 & 사동 & 부정

2013학년도 3월 고2 전국연합학력평가 B형 [13]
71 ②
2019학년도 11월 고1 전국연합학력평가 [14]
72 ②
2014학년도 3월 고3 전국연합학력평가 A형 [13]
73 ①
2015학년도 대학수학능력시험 6월 모의평가 A형 [13]
74 ⑤
2020학년도 대학수학능력시험 6월 모의평가 [15]
75 ⑤
2020학년도 10월 고3 전국연합학력평가 [11]
76 ③
2014학년도 10월 고3 전국연합학력평가 B형 [13]
77 ②
2017학년도 10월 고3 전국연합학력평가 [14]
78 ⑤
2014학년도 10월 고3 전국연합학력평가 B형 [12]
79 ②
2018학년도 7월 고3 전국연합학력평가 [14]
80 ①

71. 출제 의도 피동 표현 이해하기

❷가 답인 이유
ㄱ을 능동문으로 바꾸면, '폭풍이 마을을 휩쓸다.'가 된다. 피동문의 부사어 '폭풍에'는 능동문에서 주어 '폭풍이'가 된다.

오답을 피하고 싶었어
③ ㄴ을 능동문으로 바꾸면 '경찰이'가 주어가 되면서 행위의 주체가 된다.
④ '잡혀지다'는 '잡-히-어지다'로 분석되므로 지나친 피동 표현이다.

72. 출제 의도 피동 표현 이해하기

❷가 답인 이유
'만지다'의 경우는 피동 접미사 '-이-, -히-, -리 -, -기-'를 붙여서 짧은 피동 표현을 만들지 못하는 동사이므로 적절하다.

오답을 피하고 싶었어

① 동사의 어근에 피동 접미사 '-기-'를 붙여 '낚싯줄이 물고기에 의해 끊겼다.'와 같이 짧은 피동을 만들 수 있으므로 적절하지 않다.
③ 동사의 어근에 피동 접미사 '-이-'를 붙여 '동생의 이름이 민수에 의해 불렸다.'와 같이 짧은 피동을 만들 수 있으므로 적절하지 않다.
④ 동사의 어근에 피동 접미사 '-히-'를 붙여 '도토리가 다람쥐에 의해 땅에 묻혔다.'와 같이 짧은 피동을 만들 수 있으므로 적절하지 않다.
⑤ 동사의 어근에 피동 접미사 '-기-'를 붙여 '음식이 요리사에 의해 접시에 담겼다.'와 같이 짧은 피동을 만들 수 있으므로 적절하지 않다.

73. 출제 의도 피동 표현 이해하기

❶이 답인 이유

주어가 다른 주체에 의해서 동작을 당하게 되는 것을 피동이라 하고, 주어가 남에게 동작을 하도록 시키는 것을 사동이라 한다. '아이에게 밥을 먹였다.'는 누군가가 아이가 밥을 먹도록 시킨 것이므로 이는 '아이가 밥을 먹었다.'라는 문장에 사동 접미사 '-이-'가 결합된 사동문에 해당한다.

오답을 피하고 싶었어

② '당하다'의 사전적 의미는 '어떤 사람에게 부당하거나 원하지 않는 일을 겪거나 입다.'로 피동의 의미를 갖는다. 따라서 '꼬마가 아이들에게 놀림을 당했다.'는 피동의 의미를 갖는 단어에 의해 만들어진 피동 표현에 해당한다.

74. 출제 의도 피동사와 사동사 파악하기

❺가 답인 이유

이 문항에서는 〈보기〉의 설명을 바탕으로 사동사와 피동사를 올바르게 구분할 수 있는지를 묻고 있다. 정답은 ⑤로, ㉠'형이 친구에게 꽃다발을 안기다'의 '안기다'는 사동사이며, ㉡'아기 곰이 어미 품에 안기다'의 '안기다'는 피동사이다. 참고로 '품에 안기다'의 경우에도 '할머니가 아기를 어머니 품에 안기다'의 '안기다'도 사동사이다.

오답을 피하고 싶었어

① '운동화 끈을 풀다', '피로를 풀다'와 비교할 때 ㉠'운동화 끈이 풀리다'의 '풀리다'와 ㉡'피로가 풀리다'의 '풀리다'는 모두 피동사이다.
② '엄마가 아이를 등에 업다'와 비교할 때 ㉠'아이가 엄마 등에 업히다'의 '업히다'는 피동사이며, '이모가 아이를 업다'와 비교할 때 ㉡'누나가 이모에게 아기를 업히다'의 '업히다'는 사동사이다.
③ '옷이 마르다'와 비교할 때 ㉠'옷을 말리다'의 '말리다'는 사동사이다. ㉡의 '말리다'는 '다른 사람이 하고자 하는 어떤 행동을 못하게 방해하다'의 뜻을 지니며 피동사도 아니고 사동사도 아니다.
④ '몸이 녹다', '고드름이 녹다'와 비교할 때 ㉠'새들이 몸을 녹이다'의 '녹이다'와 ㉡'햇살이 고드름을 녹이다'의 '녹이다'는 모두 사동사이다.

75. 출제 의도 피동사와 사동사 파악하기

❺가 답인 이유

⑤에서 ㉠의 '쓸리다'는 '쓸다2①'의 피동사이고, ㉡의 '쓸리다'는 '쓸다2①'의 사동사이다. ㉡의 '쓸리다'는 '쓸게 하다'와 의미가 상통한다는 점에서도 이를 확인할 수 있다.

오답을 피하고 싶었어

① ㉠의 '갈리다'는 피동사이고, ㉡의 '갈리다'는 사동사이다. 그런데 ㉠의 '갈리다'는 '갈다1②'에 대응함에 비해 ㉡의 '갈리다'는 '쟁기나 트랙터 따위의 농기구나 농기계로 땅을 파서 뒤집다'의 뜻을 지니는 '갈다'에 대응한다.
② ㉠과 ㉡의 '깎이다'는 둘 다 '깎다[1]③'에 대응하는 피동사이다.
③ ㉠과 ㉡의 '묻히다'는 둘 다 '묻다1①'에 대응하는 사동사이다.
④ ㉡의 '물리다'는 '물다2[1]②'에 대응하는 피동사이고, ㉠의 '물리다'는 '입 속에 넣어 두다'의 뜻을 지니는 '물다'에 대응하는 사동사이다.

76. 출제 의도 사동 표현 이해하기

❸이 답인 이유

ㄴ. '기리다'는 '뛰어난 업적이나 바람직한 정신, 위대한 사람 따위를 칭찬하고 기억하다.'라는 뜻을 가진 동사로, 사동 접사가 붙어 있지 않다. 반면 '날리다'는 '공중에 띄워서 어떤 위치에서 다른 위치로 움직이게 하다.'라는 뜻을 가진 동사로, 사동 접사 '-리-'가 붙어 있다.
ㄹ. 특정한 상대 등을 필수적으로 요구하는 동사의 경우 사동 접사의 결합에 제약이 있기도 하다. '싸우다', '닮다'는 모두 이러한 특성을 가진 동사이다.

오답을 피하고 싶었어

ㄱ. '늦다'는 어간 '늦-'에 '-추-'를 결합하여 '늦추다'와 같은 파생적 사동이 가능하다. 그러나 '받다'는 주거나 받는 뜻을 가진 동사에 해당하여 사동 접사가 결합되지 못한다.
ㄷ. 어간이 'ㅣ'로 끝나는 동사의 경우 사동 접사의 결합에 제약이 있기도 하다. 그 예로 '던지다'와 '견디다'를 들 수 있다.

77. 출제 의도 사동 표현 사용의 적절성 판단하기

❷가 답인 이유

〈보기1〉을 통해 '-시키다'는 다른 대상에게 동작이나 행동을 하게 하는 것임을 알 수 있다. 이를 문장에서 적절하게 사용한 것은 〈보기2〉의 ㄱ, ㄷ, ㄹ이다.

78. 출제 의도 사동 표현 이해하기

❺가 답인 이유

단형 사동, 즉 주동문의 동사나 형용사 어근에 사동 접미사가 붙은 사동사에 의한 사동은 직접 사동과 간접 사동의 두 가지 의미를 모두 표현할 수 있지만 장형 사동, 즉 '-게 하다'에 의한 사동은 간접 사동의 해석만을 허용한다. 〈보기〉에서 ㉢은 단형 사동이고 ㉣은 장형 사동이므로 ㉢은 ㉣과 달리 직접 사동과 간접 사동의 의미 모두로 해석될 수 있다.

오답을 피하고 싶었어

①, ② ㉠을 '아이들이'를 주어로 삼는 단형 사동문으로 바꾸면 '아이들이 얼음 위에서 팽이를 돌린다.'가 된다. ㉠의 주어인 '팽이가'는 목적어인 '팽이를'로 바뀌었으며 서술어의 자릿수가 한 자리에서 두 자리로 바뀌었음을 알 수 있다.
③, ④ ㉡을 '선생님께서'를 주어로 삼는 단형 사동문으로 바꾸면 '선생님께서 지원이에게 그 일을 맡기셨다.'가 된다. ㉡의 주어인 '지원이가'는 부사어인 '지원이에게'로 바뀌었으며 서술어의 자릿수가 두 자리에서 세 자리로 바뀌었음을 알 수 있다.

79. 출제 의도 부정 표현 이해하기

❷가 답인 이유
㉠에는 짧은 '못' 부정문과 긴 '못' 부정문이 모두 올 수 있고, ㉡에는 '안' 부정문이되 짧은 부정문이, ㉢에는 '안' 부정문이되 긴 부정문이 적절하다.

80. 출제 의도 부정 표현 이해하기

❶이 답인 이유
㉠의 '지루하다 못해 졸리다'에서 '못해'는 지루하다는 상태에 미치지 않음을 의미하는 것이 아니라, 지루함의 상태가 극에 달해 지루함을 넘어 졸린 상태에 이른 것을 뜻하므로 '지루하다'의 상태에 미치지 않았다는 것도, 뒷말을 부정하고 있다는 것도 모두 적절하지 않다.

오답을 피하고 싶었어
② 부정 표현 중에서 '능력'이나 '그 밖의 다른 상황'으로 인한 부정을 표현하는 '못' 부정문은 부사 '못'을 활용하거나 용언 '못하다'에 의해 실현되는 것이 일반적이다. 따라서 ㉡에서는 '자전거를 탄다'의 부정문으로 '못 탄다'와 '타지 못한다' 모두가 가능하다는 것을 보여 주고 있다.
③ 명령문의 부정 표현에서는 '안' 부정과 '못' 부정이 아닌 '말다' 부정을 사용한다.
⑤ ㉤에서 '분명히'는 '했다', '하지 않았다' 모두와 호응을 이루지만 '결코'는 '하지 않았다'와만 호응을 이룬다. 이를 통해 반드시 부정 표현과 함께 쓰여야 하는 부사가 있다는 것을 알 수 있다.

28강 | 정확한 문장 표현

2013학년도 3월 고3 전국연합학력평가 B형 [13]
81 ④
2013학년도 4월 고3 전국연합학력평가 B형 [13]
82 ④
2019학년도 9월 고1 전국연합학력평가 [14]
83 ③
2015학년도 대학수학능력시험 9월 모의평가 A형 [15]
84 ①
2014학년도 대학수학능력시험 9월 모의평가 B형 [15]
85 ③
2014학년도 대학수학능력시험 6월 모의평가 B형 [13]
86 ③
2014학년도 3월 고3 전국연합학력평가 B형 [12]
87 ②
2015학년도 4월 고3 전국연합학력평가 B형 [12]
88 ④
2016학년도 대학수학능력시험 A형 [15]
89 ②
2021학년도 10월 고3 전국연합학력평가 [35]
90 ②

81. 출제 의도 고쳐 쓰기 방안의 적절성 판단하기

❹가 답인 이유
㉣은 '성실한'의 수식 대상이 '그'인지, '그의 동생'인지가 불분명하기 때문에 중의성을 갖게 된 문장이다. '성실한 그의, 동생'에서 '성실한'의 수식 대상을 '동생'이라고 볼 수 없고, '성실한, 그의 동생'에서 '성실한'의 수식 대상이 '그'라고 볼 수 없다.

82. 출제 의도 고쳐 쓰기 방안의 적절성 판단하기

❹가 답인 이유
㉣은 '개방하게 하고 있습니다'라는 적절하지 않은 사동 표현을 사용하고 있으나, 고친 문장에도 '개방시키고 있습니다'로 사동 표현을 부적절하게 사용하고 있다. 이 경우 '우리 학교는 도서관을 매일 개방하고 있습니다.'로 고치는 것이 적절하다.

83. 출제 의도 인용 표현 이해하기

❸이 답인 이유
㉡ 직접 인용문에서 쓰인 주체 높임 표현 '계시다'가 간접 인용문에서는 '있다'로 바뀌어 주체 높임 표현과 객체 높임 표현이 모두 실현되지 않았다.

84. 출제 의도 고쳐 쓰기 방안의 적절성 판단하기

❶이 답인 이유
㉠의 수정 과정에서 추가된 '물에'는 목적어 '발을'을 수식하는 관형어가 아니라, '넣었다'를 수식하는 부사어이다.

오답을 피하고 싶었어
② ㉡에서는 '개선된다'를 '개선된다는 것이다'로 수정하였는데, 이는 '내가 주장하는 바는'과 서술어가 호응하게 하기 위함이다.
③ ㉢에서는 '불편과 피해를 입었다'를 '불편을 겪고 피해를 입었다'로 수정하였는데, 이는 '불편을'에 호응하는 서술어가 없기 때문에 '불편'과 호응하는 서술어 '겪고'를 추가하여 문장을 수정한 것이다.
④ ㉣에서는 '운동을 동참합시다'를 '운동에 동참합시다'로 수정하였는데, 서술어 '동참합시다'에 호응하는 부사어의 조사를 '에'로 올바르게 고친 것이다.
⑤ ㉤에서는 '여간 기쁜 일이다'를 '여간 기쁜 일이 아니다'로 수정하였는데, '여간'은 '그 상태가 보통으로 보아 넘길 만한 것임.'을 뜻하는 부사로, 부정의 의미를 나타내는 말과 호응하기 때문에 '일이다'를 '일이 아니다'로 수정한 것이다.

85. 출제 의도 중의성 해소 방법 이해하기

❸이 답인 이유
이 문항은 중의적 의미를 지니는 문장을 제시한 후 이를 적절하게 해소하여 하나의 의미를 지니는 문장으로 수정할 수 있는지 여부를 묻는 문항으로, 정답은 ③이다. "언니가 교복을 입고 있다."는 동작의 진행과 완료에 따른 중의성을 지니는 문장으로, 교복을 입는 동작이 진행 중이라는 의미와 현재 교복을 다 입은 후의 상태라는 의미의 두 가지로 해석될 수 있다. 이때 ㉢처럼 "교복을 입는 중이다."로 고치면 동작이 진행 중이라는 의미만을 나타내게

되어 중의성을 해소할 수 있다. 그러나 ③에서와 같이 "지금 교복을 입고 있다."라고 수정하여도 여전히 동작의 진행과 완료에 따른 중의성은 해소되지 않는다. 즉, ③의 수정된 문장은 처음 문장과 마찬가지로 두 가지 의미로 해석되는 중의문이다.

오답을 피하고 싶었어

① '예쁜 모자의 장식물'은 수식의 범위에 따른 중의성이 발생하는 표현으로, '모자가 예쁜 경우'와 '장식물이 예쁜 경우'의 두 가지 의미로 해석될 수 있다. 이때 '장식물이 예쁜 경우'만으로 의미를 한정하기 위해서는 ㉠의 '예쁜, 모자의 장식물'과 같이 쉼표를 사용할 수도 있고, ①의 '모자의 예쁜 장식물'처럼 단어의 위치를 바꿀 수도 있다.

② "다 오지 않았어."는 부정의 범위에 따른 중의성이 발생하는 표현으로, '손님들 중 일부만 온 경우'와 '한 명도 오지 않은 경우'의 두 가지 의미로 해석될 수 있다. 이를 '손님들 중 일부만 온 경우'만으로 의미를 한정하기 위해서는 ㉡의 "손님들 중 일부가 오지 않았어."나 ②의 "손님들이 다는 오지 않았어."처럼 표현을 수정하면 된다.

④ "형은 나보다 동생을 더 좋아한다."라는 문장은 비교의 대상에 따른 중의성이 발생하는 표현으로, '형이 나와 동생 중 동생을 더 좋아한다는 의미'와 '내가 동생을 좋아하는 것보다 형이 동생을 더 좋아한다'는 두 가지 의미로 해석될 수 있다. 이를 전자의 의미, 즉 '나와 동생이 비교 대상인 경우'로 한정하기 위해서는, ㉣의 "형은 나를 좋아하는 것보다 동생을 더 좋아한다."나 ④의 "형은 나와 동생 중에서 동생을 더 좋아한다."처럼 문장을 수정하면 된다.

⑤ "나는 웃으면서 매장에 들어오는 손님에게 인사했다."는 수식의 범위에 따른 중의성이 발생하는 문장으로, '나가 웃으면서 인사하는 경우'와 '손님이 웃으면서 매장에 들어오는 경우'의 두 가지 의미로 해석될 수 있다. 이를 전자의 의미로 한정하기 위해서는 ㉤의 "나는 매장에 들어오는 손님에게 웃으면서 인사했다."처럼 표현을 수정하거나 ⑤의 "매장에 들어오는 손님에게 나는 웃으면서 인사했다."처럼 단어의 위치를 바꾸면 된다.

86. 출제 의도 조사 '요'와 어미 '-오'의 쓰임 파악하기

❸이 답인 이유

이 문항은 '아니요'와 '아니오'에 대한 탐구를 일반화하여 보조사 '요'와 종결 어미(어말 어미) '-오'의 문법적 특성을 도출할 수 있는지 여부를 묻고 있다. 제시된 탐구 과정을 확인하면 '아니요'는 부정의 대답 '아니'에 보조사 '요'가 붙어 된 말이고, '아니오'는 '아니다'의 어간 '아니-'에 종결 어미 '-오'가 붙어 된 말임을 알 수 있다. 따라서 ㉠에는 종결 어미 '-오'의 문법적 특성에 대한 진술이 제시되어야 한다. 정답은 ③으로, "당신이 와서 기쁘오.", "건강이 가장 중요하오." 등에서 확인할 수 있듯이, 평서문에서도 종결 어미 '-오'가 쓰일 수 있기 때문이다. 참고로, 마지막의 '적용' 단계에 제시된 빈칸에는 '요'가 아닌 '-오'가 와서 '안 되오'가 되어야 한다. '되다'의 어간 '되-'에 종결 어미 '-오'가 붙은 형태이기 때문이다. 만일 빈칸에 '요'가 올 수 있기 위해서는 '되어'의 준말 '돼'에 보조사 '요'가 붙은 '돼요'의 형태가 제시되어야 한다.

오답을 피하고 싶었어

① '-오'는 종결 어미이기 때문에 어간에 붙는다는 진술은 타당하다. '아니-', '기쁘-' 등은 모두 어간이며 여기에 '-오'가 붙어 '아니오', '기쁘오'로 실현됨을 통해 확인할 수 있다.

② '멈추시오'는 '멈추- + -시- + -오'로 분석되어 '용언 어간 + 선어말 어미 + 종결 어미'의 구조인데, 이를 통해 '-오'가 선어말 어미에 붙을 수 있음을 확인할 수 있다.

④ '-오'를 뺀 상태의 문장을 확인해 보면, "*얼마나 기쁘?", "*일단 멈추시."처럼 문장이 성립하지 않음을 통해 확인할 수 있다.

⑤ '가십시오, 가오, 가게, 가라(가렴, 가려무나)'에서 확인할 수 있듯이, '-오'는 상대방을 보통 정도로 높이는 기능을 한다. 즉, '-오'는 상대 높임법의 하오체에서 쓰이는 종결 어미이다.

87. 출제 의도 고쳐 쓰기 방안의 적절성 판단하기

❷가 답인 이유

'의논하다'는 주어, 목적어, 필수적 부사어를 요구하는 세 자리 서술어이다. 그런데 '나는 어제 친구와 의논했다.'라는 문장에는 목적어가 생략되어 있다. 그러므로 이 문장을 '나는 어제 친구와 그 일을 의논했다.'로 고쳐 쓴 이유는 문장의 필수 성분이 생략되어 있기 때문이다.

오답을 피하고 싶었어

① '예상'에 '미리'의 의미가 들어 있어 의미가 중복된다.

③ '나는 눈이 시리도록 파란 하늘을 보았다.'에서 '눈이 시리도록'은 '파란'과 '보았다'를 모두 수식할 수 있어 문장의 의미가 중의적으로 해석된다.

④ '읽혀지다'는 '읽다'에 피동 접미사 '-히-'가 결합된 '읽히다'에 '-어지다'가 다시 결합된 이중 피동이다.

88. 출제 의도 중의성 해소 방법 이해하기

❹가 답인 이유

'윤서가 아침에 여행에서 돌아왔다는 것을 민수는 말했다.'는 문장의 의미는 '윤서가 여행에서 돌아온' 시점이 '아침'이라는 것으로, '돌아온 사실을 말한 시점이 아침임'을 표현하기 위해서는 '민수는 윤서가 여행에서 돌아왔다는 사실을 아침에 말했다.'고 수정해야 한다.

오답을 피하고 싶었어

① '현우는 새로 산 옷을 입고 있다.'는 문장은 '입은 상태의 지속'의 의미도 포함하므로, 옷을 입는 동작이 진행 중임만을 나타내고자 할 때는 '현우는 새로 산 옷을 입고 있는 중이다.'라고 진술해야 한다.

② '영철이는 지수보다 야구 경기를 더 좋아한다.'는 문장은 '지수도 야구 경기를 좋아하지만, 영철이가 더 좋아함.'의 의미 또한 포함하므로, '영철이가 더 좋아하는 것은 야구 경기임.'을 표현하기 위해서는 '영철이는 지수를 좋아하는 것보다 야구 경기를 더 좋아한다.'고 진술해야 한다.

③ '친구들이 약속 장소에 다 나오지 않았다.'는 문장은 '모두 나오지 않음.'의 의미 또한 포함하므로, '친구들이 일부만 참석함'을 표현하고자 할 때는 '친구들이 약속 장소에 다는 나오지 않았다.'고 진술해야 한다.

⑤ '그는 내게 장미와 튤립 두 송이를 주었다.'는 문장은 '장미 한 송이와 튤립 한 송이 받음'의 의미와 '장미 두 송이와 튤립 두 송이'의 의미 또한 포함하므로, '받은 꽃의 개수가 세 송이임'을 표현하기 위해서는 '그는 내게 장미 한 송이와 튤립 두 송이를 주었다.'고 진술해야 한다.

89. 출제 의도 정확한 문장 표현 이해하기

❷가 답인 이유

다양한 유형의 비문을 파악할 수 있는지를 묻는 문항이다. ②에서는 문법적으로 잘못된 요소가 확인되지 않는다.

오답을 피하고 싶었어

① '그는 이론을 발전해'라는 부분에서 주어와 서술어가 호응되지 않는 문장이다. '그는 자기가 창안한 사회 이론을 더욱 발전시켜 사회 문제의 해결

에 기여하고자 하였다.' 정도로 수정해야 한다.

③ '생산 기술의 발달'과 '큰 변화를 겪었다'가 상응하지 않는 문장이다. '유럽은 18세기 후반부터 약 100년 동안 생산 기술이 발달하였고, 그에 따라 사회 조직의 큰 변화를 겪었다.' 정도로 수정해야 한다.

④ '요점은'과 '알아야 한다'를 확인해 보면, 주어와 서술어가 호응되지 않는 문장이다. '이 책의 저자가 독자에게 말하려는 요점은 모름지기 사람은 남을 위하여 자기를 희생할 줄도 알아야 한다는 점이다.' 정도로 수정해야 한다.

⑤ '이름의 혼동'과 '줄거리를 잘 기억하지 못했다'가 상응하지 않는 문장이다. '그의 작품들은 엇비슷해서 학생들이 작품 이름을 혼동하거나 각 작품의 이야기 줄거리를 잘 기억하지 못했다.' 정도로 수정해야 한다.

90 출제 의도 호응하는 표현 이해하기

❷가 답인 이유

'여간'은 부정문 형식의 문장에 함께 쓰여 그 문장의 의미를 강한 긍정으로 해석되게 하는 단어로서, ㄴ에서 '여간'으로 인해 문장의 의미가 '탐스럽다'를 강조하는 긍정으로 해석된다.

오답을 피하고 싶었어

③ ㄷ의 '밖에'는 '이것밖에 하지 못했다.'에서와 같이 부정 의미의 용언과 어울려 쓰인다.

④ '좀처럼'은 부정 의미의 용언과 어울려 쓰이는데, 부정 의미의 용언이 나타나지 않더라도 부정 의미를 내포하는 문맥에서도 쓰일 수 있다. ㄹ의 '그 아이들이 좀처럼 제 말을 듣겠습니까?'는 '그 아이들이 좀처럼 제 말을 듣지 않는다.'를 뜻하므로 '좀처럼'이 쓰일 수 있다.

⑤ '옴짝달싹하다'는 부정 의미의 용언과 어울려 쓰인다. 따라서 ㅁ은 '나는 무서워서 그 자리에서 옴짝달싹하지 못했다.'와 같이 수정하여야 어법에 맞는다.

29강 | 음운의 변동 1

2021학년도 3월 고1 전국연합학력평가 [11]
91 ④
2014학년도 10월 고3 전국연합학력평가 A형 [11]
92 ②
2014학년도 6월 고2 전국연합학력평가 A형 [11]
93 ③
2015학년도 대학수학능력시험 9월 모의평가 A형 [11]
94 ①
2013학년도 3월 고3 전국연합학력평가 A형 [11]
95 ④
2020학년도 10월 고3 전국연합학력평가 [13]
96 ③
2020학년도 11월 고2 전국연합학력평가 [13]
97 ③
2015학년도 4월 고3 전국연합학력평가 B형 [11]
98 ③
2020학년도 3월 고2 전국연합학력평가 [11-12]
99 ⑤ 100 ③

91. 출제 의도 단모음과 이중 모음 이해하기

❹가 답인 이유

'ㅘ'는 이중 모음으로 반모음 '[w]'가 단모음 'ㅏ' 앞에서 결합한 소리이다.

오답을 피하고 싶었어

① 'ㅠ'는 이중 모음으로, 반모음과 단모음이 결합한 소리이다. 이중 모음은 입술 모양이나 혀의 위치가 발음 도중에 변한다.

② 'ㅐ'는 단모음으로, 발음할 때 입술 모양이나 혀의 위치가 변하지 않는다.

③ 'ㅖ'의 발음은 'ㅣ'를 짧게 발음하는 것과 유사한 소리인 반모음 '[j]' 뒤에서 'ㅔ'가 결합한 것이다.

⑤ 반모음은 홀로 쓰일 수 없는 소리이고 이중 모음의 발음은 반모음이 단모음과 결합한 것이다.

92. 출제 의도 동화 현상 이해하기

❷가 답인 이유

'집안일'이 [지바닐]이 아니라 [지반닐]로 소리 나는 것은 사잇소리 현상으로 설명할 수 있다. 합성 명사의 뒷말이 모음 'ㅣ'로 시작될 때 'ㄴ'이 하나 또는 둘이 겹쳐 나타나는 'ㄴ첨가'에 해당한다.

93. 출제 의도 음절의 끝소리 규칙과 된소리되기 이해 및 적용하기

❸이 답인 이유

'덮개[덥깨]'에서 '덮-'의 'ㅍ'은 〈보기〉의 일곱 자음에 해당하지 않으므로, 'ㅍ'을 'ㅂ'으로 바꾸어 발음하는 음절 끝소리 규칙이 적용된 것이다. '-개'의 'ㄱ'은 앞 음절 받침 'ㅍ[ㅂ]' 뒤에 연결되어 된소리 [ㄲ]으로 발음하는 된소리되기가 적용된다.

오답을 피하고 싶었어

① '국밥[국빱]'은 된소리되기 현상이 나타난다.

② '닫는[단는]'은 비음이 아닌 자음(ㄷ)이 비음(ㄴ)의 영향을 받아 비음으로 동화되는 비음화 현상이 나타난다.

④ '공권력[공꿘녁]'은 두 개의 형태소나 단어가 합쳐져서 합성어가 될 때, 뒤의 예사소리가 된소리로 변하는 사잇소리 현상([공-꿘])과 비음화([-꿘녁])가 일어난다.

⑤ '붙이다[부치다]'는 자음 'ㄷ, ㅌ'이 모음 'ㅣ'와 만나 [ㅈ, ㅊ]로 동화되는 구개음화 현상이 나타난다.

94. 출제 의도 비음화 현상 이해하기

❶이 답인 이유

'식물[싱물]', '입는[임는]', '뜯는[뜬는]'은 각각 'ㄱ, ㅂ, ㄷ'이 'ㅁ, ㄴ, ㄴ' 앞에서 'ㅇ, ㅁ, ㄴ'으로 바뀐다. 이를 제시된 자음 분류표에서 살펴보면, 파열음이 비음 앞에서 비음으로 변동했음을 확인할 수 있다. 따라서 세 사례 모두 두 자음이 만나서 발음될 때 앞 자음의 조음 방식이 파열음에서 비음으로 변한 것이라는 결론을 도출할 수 있다.

95. 출제 의도 음절의 끝소리 규칙과 비음화 현상 이해 및 적용하기

❹가 답인 이유

'꽃눈'은 음절의 끝소리 규칙과 비음화의 적용을 받는다. '놓는'은 음절의 끝소리 규칙에 따라 [녿는]이 되었다가 비음화에 따라 [논는]이 된다.

오답을 피하고 싶었어

① '끝까지'는 음절의 끝소리 규칙에 따라 [끋까지]가 되지만, 비음화는 일어나지 않는다.
② '부엌도'는 음절의 끝소리 규칙과 된소리되기에 따라 [부억또]가 된다.
③ '눈약'이 [눈냑]이 되는 것은 'ㄴ' 첨가 현상이다.
⑤ '덮밥'이 [덥빱]이 되는 것은 음절의 끝소리 규칙과 된소리되기가 일어난 것이다.

96. 출제 의도 음운의 변동 이해하기

❸이 답인 이유

'강릉[강능]'을 발음할 때에는 'ㄹ'이 'ㄴ'으로 바뀐다. 'ㄹ'과 'ㄴ'은 모두 치조음이므로 조음 위치에 변화가 없다. 그러나 조음 방법은 유음 'ㄹ'에서 비음 'ㄴ'으로 한 번 변한다.

97. 출제 의도 음운의 변동 이해 및 적용하기

❸이 답인 이유

'작년[장년]'은 음운 'ㄱ'이 비음 'ㄴ' 앞에서 비음 'ㅇ'으로 바뀌므로 ㉠의 예에 해당한다. 그리고 '칼날[칼랄]'은 음운 'ㄴ'이 유음 'ㄹ' 뒤에서 유음 'ㄹ'로 바뀌어 ㉡의 예에 해당하므로 적절하다.

오답을 피하고 싶었어

① '겹눈[겸눈]'은 음운 'ㅂ'이 비음 'ㄴ' 앞에서 비음 'ㅁ'으로 바뀌므로 ㉠의 예에 해당하지만, '맨입[맨닙]'은 첨가가 나타나 ㉡의 예에 해당하지 않으므로 적절하지 않다.
② '실내[실래]'는 음운 'ㄴ'이 유음 'ㄹ' 뒤에서 유음 'ㄹ'으로 바뀌므로 ㉡의 예에 해당하고, '국물[궁물]'은 음운 'ㄱ'이 비음 'ㅁ' 앞에서 비음 'ㅇ'으로 바뀌어 ㉠의 예에 해당하므로 적절하지 않다.
④ '백마[뱅마]'는 음운 'ㄱ'이 비음 'ㅁ' 앞에서 비음 'ㅇ'으로 바뀌므로 ㉠의 예에 해당하지만, '잡히다[자피다]'는 음운의 축약이 나타나 ㉡의 예에 해당하지 않으므로 적절하지 않다.
⑤ '끓이다[끄리다]'는 음운의 탈락이 나타나므로 ㉠의 예에 해당하지 않고, '물놀이[물로리]'는 음운 'ㄴ'이 유음 'ㄹ' 뒤에서 유음 'ㄹ'로 바뀌어 ㉡의 예에 해당하므로 적절하지 않다.

98. 출제 의도 비음화 현상과 된소리되기 이해 및 적용하기

❸이 답인 이유

'꽃망울'은 받침 'ㅊ'이 'ㅁ' 앞에서 [ㄴ]으로 발음되어 [꼰망울]로 발음된다. 따라서 18항이 적용되었다는 진술은 타당하나, 23항에는 해당되지 않으므로 적절하지 않은 진술이다.

오답을 피하고 싶었어

① '앞마당'은 받침 'ㅍ'이 'ㅁ' 앞에서 [ㅁ]으로 발음되어 [암마당]으로 발음된다. 따라서 18항이 적용되었다는 진술은 적절하다.
② '늦가을'은 받침 'ㅈ' 뒤에 연결되는 'ㄱ'이 [ㄲ]으로 발음되므로 23항이 적용되었다는 진술은 적절하다.
④ '맞먹다'는 받침 'ㅈ'이 'ㅁ' 앞에서 [ㄴ]으로 발음되며, 받침 'ㄱ' 뒤에 연결되는 'ㄷ'이 [ㄸ]으로 발음된다. 따라서 18항과 23항이 모두 적용되었다는 진술은 적절하다.
⑤ '홑낚시'는 받침 'ㅌ'이 'ㄴ' 앞에서 [ㄴ]으로 발음되며, 받침 'ㄲ' 뒤에 연결되는 'ㅅ'이 [ㅆ]으로 발음된다. 따라서 18항과 23항이 모두 적용되었다는 진술은 적절하다.

99. 출제 의도 구개음화 현상 이해하기

❺가 답인 이유

현대 국어에서 표준 발음으로 인정되는 구개음화는 음절 끝소리가 'ㄷ, ㅌ'인 형태소가 단모음 'ㅣ'로 시작하는 조사나 접사 같은 형식 형태소와 결합하여 'ㅈ, ㅊ'으로 변하는 경우나, 음절 끝소리가 'ㄷ'이고 뒤에 접사 '-히-'가 올 때 'ㄷ'과 'ㅎ'이 축약되어 'ㅌ'이 되고 이것이 구개음 'ㅊ'으로 되는 경우이다. '끝인사'를 [끄친사]로 발음하지 않는 이유는 '끝' 뒤에 붙는 '인사'가 형식 형태소가 아니기 때문이다.

오답을 피하고 싶었어

① '같이'를 [가치]로 발음하는 이유는 표준 발음으로 인정되는 'ㄷ-구개음화'가 일어나기 때문이다.
② '많지만'을 [만치만]으로 발음하는 이유는 자음 축약이 일어나기 때문이다. 이 경우는 현대 국어에서 표준 발음으로 인정되는 구개음화의 사례가 될 수 없다.
③ '맏이'를 [마디]로 발음하지 않는 이유는 'ㄷ-구개음화'가 일어난 [마지]가 표준 발음으로 인정되기 때문이다.
④ '겉으로'를 [거츠로]로 발음하지 않는 이유는 연음하여 발음한 [거트로]가 표준 발음이기 때문이다. 이 경우 현대 국어에서 표준 발음으로 인정되는 구개음화의 사례가 될 수 없다.

100. 출제 의도 현대 국어 시기 이전에 일어난 구개음화 현상 이해하기

❸이 답인 이유

'김치'의 '치'는 과거에도 초성의 자음이 'ㅊ'이었다. 그러므로 '김치'의 '치'에서 구개음화가 일어나지 않은 것은 '치'의 본래 모음이 'ㅢ'였기 때문이라는 이해는 적절하지 않다.

오답을 피하고 싶었어

① 피동화음이 'ㄷ, ㅌ, ㄸ'인 경우는 'ㄷ-구개음화'에 해당하므로 '딤치'가 '짐치'로 변하는 과정에서 일어난 구개음화는 'ㄷ-구개음화'에 해당한다.
② '딤치'의 '딤'이 '짐치'의 '짐'으로 변한 것이므로 '딤치'가 '짐치'로 변하는 과정에서 일어난 구개음화는 형태소 내부에서 일어났다.
④ 언중은 '짐치'를 'ㄱ- 구개음화'가 일어난 형태라고 생각했기 때문에 '김치'로 교정했을 것이다.
⑤ 'ㄷ' 뒤에 오는 모음이 원래 'ㅣ'가 아닌 다른 모음이었던 단어들에는 과거에 구개음화가 일어나지 않았다. 그러므로 '김치'의 본래 형태가 '듬치'였고 형태소 내부에서의 'ㄷ-구개음화'가 사라진 후에 'ㅢ'가 'ㅣ'로 변화했다면 구개음화는 일어나지 않았을 것이다.

30강 | 음운의 변동 2

2019년 11월 고1 전국연합학력평가 [15]

101 ③

2019학년도 9월 고2 전국연합학력평가 [13]

102 ⑤
2019학년도 6월 고2 전국연합학력평가 [13]
103 ①
2013학년도 고3 4월 전국연합학력평가 B형 [12]
104 ③
2020학년도 대학수학능력시험 [13]
105 ④
2019학년도 고3 10월 전국연합학력평가 [11]
106 ③
2020학년도 고3 3월 전국연합학력평가 [11]
107 ①
2020학년도 고3 7월 전국연합학력평가 [11]
108 ⑤
2020학년도 9월 고1 전국연합학력평가 [11-12]
109 ③ 110 ⑤

101. 출제 의도 음운의 변동 이해 및 적용하기

❸이 답인 이유
설명을 통해 활용 정보에는 구개음화가 일어날 때의 발음이 제시된다는 것을 알 수 있으므로, '밭'의 경우 활용 정보인 '밭이[바치]'를 통해 구개음화가 일어나는 것을 확인할 수 있다. 그러나 '낯'의 경우, 활용 정보인 '낯이[나치]'는 연음될 때의 발음으로 구개음화가 일어나는 것을 확인할 수 없으므로 적절하지 않다.

오답을 피하고 싶었어
① 설명을 통해 발음 정보에는 음절의 끝소리 규칙이 일어나는 체언의 발음이 제시된다는 것을 알 수 있으므로 '낯'의 경우, 발음 정보인 [낟]을 통해 음절의 끝소리 규칙이 일어나는 것을 확인할 수 있다고 한 진술은 적절하다.
② 설명을 통해 발음 정보에는 자음군 단순화가 일어나는 체언의 발음이 제시된다는 것을 알 수 있으므로 '흙'의 경우, 발음 정보인 [흑]을 통해 자음군 단순화가 일어나는 것을 확인할 수 있다고 한 진술은 적절하다.
④ 설명을 통해 활용 정보에는 음절의 끝소리 규칙이나 자음군 단순화가 일어나는 체언이 연음될 때의 발음이 제시된다는 것을 알 수 있으므로 '밭'과 '흙'의 경우, 활용 정보인 '밭을[바틀]'과 '흙이[흘기]'를 통해 연음될 때 발음 양상을 확인할 수 있다고 한 진술은 적절하다.
⑤ 설명을 통해 활용 정보에는 비음화가 일어나는 경우의 발음이 제시된다는 것을 알 수 있으므로 '낯', '밭', '흙'의 경우, 활용 정보인 '낯만[난만]', '밭만[반만]', '흙만[흥만]'을 통해 비음화가 일어나는 양상을 확인할 수 있다는 진술은 적절하다.

102. 출제 의도 음운의 변동 이해하기

❺가 답인 이유
ㄷ의 '올여름'은 ㄴ첨가, 유음화가 일어나므로 두 번 이상의 음운 변동이 일어나지만, ㄹ의 '해돋이'는 구개음화만 일어나므로 두 번 이상의 음운의 변동이 일어나지 않는다.

오답을 피하고 싶었어
① ㄱ의 '신라'는 앞의 음운인 'ㄴ'이 뒤의 음운인 유음 'ㄹ'의 성질을 닮아 유음 'ㄹ'로 변동되었고, ㄴ의 '국물'은 앞의 음운인 'ㄱ'이 뒤의 음운인 비음 'ㅁ'의 성질을 닮아 비음 'ㅇ'으로 변동되었다.
② ㄱ의 '신라'는 'ㄴ'이 'ㄹ'로 바뀌는 교체 현상이 일어나고, ㄷ의 '올여름'은 ㄴ첨가가 일어나 [올녀름]이 되고 뒤의 음운 'ㄴ'이 앞의 음운 'ㄹ'의 영향으로 'ㄹ'로 바뀌는 교체(유음화)가 일어나 [올려름]이 된다.

103. 출제 의도 음운 변동 이해하기

❶이 답인 이유
'읽느라'가 [잉느라]로 발음될 때, 어간의 겹받침 중 'ㄹ'이 탈락하고(자음군 단순화), 'ㄱ'이 뒤의 'ㄴ'의 영향을 받아 'ㅇ'으로 교체된다(비음화).

오답을 피하고 싶었어
② '훑고서'가 [훌꼬서]로 발음될 때, 'ㄱ'이 'ㄲ'으로 교체되고(된소리되기), 어간의 겹받침 중 'ㅌ'이 탈락된다(자음군 단순화).
③ '예삿일'이 [예산닐]로 발음될 때, 'ㄴ'이 첨가되며, 둘째 음절의 받침인 'ㅅ'이 'ㄷ'으로 교체되고(음절의 끝소리 규칙), 첨가된 'ㄴ'의 영향으로 'ㄷ'이 'ㄴ'으로 교체된다(비음화).
④ '알약을'이 [알랴글]로 발음될 때, 'ㄴ'이 첨가되고, 첨가된 'ㄴ'이 첫째 음절의 받침인 'ㄹ'의 영향으로 'ㄹ'로 교체된다(유음화). [알랴글]은 [알략을]이 연음된 것으로 연음은 음운 변동에 포함되지 않는다.
⑤ '앓았다'가 [아랃따]로 발음될 때, 어간의 겹받침 중 'ㅎ'이 탈락하며(자음군 단순화), 둘째 음절의 받침인 'ㅆ'이 'ㄷ'으로 교체되고(음절의 끝소리 규칙), 'ㄷ'의 영향으로, 'ㄷ'이 'ㄸ'으로 교체된다(된소리되기). [아랃따]는 [알앋따]가 연음된 것으로 연음은 음운 변동에 포함되지 않는다.

104. 출제 의도 비음화, 유음화, ㄴ첨가 현상 이해 및 적용하기

❸이 답인 이유
ⓒ '막일'은 앞말의 끝이 자음이고, 뒷말이 '이'로 시작하는 경우에 해당하므로 'ㄴ' 소리가 첨가되는데, [막닐]이 아닌 [망닐]로 발음한다. 그 이유는 앞말의 받침인 'ㄱ'이 뒷말의 첫소리에 첨가된 'ㄴ'의 영향을 받아 'ㅇ'으로 비음화되었기 때문이다. 따라서 'ㅁ'의 영향으로 'ㄱ'이 비음화되었다는 진술은 적절하지 않다.

오답을 피하고 싶었어
① ⓐ는 앞말인 '코'가 모음으로 끝나고 뒷말인 '날'이 'ㄴ'으로 시작되므로 앞말의 끝소리에 'ㄴ'이 첨가된 경우이므로 적절한 진술이다.
② ⓑ는 앞말인 '색'이 자음 'ㄱ'으로 끝나고 뒷말이 '여'로 시작되므로 뒷말의 첫소리에 'ㄴ' 소리가 첨가된 경우이므로 적절한 진술이다.
④ ⓓ는 앞말 '물'의 끝이 자음이고 뒷말이 '약'로 시작하는 경우에 해당하므로 'ㄴ' 소리가 첨가되는데, [물냑]이 아닌 [물략]으로 발음한다. 그 이유는 뒷말의 첫소리에 첨가된 'ㄴ'이 앞말의 받침인 'ㄹ'의 영향을 받아 'ㄹ'로 유음화되었기 때문이다. 따라서 적절한 진술이다.
⑤ ⓔ는 앞말이 모음으로 끝나고 뒷말이 'ㅁ'으로 시작되므로 앞말의 끝소리에 'ㄴ'이 첨가된 경우인데, 사이시옷을 추가하여 '잇몸'이라고 표기한 것이므로 적절한 진술이다.

105. 출제 의도 음운 변동과 음절 유형 이해하기

❹가 답인 이유
'국물[궁물]'에서의 [궁]은 'ㄱ'이 'ㅇ'으로 교체된 결과이고, 음절 유형은 '국(④)', '궁(④)'이어서 변화가 없다.

오답을 피하고 싶었어

① '밥상[밥쌍]'에서의 [쌍]은 'ㅅ'이 'ㅆ'으로 교체된 결과이고, 음절 유형은 '상(④)', '쌍(④)'이어서 변화가 없다.
② '집일[짐닐]'에서의 [닐]은 'ㄴ'이 첨가된 결과이고, 음절 유형은 '일(③)' → '닐(④)'로 달라졌다.
③ '의복함[의보캄]'에서의 [캄]은 'ㄱ'과 'ㅎ'이 'ㅋ'으로 축약된 결과이지만, 음절 유형은 '함(④)', '캄(④)'이어서 변화가 없다.
⑤ '화살[화살]'에서의 [화]는 '활+살'의 과정에서 'ㄹ'이 탈락된 결과이고, 음절 유형은 '활(④)' → '화(②)'로 달라졌다.

106. 출제 의도 음운 변동 이해하기

❸이 답인 이유

'밟힌'은 'ㅂ'과 'ㅎ'이 'ㅍ'으로 축약되는 현상이 일어나 [발핀]으로 발음된다. 그리고 '숱한'은 'ㅌ'이 'ㄷ'으로 바뀌는 음절의 끝소리 규칙과, 'ㄷ'과 'ㅎ'이 'ㅌ'으로 축약되는 현상이 일어나 [수탄]으로 발음된다. '밟힌', '숱한' 모두 음운 변동의 결과 전체 음운의 개수가 1개 줄어들게 된다.

107. 출제 의도 음운 변동 이해하기

❶이 답인 이유

'잘 입다'를 이어서 한 마디로 발음하면 첨가와 교체가 일어나 [잘립따]가 되고, '값 매기다'를 이어서 한 마디로 발음하면 탈락과 교체가 일어나 [감매기다]가 된다. 따라서 ㄱ과 ㄴ에서 공통적으로 일어나는 음운 변동의 유형은 교체이다. 이러한 교체가 일어나는 예는 '책 넣는다[챙넌는다]'이다.

오답을 피하고 싶었어

② '좋은 약[조은냑]'에서는 탈락과 첨가가 일어난다.
③ '잘한 일[잘한닐]'에서는 첨가가 일어난다.
④ '슬픈 얘기[슬픈냬기]'에서는 첨가가 일어난다.
⑤ '먼 옛날[먼녠날]'에서는 첨가와 교체가 일어난다.

108. 출제 의도 음운 변동 이해하기

❺가 답인 이유

㉠에서는 '밭'과 '일'이 결합하면서 'ㄴ'이 첨가되었고, '밭[받]'의 'ㄷ'이 'ㄴ'을 만나 'ㄴ'으로 교체되었다. ㉡에서는 '훑-'의 'ㄾ'에서 'ㅌ'이 탈락한 뒤 'ㄹ'과 'ㄴ'이 만나 'ㄴ'이 'ㄹ'로 교체되었다. ㉢에서는 '같-'의 'ㅌ'이 'ㅣ'모음과 만나 'ㅊ'으로 교체되었다. 따라서 공통적으로 일어난 음운 변동은 교체이므로 탈락과 교체가 일어났다는 진술은 적절하지 않다.

오답을 피하고 싶었어

① ㉠의 '밭'에서는 음절 끝에 올 수 있는 자음이 7개(ㄱ, ㄴ, ㄷ, ㄹ, ㅁ, ㅂ, ㅇ)로 제한되어 있기 때문에 음운 변동이 일어나 'ㅌ'이 'ㄷ'으로 교체되었다.
② ㉠은 첨가로 인해 음운의 개수가 1개 늘었고 ㉡은 탈락으로 인해 음운의 개수가 1개 줄었다.
③ ㉠의 '밭'과 '일'은 모두 실질 형태소, ㉢의 '같-'은 실질 형태소, '-이'는 형식 형태소이다.
④ ㉡은 '훑-'의 자음 'ㄹ'로 인해 뒤의 'ㄴ'이 'ㄹ'로 교체된 것이고, ㉢은 'ㅌ'이 뒤에 오는 모음 'ㅣ'로 인해 'ㅊ'로 교체된 것이다.

109. 출제 의도 음운 변동 이해하기

❸이 답인 이유

이 글에 제시된 음운 변동 중 ⓐ에는 거센소리되기, ⓑ에는 비음화가 일어나는 단어가 들어가야 한다. '맏형[마텽]'은 'ㄷ'과 'ㅎ'이 합쳐져 거센소리 'ㅌ'으로 발음되므로 ⓐ에 해당하고, '식물[싱물]'은 'ㄱ'이 비음 'ㅁ'의 영향을 받아 비음 'ㅇ'으로 바뀌어 발음되므로 ⓑ에 해당한다.

오답을 피하고 싶었어

① '창밖[창박]'은 음절 끝의 자음 'ㄲ'이 'ㄱ'으로 발음된다. '능력[능녁]'은 비음화가 일어난다.
② '놓다[노타]'는 거센소리되기가 일어난다. '다섯[다섣]'은 음절 끝의 자음 'ㅅ'이 'ㄷ'으로 발음된다.
④ '쓰-+-어→써[써]'는 모음 탈락이, '법학[버팍]'은 거센소리되기가 일어난다.
⑤ '타-+-아라→타라[타라]'는 모음 탈락이, '집념[짐념]'은 비음화가 일어난다.

110. 출제 의도 음운 변동 이해 및 적용하기

❺가 답인 이유

'섞는[성는]'은 음절 끝의 자음 'ㄲ'이 'ㄱ'으로 바뀐 후, 비음화가 일어나므로 ㉠의 예에 해당한다.

오답을 피하고 싶었어

① '굽히지[구피지]'는 거센소리되기만 일어난다.
② '작년[장년]'은 비음화만 일어난다.
③ '않고[안코]'는 거센소리되기만 일어난다.
④ '장미꽃[장미꼳]'은 음절 끝의 자음 'ㅊ'이 'ㄷ'으로 발음되는 음운 변동만 일어난다.

31강 | 규정 모여 1

2021학년도 4월 고3 전국연합학력평가 [37]
111 ①
2014학년도 대학수학능력시험 6월 모의평가 B형 [11]
112 ⑤
2013학년도 3월 고2 전국연합학력평가 B형 [15]
113 ①
2016학년도 9월 고2 전국연합학력평가 [11]
114 ①
2015학년도 3월 고2 전국연합학력평가 [11]
115 ⑤
2020학년도 7월 고3 전국연합학력평가 [14]
116 ①
2011학년도 10월 고3 전국연합학력평가 [12]
117 ④
2013학년도 대학수학능력시험 9월 모의평가 [11]
118 ①
2021학년도 6월 고2 전국연합학력평가 [14]

119 ②
2019학년도 9월 고2 전국연합학력평가 [11]
120 ③

111. 출제 의도 표준 발음과 음운 변동 이해하기

❶이 답인 이유

'확인된 문제'의 사례에서 '출력된 자료'는 '표기된 자료'의 '표준 발음'이 그대로 출력되어 있다. 따라서 '표기된 자료'와 '출력된 자료'를 비교하여 분석하면 프로그램이 분석하지 못한 음운 변동 현상을 알 수 있다. 먼저 '끊어지다[끄너지다]', '암탉[암탁]'에는 '자음군 단순화'가 일어나는데, 프로그램은 음운의 탈락 현상을 분석하지 못한 것을 알 수 있다. 또한 '없애다[업ː쌔다]'에는 '된소리되기'가, '피붙이[피부치]'에는 '구개음화'가, '웃어른[우더른]'에는 '음절의 끝소리 규칙'이 일어나는데, 프로그램은 음운의 교체 현상을 분석하지 못한 것을 알 수 있다. 따라서 프로그램이 분석하지 못한 음운 변동 현상은 ㉠, ㉡이다.

112. 출제 의도 모음의 표준 발음 이해 및 적용하기

❺가 답인 이유

이 문항은 모음과 관련된 표준 발음법의 일부 조항들을 제시된 사례에 적용할 수 있는지를 묻고 있다. 〈보기〉의 세 번째 항목인 'ㅢ' 모음의 발음에 대한 규정에서 확인할 수 있다. 해당 항목에서는 첫째 '긔, 늬'처럼 자음을 첫소리로 가지고 있는 음절의 'ㅢ'는 [기], [니]처럼 [ㅣ]로 발음할 것, 둘째 '충의'와 같이 단어의 첫 음절 이외의 '의'는 [ㅣ]로도 발음할 수 있어 '충의'는 [충의]나 [충이]로 모두 발음할 수 있는 것, 셋째 관형격 조사 '의'는 [ㅔ]로도 발음할 수 있어 '우리의'는 [우리의]와 [우리에]로 모두 발음할 수 있는 것을 규정하고 있다. 이렇게 볼 때, '충의의'를 [충의의], [충이의], [충의에], [충이에]로 발음하는 것은 모두 표준 발음에 해당한다. 따라서 '충의의'를 [충이에]로 발음하는 것은 표준 발음에 해당한다는 ⑤의 진술은 적절하다.

오답을 피하고 싶었어

① '개'의 'ㅐ'와 '게'의 'ㅔ'는 엄연히 다른 단모음으로 이를 동일하게 발음하는 것은 표준 발음에 해당하지 않는다. 흔히 사람과 지역에 따라 'ㅔ'를 'ㅐ'에 가깝게 발음하는 경우가 있으나 이는 표준 발음으로 인정되지 않는다. 오히려 〈보기〉의 두 번째 항목을 통해 확인할 수 있듯이, '계'와 '게'를 동일하게 발음하는 것은 표준 발음에 해당한다.
② 〈보기〉의 첫 번째 항목을 확인하면, 'ㅚ'는 이중 모음으로 발음하는 것도 허용되며 이때 그 발음은 [ㅞ]와 같아진다. 따라서 '금괴'를 [금궤]로 발음하는 것은 표준 발음에 해당한다.
③ 〈보기〉의 두 번째 항목을 확인하면, '예, 례' 이외의 'ㅖ'는 [ㅔ]로도 발음할 수 있기 때문에 '지혜'를 [지헤]로 발음하는 것은 표준 발음에 해당한다.
④ 〈보기〉의 첫 번째 항목에서 규정한 것은 '비춰다'의 'ㅟ'를 이중 모음으로 발음할 수도 있다는 것이지, 'ㅟ'를 [ㅣ]로 발음하는 것은 표준 발음이 아니다. 따라서 '비춰다'를 [비치다]로 발음하는 것은 표준 발음에 해당하지 않는다.

113. 출제 의도 표준 발음법 이해 및 적용하기

❶이 답인 이유

제13항 규정에 의하면 '동녘에서'는 [동녀케서]로 발음해야 한다. '동녘'의 'ㅋ'은 홑받침이고, '에서'는 모음으로 시작하는 조사이므로 제 음가대로 뒤 음절 첫소리로 옮겨 발음한다.

114. 출제 의도 표준 발음법 이해 및 적용하기

❶이 답인 이유

'깎아'는 쌍받침이 모음으로 시작되는 어미 '-아'와 결합되는 경우이므로, 제13항에 따라 [까까]로 발음해야 한다.

오답을 피하고 싶었어

②, ③의 발음은 제14항과 관련된다.
④, ⑤의 발음은 제13항과 관련된다.

115. 출제 의도 표준 발음법 이해 및 적용하기

❺가 답인 이유

제25항은 용언 어간 뒤에 결합되는 어미의 첫소리 'ㄱ, ㄷ, ㅅ, ㅈ'에 관한 것으로 ⑤의 '여덟과'와는 관계가 없다. '여덟과'는 명사가 조사와 결합한 경우이므로 [여덜과]로 발음해야 한다.

오답을 피하고 싶었어

④ '신기다'는 '신다'에 사동 접미사 '기'가 붙은 것으로 표준어 규정 제24항의 '다만' 조항에 해당한다. 따라서 '신기다'는 [신기다]로 발음해야 한다.

116. 출제 의도 한글 맞춤법 규정 이해하기

❶이 답인 이유

'멋쟁이'는 명사 '멋' 뒤에 자음으로 시작된 접미사 '-쟁이'가 붙어서 된 것이므로 ㉠에 해당한다. '굵기'는 어간 '굵-' 뒤에 자음으로 시작된 접미사 '-기'가 붙어서 된 것이므로 ㉡에 해당한다. '얄따랗다'는 '얇다'에서 '얄따랗다'가 될 때 겹받침 중 앞의 'ㄹ'만 발음되므로 ㉢에 해당한다. ② '값지다'는 명사 '값' 뒤에 자음으로 시작된 접미사 '-지다'가 붙어서 된 것이므로 ㉠에 해당한다. ④ '오뚝이'는 부사 '오뚝' 뒤에 모음으로 시작된 접미사 '-이'가 붙어서 만들어진 단어이다.

117. 출제 의도 한글 맞춤법 규정 이해 및 적용하기

❹가 답인 이유

④는 '느긋이'가 올바른 선택이다. '느긋이'는 〈보기〉의 규정에서 '-하다'가 붙는 어근의 끝소리가 'ㅅ'인 경우에 해당하는 단어이다.

오답을 피하고 싶었어

① '고이'는 'ㅂ'불규칙 용언의 어간 뒤에 접미사가 붙어 끝음절이 '-이'로만 소리 나는 단어이다.
② '겹겹이'는 첩어인 명사 뒤에 접미사가 붙어 끝음절이 '-이'로만 소리 나는 단어이다.
③ '족히'는 '-하다'가 붙는 용언의 어간 뒤에서 접미사가 붙어 부사의 끝음절이 '히'로만 소리 나는 단어이다.
⑤ '각별히'는 '-하다'가 붙는 어근 뒤에 접미사가 붙어 '-히'로 소리 나는 단어이다.

118. 출제 의도 준말의 쓰임 이해하기

①이 답인 이유

'파이다'는 'ㅏ'로 끝난 어간에 '-이-'가 결합한 경우이므로, 〈보기〉의 설명에 따라 '패다'와 같이 'ㅐ'로 줄여 적는 것이 적절하다. 같은 이유로 '파인'도 '팬'으로 적어야 한다. 〈보기〉의 설명에 따르면, '패다'에서와 같은 'ㅐ' 다음에 '-었-'이 결합하여 줄 경우 준 대로 적는다고 하였으므로, '패었다'를 준 대로 적은 것이 '팼다'가 된다. 따라서 '팼다'가 줄기 이전의 본말은 '패었다'이다.

119. 출제 의도 문장 부호의 쓰임 파악하기

②이 답인 이유

'저 친구, 저러다가 큰일 한번 내겠어.'는 쉼표를 '문장 앞부분에서 조사 없이 쓰인 제시어나 주제어의 뒤에 쓰'는 예에 해당한다. ⓒ의 '문장의 연결 관계를 분명히 하고자 할 때 절과 절 사이에 쓴다.'에 해당하는 예는 '콩 심은 데 콩 나고, 팥 심은 데 팥 난다.' 등이다.

120. 출제 의도 구와 합성어 구별하기

③이 답인 이유

'뜯어먹다'는 '뜯어'와 '먹다' 사이에 '서'를 넣을 수 있으므로 ㉠에 해당하여 사전에 표제어로 실리지 않는다.

오답을 피하고 싶었어

① '헌가방'은 '헌 내 가방'과 같이 중간에 다른 말이 끼어들 수 있으므로 ㉠에 해당하며 사전에 표제어로 실리지 않는다.
② '놓고가다'는 '놓고'와 '가다' 사이에 '서'를 넣을 수 있으므로 ㉠에 해당하며 사전에 표제어로 실리지 않는다.
④ '뜬소문'은 '근거 없이 떠도는 소문'이라는 의미로 중간에 다른 말이 끼어들면 의미가 변하므로 ㉡에 해당하여 사전에 표제어로 실린다.
⑤ '알아듣다'는 '남의 말을 듣고 그 뜻을 알다'의 의미로 구성 요소의 배열이 순차적이지 않아 ㉢에 해당하는 합성어이며, 합성어는 사전에 표제어로 실리므로 적절하다.

32강 | 규정 모여 2

2013학년도 11월 고2 전국연합학력평가 B형 [11]
121 ②
2022학년도 EBS 수능특강 언어와 매체
122 ④
2019학년도 대학수학능력시험 9월 모의평가 [13]
123 ①
2016학년도 4월 고3 전국연합학력평가 [11]
124 ④
2019학년도 EBS 수능완성
125 ③
2019학년도 11월 고1 전국연합학력평가 [11-12]
126 ⑤ 127 ①
2016학년도 대학수학능력시험 6월 모의평가 B형 [12]
128 ①
2004학년도 대학수학능력시험 [10]
129 ①
2015학년도 대학수학능력시험 B형 [15]
130 ②

121. 출제 의도 표준 발음법과 국어의 로마자 표기법 이해하기

②가 답인 이유

받침 'ㅁ, ㅇ' 뒤에 연결되는 'ㄹ'은 [ㄴ]으로 발음해야 한다는 규정에 따라 '탐라'는 [탐나]로 발음되고, 이를 로마자 표기법에 따라 표기하면 'Tamna'가 된다.

오답을 피하고 싶었어

① 받침 'ㅁ, ㅇ' 뒤에 연결되는 'ㄹ'은 [ㄴ]으로 발음해야 한다는 규정에 따라 '종로'는 [종노]로 발음되므로 'Jongno'라고 표기해야 한다.
③ 받침소리로는 'ㄱ, ㄴ, ㄷ, ㄹ, ㅁ, ㅂ, ㅇ' 7개 자음만 발음한다는 규정에 따라 '벚꽃'은 [벋꼳]으로 발음되므로 'beotkkot'으로 표기해야 한다.
④ 'ㄱ'은 모음 앞에서는 'g'로 적는다는 규정에 따라 올바른 로마자 표기는 'Gangneung'이다.
⑤ 'ㄹㄹ'은 'll'로 적는다는 규정에 따라 올바른 로마자 표기는 'Hallasan'이다.

122. 출제 의도 표준 발음법과 국어의 로마자 표기법 이해하기

④이 답인 이유

'ㅛ'의 로마자 표기인 'yo'와 'ㅖ'의 로마자 표기인 'ye'에는 모두 로마자 'y'가 포함되어 있는데, [선생님의 설명]에서 로마자 표기에서 반모음 'j'를 지닌 이중 모음은 'y'를 사용하여 표기한다고 하였으므로 로마자 'y'가 반모음 'j'에 대응한다는 것을 알 수 있다. 'ㅛ'와 'ㅖ'의 로마자 표기는 서로 다른 반모음이 아니라, 서로 같은 반모음과 서로 다른 단모음을 지니고 있으므로 적절하지 않은 서술이다.

오답을 피하고 싶었어

① 'ㅠ'의 로마자 표기인 'yu'는 반모음 'j'에 대응하는 로마자인 'y'와 단모음 'ㅜ'에 대응하는 로마자인 'u'로 이루어져 있으므로, 적절한 서술이다.
② 'ㅙ'의 로마자 표기인 'wae'는 반모음 'w'에 대응하는 로마자인 'w'와 단모음 'ㅐ'에 대응하는 로자자인 'ae'로 이루어져 있으므로 적절한 서술이다.
③ 'ㅑ'의 로마자 표기인 'ya'와 'ㅘ'의 로마자 표기인 'wa'에는 모두 로마자 'a'가 포함되어 있는데, 로마자 표기에서 'a'는 국어의 단모음 'ㅏ'에 대응한다. 그러므로 'ㅑ'와 'ㅘ'의 로마자 표기는 두 이중 모음이 서로 같은 단모음을 지니고 있음을 드러낸다는 서술은 적절하다.
⑤ 'ㅢ'의 로마자 표기는 'ui'이고, 'ㅣ'의 로마자 표기는 'i'인데, 'ㅢ'는 'ㅣ'로 소리 나더라도 'ui'로 적는다고 하였으므로 'ㅢ'와 'ㅣ' 두 모음이 동일하게 'ㅣ'로 소리 날 때도 로마자 표기는 항상 다르다는 서술은 적절하다.

123. 출제 의도 음운 변동과 로마자 표기 이해하기

①이 답인 이유

㉠에서는 끝소리가 'ㄷ', 'ㅌ'인 형태소가 모음 'ㅣ'나 반모음 'ㅣ[j]'로 시작되는 형식 형태소와 만나면 그것이 구개음 'ㅈ', 'ㅊ'으로 변하는 구개음화

가 일어나며, 이러한 음운 변동은 '땀받이[땀바지]'에서도 일어난다. 한편 구개음화는 로마자 표기에 반영되는데, 이는 '같이[가치]'를 'gati'가 아니라 'gachi'로 적은 것을 통해 확인할 수 있다.

오답을 피하고 싶었어

② ⓛ에서는 된소리되기가 일어나며, 이는 '삭제[삭쩨]'에서도 일어난다. 된소리되기는 로마자 표기에 반영되지 않는데, 이는 '잡다[잡따]'를 'japtta'가 아니라 'japda'로 적은 것을 통해 확인할 수 있다.

③ ⓒ에서는 거센소리되기가 일어나며, '닳아[다라]'에서는 'ㅎ 탈락'이 일어난다. 용언의 활용에서의 거센소리되기는 로마자 표기에 반영되는데, 이는 '놓지[노치]'를 'nohji'가 아니라 'nochi'로 적은 것을 통해 확인할 수 있다.

④ ⓔ에서는 'ㄴ 첨가'가 일어나며, 이는 '한여름[한녀름]'에서도 일어난다. 'ㄴ 첨가'는 로마자 표기에 반영되는데, 이는 '맨입[맨닙]'을 'maenip'이 아니라 'maennip'으로 적은 것을 통해 확인할 수 있다.

⑤ ⓜ에서는 비음화가 일어나며, 이는 '밥물[밤물]'에서도 일어난다. 비음화는 로마자 표기에 반영되는데, 이는 '백미[뱅미]'를 'baekmi'가 아니라 'baengmi'로 적은 것을 통해 확인할 수 있다.

124. 출제 의도 표준 발음법과 국어의 로마자 표기법 이해하기

❹가 답인 이유

'집일'은 제29항에 따라 'ㄴ' 소리가 첨가되고, 제18항에 따라 'ㅂ'이 [ㅁ]으로 발음되어 [짐닐]로 발음된다. 따라서 '집일'을 로마자로 표기하려면 표준 발음법 제18항, 제29항에 대한 이해가 필요하다.

오답을 피하고 싶었어

① '덮이다'는 제13항에 따라 [더피다]로 발음되므로, 표준 발음법 제13항에 대한 이해가 필요하다는 진술은 적절하다.

② '웃어른'은 제15항에 따라 [우더른]으로 발음되므로, 표준 발음법 제15항에 대한 이해가 필요하다는 진술은 적절하다.

③ '굳이'는 제17항에 따라 [구지]로 발음되므로, 표준 발음법 제17항에 대한 이해가 필요하다는 진술은 적절하다.

⑤ '색연필'은 제29항에 따라 'ㄴ' 소리가 첨가되고, 제18항에 따라 'ㄱ'이 [ㅇ]으로 발음되어 [생년필]로 발음되므로, 표준 발음법 제18항, 제29항에 대한 이해가 필요하다는 진술은 적절하다.

125. 출제 의도 표준 발음법과 국어의 로마자 표기법 이해하기

❸이 답인 이유

'표준 발음법' 제18항은 비음화 조항인데, 'Samjuk-myean(← 삼죽면[삼중면])'은 비음화가 반영되지 않은 로마자 표기이다. 비음화를 반영하면 'Samjung-myeon'으로 표기했을 것이다. 참고로 비음화는 원래 '로마자 표기법'에 반영되어 있는데(Baengma ← 백마[뱅마]), 붙임표(-) 앞뒤에서 일어나는 음운 변동은 로마자 표기에 반영하지 않고 있다.

오답을 피하고 싶었어

① '표준 발음법' 제9항에 따르면 어말 또는 자음 앞의 'ㅊ'은 [ㄷ]으로 발음해야 하는데 '홍빛나'의 바른 로마자 표기는 'Hong Bitna'이니, '표준 발음법' 제9항은 '로마자 표기법'에 반영되어 있음을 알 수 있다.

② '표준 발음법' 제17항에 따르면 '해돋이'의 표준 발음은 [해도지]이고 'haedoji'는 이 표준 발음에 따른 표기이다.

④ '로마자 표기법'은 '표준 발음법'에 따라 적는 것이 원칙이지만 된소리되기는 로마자 표기에 반영하지 않는다. 이에 따라 '낙동강'의 표준 발음은 [낙똥강]이지만 바른 로마자 표기는 'Nakdonggang'이다.

⑤ '로마자 표기법'은 '표준 발음법'에 따라 적는 것이 원칙이지만 된소리되기는 로마자 표기에 반영하지 않는다. 이에 따라 '울산'의 표준 발음은 [울싼]이지만 바른 로마자 표기는 'Ulsan'이다.

126. 출제 의도 한글 맞춤법 이해하기

❺가 답인 이유

1문단에서 일반적인 활용 규칙에서 어긋나는 경우에는 표음주의를 채택함을 알 수 있다. ⓜ은 이에 해당하는 예로서, 어간에 어미 '-아'가 붙을 때 '갈라'와 같이 형태소의 본 모양을 밝혀 적지 않는 표음주의 표기를 하고 있으므로 적절하지 않다.

오답을 피하고 싶었어

① ㉠인 '먹고'는 형태소 '먹-'과 '-고'가 합쳐진 것이고, 기본형 '먹다'는 형태소 '먹-'과 '-다'가 합쳐진 것이다. 따라서 '먹고'와 '먹다'는 각 형태소의 본 모양을 밝혀 적은 표의주의 표기를 하고 있으므로 적절하다.

② ⓛ인 '좋아'는 어간인 '좋-'과 어미인 '-아'의 형태를 밝혀 적고 있는 표의주의 방식을 채택하고 있으므로 적절하다.

③ ⓒ인 '사라지다'는 '살다'와 '지다'가 연결어미 '-아'에 의해 어울려 한 개의 용언이 된 합성어로, 앞말이 본뜻에서 멀어져서 원형을 밝혀 적지 않고 소리 나는 대로 적는 표음주의 표기를 하고 있으므로 적절하다.

④ ⓔ인 '쉽다'는 어간에 어미 '-고'가 붙을 때는 '쉽고'와 같이 형태소의 본 모양을 밝혀 적는 표의주의 표기를 사용하고 있는데, 어간에 어미 '-으니'가 붙을 때는 '쉬우니'와 같이 형태소의 본 모양을 밝혀 적지 않는 표음주의 표기를 사용하고 있으므로 적절하다.

127. 출제 의도 중세 국어의 표기 원칙 이해하기

❶이 답인 이유

ⓐ인 '노피'의 경우는 '높-'과 '-이'가 결합할 때 '높-'의 끝소리인 'ㅍ'이 '-이'의 첫소리로 옮겨 적는 이어 적기를 하고 있는 예이다. 그러나 ⓕ인 '놉히'의 경우는 '높이'에서 'ㅍ'을 'ㅂ'과 'ㅎ'으로 나누어 표기하는 재음소화 표기에 해당하는 예이므로 이를 거듭 적기라고 한 진술은 적절하지 않다.

오답을 피하고 싶었어

② ⓑ인 '므레'는 체언 '믈'에 조사 '에'가 붙은 것으로, '믈'의 끝소리인 'ㄹ'이 '에'의 첫소리로 옮겨 적은 이어 적기에 해당하므로 적절하다.

③ ⓒ인 '사룸이니'는 체언 '사룸'과 조사 '이니'가 결합할 때 형태소의 본 모양을 밝혀 적은 끊어 적기에 해당하므로 적절하다.

④ ⓓ인 '도적글'은 '도적'의 끝소리인 'ㄱ'을 '을'의 첫소리에도 다시 적는 거듭 적기에 해당하므로 적절하다.

⑤ ⓔ인 '븕은'은 어간 '븕-'과 어미 '-은'의 형태를 밝혀 적는 끊어 적기에 해당하고, ⓖ인 '드러'는 어간 '들-'과 어미 '-어'가 결합할 때, '들-'의 끝소리 'ㄹ'이 '-어'의 첫소리로 옮겨 적은 이어 적기에 해당하므로 적절하다.

128. 출제 의도 한글 맞춤법 적용하기

❶이 답인 이유

'ㅚ' 뒤에 '-어'가 붙은 형태는 'ㅙ'로 줄어질 수 있으므로 '쐬어라'는 '쐐라'로 줄어질 수 있고 표기도 그렇게 하여야 한다. 그러므로 '쐬라'는 틀린 표기이다.

오답을 피하고 싶었어

② '괴-'와 '-느냐'가 결합하는 것은 'ㅚ' 뒤에 '-어'가 붙는 경우가 아니므로 'ㅙ'의 표기가 나올 수 없다.
③ 'ㅚ'와 '-어'가 'ㅙ'로 줄어지는 것이므로 '좨도'의 원래 말은 '죄어도'이고 이는 어간 '죄-'와 어미 '-어도'가 결합한 말임을 알 수 있다.
④ '뵈-'와 '-어서'의 결합인 '뵈어서'는 'ㅚ' 뒤에 '-어'가 오는 경우이므로 '봬서'로 줄어질 수 있다.
⑤ '쇠-'와 '-더라도'가 결합하는 것은 'ㅚ' 뒤에 '-어'가 붙는 경우가 아니므로 'ㅙ'의 표기가 나올 수 없다.

129. 출제 의도 한글 맞춤법 적용하기

❶이 답인 이유

제57항에 나오는 내용들이다. '다리다': (옷이나 천 등을 다리미로) 눌러서 문지름으로써 구김살을 펴지게 하다. '달이다': (한약 따위를) 물에 넣고 끓여서 우러나오게 하다. 즉, ①은 서로 반대로 쓴 것이다.

오답을 피하고 싶었어

② 안치다: 밥, 떡, 찌개 따위를 만들기 위하여 그 재료를 솥이나 냄비 따위에 넣고 불 위에 올리다.
앉히다: 사람이나 동물이 윗몸을 바로 한 상태에서 엉덩이에 몸무게를 실어 다른 물건이나 바닥에 몸을 올려놓게 하다.
③ 엉기다: 점성이 있는 액체나 가루 따위가 한 덩어리가 되면서 굳어지다.
엉키다: 실이나 줄 따위가 풀기 힘들 정도로 서로 한데 얽히게 되다.
④ 이따가: 조금 지난 뒤에. 이따.
있다가: 앞말이 뜻하는 행동을 진행하다가.
⑤ 저리다: 뼈마디나 몸의 일부가 오래 눌려서 피가 잘 통하지 못하여 감각이 둔하고 아리다.
절이다: 푸성귀나 생선 따위를 소금기나 식초, 설탕 따위에 담가 간이 배어들게 하다.

130. 출제 의도 한글 맞춤법 적용하기

❷가 답인 이유

이 문항은 일상의 언어생활에서 잘못 표기하기 쉬운 사례를 중심으로 한글 맞춤법에 맞게 쓰인 사례를 고를 것을 요구하고 있다. 이제까지 한글 맞춤법과 관련된 문항이 주로 규정 속에 내재되어 있는 원리를 파악하고 적용하는 능력을 평가하여 왔음에 비해, 이 문항은 직접적으로 올바른 표기를 고를 것을 요구한다는 점에서 특징적이다. '부치다'는 '편지를 부치다.'처럼 '편지나 물건 따위를 일정한 수단이나 방법을 써서 상대에게로 보내다.'의 의미를 지니기도 하고, 제시된 용례처럼 '어떤 문제를 다른 곳이나 다른 기회로 넘기어 맡기다.'의 의미를 지닐 때에는 '안건을 회의에 부치다.', '표결에 부치다.', '재판에 부치다.', '투표에 부치다.' 등처럼 쓰인다. '부치다'와 흔히 혼동하기 쉬운 '붙이다'는 대체로 '붙다'의 사동사로 쓰여 '봉투에 우표를 붙이다.', '벽에 메모지를 붙이다.', '연탄에 불을 붙이다.', '계약에 조건을 붙이다.' 등과 같이 쓰인다.

오답을 피하고 싶었어

① '어제저녁'의 준말로, '엇저녁'이 아니라 '엊저녁'으로 써야 한다.
③ '적지 않은'의 준말로, '적잖은'이 아니라 '적잖은'으로 써야 한다.
④ 김치의 일종을 뜻하는 말로, '깍뚜기'가 아니라 '깍두기'가 바른 표기이다.
⑤ '편편하고 얇으면서 꽤 넓다.'의 의미를 지니는 말로, '넙적하게'가 아니라 '넓적하게'가 바른 표기이다.

33강 | 담화

2010학년도 대학수학능력시험 6월 모의평가 [10]
131 ②
2013학년도 9월 고2 전국연합학력평가 A형 [15]
132 ④
2014학년도 3월 고3 전국연합학력평가 B형 [15]
133 ④
2014학년도 대학수학능력시험 예비 시행 A형 [14]
134 ③
2014학년도 6월 고2 전국연합학력평가 [15]
135 ⑤
2014학년도 3월 고2 전국연합학력평가 B형 [14]
136 ④
2015학년도 4월 고3 전국연합학력평가 B형 [15]
137 ③
2013학년도 4월 고3 전국연합학력평가 A형 [14]
138 ③
2015학년도 3월 고3 전국연합학력평가 A형 [13]
139 ①
2014학년도 9월 고2 전국연합학력평가 B형 [15]
140 ③

131. 출제 의도 어미에 나타난 정보 출처의 의미 파악하기

❷가 답인 이유

어미 '-을래'에는 정보의 출처가 담겨 있는 것이 아니라, 화자가 미래에 어떤 행동을 하겠다는 정보가 담겨 있다.

오답을 피하고 싶었어

① 어미 '-대'에서 간접적으로 '전해 들음'의 정보임을 알 수 있다.
③ 어미 '-네'에서 화자가 '직접 경험'한 정보임을 알 수 있다.
④ 어미 '-을걸'에서 '추측'하고 있는 정보임을 알 수 있다.
⑤ 어미 '-겠-'에서 '추측'하고 있는 정보임을 알 수 있다.

132. 출제 의도 담화 상황 이해하기

❹가 답인 이유

"아침은 먹었니?"라고 말하는 아주머니의 말은 아침 인사에 해당하는 표현으로 아주머니는 인간관계 형성을 위한 상호 작용을 한 것이다.

133. 출제 의도 응집성을 드러내는 표현 장치 이해하기

❹가 답인 이유

'이렇게 한 다음'이라는 표현에서 '이렇게'라는 지시 표현(㉮)과 '다음'이라는 순서, 과정을 직접적으로 드러내는 어휘(㉯)가 모두 사용되고 있다.

오답을 피하고 싶었어

① '먼저'는 직접적으로 순서나 과정을 드러내는 어휘(㉯)이다.
② '우리'라는 1인칭 지시 대명사(㉮)가 사용되었다.
③ '그러니'는 접속 부사(㉮)로, 응집성을 표현하는 형식에 해당된다.
⑤ 앞뒤 문장에서 '사포질'이라는 단어가 반복되어 담화의 후반부가 연필꽂이 만들기 중 '사포질' 단계와 관련되어 있음을 드러내고 있다.

134. 출제 의도 직접 발화와 간접 발화 이해하기

❸이 답인 이유

이 문항은 담화가 청자에게 미치는 영향력, 화자의 의도 표현 등과 관련된 직접 발화와 간접 발화의 구체적인 사례를 이해할 수 있는지를 묻는 문항이다. '구청에 가려면 어느 쪽으로 가야 하나요?'라는 의문문은 목적지까지 가는 길을 모른다는 담화 상황을 볼 때 길을 묻는 의도가 직접 드러난 발화로 볼 수 있다.

오답을 피하고 싶었어

① ㉠은 동생이 귀가한 후 누나에게 '아, 목마르다.'고 발화한 상황으로 볼 때 '물을 달라'는 의도를 간접적으로 표현한 것으로 볼 수 있다.
② ㉡은 추운 교실이라는 상황에서 창가에 앉은 학생에게 선생님이 '창문이 열렸네.'라고 발화한 것으로, 창문이 열린 사실을 전달하려는 의도가 아니라 창을 닫게 하려는 의도를 간접적으로 표현한 것이다.
④ ㉣은 의문형으로 표현되었지만 동생에게 대답을 요구하는 것이 아니라 '옷을 빌려 달라'는 동생에게 '빌려주기 싫다'는 의도를 간접적으로 표현한 것이다.
⑤ ㉤은 추운 겨울 실내로 들어오는 선생님을 맞이하면서 하는 발화 상황임을 고려할 때 '차를 드시라'는 의도를 간접적으로 표현한 것으로 볼 수 있다.

135. 출제 의도 간접 발화 이해하기

❺가 답인 이유

'뮤지컬 함께 보러 가자.'라는 동생의 발화는 청유형 어미 '-자'를 사용한 청유문으로 표현되었으며, 요청의 의미를 담고 있기 때문에 직접 발화에 해당한다.

오답을 피하고 싶었어

① ㉠은 평서형 어미 '-네'를 사용한 반장의 발화로, 떠드는 학생에게 조용히 하라는 지시의 의도를 간접적으로 표현하고 있으므로 간접 발화이다.
② ㉡은 의문형으로 표현된 엄마의 발화로, 게임을 그만하라는 지시의 뜻을 담고 있으므로 간접 발화이다.
③ ㉢은 의문형으로 표현된 시어머니의 발화로, 우산을 들고 마중을 가는 게 어떠냐는 요청의 뜻을 담고 있으므로 간접 발화이다.
④ ㉣은 의문형으로 표현된 사장의 발화로, 실수를 하지 말라는 주의의 뜻을 담고 있으므로 간접 발화이다.

136. 출제 의도 간접 발화 이해하기

❹가 답인 이유

아들은 '배가 너무 고파요.'라는 평서문을 사용해 상대방인 엄마에게 '제가 배가 고프니 먹을 것을 주세요.'라는 요구의 의미를 표현하고 있으므로 ㉣은 간접 발화에 해당한다.

137. 출제 의도 담화에서 지칭어와 높임 표현 이해하기

❸이 답인 이유

㉢에서 문장의 객체인 '할아버지'에 대해 '모시고'라는 특수 어휘를 사용하여 객체 높임을 실현하고 있으므로 조사를 통해 높임을 실현하고 있다는 설명은 적절하지 않다.

오답을 피하고 싶었어

① ㉠에서 화자인 '혜연'이 자신을 기준으로 대상인 '할머니'를 파악하여 지칭어인 '할머니'를 사용하고 있으므로 적절하다.
② ㉡에서 문장의 주체인 '어머니'는 화자인 '삼촌'이 높여야 할 대상이므로 특수한 어휘 '계시다(계시니)'를 통해 높임을 실현하고 있으므로 적절하다.
④ ㉣에서 화자인 '삼촌'이 청자인 '혜연'을 기준으로 대상인 '어머니'를 파악하여 지칭어인 '어머니'를 사용하고 있으므로 적절하다.
⑤ ㉤에서 청자인 '삼촌'이 화자인 '혜연'보다 높은 대상이므로 종결 어미 '-아요'를 통해 높임을 실현하고 있으므로 적절하다.

138. 출제 의도 구어 담화의 표현 이해하기

❸이 답인 이유

같은 대상을 철수는 '이 과자'라고 표현하고 영희는 '그거?'라고 표현한 것은 '과자'가 영희보다 철수에게 가까운 위치에 있기 때문이다.

오답을 피하고 싶었어

② 발화 상황을 고려할 때, '참 잘하셨네요.'라는 진술에서 높임 표현이 사용된 것은 말하는 이와 듣는 이의 상하 관계를 드러내기 위해서가 아니라, 철수의 행위에 대해 영희가 자신의 불만 또는 언짢음을 반어적으로 드러내기 위해서라고 할 수 있다.
④ '대신 이 과자라도 먹을래?'라는 철수의 발화 내용을 고려할 때 '먹을래.'라는 영희의 발화에는 주체인 '나(영희)'와 대상인 '과자'가 생략되어 있다.
⑤ 과자를 건네는 행위와 '배 안 고파?'라는 물음에 담긴 영희의 의도를 고려할 때 점심을 먹었다는 철수의 진술은 과자를 먹으라는 영희의 제안에 대한 거절의 의미를 담고 있다.

139. 출제 의도 담화에서 대명사의 쓰임 이해하기

❶이 답인 이유

㉠의 '그것'은 대용 표현으로 사용된 지시 대명사로서, 담화 맥락 안에서 '영희가 말도 없이 책을 가져갔다'는 사실을 가리키고 있는 것이지 '민수가 화가 많이 난 것'을 표현하려고 한 것은 아니므로 적절하지 않다.

오답을 피하고 싶었어

② ㉡의 '자기'는 B가 앞서 언급한 '영희'를 도로 나타내기 위해 사용한 재귀 대명사이다.
③ ㉢의 '아무나'는 화자가 불특정 대상을 가리키기 위해 사용한 부정칭 대명사이다.
④ ㉣의 '누구'는 지시 대상을 정확히 모르고 있어서 사용한 미지칭 대명사이다.
⑤ ㉤의 '거기'는 담화 맥락상 A가 앞서 언급한 '교실'을 가리키기 위해 사용한 지시 대명사이다.

140. 출제 의도 담화에서 생략된 표현 파악하기

❸이 답인 이유

반장은 선생님의 신발장의 신발을 치우라는 말을 책상의 책을 치우라는 이야기로 받아들이고 있기 때문에 원활한 의사소통을 하고 있다고 볼 수 없다.

오답을 피하고 싶었어

① (가)는 목적어와 서술어, (나)는 주어와 목적어가 생략되었으므로 공통적으로 목적어가 생략되었다는 것은 적절한 말이다.
② 반장은 상황 맥락에 따라 (가)에서는 주어를 제외한 문장 성분을, (나)에서는 부사어와 서술어를 제외한 문장 성분을 생략하고 있어 상황 맥락에 따라 생략하는 문장 성분에 차이가 생긴다고 볼 수 있다.
④ (라)의 경우 '제가'라는 주어와 '신발장을(신발을)'이라는 목적어, '정리할게요(치울게요)'라는 서술어를 생략한 것으로 볼 수 있다.
⑤ 선생님께서 신발을 치우라고 한 말의 대답이므로 문장 성분을 복원한다면, '제가 선생님께서 시키신 신발장 정리를 끝냈어요.' 정도의 문장으로 표현할 수 있다.

34강 | 국어의 변천

2020학년도 6월 고2 전국연합학력평가 [15]
141 ⑤
2021학년도 3월 고3 전국연합학력평가 [37]
142 ③
2020학년도 대학수학능력시험 [15]
143 ①
2014학년도 3월 고3 전국연합학력평가 B형 [16]
144 ①
2019학년도 9월 고2 전국연합학력평가 [15]
145 ③
2019학년도 11월 고2 전국연합학력평가 [15]
146 ③
2020학년도 9월 고2 전국연합학력평가 [15]
147 ①
2021학년도 3월 고2 전국연합학력평가 [13]
148 ③
2019학년도 6월 고2 전국연합학력평가 [15]
149 ④
2021학년도 4월 고3 전국연합학력평가 [39]
150 ①

141. 출제 의도 중세 국어의 특징 이해하기

❺가 답인 이유

'얼굴'은 중세 국어에서 '형체'라는 의미를 가지고 있었으나, 현대 국어에서는 '낯'이라는 의미로만 사용되고 있어서 중세보다 의미가 축소되었다.

오답을 피하고 싶었어

① '기·픈'은 어간의 받침 'ㅍ'을 어미의 첫소리로 옮겨 소리 나는 대로 표기한 것이다.
② ':뭘·씨'는 현대 국어에서는 사용되지 않는 단어이다.
③ '·룰'은 현대 국어의 '를'과 형태가 다르다.
④ '쁧·디·면'에는 현대 국어에서 쓰이지 않는 어두 자음군 'ㅄ'이 사용되었다.

142. 출제 의도 중세 국어의 특징 이해하기

❸이 답인 이유

'니ᄅᆞ샨'을 통해 주체를 높이는 선어말 어미가 쓰였음을 확인할 수 있으나, 이때 높임의 대상은 수달이 아니라 太子(태자)이다.

오답을 피하고 싶었어

① '숩으로'와 '양ᄋᆞ로'를 통해, '숩으로'와 '양ᄋᆞ로'에 쓰인 부사격 조사는 중세 국어에서 앞 음절 모음이 음성 모음일 때는 음성 모음으로 시작하는 조사 '으로'로, 양성 모음일 때는 양성 모음으로 시작하는 조사인 'ᄋᆞ로'로 달리 나타났음을 확인할 수 있다.
② '쁨'을 통해 중세 국어에서는 'ㅄ'과 같이 단어 첫머리에 자음이 연속하여 올 수 있었음을 확인할 수 있다.
④ '太子ㅅ'이 '태자의'로 풀이됨을 통해 중세 국어에서는 체언 '太子'에 관형격 조사로 'ㅅ'이 결합하였음을 확인할 수 있다.
⑤ '거즛마룰'을 통해 중세 국어에서 체언 '거즛말'에 조사 '울'이 결합할 때 앞말의 받침이 뒤의 초성으로 연음되는 것을 표기에 반영하는 방식인 이어 적기를 하였음을 확인할 수 있다.

143. 출제 의도 중세 국어의 주격 조사 이해하기

❶이 답인 이유

ⓐ의 '나리'는 '날+이'로 자음 다음에 주격 조사 '이'가 나타난 경우(㉠)이다. 마찬가지로, ⓓ의 '아ᄃᆞ리'는 '아ᄃᆞᆯ+이'로 자음 다음에 주격 조사 '이'가 나타난 경우(㉠)이다.

오답을 피하고 싶었어

ⓑ '太子(태자)'에는 주격 조사가 나타나지 않았는데, 이는 음운 조건에 관계없이 주격 조사가 생략된 경우(㉢)이다. '太子(태자)'는 모음 '이'나 반모음 'ㅣ'로 끝나 주격 조사가 'Ø(영형태)'로 실현되는 음운 조건이 아니므로, 만일 주격 조사가 생략되지 않았다면 ⓔ처럼 '太子ㅣ'로 나타났어야 한다.
ⓒ 'ᄃᆞ리'는 'ᄃᆞ리+Ø'로 모음 '이' 다음에 주격 조사가 'Ø(영형태)'로 실현되어 나타나지 않은 경우(㉡)이다. ⓑ의 현대어 풀이에서는 주격 조사가 생략된 것에 비해 ⓒ의 현대어 풀이에서는 주격 조사가 생략되지 않았다는 점에서 주격 조사가 'Ø(영형태)'로 실현되었음을 알 수 있다.
ⓔ '孔子ㅣ'는 모음 '이'와 반모음 'ㅣ' 이외의 모음인, '孔子(공자)'의 'ㅏ' 다음에 주격 조사 'ㅣ'가 나타난 경우이다.

144. 출제 의도 중세 국어의 목적격 조사와 모음 조화 현상 이해하기

❶이 답인 이유

현대 국어에서는 체언과 목적격 조사가 결합할 때 체언의 끝소리의 받침 유무에 따라 '을/를'을 구별하여 사용하고 있지만, 15세기 국어에서는 체언의 끝소리가 양성 모음인지 음성 모음인지도 고려하였다는 진술을 바탕으로 각 단어에 어울리는 목적격 조사를 찾는 것이다. '사ᄅᆞᆷ'의 'ᄅᆞᆷ'은 받침이 있고 양성 모음이기 때문에 '울'이 오며, '천하'의 '하'는 받침이 없고 양성 모음이기 때문에 '룰'이 오며, '누'는 받침이 없고 음성 모음이기 때문에 '를'이 오며, '뜯'은 받침이 있고 음성 모음이기 때문에 '을'이 온다.

145. 출제 의도 중세 국어의 조사 'ᄋᆡ/의'의 쓰임 이해하기

❸이 답인 이유

'거부븨 터리 ᄀᆞᆮ고'에서 '의'는 관형격 조사로 사용되었고, 앞 단어 '거붑'의 마지막 음절의 모음이 음성 모음이므로 '의'의 형태로 실현된 것이다. '바ᄆᆡ 비취니'에서 'ᄋᆡ'는 부사격 조사로 사용되었고, 앞 단어 '밤'의 모음이 양성 모음이므로 'ᄋᆡ'의 형태로 실현된 것이다.

146. 출제 의도 중세 국어의 선어말 어미 '-오-/-우-'의 쓰임 이해하기

❸이 답인 이유

〈보기〉에서 '-오-'는 어말 어미 앞에서 문법적인 기능을 하는 어미임을 알 수 있다. 그런데 ㉢의 '롱담ᄒᆞ다라'에서 '-다-'는 '-더-'가 '-오-'와 결합하여 나타난 형태이므로 '-더-'가 어말 어미와 결합하여 나타났다는 진술은 적절하지 않다.

오답을 피하고 싶었어

① 〈보기〉에서 '-오-'는 음성 모음 뒤에서 '-우-'로 나타남을 알 수 있다. ㉠에서 '-오-'는 'ᄡᅮ-'의 음성 모음 뒤에서 '-우-'로 나타났으므로 적절하다.

② 〈보기〉에서 '-오-'는 현재 시제를 나타내는 '-ᄂᆞ-'와 결합하면 '-노-'로 나타남을 알 수 있다. ㉡에서 '-노-'는 '-오-'가 '-ᄂᆞ-'와 결합하여 나타난 것이므로 적절하다.

④ '-오-'가 ㉡에는 현재 시제를 나타내는 '-ᄂᆞ-'와 결합하여 '-노-'로 나타났고, ㉢에는 과거 시제를 나타내는 '-더-'와 결합하여 '-다-'로 나타났으므로 적절하다.

⑤ 〈보기〉에서 '-오-'는 문장의 주어가 화자임을 표현하기 위해 쓰였음을 알 수 있다. ㉠, ㉡, ㉢ 각각의 주어를 확인하면 세 경우 모두 '-오-'가 문장의 주어가 화자임을 표현하기 위해 쓰였다는 것을 알 수 있으므로 적절하다.

147. 출제 의도 중세 국어의 의문 보조사 이해하기

❶이 답인 이유

얻논 藥(약)이 (㉠)'에서 ㉠은 '무엇인가?'에 해당하는 말이므로 이 문장은 구체적 답변을 요구하는 설명 의문문임을 알 수 있다. 그러므로 ㉠은 의문 보조사 '고'를 사용한 '므스것고'가 적절하다. '이 ᄯᆞ리 너희 (㉡)'는 '예' 또는 '아니오'의 판정을 요구하는 판정 의문문이므로 의문 보조사 '가'를 사용한다. '엇뎨 일훔이 (㉢)'은 '어찌'를 통해 설명을 요구하는 설명 의문문이라는 것을 알 수 있고, '선야'라는 이름이 모음으로 끝나므로 의문 보조사 '오'를 사용한다.

148. 출제 의도 중세 국어의 ㅎ 종성 체언의 쓰임 이해하기

❸이 답인 이유

현대 국어의 '살코기'는 중세 국어의 'ᄉᆞᆯㅎ'과 '고기'가 결합하여 'ㅎ 종성 체언'의 흔적이 남은 단어이다. 제시된 중세 국어 자료에 의하면, 'ㅎ 종성 체언'은 단독형으로 쓰일 때에는 'ㅎ'이 나타나지 않으므로, '살코기'의 '살'은 중세 국어에서 단독으로 쓰일 경우 'ᄉᆞᆯ'의 형태로 사용되었을 것이다.

오답을 피하고 싶었어

① '안팎'은 '안'과 '밖'이 어울려 쓰인 것으로 '안ㅎ'의 흔적이 남은 경우에 해당한다.

② '수캐'는 중세 국어에서 '수ㅎ'와 '개'가 어울려 쓰인 것으로 '수ㅎ'의 'ㅎ' 종성이 'ㄱ'과 어울려 'ㅋ'이 되는 거센소리되기가 이루어진 것이다.

④ 중세 국어에서 '나라'는 'ㅎ 종성 체언'으로, 모음으로 시작하는 조사 '이'와 결합할 경우 'ㅎ'을 이어 적어 '나라히'와 같은 형태로 나타난다.

⑤ '암평아리'는 중세 국어에서 'ㅎ 종성 체언'인 '암ㅎ'과 '병아리'가 결합하여 '암평아리'가 된 단어로, 'ㅎ 종성 체언'의 흔적이 남은 단어이다.

149. 출제 의도 중세 국어의 높임법 이해하기

❹가 답인 이유

㉡에서 '뫼ᄉᆞᆸ고'는 특수 어휘와 객체 높임 선어말 어미인 '-ᄉᆞᆸ-'을 사용하여 객체인 '어마님'을 높이고 있는 것이지, 주체인 '아돌'을 높인 것이 아니므로 적절하지 않다.

오답을 피하고 싶었어

① '니르샤ᄃᆡ'의 선어말 어미 '-샤-'를 통해 주체 높임법이 실현된 것은 확인되지만, 주체는 생략되어 드러나지 않는다.

② '묻ᄌᆞᆸ고'의 선어말 어미 '-ᄌᆞᆸ-'을 통해 객체 높임법이 실현된 것을 확인할 수 있다.

③ '오시니잇고'의 선어말 어미 '-시-'를 통해 주체 높임법이 실현된 것을 확인할 수 있다.

⑤ '뫼ᄉᆞᆸ고'의 선어말 어미 '-ᄉᆞᆸ-'을 통해 객체인 '어마님'을 높이고 있음을 확인할 수 있다.

150. 출제 의도 중세 국어의 특징 이해하기

❶이 답인 이유

'불휘'에는 반모음 'ㅣ'로 끝난 체언 '불휘' 뒤에 주격 조사가 Ø(영형태)로 실현되어 주격 조사의 형태가 나타나지 않고, 'ᄉᆡ미'에는 자음으로 끝난 체언 '심' 뒤에 주격 조사 '이'가 결합해 체언의 끝소리가 연음되어 나타나 있으므로 적절하지 않다.

오답을 피하고 싶었어

② 'ᄇᆞᄅᆞ매'는 명사 'ᄇᆞᄅᆞᆷ'에 조사 '애'가, 'ᄀᆞᄆᆞ래'는 명사 'ᄀᆞᄆᆞᆯ'에 조사 '애'가 결합하고 있으며 이때 '애'는 현대어 풀이에서 부사격 조사 '에'에 대응하고 있으므로 적절하다.

③ '하ᄂᆞ니'는 현대어 풀이에서 '많으니'에 대응하고 있으므로 적절하다.

④ 'ᄆᆞ른'에는 명사 'ᄆᆞᆯ'의 끝소리 'ㄹ'을 조사 '은'의 첫소리로, '바ᄅᆞ래'에는 명사 '바ᄅᆞᆯ'의 끝소리 'ㄹ'을 조사 '애'의 첫소리로 옮겨 적는 방식이 사용되었음을 알 수 있으므로 적절하다.

⑤ '내히'에는 끝소리에 'ㅎ'을 가진 체언이 모음으로 시작하는 조사인 '이'를 만나 'ㅎ'이 연음되어 나타나 있으므로 적절하다.

35강 | 매체 1

하나 2021학년도 3월 고3 전국연합학력평가 [40-42]

1 ③ 2 ⑤ 3 ④

둘 2021학년도 3월 고3 전국연합학력평가 [43-45]

4 ④ 5 ③ 6 ⑤

셋 2021학년도 4월 고3 전국연합학력평가 [43-45]

7 ③ 8 ④ 9 ⑤

01. 출제 의도 매체 언어의 특성 파악하기

❸이 답인 이유

(가)의 인터넷 블로그 게시 글에서 작성자는 몇몇 특정 핵심 어구의 앞에 기호를 붙여 열거하고 있다. 해당 기호를 통해 정보 수용자는 전달되는 정보의 핵심 어구를 파악할 수 있다.

오답을 피하고 싶었어

① (가)의 정보 생산자는 댓글이라는 비대면 소통을 통해 정보를 수정할 수 있으므로, 면 대 면 소통을 통해 정보를 수정할 수 있다는 것은 적절하지 않다.
② 정보 수용자를 고려해 '-습니다'의 격식을 갖춘 말투로 정보를 제시하고 있는 것은 (나)이다.
④ (나)는 다수의 대중에게 정보를 전달하고 있는 것이며, 다수의 대중에게 정보를 전달한다는 것은 매체로서 텔레비전의 특성이다.
⑤ 정보 생산자와 수용자의 상호 작용을 바탕으로 정보의 수정이 이루어지는 것은 (가)이다.

02. 출제 의도 매체 언어의 표현 방식 평가하기

❺가 답인 이유

(나)에서 진행자는 현장 상황에 대한 구체적인 설명을 기자에게 요청하고 있다. 이는 가뭄에 따른 피해의 상황과 심각성에 대해 공감한 진행자가 기자에게 피해 현장 상황을 구체적으로 요청함으로써 수용자들 또한 이 문제의식을 공유하길 바랐기 때문이다. 따라서 진행자와 기자는 같은 맥락 속에 있고, 문제 상황에 대한 관점이 서로 다르다고 볼 수 없다.

오답을 피하고 싶었어

② (가)의 게시 글에 '몽돌이'가 작성한 댓글은 그래프, 사진, 문자 등을 복합적으로 고려하여 의미를 구성한 것이다.
④ (나)의 매체 자료를 생산하는 과정에서 진행자와 기자가 가뭄의 심각성을 여러 차례 언급하고 강조한 것은 수용자와 문제의식을 공유하려는 의도를 지니고 있다는 것을 보여 준다.

03. 출제 의도 매체 언어의 특성 파악하기

❹가 답인 이유

'초록꿈'은 ㉢에서 블로그 게시 글에 제시된 의견에 동의를 나타내고, 하이퍼링크 기능을 통해 관련 정보를 추가하고 있다.

오답을 피하고 싶었어

① ㉠의 의문문은 블로그 게시 글에 제시된 정보의 신뢰성에 의문을 제기하는 것이 아니라, 가까운 거리는 걸어 다니는 것이 좋겠다는 생각을 의문문의 형태로 제시한 것이다.
② ㉡은 블로그에서 제기한 지구 온난화 문제를 해결하기 위한 방안의 하나이므로, 블로그 정보를 개인의 문제 해결을 위해 활용한 것은 아니다.
③ ㉡에는 매체의 사용 습관에 대한 성찰이 나타나 있지 않다.
⑤ ㉢은 블로그에서 제시한 주장에 동의하고 있다.

04. 출제 의도 매체 언어의 표현 방식 평가하기

❹가 답인 이유

'경호'는 즉각적인 소통이 가능하고 남아 있는 대화 내용을 참고해서 의견을 나눌 수 있는 휴대 전화 메신저의 특성을 언급하며 휴대 전화 메신저를 통한 대화에 긍정적인 태도를 드러내고 있다.

오답을 피하고 싶었어

① '한신'의 말에서 동영상이 게재되는 매체의 정보 유통 방식을 언급한 부분은 없다.
② '소희'가 포스터와 비교하며 새로 제작하는 동영상에서 슬로건이 잘 드러나도록 내용을 구성하자고 하지만, 표현 전략을 비교하거나 새롭게 표현하는 방법의 중요성에 대해서 언급하고 있지는 않다.
⑤ '지섭'이 이야기판 제작을 위해 대화방 구성원들에게 동영상을 어떻게 구성할 것인지 의견을 요청하고 있지만, 대화가 이루어지는 휴대 전화 메신저의 정보 전달 효과를 고려하며 동영상 제작의 절차와 역할 분담 방법을 제시하고 있지는 않다.

05. 출제 의도 제작 계획의 반영 여부 파악하기

❸이 답인 이유

(나)의 S#4에 학교에 바라는 점을 말하는 인터뷰는 제시되어 있으나, ㉢에서 후보자를 지지하는 이유를 밝히는 인터뷰를 제시하자는 의견은 (나)에 반영되어 있지 않다.

오답을 피하고 싶었어

① (나)의 S#2는 소통에 관한 장면, S#3은 화합에 관한 장면이다.
② 소통에 관한 장면인 (나)의 S#2에는 후보자가 귀 옆에 양손을 가져다 대는 모습으로 경청하는 태도가, 화합에 관한 장면인 (나)의 S#3에는 세 학생이 어깨동무를 하는 모습으로 여럿이 함께 하는 모습이 제시되고 있다.
④ '학급별 소통함 제작'이라는 공약이 자막으로 제시된 (나)의 S#2와 '한마음 축제 개최'라는 공약이 자막으로 제시된 S#3에서 주의를 환기하기 위해 자막이 나올 때 효과음이 함께 제시되고 있다.
⑤ (나)의 S#2와 S#3에서 내레이션을 통해 자막 내용을 설명해 주고 있다.

06. 출제 의도 매체 자료를 수정·보완하기

❺가 답인 이유

S#5에서 자막의 내용을 힘주어 읽는 후보자의 내레이션은 공약의 실현 가능성을 인상적으로 제시하는 효과와는 관계가 없다.

오답을 피하고 싶었어

① 밝고 역동적인 느낌의 음악을 사용하면 후보자의 힘찬 발걸음을 부각할 수 있다.
② 자막에 '기호 ×번 김□□와 함께 새로운 학교생활이 시작됩니다.'라는 내용을 추가하여 후보자와 함께 새로운 출발을 할 수 있다는 내용이 드러나도록 하였다.
③ 슬로건인 '소통과 화합'이라는 문구를 우측 상단에 일관되게 노출하여 슬로건을 강조할 수 있다.
④ 인터뷰의 핵심 내용을 나타내는 말을 자막으로 제시하면 내용 전달의 효과를 높일 수 있다.

07. 출제 의도 매체 자료의 내용 추론하기

③이 답인 이유
[C]에서 '지혜'의 '근데 윤일이가 올린 동영상을 ~ 내용이 겹쳐.'를 보면, 지오가 올린 동영상에 어르신께서 장수 의자에 앉아 계신 모습이 담겨 있다는 것을 알 수 있으므로 적절하지 않다.

오답을 피하고 싶었어
① [A]에서 '혜영'의 '그러고 보니 ~ 제작 목적에 대한 설명이구나!'를 보면, '혜영'이 올린 기사문에는 장수 의자 제작 목적에 대한 내용이 대부분임을 알 수 있으므로 적절하다.
② [B]에서 '호상'의 '사진이 너무 흐릿해서 잘 안 보여.'와, '윤일'의 '이게 원본인데 확인해 볼래?'와, '지혜'의 '이게 더 잘 보인다.'를 보면, 실시간으로 공유된 사진보다 '윤일'이 올린 장수 의자 사진의 화질이 좋지 않음을 알 수 있으므로 적절하다.
④ [D]에서 '호상'의 '그러면 편집은 내가 할게.'와, '지혜'의 '그럼 내가 너 대신 ~ 익숙할 테니까.'를 보면, '지혜'가 올린 역할 분담에는 '지혜'와 '호상'이 각각 슬라이드 제작자와 발표자로 되어 있음을 알 수 있으므로 적절하다.
⑤ [E]에서 '지혜'의 '그런데 장수 의자 홍보 그림의 출처는 못 찾았어.'와 '호상'의 '아, 미안해. 그 출처는 이거야. 여기 주소 보낼게. http://www.◇◇.go.kr'를 보면, '호상'이 올린 장수 의자 홍보 그림에는 인터넷 주소인 출처가 없음을 알 수 있으므로 적절하다.

08. 출제 의도 매체 자료를 수정·보완하기

④가 답인 이유
(나)에서 '윤일'의 '할아버지 말씀은 글로 ~ 있을 것 같아.'를 보면, 사진 속 장수 의자에는 '무단 횡단 금지'가 '잠시 쉬어 가세요.'보다 더 크게 적혀 있어야 하는데, ⓓ에는 '잠시 쉬어 가세요.'가 '무단 횡단 금지'보다 더 크게 적혀 있으므로 적절하지 않다.

오답을 피하고 싶었어
① (나)에서 '지오'의 '우선 각 ~ 필요가 있겠어.'를 보면, 중심 화제를 이어 주는 말 '및'을 중심 화제보다 글자 크기를 작게 수정해야 하는데, 이를 ⓐ와 같이 수정했으므로 적절하다.
② (나)에서 '지오'의 '더불어 중심 화제들의 ~ 좋을 것 같아.'를 보면, 제시 순서에 맞게 중심 화제에 번호를 달아야 하는데, 이를 ⓑ와 같이 수정했으므로 적절하다.
③ (나)에서 '혜영'의 '그러면 윤일이가 올린 동영상을 글과 그림으로 정리해서 ~ 제시할 필요는 없잖아.'와, '윤일'의 '할아버지 말씀은 글로 정리하고'를 보면, 할아버지 말씀은 글로 정리해야 하는데, 이를 ⓒ와 같이 바르게 수정했으므로 적절하다.
⑤ (나)에서 '지오'의 '그런데 개선 요구 사항이 ~ 효과적일 것 같아.'를 보면, 표로 제시된 개선 요구 사항을 원그래프로 수정해야 하는데, 이를 반영해 ⓔ와 같이 바르게 수정했으므로 적절하다.

09. 출제 의도 조건에 따라 표현하기

⑤가 답인 이유
장수 의자를 통해 어르신들의 삶에서 기대할 수 있는 긍정적인 효과가 제시되어 있고, 유사한 문장 구조가 반복된 것을 확인할 수 있으므로 적절하다.

오답을 피하고 싶었어
① '나의 작은 관심, 지역의 큰 기쁨.'에서 유사한 문장 구조가 반복된 것을 확인할 수 있지만, 장수 의자를 통해 어르신들의 삶에서 기대할 수 있는 긍정적인 효과는 확인할 수 없으므로 적절하지 않다.
② '편안함을 위한 장수 의자, 안전함까지 드립니다.'에서 장수 의자를 통해 어르신들의 삶에서 기대할 수 있는 긍정적인 효과를 확인할 수 있지만, 유사한 문장 구조가 반복된 것은 확인할 수 없으므로 적절하지 않다.
③ 장수 의자를 통해 어르신들의 삶에서 기대할 수 있는 긍정적인 효과가 제시되어 있지 않고, 유사한 문장 구조가 반복된 것을 확인할 수 없으므로 적절하지 않다.
④ 유사한 문장 구조가 반복된 것을 확인할 수 없으므로 적절하지 않다.

36강 | 매체 2

넷 2021학년도 4월 고3 전국연합학력평가 [40-42]
10 ③ 11 ③ 12 ②

다섯 2021학년도 10월 고3 전국연합학력평가 [40-42]
13 ③ 14 ① 15 ⑤

여섯 2021학년도 10월 고3 전국연합학력평가 [43-45]
16 ⑤ 17 ⑤ 18 ④

10. 출제 의도 매체 언어의 특성 이해하기

③이 답인 이유
인터넷 매체인 (다)는 인쇄 매체인 (나)와 달리 실시간으로 의견을 남길 수 있는 댓글 기능을 통해 수용자의 참여를 유도할 수 있으므로 적절하다.

오답을 피하고 싶었어
① (가)와 (나) 모두 글자 크기의 차이를 통해 제목과 구체적인 정보를 구분하여 내용을 전달하고 있다.
② 문자 언어와 이모티콘이 함께 나타난 것은 (가)가 아닌 (나)이다.
④ (가)는 동일한 이미지의 나열이 드러나지 않았다.
⑤ 내용을 찾아볼 수 있는 검색 기능이 있는 것은 인터넷 매체인 (다)이다.

11. 출제 의도 수용자 반응의 적절성 파악하기

③이 답인 이유
공기 청정기의 기능과 관련된 용어인 'CADR'의 의미와, 이번에 출시된 제품이 기존 제품보다 두 배 높은 CADR 수치를 보이고 있다는 기능적 특징을 제시한 부분은 사실적인 정보만을 활용한 것에 해당하므로 적절하지 않다.

오답을 피하고 싶었어
① (가)는, 플라스틱 빨대가 바다 생물에게 위협이 된다는 환경 문제를 제시하고 이를 해결하기 위해 플라스틱 빨대의 사용을 줄이자고 설득하는 내용을 전달하고 있으므로 적절하다.
② (나)는, 공기 청정기의 기능을 제시하여 상품의 판매가 촉진되도록 설득하는 내용을 전달하고 있으므로 적절하다.
④ (다)의 하단에는 '□□일보'라는 언론사 명칭과 '김△△'라는 기사 작성자 이름을 제시하고 있으므로 적절하다.
⑤ (다)의 '건강 기능 식품 전문 기업 ○○사, '○○헬스' 출시'는 표제, '감태 추출물 활용하여 불면증 개선에 효과적'과 '하루 한 알로 피로 회복 효

과까지'는 부제, '건강 기능 식품 전문 기업 ○○사는 ~ 피로 회복 효과도 있다.'는 전문으로, (다)는 기사문의 형태를 갖추고 있으므로 적절하다.

12. 출제 의도 언어적 표현 방식의 적절성 파악하기

②가 답인 이유

㉡에서 '두 배'의 '두'는 의존 명사인 '배'를 꾸며 주는 수 관형사이므로 적절하지 않다.

오답을 피하고 싶었어

① ㉠에서 '지구 환경도'의 보조사 '도'는 '살릴'의 대상을 추가적으로 제시하는 데 활용되고 있으므로 적절하다.
③ ㉢에서 '때문이다'의 의존 명사 '때문'은 '감태 추출물'이 '효과'의 원인임을 드러내는 데 활용되고 있으므로 적절하다.
④ ㉣에서 접속 부사 '그래서'는 앞 문장과의 인과 관계를 드러내는 데 활용되고 있으므로 적절하다.
⑤ ㉤에서 '이를'의 대명사 '이'는 앞에서 언급한 '판매될' 제품을 지시하는 데 활용되고 있으므로 적절하다.

13. 출제 의도 매체 언어의 특성 파악하기

③이 답인 이유

'준형'은 하이퍼링크를 활용하여 음식물 쓰레기 발생량과 그에 따른 사회적 비용에 대한 애니메이션 영상 자료를 다른 대화 참여자들에게 제공하고 있다.

오답을 피하고 싶었어

① '현진'은 자신이 직접 생산한 문서 파일이 아니라, ○○고 가정 통신문을 사진 파일로 다른 대화 참여자들에게 전달하고 있다.

14. 출제 의도 제작 계획의 반영 여부 파악하기

①이 답인 이유

㉠을 고려하여, 이미지, 그래프 등을 사용하여 카드 뉴스를 제작하고 있지만, 학생들이 선호하지 않는 급식 메뉴의 종류를 보여 주는 사진은 제시하지 않았다.

오답을 피하고 싶었어

② ㉠을 고려하여, 세 번째 카드에서 2018년부터 2020년까지 ○○고 급식 잔반 처리 비용을 쓰레기통 모양의 이미지와 화살표 이미지를 활용하여 변화의 추이를 한눈에 파악할 수 있도록 하였다.
③ ㉡을 고려하여, 첫 번째 카드와 마지막 카드에서 '올라갑니다'라는 글자에 위로 향하는 화살표를 결합하여 카드 내용에 대한 독자의 흥미를 끌고 있다.
④ ㉢을 고려하여, 세 번째 카드에서 우리 학교 급식 잔반 처리 비용을 제시하고 있다.
⑤ ㉢을 고려하여, 여섯 번째 카드에서 잔반을 줄이면 ○○고 급식의 질이 올라가는 혜택이 돌아간다는 점을 부각하고 있다.

15. 출제 의도 매체 자료를 수정·보완하기

⑤가 답인 이유

수정된 네 번째 카드에서 ○○고 영양사는 잔반을 30% 줄였을 때 얻을 수 있는 효과로 약 천 명의 한 끼 식사에 해당하는 금액을 절감할 수 있다고 말하고 있다. 하지만 잔반 줄이기를 통해 큰 효과를 거둔 다른 학교의 사례를 제시하고 있지는 않다.

오답을 피하고 싶었어

① 두 번째 카드의 내용은 학생들이 급식을 남기는 이유에 대한 조사 결과이다. 따라서 수정된 두 번째 카드에서 '왜 급식을 남길까?'로 제목을 수정한 것은 적절하다.
② 수정된 두 번째 카드에서 조사 대상의 인원을 '재학생 300명'으로, 각 항목에 응답한 학생의 비율을 '%'로 제시해 주고 있으므로 적절하다.
③ 수정된 두 번째 카드에서 원그래프의 여러 항목 중 큰 비중을 차지하는 두 가지의 내용을 카드의 아래쪽에 따로 정리해 주고 있으므로 적절하다.
④ 수정된 네 번째 카드에서 음식물 쓰레기의 양을 30% 줄이면 '+500만원 이상' 절감할 수 있는 내용을 삽화로 제시하고 있으므로 적절하다.

16. 출제 의도 매체 언어의 특성 파악하기

⑤가 답인 이유

[장면 6]에서는 [장면 3]의 내용 중 전문가의 시연 장면을 다시 보여 주며 보도 내용을 마무리하고 있다. 이는 보도 내용에서 다룬 여러 가지 정보를 뉴스 수용자가 효과적으로 취사선택할 수 있도록 보여 주는 화면이라고 할 수 없다.

오답을 피하고 싶었어

② [장면 2]부터 [장면 5]까지의 화면 상단 한쪽에는 보도 내용과 관련한 핵심 어구를 고정하여 제시했다. 이를 통해 뉴스의 수용자는 보도 내용의 중간부터 뉴스를 시청하더라도 보도 내용이 무엇인지 짐작할 수 있다.
③ [장면 3]에서는 전문가의 시연을 통해 검색어 제안 기능을 악용하는 사례를 보여 주었다. 이는 시연을 통해 검색어 제안 기능이 악용되는 방식에 대한 수용자의 이해를 높이기 위해서이다.
④ [장면 4]에는 대가를 받고 검색어 제안 기능에 특정 업체명이 제시되도록 하여 업무 방해죄로 처벌받은 사건을 음성 언어로 설명하고 있고, 그 사건을 시각적으로 보여 주는 자료를 제시하고 있다. 이와 관련하여 화면 구성에 방향을 나타내는 기호를 사용함으로써 수용자가 사건의 흐름을 파악할 수 있도록 돕고 있다.

17. 출제 의도 언어적 표현 방식의 적절성 파악하기

⑤가 답인 이유

(나)의 신문 기자는 토론회를 방청한 한 시민의 의견을 직접 인용 표현을 통해 제시하고 있다.

오답을 피하고 싶었어

② ㉡에서 기자는 미래 시제를 나타내는 표현을 사용하고 있으나 보도 내용과 관련한 기대 효과를 제시하고 있는 것은 아니다.

18. 출제 의도 매체 언어의 표현 방식 평가하기

④가 답인 이유

(나)의 뉴스 생산자가 공공의 이익을 증진할 수 있는 방안에 대해 직접 제안하고 있는 것은 아니다.

오답을 피하고 싶었어

③ 뉴스 생산자는 쟁점이 되는 화제를 다룰 때 공정성 있는 태도를 지닐 필요가 있다. (나)의 기사는 검색어 제안 기능에 대한 규제를 최소화해야 한다는 '언론 정보 전문가'의 입장과 규제를 강화해야 한다는 '시민 단체 대표'의 입장을 모두 보도하였으므로 공정성을 확인할 수 있는 기사로 볼 수 있다.

⑤ (가)의 뉴스 생산자는 최근에 검색어 제안 기능이 본래 목적대로 이용되고 있지 않다는 제보가 급증했다고 하고, (나)의 뉴스 생산자는 최근에 포털 사이트의 검색어 제안 기능에 대한 사회적 논의가 필요하다는 목소리가 높다고 하였다. 이는 수용자가 관심을 가질 만한 시의성 있는 정보를 선택하여 전달한 것으로 볼 수 있다.

37강 | 화법 1

하나 2021학년도 6월 대학수학능력시험 모의평가 [1-3]
1 ① 2 ⑤ 3 ④

둘 2021학년도 9월 대학수학능력시험 모의평가 [1-3]
4 ④ 5 ③ 6 ⑤

셋 2020학년도 4월 고3 전국연합학력평가 [1-3]
7 ⑤ 8 ⑤ 9 ③

01. 출제 의도 말하기 방식 파악하기

①이 답인 이유

연설자는 연설 도입 부분의 '여러분, ~ 떠올려 봅시다.', 연설 마무리 부분의 '건강한 지구를 ~ 동참합시다.'와 같이 청유의 문장을 사용하고는 있으나, 연안 생태계의 가치를 알고 보호하는 데에 관심을 갖자는 주장이 야기한 논란을 언급하고 있지 않으며 이를 해소하고 있지도 않다.

오답을 피하고 싶었어

② 2문단의 '2019년 통계에 따르면'과 3문단의 '2018년 정부 통계에 따르면'에서 확인할 수 있듯이 연설자는 통계 자료를 근거로 활용하여 연안 생태계의 가치를 알고 보호하는 데에 관심을 갖자는 주장의 신뢰성을 강화하고 있다.

③ 연설자는 3문단에서 '물론 연안 생태계가 이산화 탄소를 얼마나 흡수할 수 있겠냐고 말하는 분도 계실 것입니다.'와 같이 예상되는 반론을 제시하고, 이에 대해 '하지만 ~ 뛰어납니다.'와 같이 반박하여 연안 생태계의 가치를 강조하고 있다.

④ 연설자는 연설 도입 부분에서 청중과 공유하는 환경의 날 행사 때의 경험을 들어 '이산화 탄소에 의한 지구 온난화' 상황의 심각성을 인식시키고 있다.

⑤ 연설자는 마지막 문단에서 '북극곰의 눈물은 우리의 눈물이 될 것입니다.', '이산화 탄소의 흡수원이자 저장고인 지구의 보물, 연안 생태계'처럼 비유적 표현을 활용하여 연안 생태계의 보호에 동참할 것을 촉구하고 있다.

02. 출제 의도 담화 내용 파악하기

⑤가 답인 이유

연설자는 '일회용품 줄이기, 나무 한 그루 심기와 함께', '연안 생태계를 보호하고 그 가치를 알리는 데 동참'하자고 연설을 마무리하고 있다. 따라서 대기 중 이산화 탄소 감축을 위한 기존의 방법을 연안 생태계 보호가 대체할 수 있다는 내용은 연설의 내용과 거리가 멀다.

오답을 피하고 싶었어

① 연설 관련 그림 자료 및 이에 대한 설명 내용은 4문단의 '연안의 염생 식물과 ~ 블루카본이라 합니다.'라는 연설의 내용과 일치한다.

② '우리나라는 이산화 탄소 배출량 순위가 높은 편'이라는 포스터의 내용은 2문단의 '2019년 통계에 따르면 우리나라의 이산화 탄소 배출량은 세계 11위에 해당하는 높은 수준입니다.'라는 연설 내용과 일치하며, '대기 중 이산화 탄소를 줄이고자 노력해 왔음.'이라는 포스터의 내용은 '그동안 우리나라는 ~ 힘써 왔습니다.'라는 연설 내용과 일치한다.

③ '연안 생태계는 대기 중 이산화 탄소 감축 효과가 있으며 산림보다 이산화 탄소 흡수 능력이 우수함.'이라는 포스터의 내용은 3문단의 '연안 생태계를 구성하는 ~ 흡수 능력이 뛰어납니다.'라는 연설 내용과 일치한다.

④ '연안 생태계가 훼손되면 블루카본이 공기 중에 노출되어 문제가 발생함.'이라는 포스터의 내용은 4문단의 '연안 생태계가 훼손되면 블루카본이 공기 중에 노출되어 이산화 탄소 등이 대기 중으로 방출됩니다.', '이산화 탄소에 의한 지구 온난화'라는 연설 내용과 일치한다.

03. 출제 의도 조건에 따라 표현하기

④가 답인 이유

'이산화 탄소에 의한 지구 온난화'와 관련하여 연안 생태계의 가치와 보호에 대한 관심을 촉구하는 것이 연설의 취지이다. 따라서 이에 공감한 학생이 '㉠ 지금 우리가 연안 생태계로 눈을 돌리지 않으면 북극곰의 눈물은 우리의 눈물이 될 것입니다.'에 주목하여 친구들을 설득하는 말로는 '우리도 북극곰처럼 위기에 처할 수 있어. 이제 연안 생태계의 가치를 알고 이를 보호하기 위해 관심을 갖자.'가 가장 적절하다.

오답을 피하고 싶었어

① '연안 생태계의 복구'에 대한 내용을 직접적으로 언급하고 있지 않으며, 연안 생태계를 되살리는 방안으로 '일회용품 사용'을 자제하자고 주장하고 있지도 않다.

② 4문단의 연설 내용에 따르면 블루카본은 염생 식물과 식물성 플랑크톤이 이산화 탄소를 흡수하여 갯벌과 염습지에 저장한 탄소를 말하는 것으로 지구 온난화의 원인으로 볼 수 없다. 따라서 '블루카본이 지구 온난화의 원인임을 알았어.'는 연설의 내용을 잘못 이해한 말이다.

③ 연안 생태계의 가치와 보호에 대한 관심을 촉구하는 것이 연설의 취지이므로 '북극곰을 살리기 위해 산림 조성이 시급함을 알리자.'는 연설의 취지를 잘못 이해한 말이다.

⑤ 연안 생태계의 가치와 보호에 대한 관심을 촉구하는 것이 연설의 취지이므로 '나무 한 그루가 의미 있다는 것을 알았어. 이산화 탄소를 줄이기 위해 작은 일부터 실천하자.'는 연설의 취지를 잘못 이해한 말이다.

04. 출제 의도 말하기 방식 파악하기

④가 답인 이유

2문단의 '과학 시간에 ~ 기억하시나요? (대답을 듣고) 다들 잘 알고 있네요.'와 3문단의 '이것은 감의 ~ 있으시죠? (대답을 듣고) 네, 다들 본 적이 있는 ~'에서 확인할 수 있듯이 발표 내용과 관련된 청중의 경험을 환기하며 청중의 반응을 확인하고 있다.

오답을 피하고 싶었어

① 1문단과 2문단에서 확인할 수 있듯이 화제를 먼저 제시한 후 발표에 사용하는 용어의 개념을 정의하고 있다.

② 청중의 요청이나 이에 따라 추가된 정보는 제시되지 않았다.
③ 발표 중간중간에 청중이 발표를 들으면서 주의해야 할 점을 안내하고 있지 않다.
⑤ 마지막 문단에서 확인할 수 있듯이 발표자는 청중에게 질문의 형식으로 떫은맛이 나는 식품에는 무엇이 더 있는지 찾아볼 것을 제안하고 있으나 발표 내용에 대한 청중의 이해 여부를 확인하는 질문을 하고 있지는 않다.

05. 출제 의도 말하기 계획 반영 여부 파악하기

❸이 답인 이유

3문단의 '과육 사이에 보이는 작고 검은 점들을 본 적이 있으시죠? (대답을 듣고) 네, 다들 본 적이 있는 이 점들이 떫은맛을 내는 성분 중의 하나인 타닌입니다.'에서 확인할 수 있듯이 떫은맛을 내는 타닌 성분을 시각 자료를 통해 설명하고 있다. 그러나 타닌 이외의 성분을 분석한 자료는 보여 주고 있지 않으므로 '떫은맛을 내는 다양한 성분을 분석한 시각 자료를 보여 줘야지.'라는 발표 계획은 적절하지 않다.

오답을 피하고 싶었어

① 1문단의 '여러분에게 떫은맛에 대해 알려 드리려고 합니다.'에서 확인할 수 있듯이 떫은맛에 대한 정보를 제공하는 것이 발표의 목적임을 밝히고 있다.
② 2문단의 '과학 시간에 ~ 촉각에 해당해요.'에서 확인할 수 있듯이 기본적인 맛과 떫은맛이 느껴지는 감각의 차이를 언급하고 있으며, '떫은맛을 내는 ~ 텁텁하다고 느낍니다.'에서 확인할 수 있듯이 떫은맛이 느껴지는 과정을 설명하고 있다.
④ 4문단의 '○○연구소의 연구에 따르면 ~ 기능이 있다고 합니다.'에서 확인할 수 있듯이 떫은맛이 나는 식품의 효능과 관련된 연구 결과를 인용하고 있다.
⑤ 5문단에서 떫은맛이 포함되어 풍미를 느낄 수 있는 식품의 예로 녹차와 홍차를 언급하고 있다.

06. 출제 의도 듣는 이의 듣기 활동 파악하기

❺가 답인 이유

학생 2의 '떫은맛이 나는 건 먹어서 좋을 게 없다고 생각했는데 그렇지 않네. 몸에 좋다니 앞으로 적당히 먹어 봐야겠어.'와 학생 3의 '감의 검은 점이 단맛을 내는 것이라고 생각했는데 떫은맛을 내는 성분이었구나.'에서 확인할 수 있듯이 학생 2와 학생 3은 모두, 발표에서 새롭게 알게 된 정보를 통해 자신의 평소 생각하던 바를 수정하고 있다.

오답을 피하고 싶었어

① 학생 1은 발표 내용과 자신이 알고 있던 사실을 비교하고 있지 않으며, 발표에서 제시한 정보의 문제점을 지적하고 있지도 않다.
② 학생 2는 발표자가 청중에게 익숙한 사물을 소재로 제시한 것에 대해 긍정적으로 평가하고 있으나 그 이유를 궁금해 하고 있지는 않다.
③ 학생 3은 발표에서 새롭게 알게 된 사실을 언급하고 있으나 그것에 대해 추가적인 정보가 필요하다고 판단하고 있지는 않다.
④ 학생 1은 '녹차의 떫은맛이 물에 우려내는 정도에 따라 달라지는 걸로 봐서 녹차의 타닌은 물에 녹는 성질을 가지고 있겠군.'에서 확인할 수 있듯이 발표에서 직접적으로 언급하지 않은 내용을 추론하고 있으나 학생 2는 그렇지 않다.

07. 출제 의도 말하기 방식 파악하기

❺가 답인 이유

강연자는 '상세한 복약 정보는 꼭 의사나 약사에게 확인하'라고 당부하며 마무리하고 있을 뿐, 강연 내용을 요약하며 마무리하고 있지 않으므로 적절하지 않다.

오답을 피하고 싶었어

① 1문단의 '강연을~약사 ○○○입니다.'에서 '약사'라는 강연자의 신분을 밝혀 청중에게 신뢰감을 주고 있으므로 적절하다.
② 2문단의 '(화면에 사진을 보여 주며) 여기 보시는~정제가 있습니다.'에서 시각 자료를 활용하여 제형에 대해 효과적으로 전달하고 있으므로 적절하다.
③ 1문단의 '혹시~형태였나요?'에서 질문을 던지는 방식을 사용하며 청중의 반응을 유도하고 있으므로 적절하다.
④ 2문단의 '산제는~약입니다.', '캡슐제는~것입니다.'에서 산제, 액제, 캡슐제, 정제에 대한 개념을 정의하고, 4문단의 '약물의~서방정'에서 속방정과 서방정의 개념에 대해 정의하여 청중의 이해를 돕고 있으므로 적절하다.

08. 출제 의도 듣는 이의 듣기 활동 파악하기

❺가 답인 이유

'학생 2'는 '그런데 속방정을~주의할 점은 무엇일까?'에서 강연에서 언급되지 않은 '속방정을 복용할 때 주의할 점'에 대해 궁금해 하며 강연을 듣고 있고, '학생 3'은 '피부에~알고 싶어졌어.'에서 강연에서 언급되지 않은 '피부에 바르는 약'이 제형에 따라 특징이 달라지는지에 대해 궁금해 하며 듣고 있으므로 적절하다.

오답을 피하고 싶었어

① '학생 1'은 강연 내용에 대해 자신에게 '참 유익한 정보'라고 긍정적으로 평가하며 듣고 있으므로 적절하지 않다.
② '학생 2'는 '속방정을 복용할 때 주의할 점'에 대해 궁금해 하고 있을 뿐, 자신의 문제 상황에 적용하며 듣고 있지 않으므로 적절하지 않다.
③ '학생 3'은 '온라인 의약 도서관'에 접속해서 '피부에 바르는 약'에 대해 찾아봐야겠다고 떠올리고 있을 뿐, 강연 내용의 순서를 예측하며 듣고 있지 않으므로 적절하지 않다.
④ '학생 3'은 강연에서 언급되지 않은 내용인 '피부에 바르는 약'에 대해 생긴 의문을 '온라인 의약 도서관'을 통해 알아봐야겠다고 하며 의문점을 해결하기 위한 방법을 고민하며 듣고 있으나, '학생 1'은 의문점을 해결하기 위한 방법을 고민하며 듣고 있지 않으므로 적절하지 않다.

09. 출제 의도 담화 내용 파악하기

❸이 답인 이유

2문단의 '캡슐제는~약이고'로 보아 ⓒ의 '제형'은 캡슐제이다. 그리고 3문단의 '먼저 산제나 액제는~나타납니다.'에서 액제인 ⓒ이 캡슐제인 ⓒ에 비해 약효가 빠르게 나타나는 제형이라는 것을 알 수 있으므로 적절하지 않다.

오답을 피하고 싶었어

① 2문단의 '산제는 분말이나~된 약이고'와 3문단의 '먼저 산제나 액제는 ~미세하게 조절이 가능합니다.'로 보아 ㉠의 '제형'은 산제임을 알 수 있으므로 적절하다.

② 3문단의 '먼저 산제나 액제는~미세하게 조절이 가능합니다.'에 드러나 있으므로 적절하다.
④ 4문단의 '그런데 서방정은~안 됩니다.'에 드러나 있으므로 적절하다.
⑤ 4문단의 '서방정은 오랜~줄일 수 있습니다.'에 드러나 있으므로 적절하다.

38강 | 화법 2

넷 2017학년도 3월 고3 전국연합학력평가 [1-3]
10 ② 11 ③ 12 ①
다섯 2017학년도 대학수학능력시험 [3-5]
13 ④ 14 ④ 15 ⑤
여섯 2016학년도 9월 대학수학능력시험 모의평가 B형 [3-5]
16 ⑤ 17 ③ 18 ④

10. 출제 의도 말하기 전략 파악하기

❷가 답인 이유

'위원 2'는 문제의 해결 방안으로 프로그램을 다양화할 것을 제시하고 '사회자'의 요청에 따라 그에 대한 구체적인 방법을 언급하였다. 이어지는 발언 [B]에서 '위원 1'은 자신이 문제의 원인으로 지적했던 내용에 대한 해결 방안으로 미술관을 시 외곽으로 이전하자는 제안을 수용할 것을 제시하고 있으나 '위원 2'가 제시한 방안의 장단점을 분석한 것도, 그 중에서 단점을 보완하는 대안을 제시한 것도 아니므로 적절하지 않다.

오답을 피하고 싶었어

① [A]는 건물 노후화나 전시 공간 협소 등 현재 미술관 여건과 관련지어 문제의 원인을 제시했다.
③ [C]에서 '위원 2'는 '위원 1'이 언급한 전시관 이전에 대해 실행이 어려울 것이라고 평가하며 자신이 앞서 제시한 프로그램 다양화 방안이 더 실현 가능성이 있다고 하였다.
④ [D]에서 '위원 1'은 '위원 2'가 제안한 프로그램 다양화나 '위원 3'이 제안한 전시료, 관람료 인하 방안의 실현을 위한 예산 부족을 들어 경제적인 측면의 문제점을 지적하였다.
⑤ [E]에서 '위원 2'는 예산을 지원받는 방안이 시행될 경우 논의된 여러 가지 방안들도 실행 가능하다는 점을 들어 그 효과에 대해 예상하고 있다.

11. 출제 의도 사회자의 질문 의도 파악하기

❸이 답인 이유

사회자는 원활한 토의 진행을 위해 토의 참여자에게 다양한 의도가 담긴 질문을 한다. 토의 앞부분에서 '사회자'는 토의의 순서를 안내한 후 이에 따라 먼저 문제 원인을 논의하였고, ㉠에서는 토의의 다음 단계로 넘어가기 위해 해결 방안에 대해 논의할 것을 요청하는 질문을 하였다. ㉡에서는 '위원 2'가 바로 앞에서 제시한 프로그램 다양화 방안에 대해 좀 더 구체적으로 설명해 줄 것을 요청하는 질문을 하였다.

오답을 피하고 싶었어

① ㉠은 제시한 순서에 따라 토의를 진행하기 위한 질문이며, ㉡의 앞에 토의 참여자들이 지닌 궁금증이 드러나지 않았다.
② ㉠에서 토의 목적을 환기하지 않았고, ㉡의 앞에 토의 참여자 간 의견 대립이 드러나지 않았다.
④ ㉠에서 토의에 적극적으로 참여할 것을 요청하지 않았고, ㉡은 발언 순서가 잘못된 부분이 없으므로 해당하지 않는다.
⑤ ㉠에서 발언한 내용과 관련된 추가 설명을 요청하지 않았으며, ㉡은 언급한 내용과 관련된 질문이므로 국면을 전환하기 위한 질문으로 볼 수 없다.

12. 출제 의도 담화 내용 파악하기

❶이 답인 이유

'위원 1'은 미술관의 건물 낙후, 공간 부족과 관련지어 문제점을 지적하며 해결 방안으로 시 외곽으로 미술관을 이전하자는 시의 제안을 수용할 것을 제시하였다. 그러나 토의를 거치며 운영 위원들은 미술관을 이전하지 않고 문화 재단에 지원을 요청하여 예산을 확보하기로 결정하였다. 이를 통해 토의에서 언급한 방안들을 실행할 수 있을 것이라는 점에 동의하였다. 따라서 ⓐ와 같이 시 외곽에 제2 미술관을 건립하는 것은 제안서의 내용으로 적절하지 않다.

오답을 피하고 싶었어

ⓑ, ⓒ '위원 2'는 세 번째 발언에서 일반인을 대상으로 미술 강좌를 개설하고 청소년 미술 대회를 여는 것을 프로그램 다양화 방법으로 제안했고, 다섯 번째 발언에서 예산 확보로 이러한 방법을 실행할 수 있을 것이라고 하였다.
ⓓ '위원 3'은 두 번째 발언에서 전시료, 관람료를 인하할 것을 제안했고 '위원 2'의 다섯 번째 발언에서 예산을 확보하면 이 방안이 실행 가능하다고 하였다.
ⓔ '위원 1'과 '위원 3'은 전시회 횟수가 줄고, 관람객 발걸음도 뜸해졌다는 미술관 상황과 관련하여 각각 첫 번째 발언에서 전시 공간 협소와 비싼 전시료 등을 문제점으로 지적하였고, '위원 2'의 다섯 번째 발언에서 예산 지원을 통해 이러한 문제를 해결할 수 있을 것으로 보고 있다.

13. 출제 의도 말하기 전략 파악하기

❹가 답인 이유

'반대 1'은 입론에서 기존의 심사 방식이 긍정적인 측면을 갖고 있으므로 기존의 심사 방식을 유지하고 새로운 추첨 방식으로 바꾸지 말아야 한다고 주장하였다. '반대 1'은 기존 심사 방식의 긍정적인 측면으로 평가 기준의 타당성이 높다는 점, 계획서 제출 기회가 공평하다는 점, 계획서 준비 과정을 통해 축제가 내실화될 수 있다는 점을 제시하였다.

오답을 피하고 싶었어

① '찬성 1'의 입론에서 용어의 개념 정의는 이루어지지 않았다.
② '찬성 1'은 입론에서 해당 동아리를 선정하는 방식이 심사 방식에서 추첨 방식으로 바뀔 때 발생하는 기대 효과를 중심으로 주장하였으며, 기존의 심사 방식이 유지될 때 발생하는 기대 효과는 주장하지 않았다.
③ '반대 1'은 입론에서 기존 방식을 유지하여야 한다고 주장하였으며, 논제와 관련된 문제 해결의 시급성을 강조하지 않았다.
⑤ '반대 1'은 입론에서 새로운 방식의 도입을 반대하여 기존 방식의 긍정적 측면을 열거하였으나, 새로운 방식을 도입할 때의 부정적인 측면에 대해서는 언급하지 않았다.

14. 출제 의도 말하기 방식 파악하기

❹가 답인 이유

[A]는 찬성 측 입론에 대한 반대 측의 반대 신문이며, 찬성 측 주장대로 추첨 방식을 도입했을 경우 생길 수 있는 문제점(더 잘 계획하고 준비한 동아리의 탈락 가능성, 동아리 홍보관 운영의 부실화 가능성)을 확인하였다. [B]는 반대 측 입론에 대한 찬성 측의 반대 신문이며, 작년 설문 조사 결과 자료를 근거로 기존의 심사 방식을 유지하자는 반대 측 발언 내용에 의문을 제기하였다. [B]에서 찬성 측은 '평가하는 기준이 타당하다고 하셨는데'와 같이 상대측이 앞서 언급한 내용의 일부를 확인하였고, 평가 기준의 일부가 불공정하다고 응답한 학생들이 많았다는 설문 조사 결과를 근거로 평가 기준의 타당성에 의문을 제기하였다.

오답을 피하고 싶었어

① [A]에서 반대 측은 찬성 측의 주장에 따랐을 때 생길 수 있는 문제점을 제기하였으나, 찬성 측이 제시한 사례 대신 다른 적합한 사례를 제시하라고 요구하지는 않았다.
② [A]에서 반대 측은 '추첨 방식이 기회를 균등하게 부여한다고 말씀하셨는데'와 같이 상대측이 앞서 진술한 내용의 일부를 확인하였고, 추첨으로 방식을 바꾸었을 경우 생길 문제점을 제기하였다. 따라서 '기존 방식(심사 방식)을 고수할 경우 생길 문제점을 제기하고 있다'는 설명은 적절하지 않다.
③ [B]에서 찬성 측은 상대측이 말한 내용이 잘못되었음을 보여 주기 위한 근거를 들었으나, 상대측이 사용한 근거의 신뢰성에 의문을 제기하거나 근거의 출처를 제시할 것을 요구하지는 않았다.
⑤ [A]와 [B]에서 양측은 상대측의 주장 내용에 의문을 제기하였으나, 상대방이 인용한 전문가의 설명이 적합한지의 여부를 따지거나 사실 관계를 확인하지는 않았다. 또한 반대 신문 [A], [B] 이전의 논의에서 양측은 전문가의 설명을 인용하지 않았다.

15. 출제 의도 말하기 전략 파악하기

❺가 답인 이유

반대 측은 추첨 방식을 반대하고 기존의 심사 방식을 옹호하는 토론자이다. '㉡추첨 방식'을 도입하면 모든 동아리에게 선정 기회가 균등하게 부여되므로 '㉡추첨 방식'이 '㉠심사 방식'보다 더 공평하다는 주장은 반대 측의 주장이 아니라 찬성 측의 주장이다.

오답을 피하고 싶었어

① 찬성 측은 '찬성 1'의 입론에서, ㉠은 그 과정에서 평가자의 주관이 개입될 수 있어 평가의 신뢰성이 낮고, ㉡은 평가자의 견해가 반영될 수 없다고 하며, ㉡이 더 적합한 방식임을 주장하고 있다.
② 찬성 측은 '찬성 1'의 입론에서, ㉠은 심사를 준비하는 과정에서 시간과 노력이 불필요하게 드는데, 이를 ㉡으로 바꾸면 시간과 노력을 불필요하게 들이는 문제를 해소할 수 있다고 하여 ㉡이 적합함을 주장하고 있다.
③ 반대 측은 '반대 2'의 반대 신문에서 ㉡을 시행하면 '동아리 홍보관 운영을 더 잘 계획하고 준비한 동아리가 탈락할 수도 있'음을 들어 ㉠을 옹호하고 있다.
④ 반대 측은 '반대 1'의 입론에서 '계획서를 준비하는 과정에서 ~ 축제의 목적에 부합하는 활동을 고민하게 되므로 축제가 내실화될 수 있'음을 주장하며 ㉠을 지지하고 있다.

16. 출제 의도 말하기 전략 파악하기

❺가 답인 이유

협상이 시작되기 전 제시된 협상 상황 설명과 B의 일곱째 발화, A의 여덟째 발화를 통해, 지난 협상에서 합의된 내용은 A 마을과 B 마을이 축제를 공동 개최한다는 것임을 확인할 수 있다. 협상 중 A와 B가 의견을 조율하는 과정에서 축제 공동 개최에 대한 내용은 수정되지 않았고 축제와 관련된 구체적인 내용이 논의되고 있음을 확인할 수 있다.

오답을 피하고 싶었어

① A의 첫째 발화에서, '축제 공식 명칭'을 지난번 협상에서 다루지 못했음을 언급하며 그 내용을 이번 협상에서 다루자는 의견을 제시하고 있음을 확인할 수 있다.
② A의 넷째 발화에 따르면, A는 B 마을이 '축제 유치를 통한 경제 활성화에 관심이 있다'는 것을 협상 전에 알아보았다. 그리고 A의 다섯째 발화에서 그 정보를 활용하여 의견을 조율하고 있음을 확인할 수 있다.
③ B의 일곱째 발화에서 '단독 개최를 다시 추진'하겠다고 한 것에 대하여 A는 일곱째 발화에서 행사 배분 비율을 '50%를 원칙으로' 하자고 제안한 세부 조건이 협상 결렬을 초래할 수 있음을 내비치고 있다. 이를 통해 'B 마을이 원하는 다른 조건을 추가'하는 제안을 이끌어 냈음을 A의 여덟째 발화에서 확인할 수 있다.
④ A의 여덟째 발화에서 '행사 배분 비율은 양보하기 어렵'다고 말한 것에 대해 반응한 B의 여덟째 발화를 살펴보면, B가 자신이 제안했던 행사 배분 비율을 낮추는 대신 행사 선택 우선권을 요구하는 것으로 세부 조건을 수정하여 제시한 것을 확인할 수 있다.

17. 출제 의도 말하기 방식 파악하기

❸이 답인 이유

A의 셋째, 일곱째, 여덟째 발화에서, 축제 공동 개최에 관한 상대방의 인식이나 행사 배분 비율에 대한 요구, 단독 개최 추진에 대한 의사 등의 상대방 의견이 적절하지 않음을 언급하고 있음을 확인할 수 있다. 그런 다음 자신의 의견을 제안하면서 자신의 제안에 동의할 것을 유도하는 것으로 볼 수 있다.

오답을 피하고 싶었어

① A의 여덟째 발화에서 합의를 파기하는 것이 온당치 않음을 언급한 것을 통해 상대방의 협력을 촉구한 것으로 볼 수는 있으나 의제 타결의 시급함에 대한 언급은 나타나 있지 않다.
② A의 질문은 연쇄적인 방식을 활용한 것이 아니며, 축제 공식 명칭에 마을 이름을 표기하는 순서와 행사 배분 비율에 관한 갈등은 있으나 그 갈등 상황의 원인이 양측 모두에게 있음을 강조하고 있지 않다.
④ A의 다섯째 발화에서 마을 인지도와 관련된 언급을 하고 있어 자신의 상황에 대한 언급을 한 것으로 볼 수는 있으나, 그와 관련된 설명이나 감정에 호소한 내용은 없으며, 상대방의 무조건적인 양보를 요청하고 있지도 않다.
⑤ A의 여덟째 발화에서 '단독 개최를 하더라도'라고 하여 가정적 진술은 하고 있으나 이는 상대방이 내세운 근거의 신뢰성을 문제 삼은 것이 아니라 상대방의 주장이 부적절함을 강조한 것이다.

18. 출제 의도 담화 내용 파악하기

❹가 답인 이유

A의 다섯째 발화와 B의 여섯째 발화에서 A 마을은 인지도 향상, B 마을은 경제적 이득을 중요하게 생각하고 있음을 확인할 수 있다. A의 다섯째 발화부터 B의 여섯째 발화까지에 이르는 협상 내용에서, 축제 명칭에 A 마을 이름을 앞세우기로 한 것은 A 마을의 인지도를 향상할 수 있는 방안에 속하며, A의 여섯째 발화 이후의 협상 내용에서, B 마을 특산품을 축제 캐릭터로 만

들고 B 마을부터 행사 선택을 시작하기로 한 것은 B 마을의 경제적 이득과 관련된 것이다. 따라서 양측이 중요하게 생각하는 사안과 관련된 방안이 도출되었으므로 합의에 이를 수 있었다고 판단하는 것이 적절하다.

오답을 피하고 싶었어

① B의 둘째 발화에서 B는 자신들의 '양보로 공동 개최가 가능'했다고 말하였으므로 상대방이 양보한 것으로 인식하고 있지 않음을 알 수 있다. 또한 A의 셋째 발화에서, 'B 마을도 공동 개최가 이익이 된다고 판단하여 합의'했다고 말하고 있으므로 A 역시 상대방이 양보한 것으로 인식하고 있지 않음을 알 수 있다.

② B는 여덟째 발화에서 행사 배분 비율을 양보하고 있으나, A는 둘째 발화에서 제안한 축제 명칭에 대한 요구를 이후에도 일관되게 주장하고 있으며, 이를 양보하지 않는 대신 다른 조건에 대해 양보하고 있음을 알 수 있다.

③ 행사 선택의 순서는 B의 마지막 발화에서 처음 언급되었고 이에 대해 A가 그대로 수용하고 있으므로 B의 최초 입장이 그대로 유지되고 있음을 알 수 있다. 축제 캐릭터에 관해서는 B의 여섯째 발화에서 처음 언급되었으며 그에 대해 A가 이의를 제기하지 않고 B도 이후에 다시 언급하지 않았으므로 최초 입장이 그대로 유지되고 있음을 알 수 있다.

⑤ A의 다섯째 발화에서 마을을 홍보하는 목표라고 언급하였으며, 축제 홍보에 대한 언급은 하지 않았다. B는 일곱째 발화에서 마을 주민 중 축제 공동 개최에 대한 반대가 많음은 언급하였으나 마을의 화합 증진에 대해서는 언급하지 않았다.

39강 | 작문 1

하나 2021학년도 대학수학능력시험 6월 모의평가 [8-10]

1 ③ 2 ② 3 ①

둘 2021학년도 대학수학능력시험 9월 모의평가 [8-10]

4 ② 5 ② 6 ①

셋 2020학년도 대학수학능력시험 [8-10]

7 ③ 8 ④ 9 ①

01. 출제 의도 자료 활용의 적절성 파악하기

❸이 답인 이유

〈자료 3〉은 2004년이라는 '연도'를 고려할 때 최근의 상황을 반영하지 못하므로 '(나) 출처가 분명한 최근의 정보인가?'에 대해 '아니다'라고 판단했을 것이다. 또한 작성된 '초고'는 '한국인의 물 섭취 현황'에 대해 다루고 있지 않으므로 작문 목적에도 부합하지 않는다.

오답을 피하고 싶었어

① '초고'의 2문단과 3문단에서 물을 마실 때 유의해야 할 점을 다루고 있으므로, 〈자료 1〉의 '내용'인 '전문가가 권하는 물 섭취 방법'은 물 섭취 방법에 대한 올바른 정보를 제공하기에 적합하다고 보아 '(가) 작문 목적에 부합하는가?'에 대해 '그렇다'라고 판단했을 것이다.

② '초고'의 1문단에서 인터뷰를 통해 만난 학생들의 인식과 달리 물을 많이 섭취한다고 무조건 좋은 것만은 아니라는 내용을 다루고 있으므로, 〈자료 2〉의 '내용'인 '물 중독 사례'가 물 섭취에 대한 많은 학생들의 인식이 잘못되었음을 뒷받침하는 정보를 제공한다고 볼 수 있다. 따라서 '(가) 작문 목적에 부합하는가?'에 대해 '그렇다'라고 판단했을 것이다.

④ 〈자료 4〉의 내용인 '1일 1인당 수돗물 사용량 현황'은 '초고'의 내용과 직접적인 상관이 없으므로, '(가) 작문 목적에 부합하는가?'에 대해 '아니다'라고 판단했을 것이다.

⑤ 〈자료 4〉는 '연례 보고서'라는 보고서의 성격과 2013년이라는 '연도'를 고려할 때 최근의 현황을 반영하지 못하므로 '(나) 출처가 분명한 최근의 정보인가?'에 대해 '아니다'라고 판단했을 것이다.

02. 출제 의도 글쓰기 전략 파악하기

❷가 답인 이유

1문단의 '물이 관절의 충격을 흡수하며, 장기와 조직을 보호하는 등의 역할을 한다는 점'에서 물의 인체 내 역할을 제시하고 있으나, 이를 원인과 결과의 관계가 드러나도록 제시하고 있지는 않다.

오답을 피하고 싶었어

① 1문단의 '학생들은 물 섭취에 대해 어떤 인식을 가지고 있을까?', '우리 학생들은 대부분 물은 많이 마실수록 좋다고 답했다.'에서 물 섭취에 대한 학생들의 인식을 묻고 답하는 구조로 제시하고 있다.

③ 2문단의 '피로감이 커지고, 두통 또는 어지럼증에 시달리거나, 장기가 붓는 등의 증상이 나타날 수 있다.'에서 물 중독 증상에 대한 정보를 나열하여 제시하고 있다.

④ 3문단의 '연구 팀은 ~ 과제 수행 능력을 측정했다.'에서 물 섭취에 대한 실험 방법을 과정에 따라 순서대로 제시하고 있다.

⑤ 3문단의 '목이 마를 때 ~ 수행 능력이 떨어진다.'에서 물 섭취에 대한 실험 결과를 비교·대조의 방법으로 제시하고 있다.

03. 출제 의도 조건에 따라 표현하기

❶이 답인 이유

〈보기〉에 제시된 조건은 첫째, '중심 내용으로 제시한 두 가지 유의 사항을 모두 포함하는 문장을 추가하는 것'과 둘째, '중심 내용에 담긴 정보가 독자에게 어떤 긍정적인 가치가 있는지도 언급하는 것'이다. '물은 적당한 양을 필요한 때에 마셔야 좋은 것이다.'라는 문장은 첫째 조건을, '물 섭취에 대한 올바른 정보를 이해하고 삶에 적용한다면 건강을 지키며 삶의 질을 높일 수 있을 것이다.'라는 문장은 둘째 조건을 충족한다.

오답을 피하고 싶었어

② '언제 마시는가에 따라 물도 독이 될 수 있음을 유의해야 한다.'라는 문장은 물을 마시는 때에 대해서만 언급하고 있으므로 첫째 조건을 충족하지 못하고 있다.

③ '물은 인체에 필수적이나 한 번에 많은 물을 마시지는 말아야 한다.'라는 문장은 물을 마시는 양에 대해서만 언급하고 있으므로 첫째 조건을 충족하지 못하고 있다.

④ '물 섭취 시 유의 사항을 확인하였다'고 할 뿐 두 가지 유의 사항을 모두 포함한 문장이 아니므로 첫째 조건을 충족하지 못하고 있다. '결국 물을 한 번에 많이 마시면 건강에 해롭고, 목마르지 않은데 마시면 과제 수행 능력이 떨어진다.'라는 내용도 중심 내용에 담긴 정보의 긍정적인 가치로 보기 어려우므로 둘째 조건을 충족하지 못하고 있다.

⑤ '당연하다고 생각했던 것들이 거짓인 경우도 있는데 물은 많이 마실수록 좋다는 인식도 그러하다.'라는 문장은 물을 마시는 양에 대해서만 언급하고 있으므로 첫째 조건을 충족하지 못하고 있다.

04. 출제 의도 글쓰기 계획 반영 여부 파악하기

❷가 답인 이유
(나)의 5문단에 좋은 인포그래픽의 기준은 제시되어 있으나, 인포그래픽의 유형을 나누는 기준은 (나)에서 확인할 수 없다.

오답을 피하고 싶었어
① 1문단에서 확인할 수 있다.
③ 3문단에서 확인할 수 있다.
④ 4문단에서 확인할 수 있다.
⑤ 2문단에서 확인할 수 있다.

05. 출제 의도 고쳐 쓰기의 이유 추론하기

❷가 답인 이유
〈보기〉는 '인포그래픽의 여러 특성에 비추어 볼 때 앞으로 인포그래픽이 활용되는 분야는 더욱 늘어날 것이다.'에서 알 수 있듯이 글의 화제와 관련된 전망을 제시하고 있다. 반면 [A]는 '학생들도 쉽게 인포그래픽을 만들 수 있다.', '발표와 보고서의 전달력이 한층 높아질 것이다.'에서 알 수 있듯이 예상 독자인 '학생'이 얻을 수 있는 효용을 드러내고 있다.

오답을 피하고 싶었어
① [A]에는 예상 독자가 탐구해야 할 문제가 포함되어 있지 않다.
③ [A]에는 글의 제재 '인포그래픽'에 대한 긍정적인 관점만 드러나 있으므로 균형 잡힌 관점으로 고쳐 썼다고 볼 수 없다.
④ 글의 도입에서 문제를 제기하고 있지 않으므로 [A]에는 글의 도입에서 제기한 문제에 대한 답이 포함되지 않았다.
⑤ 글의 내용을 설명한 순서대로 요약한 내용은 포함되어 있지 않다.

06. 출제 의도 정보 활용 방식 파악하기

❶이 답인 이유
(나)의 4문단에 언급된 인포그래픽의 관심 유발 효과와 관련하여, (나)를 참고하여 작성한 글의 2문단에서 '학교 신문에 인포그래픽을 추가했더니 학교 신문을 읽는 학생이 3배 늘었다'는 인근 학교의 사례를 '알림판을 인포그래픽으로 만들 것'의 근거로 제시하고 있다.

오답을 피하고 싶었어
② (나)의 4문단에 인용된 인포그래픽 연구 논문과 관련하여, (나)를 참고하여 작성한 글의 2문단에서 '인포그래픽을 활용하면 정보에 주목하는 정도가 글만 활용할 때보다 성별이나 나이와 상관없이 2배 정도 높아졌다'는 논문의 추가적인 내용을 제시하고 있다. 그러나 이를 문제 상황의 내용으로 제시한 것은 아니다.
③ (나)를 참고하여 작성한 글의 2문단에서는 (나)의 5문단에 진술된 좋은 인포그래픽의 기준을 근거로 알림판의 정보가 신뢰할 만한지 평가한 결과를 제시하지 않았다.
④ (나)의 4문단을 통해 인포그래픽의 사용 목적을 정보 처리 시간 절감과 정보에 주목하는 정도를 높이기 위한 것이라고 추론할 수 있으나, (나)를 참고하여 작성한 글의 1문단에서 확인할 수 있듯이 교내 학생들에게 설문한 내용은 인포그래픽의 사용 목적이 아니라 학교 정보 알림판을 읽어 본 경험의 여부이다.
⑤ (나)의 4문단에 인포그래픽의 효율성이 언급되어 있으나, (나)를 참고하여 작성한 글의 1문단에서 확인할 수 있듯이 교내 학생들에게 인터뷰한 내용은 인포그래픽의 효율성에 대한 공감 여부가 아니라 학교 정보 알림판을 읽지 않는 이유이다.

07. 출제 의도 글쓰기 계획 반영 여부 파악하기

❸이 답인 이유
㉠은 지역 방언이 사라져 가는 실태를 잘 모르는 학교 학생들의 상황을 분석한 내용이다. '지역 방언으로 인해 의사소통에 어려움을 겪었던 경험을 제시'하는 것은 지역 방언이 사라져 가는 실태와 직접적인 관련이 없으며, (나)에서 이러한 내용을 찾을 수도 없다.

오답을 피하고 싶었어
① 1문단에서 '초등학생의 80% 이상, 중학생의 60% 이상이 '전혀 사용하지 않는다.'라고 답했다.'며 지역 방언 사용 실태 조사 결과를 인용하고 있다.
② 1문단 마지막 문장에서 '2010년에 유네스코에서는 제주 방언을 소멸 직전의 단계인 4단계 소멸 위기 언어로 등록하였다.'라는 내용을 제시하고 있다.
④ ㉡은 지역 방언의 가치에 대한 우리 학교 학생들의 인식이 부족함을 분석한 것으로, 3문단 첫 문장에서 이에 대해 예상되는 반론을 제시하고 있다. 뒤이어 지역 방언의 보호에 관심을 가져야 하는 이유를 제시하고 있다.
⑤ 3문단에서 '올갱이, 데사리, 민물고동' 등의 지역 방언의 예를 활용하여 우리말의 어휘를 풍부하게 만드는 바탕이 된다는 지역 방언의 가치를 설명하고 있다.

08. 출제 의도 자료 활용의 적절성 파악하기

❹가 답인 이유
[자료 2]는 공적인 언어로서의 표준어가 방언 사용 지역에서 사적인 언어로도 많이 사용되고 있다는 내용의 전문가 인터뷰이다. [A]는 지역 방언이 사라지는 원인을 제시하고 있는 단락이므로, [자료 2]를 활용하여 방언 사용 지역에서 표준어 사용 상황이 확대되는 경향을 원인으로 추가할 수 있다.

오답을 피하고 싶었어
① [자료 1]은 지역 방언에 대한 표준어 사용자의 언어 의식 조사로, 2010년과 비교해서 2015년에는 지역 방언에 대한 긍정적 느낌의 비중은 감소한 반면, 부정적 느낌의 비중은 증가하였음을 확인할 수 있다. 그러나 이 변화만 가지고 '지역 방언에 대한 무관심'을 지역 방언이 사라져 가는 원인으로 추가할 수는 없으므로 적절하지 않다.
② [자료 1]에서 표준어 사용자가 지역 방언 사용자와 대화할 때 받는 느낌의 순위에는 변화가 없고 그 비율만 변화하고 있음을 확인할 수는 있지만, 이러한 사실과 지역 방언 교육 정책과의 관련성은 알 수 없으므로 적절하지 않다.
③ 표준어와 지역 방언을 구분하여 사용해야 한다는 인식은 [자료 2]를 통해 확인할 수 없으며, [자료 2]는 공식적 상황에서는 물론 비공식적 상황에서도 표준어가 많이 사용되고 있음을 언급하고 있으므로 '공식적 상황에서의 표준어 사용 교육 부재'라는 내용은 지역 방언이 사라져 가는 원인으로서 추가할 수도 없으므로 적절하지 않다.
⑤ [자료 1], [자료 2]를 통해서 지역 방언에 대한 표준어 사용자와 지역 방언 사용자의 인식 차이를 확인하기는 어려우며, 이를 근거로 대중 매체의 지역 방언에 대한 편향성을 지역 방언이 사라져 가는 원인으로서 추가할 수도 없다.

09. 출제 의도 고쳐 쓰기의 이유 추론하기

①이 답인 이유

[고친 글]을 [B]와 비교해 보면, [B]에서 주장만 나열한 문장들에 '지역의 고유한 문화와 정서를 담고 있다는 점에서', '우리의 언어문화를 전 세계에 알릴 수 있기 때문에' 등의 근거를 추가하고 있음을 확인할 수 있다. 한편 [다시 고친 글]을 [고친 글]과 비교해 보면, 두 번째 문장이 삭제되어 있음을 알 수 있다. 두 번째 문장은 글 전체에서 한 번도 언급되지 않은 '지역 방언의 세계 문화유산 지정 필요성'을 주장하여 글의 통일성을 해치고 있다.

오답을 피하고 싶었어

② 추가한 부분은 주장을 뒷받침하는 근거이므로, 완결되지 않은 문단을 마무리하는 문장을 추가한 것은 아니다.
③ 추가한 부분은 연결 표현으로 보기 어려우며, 삭제한 문장은 글의 통일성을 해치는 부분이지 의미가 중복되는 문장이 아니다.
④ 글의 목적이 지역 방언에 대한 보호 촉구이므로 주장만 제시된 [B]에 근거를 추가한 것을 부족한 정보를 추가한 것으로 볼 수도 있다. 그렇지만 재점검 과정에서는 담화 표지가 아니라 문장 하나를 삭제하고 있다.
⑤ 추가한 부분을 주요 개념 설명을 위한 부연 설명으로 보기 어려우며, 세계 문화유산 지정 필요성은 글의 앞 문단에서 다루어지지 않기 때문에 삭제한 문장이 중복된 내용이라는 것도 적절하지 않다.

40강 | 작문 2

넷 2021학년도 대학수학능력시험 6월 모의평가 [4-7]
10 ③ 11 ⑤ 12 ③ 13 ③

다섯 2021학년도 대학수학능력시험 9월 모의평가 [4-7]
14 ② 15 ④ 16 ④ 17 ⑤

10. 출제 의도 화법과 작문의 다양한 성격 이해하기

③이 답인 이유

(가), (다)와 달리 (나)는 학생들이 나눈 대화이다. 따라서 의사소통 참여자들('학생 1~3')이 시간과 공간을 모두 공유하고 있으며 언어적 표현 외에 준언어적 표현도 함께 나타나는 상황은 (나)에만 해당한다. 준언어적 표현이란 (나)의 '(고개를 끄덕이며)'처럼 언어가 아닌 몸짓, 손짓, 표정, 시선, 자세 등으로 생각이나 느낌을 나타내는 것을 말한다.

오답을 피하고 싶었어

① (가)는 개인이 등교할 때 발생한 자신의 경험을 다룬 학교 홈페이지 '자유 게시판'의 게시 글인 반면, (다)는 다수를 대상으로 공동의 문제에 대해 건의하는 '학교 게시판'의 게시 글로 (가)보다 공식적인 성격이 강하다. 따라서 (가)보다 (다)에서 '-ㅂ니다'와 같이 격식을 갖춘 표현이 더 두드러지게 나타나고 있다.
② (나)에서 '홈피'라고 지칭된 대상이 (다)에서는 '홈페이지'라고 지칭되는 부분에서 일상 대화보다는 줄인 말을 잘 쓰지 않는 문어적인 특징을 확인할 수 있다.
④ 공식적인 성격의 글인 (다)보다 조사의 생략이 자유롭게 허용되는 (나)에서 구어적 특징을 확인할 수 있다.
⑤ (가)는 학교 홈페이지 '자유 게시판'의 게시 글이고, (다)는 '학교 게시판'의 게시 글이라는 점에서 (가), (다) 모두 '문어 상황'이지만 (가)에서는 '되게', '친구하고'처럼 구어적인 특징이 확인된다는 점에서 (나)와 유사한 구어적 특징이 나타남을 확인할 수 있다.

11. 출제 의도 말하기 전략 파악하기

⑤가 답인 이유

'학생 2'는 [A]에서 '학생 1'의 '학생들이 학교 올 때 자가용 이용은 자제하자고 제안하면 좋겠어.'라는 의견에 대해 '그런데, 자가용 등교는 대부분 사정이 있는 거 아닐까?'와 같이 질문의 형식을 활용하여 추가로 생각할 점이 있음을 밝히고 있다. [B]에서도 '학생 2'는 '학생 1'의 '그렇다 해도 댓글 보면 많은 애들이 자가용 등교 때문에 등굣길이 안전하지 않다고 여기는 건 분명해 보여.'라는 의견에 대해 '그렇다고 특별한 사정이 있는 애들까지 자가용 등교를 미안해 하게 만들 필요는 없잖아?'와 같이 질문의 형식을 활용하여 추가로 생각할 점이 있음을 밝히고 있다.

오답을 피하고 싶었어

① [A]에서 '학생 1'은 '학생 2'의 '자가용 등교는 대부분 사정이 있는 거 아닐까? 다리를 다쳤거나 집이 너무 멀거나 하는.'이라는 발화를 듣고 '차에서 내리는 애들 중 다리가 불편해 보이는 경우는 별로 없던데? 집도 멀지 않은데 차 타고 오는 애들도 많이 봤고.'와 같이 자신이 확인한 주변 상황을 근거로 들어 '학생 2'의 의견을 반박하고 있다.
② [A]에서 '학생 3'은 '학생 1'의 발화 중 일부를 재진술하고 있지 않으며, 오히려 '학생 1'이 제시한 상황에 대해 '어떤 방법으로 학교에 오든 그건 개인의 선택에 맡겨야 할 문제 아닐까?'와 같이 이견을 제시하고 있다.
③ [B]에서 '학생 1'은 '댓글 보면 많은 애들이 자가용 등교 때문에 등굣길이 안전하지 않다고 여기는 건 분명해 보여.'와 같이 자신과 관점이 같은 다수의 학생이 있음을 언급하여 자신의 의견이 정당함을 강조하고 있다.
④ [B]에서 '학생 3'은 '특별한 사정이 있는 애들까지 자가용 등교를 미안해 하게 만들 필요는 없'다는 '학생 2'의 의견에 동조하여 '그럼 글 쓸 때 이런 경우는 이해해 주자고 따로 언급하는 건 어때?'와 같이 제안하고 있다.

12. 출제 의도 글쓰기 전략 파악하기

③이 답인 이유

㉢은 □□경찰서의 자료를 인용하여 구체적 수치로 현황을 제시하고 있으므로 <보기>의 이성적 설득 전략인 '객관적 자료 활용하기'에 해당한다고 볼 수 있다. 따라서 '이성적 설득 전략'을 활용한 것으로 볼 수 있다.

오답을 피하고 싶었어

① ㉠은 현안과 관련한 예상 독자의 경험을 언급한 것으로, 이는 <보기>의 '독자의 공감을 얻기 위해 독자나 필자의 경험을 언급하기'에 해당하므로 '감성적 설득 전략'에 해당한다고 볼 수 있다.
② ㉡은 자가용 등교의 문제점에 대한 내용이므로 '필자의 경험을 제시하고 그와 대비되는 예상 독자의 경험을 제시한 것'이 아니다.
④ ㉣은 예상 독자가 제기할 수 있는 이견을 언급한 것으로, <보기>의 '예상 반론을 언급하고'에 해당한다고 볼 수 있으나 이를 통해 예상 독자의 의견이 실현 불가능한 것임을 밝히고 있지는 않다.
⑤ ㉤은 현재 상황을 개선함으로써 실현할 수 있는 '안전한 등굣길'에 대한 희망을 설의적인 표현으로 제시한 것이므로 '현재의 상황이 지속됨으로써 발생할 결과'를 제시한 것이 아니다.

13. 출제 의도 제시된 정보의 글쓰기 반영 양상 파악하기

❸이 답인 이유

(나)에서 '그런데, 자가용 등교는 대부분 사정이 있는 거 아닐까? 다리를 다쳤거나 집이 너무 멀거나 하는.'과 같이 자가용 이용이 불가피한 학생이 있음을 언급하고 있으며, (다)에서 '물론 걷기가 불편하거나 집이 많이 먼 경우는 자가용 등교가 불가피할 수 있습니다. 그러나 이런 경우가 아니라면, 안전한 등굣길을 위해 우선 자가용 이용을 자제하는 것이 필요합니다.'라고 하여 걷기가 불편하거나 집이 먼 경우는 예외적으로 자가용 등교를 할 수 있다고 언급하고 있다. 따라서 (다)에서는 집이 먼 경우 부지런히 등교 준비를 해야 한다는 것을 해결 방안으로 제시하고 있지 않다.

오답을 피하고 싶었어

① (나)에서는 '안전한 등굣길을 만들기 위해 학생회 차원에서 건의문을 써서 제시하는 건 어때?'와 같이 안전한 등굣길 만들기를 화제로 삼고 있으며, (다)에서는 '오늘 아침 ~ 안전했나요?'와 같이 이와 관련한 독자의 일상을 떠올려 보게 하여 화제에 대한 주의를 환기하고 있다.

② (나)에서는 '그렇다 해도 댓글 보면 많은 애들이 자가용 등교 때문에 등굣길이 안전하지 않다고 여기는 건 분명해 보여.'와 같이 자가용 등교로 인해 등굣길이 위험하다는 인식을 드러내고 있으며, (다)에서는 3문단의 '특히 우리 학교 앞 도로는 유난히 좁다 보니 횡단보도에 정차하는 경우도 많아 몹시 위험합니다.'와 같이 자가용 등교가 학교 주변 환경과 맞물려 심각한 문제가 되고 있음을 제시하고 있다.

④ (나)에서 '자가용을 이용하지 않았을 때 남은 물론 자기한테도 좋은 점이 있다는 것도 알려 주면 좋겠어.'와 같이 자가용 등교 자제가 자신에게도 좋은 점이 있음을 알려 주자고 의견을 제시하고 있으며, 이를 반영하여 (다)에서 '차에 놀라며 걷는 대신 ~ 갖게 될 것입니다.'와 같이 자가용 이용을 자제했을 때 예상되는 긍정적 변화를 구체화하고 있다.

⑤ (나)에서 등굣길 안전을 확보하기 위한 방법으로 '자가용 이용 자제'와 '주변을 살피며 등굣길 걷기'를 언급하고 있으며, 이를 반영하여 (다)에서 '그러려면 자가용 이용은 자제하고 주변을 살피며 걸어 주세요. 다 함께, 평화로운 등교 장면을 상상이 아닌 현실로 만듭시다.'와 같이 등교 시에 유념할 행동 방향을 제시하며 독자가 이를 실천하도록 촉구하고 있다.

14. 출제 의도 말하기 방식 파악하기

❷가 답인 이유

(가)에 '진행자'가 잘못 이해하고 '지도사'에게 질문하는 내용과 '지도사'가 이를 바로잡아 주는 내용은 제시되지 않았다.

오답을 피하고 싶었어

① '진행자'의 네 번째 발화에서 확인할 수 있다.
③ '진행자'의 여덟 번째 발화에서 확인할 수 있다.
④ '진행자'의 다섯 번째 발화에서 확인할 수 있다.
⑤ '지도사'의 여섯 번째 발화에서 확인할 수 있다.

15. 출제 의도 말하기 계획 반영 여부 파악하기

❹가 답인 이유

'지도사'의 다섯 번째 발화에서 확인할 수 있듯이 [질문 2]에 대한 답변 과정에서 ㉡을 제시하고 있으나, 많은 직장인이 스트레스 관련 질환 주의군에 속한다는 점을 언급하고 있지는 않다.

오답을 피하고 싶었어

① '지도사'의 두 번째 발화 중 '시청자 분들께서는 화면을 보시면서, 숲의 소리에 귀 기울여 보세요.'라고 하며 시청자들에게 간접 체험 해 보도록 안내하고 있는 것에서 확인할 수 있다.
② '지도사'의 두 번째 발화와 '진행자'의 세 번째 발화 중 '숲에서의 활동이 실감 나게 느껴지네요.'에서 확인할 수 있다.
③ '지도사'의 다섯 번째 발화에서 확인할 수 있다.
⑤ '지도사'의 일곱 번째 발화에서 확인할 수 있다.

16. 출제 의도 글쓰기 계획 반영 여부 파악하기

❹가 답인 이유

(가)의 '지도사'의 두 번째 발화에서 숲의 환경 요소가 심신에 좋은 영향을 준다는 내용을 언급하고 있으나 (나)에서 산림 치유 프로그램에서 만난 다른 사람들도 좋은 영향을 받았다는 내용을 언급하고 있지는 않다.

오답을 피하고 싶었어

① (가)의 '지도사'의 마지막 발화에서 '마음을 토닥여 주는 친구'라고 숲을 비유적으로 표현하고, (나)의 3문단에서 해당 어구를 활용해 산림 치유 프로그램이 '나'에게 도움이 되었음을 제시하고 있다.
② (가)의 '지도사'의 다섯 번째, 여섯 번째 발화에서 산림 치유 프로그램이 스트레스 해소에 도움이 된다고 언급하고 있으며, (나)의 1문단에서 그러한 점이 프로그램에 참여하는 계기였음을 밝히고 있다.
③ (가)의 '지도사'의 세 번째 발화에서 산림 치유 프로그램에 청소년들도 참가한다는 내용을 언급하고 있으며, (나)의 2문단 '내 생각과 달리 ~ 생각했다.'에서 산림 치유 프로그램에 대한 '나'의 기존 생각이 바뀌었음을 밝히고 있다.
⑤ (가)에는 청소년을 대상으로 하는 산림 치유 프로그램의 운영 시기와 장소에 대한 정보가 제시되어 있지 않으며, (나)의 2문단에서 이에 대한 구체적 정보를 누리집에서 찾을 수 있었음을 언급하고 있다.

17. 출제 의도 조건에 따라 표현하기

❺가 답인 이유

'성격 때문에 속상해하던 나는 나무와 대화를 나누고 나서, 속상했던 마음이 풀리고 내 성격을 인정하게 되었다.'에서 '쉼숲' 프로그램에 참여하기 전과 후의 마음 상태를 모두 표현하였음을 확인할 수 있고, '이제 내 모습을 아끼며 살아갈 것이다.'에서 삶의 자세에 대한 다짐을 확인할 수 있다.

오답을 피하고 싶었어

①, ② 삶의 자세에 대한 다짐을 확인할 수 없다.
③, ④ 삶의 자세에 대한 다짐은 확인할 수 있으나, '쉼숲' 프로그램에 참여하기 전과 후의 마음 상태를 모두 표현한 것으로 보기 어렵다.

네 꿈에 날개 달아 줄 만점 국어의 시작.

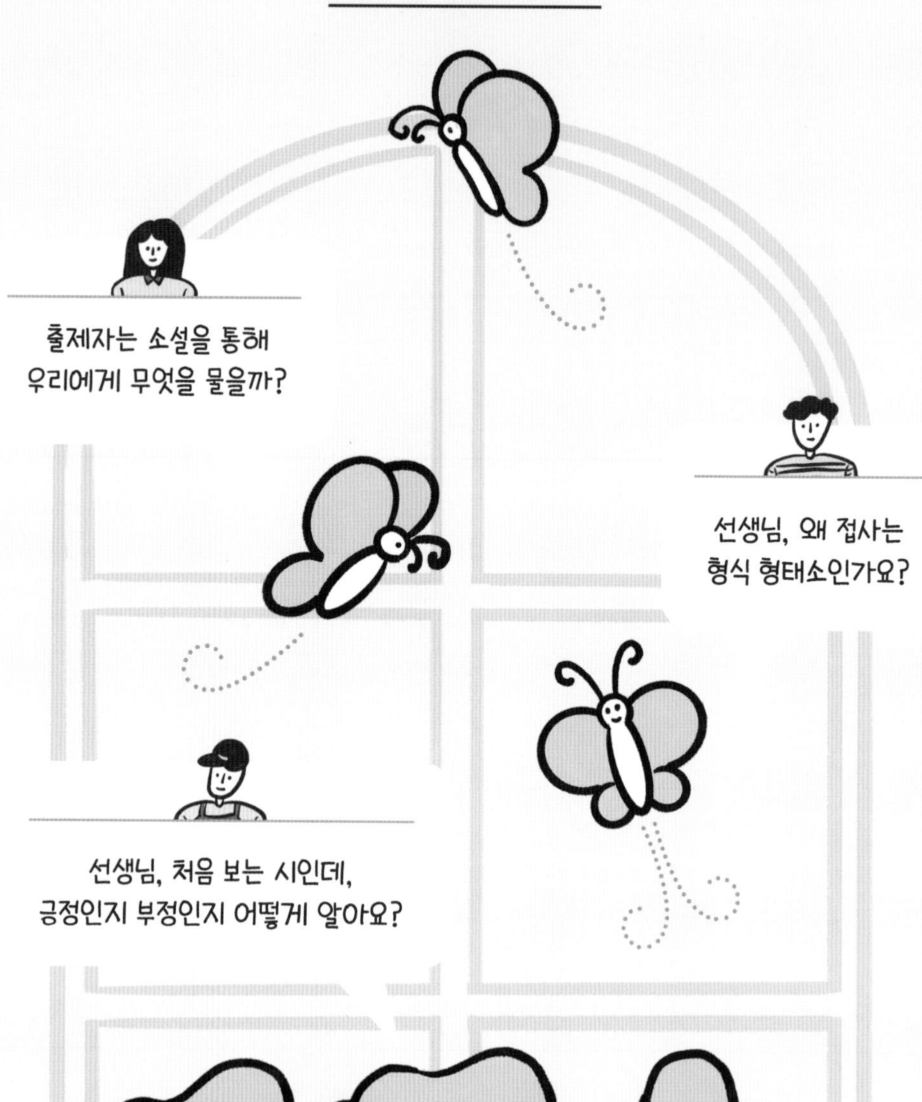

윤혜정의

개념의 나비효과

워크북

윤혜정 선생님과 함께 네 꿈에 날개를 달아 줄, **만점 국어**의 시작과 끝

개념의 나비효과 입문 편

국어 공부 시작의 방향을
잡아주는 국어 입문서

개념의 나비효과

개념부터 제대로 꼼꼼히
공부하는 수능 국어 개념

패턴의 나비효과

수능 국어의 패턴 연습으로
부족한 약점 보완

기출의 나비효과

변별력 높은 기출문제로
완성하는 수능 국어